U0358467

李寿生　主编

铿锵脚步 上

新中国成立70周年石油和化学工业发展纪实

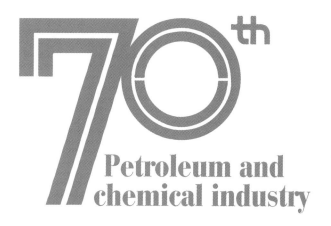

Petroleum and
chemical industry

化学工业出版社

·北京·

本书是一部全面反映新中国成立70周年石油和化学工业发展历程的纪实性书籍。全书横向上以产业梯次递进为序，客观记录了石油、化学矿业、纯碱、氯碱、硫酸、无机盐、电石、氮肥、磷复肥、钾肥、农药、染料、涂料、橡胶、氟化工、有机硅、合成树脂、聚氨酯、化工新材料等19个不同行业和科技创新、勘察设计、民营经济、化工园区等领域发展中的重大事件；纵向上以时间为序，不同行业和领域根据发展特点划分了不同的历史时期，清晰梳理出它们的发展节点、发展脉络、发展成就。通过历史实践呈现出的客观事实，雄辩地证明了在中国共产党的领导下，石油和化工行业全体干部职工埋头苦干、奋发图强、勇攀高峰，谱写出一曲曲不甘落后、奋勇争先、可歌可泣的行业发展壮歌，创造了一个又一个发展奇迹，在新中国70年波澜壮阔的经济发展历程中树立起一座座丰碑。

本书既总结了新中国石油和化学工业70年的发展历史，也为我国石油和化学工业今后发展提供了有益的借鉴和参考，可供石油和化学工业各领域的技术人员和管理人员参考，也可供关心我国石化工业发展的读者阅读参考。

图书在版编目（CIP）数据

铿锵脚步：新中国成立70周年石油和化学工业发展纪实/李寿生主编.
—北京：化学工业出版社，2019.10
ISBN 978-7-122-35172-2

Ⅰ.①铿… Ⅱ.①李… Ⅲ.①石油化学工业-工业发展-概况-中国-现代 Ⅳ.①F426.22

中国版本图书馆CIP数据核字（2019）第191054号

责任编辑：傅聪智　赵媛媛　仇志刚　　　加工编辑：卢萌萌　张　欣　李晓红　韩霄翠
责任校对：王素芹　　　　　　　　　　　　装帧设计：尹琳琳

出版发行：化学工业出版社（北京市东城区青年湖南街13号　邮政编码100011）
印　　装：大厂聚鑫印刷有限责任公司
710mm×1000mm　1/16　印张56　　字数760千字　2019年10月北京第1版第1次印刷

购书咨询：010-64518888　　　　　　　售后服务：010-64518899
网　　址：http://www.cip.com.cn
凡购买本书，如有缺损质量问题，本社销售中心负责调换。

定　　价：198.00元（上、下册）　　　　　　　　　　　　　版权所有　违者必究

《铿锵脚步》

新中国成立 70 周年石油和化学工业发展纪实

—————— 编 委 会 名 单 ——————

《铿锵脚步》

新中国成立70周年石油和化学工业发展纪实

—————— 编 写 组 名 单 ——————

主　　编：李寿生

副 主 编：薛学通　周伟斌

编写人员：（按姓氏笔画排序）

卜新平	王　君	王丽娜	王秀江	王晓雪
王繁泓	田利明	仇志刚	冯媛媛	吕国会
朱建军	邬一凡	刘国林	刘国杰	齐婧姝
闫海生	汤建伟	孙绍华	苏建英	李　崇
李　敏	李文军	李玉文	李寿生	杨伟才
杨传玮	张同飞	张培超	张　鑫	陈维芳
金　生	金博书	周　月	周伟斌	赵　明
赵　敏	赵媛媛	胡　敏	胡迁林	敖聪聪
高　远	高　伟	栗　歆	徐　岩	曹承宇
程　霖	傅聪智	蒋顺平	窦进良	廖康程
樊　森	薛学通	鞠洪振	魏　然	

序

七十年弹指一挥间，共和国已由一穷二白、百废待兴成长为臻于成熟的"小康社会"，中华民族复兴的第一个百年梦想实现在即！在上下五千年发展的历史长河中，中华民族从来没有像今天这样扬眉吐气，满怀豪情，充满自信。

石油和化学工业是国民经济的基础产业和支柱产业。七十年来，一代又一代石油和化工人不畏艰难、砥砺奋进，建立了完整的工业体系，取得了一批重大科技创新成果，涌现出一批世界500强企业，培育出一支高素质的管理和创新人才队伍，实现了由一穷二白向世界石油和化学工业大国的历史性跨越。中国的石油和化学工业正在蓬勃发展，发展活力、发展动力和发展潜力正在进入全面迸发的良好状态，国际竞争力和影响力显著提升。

七十年来，我国石油和化工行业不但取得了举世瞩目的发展成就，也塑造了具有中国精神、中国品格、中国特色的行业精神。20世纪60年代的"工业学大庆"树立了工业战线上的一面旗帜，大庆精神、铁人精神、吉化精神激励鼓舞了一代又一代石油和化工人；80年代末90年代初深入开展的"学吉化"活动为全行业提供了可借鉴的"吉化经验"，形成了"严细实快"的工作作风，全面提升了石油化工企业的管理水平。这些宝贵的精神财富至今发挥着重要作用，成为石油和化工行业代代相传的传家宝。

"不忘初心，牢记使命"。在艰难的烽火岁月，石油和化学工业的奠基者们就把"实业救国"作为终生奋斗的目标，至今感人肺腑，动人心弦。今天，我们更要居安思危，未雨绸缪，越是在取得成绩的时候，越是要提高警惕，防范可预测和难以预测的各种风险挑战。面对波诡云谲的国际形势，面对转型升级的艰巨任务，全行业绝不能在成绩面前骄傲自满、止步不前，有必要重温"两个务必"，务必使同志们保持谦虚谨慎不骄不躁的作风、务必使同志们保持艰苦奋斗的作风；有必要重温前辈先贤走过的筚路蓝缕、栉风沐雨的创业之路，汲取奋力向前的智慧和力量；有必要重温党和国家领导人给予石油和化工行业的关怀和指导，确保行业发展一直沿着正确的方向阔步向前。

七十年发展成就是巨大的，发展道路是曲折跌宕的，发展经验是弥足珍贵的。为庆祝新中国成立70周年，中国石油和化学工业联合会组织专业协会以及相关企业编写了这部石油和化学工业发展纪实，这是一件大事，也是一件好事，对于及时收集、整理、保存行业发展的历史性资料，为后人留下可资挖掘借鉴的历史事件、历史经验、历史教训，具有重要的意义。

七十载峥嵘岁月，看今朝风华正茂。作为共和国70年不平凡发展历程的参与者和见证者，作为石油和化学工业发展进程的经历者，我对石油和化学工业倾注了极大的热情和精力，国强民富是我最大的心愿，我会一直尽最大努力为石油和化工行业服务，为行业发展做出个人绵薄的贡献。

党的十九大确立了习近平新时代中国特色社会主义思想是党和国家必须长期坚持的指导思想，开启了新时代中国特色社会主义发展的新征程。新时代，我国现代化建设全面进入新的阶段，新型工业化、信息化、城镇化和农业现代化加快推进，科技强国、制造业强国、经济强国、文化强国的建设目标必将实现。

纵观国际风云，风景这边独好！衷心祝愿我们的祖国繁荣昌盛，衷心祝愿我国石油和化学工业早日实现建设世界石油和化学工业强国的伟大梦想！

顾秀莲

二〇一九年八月八日

序

金秋十月，我们迎来了新中国成立70周年华诞！

新中国成立的70年，是全国人民排除万难、奋发有为，在九百六十万平方公里土地上擘画中国特色社会主义新蓝图的70年；是全国各族人民团结一心、顽强拼搏，向实现全面建成小康社会和现代化国家两个百年目标的"中国梦"奋勇前进的70年；是一代又一代石油和化工人甘于奉献、埋头苦干，在一穷二白的基础上奋力建设石油和化学工业大国强国的70年。

1949年，新中国成立之初，中国石油产量只有约12万吨，化学工业产值仅有1.77亿元，只能生产少数单一的化工产品，品种少、产量低，基础十分薄弱。12万吨、1.77亿元，这是几个令人害羞的数字。

新中国的成立，为石油和化学工业快速发展创造了基本条件、打开了广阔空间。

玉门油田、新疆油田、四川油气田、大庆油田、胜利油田、辽河油田、华北油田、大港油田、江苏油田、河南油田、江汉油田、青海油田、长庆油田等陆上油田以及渤海、东海、南海西部、南海东部等海洋石油基地相继建成开发，石油产量快速增长。特别是大庆石油大会战拉开了在中国大陆大规模找油的序幕，至改革开放初的1978年，我国原油产量突破1亿吨关口，2010年再突破2亿吨大关，此后一直维持在2亿吨左右，2018年天然气产量超过了1500亿立方米，为保障国家能源安全做出了巨大贡献。

化学工业同样迎来了发展的春天，今天中国除少数高端精细化工产品不能生产外，绝大部分石油和化工产品均能自主生产，化肥、轮胎、烧碱、纯碱、聚氯乙烯、染料、涂料、合成树脂、乙烯等主要产品产量位居世界前列，建立了从油气勘探开发、石油炼制、煤化工、盐化工到农用化工、橡胶化工、医药化工、国防化工，再到化工新材料、精细化工、生物化工、化工装备等涵盖各专业领域、上下游相互衔接、齐全配套的石油和化学工业体系，培育了一批具有较强竞争力的企业和企业集团，建设了一大批石化产业基地和化工园区。2010年，中国化学工业产值达到5.23万亿元，超过美国，跃居世界首位。

2018年，中国石油和化学工业主营业务收入达到12.4万亿元、利润总额8393.8亿元、进出口总额7543.4亿美元，已成为名副其实的世界石油和化学工业大国。

新中国石油和化学工业快速发展的原因和经验有很多，但归根到底，是中国共产党的领导，是在中国共产党领导下走了一条具有中国特色的社会主义道路。

新中国成立后，在党的领导下，民主革命时期创办的石油和化工企业得到迅速恢复，公私合营顺利完成，"一五""二五"石油和化学工业进行了大规模建设，产品产量成倍增长，有力地支援了工农业和国民经济发展。20世纪60年代末、70年代初，石油和化学工业在曲折中前进，仍取得了重要发展成就。

十一届三中全会后，我国经济体制改革深入推进。改革开放为石油和化学工业注入了全新的活力和强大的动力，国有企业焕发出崭新活力，一大批民营企业茁壮成长，中国成为外资石油和化工企业投资的热土，形成了国有企业、民营企业和外资企业多元投资、全面发展的全新局面。目前进入世界500强的中国石油和化工企业已达到16家。

进入21世纪，全行业大力实施创新驱动发展战略和绿色可持续发展战略，突破了一大批关键核心技术，科技创新正在从跟踪模仿为主向并行与部分领跑为主转变，循环经济和清洁生产深入推进，资源利用效率大幅提升，

"三废"排放持续下降，为建设绿水青山、生态优美的环境做出了重要贡献。

2019年也是决胜全面建成小康社会的关键之年，我们比以往任何时候都更加接近中华民族伟大复兴的目标。回顾70年走过的不平凡发展道路，石油和化工人始终坚持"报国为党"的初心，矢志不渝、一以贯之，通过为国民经济提供基础化学品和化工新材料，满足了人们日益增长的物质文化需要，在解决温饱问题的基础上，生活得更舒适、更健康、更富足。今天，石油化工产品已经渗透到人们的日常生活，人们的衣食住行一刻也离不开石油和化学工业。石油和化学工业的发展，为实现中华民族伟大复兴的中国梦打下了稳固而坚实的基桩。

党的十九大的胜利召开，掀开了中国特色社会主义迈入新时代的全新历史篇章。新时代，中国石油和化学工业发展的环境更加复杂，机遇与挑战并存，动力与压力同在。人们对美好生活的追求和消费能力、消费结构的持续升级，为高端石化产品创造了更大的发展空间。同时，石油和化工行业的结构性矛盾进一步突显，大宗基础性化学品占比过大，同质化低端产能过剩严重，科技含量高、附加值高的高端化学品占比较少，部分产品严重依赖进口。我国石油和化学工业已经到了结构调整、动力转换、转型升级的爬坡过坎、滚石上山的关键时期。

创新是发展的第一动力，是结构调整的核心要素。纵观世界石油和化学工业强国，无一不是石化科技强国。关键核心技术是讨不来、买不来的，必须要加强自主创新，在激烈的竞争中抢占技术制高点，才能真正做到先人一招、快人一步、高人一筹，才能立于不败之地！

伟大的时代呼唤着伟大的精神，崇高的事业激励着新时代的石油化工人。不忘"报国为党"的初心，赋予了建设世界石油和化学工业强国的崇高使命。正如习近平总书记在2018年视察烟台万华工业园时所深刻指出的那样："没有不可能的事情，就要有这么一股劲儿"，"……希望大家再接再厉，一鼓作气，一气呵成，一以贯之，朝着既定的目标奋勇直前"。

知古以鉴今。为了庆祝新中国成立70周年，中国石油和化学工业联合会决定组织各专业协会以及相关专业力量编写一本反映行业70年发展历程的纪实性书籍。通过客观记录行业发展的重大事件，梳理行业的发展脉络和发展经验，给勤勉智慧的读者以镜鉴和启迪。看着即将付印的书稿，脑海中浮现出为中国石油和化学工业披荆斩棘、呕心沥血奋斗过的众多前辈先贤，他们为之追求的崇高事业正在变为现实。可以说，每一代石油和化工人都在奋斗中留下了属于自己的足迹，书写了每一代人为发展中国石油和化学工业的不朽贡献。这种代代相传的"埋头苦干""无私奉献"的行业精神一定会开创中国石油和化学工业更加美好的未来！

李寿生

二〇一九年八月十八日

目录

目录

目录

———

目录

1949

/

2019

铿锵脚步

70th

Petroleum and chemical industry

第一篇
以矿为家

奔 走 在 希 望 的 田 野 上

"要进行建设，石油是不可缺少的，天上飞的，地上跑的，没有石油都转不动。"新中国成立伊始，中华人民共和国的领导者们就深刻认识到石油资源在国家建设中不可替代的重要战略地位。

同样，"肥料，要走复合肥料的道路，质量要好，要把大力发展复合肥料作为方针定下来。"在改革开放的初期，总设计师就高瞻远瞩地认识到磷肥及磷矿对保障国家粮食安全的重要战略意义。

新中国成立之时，石油和化学矿业基础十分薄弱。1949年，我国原油产量只有12万吨（包括5万吨的人造油），天然气产量基本可忽略不计，仅为0.1亿立方米左右；化学矿产方面，正规的化学矿山基本没有，磷矿产量不足1万吨，硫铁矿产量不足10万吨。尤其是外国专家断定：中国决不会生产大量石油。如其所说，在我国九百六十万平方公里的广袤国土中，真的没有具有开采价值的石油？我国农业和工业急需的磷、钾资源呢？

中国石油和化学矿业的先行者们用实际行动给予了响亮的回答。他们怀着报效祖国的赤子之心，怀着为国家找大矿、找好矿，为祖国献石油的坚定信念，满怀豪情壮志，不畏艰难险阻，风餐露宿，跋山涉水，在长白山下、云贵高原的大山深处飘逸着他们的炊烟，在东海之滨、大漠戈壁镌刻下他们的足迹。

大庆石油大会战掀开了中国找油找矿历史上值得大书特书的光辉篇章。以铁人王进喜为代表的石油工人、科学技术人员，吃大苦、耐大劳，公而忘私、奋勇拼搏，在极其困难的条件下，挖"地窝子"、建"干打垒"，用人拉肩扛、破冰取水、人拌泥浆池的大无畏精神，仅三年多就"高速度、高水平"地建成了大庆油田，创造了世界石油勘探开发史上的奇迹，一举摘掉了中国"贫油"的帽子。大庆精神、铁人精神成为中华民族精神的重要组成部分和社会主义核心价值体系的重要内容，大庆油田成为我国工业战线的一面光辉旗帜。

改革开放之后，我国石油和化学矿业迎来了又一个快速发展期。经济体制改革激发了企业活力和市场潜力，科技创新取得一批重大技术成果，在超低渗油田、中低品位磷矿以及硫铁矿、钾盐矿开采上均达到世界先进水平，建立了完整的油气田和化学矿开采开发工业体系，基本满足了国民经济的需要，为全面建成小康社会做出了突出贡献。

非知之艰，行之惟艰。了解过去，是为了创造更加美好的明天。面对建设世界石油和化学工业强国的新的历史使命，新一代石油和化学矿业的开拓者早已高擎起"铁人精神"的大旗，在为国家找油探矿的大道上奋勇前进！

01

传承铁人精神　奋力"加油""争气"

——新中国石油工业发展纪实

20世纪以来，石油作为最重要的动力燃料和有机化工原料，开辟出一个又一个崭新的应用领域，像血液一样渗透进人类生产生活的方方面面，极大地加快了人类文明的现代化进程，成为推动社会生产力发展和人类历史进步的强大力量。

2019年，新中国成立70年，世界现代石油工业发展160年。回眸历史，在中国共产党的领导下，中国石油工业仅用70年时间，以石油、天然气勘探开发为源头，在实践的探索中不断前行，走完了西方国家100多年才走完的发展历程，从几乎"一穷二白"发展到如今强大、完善的石油工业体系，从"贫油国"一跃成为世界第五大油气生产国和第二大炼油生产国，实现了国界与领域的发展跨越，有力地支撑了下游产业的延伸，为社会主义现代化建设提供了源源不断的能源保障，书写了属于自己的辉煌篇章。

新中国成立之前：萌芽时期的石油工业

中国是世界上最早记载和利用石油、天然气的国家。远在西周、汉朝的书籍中就有关于石油的记载。东汉文学家、历史学家班固（公元32—92年）在《前汉书·卷三十八下·地理志第八下》云："定阳，高奴，有洧水，肥可蘸"。宋代著名学者沈括最早给石油冠名，他在《梦溪笔谈》一书中说："鹿延境内有石油，旧说高奴县出脂水，即此也。"高奴县指现在的陕西延安一带，距今已有两千多年的历史了。他指出："此物后必大行于世，自于始为之。盖石油甚多，生于地中无穷。"他对于石油的预言被实践所证实。中国人民依靠自己的勤劳和智慧，创造了世界上的先进技术，北宋庆历年间发明了人力冲击钻井技术，被公认为世界钻井技术的一大创举。

一、内地最早开发的油田——中国石油工业艰难起步

鸦片战争之后，中国逐步沦落为半殖民地半封建国家，在洋务运动中中国近代石油工业开始起步。1835年，在四川自流井一带气区，以人力畜力为动力，陆续钻成超过1000米深的高产气井。1878年，中国第一口油井在台湾苗栗开钻，钻到115.8米见到油和水，日产原油0.75吨，这是中国用近代动力钻机钻成的第一口油井。

1905年，清政府在陕西延长设立"延长石油官厂"。1907年2月延长油矿成立，6月7日第一口油井开钻，9月10日钻到81米停钻，12日投产，原油日产1～1.5吨，炼出煤油。这是中国大陆用近代钻机钻成的第一口油井，延长油矿是中国内地最早开发的油田。1915年以前，延长油矿年产量只有几十吨，1916年到1923年，平均年产量163.7吨。1923年，陕西省加大了投入，在新一井获得日产7.1吨的高产油流，延长油矿年产量达到200多吨。1935年，红军接管了延长油矿。1936年2月，毛泽东视察了延长石油厂。1944

年，矿长陈振夏被评为陕甘宁边区特等劳动模范，毛泽东为他题词："埋头苦干"。陈振夏是石油工业第一个劳模。"埋头苦干"成为"石油精神"的重要内涵。在艰苦的抗日战争年代，延长油矿共生产原油3155吨，加工生产汽油163.94吨，煤油1512.33吨，满足了陕甘宁边区的运输、照明、印刷需要，并以部分产品换取布匹和其他物资，支援了抗日战争。延长的石油点亮了延安窑洞的灯火，延安窑洞的灯火照亮了中华大地，取得了中国革命的胜利，延长油矿为中国革命做出了重大贡献。

二、"贫油论"——中国近代石油工业的发展困境

1914年，中美地质人员对陕北5万平方公里地区进行了地质普查，并于当年6月开始勘探。到1916年初，共钻探井7口，总进尺5958.84米，仅见少量油气显示，未获工业油流。根据这个钻探结果，1916年2月美孚石油公司地质师阿世德撰写了《陕西地质调查最后报告》，指出："（这一地区）没有一口井的产量有工业价值。"1922年美国斯坦福大学教授布莱克维尔德在发表的论文中指出"中国决不会生产大量石油。"面对美国人提出的"贫油论"，以翁文灏、李四光、潘钟祥、谢家荣、黄汲清为代表的中国地质学家们，以他们极大的爱国热情，在黑暗中苦苦探索，从理论和实践上进行反驳，提出了"陆相生油说"，阐述在幅员辽阔的中国大地上蕴藏着丰富的石油矿藏，为此他们做出了艰辛的努力。可以说，新中国石油工业的起步，面临着如何甩掉中国"贫油论"的落后帽子，这是中国石油工业发展的历史责任，同时也是中国石油实现崛起的标志。

在中国近代石油工业萌芽及初步发展的漫长时间里（1840—1936年），全国钻井仅有34口（包括台湾地区的6口）。其中生产油气的井13口，包括台湾的2口，最深的井1181.07米，最浅的井80米，总进尺约10000米。全国石油工业的职工仅358人，其中陕西116人、四川112人、新疆130人。1931年，时任国民政府资源委员会专家的孙健初先生，带着一批技术人员，在甘肃玉门

老君庙一带开始了艰苦的"找油"。1937年国民政府成立甘肃油矿筹备处，正式开始勘探和开发玉门老君庙一带油田。1939年钻成第一口油井，又于1941年接连钻到较深的高压、高产油层。所钻第8号井，曾因失控而猛烈井喷，日产油量可达千吨左右。玉门油矿是中国使用近代石油工程技术正式开发的第一个天然石油基地，到1949年，玉门油田实际探明可采储量1700多万吨，年产原油7万多吨，在将近11年的开发中，共生产原油50多万吨，占全国同期产量的90%以上，可以生产汽油、煤油、柴油、润滑油等12种成品油，成为当时全国有数的大型现代企业，为抗日战争和解放战争做出了特殊贡献，为中国石油工业的发展做了必要的技术、经验和人才准备。从玉门走出并成长为新中国省部级领导干部、两院院士的就有22人，其中包括工人阶级的杰出代表"铁人"王进喜。但在1904—1948年的45年中，旧中国累计生产原油只有278.5万吨，积贫积弱的旧中国几乎全靠洋油过日子。

1949—1959：石油工业的恢复与发展

1949年，新中国成立初期石油工业非常落后，全国石油职工仅有1.1万人，技术干部不到700人，管理人员600多人，搞石油地质的200多人，钻井工程师10多人，懂得地球物理和采油的技术人员只有几个人，石油技术力量十分缺乏。美国等资本主义国家对我国实行经济、技术封锁，油品禁运。面对严峻挑战，新中国的石油工业克服了资金缺乏、技术落后、人才匮乏等一系列困难，在党和政府的支持下，开始了恢复和发展工作。

一、"凡有石油处，就有玉门人"——玉门油田的接管与恢复

1949年9月25日，玉门油矿（此时还称作中国石油公司甘青分公司）获得解放。由彭德怀推荐，一兵团三军九师政治部主任康世恩任玉门油矿军事总代表接管玉门油矿。接管油矿、恢复生产的具体政策和原则主要有：按照

不打乱原企业机构的原则，维持原职原薪原制度；原油矿管理人员和技术人员给予妥善安置，安定职工，搞好生产。这些政策，受到了全体职工的拥护。整个矿区人心安定，秩序井然，油矿生产正常进行。

1950年4月，燃料工业部在北京召开第一次全国石油工业会议，确定了新中国石油工业发展的基本方针。朱德总司令到会讲话：石油是中国很缺乏、然而是很需要的，每年进口数字很大，如不很快发展，我们不可能成为强盛的国家。陈郁部长做了《中国石油工业方针与任务》的报告。会议决定成立石油管理总局，下设西北石油管理局；建议教育部在高等院校设立石油科系；号召从事石油工业的技术人员归队。

1952年，时任中央人民政府政务院财政经济委员会主任陈云、副主任李富春致函中共中央西北局第一书记习仲勋、西北财政经济委员会主任贾拓夫，强调要大力开发西北地区的天然石油，要将石油工业建设放到今后国家工业建设的重要地位。为了加强勘探，玉门油矿广泛采用"五一"型地震仪和"重钻压、大排量"钻井等新技术，先后发现了石油沟、白杨河、鸭儿峡油田。老君庙油田也开始扩大了含油面积，并开始按科学程序进行全面开发，采取注水和一系列井下作业等措施。

在1950年到1952年间，随着勘探效果的提高，玉门油矿增加生产井30口，由平均日产原油264吨增加到388吨，3年共生产原油37.54万吨，是1939年至1949年11年原油总产量的73.49%。与此同时，炼油能力也大为增强，到1952年汽油的生产能力达到4.9万吨、煤油1.66万吨，与1949年相比，分别提高了3倍和4倍。到1959年玉门油矿已建成一个包括地质、钻井、开发、炼油、机械、科研、教育等在内的初具规模的天然石油工业基地，当年生产原油140.5万吨，占全国原油总产量的50.9%。玉门油矿在开发建设中取得的丰富经验，为当时和以后全国石油工业的发展，提供了重要借鉴。他们立足发展自己、放眼全国，哪里有石油就到哪里去战斗，形成了著名的"玉门风格"，成为新中国石油工业的摇篮。中国著名的石油诗人李季在《玉门颂》中写下脍炙人口的诗句："苏联有巴库，中国有玉门。凡有石油处，就有玉门人。"这是当年对玉门油矿最好的写照。

经过3年的恢复，到1952年底，全国原油产量达到43.5万吨，为1949年的3.6倍，为旧中国最高年产量的1.3倍。其中，天然石油19.54万吨，占原油总产量的45%，人造石油24万吨，占55%。

二、石油工业发展的春天——"一五"计划顺利实施

在第一个五年计划（1953—1957年）期间，能不能找到大油田、大油田究竟埋藏在哪里，成为首先要解决的重大发展战略问题。为此，主持"一五"计划编制工作的陈云同志高度重视石油工业，把石油与农业、交通运输并列为"一五"计划发展的三大重点，强调："哪里有油，中央都要全力支持（勘探开发）。"

（一）全国范围内开展石油地质普查工作

1953年年底，毛泽东主席、周恩来总理和其他中央领导同志把地质部部长李四光请到中南海，征询他对中国石油资源的看法。毛主席十分担心地说，要进行建设，石油是不可缺少的，天上飞的，地下跑的，没有石油都转不动。李四光根据数十年来对地质力学的研究，从他所建立的构造体系，特别是新华夏构造体系的观点，分析了中国的地质条件，陈述了他不同意"中国贫油"的论点，深信中国的天然石油资源蕴藏量应当是丰富的，关键是要抓紧地质勘探工作。他提出，应当打开局限于西北一隅的勘探局面，在全国范围内广泛开展石油地质普查工作，找出几个希望大、面积广的可能含油地区。

1954年3月1日，石油总局局长康世恩邀请李四光到石油总局作了题为《从大地构造看我国石油勘探的远景》的报告。李四光说："我认为提出下面两点，对我们的石油勘探工作有很大关系，一是关于沉积条件，二是关于地质构造的条件。这两点不是孤立的，当然是有联系的。"他说："可以这样考

虑：从东北平原起，通过渤海湾，到华北平原，再往南到两湖地区，可以先做工作，先从新华夏系的旁边摸起，同时在覆盖地区着手摸底，物探、钻探都可以上，看来是有重要意义的。"

为了迅速扭转石油普查勘探工作的落后局面，国务院决定从1955年起，除由燃料工业部石油管理总局继续加强对可能含油构造的细测和钻探外，并由地质部、科学院分别担任石油和天然气的普查工作和科学研究工作。1955年1月20日，地质部召开第一次石油普查工作会议，根据会议决议，组成了新疆、柴达木、鄂尔多斯、四川、华北5个石油普查大队。6月，又决定组织松辽平原踏勘组。

1955年全国人民代表大会正式通过"一五"计划，指出："石油工业在中国特别落后，不但产量低，设备能力很小，而且资源情况不明。因此，要求我们大力勘察天然石油资源，同时发展人造石油，长期地积极地努力发展石油工业。完成第一个五年计划的建设后，中国的石油工业仍十分落后，远不足以供应国民经济的需要，必须继续不懈地努力，克服中国石油工业这个特别薄弱的环节。"同时，我国决定从苏联引进技术和设备，建设一座现代化大型炼油厂。

"一五"计划期间，油气勘探硕果累累，发现了很多可能储油的构造，同时通过对华北平原、松辽平原的概略普查，认为这两个地区有较好的含油前景，值得进一步开展工作。因此，决定组成松辽石油普查大队和112物探队，开展全盆地的石油普查工作。截至1957年年底，石油系统共做了地质调查29万平方公里，详查细测了170多个构造，并在51个构造上进行了钻探，共打探井84万米，是新中国成立前43年总进尺的20多倍。

（二）克拉玛依之歌——石油工业建设掀起高潮

1955年9月1日，中央人民政府石油工业部成立，李聚奎上将被任命为石油工业部部长。1955年9月10日，石油工业部部长助理康世恩率代表团赴苏联学习借鉴苏联石油勘探开发技术。新成立的石油工业部主要在准噶尔、河西走廊、柴达木、四川、鄂尔多斯5个地区进行了重点勘探。1955年10月，新疆石油管理局钻探的黑油山1号井（今称克1井）获得工业油流，由此发现克拉玛依油田。这是新中国自己勘探找到的第一个年产量100万吨以上的大油田，也是新中国成立以来在石油勘探上的第一个重大突破，用事实证明了中国有着广阔的含油气远景。

1956年，在中国共产党第八次全国代表大会上，石油工业部部长李聚奎在发言中说，新疆的克拉玛依油田，面积已达130平方公里，储油面积还在扩大，可采储量在1亿吨以上。毛泽东等中央领导同志两次听取石油部李聚奎、康世恩的汇报。

克拉玛依油田的开发打破了当时的沉闷局面，证明了陆相沉积贫油论是不符合事实的，中国是有着广阔的含油前景的。克拉玛依油田的勘探开发，引发了让中国石油人深刻思考的问题，中国油气田的开发该怎样探索和走出自己的道路。克拉玛依油田的开发方案先后三次送到莫斯科去审定，储层没有搞清楚，把冲积扇砂砾岩当作均质砂岩看待，投产以后又重新调整，花费了几年功夫，这告诉我们完全照搬苏联的模式是不科学的，也是行不通的。

国务院组织13个部委支援克拉玛依，全国16个省市自治区的35个城市为克拉玛依生产设备和器材，几万名建设者从祖国四面八方汇集而来。克拉玛依油田勘探开发初期，没有一间房，没有一条路，领导和工人们都住在帐篷和自挖自建的地窖里，连第一例阑尾炎手术也是在帐篷里的马灯下进行的。生产生活用水要从几十公里以外的地方用汽车拉运，按人分配，定量供应。有时汽车出故障，几天供不上水，只能用矿化度很高的苦水洗漱。蔬菜从上百公里以外的地方拉来，经常靠海带和粉条下饭。沙漠边缘的大陆性气候，冬季严寒，夏季酷暑难耐，春天狂风肆虐，秋天蚊蝇野兽成群。就是在这种十分艰苦的条件下，建设者们吃大苦，耐大劳，夜以继日地建设着油田，相继又发现了白碱滩油田、百口泉油田、乌尔禾油田和红山嘴油田。1958年克拉玛依油田年产原油

33万多吨，1960年达到163万余吨，占当年全国原油产量的39%，是大庆油田发现以前全国最大的石油生产基地。1958年9月，时任中共中央副主席朱德视察克拉玛依时，高兴地说："三年时间，在荒凉的戈壁滩上，建立起一座4万人口的石油城市，这是一个很大的成绩，也是一个动人的神话。"

"一五"期间，国家尽管资金紧张，但仍加大了对能源建设的投资。五年中，国家共向石油行业投资19.6亿元，实际完成19.5亿元。1957年全国石油产量达到145.8万吨，比1949年增长11.4倍，其中天然油达到86万吨，增长11倍多，人造油59.7万吨，增长近11倍；石油职工总数增加到14.1万人，其中石油勘探方面的工人、干部、技术人员有4.6万人，增加了8倍多；技术装备水平也有了提高，开始形成了一支石油产业大军。

三、向新中国成立10周年献上的一份大礼——大庆油田的发现

1958年2月，中共中央在成都召开工作会议，制定了社会主义建设总路线，时任国务院副总理邓小平开始主管石油工业，独臂将军余秋里出任石油部长。

（一）四个石油天然气基地的形成

余秋里到石油部以后立即和康世恩赶赴四川。康世恩根据部党组的决定和当时的勘探形势，在现场会上作了关于1958年石油勘探部署和大战川中的报告，正式揭开川中石油会战的序幕。石油部迅速从全国各油田调动人员和物资进入四川，发现了东起重庆、西至自贡、南达叙水的天然气区，发现南充、桂花等7个油田，结束了西南地区不产石油的历史。

1958年，青海石油勘探局在地质部发现冷湖构造带的基础上，在冷湖5号构造上打出了日产800吨的高产油井，并相继探明了冷湖3号、4号、5号油田。到50年代末，全国已初步形成玉门、新疆、青海、四川4个石油天然气基地。1959年，全国原油产量达到373.3万吨（含人造石油）。其中4个基

地共生产原油276.3万吨，占全国原油总产量的73.9%，四川天然气产量从1957年的6000多万立方米提高到2.5亿立方米。

（二）大庆石油会战拉开序幕

"两部一院"通力合作，松辽盆地勘探找油。石油勘探战略东移以后，地质部、石油部、中科院加大了东部勘探和研究力度。余秋里给石油部带来了雷厉风行的工作作风，说干就干。石油部成立了松辽勘探机构，机构一年升格三次：1958年4月，成立松辽石油勘探大队，5月升格为松辽石油勘探处，6月成立松辽石油勘探局。勘探局由李荆和担任局长，宋世宽、只金耀为副局长，下辖三个勘探大队：黑龙江大队、吉林大队、阜新大队。

松基3井喷油，松辽盆地现曙光。松基3井是中国石油史上闪耀着光辉的里程碑，是新中国石油崛起的奠基石。这样评价松基3井的地位和作用丝毫不为过。由于历史的久远，时代的变迁，现代人很难体会到新中国对石油急迫期盼的情感。1959年国家计划石油500万吨，而国内只能生产205万吨，缺口近300万吨。当时我国同西方国家几乎没有外交关系、贸易关系，他们不卖给你油！和苏联的关系也已开始破裂，但也只能从苏联、罗马尼亚等社会主义国家买石油，而国内经济受到严重挫折，财政极其困难，只有不到一亿美元的外汇储备，还要偿还外债，拿不出过多的钱买油。毛泽东和其他中央领导同志极其关注石油工业的发展。为了改变落后的石油面貌，党中央、国务院决定加大松辽盆地的勘探力度。

1958年7月9日—11月1日，石油工业部松辽石油勘探局在松辽盆地东北斜坡地区钻了第一口基准井——松基1井，井深1879米，钻穿了白垩系地层，到达盆地基底的古老岩层上，一无所获。同年8月，又在盆地东南部的隆起区打了松基2井，遇到了一套致密的下白垩地层，仅见到少量的油气显示。前两口基准井出师不利，第三口基准井的井位选择，就成了一个十分突出的重要问题。对松基3井的井位，有多种意见和争论，有人主张定在西

部泰康（现杜尔伯特蒙古族自治县）附近的隆起上，也有人主张定在盆地西南部的开通地区，理由是急需了解深部地层。松辽局将这些意见呈报石油部后，石油部勘探司经过反复研究认为，南部已有深井控制，探明南部深部地层不是最迫切需要解决的问题。况且井位没有定在构造或是隆起上，不完全符合基准井探油的原则。

科学家的睿智，提出松基3井方案。 1958年9月，石油部和地质部的有关技术人员张文昭、杨继良、钟其权、韩景行、朱大缓等一起联合召开会议，研究了地质部的资料，经过协商，取得了一致意见，同意将松基3井井位定在大同镇高台子隆起上。会后，松辽石油勘探局向石油部正式呈报松基3井井位意见和确定井位的5点依据：其一，在松辽盆地西部没有一口深井资料的情况下，迫切需要钻一口基准井，以了解西部含油气情况及地层岩性；其二，该井与松基1井、松基2井相距90公里以上，略呈等边三角形，符合基准井井位分布原则；其三，井位定于高台子隆起，沉积岩厚约2650米，可钻达基岩同时又起到探油作用；其四，在同一电法剖面上有3个隆起，高台子仅是其中一个，通过松基3井的钻探，对另外两个隆起的含油情况可作进一步的评估；其五，交通方便，靠近哈尔滨至齐齐哈尔铁路。

石油部领导和勘探司的同志反复审查了这个方案，觉得大的方向是对的，但要定下井位，证据还不够充分，资料也不够齐全，建议进一步收集资料。9月中旬，张文昭和钟其权到地质部长春物探大队和朱大绶一起收集通过太平屯高台子地区的地震反射剖面，新的地震成果表明高台子有明显的背斜与大同镇电法相吻合，进一步肯定了松基3井的井位。于是，他们于9月下旬再次向石油部呈报了松基3井井位的补充依据。

石油部领导又做了进一步的审查，提出为了慎重稳妥，要求用新的勘探成果完善和修正原来的认识。10月初，松辽石油勘探局钟其权等人，到黑龙江明水县物探大队驻地，了解大同镇地区新的地震成果。地震队现场提交了大同镇高台子地区的地震构造图，图中清楚地表明高台子构造的确是一个大型隆起带上的局部圈闭。根据这一新的资料，钟其权等人对原定松基3井井位做了稍小移动，定在高台子与小西屯之间，随后又到现场进行踏勘，立下木桩为据。1958年11月14日，松辽石油勘探局向石油工业部呈报了松基3井井位图。11月29日，石油工业部批准了松基3井井位。

自主决策果断试油，提前发现大庆油田。1959年2月8日农历己亥年春节，在石油部办公大楼康世恩召集勘探司翟光明和石油科学研究院余伯良以及松辽石油勘探局的李荆和、宋世宽、张文昭等人开会。康世恩一针见血地指出前两口基准井失利的原因："第一口基准井打在凸起的斜坡上，不到2000米就打进变质岩，没有见到油气显示，看来没有打到地方。松基2井打在登娄库构造上，见到一些油气显示，试油没有见到东西，可能太靠近盆地边缘。盆地边缘白垩系露头不具备生油层的条件，我看得向盆地中部去勘探。"康世恩特别强调了第三口基准井对松辽盆地的突破具有十分重要的意义，"重力、磁力、地震资料都是第二性的，要找出油来还要靠打井，真正看看地下是什么东西。""现在松基3井的井位与松基1井、松基2井形成等边三角形，处在不同构造上，又是'坳中之隆'，地理位置十分理想，要尽快准备好开钻。"正是这个决策让大庆油田提前发现。

井位初步定下来了，李德生等专家又根据地质部的地震构造图进行了核对，发现这口井的井位应该往东移，挪到高台子往西一些，太平屯往东一些，因为构造高点在葡萄花，不在高台子。实际井位经过几次确认定了下来。

松基3井的钻井任务由松辽石油勘探局32118钻井队承担。队长包世忠是一位老革命，历任副指导员、连长、副营长、营长、团后勤处长，1956年授予少校军衔，1958年7月转业松辽石油勘探局黑龙江勘探大队32118钻井队队长。当时的副队长是乔汝平，地质技术员是朱自成。这是黑龙江和大庆油田最早的石油钻井队。

32118钻井队4月11日开钻。该井设计井深3200米，根据苏联的经验，

基准井从井口开始全井取心，完钻后自下而上分层试油，取得全套地质资料。但为了加快松基3井的钻探速度，石油部决定在1000米以上用浅钻代替取心，自1051米以下全部取心。当钻至1461米时，已经多次发现油气显示，取出的岩心也见到了油气显示，油砂呈棕黄色，含油饱满，气味浓烈。并两次从泥浆中返出原油和气泡，有一次竟延续了一个多小时。这些气泡收集起来，可以点燃，火焰呈蓝色，证明是石油气，说明井下有较好的油层。同时因为井斜过大，继续钻进有困难，经康世恩批准，立即停钻投入试油。

松基3井提前完钻试油的决策，与苏联专家产生了分歧。7月下旬，康世恩陪同苏联石油部总地质师米尔钦科及中国石油部顾问、专家组组长安德烈依柯等人赶赴哈尔滨，现场技术人员向他们详细汇报了松基3井的钻井工程和地质录井情况，并从现场带来了油层砂样、岩屑及各种地质录井资料。看完这些东西后，康世恩说："这些资料还不够齐全，还不能准确地反映井下油层的情况，应该进行电测和井壁取心。"两天后，井队地质人员把电测资料、井壁取出的岩心及砂样专程送到哈尔滨。

米尔钦科是位很有经验、在苏联享有权威的专家，他看完资料后，认为这口井的油气显示良好，但坚持认为应该加快钻井速度，以便了解深部的含油气情况，然后完钻，按设计程序自下而上逐层试油。康世恩则认为下一步要马上完钻，固井试油，理由有三："第一，打井的目的就是为了找油，见到了油气显示，就要马上把它弄明白，从这口井的资料看，希望很大，但能不能试出工业油流要看实践。第二，这口井打了1460米，井斜就有5.7度，井身不直，再打下去钻井速度会受影响。第三，如果打到预计井深得一年多的时间，油层被泥浆浸泡久了，有油也试不出来了，泥浆会把油层枪毙掉……"没等康世恩说完，米尔钦科就大声喊起来："康，你这样做是不对的，松基3井是基准井，基准井的任务是取全地下资料，这是勘探程序规定的，不能随便更改。"

康世恩深深知道，松基3井试出油来，松辽盆地就可能找到油田，石油工业向东部转移的战略目标才能变为现实。他马上给北京打电话，向余秋里部长汇报了与米尔钦科的争论及自己的想法。余秋里坚决支持康世恩的决定，并让康世恩在现场按这个方案组织力量实施。后来的实践充分证明，这个决策对至少提前一年多发现大庆油田，起着决定性的作用。

松基3井停钻试油，紧接着遇到的便是固井问题。松基3井井身有斜度，固井难度大，再加上松辽石油勘探局成立不久，没有固井的人才和经验。考虑到这些，康世恩立即给玉门石油管理局局长焦力人发电报，要玉门局钻井总工程师彭佐猷带领有固井经验的全套人马，日夜兼程，赶到松基3井帮助完成固井任务。

在制订试油方案时，康世恩仔细地看了各种资料，感到这口井试油任务很重，处理不好，有油可能试不出来，造成前功尽弃。为此，他决定调集石油系统有经验的地质专家和工程师赵声振、邱中建、蒋学明、陈樊营等人组成试油工作组，由赵声振任组长，和松辽局的技术干部一起住在松基3井现场指挥试油工作，并要求他们在试油过程中，每天向部里发个电报，每星期用长途电话集中汇报一次。9月26日，松基3井产量达13吨多，多年的愿望变成了现实，松辽平原上有了第一口真正喷油的井。

恰逢新中国成立十年，油田取名大庆。松基3井喷油的特大喜讯，迅速传遍松辽盆地，传向哈尔滨、长春，又以最快的速度传向北京，为共和国成立十周年大庆献上一份厚礼。松基3井喷油的第二天，1959年9月27日，松辽石油勘探局黑龙江石油勘探大队党委书记关耀家带着油样向黑龙江省委报捷，省委第一书记欧阳钦、省长李范五等人非常激动。欧阳钦书记说："在我们黑龙江省内找出了石油，这是一件大好事。石油对国家的工业化和农业机械化，都有极其重要的意义。我们黑龙江省一定要全力以赴，支援石油勘探。"11月7日，欧阳钦书记带领省委省政府人员到松基3井慰问，看了井口喷油。在返回大同镇的途中，欧阳钦提议：松基3井在新中国成立十年大庆前夕出油，是向党和祖国献上了一份大礼。这口井位于肇州县大同地区，为了避免将来建成油田后，与山西省的大同煤矿重名，建议把大同镇改为大庆区。以后，省

人大作出决定，把大同镇改为大庆特区，划归安达县管理。石油部和地质部也都认为，"大庆"这一名字很有意义。从此，就把这里发现的长垣叫大庆长垣，这里发现的系列油田统称大庆油田，在这里进行的会战改为大庆会战。

四、炼油工业恢复生产加快建设

在国民经济恢复和第一个五年计划时期，中国炼油工业发展重点放在西北和东北原有老厂的恢复与扩建上，主要是充分利用原有基础，发挥老设备的效能，尽快恢复生产，同时进行改造扩建，扩大生产能力。在国家统一计划和苏联专家帮助下，从1951年开始，中苏石油股份公司（1956年7月更名为新疆石油管理局）恢复和发展了独山子油矿的原油开采和炼油生产。1952年建成第一套常压蒸馏装置，年加工能力7万吨。1951—1954年共生产原油17.46万吨，加工原油17.33万吨，成为新疆第一个石油生产矿区和比较完备的石油生产基地，为新疆石油工业的发展奠定了初步基础。

1956年4月兰州炼油厂破土动工，1958年9月一期工程只用两年零五个月时间就全部建成，比国家计划提前15个月，节约投资1055万元。周恩来为兰州炼油厂开工投产题词。

1953年以后，全国炼油工业进入发展时期。到1954年底，原有老厂全部恢复了生产，接着又进行改造扩建，全国原油加工和人造石油生产能力得到了迅速发展。不仅扩大了原油加工能力和石油产品产量，而且在加工工艺技术、石油产品开发、炼油催化剂与油品添加剂方面得到初步的发展，炼油生产技术落后的状况有所改变。先后扩建和新建了上海、克拉玛依、冷湖、兰州、大连等8个年加工能力为10万～100万吨的炼油厂。1959年生产汽油、煤油、柴油、润滑油四大类油品234.9万吨，主要石油产品自给率达到40.6%。全国原油加工能力达到245万吨，实际加工173.6万吨，比1952年分别增长1.48倍和2.25倍。抚顺石油一厂、二厂等人造石油基地，也得到了恢复和发展。抚顺石油二厂人造石油项目原计划建设60万吨/年页岩油生产能力，其中一半于1959年建成。同时，还在广东茂名兴建了一座大型页岩油厂。1959年人造油产量达到97万吨，当时在世界上处于领先地位。"一五"计划时期，国家安排建设的两个石油重点项目（兰州炼油厂和抚顺石油二厂），尤其是兰州炼油厂项目对中国石油工业的发展特别是西部天然石油的东运加工意义重大。结合这两个国家重点项目的建设，苏联从人才、技术、设备、资金和管理经验方面都给予了帮助和支援。第一个五年计划期间是新中国石油工业的创建时期，为新中国现代石油工业的建立和发展打下了很好的基础。

1960—1978：中国石油工业高速发展

　　1960年3月，一场关系我国石油工业命运的大规模石油会战在大庆揭开了序幕，在"我为祖国献石油"的高歌中，千千万万名青年才俊投身祖国石油工业建设，彻底改变了中国石油工业布局。之后，又相继发现胜利、任丘古潜山、长庆等一批高产油田。1963年，全国原油产量达到648万吨。同年1月，周恩来总理在第二次全国人民代表大会第四次会议上庄严宣布，中国需要的石油，现在已经可以基本自给，中国人民使用"洋油"的时代即将一去不复返。1965年我国原油产量突破千万吨；1976年，大庆油田年产量突破5000万吨；1978年我国原油产量突破亿吨，使我国跃居世界产油大国的行列。我国在1965—1978年的13年间，原油年产量以每年递增18.6%的速度增长，原油加工能力增长5倍多，保证了国家需要，缓和了能源供应的紧张局面。1973年，我国开始对日本等国出口原油，为国家换取了大量外汇。

一、大庆会战——谱写中国石油工业史上最壮丽的胜利凯歌

（一）全国动员

　　1960年1月7日，在上海的锦江饭店，毛泽东主席主持召开中央会议，会议结束时毛泽东大声说："余秋里同志，你那里有没有一点好消息呀？"

余秋里回答说："好消息还是有一点的！""从松辽勘探的情况看，这回大油田我们已经拿到手了！"余秋里的一番话，使整个会场气氛顿时活跃起来。"主席，不光是大油田，可能还是世界级的特大油田！"这是余秋里第一次把大庆油田的勘探情况报告给毛泽东主席，让中央的最高层知道了大庆油田。2月，余秋里和李人俊向邓小平汇报工作，提出准备集中石油系统一切可以集中的力量，用打歼灭战的办法，在松辽地区开展一场勘探开发石油的大会战。邓小平当即表示同意，让石油部党组正式给中央写个报告。

根据邓小平的指示，石油部党组于1960年2月13日给党中央、国务院写了《关于东北松辽地区石油勘探情况和今后工作部署问题的报告》，提出集中兵力打歼灭战，用大会战的方法拿下大油田。中共中央迅速做出批示，并以中央文件形式，向华东局、黑龙江和有关省市自治区党委、国家计委、经委、建委、地质部和其他有关部的党组进行批转，指出："中央同意石油部党组《关于东北松辽地区石油勘探情况和今后工作部署问题的报告》。现发给你们，望予支持和协助。石油部为了加快松辽地区石油的勘探和开发工作，准备抽调各方面的部分力量，进行一次'大会战'。这一办法是好的，请各地在不太妨碍本地的勘探任务的条件下，予以支援。"

一场标志着从根本上改变我国石油工业面貌的石油大会战拉开了序幕。中央军委抽调3万多名复转官兵参加会战。全国有5000多家工厂企业为大庆生产机电产品和设备，200个科研设计单位在技术上支援会战，石油系统37个厂矿院校的精兵强将和大批物资陆续集中大庆开始了史无前例的石油大会战。

（二）甩开钻探，三点定乾坤

松基3井出油以后，为了尽快搞清油田的地质情况，1959年12月26日，余秋里部长带领翁文波、张俊、李德生、童宪章、王纲道、姜铺志、董恩环等专家到大庆视察，召开了两天技术座谈会，研究油田富集区问题。在仔细分析长垣北部地质资料、长垣地震构造图等资料后，经与松辽局及石油工业部专家反复讨论，会议决定打破常规勘探程序，不采用近距离十字剖面布井的方法，甩开钻探，在长垣北部的萨尔图、杏树岗、喇嘛甸这三个北部构造上布置三口探井。

1960年3月11日，位于长垣北部萨尔图构造上的第一口探井—萨66井完钻喷油，试油初期最高日产量达到148吨，生产能力远远超过长垣南部的探井。像这样高的产量，这样厚的油层，这样好打的井，在中国石油勘探史上是第一次。会战领导小组预计长垣北部的油层厚度大，产量高，且靠近铁路线，交通更便利，因此当机立断，改变会战部署，把主攻地区从大同镇附近移往北部的萨尔图。

1960年4月9日，杏树岗构造上的第一口探井——杏66井也喷出高产油流。1960年4月25日，大庆长垣最北部的喇嘛甸构造上，第一口探井——喇72井完钻喷油，日产油量达到174吨。萨66井、杏66井和喇72井陆续喷出高产量的工业油流，证明大庆长垣北部的三个构造不但含油，而且油层更厚，产量更高。因此，当时人们把这三口井喷油，称作"三点定乾坤"。

"三点定乾坤"的启示是深刻的，它打破了传统的思维和做法，敢于做前人所没有做的事情，为后来的勘探找油提供了丰富宝贵的经验，为尽快搞清大庆油田的地质储量，加快大庆油田的开发作出了突破性的贡献。如果说松基3井喷油提前发现了大庆油田，"三点定乾坤"就是大大加快了搞清大庆油田的储量，保证了"高速度、高水平"地拿下了大庆油田。它表明在中国共产党领导下，中国的石油人，走独立自主、自力更生的发展道路，依靠自己的智慧和技术，有能力勘探发现大油田，有能力开发大油田。这为当时探索中国工业化道路增强了自信，提供了宝贵的经验。

（三）石油大会战的目标是高速度、高水平地拿下大油田

1960年3月27日，在松辽会战第二次筹备会议上，康世恩解释说："所谓'高速度'就是安装快、钻井快、试油快、建筑快，一切工作都要快。根据这个地区的地层条件，两三天打一口井是有可能的。目前主要是解决水的问题，有

了水就有高速度，现在还不要喊一天打一口井，可以喊一个星期一口，因为现在还不具备，但大家可以创造。钻井工作上还要进行一系列技术革命。""所谓'高水平'，就是一切工作只准有一切优点，不准有缺点。井钻得合乎要求，固井质量全部合格，试油工作要取到全部资料，必须做到准确、标准，丝毫没有马虎，要有严格的纪律，质量不合格，要通报，要批评。这个油田的开发，部党组要求三年不递减，八年递减率不超过5%。"这种要求形象具体，在工作上便于操作。有力地推进了大会战的进程。这个讲话把"高速度"具体为五个快，把"高水平"具体为一切工作只准一切优点。他的讲话核心精神是快中求好，好中求快，实现好和快的统一。整个大会战的过程体现了这个会战的方针，用了一年零三个月探明了含油面积和地质储量。1960年4月29日召开万人誓师大会，6月1日第一列原油列车开出；1960年计划生产原油50万吨，到年底完成了97万吨；为了解决五万人过冬的住房问题，用了100天建了30万平米的干打垒，人进屋、菜进窖、车进库、设备进厂房，仅用了900多万元；创造钻机整体搬家，提高钻井速度一年可以多打几百口井；难忘的"4.19"事故，铁人王进喜带头填了井斜过大的不合格井，大大地促进了钻井质量的提升；在工作要求上提出了"人人出手过得硬，项项工程质量全优，事事做到规格化，在用设备台台完好，处处做到增产节约。"从大庆石油会战的资料中看，所有重大建设项目都做到了提前竣工、提前投产，效率和效益取得最佳成果。

为了保证石油大会战的展开，实现"高速度，高水平"战略目标的实现，必须建立一个运筹帷幄，敢于斗争，敢于担当，敢于胜利，具有高超领导艺术的指挥部。石油部党组决定由余秋里部长和康世恩、孙敬文等副部长直接到一线指挥会战；由李人俊、周文龙副部长等人在二线主持日常工作，并做好大庆会战的后勤支援。正是由于有了这样的领导集体，强有力地推进石油大会战，带领会战大军"高速度、高水平"地拿下了大庆油田，探索出了中国石油工业发展的道路，为推进中国工业化的进程提供了宝贵经验。

三年多大庆石油大会战的实践证明了"高速度、高水平"，是速度和质量的统一，效益和效率的统一，实现了中国石油工业的崛起，甩掉了中国贫油的落后帽子。三年多的大庆石油会战创造了油田勘探开发的奇迹，用了一年零三个月探明了大庆油田地质储量是22.6亿吨，是当时世界十个特大油田之一，从理论和实践上证明了陆相沉积不但有油，而且有大油田，从而使中国开始走向世界石油大国的行列。在大庆油田的开发上，到1963年已经建成了年产439万吨的生产能力，到1963年底累计生产原油1166万吨，占当时全国产量的60%。1963年12月4日，周总理在全国第二届人民代表大会第四次会议上宣布："由于大庆油田的开发建设，在石油产量和品种上实现基本自给了。"而且大庆石油会战实现了高效率、高效益，三年多累计国家投资7.1亿多元，上交给国家的利润11.6亿元，投资回报率149%；全员劳动生产率由1960年的4886元上升到1963年的16265元，增长了两倍多。

（四）"铁人精神"——中国工业战线上的一面光辉旗帜

苦难磨砺下的石油行业，从来不缺少英雄，王进喜尤为知名。他率领1205钻井队艰苦创业，打出了大庆油田第一口生产井，并创造了年进尺10万米的世界钻井纪录，展现了大庆石油工人的气概，为我国石油事业立下了汗马功劳。王进喜以"宁可少活二十年，拼命也要拿下大油田"的"铁人精神"激励了一代代的石油工人。1960年春，这个连小学都没上过的放羊娃，从西北的玉门油田率领1205钻井队加入了大庆会战。一到大庆，呈现在王进喜面前的是许多难以想象的困难：没有公路，车辆不足，吃和住都成问题。但王进喜和他的同事下定决心：有天大的困难也要高速度、高水平地拿下大油田。钻机到了，吊车不够用，几十吨的设备怎么从车上卸下来？王进喜说："咱们一刻也不能等，就是人拉肩扛也要把钻机运到井场。有条件要上，没有条件创造条件也要上。"他们用滚杠加撬杠，靠双手和肩膀，奋战3天3夜，38米高、22吨重的井架迎着寒风矗立荒原。这就是会战史上著名的"人拉肩扛运钻机"。要开钻了，可水管还没有接通。王进喜振臂一呼，带领

工人到附近水泡子里破冰取水，硬是用脸盆、水桶，一盆盆、一桶桶地往井场端了50吨水。经过艰苦奋战，仅用5天零4小时就钻完了大庆油田的第一口喷油井。在随后的10个月里，王进喜率领1205钻井队和1202钻井队，在极端困苦的情况下，克服重重困难，双双达到了年进尺10万米的奇迹。在那些日子里，王进喜身患重病也顾不上去医院，几百斤重的钻杆砸伤了他的腿，他拄着双拐继续指挥；一天，突然出现井喷，当时没有压井用的重晶粉，王进喜当即决定用水泥代替。成袋的水泥倒入泥浆池却搅拌不开，王进喜就甩掉拐杖，奋不顾身跳进齐腰深的泥浆池，用身体搅拌，井喷终于被制服，可是王进喜累得站不起来了。房东大娘心疼地说："王队长，你可真是铁人啊！""铁人"的名字就是这样传开的。王铁人为发展祖国的石油事业日夜操劳，终致身心交瘁，积劳成疾，于1970年患胃癌病逝，年仅47岁。王进喜干工作处处从国家利益着想，他重视调查研究，依靠群众加速油田建设，艰苦奋斗，勤俭办企业，有条件上，没有条件创造条件也要上，建立责任制，认真负责，严把油田质量关。他留下的"铁人精神"和"大庆经验"，成为我国进行社会主义建设的宝贵财富。用余秋里、康世恩的话说："大庆石油会战，就是决定中国石油命运的一战，是背水一战！"就是在这种环境下形成了"铁人精神"，这是我们学习和理解"铁人精神"形成的一把钥匙。

（五）"三老四严""四个一样"作风的形成

"三老四严"和"四个一样"是大庆人作风的灵魂，是大庆精神内涵的核心。从大庆石油会战和石油工业的实践来看，几万人上战场，150多个工种协同作战，一线队伍大都在野外发散作业，互相紧密相连，而又往往各自为战。这些特点决定了，更要讲科学性、组织性、自觉性。石油部党组在讨论中，紧密联系1958年"大跃进"的实际，有的单位搞浮夸、说假话，在油田勘探开发中，因工作做得不细，缺乏科学态度，造成了工作上的失误，因此，要提倡"说老实话"，"办老实事"。余秋里同志说还应该增加一个

"当老实人",而且要放在第一位。只有当老实人,才能说老实话,办老实事。邓小平同志说过:"搞石油,搞原材料工业,更是要干老实事,不能找捷径。"经过部党组研究,决定把"当老实人、说老实话、办老实事",作为作风建设的核心内容。以后,又根据石油工业的特点,提出了严格的要求,严密的组织,严肃的态度,严明的纪律。

1960年9月,康世恩第一次来到采油三矿四队视察。他深情地对全队工人说:"现在你们虽然住的是干打垒,吃得是粗粮野菜,但是你们身上的担子是很重的,我只有一点要求,希望大家用一个'严'字和一个'细'字,做好你们的工作,高水平拿下大油田,打一场为中国人民争光的志气仗。"康世恩的话深深地印在了每个职工的心中。从这以后,这个队坚持"严细"两个字,成为大庆油田著名的"三老四严"的发源地。这年冬天的一个早晨,队长辛玉和到西6排2井去检查。途中,发现新来的学徒工小孙手里拎着一个新刮蜡片,急匆匆地赶到了井上。辛队长感到有点纳闷:小孙井上的那个刮蜡片,前几天还是好好的,今天怎么又要换新的了?于是,辛队长返身回到了材料库。材料员拿出一个变形的刮蜡片,告诉队长:小孙今天早上清蜡时没有仔细检查,就关闭了阀门,结果把刮蜡片挤扁了。辛队长思绪万千,康部长的话又回响在耳边:"干革命工作不能没有严细作风,不能缺少老实态度。"可是今天,小孙的隐瞒事故不是老实态度,这样下去,怎么行呢?于是,辛队长就回到了西6排2井,走进了值班室,看见小孙刚换完新的刮蜡片。辛队长开门见山地说:"小孙你为怎么又领了一个新刮蜡片?"小孙脸一红说,队长我错了。为了用这件事教育全队的职工,经过队党支部的研究,第二天在小孙工作的那口井召开了现场会。会上,小孙作了发言,检讨了自己工作上的缺点。大家回顾了四队的好传统,采油工的工作特点是单兵作战,没有老实的态度、严格的要求,是管不好井的。辛队长语重心长地说:"我们要把这个变形的刮蜡片挂在墙上,让全队的职工天天看到,时时想到,要说老实话,做老实人,要严格要求自己,对每一件事情都要有严肃的态度。这样我们才能管好自己的井。"就这样,"当老实人,办老

实事，说老实话；严格的要求，严肃的态度"的"三老两严"活动，在三矿四队认真地开展起来，在全队逐渐形成了严细认真的作风。1962年2月，在石油部局厂干部会议上，经过大家多次讨论补充，经部党组决定，把这种严细作风概括为"三老四严"的行业作风，即"当老实人，办老实事，说老实话；严格的要求，严肃的态度，严密的组织，严明的纪律"。这就是誉满全国工业战线的"三老四严"的形成过程。

"四个一样"是在1962年6月，大庆会战工委建立和推行岗位责任制的过程中，结合油田生产实际，开展树立岗位责任心教育，增强广大工人的主人翁责任心和执行制度的自觉性，总结和树立了采油指挥部的李天照井组。李天照井组管理的中区6排17井组是一口边缘油井，1961年7月投产，投产以来没有发生一起事故，井场设备863个焊口、170多个闸门没有一个漏油漏气；记录上万个产量和压力数据无一差错；井上使用的大小工具无一损坏和丢失；油井长期安全生产，月月超额完成原油生产任务。他们为什么能够管理好油井呢？会战工委及时总结了这个井组的经验和做法，这就是他们长期做到了"黑天和白天干工作一个样，坏天气和好天气干工作一个样，领导不在场和领导在场干工作一个样，没人检查和有人检查干工作一个样。"会战工委召开大会和现场会推广李天照井组的经验和做法，在整个油田起到了积极的推动作用，保证了岗位责任制的贯彻执行，提高了油水井和泵站的管理水平。"四个一样"成为了大庆职工队伍的优良传统。

（六）建成我国第一条长距离输油管线

随着大庆油田长垣的开发，大庆油田的产量到1970年达到了2000多万吨，大庆油田的原油外输成了瓶颈，光靠铁路运输已经满足不了需要，由于铁路运输紧张，不得不关停数百口油井。周总理决定，立即召开由国家计划委员会、经济委员会、燃料化学工业部（简称燃化部）、第一机械工业部等部委领导参加的紧急会议，研究对策、制定方案。康世恩同志向李先念同志汇报了世界上运输业已由铁路、公路、水运、航空四大产业发展为包括管道运输的五大产业，我国独缺长距离的管道运输业。要解决大庆油田的原油外输问题，只有修建大口径长距离管道运输。

1970年7月中旬，国务院、中央军委联合发出了《关于建设东北输油管道的通知》。周总理通知沈阳军区司令员陈锡联：中央决定抢建东北输油管道，请沈阳军区牵头，人选由你确定，燃化部派人参加领导。陈锡联同志确定由沈阳军区副司令员肖全夫挂帅，燃化部决定派张文彬副部长参加领导管道建设。1970年8月3日，沈阳军区司令员陈锡联主持召开了建设第一条输油管道的会议，这次会议正式拉开了抢建中国第一条长距离、大口径输油管道的帷幕。

18万抢建长距离、大口径输油管道的大军，开始了一场新的大会战。整个工程项目比国家计划提前两个月完成，到1971年11月7日油头顺利到达抚顺，输油管线一次投产成功。工程全长663.3千米，采用720毫米的管径，掀开土方600余万立方米，穿越145条河流、21处铁路公路；拥有13座加热泵房，33个5000立方米和10000立方米的金属和非金属储油罐；发电厂和变电所两座，高压输电线路280余千米，机务站13座，通信线路800余千米；使用各种钢材16万吨，总投资2.93亿元，每年可输油2000万吨，相当于40多万个车皮、一万多列车次的运输能力。

（七）工业学大庆

大庆油田的开发，不仅为中国经济建设奠定了重要的物资基础，而且为中国人民战胜困难、奋发图强建设祖国提供了思想激励，留下了一份丰厚的精神财富。以王进喜为代表的大庆石油工人、科学技术人员和干部，在油田开发最艰苦时期，吃大苦，耐大劳，公而忘私，奋勇拼搏，表现了60年代中国工人阶级的时代面貌，也创造了世界石油开发史上的奇迹。他们"宁肯少活二十年，拼命也要拿下大油田"的牺牲精神，他们"有条件要上，没有条件创造条件也

要上"的奋斗决心，感动和教育了几代人。大庆人创造的"当老实人，说老实话，办老实事"，"严格的要求，严密的组织，严肃的态度，严明的纪律"以及"黑夜和白天干工作一个样，坏天气和好天气干工作一个样，领导不在场和领导在场干工作一个样，没人检查和有人检查干工作一个样"等"三老四严""四个一样'"的工作作风，表现了中国工人阶级的崇高品质。它们体现出中国工人阶级由衷的使命感，体现出了大庆人忠于党和人民事业的情操。

1964年1月25日，毛泽东主席向全国人民发出了"工业学大庆"的号召。2月5日，党中央发出了关于传达《石油部关于大庆石油会战情况的报告》的通知，肯定了大庆的经验，认为大庆的主要经验具有普遍意义。4月20日，周恩来总理在上海发表推进"工业学大庆"的讲话，指出了对"工业学大庆"运动应持的正确态度：学大庆要实事求是，有干劲、讲科学；要学习大庆的精神和主要经验，树立本地区、本单位自己的先进典型，把学大庆运动普遍、深入、持久地开展下去。这是中央领导人第一次对学习运动的指示，这个讲话用文件发到全国，及时指导推进了学习运动。

大庆油田的开发是中国国民经济建设的重大事件，也是20世纪60年代具有国际影响的大事。大庆油田的开发，结束了中国贫油的历史，在理论和实践上证明陆相沉积有大油田。周恩来1966年5月4日第三次到大庆，他说："大庆是成功的。"大庆油田的开发探索，找到了符合中国实际的石油工业建设发展的路子。

二、华北石油会战

（一）渤海湾石油会战揭幕

在大庆石油会战取得决定性胜利以后，为继续加强我国东部地区的勘探，1964年1月底，余秋里、康世恩同志决定把大庆勘探指挥部的一万多名职工队伍成建制地挥师南下，展开华北大会战。大庆勘探指挥部机关、两个勘探处及所属53个地震队、17个钻井队和23个生产辅助队共7700余名职工，冒着零下20～30摄氏度的严寒，迎着风雪，先后搬迁进关。到1964年2月中旬，把4500台件大小设备、2万吨钻具、材料全部运到天津、沧州、黄骅、徐水等地，以临近天津的渤海湾地区为中心的广阔区域内，开展了石油勘探工作。

1964年1月22日，石油工业部向中央书记处呈送了《关于组织华北石油会战的简要报告》。1月25日中央批示了这个报告，批示中指出："中央同意石油工业部关于组织华北石油勘探会战的报告。"石油工业部党组决定由康世恩兼任华北石油勘探指挥部指挥、工委书记；吴星峰、张文彬任工委副书记；唐克、杨文斌任副指挥。石油工人对当时的环境进行了描述："黄河口白茫茫一片盐碱地，会战大军没地方住，就住老乡的牛棚、羊圈；没水喝，就喝长着绿毛的积水；没粮食，就吃野菜、草籽……"作为3252钻井队的队长，杨洪太和工友们日夜奋战，在全国率先实现了铁人王进喜"班上千，月上万，一年打上十五万"进尺的夙愿。

（二）"九二三"胜利大会战

1962年9月23日，营2井喜获油流，为了纪念这个日子，对外把东营称为"九二三"厂。1965年1月25日，坨11井试油，一次射开全部油层，通过30毫米油嘴放喷24小时喷油1134吨。这是全国产量最高的一口井，是继大庆油田之后发现的又一个大油田。1965年2月2日大年初一，会战职工在坨11井举行祝捷大会，会战副指挥张文彬提议说："我们在胜利村这个地方打出了我国第一口千吨井，在渤海湾盆地站稳了脚。为了纪念这一重大成果，我看，这里就叫胜利油田吧！"从此，胜利油田传遍了祖国的大江南北，记载在中国石油工业的史册上。

为了支援胜利石油会战，根据石油部党组的指示要求，大庆油田立即组织队伍，参加胜利石油会战。大庆会战工委作出决定，1965年调往胜利油田参加会战的职工共一千五百四十人，其中干部五百八十六人。这些同志成为胜利石油会战的骨干，发挥了重要的作用；同年又补充调往华北油田的职工

123人，其中干部33人。

到1965年，在山东探明了胜利油田，拿下了83.8万吨的原油年产量。到1978年，大港油田原油年产量达到315万吨。胜利油田到20世纪70年代达到原油产量增长最快的高峰期，年产量从1966年的130多万吨，提高到1978年的近2000万吨，成为我国仅次于大庆的第二大油田。在渤海湾北缘的盘锦沼泽地区，石油大军三上辽河油田。20世纪70年代以来，在复杂的地质条件下，勘探开发了兴隆台油田、曙光油田和欢喜岭油田，总结出一套勘探开发复杂油气藏的工艺技术和方法。1978年，辽河油田原油产量达到355万吨。

三、四川开启找油会战——重上四川找油气

1965年5月，杭州正在召开中央工作会议，在谈到第三个五年计划制定情况时，毛泽东同志对刚刚由石油部长调到国家计委第一副主任的余秋里同志说："在西南地区光找煤不行，要搞点石油，搞点气。"毛泽东同志做出指示不久，先后有多位中央领导同志先后8次谈到在四川找油、气的问题。主管工业的国务院副总理彭真专门请新任石油部党组书记康世恩同志询问四川的油气情况。1965年6月1日，石油部成立四川石油会战领导小组。根据石油部党组的要求，1965年10月，大庆会战工委作出了决定，《关于为华北、四川地区调配队伍参加会战的报告》中指出："当前石油工业正处于大发展的前夜，华北、四川的任务就是大庆的任务。立足大庆，胸怀全国开发新区、建设新区，从思想上、组织上我们早已作了准备。'发展新区、促进大庆'。从工委领导到各级党委，认识明确，行动迅速，调出队伍不到五天时间全部落实到了人头。做到了专业配套，队伍成建制调动。"这次共调出标杆队八个，有钻井三二一三九队、钻井三二一四三队、采油三矿四队。标杆队、五好红旗队占调出基层队总数的38.3%，党团员占60.4%。到1966年底，四川产气量达到了11.6亿立方米，找到了大气田。

四、鄂尔多斯盆地长庆会战大捷

20世纪60年代，国际形势风云变幻，毛主席提出了"三线"建设大战略。1970年11月3日，会战指挥部在一个叫"长庆桥"的地方正式成立，为后面取名"长庆油田"埋下了伏笔。时任兰州军区副政委的李虎将军临危受命挑起了总指挥和党委书记重担。从指挥部到指挥分部的主要负责人均由部队领导担任。

从会战指挥部发起一号战令开始，一只庞大的大军迅速汇聚陇东，他们一半以上是刚刚集体转业的军人，还有一部分是从甘肃、宁夏、四川油田选调的专家和技术工人。受命参战的官兵接到出征命令后，迅速集结，长途行军，全靠双腿，近距离的要走3～5天，远距离的要走十多天，沿途没有兵站，没有宿营地，脚下是塞北的雪，铺面而来的是沙漠的风，手脸冻肿了，脚上起泡了，没有人叫苦，没有人掉队。留下了一段几万人跑步上陇东的历史佳话。

1970年9月26日，地处马岭的"庆1号"井喷出黑乎乎的油柱腾空十几米，当日产油36.3吨。1971年，马岭地区又有5口油井相继出油，揭开了大会战的序幕，李庄子大会战、马家滩大会战、马岭大会战、红井子大会战、榆林大会战等相继展开。截至1979年底，长庆油田经过8年鏖战，在陕甘宁建成9个油田15个区块，年产原油突破100万吨。从此，长庆油田迈入了发展的新纪元。

1978—2000：持续稳定发展的中国石油工业

1978年，党的十一届三中全会召开之后，中国石油工业驶入了一个持续稳定发展的辉煌时期。在这个历史时期，中国石油工业根据自己改革发展的特点，探索富有中国特色的石油工业发展道路，建立与社会主义市场经济相适应的新体制，对中国石油天然气集团公司和中国石油化工集团公司实行大重组和再重组，使中国石油工业又进入了一个崭新的

发展阶段。1978年以来，中国石油工业随着改革开放的不断深入而不断发展，取得了辉煌的成就：到2000年底，中国石油天然气集团公司原油生产达到1.036亿吨，生产天然气183.1亿立方米；新增探明石油地质储量4.03亿吨；新增天然气地质储量918.3亿立方米；中国石油将作业成本降至4.68美元/桶；原油加工量约0.98亿吨；全年实现净利润552.3亿元。中国石化集团公司2000年底生产原油3724万吨，生产天然气39亿立方米；新增探明石油地质储量1.98亿吨，探明天然气地质储量822亿立方米；原油加工量达到1.117亿吨；全年实现利税559亿元；实现利润231亿元。中国海洋石油总公司2000年油气产量达到2235万吨（油当量），实现利润98.7亿元。

一、国家对石油工业实行一亿吨原油产量包干

1978年12月，党的十一届三中全会胜利召开，重新确立了解放思想、实事求是的思想路线，做出了把全党工作的重点转移到社会主义现代化建设上来的战略决策，提出了改革、开放的重要思想。国家计划委员会党组在《一九七九年国民经济计划的安排》中提出，要充分发挥煤、油、电和建材企业的潜力，努力增加新的生产能力，逐步改变目前供应紧张的局面。石油工业要适应新形势、新发展，就必须确定搞好地质勘探，增加地质储量，为我国的现代化建设多做贡献。

1978年，我国原油产量突破1亿吨大关，达到1.06亿吨。但是，经历十年动乱，资源勘探受到严重影响，勘探投资和勘探工作量大大减少，储量增长速度跟不上原油产量增长速度，老油井产量自然递减加快。1980年原油产量降为1.05亿吨，1982年跌破1亿吨。同时，受国际局势影响，国际油价从1979年的每桶15美元左右最高涨到1981年2月的39美元。这种情况不利于石油工业长期稳定发展。

1981年，小岗村"责任承包制"的大胆尝试得到中央推广，"大包干"

这一行之有效的生产经营形式，从农村走向城市，其旺盛生命力得到了激发和释放。经康世恩提议，石油部党组集体研究后提出的1亿吨原油包干设想正式向国务院提交报告。1981年6月3日，国务院办公厅下发通知批准了这一方案，中国工业战线上的第一个行业包干方案正式出台。简言之，就是在不增加国家投资的情况下，石油部"包干"年产原油1亿吨，超出1亿吨的部分允许石油部自行出口，筹措的资金用于国家对石油工业补充投入。该方案一经实施，就引发了石油工业内在机制的一系列深刻变革。

以胜利油田为例，大包干伊始，胜利油田的年原油产量指标是1590万吨。为了完成任务，胜利油田从管理体制到勘探部署进行了全方位调整，分级包干、责任到人的包干形式由点到面逐步展开。成绩出人意料，1981年超产21万吨；1982年超产34万吨；1983年超产207万吨，到1988年原油产量突破3000万吨，坐稳全国第二大油田的位置。1985年，全国原油产量达到了1.25亿吨。作为我国重要出口战略物资，石油增产为国家赚取了大量外汇，有效支持了改革开放初期各项事业的发展，"大包干"政策卓有成效。

二、石油工业体制改革稳步推进

（一）成立中国海洋石油总公司

随着石油系统的信心恢复，进军海洋战略再度重启。1982年2月15日，中国海洋石油总公司挂牌成立，石油工业部副部长秦文彩出任第一任总经理，他上任后的第二天就向11个国家的41家物探参与公司发出第一批关于南黄海北部物探区、珠江口物探区的第1号和第2号招标通知书，我国海洋石油工业对外合作的序幕正式拉开，美国、英国、日本等国家著名石油公司纷至沓来。

1984年年底，辽东湾钻探锦州20-2-1井成功；时隔不到一年，南海西部第一个自营探井——乌石16-1-5测试成功，日产原油128立方米；1986年6月，在渤海油田绥中36-1-1井测试时发现了我国最大第一个储量超亿吨的海上自营油田——绥中36-1油田。

（二）中国石油化工总公司成立

1981年上半年，地处上海高桥的上海炼油厂和一些化工企业为发展石油化工的综合利用，开始出现联合意向，上海财政科学研究所提交了《组织联合可以大幅度提高经济效益》的报告，国务院对此十分关心，于同年7月7日批示："必须直接动手，突破一点。首先解决上海高桥地区的联合，取得经验，然后再着手搞第二个、第三个。"在推进上海高桥地区石油化工企业实行联合的同时，党和国家领导人开始考虑全国范围内的炼油与石油化工的综合利用。1981年9月，决定由国务院副总理康世恩任组长，成立国务院石油化工、化纤综合利用规划小组。1982年9月18日，国务院常委会议决定对用好1亿吨石油和组建中国石油化工总公司进行具体研究。

1983年7月12日，中国石油化工总公司在人民大会堂宣告成立，由李人俊任董事长，陈锦华任总经理。时任中共中央政治局委员、国务院副总理姚依林参加大会并致辞。他说："党中央、国务院经过充分论证，下了最大的决心，把分散在各部门、各地区的39个大中型石油化工企业高度地联合起来，切断同条条块块的行政领导关系，组成全国最大的石油化工总公司，这是一项重大的决策。"

新成立的中国石油化工总公司，囊括了分属20个省市自治区政府和3个部的39家企业以及下属单位，主要的大中型炼油厂和一坪化工厂、北京长城高级润滑油公司划归中国石油化工总公司领导，其原油一次加工能力1983年为9705万吨，占同期全国炼油总能力的92.8%。中国石油化工总公司的成立，打破了部门和地区的分割状况，加强了对油、气资源利用的统筹规划，使大中型炼油企业的内部改革、生产要素合理调整与综合利用取得了新的进步。

（三）石油石化大重组

中国石油化工总公司成立5年后，国家石油管理体制发生重大变化，国务院撤销石油工业部，以其所辖主要资源和资产为依托，成立中国石油天然气总公司，中国海洋石油总公司。同时，撤销的还有煤炭部、核工业部和水利电力部，成立了能源部，而5年后，能源部在新一轮机构改革中又被取消。作为一家大型国有企业，中国石油天然气总公司主要从事石油、天然气上游领域的生产业务，兼有部分政府管理、调控职能。至此，石油行业形成了中国石油天然气总公司统筹陆地上游、中国石油化工总公司负责下游炼化、中国海洋石油总公司主攻海洋的"三足鼎立"格局。随着邓小平南巡讲话精神影响不断扩大，国民经济发展进一步加快，1993年我国再次成为石油净进口国。1998年3月，朱镕基出任国务院总理，石油石化大重组再次如箭上弦。1998年3月10日，九届全国人大一次会议审议通过国务院机构改革方案，决定在原中国石油天然气总公司、中国石化总公司的基础上，分别组建中国石油天然气集团公司（简称中石油）、中国石油化工集团公司（简称中石化），按照"各有侧重、互相交叉、保持优势、有序竞争"和"上下游、产供销、内外贸一体化"原则，对石油开采、加工和成品油销售企业实行无偿划转。将化学工业部与中国石油天然气总公司、中国石油化工总公司承担的政府职能合并，组建国家石油和化学工业局（中国石油和化学工业联合会前身）。

重组的目的是引入竞争，然而按照最初设计他们是上下游合作关系，为了打破现有格局，两大公司以北京为中心南北分治。北京以南的东部、南部地区的企业划归中国石化，北京以北的东北、华北的大部分地区的企业，以及西北、西南部分地区的企业划归中国石油。两大油田大庆和胜利分别划给中石油和中石化。此外，在政府主导下，脱胎于地质矿产部石油地质海洋地质局的新星公司并入中国石化，这一格局基本延续至今。重组完成后，从1999年开始，三大石油公司相继开展内部大重组，将油气主营业务资产剥离，独立发起设立股份有限公司，并分别在境内外上市。中石化先后在香港、纽约和伦敦以及A股上市；中石油在纽约和香港上市后，2007年在上海A股上市，曾创下多项历史纪录。

三、"稳定东部、发展西部"重要战略方针

"稳定东部、发展西部"是党中央、国务院根据陆上石油工业发展状况而做出的一个重大战略决策，是"八五"以来陆上石油工业生产建设发展上的一个最显著的特点。新中国成立50年来，我国石油工业基地绝大部分集中在东部，其原油产量占全国产量的90%以上。而东部地区的多数主力油区已进入高含水、高采出程度阶段，平均综合含水率高达80%以上，老井自然递减率达到14%左右。而西部地区勘探程度都很低，是世界公认的含油资源丰富的地区之一。因此，依靠科技进步，采取重大措施，贯彻"稳定东部、发展西部"的战略方针，对实现石油工业持续稳定发展具有重大战略意义。

（一）"稳"是东部地区的关键

大庆油田是我国最大的石油生产企业，大庆油田能否稳定持续发展，直接关系到"稳定东部、发展西部"战略的贯彻实施。因此，大庆油田的广大干部职工，在原油产量10年稳产5000万吨的情况下，自觉加压，于1985年又提出了"年产5000万吨，稳产再10年"的奋斗目标（1985—1995）：一是加强勘探，增加石油后备地质储量，为稳产打好基础；二是加快开发新油田，实现原油产量5500万吨；三是依靠科技，引进新技术，培养人才，为继续稳产提供可靠保障。1995年9月，时任中共中央总书记江泽民为大庆油田开发建设35周年和高产稳产20周年题词："发扬大庆精神，搞好二次创业"。

对于勘探，大庆一直非常重视勘探技术的科研及其应用。"八五"以来，大庆油田按照"东部扩大连片，西部点面结合，稳步向深层发展，继续向外围发展"的方针，运用"高分辨地震、精细储层预测、油层保护和改造，寻找大面积低渗透薄层岩性油藏"的配套技术，发现永乐亿吨级岩性油藏，探明控制石油地质储量1.6837亿吨；在长恒东部探明了近10亿吨石油地质储量，预测天然气储量265.84亿立方米。

胜利油田持续稳定发展。1978—2000年，胜利油田原油产量一直稳居全国第二位。"八五"期间，胜利油田进入了"综合含水高、采出程度高、稳产难度大"的困难时期，油田提出"持续、稳定发展"的方针，转变工作思路，油气生产由强化开采向稳产基础勘探转变，通过自主实践形成的复式油气聚集带理论、陆相断陷盆地隐蔽油气藏勘探理论，充分运动油藏地球物理、滚动勘探开发、高含水油田水驱提高采收率、高温高盐油藏三次采油提高采收率以及深层、薄层、特超稠油油藏开发等十大配套技术，不断发现含油面积在 0.01～0.1 平方米的小断块。"八五"以来，油田累计新增流动储量 1.5 亿吨，累计建成生产能力 415 万吨。

辽河油田持续稳产。截至 2000 年，辽河油田原油产量居全国第三位。为稳定东部和石油工业的全面发展，辽河油田始终把勘探工作放在首位，在资金、技术政策方面给予了倾斜，"八五"期间，共投入勘探资金 36.8 亿元，比"七五"增长了 1.2 倍，并确立了"老区硬稳，新区快上"的方针，取得了丰硕成果：在老区深化勘探有新的发现，西部凹陷西斜坡，发现曙光低潜山中上远古生界油藏，石油地质储量 6850 万吨；外围盆地勘探接连突破，1998 年发现包日温都、马家铺、交力格三个油田，探明地质储量 6693 万吨；滩海勘探取得重大进展，新增探明控制石油地质储量超过 1 亿吨；在台安 - 大洼断裂带，累计探明石油地质储量 2.3 亿吨。"八五"期间，辽河油田扭转了亏损局面，实现利润总额 15.87 亿元。

东部其他油田不断迈上新台阶。华北油田自 1978 年原油产量达到 1723 万吨之后，直到 1986 年，原油产量一直保持在 1000 万吨以上。进入"八五"之后，油田上下，充分认识到"科技兴油"和抓油田勘探的重要性，先后探明了赵县断鼻构造主力油藏含油规模、里县斜坡油藏和高家堡构造，探明控制储量 2172 万吨。

大港油田在"八五"和"九五"期间，先后探明枣北构造、红湖地区和新村塘沽地区三个千万吨级油气藏；赵东构造探明控制地质储量 1457 万吨；滩海岐东构造探明储量 2302 万吨。1995 年底，建成了中国滩海第一岛——

张巨河"桩基单环双型沉箱整体垫升人工岛",使大港油田具备了由陆地向浅海区域勘探油气的能力。1996年大港油田产油434万吨,产天然气3.865亿立方米。

中原油田认真实施"油气领先、多业并举、科技兴业、择优发展"的战略,并制定了"立足东濮,突破外围,打出中原"的方针,在东濮凹陷新增地质储量2685万吨,新探明天然气地质储量10.95亿立方米。中原油田年年完成计划任务指标,1995年生产原油410.3万吨,天然气11.2亿立方米。

吉林油田认真贯彻"油气并举"的方针和"解放思想、转变观念、依靠科技、敢冒风险、地震先行、甩开勘探"的指导思想,新增石油地质储量26131万吨。"八五"累计生产原油1687.4万吨,1997年原油生产首次突破400万吨大关,为稳定东部作出了贡献。

除以上油田外,东部地区的河南、江苏、江汉、冀东、安徽等油田,无论油气勘探,还是开发及产能建设等方面,都圆满完成了计划任务指标。

(二)西部地区石油储量大幅增长

新疆石油管理局增储上产。新疆石油管理局从1990年起,始终把勘探放在首要位置,按照"主攻准噶尔盆地腹部,深化西北缘、准东和塔里木西南部,甩开区域勘探"的部署,深入准噶尔盆地库尔班通古大沙漠腹地找油找气,至1995年底,全局累计探明石油地质储量143963万吨。"九五"期间,新疆油田在勘探上又获重大突破,1996年在准噶尔盆地东部五彩湾鼻状构造石炭系,探明石油地质储量3521万吨,控制天然气储量300.91亿立方米;准噶尔盆地环玛湖凹陷和玛东北地区二叠系乌尔组钻遇良好油气显示,潜在石油资源量分别为6230万吨和14120万吨;准噶尔盆地南缘勘探获重大突破,发现呼图壁气田,预测天然气储量348.89亿立方米,原油97万吨;1997年在准噶尔盆地控制和拿下了2个亿吨级规模的油气田。为"稳定东部、发展西部"做出了重要贡献。

塔里木会战硕果累累。塔里木盆地地面条件十分困难，地下情况千差万别，勘探难度是世界少有的，1989年1月13日，李鹏总理在听取塔里木盆地勘探情况汇报时，明确了勘探开发工作的总方针："主要依靠我国的队伍来干，自己进行勘探，自己开发油田，当然，我们不是闭关自守，还要搞对外开放，积极采用外国先进技术和装备，引进一些外国资金，还可以雇用外国队伍，聘请外国专家。"至此，塔里木石油勘探开发成为了我国陆上石油对外开放的先驱，也正是这种开放的格局，使我们一直跟踪世界石油勘探开发先进技术，并及时引进和消化吸收，促进了石油会战的高水平、高效益。1993年10月7日，国务院总理李鹏签署第131号令，发布《中华人民共和国对外合作开采陆上石油资源条例》，授予中国石油天然气总公司对外合作开采陆上石油资源专营权，并对外国合同者的权利和义务作出规定，为开展国际招标和一系列双边谈判提供了法律依据。

1989—1995年，有美国、英国、法国、联邦德国、加拿大、比利时、瑞士、挪威、意大利、日本、苏联等国的78个公司与塔里木开展技术合作或提供技术服务。塔里木对外签订合同307项，总金额近2.2亿美元，用于购买国外先进的勘探开发设备和技术。塔里木先后与美国阿莫科石油公司、皇家荷兰壳牌集团、美国埃克森美孚公司等合作进行了有关项目的科学研究。

1989—1993年，塔里木会战4年中发现6个整装油气田、19个工业性含油气构造，找到了塔北、塔中两个大油气富集区，探明和基本探明油气储量3亿吨，建设500万吨产能的油气资源基本落实。1993年生产原油160万吨。这些成果，与当年胜利、辽河油田会战前4年的成果基本相当。塔里木每探明1亿吨油气储量的费用为13.9亿元，建成100万吨原油生产能力的费用为10.5亿元，均优于同期全国陆上平均水平。

西部其他油田又上新台阶。吐哈油田狠抓"增储、增产、增效"，于1989年起先后发现亿吨级鄯善油田和丘陵油田，不久又发现温吉桑、米登、

巴喀等油田，截至1995年底，共发现14个油气田和6个含油气构造，累计探明石油地质储量2.08亿吨，天然气731亿立方米。进入"九五"后，1996年在台南凹陷发现5000万吨级稠油富集带，控制和预测储量3760万吨；1997年攻克鲁克沁弧形带，全年探明石油地质储量3760万吨。

四川石油管理局"八五"期间在四川油区探明天然气储量2000亿立方米，还控制和预测天然气储量1500亿立方米。"九五"第一年，在大天池构造带取得突破，发现世界级大气田，"三级储量"达到1752亿立方米。截至1998年底，四川盆地天然气总量已达7.1851万亿立方米，核定可采储量3640亿立方米，成为当时我国最大的天然气工业基地。

长庆油田自1998年进入了"二次创业大发展"的辉煌时期。"八五"期间，发现亿吨级油田2个。在伊陕斜坡天然气勘探取得重大突破，上古生界石盒子组控制天然气110.9亿立方米，山西组预测天然气储量2435.8亿立方米，占全国"八五"期间探明天然气储量净增长的47%，这是我国当时高速高效拿下的最大的一个整装气田。"九五"期间，发现亿吨级油田3个，分别在五里湾地区新增探明地质储量10096万吨，固城川地区控制石油地质储量5298万吨，新城探明1个亿吨级油田。截至1998年底，长庆气田已拿到探明天然气储量3100亿立方米，建成年产15亿立方米的天然气能力，为我国天然气和实施"稳定东部、发展西部"做出了重要贡献。

四、"引进来、走出去"两条腿走路

随着中国经济进入了快速发展时期，国内的原油需求量暴增，2001年中国原油消耗量2.29亿吨，国内原油产量已经远远不能满足需要。为了满足日益扩大的国内消费缺口，兑现"入世"承诺，国家先后降低了原油、汽油等油品关税，开放的大门越开越大。作为国家能源保障的石油工业要利用好"两个市场，两种资源"，就要"引进来、走出去"两条腿走路。

　　1993年，随着我国成为石油净进口国，国家能源保障提上关键日程。时任中石油总经理王涛在思蹰良久后，下定决心走出国门。同年3月，中标秘鲁塔拉拉油田六区块和七区块。此时的秘鲁塔拉拉油田已进入开发后期，被称为"老太太"，300多平方公里的油区，年产油不足5万吨，不及高峰产量的1%。中石油海外第一仗之所以选择这里打，无非是投入低、风险小，充当练兵场，初出国门的中石油小心翼翼。然而意想不到的是，中石油硬生生地让这个老油田返老还童，最高产量增长了10多倍，达到了70万吨。从当初仅为370万美元投资，到现在每年数千万美元以上收益，中石油的国际化道路一下子找到了信心，此后，又在加拿大、泰国、巴布亚新几内亚、苏丹等地进行投资，积累经验。

　　1995年5月，哈萨克斯坦政府宣布一系列油气生产和炼油企业实行私有化，允许国外公司通过购买哈国油气企业的股份，取得油气田的开采和经营权。在分析了前苏联各国的油气资源潜力和投资环境之后，中石油将哈萨克斯坦定为优先进入地区之一。1997年6月，中石油以高出竞争对手8000万美元竞标价格购入60.2%的股份接管阿克纠宾油气公司，2003年又购入哈萨克斯坦拥有的另外25.12%的股份。刚接管阿克纠宾油气公司时，其已经濒临破产，年产原油当时仅有200多万吨。阿克纠宾油气公司旗下拥有的让那若尔和肯基亚克两个油田，不仅产量低，而且临近产量衰减期，设备陈旧、地质情况也比较复杂。但经过不懈努力，阿克纠宾公司油气当量产量从最初的319万吨，成为中石油第四个千万吨级的海外大油田，是中哈原油管道的主要油源。阿克纠宾项目成为中石油开拓中亚业务的"桥头堡"。

　　1994年，中海油斥资1600万美元从美国阿科公司手中购买了其在印度尼西亚马六甲区块的32.58%的权益，后来又投资310.8万美元从日本石油公司手中购买了6.93%的权益。同时，中海油积极开展与国际一流石油公司的

合作，1994年，美国菲利普斯石油公司与中海油签订合同，取得了对位于渤海湾的11/05区块进行勘探作业的授权，1999年发现了目前中国海上最大的油田——蓬莱19-3油田，目前已探明地质储量为10亿吨，可采储量约为6亿吨。蓬莱油田的一期工程已于2002年投产。

利用两种资源、两个市场，到国外创建石油供应基地，这是国际的惯例，也是发达资本主义国家发展石油工业的经验。通过国际合作，可按规定得到一定比例的份额油和出口创汇。1997年，我国从国外首次运回了16万吨的份额油，到2000年可运回份额油约1200多万吨。

五、清理整顿小炼油

自1999年5月份开始，历经一年半的时间，国家对全国范围内的193家100万吨以下的小炼油厂进行了清理整顿，关停了其中的111家，保留了其中的82家。这些保留下来的小炼油厂经过治理整顿，不仅在环保、产品质量等方面达到了国家要求，而且多年来这些小炼油厂为支援国家建设做出了应有的贡献，特别是在平衡区域油源、支援地方经济建设方面做出了突出的贡献，是地方政府和财政的重要经济来源之一。

六、科技教育给石油工业插上了腾飞的巨翅

在陆上石油勘探开发存在许多严重困难的情况下，实现了油气稳定持续发展，最根本的是科技起了关键作用，特别是地质理论和工艺技术取得了一系列突破和进展。到1998年石油系统科技成果应用率达82%以上，科技进步对石油经济增长的贡献率达47.1%。随着经济全球化进程的加快和知识经济的到来，石油科技已成为石油工业发展和提高效益及市场竞争的关键，谁抢占了石油科技的制高点，谁就会在21世纪的竞争中立于不败之地。而这一切基础在教育。20年间，中国石油工业培养大专以上人才8万余人，培养

了2000余名高水平的中青年学术、技术带头人。2000年底，有两院院士33人，国家级突出贡献专家、享受政府特殊津贴的专家1200余人。这是石油工业持续稳定发展的不竭动力。

2000—2010：成为石油大国迎来更多挑战

2000年后，世界经济在1998年全球金融危机的低谷中开始复苏，世界经济以年均3%～5%的速度增长，其中我国经济发展速度最快，年均增长率保持在10%以上。这一时期是石油工业上游发展的黄金期，国际油价保持了近十年的长时期持续增长，最高一度接近150美元。中国石油工业抓住机遇，再创骄人业绩，步入世界石油大国行列。到2010年，国内原油产量首次突破2亿吨；天然气产量突破1000亿立方米；炼油总产能突破5亿吨/年；油气管道总长度达到约8.5万千米，四大战略通道格局基本形成；国际合作快速拓展，权益油产量首破6000万吨；国内油气勘探开发和炼化对外合作项目明显增加；各石油公司与地方政府及相关企业的战略合作继续加强。为提高核心竞争力，进一步整合资源，一批专业性公司或研究机构相继成立；石油科技创新取得重大进展，数项科技成果获国家大奖。中国三大石油公司发展质量大幅改善，规模实力、盈利能力和国际影响力显著提升。同时，突出问题也呈现在面前：国内石油和天然气生产不能满足国民经济快速增长的需要。

一、油气勘探生产再上新台阶

（一）加强技术更新和后期管理，保证原油产量稳步增长

中国陆地油田的储油层主要由古河流和古三角洲沉积的砂层构成。在已开发油田的石油地质储量中，河流砂岩储层的石油地质储量占45.9%，三角

洲砂岩储层的储量占33.0%，这是全国油田生产的主体。在油田注水开发过程中，已经采取了提高油井排液量、注采系统调整、钻加密井等重大措施，剩余油量大都呈不连续的分散分布状态，若继续靠强注强采提高产量已不经济，技术经济效果差。因此，急需寻求进一步提高采收率的途径，即想方设法把目前标定采收率所限定的可采储量以外的可动油多采出一部分来。据14个油区71个油田解剖分析，河流砂体储层标定采收率以外的剩余可动油占总量的48.0%，三角洲砂体储层占30.2%，二者仍然是今后挖潜的主体，特别是河流砂体储层剩余油更为富集。

精细管理是老油田的"驻颜术"。胜利油田作为年产2700多万吨的大油田，自1964年正式投入勘探开发以来，已累计探明地质储量近50亿吨，累计生产原油9.72亿吨，约占新中国成立后全国原油总产量的1/5，经过几十年高速开发，油田进入高含水、高采出程度、高采油速度的"三高"阶段，稳产难度越来越大，成本投入越来越高，在这种情况下，如何延长油田开发寿命、提高开发效益是两个不容回避的课题。为此，胜利油田以科技创新为支撑，积极培育稠油、低渗透、三次采油等新的产量增长点。"稠油"俗称"鬼见愁"，其黏稠程度甚至可以拎起来立住，由于流动不畅，难以开采。截至2010年底，胜利油田已累计探明稠油储量5.26亿吨，却因其独具开发难点，一度徘徊不前。面对困难，胜利人攻关形成了一系列稠油开发技术，特别是针对"踩上几脚都不变形"的特超稠油，科研人员将水平井、降黏剂、二氧化碳、蒸汽驱等多种开发技术和方法联合使用，实现了我国特超稠油油藏产量零的突破。"十五"以来，胜利油田稠油年产量逐年上升，2009年年产稠油413万吨，不仅成为国内第二大稠油生产基地，而且是胜利油田稳产新的支撑点。

低渗透油藏成为胜利油田的重要增储阵地，截至2009年底，胜利油田低渗透油藏探明储量已达到9.44亿吨。然而，"储油层就和磨刀石一样致密，常常是注不进水，采不出油"，因此如何有效动用低渗透油藏的地质储量是一个巨大的难题。为此，胜利油田的技术人员一刻也没有停下进取的脚步。低渗透油藏压裂技术，从"八五"开始攻关试验，"九五""十五"创新发展，"十一五"扩大应用，成为开发低渗透油藏的"利器"。胜利油田采油工艺研究院首席专家贾庆升说，正是因为胜利油田特殊的地质条件，才成就了胜利油田今天的科技高度。自2000年以来，胜利油田连续10年获得17项国家级科技奖励。截至2010年底，胜利油田每年依靠科技进步新增探明储量4000万吨以上，新增可采储量1000万吨以上，新增原油产量300万吨，科研成果应用率达90％以上。

（二）加强海洋和西部石油地质勘探，逐步实现储量结构的战略转换

1. 中海油劈波斩浪，建成"海上大庆"

2010年，中国海洋石油集团有限公司（简称中海油，原中国海洋石油总公司）国内海域油气总产量超过5000万吨，建成"海上大庆油田"。其标志性意义在于我国石油工业的基本格局从长期以陆上为主转向陆海统筹、海陆并重发展，对于保障国家能源安全意义非凡。

中海油始终坚持对外合作与自营并举，实行"两条腿走路"的战略，靠自己力量先后发现了锦州20-2凝析油田、绥中36-1油田（地质储量近3亿吨），秦皇岛32-6油田（储量近2亿吨），南海莺歌海的东方气田（中国第三大气田）。1999年，在原地矿部工作基础上，与上海市联合开发了东海平湖油气田，其最高日产油3000米^3，天然气180万米^3。2000年后中海油投入开发春晓天然气气田群，圈定了38个油气沉积盆地，初步计算油气资源量可达400亿吨以上的油当量，截至2010年底，探明天然气储量达700亿立方米以上。2005年10月，春晓油气田建成投产，日处理天然气910万立方米。

2. 陕甘宁冉冉升起的新星——长庆油田

长庆油田曾经是一座偏隅西部的百万吨油田，面对世界级"三低"油气藏勘探开发难题和复杂的外部环境，长庆人坚持长征精神，迎难而上，深化对鄂尔多斯盆地油气资源各种成藏机理的认识，不断创新勘探理念，优化勘探方式，持续加强水平井钻井、体积压裂、工厂化作业等技术和工艺攻关。自主创新发展了陆相三角洲油气成藏理论认识和勘探技术，创建了特低渗油藏复杂渗流状态下有效驱替井网系统，创立了低压低丰度致密砂岩气藏开发模式，自主研发了多缝压裂增产技术，发明了低成本地面集输工艺和撬装集成装置。功夫不负有心人，从陇东老区庆一井的初步发现，到后来吴起百万吨油田及演武油田、南梁油田 60 万吨/年原油生产能力的建成，长庆油田在昔日革命先烈洒满热血的长征路上建成了 10 座规模性油田，在油气攻坚战中再立新功。到 2003 年，长庆油气产量突破 1000 万吨大关；到 2010 年，长庆油田突破低渗透，发现苏里格油田，油气产量突破 4000 万吨，为西气东输打下了坚实的基础。2008 年北京奥运会开幕式上，来自长庆油田的天然气点燃了奥运火炬，更燃起石油人拼搏奉献的激情和决心。从此，世界瞩目下的中国迎来了天然气时代。

（三）积极利用国外资源，开展跨国经营，保障国内市场的稳定供应

为解决日益加剧的国内油气供应紧缺状况，一方面要通过国际贸易手段，适量进口原油，增加石油储备；另一方面，中国石油工业要充分利用国内外两种资源，到国外投资开发石油，开展跨国经营，以确保国内油气稳定供应。海外权益油产量在这一时期取得重大突破。以三大石油集团为代表的中国石油企业经过十多年"走出去"战略的实施，在这一时期普遍开花结果。以权益油为例，2001 年三大石油公司获得权益油近 1000 万吨，2006 年突破了 4000 万吨，到 2010 年达到 7500 万吨的水平。这一时期的权益油增速

是近二十年来的最高水平。

"海外大庆"诞生。 1993年来，以中国石油天然气集团公司为代表的中国石油企业正式向国外发展。截至2009年，中国石油企业海外油气作业产量突破1.1亿吨，权益产量约达5500万吨，其中中石油3050万吨、中石化1200万吨。到2010年底，中国石油企业在海外的勘探开采覆盖了33个国家和地区，其中非洲11个、西亚8个，涉及项目94个。中石油拥有最多海外油气资源。到2009年，中石油已经在29个国家拥有油气勘探开发的项目81个，拥有海外油气作业量6962万吨。

中石化是"买油"主力军。2009年中国七成的进口石油都由中石化买进。同时中石化也是中石油的最大客户，占中石油销售额的10%。中石化直接参与的海外油气开采项目并不多，2009年的海外权益产量为1279万吨。

中海油是中国最大的海上作业商。2002年1月，中海油以近50亿人民币收购西班牙瑞普索石油公司在印度尼西亚的全部油气资源权益，稍后又投资29亿人民币收购位于澳大利亚西北大陆架项目约5.6%的权益，同年年底，中海油再投入23亿人民币，购入英国石油公司在印度尼西亚的液化天然气开发项目——东固气田的12.5%的权益，成为印度尼西亚最大的海上原油生产商。截至2010年，海外产量占中海油总产量的12%。

中国中化集团成为后起之秀。中化集团曾经是国内最大的石油进口商。2002年，中化集团收购了阿特兰蒂斯挪威控股有限公司，从而实现了上游油气资源零的突破。中化集团致力于把海外权益石油产量增加到500万吨，帮助其实现从贸易公司到综合能源公司的转型。

二、油气管网格局形成规模

截至2010年底，我国已建油气管道总长度约8.5万千米，其中天然气管道4.5万千米，原油管道2.2万千米，成品油管道1.8万千米。2010年我国重

点建设的管道工程有中亚—中国及西气东输二线、中哈二期、中缅、陕京三线等天然气管道；漠大线及大庆—锦西、日照—仪征、日照—东明等原油管道；甬绍—金衢、长娄—衡郴、贵阳—桐梓、樟树—上饶等成品油管道。我国已形成横跨东西、纵贯南北、覆盖全国、连通海外的油气管网格局，正在逐步形成资源多元化、调配灵活化、管理自动化的产运销体系。天然气管道成为近年来我国油气管道建设的重点，河西走廊等油气管道走廊带正在形成。与此同时，各地方政府加快天然气利用步伐，积极构建省内天然气管网；与煤制天然气项目配套的管道正在加紧设计和建设。

（一）"西气东输"，国家能源大动脉

2000 年 2 月国务院第一次会议批准启动"西气东输"工程，这是仅次于长江三峡工程的又一重大投资项目，是拉开"西部大开发"序幕的标志性建设工程。这是我国距离最长、口径最大的输气管道，西起塔里木盆地的轮南，东至上海，全线采用自动化控制，供气范围覆盖中原、华东、长江三角洲地区。自新疆轮台县塔里木轮南油气田，向东经过库尔勒、吐鲁番、鄯善、哈密、柳园、酒泉、张掖、武威、兰州、定西、宝鸡、西安、洛阳、信阳、合肥、南京、常州等地区。东西横贯新疆、甘肃、宁夏、陕西、河南、湖北、江西、湖南、广东、广西、浙江、上海、江苏、山东和香港特别行政区等省区，惠及人口超过 4 亿人，是惠及人口最多的基础设施工程，全长4200 千米。天然气进入千家万户不仅让老百姓免去了烧煤、烧柴和换煤气罐的麻烦，而且对改善环境质量意义重大。"西气东输"每输送 100 亿立方米天然气，可替代标煤 1300 万吨，相当于减少 61 万吨有害物质、4400 万吨二氧化碳排放。以 1 公顷阔叶林可吸收 1 吨二氧化碳气体计，"西气东输"每输送 100 亿立方米天然气，就相当于种植 4400 万公顷阔叶林。

十多年前的中国天然气市场，无异于刚出生的婴儿。2000 年，中国国内天然气产量仅 272 亿立方米，天然气占一次能源消费的比例不过 3%，全国的

天然气高压管道不过2万公里，大部分为连接单一气田与单一用户而建。在这样稚嫩的上下游条件下，建设一条世界级的长输管线，其挑战空前，质疑之声铺天盖地。国家发改委原副主任、国家能源局原局长张国宝同志在《筚路蓝缕——世纪工程决策建设记述》一书中讲到："'西气东输'工程的决策和实施给我们留下了许多值得深思的精神财富。重大工程的规划建设需要胆略和战略眼光，要有对历史负责的责任感，要有'世上无难事，只要肯攀登'的气概"。

2000年初，时任原国家经贸委主任盛华仁经新疆塔里木调研后，向国务院总理朱镕基提议，建设年输送能力在200亿立方米左右的管道项目，将气从塔里木送到上海。朱镕基总理看了报告后，颇为振奋，让主管这块工作的国家计委研究项目的可行性。时任国家计委副主任的张国宝同志接到任务后，与时任基础产业司司长徐锭明同志等一起，对当时的"大化肥"项目、东海天然气项目及东部地区天然气市场做了详细工作，最后认为经济发达的长三角地区缺乏能源，东海天然气储量不确定，"西气东输"是可行的。

"西气东输"工程牵涉多个省份及诸多部门，关系复杂，协调困难，得到了各级政府和各部门的支持。比如，穿越黄河、长江等河流要征得水利部同意；占用林地要林业部同意；穿越公路需要交通部同意；管道从铁路底下钻过去需要铁道部同意；管道经过罗布泊原子弹试验基地一角，需要中央军委同意；穿过古长城需要文物局同意。"西气东输"经过甘肃路程最长，征地工作得到了甘肃省委省政府和当地百姓的积极支持。那个时候要用汽车运送管子，一辆车最多运十几根，一直从东部运到新疆去。而沿途公路都有关卡，要交过路费，但这些车刷上一条标语"西气东输"，关卡看到"西气东输"四字，就免费放行。当时西气东输要在南京穿越长江，江底隧道穿越工程极其危险，施工过程中一旦停电，就会发生江水倒灌淹没的风险，为保证安全，江苏省南京市无偿接通了供电线路。整个工程，宝鸡钢管厂做出了

重大贡献："西气东输"一线，宝鸡钢管提供优质钢管563.32千米；"西气东输"二线，宝鸡钢管提供优质钢管5000千米；"西气东输"三线，宝鸡钢管提供优质钢管1800千米，如期、高效、高质量地完成了管线供管任务。

2004年10月1日，正值中华人民共和国成立55周年，"西气东输"工程全线投产，2005年1月1日实现全线商业运营的整体建设目标。"西气东输"工程的建设，对于把西部资源优势转化成经济优势、改变管道沿线特别是长江三角洲地区的能源结构，促进产业结构调整、改善大气环境质量、提高人民生活水平都具有十分重大而深远的意义，能够拉动机械、电力、化工、冶金、建材等相关行业的发展，对于扩大内需、增加就业具有积极的现实意义。

（二）中亚天然气管道惠及中国5亿人

中亚天然气管道全长约一万千米，是世界上最长的跨国天然气管道。它起源于土库曼斯坦阿姆河右岸，途经乌兹别克斯坦、哈萨克斯坦，在中国境内与"西气东输"二线相连接。2009年管道A线建成投产，2010年、2014年管道B线、C线相继通气。从2007年项目启动到2009年建成投产，管道A线的建设周期只有28个月，而国际同类型管道建设项目最快需要6年。此外，管道沿线多为荒漠地形，部分区域表层土盐渍化、沙化严重，加之沿线国家程序要求、利益诉求的不同，管道建设远比想象中艰难。通过管道运输，土库曼斯坦的天然气输送到我国包括中西部、京津冀、长三角、珠三角地区的24个省区市，最远送达中国香港，惠及沿线5亿多民众，普通居民每天天然气消费量的大约三分之一几乎都来自土库曼斯坦。

2010—2019：石油行业步入高质量发展阶段

2010年以来，中国石油工业发展的内外部环境发生了很大变化，全球能源格局深刻调整、国际油价剧烈波动，石油战线的干部职工在习近平总书记

"新发展理念"的指引下，积极适应国内经济发展新常态，克服各种不利因素的影响，发扬优良传统，推动石油工业健康稳定发展。

一、主要成绩

（一）储量快速增长，产量稳中有升

2017年全国常规油气资源动态评价成果表明，我国陆上和近海海域常规石油地质资源量1085亿吨。截至2015年底，我国连续9年新增探明石油地质储量超过10亿吨，累计探明地质储量371.7亿吨，探明程度34%，处于勘探中期。2000年起，国内石油产量连续6年稳定在2亿吨以上，消费持续稳定增长。2015年国内石油表观消费量5.47亿吨，占国内能源消费总量的18%，"十二五"期间年均增速4.8%，较"十一五"低约3个百分点。2015年国内成品油消费量3.38亿吨，"十二五"期间年均增速6.2%，较"十一五"低约1个百分点。2015年石油净进口3.33亿吨，"十二五"期间年均增速7%，较"十一五"低6个百分点。

（二）综合保障能力显著提升

西北、东北、西南和海上四大油气进口战略通道布局基本完成，油源供应、进口渠道和运输方式逐步实现多元化。"十二五"期间国内新投运原油长输管道总里程5000千米，新投运成品油管道总里程3000千米，截至2015年底累计建成原油长输管道2.7万千米、成品油管道2.1万千米，基本满足当前国内原油、成品油资源调配需求。

（三）技术创新和装备自主化再上台阶

创新了连续型油气聚集等地质理论，发展完善了低渗及稠油高效开发、三次采油等世界领先的技术系列，大型成套压裂机组、近钻头端地质导向系统等核心技术装备国产化取得突破。掌握了300米水深勘探开发成套技术，

具备了1500米水深自主勘探开发能力和3000米水深工程技术装备及作业能力，建成投运"海洋石油981"深水半潜式钻井平台。

（四）体制机制改革取得阶段性成果

按照党的十八届三中全会《关于全面深化改革重大问题的决定》精神，我国油气体制改革稳步推进，常规油气勘探开发体制改革率先在新疆启动试点，勘探开发和基础设施建设领域混合所有制试点稳步推进，投资主体进一步多元化；初步组建起行业监管队伍，油气管网等基础设施向第三方公平开放政策开始实施；原油进口权逐步放开，期货市场建设加快推进，成品油价格形成机制进一步完善。

二、海洋石油981——向深海进军

2011年5月，由我国自主设计的"海洋石油981"3000米超深水半潜式钻井平台在上海交付用户使用。该平台是当今世界最先进的第六代超深水半潜式钻井装备，已用于南海深水油田的勘探钻井、生产钻井、完井和修井作业，最大作业水深3000米，最大钻井深度12000米，填补了中国在深水钻井特大型装备项目上的空白，使我国在深水高端重大工程装备方面跻身世界前列，对于增强中国深水作业能力，实施国家能源战略规划，维护国家海洋权益等具有重要战略意义。

三、突破页岩气

（一）我国首个大型页岩气田建成

2018年3月，新华社报道了一个激动人心的消息：我国首个大型页岩气田——涪陵页岩气田已如期建成年产能100亿立方米，相当于建成一个千万吨级的大油田。

这标志着我国页岩气加速迈进大规模商业化发展阶段，对促进能源结构调整、缓解我国中东部地区天然气市场供应压力、加快节能减排和大气污染防治具有重要意义。

截至2018年3月，涪陵页岩气田累计产气和销气量均已突破160亿立方米，2017年产量达60.04亿立方米，日销售页岩气最高达1670万立方米，每天可满足3340万户居民的生活用气需求。

涪陵页岩气田树立了中国能源开发史上新的里程碑，不但建成第一个国家级页岩气示范区，也为全球页岩气开发提供了中国样本。

2017年，"涪陵大型海相页岩气田高效勘探开发"项目获国家科技进步一等奖，气田开发实现核心技术自主和关键装备国产。面对页岩气开发这一世界级难题，中国石化拥有页岩气藏综合评价、水平井组优快钻井、长水平井分段压裂试气、试采开发和绿色开发为主的五大具有涪陵页岩气开发特色的技术体系和近百项技术标准，部分成果达国际领先水平。

自2015年起，涪陵-王场输气管道与川气东送管道实现互联互通，涪陵页岩气通过川气东送管道，源源不断地输往华中、华东等地，为长江经济带发展提供清洁能源，惠及沿线6省2直辖市70多个大中型城市，上千家企业、2亿多居民从中受益。

（二）国家级页岩气示范区再传捷报

2019年5月20日，中石油西南油气田公司宁209H10-2井、长宁H25-7井投产，长宁页岩气区块日产量达到1006万立方米。长宁页岩气区块比计划提前40天实现日产量超千万立方米。

长宁页岩气区块地跨四川省长宁县、珙县、兴文县、筠连县4个县。2010年8月，西南油气田公司组织钻探宁201井，发现页岩气。一年后，新钻的宁201-H1井获测试日产量14万立方米，成为我国第一口具有商业价值的页岩气井。从此，长宁页岩气区块被列为国家级页岩气开发示范区，由西

南油气田公司组织建设。

针对长宁页岩气区块开发，西南油气田公司围绕"投资主体多元化，生产作业市场化，决策部署专业化，主体技术本土化"，积极探索新机制，攻关新技术。2013年12月，国内第一家企地合作开发页岩气公司——四川长宁天然气开发有限公司应运而生。西南油气田公司立足"自力更生为主，争取外援为辅"，在组织强有力的科研团队攻关技术难题的同时，通过"借脑引智"推动技术进步，支撑长宁页岩气区块开发。

2016年1月，长宁页岩气区块日产量超过300万立方米，各项指标达到国家级页岩气示范区要求，并形成勘探开发六大主体技术系列。之后，西南油气田公司乘势前行，规划了长宁页岩气区块新的产量目标，并谋划了加快工程建设进度、提高单井产量的配套科研攻关项目。

新战场，新目标，新机制，吸引了大批科研团队、施工队伍。国外知名油气企业在珙县设立办事机构，中石油东方物探、勘探开发研究院派精兵强将进驻现场，来自中石油大庆、中石化中原等地的钻井队陆续开赴长宁页岩气区块。

截至2019年5月，长宁页岩气区块已投产148口井。到2019年年底，生产井将超过200口，日产气量在1500万立方米以上。

四、原油期货品种上市

2018年3月26日，历时长达5年的准备，中国原油期货在上海期货交易所子公司上海国际能源交易中心正式挂牌交易。

作为我国第一个国际化的期货品种，原油期货将直接引入境外投资者参与，探索期货市场全面国际化的市场运作和监管经验。原油期货在平台建设、市场参与主体、计价方式等诸多方面与国内现行期货品种有所不同。原油期货合约设计方案最大的亮点和创新可以用17个字概括，即"国际平台、净价交易、保税交割、人民币计价"。

根据上海国际能源交易中心《结算细则》有关规定，境外特殊非经纪参与者、境外客户可以将外汇资金作为保证金使用。外汇保证金市值核定的基准价为中国外汇交易中心公布的当日人民币汇率中间价。目前币种类别为美元，折扣率以原油期货上市公告为准。

原油期货是我国首个向境外投资者全面开放的期货品种。境外交易者参与上期能源交易有四种模式，一是通过境内期货公司代理参与交易；二是通过境外中介机构，并由境外中介机构委托境内期货公司会员或者境外特殊经纪参与者参与交易；三是通过境外特殊经纪参与者代理参与交易；四是申请作为境外特殊非经纪参与者直接参与交易。

原油期货作为我国期货市场国际化的起点和试点，各方面的制度都有重大突破，意义非凡。

（一）建立我国自己的原油价格稳定体系

过去世界经济危机或者原油产区政治动荡都会造成国际市场原油价格发生大幅度波动，我国企业只能被动地接受，却不能采取相应的措施来解决这些问题，但是，我国原油期货上市后却能改变这一现状，原油期货以其风险对冲、转移风险、价格发现功能，能够为我国原油现货的价格形成和稳定起到很大的作用。

（二）有利于相关行业构建完整的产业链风控体系

原油通过炼化能得到很多的副产品，比如聚丙烯、对苯二甲一酸（PTA）等，炼化企业的生产计划往往依赖于原油的价格波动情况，如果原油价格波动较大，则这些副产品的生产势必会受到影响，从而会影响这些产品对下游企业的供应，进而影响一系列产业的生产情况。因此，我国原油期货的上市将会促使这些产业形成良好完整的产业链风控体系。

展　望

　　2018年，我国国内原油产量1.89亿吨，进口原油4.62亿吨，原油进口依存度高达70.83%。未来我国石油工业发展前景如何？在中国石油工业发展的历史中，对中国石油工业发展前景的认识走过了一条不平凡的道路，它具体反映在对中国是不是贫油国；中国石油工业依靠发展人造油，还是依靠发展天然油；陆相地质能否找到石油、能否找到大油田；年产一亿吨原油产量能否保持得住等一系列重大问题的认识上。这些不同认识反映了人们对客观世界了解的渐进过程。但是，70年新中国石油工业的历史证明：中国石油工作者在任何艰难困苦的条件下，对中国石油工业的发展前景始终都充满着积极的、坚定的信心，并为之百折不挠地进行拼搏奋斗，这是中国石油工业能够发展到这样宏大的规模、并自立于世界石油大国之列的一条重要原因。

　　站在新的发展起点上，我们对中国石油工业的发展前景如何认识，这对于石油工业健康可持续发展具有十分重要的意义。大量的研究表明，中国石油工业的发展具有雄厚的物质基础。中国陆上和海域共有沉积盆地500多个，沉积盆地面积约670万平方公里，沉积岩体积约2200万立方公里。根据石油研究部门对129个主要含油气盆地进行的油气资源评价，预测石油资源量为1040亿吨，天然气资源量47万亿立方米。到2018年底，我国累计探明的石油地质储量为394.4亿吨，探明天然气地质储量为13.04万亿立方米，分别占油气资源量的37.9%和27.7%，已进入中等探明程度阶段，虽然常规天然气资源还有较大潜力，但常规石油已过了快速发展期，未来很长一段时间要下大力气做好稳产工作。好在我国非常规油气资源丰富，开发取得重大突破，是我们将来大力发展的新领域。页岩气、致密气、煤层气等非常规天然气增长潜力巨大，2050年我国天然气产量将达到3500亿立方米，其中非常规天然气将占到一半。中国社科院发布的《世界能源中国展望》也指出，从中国的天然气结构上看，常规天然气增长有限，而非常规天然气将成为天然气快速发展的主要动力。因此，未来30年，我国石油工业仍具有平稳发展的基础，对于中国石油工业的发展前景我们充满信心。

02

千淘万漉虽辛苦　吹尽狂沙始到金

——新中国化学矿业发展纪实

　　化学矿业主要勘察开采磷矿、硫铁矿、钾盐等矿产，为化肥工业、石油和化工产业提供基础矿物原料。磷、钾主要作为磷肥和钾肥的基础矿物原料，是保障国家粮食安全的战略性矿种；硫铁矿是制取硫黄、硫酸的原料。新中国成立70年来，在党和国家领导关怀下，化学矿业的发展得到了长足进步，与我国化学工业，特别是化肥工业和酸碱等基本化工原料工业的发展息息相关。这些矿种的开发也是从无到有，从小到大，伴随着共和国的成长而逐步发展起来的。经过几代化工地矿人的艰苦奋斗，形成了集地质研究、地质勘察、工程勘察、矿山规划、设计科研、矿山开采等为一体的比较完整的化学矿业工业体系，在地质找矿、化学矿产开采与加工、矿山装备、科技创新等方面取得了巨大的成就。磷矿产量由新中国成立时全国不足1万吨，提高到2018年的9600多万吨，居世界第一位，探明的磷矿储量252多亿吨，居世界第二位；硫铁矿产量由新中国成立时的不足10万吨，提高到如今的1400多万吨；钾肥产量由新中国成立时的空白，到如今的900多万吨，彻底改变了化肥工业和化学工业所需原料大部分依赖进口的局面，为解决全国人民的吃饭问题，促进我国农业发展，确保我国粮食安全和化工及相关行业的发展做出了重大贡献。

新中国成立之前：山河不整，矿业残弱

中华人民共和国成立前，我国化学工业基础薄弱，对磷、硫、钾、硼、萤石、重晶石的需求量很少，化学矿业也相应薄弱。那时没有专业的地质队伍，只有为数不多的地质学者和专家，对磷、硫、硼、萤石、重晶石等矿产进行过地质调查，发现磷矿7处，硫铁矿和自然硫50处，硼矿7处，萤石23处，重晶石15处。估算和推测磷矿地质储量4249万吨，硫铁矿数千万吨，萤石数百万吨，重晶石近千万吨，没有可供建设设计的探明储量。全国几乎没有正规的化学矿山，磷矿只有江苏锦屏磷矿。该矿是1919年开采锰矿时发现的，1920年锦屏矿务有限公司开采磷矿，兼采锰矿，产品全部销往日本。抗日战争时期，矿区被日军占领，1939年底，日本在青岛成立海州矿业开发株式会社，从山东、河南、江苏等地强征大批民工，对该矿进行掠夺式开采。日本投降后，由国民党政府接管，1947年开始露天开采，1948年5月停采。1948年11月连云港解放，华东军事管制委员会接管了锦屏磷矿。

硫铁矿主要有安徽马鞍山向山、广东英德、山西阳泉、辽宁草河口等矿山；四川叙永大树、古蔺、兴文，河南焦作博爱、新安，云南威信，贵州黔西北等地煤系硫铁矿及浙江、辽宁、内蒙古、河北等地也有少量开采。安徽向山硫铁矿是1940年日本帝国主义侵华期间勘探向山铁矿时发现的，1941年建井手工开采，采富弃贫，到1945年共采出含硫40%的优质硫铁矿60余万吨。该矿为马鞍山钢铁厂的附属采矿场，1946年国民党政府成立资源委员会华中矿务局筹备处马鞍山分矿继续生产，1947年生产硫铁矿6.4万吨，1948年淮海战役期间停产。1949年4月，南京军事管制委员会接管该矿。当时所生产的硫铁矿大都是就地炼硫黄。

1949—1978：与共和国同呼吸共命运

一、地质找矿工作取得巨大成就

中华人民共和国成立后，百业待兴，为了保证国民经济对矿产的需要，地质工作必须先行。1950年8月，政务院第47次政务会议决定成立中国地质工作计划委员会，组建地质队伍和地质调查所，主要解决煤、铁、石油和重点有色金属矿恢复生产和扩大资源的需要，对硫、磷、钾等化学矿产地质工作做得很少。当时，东北、华北地区化工厂陆续恢复生产，急需化工矿物原料。为此，重工业部化工局重点恢复磷矿、硫铁矿生产。1952年磷矿产量3.8万吨，硫铁矿产量达到21万吨，与1949年相比，磷矿产量增长近3倍，硫铁矿产量增长1倍以上。

（一）从无到有拉队伍，三起二落历艰辛

我国化工地质专业队伍，从无到有，经历了三起二落的曲折发展过程。为了适应化工矿业的大发展需要，1952年上半年，重工业部化工局成立资源科，并于1953年秋，决定将已经停产的原胶东根据地栖霞玲珑金矿和招远金牛山金矿共966人组建为化工资源勘采大队。1956年5月12日，第一届全国人民代表大会常务委员会第四十次会议决定，将原重工业部化工局、轻工业部医药工业局和橡胶工业局合并成立化学工业部（简称"化工部"），任命彭涛为部长，化学工业部下设地质矿山管理局，负责化学工业的地质勘探和矿山生产建设。到1957年，化工地质队伍已由原一个大队发展到341～345五个化工地质普查勘探大队共3139人，其中专业技术人员327人，拥有装备较为齐全的钻探设备和测试仪器，重点对湖北、安徽、广东、辽宁、河北等省开展磷、硫、硼、碱用石灰石等矿种的普查勘探工作，发现和勘探了一些重要的磷、硫、硼等化学矿产资源，同时发现了我国著名的广东凡口铅锌矿。1957年，全国地质工作要

求统一管理，化工部所属地质勘探队伍全部划归地质部领导。

　　三年经济困难时期后，为了支援农业，满足化肥工业发展对磷、硫等主要化学矿产资源的需要，必须加速化学矿山的生产建设，但许多规划建设的矿区勘探程度不足，补充勘探任务较重。1963年，化工部与地质部协商，将位于江苏南京云台山的江苏地质局第一地质队的一个小分队和位于辽宁锦州的辽宁地质局631地质队三分队共535人成建制调给化工部，第二次重新组建化工部第一地质队和化工部第二地质队，主要承担江苏、安徽、辽宁等省的硫、磷、硼等主要化学矿产的普查勘探工作。到1969年，化工地质队伍发展到655人，其中专业技术人员125人。由于"文化大革命"的影响，1969年化工部将这两支队伍分别又移交给江苏、辽宁地质局管理。

　　1972年3月，全国地质工作会议明确了地质系统的地质队伍以普查找矿为主，各工业部门地质队伍在普查和勘探的基础上，进行详细勘探和补充勘探。根据全国地质工作分工的要求，燃料化学工业部按照"地方为主，部里扶持，由小到大，逐步发展"的原则，第三次在河北、内蒙古、辽宁、吉林、山东、河南、浙江、福建、安徽、湖南、湖北、广东、广西、四川、贵州、云南等全国十六个省（区）建立了化工地质队，人员主要来自有关省（区）的地质、煤炭、石油、冶金等地质系统。为了加强对化工地质勘察工作的管理，1978年6月，在河南郑州又成立了化学工业部地质勘探公司，同时相继组建了东北化工地质队（黑龙江）、华东化工地质队（江苏）、西北化工地质队（陕西）、山东泰安钾盐地质勘探大队、化工部物探大队和化学矿产地质研究所。到1978年底，全国共有20个化工地质队和1个地质研究所共9002人，其中地质类技术人员985人，各类探矿手段和测试装备齐全，主要承担有关省（区）和相邻省（区）的化学矿产普查勘探任务。

（二）计划年代找矿热，化学矿业产量高

　　计划经济时期，我国地质部门始终把磷、硫、钾等矿种作为全国非金属

矿产地质工作的重点，切实加强了硫、磷、钾等主要化学矿产的普查找矿和勘察工作，尤其是1958年大炼钢铁期间，全国掀起了群众性找矿报矿高潮，专业地质队伍与群众找矿相结合，在地质部门和化工等专业部门地质队伍的共同努力下，磷、硫、钾盐等找矿成果显著。根据化学矿山规划建设要求，重点勘探评价了一批磷、硫、钾盐、硼、萤石、重晶石等矿种的大中型矿床。

为了保证农业、化工和国防工业对化学矿产的需要，组建和壮大了化工地质专业队伍，广大地质工作者怀着一颗报效祖国的赤子之心，时刻想着为国家找大矿、找好矿的信念，不畏艰难险阻，风餐露宿，跋山涉水，在长白山下、云贵高原等大山深处飘逸着他们的炊烟，在东海之滨、大漠戈壁镌刻着他们的足迹，使得化学矿产地质找矿取得了巨大成就。新发现磷矿269处，其中大型和特大型磷矿床23处，主要分布在云南昆阳、贵州开阳、湖北荆襄（襄阳）、湖南浏阳、四川金河等地；硫铁矿294处，其中大型和特大型10处，主要分布在华北地台北缘、长江中下游、粤桂湘三条近东西向硫铁矿（或共伴生硫）成矿带和川滇黔及晋豫煤系硫铁矿成矿区。新发现的大型以上矿床主要有广东云浮、英德西牛，安徽何家小岭硫铁矿，内蒙古东升庙、炭窑口，湖南浏阳七宝山，河南灵宝银家沟，河北兴隆高板河多金属硫铁矿和四川叙永五角山、渡船坡煤系硫铁矿；钾盐矿13处，其中在青海柴达木盆地内陆盐湖进行盐类矿产普查找矿时，发现了青海察尔汗、冷湖昆特依、大柴旦马海和茫崖大浪滩4处固液相共存、以液相为主的第四纪大型钾镁盐矿床。到1978年底，与1949年相比新增资源储量：磷矿103.7亿吨，硫铁矿27.3亿吨，钾盐（KCl）2.1亿吨，填补了磷、硫、钾盐等化学矿产无资源储量的空白，基本满足了化学矿山生产建设的需求。

二、大、中、小矿山并举发展

中华人民共和国成立后的第一个五年计划时期，我国工农业生产突飞猛进，对化肥需求急剧增加，党和国家高度重视对磷矿的开发，在国家确定的"一五"156项重点项目中，就包括我国第一座大型磷矿采选联合企业——江苏锦屏磷矿，同时，还新建了我国第一座硼矿——辽宁凤城二台子大型硼矿，扩建了安徽向山、广东英德两个重点硫铁矿和浙江东风萤石矿。1959年3月15日，《人民日报》以"三阳开泰"［贵州开阳磷矿、湖北襄阳（湖北荆襄）磷矿和云南昆阳磷矿］为题发表文章，对化学矿山发展寄予很大期望，也标志着磷矿工业大开发的序幕拉开。三年经济困难时期，我国粮食减产，磷矿、硫铁矿产量锐减，1962年4月18日，中央书记处书记彭真听取了化工部肖桂昌副部长的汇报，对硫、磷、钾等主要化学矿山的发展做出了"巩固和充实现有大中型矿山，调整小型矿山"的重要指示。化工部认真贯彻了中央提出的"调整、充实、巩固、提高"的八字方针，重点建设了硫、磷、钾等大型骨干矿山，积极发展中小型矿山。磷矿相继建成了素有"三阳开泰"之称的贵州开阳、湖北襄阳（荆襄）、云南昆阳三大磷矿和湖南浏阳、四川金河（绵阳）磷矿及湖北宜昌磷矿，形成"五阳争艳"的局面。1949—1978年，硫铁矿重点建设了我国规模最大的广东云浮硫铁矿和内蒙古炭窑口、江苏云台山、湖南七宝山、浙江龙游等大中型硫铁矿。国家投资近15亿元，重点建设了磷、硫、钾等大型骨干矿山，积极发展中小型矿山，共投资新建、扩建、技改矿山百余座，其中：磷矿27个，硫铁矿46个，钾矿4个。

计划经济时期，我国化学矿山在"边设计、边施工、边生产"和"先生产、后生活"的建设方针指导下，地质勘探、设计、基本建设和生产同时进行。建矿伊始，条件极端艰苦，因陋就简，自力更生，开泉引水，劈山取矿，艰苦创业，至1978年底，全国形成磷矿生产能力1052万吨，硫铁矿生产能力547万吨；全国磷矿产量1138万吨，硫铁矿687万吨，钾肥8.29万吨。

（一）君"磷"天下

计划经济时期，我国工农业生产突飞猛进，对化肥需求急剧增加，为

了农业发展的需要，党和国家以及地方各级党政领导都高度重视磷肥和磷矿资源的开发，重点建设了江苏锦屏磷矿、贵州开阳磷矿、湖北荆襄磷矿、云南昆阳磷矿、湖南浏阳磷矿、四川金河磷矿等大型磷矿山，以及瓮安磷矿、湖北宜昌、湖南石门、四川清平、江西朝阳等中小型磷矿山。到1978年底，国家累计投资8.21亿元，全国形成磷矿生产能力1052万吨，初步形成了7大磷矿生产基地，即：贵州开阳矿区、贵州瓮安矿区（乡镇小矿为主）、湖北胡集矿区、云南昆阳矿区、四川金河矿区、湖南浏阳矿区、湖北宜昌矿区（中小矿山），为我国磷肥工业发展提供了原料保障。

这一时期，我国磷矿生产主要是根据磷肥工业生产及农业发展的需要进行的。由于我国磷肥工业发展比较落后，在"一五"期间，国家决定在增加普钙进口数量的同时，生产一些磷矿粉直接用于农业生产，以解决磷肥供应不足的问题，并且加快国产普钙的研究和生产。至1958年，全国各地因陋就简，采用土法，办了一批小型磷肥厂。此举也促进了磷矿的生产，各地出现了办矿热潮，一些中小型化学矿山应运而生，使得磷矿产量有了大幅度的增长。1958年，全国磷矿产量达到207.9万吨，比1953年磷矿产量增长60倍。增长幅度大的主要原因是小矿点多，露头矿多，便于开采，产量上升快，但大多属于临时凑合，生产不能稳定持续。从1959年起，磷矿产量连年递减，到1962年产量只有10万吨，小矿全部下马。随着我国普钙和高炉法钙镁磷肥产量的增加，以及国民经济的发展，加大了对磷矿石的需求。1970年，磷矿生产开始恢复，各大中型矿山建设力度加大，产量稳步提高，至1978年底，全国磷矿产量达到1138万吨，其中云南昆阳、贵州开阳、湖北荆襄、四川金河、湖南浏阳和江苏锦屏六大磷矿生产480万吨，基本满足了磷肥工业生产的需要，当年全国生产磷肥1066.8万吨（P_2O_5 18%）。我国大中型磷矿矿山基本情况见图1，全国磷矿各年产量见图2。

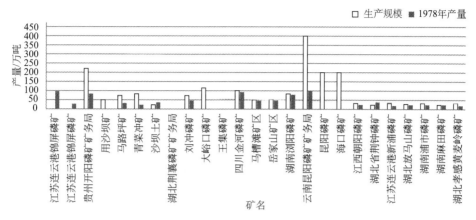

图1　1953—1978年底我国大中型磷矿矿山基本情况

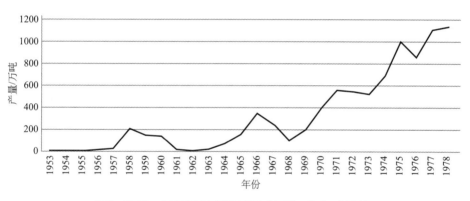

图2　1953—1978年全国磷矿产量（标矿，P_2O_5 30%）

（二）"硫"芳百世

我国硫铁矿的开发建设，是伴随着硫酸工业和磷肥工业的发展而发展壮大的。1956年，我国在上海开发了硫铁矿制硫酸的沸腾焙烧技术，将硫铁矿直接应用于制酸工业。随着硫铁矿制酸工业的快速发展，加大了对硫铁矿的需求，加快了硫铁矿开发建设的步伐。"一五"期间，在恢复广东英德、山西阳泉、安徽向山、四川叙永等地硫铁矿生产的基础上，进一步扩大了生产规模，国家重点建设了8个大中型重点硫铁矿山，地方也建设了其他硫铁

矿。到1978年底，国家共投入硫铁矿山建设资金6.6亿元。

计划经济时期，我国硫铁矿生产随着硫酸工业的发展逐年增长。"一五"期间，主要开采了广东英德、安徽向山硫铁矿和山西、四川、河南、贵州等省煤系硫铁矿。煤系硫铁矿主要供当地生产硫黄，开采方式落后，主要是手工作业。随着硫铁矿制酸工艺技术的突破，以及磷肥工业的快速发展，加大了对硫铁矿的需求，硫铁矿生产企业规模不断扩大，生产技术装备水平不断提高，如安徽向山、广东英德等硫铁矿逐步实现了机械化，产量增长较快。到1978年，全国生产硫铁矿687万吨，为1953年的21倍，其中，化学矿山生产329万吨，有色副产硫铁矿358万吨，主要是甘肃白银厂有色矿山。1978年底我国大中型重点硫铁矿矿山基本情况见图3，1953—1978年全国硫铁矿产量见图4。

（三）富"钾"一方

1958年，青海省海西州开始在察尔汗盐湖因陋就简，土法上马，建起了小型察尔汗钾肥厂，当年生产钾肥实物量963吨（折纯482吨），开创了我国钾肥生产的先河。1968年，建成年产1万吨钾肥能力的选矿车间。1975年，成立了青海钾矿筹建处。1978年，国家计委批准在察尔汗盐湖建设年产氯化钾100万吨规模的大型钾肥厂，副产工业用盐150万吨。该工程分两期建成：一期工程为氯化钾20万吨，工业用盐30万吨，卤块7.5万吨（供西北镁钛厂），开采盐湖的察尔汗和达布逊湖两区段，氯化钾工业储量为3162万吨；二期氯化钾80万吨，工业用盐120万吨，重点开采别勒滩区段，从此拉开了钾肥大规模建设的序幕。

为了满足农业对钾肥的需要，1973年建成云南江城钾盐矿和采用浮选法制取氯化钾的中间实验厂，年产1000吨氯化钾，但由于矿石含氯化钾品位低（含氯化钾8.8%），收率较低，1973—1980年共生产氯化钾5901吨，加上地处边疆，运输线长，价格太高，难以销售，1980年后停止生产。

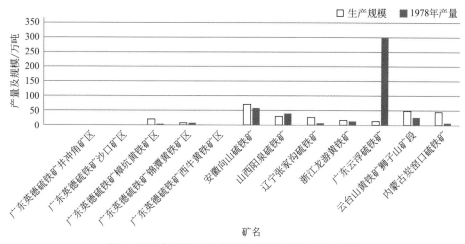

图3　1978年底我国大中型重点硫铁矿矿山基本情况

图4　1953—1978年全国硫铁矿产量（标矿，S 35%）

到1978年底，全国生产钾肥8.29万吨（K_2O，25%）。

三、建立科研设计体系，为化学矿业发展提供技术支撑

新中国成立伊始，化学矿业的科技力量和科研队伍非常薄弱。20世纪50年代，化学矿业建设项目设计任务主要是委托冶金、煤炭等兄弟部门承担。经过20多年的发展，已经逐步建立了一支专业比较配套、有相当专业水平的科研和设计队伍，科技水平得到大大提升。

（一）科技队伍应时而生

组建新中国化学矿山工程勘察设计和科研队伍，是开发和建设化学矿山、发展化肥、化工和其他工业，乃至农业的迫切需要。1955—1956年，根据化工部的要求，在化工部化工设计院设立了矿山科，承担矿山工程设计任务；在上海化工研究院建立了选矿室，承担资源开发利用的研究任务。1957年，化工部和冶金工业部商定，由冶金工业部有色冶金设计总院承担化学矿山设计任务并组织培训设计人员。随着化工矿业的大力发展，1960年初，根据化学工业发展的形势以及化学矿山建设任务的迫切需要，化工部决定筹建化学矿山设计研究院。1962年1月24日，化工部批准在江苏连云港成立化工部矿山设计研究院，归化工部直属领导。由此，新中国第一家专门从事化学矿山科研开发和工程设计的院所正式挂牌，开始迈出依靠自己的技术力量开发磷、硫、钾等矿产资源，以及建设和改变我国落后的化学矿山生产基地的步伐。

1962—1978年，化学矿产资源开发的技术力量不断发展壮大，矿山开发与设计工作全面铺开，先后完成了大批化学矿山的新建、扩建工程设计，并相继建成投产。在此期间，还开展了援助阿尔巴尼亚巴尔特磷矿的开发设计工作，同时开展了广东云浮硫铁矿、王集磷矿、青海钾肥厂等大型矿区的前期设计和工程设计工作。

随着化学矿山事业的蓬勃发展，仅靠连云港矿山设计研究院的技术力量承担全国化学矿山的开发和工程设计任务，远不能适应形势发展的需要。1976年，化工部在河北涿州筹建化学矿山规划设计院，于1978年1月，化工部批准成立化工部化学矿山规划设计院；1978年11月24日，化工部批准在湖南省长沙市组建长沙化学矿山设计研究院；1981年，将化学矿产地质研究所升格为化工部化学矿产地质研究院。至此，四个院的设立构成了化学矿产找矿、科研设计和开发体系，为化学矿产资源的找矿和大开发提供了技术支撑。

（二）科技水平顺势而上

新中国成立初期，以磷、硫、钾为代表的化学矿山，远比煤炭、冶金矿山要落后很多，化学矿山资源的开发与研究工作更是相当薄弱，技术装备非常落后，大多是靠手工作业。20世纪60年代初，上规模的化学矿山只有江苏锦屏磷矿、安徽向山硫铁矿等几家，全国磷肥年产量在60万吨左右，且多为低浓度磷肥，每年国家用外汇进口矿石、化肥。为改变这种落后面貌，广大科技工作者不断进行技术创新，努力推动化学矿山的技术进步。

在采矿方面，根据我国磷矿资源大部分属中厚缓倾斜矿床，在非煤矿山中一向被世界业内人士认为是开采难度很大的矿床。若矿床顶底板不平稳、矿岩破碎松软时，开采难度更大，如四川金河磷矿、清平磷矿、贵州开阳磷矿等，由于各地区矿床开采条件有差异，对技术的要求也各不相同，结合各矿特点，科研单位和矿山企业联合开展科技攻关，总结出了适合不同矿区的采矿方法，如房柱法、全面法、分段崩落法、水平分层充填法、走向连续退采分段空场崩落法等，提高了回采率，降低了矿石贫化率。

在选矿方面，我国磷矿选矿自1958年建成投产了第一座116万吨/年的大型沉积变质磷矿浮选厂——江苏锦屏磷矿选矿厂后，1976年又在河北马营磷矿建成一座30万吨/年的中型岩浆岩型磷矿石浮选厂。这两座浮选厂的建成标志着我国已经掌握了易选的磷灰石型磷矿的选矿富集技术。20世纪70年代中后期，我国开始研究占我国90%以上的胶磷矿选矿工艺和技术，开发出以S_{808}为抑制剂的硅钙质沉积磷块岩（俗称胶磷矿）直接浮选工艺，使我国在难选胶磷矿选矿技术方面取得重大突破。但由于磷肥加工工艺发展比较缓慢，对磷矿石品位要求比较低，大部分矿石都是以原矿形式销售。硫铁矿的选矿主要针对煤系硫铁矿采用重力选矿，如四川江安硫铁矿。

（三）技术装备日新月异

矿山企业的技术装备革新，是伴随着生产的发展和科学进步而不断进行的。1956—1961年修路采用简单的锹挖、镐刨、肩挑；采、掘、剥、运是手工钢钎打炮眼和人力运输；出矿是耙子加筐箕；井下照明用马灯；斜井掘进用辘轳摇；大型设备装卸（440千瓦柴油发电机等）是用绞磨、滚杠、人拉。随着产能的增加，通过技术革新，先后出现了木独轮推车、双轮木车、木矿车、铁矿车、木轨道、装卸溜槽漏斗、混凝土压路滚等。从20世纪60年代中期到1978年，为了提高劳动效率，各重点矿山企业，逐步建设了机修厂，组建了运输队和汽车队，通过引进和技术革新，磷矿、硫铁矿等大中型矿山企业的技术装备水平得到了较大提升。井下矿石运输也由有轨人力推车发展到电机车和U型矿车运输，矿石装运采用国产ZYQ-12G型装运机，部分矿山进口日本太空株式会社T$_2$G气动装运机；打眼钻孔普遍采用了凿岩机、凿岩台车、穿孔机；出矿使用电耙，大大降低了劳动强度；修路、平整等引进日本小松制作所和罗马尼亚生产的推土机；进口波兰制造的KV-1206挖掘机用于露天矿采矿，以及进口贝拉斯、贝利特等汽车，矿山采运基本上实现了自动化或半自动化，现代化大生产达到了较高水平，使生产效率大大提高。

1979—2000：与市场经济接轨

改革开放时期，党的十一届三中全会把工作重心转移到社会主义现代化建设上来，提出了"调整、改革、整顿、提高"的方针。党中央、国务院高度重视化学矿业的生产和发展，党和国家领导人先后视察了青海钾肥厂、云南昆阳磷矿、安徽新桥硫铁矿和江苏连云港化工矿山设计研究院。在中央的关怀和有关部门的大力支持下，化学矿业得到了蓬勃发展。

改革开放初期，我国磷、硫、钾等化学矿山企业的生产和建设，仍按照计划经济时期的管理模式进行，矿石生产按照国家计划对口供应。随着改革的不断推进和社会主义市场经济体制的不断完善，进入20世纪80年代中后期，化学矿山建设和生产发生了较大变化。在投资体制上，矿山企业的基建投资逐步由国家拨款转变为拨改贷；1988年成立国家原材料投资公司后，矿山建设资金由拨改贷变为经营性资金和银行贷款；1998年以后，化学矿山的基本建设投资基本上是银行贷款。在矿山生产上，由国家指令性计划变为指导性计划。在矿产品价格上，基本还是由国家定价；到20世纪90年代末期，磷、硫、钾等矿产品价格才实行国家指导价。在管理体制上，由改革开放初期的国家直接管理，逐步转变到行业管理；1998年国务院机构改革后，化工部被撤销，行业管理由国土资源部统一管理。

1978—2000年，经过22年的开发建设，化学矿业得到了快速发展，尤其是"六五""七五""八五"期间，为了巩固农业的基础地位，国家加大了对化学矿山的投入，磷、硫、钾等化学矿山建设国家共投入130多亿元，磷矿重点建成了云南晋宁磷矿（150万吨/年）、湖北王集磷矿（100万吨/年）和北方规模最大的河北矾山磷矿（120万吨/年）等项目。利用世界银行贷款列入国家"八五"重点项目的贵州瓮福磷矿（250万吨/年）、湖北大悟黄麦岭磷矿（100万吨/年）和湖北荆襄大峪口（150万吨/年）三个大型矿肥基地，于20世纪末相继建成投产。硫铁矿重点建成了广东云浮硫铁矿（300万吨/年），安徽新桥硫铁矿（90万吨/年）和内蒙古炭窑口硫铁矿（50万吨/年）等项目。我国第一座最大的青海察尔汗大型钾盐第一期工程（20万吨/年）建成投产。至2000年底，我国基本建成了六大磷矿生产基地、三大硫铁矿生产基地和青海钾肥基地。化学矿产的产能和产量进一步增加。同时地质找矿水平进一步提升，资源保障程度得到提高。各大中型化学矿山企业为了生存和发展，纷纷依托矿山资源，调整产业结构和产品结构，走"矿肥结合""矿化结合""多种经营"的发展道路，实现规模经营，开发下游产品，延长产业链，在做大做强方面取得了成效。

2000年，我国磷矿产量1937万吨，硫铁矿973万吨，钾肥72万吨。

一、地质勘察阔步向前，资源储量连创新高

为了保证四个现代化建设对矿产资源的需求，1979年1月，国家地质总局提出了全国地质工作必须以地质找矿为中心，以提高地质研究程度为基础，以多快好省地取得地质成果为目的，提高找矿效果和经济社会效益。1980年12月和1988年5月，地质矿产部分别在天津、北戴河召开了全国非金属矿产地质工作会议，进一步加强了磷、硫、钾等矿产的找矿和勘察工作。为了优化我国化肥结构，满足农业生产对磷肥、钾肥的急需，化工部在1984年4月召开的第一次化工地质工作会议上，提出了一个方针、三个为主和六项任务。一个方针是：以化学矿山发展规划和战略布局为指导，以地质找矿为中心，努力为矿山建设提供可靠资源。三个为主是：以磷硫钾硼为主，兼顾其他矿种；以大中型矿床为主，兼顾小型矿床；以保矿和勘探为主，兼顾普查找矿。六项任务：一是为生产矿山寻找和勘探接替资源，保证矿山持续均衡生产；二是做好列入建设规划的大中型矿山的详细勘探工作，为矿山设计提供可靠资源；三是做好地方规划建设的小型矿山的地质勘探工作；四是为解决后备勘探基地不足，安排一些地质普查项目，重点在矿区外围和深部找矿，扩大远景，对"富、近、浅、易（易采、易选）"矿区优先安排；五是配合地质部门开展钾盐找矿研究和普查找钾工作，同时加强明矾石矿的普查勘探，以适应发展钾肥生产需要；六是在普查勘探化学矿产的同时，实行综合找矿、综合勘探、综合评价和综合利用。为了适应社会主义市场经济的要求，随着富余人员的增加，化工地质工作又提出"一业为主，多种经营"和"两业并举"的方针，既进一步促进了地质找矿和勘察，又积极开拓地质市场，发展延伸产业和多种经营。

改革开放时期，新发现磷、硫、钾等化学矿产地共288处，包括：磷矿125处，其中大型以上矿床4处，主要分布在杨子地台西缘川滇成矿带和杨

子地台东南缘成矿带鄂西聚磷区。新发现的大型以上矿床主要是云南会泽磷矿、四川雷波卡哈洛磷矿和湖北兴神磷矿。在金河磷矿外围深部发现了兰家坪隐伏中型富磷矿和马槽滩岳家山矿区深部延深矿体；硫铁矿140处，其中大中型7处。新发现的硫铁矿产地主要分布在华北地台北缘、长江中下游、粤北、桂北地区和川南、黔北的煤系硫铁矿成矿区内。新发现的主要大中型硫铁矿为内蒙古乌拉特前旗山片沟、巴林左旗驼峰山、安徽庐江黄屯、广东云浮石板坑、贵州仁怀米江硫铁矿。对广东英德、阳春黑石岗、安徽向山硫铁矿的深部和外围寻找和勘察新的接替资源；钾盐23处。我国盐湖型液体钾盐找矿取得了重要成果，1989年，新疆地矿局区测大队和中国地质科学院郑绵平等5人分别在新疆罗布泊罗北凹地北缘和南部龟头山发现了光卤石和晶间卤水钾矿。这一时期，重点对规划建设的磷、硫、钾等大中型矿床进行勘探评价。到2000年底，与1978年底相比，新增资源储量磷矿26亿吨，探明磷矿储量达到131.58亿吨；新增硫铁矿资源储量19.4亿吨，探明硫铁矿储量达到47.1亿吨；新增钾盐（KCl）资源储量2.4亿吨，探明钾盐（KCl）储量达到45519万吨。

二、生产建设快马加鞭，资源利用喜忧参半

（一）沉浮不定的磷矿

1. 磷矿建设备受重视

改革开放时期，党和国家十分重视磷矿建设，1982年2月27日，中央书记处书记邓力群向中央提出"关于加速开发云南磷矿的建议"，陈云、邓小平等中央领导给予批示。1983年，邓小平同志又做了"肥料的质量要好，要把大力发展复合肥料作为方针定下来"的指示。为了加快发展化肥工业，尤其是高浓度复合肥，1987年国务院151次常务会议决定"要把加快化肥工业的发展作为一个战略问题考虑，作为长远部署，分阶段落实"，到2000年，

化肥工业要上三个台阶。化工部对上三个台阶进行了安排，要求磷肥生产原料配套的磷矿 1995 年要新增建设规模 1880 万吨，2000 年再增加 1500 万吨。

根据上述部署，从 1987 年开始，河北矾山磷矿开始筹建，贵州开阳用沙坝磷矿 100 万吨、湖北樟村坪磷矿 30 万吨等项目续建，利用世界银行贷款建设了三个国家"七五""八五"重点矿肥结合工程（湖北荆襄矿务局大峪口磷矿，150 万吨/年采选工程，配套建设 56 万吨/年重钙；湖北黄麦岭磷矿，100 万吨/年采选，配套建设 18 万吨/年磷铵；贵州瓮福磷矿，250 万吨/年采选工程，配套建设 80 万吨/年重钙），以及云南昆阳矿务局晋宁磷矿 100 万吨/年采矿、河北矾山磷矿采选 120 万吨/年地下开采等国家重点工程。利用国家 45 亿化肥专项资金建设湖北宜昌磷化工集团公司、湖北放马山磷矿等 10 个中小型磷矿山（其中宜昌磷化工集团公司包含宜昌地区一批中小矿山，产能达 116 万吨），磷矿建设规模 190 万吨/年。1995 年，时任国务院副总理吴邦国在视察云南磷化集团公司时指出："开发磷矿资源，发展磷化工业"。

1997 年前后，宜昌地区的乡镇和个体矿山发展也较快，宜昌宝石山矿业公司、宜昌汇鑫矿业公司、宜昌华西矿业公司、宜昌三峡矿业公司等一批中型磷矿山企业相继建设和投产，这个时期磷矿山建设规模接近 1100 万吨。到 1999 年底，上述项目都基本建成投产。截至 2000 年底，全国已形成磷矿生产能力 2026 万吨/年（标矿，P_2O_5 30%）。建成了云南昆阳，贵州开阳、瓮福，湖北荆襄、宜昌，四川金河~清平等六大磷矿生产基地，形成了大中小矿山并举，共同发展的局面。

2. 磷矿生产曲折中上升

改革开放初期，我国磷矿生产总体呈上升趋势。为了提高磷肥质量，化工部规定磷矿生产品位必须保证 P_2O_5 高于 24%。1982 年，化工部在全国化学矿山工作会议上提出有重点、有步骤地进行矿山技术改造，逐步实行精料政策，搞好老矿山的采掘平衡、安全生产，确保磷矿石生产质量和产量的稳定和提高。为了保证出矿品位，部分矿山企业在尽量减少磷矿资源损失的情况下调整了生产计划，如湖北荆襄矿务局大峪口矿，因矿石品位达不到上述质量要求，而由机械化大生产转为小型人工开采，以保证24%的生产品位。由于磷矿石主要用作生产化肥的矿物原料，肩负着支农任务，价格受磷肥生产制约，严重背离价值，造成国家对磷矿石定价比较低。初入市场，企业很不适应，再加上化肥过量进口的冲击，致使1985年磷矿产量跌入低谷，由1984年的1421万吨下降到697万吨，磷矿石滞销，矿石库存积压，给各磷矿企业带来前所未有的困难，职工工资拖欠，生产经营活动无法正常进行，到下半年企业纷纷停止磷矿石生产，实行转产自救。

1986年，化工部提出了磷矿企业依托矿山贯彻"矿肥结合""矿化结合""多种经营"的方针，走磷资源深加工的路子，各矿山企业开展磷矿资源的深加工，大搞普钙、钙镁磷肥和黄磷，以增强企业抵抗市场风险的能力。磷矿产量从1986年开始回升。进入20世纪90年代后，全国磷矿产量总体上逐年有所增加，1998年，全国磷矿产量最高达到2709万吨。由于1998年进口化肥太多，从1999年开始，磷矿产量又开始下降，2000年产量下降到1937万吨。

自进入20世纪90年代后，磷矿产量虽然逐年有所增加，但企业的经济效益仍然没有得到较大改善，加上老矿山企业的社会负担沉重以及磷矿建设的贷款利息增加，1992—1993年，矿山企业维持简单再生产也很困难。到20世纪90年代中后期，随着磷肥企业拖欠矿款的增加，使得磷矿山企业的生存步履维艰。当时国际市场磷矿价格高于国内价格1～2倍，从1995年开始，贵州开磷集团、云南磷化工集团等企业不得不开拓国外市场，以磷矿石换取进口备品备件，或利用出口获得的现汇解决职工的生活困难，稳定职工队伍。另外，国家为了解决化学矿山企业的困难，出台了一些政策，如提高企业的维简费、项目建设贷款利息挂账等。1998年，国家对"六五""七

五""八五"化学矿山建设贷款转为国家资本金进行处理，大大地减轻了企业负担。

根据原国土资源部统计，截至2000年底，我国已有磷矿石生产企业511个，其中大型企业6个、中型矿山25个，全国从业人员7.6万余人。2000年，磷矿产量居世界第二位，仅次于美国。主要开采省份是云南、贵州、四川、湖北和湖南，五省产量占全国总产量的97%。大中型矿山企业的产量占总产量的43%。基本上满足了磷肥工业和磷化工工业对磷矿的需求，尚有部分磷矿石出口，以平衡国内外市场。但由于中低品位磷矿选矿成本较高，受磷矿石价格与价值严重背离的影响，磷矿采富弃贫现象比较严重，造成资源损失浪费较大。全国磷矿平均回采率为60.8%，其中大型矿山回采率为73.2%，中型矿山回采率在60.2%以上，小型和乡镇矿山回采率为40%左右；选矿回收率81%。1979—2000年我国磷矿产量见图5。

图5　1979—2000年我国磷矿产量

3. 磷矿石出口利弊并存

由于我国磷资源的特点，在1995年以前，我国磷矿石出口是受到限制的，只允许购买国外设备配件的企业出口一些磷矿石。随着我国经济的发展和对外贸易的开放，以及在1997—2000年之间国内磷矿石供应总量相对过剩，加上化肥市场连续疲软，磷矿石供应只能采用送货制，外欠货款严重，磷矿企业亏损严重，在国内市场难以寻找突破口的情况下，才开始允许出口。到2000年底，我国磷矿石出口已达到345万吨，出口增幅较大，出口势头较猛。1995—2000年我国磷矿石出口情况见图6。

我国磷矿石出口主要流向亚太地区，如日本、韩国、印度、越南、印度尼西亚、新西兰、孟加拉等国家，进口量较大的国家为印度、韩国、日本和印度尼西亚。由于磷矿石出口主要是富矿，一些矿山企业为了出口，往往采取采富弃贫的办法以提高出矿品位，从而造成了资源的极大浪费和损失。另外，由于出口企业急剧增多，企业和出口商的无序竞争，造成出口价格连年急剧下滑。

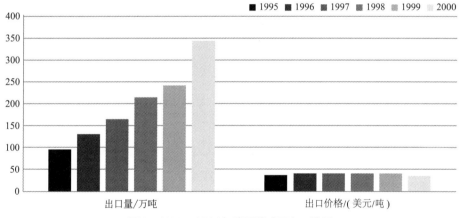

图6 1995—2000年我国磷矿石出口情况

4. 磷矿石消费独具特色

磷矿石是生产磷肥最主要的原料，世界上90%的磷矿用于生产各种磷肥，3.3%用于生产磷酸盐饲料，4%用于生产洗涤剂，2.7%用于轻工业和国防等工业。我国磷矿石消费稍有不同，1999年以前的消费构成为：磷肥约

占80% ～ 90%，黄磷占10% ～ 14%，饲料磷酸氢钙占不到5%。从2000年开始，我国黄磷和饲料磷酸氢钙的产量增长速度较快，特别是出口量大幅度增长，磷矿石的消费构成为：磷肥约占77%，黄磷占16%，饲料磷酸氢钙占7%。我国磷矿石消费构成见图7。

20世纪90年代中期以来，我国磷化工工业发展速度远超过磷矿发展速度，磷矿产品加工与磷矿原料供给发生不平衡现象。2000年，全国磷矿石消费量为3144万吨，而大中型磷矿的产量仅有1937万吨，说明磷矿石消费量中约38.4%是靠国有小矿群采及集体、个人开采提供的，磷资源的破坏与浪费相当严重。

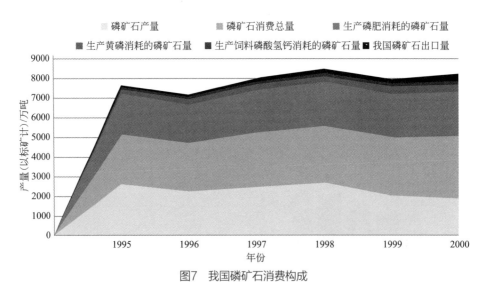

图7　我国磷矿石消费构成

（二）起而复落的硫铁矿

改革开放时期，我国硫酸生产所需的硫原料以硫铁矿为主，随着硫酸工业和化肥工业的快速发展，我国硫铁矿资源的开发得到了较快发展，国家投资21.4亿元，基本建成了广东云浮、安徽新桥、内蒙古炭窑口等大型硫铁矿，建设总规模达到880万吨。1990年前后，利用国家45亿元化肥专项资金建设和扩建了38个中小型硫铁矿，新增生产能力230万吨，通过"六五""七五"建设，形成了稳定的硫铁矿生产基地，基本满足了硫酸生产对硫铁矿的需求。

我国开采的硫源主要是硫铁矿，其次是伴生硫，自然硫只在青海硫黄山矿区有少量开采。石油天然气和煤炭中的伴生硫也有少量综合回收利用。改革开放时期，我国硫铁矿产量增长较快，全国已形成硫铁矿生产能力1169万吨（标矿，下同），1996年产量达到1700多万吨，是1978年的2.5倍，硫铁矿制酸的产量占全国总产量的80%以上。但在20世纪90年代后期，由于国际市场上硫黄比较充足，价格相对便宜，再加上环保要求日益严格，硫黄制酸发展迅速，致使我国硫铁矿制酸的比重下降，硫铁矿产量大幅度下滑，2000年仅生产硫铁矿973万吨，比1996年下降了43%，严重影响了硫铁矿行业的发展。全国硫铁矿平均回采率67.2%，其中，大中型矿山回采率为92.5%，中型矿山在77.6%以上，小型和乡镇矿山为43.1%左右；选矿回收率79.2%。根据2000年的统计，全国共有硫铁矿生产企业839家，从业人员5万多人。1979—2000年我国硫铁矿产量见图8。

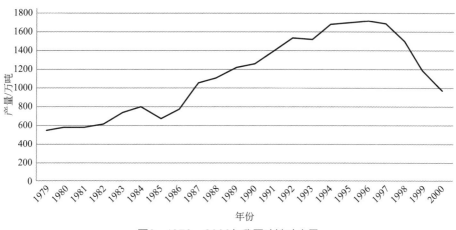

图8　1979—2000年我国硫铁矿产量

我国伴生硫铁矿主要集中在江西、陕西、甘肃和湖北等省。已开发利用的矿区 183 处，其中大型 5 处，中型 25 处，小型 153 处。占用保有资源储量 2.34 亿吨，占资源总量的 74%。到 2000 年底已形成伴生硫生产能力 372 万吨，主要大中型企业有江西铜业公司、安徽铜陵公司、甘肃白银有色公司、陕西金堆城钼矿、广东凡口铅锌矿、青海锡矿山和湖南有色公司等。

我国石油天然气含硫量比较低，从石油回收硫主要来自原油加工，少量来自油页岩炼油。到 2000 年底，有齐鲁石化等六个炼化企业年回收硫黄 3.9 万吨。天然气回收硫主要来自四川天然气田，共有 13 套脱硫装置，硫黄年生产能力 14 万吨，回收硫约 7 万吨。此外，煤炭系统为了保证煤炭质量，高硫煤经洗选也回收硫精矿，已建成回收硫精矿能力 50 万吨 / 年，年产量约为 6 ～ 7 万吨。

从 1995 年开始，由于硫酸工业发展迅猛，国内硫铁矿供应趋紧，而国际市场硫黄价格相对便宜，因此，从 1998 年开始硫黄进口大幅上升，盲目进口超过了国内需求，冲击了国内市场，许多硫铁矿企业被迫停产。

（三）供不应求的钾盐

改革开放时期，我国钾资源的开发主要集中在青海柴达木盆地的察尔汗盐湖。为了缓和我国钾肥紧缺的矛盾，支援农业增产，1982 年，化工部和青海省提出加快建设步伐的意见，要求当年完成扩大初步设计，并在当年进行开工建设，计划 1985 年基本建成。经国家计委批复同意，列为国家前期重点项目。为了促进钾资源的开发和加快工程建设进度，1982 年，将青海钾矿筹建处改为青海钾肥厂，同时将原海西州察尔汗钾肥厂并入，改名为青海钾肥厂第一选矿厂（当时正扩建 4 万吨规模），拉开了我国盐湖钾资源大规模开发的序幕。

青海钾肥一期 20 万吨项目于 1986 年开工建设，列入国家"七五"重点建设工程。主要开采的对象是液体卤水钾矿床，分盐层中的晶间卤水、粉细砂层中孔隙卤水以及湖卤水三种，以晶间卤水为主。采用大型挖掘机开挖采输卤渠道，用大型混流泵将卤水送入盐田滩晒。盐田由钠盐池、光卤石池和老卤（水氯镁石）池组成。光卤石析出后即为老卤，因老卤中富含高镁、硼、锂等有益组分，排放异地储存。钠盐池的石盐长满后堆放。光卤石池的光卤石原矿采收分旱采和水采两种，旱采光卤石池将卤水滤干后，铲车和自卸车进入池中装矿，运往车间进行选矿加工；水采船采用引进美国自动化的水采船和自制的国产采船，以矿浆的形式通过管道输送到过滤车间过滤成光卤石原矿送往加工车间加工。在加工选矿车间，通过加淡水或卤水分解分离、结晶、过滤、烘干、包装等工序成为钾肥。经过三年的建设，该工程于1989年建成投产。由于此装置是我国首次设计建设，缺少实践经验，建成之后，在其主要加工厂系统实际生产中暴露出许多缺陷和问题，使该装置始终不能稳定运行。从1990年开始，青海盐湖工业集团有限公司（前身是青海钾肥厂）每年都进行整改，1997年，该集团实施了青海钾肥一期20万吨扩能改造，生产工艺由原来的冷分解浮选法工艺改为反浮选冷结晶法先进工艺。生产工艺改造后，产品质量和产量都得到大幅度提高，一级品达到了86.6%，1999年，规模达到40万吨/年，实现了达产达标。同时，还在反浮选冷结晶工艺所匹配的药剂技术、生产及采矿设备和工业洁净器关键设备自主设计制造上取得重大突破。自主设计制造成功了国内的第一条大型水上采矿船，为二期100万吨钾肥项目提供了工艺技术示范和样板。到2000年底，盐湖集团公司设计生产能力达到52万吨，本年生产氯化钾57.97万吨，KCl品位一般为85%～93%，部分达到95%。在完善、改进青海钾肥一期工程的同时，国务院于1996年批准青海钾肥二期建设，由化工部和青海省共同建设。为此，成立领导小组，领导小组组长由时任化工部副部长的贺国强同志担任，副组长为青海省副省长王汉民，成员由国家和青海省有关部门的负责同志组成。领导小组下设筹建处，由中国明达化工矿业总公司和青海钾肥厂组成。工程由青海省具体负责，2000年青海盐湖钾肥二期工程开工建设，建设规模100万吨/年，采用反浮选冷结晶法选矿技术，列入国家"十五"重

点工程，2003年建成投产。

在建设大型钾肥生产基地的同时，地方小型国有矿山和个体企业发展较快。1990年，国家为了照顾民族地区地方利益，将察尔汗盐湖规划矿区青藏铁路以东划归地方开采，共有12家企业，占有卤水KCl储量1200万吨，固体KCl资源量2300万吨。位于矿段南部边缘的厂家，修建了滩晒光卤石原矿的正规隔离盐田；矿段中部的厂家，采用沟槽盐田或玻璃丝布隔离盐田滩晒光卤石原矿或水氯镁石原矿，有的也修建了正规的隔离盐田，但灌卤滩晒光卤石后"老卤"就地排放，促进了原卤的老化。

20世纪90年代后期，随着西部大开发的进行，青藏铁路东西两侧各厂家掀起了扩大生产规模的高潮。路东的10家地方国有企业原设计生产能力15万吨/年（不包括盐湖集团公司的一选厂和已破产的格尔木市高纯镁砂厂），2000年产量达到34.69万吨/年，生产车间也扩大到20个，尤其以格尔木市钾镁厂和兰空钾肥厂扩产最多。

截至2000年底，有钾盐生产企业6个，其中，大型企业1个，其余为小型矿山，从业人员近万人，形成氯化钾生产能力86万吨。2000年全国生产氯化钾74万吨（实物量），远远不能满足农业和相关工业发展的需要。1996—2000年我国钾肥产量情况见图9。

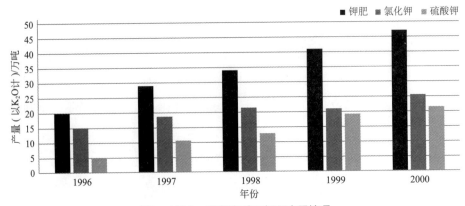

图9　1996—2000年我国钾肥产量情况

三、科技人员开拓创新，技术进步赶超世界

（一）科研队伍不断壮大

党的十一届三中全会以后，为了适应国家经济建设以及化学矿山事业的蓬勃发展，在化工部充实四个设计、研究院的基础上，贵州开阳磷矿矿务局、云南昆阳磷矿矿务局、湖北荆襄矿务局、云浮硫铁矿、四川金河磷矿、向山硫铁矿等各大型矿山基地也建立了自己的设计研究所，承担本企业的扩建项目。依托设计院先后建立了全国化工矿山科技情报中心、全国化工矿山设计技术中心站、全国化学工业原料矿质量监督检验中心、化工矿标准技术委员会、全国化工矿山建设质量监督站、全国化工矿山环境监督站、化工部钾肥工程技术中心、中国化学工业溶解采矿工程技术中心等，这些行业中心（站）或委员会在开发化学矿产资源过程中发挥了重要作用。

在改革开放时期，化学矿山的广大科技人员，满怀报效祖国和振兴民族工业的激情，开拓创新，勇攀技术高峰，在现代化的磷、硫、钾等矿肥基地、化工原料生产基地，提高中国化学矿山技术装备，赶超世界先进水平方面，发挥了不可替代的主力军作用，一些工程项目或科研开发项目已经达到国际先进水平。他们用智慧和创新精神，使中国的化学矿山建设达到了一个新的发展高度，为农业增长和化肥工业发展，做出了卓越的贡献。青海钾肥厂、广东云浮硫铁矿、贵州开阳磷矿、贵州瓮福磷矿、云南昆阳磷矿等一大批现代化的特大型或大型化学矿山的建成投产，大大缩短了与国外的差距，从根本上改变了我国化学矿山的落后面貌。许多科研成果和工程项目获得了国家及部省级优秀工程设计奖、优秀科技进步奖，以及国家"六五""七五""八五"科技攻关表彰奖，为开发化学矿产做出了显著贡献。

1998年，国务院机构改革时撤销化工部，各设计院进入企业集团。化工部连云港化工矿山设计研究院和化工部长沙化学矿山设计研究院进入中国蓝星清洗集团，化工部化学矿山华北规划设计院进入中国化工寰球工程公司，

化工部化学矿产地质研究院仍属中化地质矿山总局管理。

（二）科技创新成果斐然

改革开放时期，通过广大科技工作者的不懈努力，我国化学矿业的开发技术水平得到了较大提升，开发了一些适合我国化学矿山特点的采矿技术和选矿工艺，部分达到了国际先进水平，尤其是我国胶磷矿的选矿技术处于世界领先。取得的成果主要有：

1. 采矿技术推陈出新

（1）固体矿采矿技术。我国磷矿、硫铁矿、硼矿等化工固体矿产的主要开采方式分为地下开采和露天开采两大类，地下开采约占开采总产量的60%左右，其采矿方法主要为房柱法和崩落法，但根据矿产赋存特点，通过院、矿合作，经过多次试验，积极创新最佳的开采方式和最优的采矿方法，以提高劳动效率和化学矿产资源的回采率。如在四川金河磷矿马槽滩矿段采用"底盘漏斗"采矿法，在王集磷矿采用"同步形成间隔矿柱的中深孔房柱"采矿法，在贵州开阳磷矿采用"锚杆护顶分段空场法"等均取得了较好效果。尤其是贵州开阳磷矿采矿法的应用和推广，实现了大断面无轨采掘设备运输，采矿回收率由原来的45%～50%提高到70%～75%，不但大大地提高了磷矿资源回收率，降低了贫化，提高了磷矿石质量，而且降低了劳动强度，提高了劳动工效，该工艺获得国家科技进步一等奖。露天开采有代表性的大中型矿山是云南磷化学工业（集团）公司昆阳和晋宁磷矿，湖北黄麦岭磷化工集团公司、贵州瓮福、湖北荆襄大峪口磷矿，约占磷矿总产量的40%。

（2）液体矿采矿技术。对于盐湖卤水矿床的开采是液相矿床开采的又一领域，其特点是采卤量大，采矿环境特殊。我国钾矿大多赋存在晶间卤水中，采用渠道和钻井的开采方法，分别适用于浅层卤水和深埋卤水矿层的开采，这种开采方法工艺简单，投资省，成本低，已应用在青海钾肥厂的钾盐开发中。

另外，还开发了压裂法开采天然碱矿技术、油垫护顶控制顶板上溶采矿技术、矿房溶浸房柱法开采钙芒硝矿技术、水平井连通开采技术等。

2. 选矿技术百花齐放

由于我国的磷、硫、钾等主要化学矿产大多是丰而不富，我国磷矿约92%为中低品位，P_2O_5 小于30%；硫铁矿97%的品位含硫小于35%；钾盐、硼矿、萤石也需经过选矿才能利用。随着我国化肥、化工和相关工业的发展，从20世纪80年代开始，化工部提出了精料政策，加快了对化学矿产选矿的研究和投入，开发了一系列适合矿石特点的选矿技术和工艺。如对胶磷矿的选矿，开发出了有效处理难选磷矿石的选矿工艺、浮选药剂、浮选设备、尾矿和尾矿水处理等配套技术，这些技术的突破，彻底改变了以前对利用我国磷矿资源生产高效磷复肥的悲观结论。这一技术已广泛应用于江苏锦屏磷矿、湖北王集磷矿、湖北大峪口磷矿、云南海口磷矿、贵州瓮福磷矿等，并且，该项技术还出口到阿尔巴尼亚、斯里兰卡、突尼斯、哈萨克斯坦、伊朗、约旦、美国等国家。对磷矿进行浮选的同时，积极探讨其他选矿工艺，利用相对密度的差异，在湖北宜昌花果树磷矿开展国家"七五"攻关项目——重介质选矿实验和研究。1989年9月开始筹建，于1991年在湖北宜昌花果树磷矿建成20万吨重介质选矿厂，但由于当时的矿价比较低，成本和尾矿含磷都较高（P_2O_5 品位在20%～23%），没能连续生产和推广。在钾盐生产上，经过不断研究和试验，开发了冷分解-浮选法、冷分解-热溶结晶法、反浮选-冷结晶法、兑卤脱钠-控速分解法、盐田光卤石溶解重结晶制取氯化钾、控速分解结晶法制优质硫酸钾、兑卤水法生产硫酸钾、复分解结晶法生产硝酸钾等工艺技术。这些新工艺的开发成功，不仅解决了察尔汗盐湖钾肥生产难题，满足了生产需要，而且有的技术已推广到其他地区工程之中。

3. 技术装备优劣共存

在开采技术和装备水平上，国外矿山企业采矿实现了大型机械生产，选矿实现了大型化和微机程序控制。在我国除国有大型企业基本实现了机械化、半机械化以外，中、小型企业特别是地方小型及集体企业，除开采配备有少数的铲、装、运设备外，主要以人工开采为主，装备和技术水平只停留在国外的20世纪30～40年代的落后水平。尽管我国在"七五"和"八五"期间投入了大量的资金用于兴建矿山，引进和开发了露天开采大马力推土机裂矿-前装机装载技术，井下锚杆护顶无轨分段空场采矿技术、长距离管道输送技术、原矿长距离高强度胶带机运输技术等多项达到国际水平的先进技术，但是，由于国家在"九五"期间对化工矿山投入减少，先进技术难以推广。除少数新建的大型矿山主要设备能达到国外20世纪90年代先进水平外，绝大多数中小型国有及集体矿山尚未实现最低标准的机械化生产。

2000—2018：在改革中突飞猛进

进入21世纪以来，是我国化学矿业发展最快的一段时期，化工地质找矿和资源开发取得了巨大成就。磷矿探明储量截至2018年已达252.84亿吨，比2000年新增探明储量121.26亿吨，将近翻了一番，居世界第二位；钾盐探明储量达10.27亿吨，比2000年新增5.7亿吨，翻了一番多。2018年，磷矿产量达到9632万吨，居世界第一位，比2000年增长了5倍；钾肥产量达到623万吨（K_2O），比2000年增长13.2倍。呈现的主要特点是：首先，在管理体制上由原来的部门行业管理转变为以国土资源部为主，按照《矿产资源法》《矿产资源勘察区块登记管理办法》《矿产资源开采登记管理办法》等法规依法行政，国土资源部主管全国矿产资源勘察开采管理工作，中国石油和化学工业联合会、中国化学矿业协会参与行业管理；其次，磷、硫、钾等矿产品生产依据市场需求进行供应，价格由市场进行调节，不再是国家定价；第三，化学矿产资源勘探开发的投资主体呈现多样化，大量民营资本进入矿业，促进了化学矿业的勘探开发；第四，开发与节约资源并重，大力发展循环经济，成为突破资源瓶颈约束、实现可持续发展的必然要求；第五，按照"五位一体"总体部署，认真贯彻习近平新时代中国特色社会主义思想，自觉践行"绿水青山就是金山银山"的发展理念，矿山地质环境保护意识增强，各矿山企业逐步向环境友好型、资源节约型的和谐化学矿业、智能化学矿业方向发展。

一、向深部、外围探矿，保障资源持续发展

21世纪，我国社会主义现代化建设开始步入全面建设小康社会的新时期，国民经济保持快速发展，特别是从2003年开始，随着我国工业化、城镇化进程加快和农业生产发展，资源瓶颈开始显现，化学工业尤其是化肥工业和其他相关工业对磷、硫、钾等矿产需求增长较快，供需矛盾突出。党和国家领导人对地质找矿非常重视，2002年8月27日，时任国务院总理温家宝在原国家经贸委和国土资源部向国务院上报的"关于加强有色金属矿山地质探矿工作意见的请示"报告上批示："把解决危机矿山的资源接替问题作为重点，通过对具备资源条件和市场需求的大中型矿山深部和外围探矿，提高矿山经济效益，延长矿山服务年限"。2005年，国务院第63次常务会议审议通过了全国危机矿山接替资源找矿计划纲要，主攻矿种包括磷矿、钾盐。2006年1月26日，国务院发布了"关于加强地质工作决定"，明确了钾盐是国家急缺的重要矿产。2006年，由中国地质调查局组织实施的"全国矿产资源潜力评价"项目，将磷、硫、钾等列为全国25种重要矿产。同时，为了减少商业性地质勘察工作风险，促进商业性地质勘察工作开展，2006年，中央地质勘察资金和省级地质勘察资金投入运行，也大大加快了找矿的进程。根据这一部署，开展了我国扬子准地台周边沉积磷矿、北方内生磷矿成矿条件和分布规律的研究，

重点围绕现有大中型矿山深部和外围探矿，取得了显著成效，一批大中型磷矿床被发现，其中，贵州开阳磷矿深部找到 8 亿吨的优质磷矿，湖北樟村坪磷矿接替资源黑良山矿区新增资源储量达到大型规模，四川省金河磷矿深部找矿新增资源储量达到中型规模等。勘探评价了新疆罗布泊罗北凹地大型晶间卤水钾盐矿床。

21 世纪初，由于化肥、无机化工及其他相关工业对主要化学矿产需求急增，而供应能力下降，化学矿产品价格不断上涨，主要化学矿产商业性地质工作发展较快，企业和社会资金开始投入勘察开发磷、钾盐等矿产，化学矿产矿业权市场开始形成。磷矿商业性地质工作主要集中在资源丰富的扬子地台周边的云南、贵州、湖北、四川等省，钾盐主要在新疆罗布泊地区和青海柴达木盆地，勘察评价了一批磷矿、钾盐等大中型矿床，为化学矿山新建和扩建提供了资源保障。

为了保障磷肥工业可持续发展的需要，云南、贵州、湖北、四川等省大型磷肥矿山企业和地方集体、个体企业出资取得探矿权，勘察磷矿资源，磷矿商业性地质工作发展较快。据不完全统计，云南省勘探评价了会泽马路、梨树坪矿区、晋宁肖家营、干海子磷矿区、宜良月照磷矿，湖北勘探了宜昌杉树垭磷矿、兴山瓦屋磷矿IV矿段、保康白竹矿区深部VI矿段、宜昌磷矿树空坪磷矿区后坪矿段、宜昌磷矿乔沟矿段、宜昌杨柳矿区，四川勘探了马边磷矿老河坝矿区二坝矿段、绵竹龙王庙天井沟矿段、雷波卡哈洛磷矿，贵州勘探了开阳明泥湾磷矿、开阳两岔河磷矿、开阳双阳磷矿、贵州开阳磷矿洋水矿区东翼深部接替资源等。

自 2008 年爆发国际金融危机后，全球矿业的发展也遭受了较大影响，造成商业性投资地质找矿的积极性下降，矿业发展又迎来了新的调整期，步入新常态发展。

截至 2018 年底，我国查明磷矿资源储量 252.84 亿吨，其中基础储量 34.39 亿吨，资源量 218.45 亿吨，主要集中在云南、贵州、四川、湖北、湖南等五省，五省查明资源总量占全国的73.8%。我国磷矿以中低品位居多，品位大于30%的富矿22.5亿吨，仅占总资源储量的9.2%，其余为中低品位磷矿；查明硫铁矿资源储量60.6亿吨（煤系沉积型占40%），主要分布在四川、贵州、安徽、云南、广东、内蒙古等省（区），六省（区）占全国总储量的64%。硫铁矿平均品位17.9%，含硫＞35%的富矿仅占总量的2%，中低品位占总储量的98%；查明钾盐资源储量（KCl）10.27亿吨，主要集中在青海察尔汗盐湖和新疆罗布泊盐湖（两者合计占查明资源量的96%以上）。钾盐是我国的短缺资源，按变化后的钾盐总储量计算，我国钾盐储量仅占世界的8.99%。

二、矿产需求日益增加，生产能力大幅提高

（一）磷矿开发和利用走上快车道

进入21世纪，随着社会主义市场经济日趋完善，国内矿产品市场更加规范，磷矿石价格基本上由市场调节，矿业投资由企业自身决定，促进了我国磷矿工业的健康发展。由于党中央惠民政策的实施，农业和磷肥工业得到快速发展，2006年，全国磷肥产量由2000年的663万吨上升到1210万吨（$P_2O_5$100%，下同），跃居世界第一。磷矿石价格由2000年的40～60元/吨，上涨到2006年的240～280元/吨，磷矿企业经济效益迅速好转，经济实力大大增强，极大地促进了企业自身投资，通过新建、技术改造和扩建等方式，磷矿产能增长很快，同时也加快了磷矿向大型化、规模化发展的进程。如云南磷化集团公司整体进入云天化集团，贵州开磷集团、贵州瓮福集团、湖北宜化矿业公司、湖北兴发集团、湖北宜昌柳树沟矿业公司、湖北大峪口矿肥结合企业整体并入中国海洋石油公司。湖北三宁矿业公司等大型矿山企业，加大产品结构调整力度，磷矿石和深加工产品产量大幅度提高。截至2018年底，全国形成磷矿设计采矿能力15200万吨/年，其中：云南磷化集团有限公司1515万吨/年；贵州开磷控股（集团）有限责任公司1000万吨/年，配套建设了573万吨/年化肥、110万吨/年合成氨、10万吨/年硝酸铵、7.5万吨/年氟

硅酸钠、100吨/年碘生产能力；瓮福（集团）有限责任公司1000万吨/年，配套建设了磷复肥（磷酸二铵、磷酸一铵、NPK复合肥、BB肥、重钙、普钙）250万吨/年、工业及食品磷酸16万吨/年、三聚磷酸钠15万吨/年，100吨碘/年、2万吨/年无水氟化氢生产能力；湖北兴发集团采矿530万吨/年，湖北宜化矿业公司360万吨/年。相继建成云南磷化集团有限公司、贵州开磷控股（集团）有限责任公司、瓮福（集团）有限责任公司、四川雷波、德阳和湖北宜昌等磷矿生产基地。

进入21世纪，由于我国磷肥工业生产技术获得了重大突破，湿法磷酸生产所用磷矿石品位由2001年前的P_2O_5 30%下降到27%左右，国产高浓度磷复肥发展迅速，不但满足了国内需求，还有部分出口，再加上黄磷和饲料磷酸氢钙的快速发展，加大了对磷矿的需求，极大地带动了磷矿资源开发，使我国磷矿由2000年的1937万吨提高到2016年历史最高的14439.8万吨，增长7.5倍。贵州开磷集团、贵州瓮福集团、云南磷化集团等列入国家循环经济试点单位。开采技术装备水平得到较大提升，采装运设备逐步向大型、高效方向发展，不但提高了劳动效率，磷矿开采资源利用水平也有了较大提高。大型露天开采企业的回采率达到98%以上，大中型地下开采矿山企业达到75%以上，尤其是宜昌地区的磷矿开采，从2004年开始，实行全层开采、分级管理，以及近几年实施的充填开采，大大提高了磷矿资源的回采率；小型和乡镇矿山企业的回采率也有较大提高，由原来的30%～45%提高到60%以上。磷矿选矿和加工技术取得重大突破，中低品位胶磷矿选矿技术已在贵州瓮福、云南磷化工集团公司等企业应用。不但充分利用中低品位磷矿，提高我国磷资源的保障程度，还可实现节能减排，大大提高企业的经济效益和社会效益。

另外，为充分利用和回收磷资源，从2005年开始，部分地区对伴生磷资源进行回收利用，如河北承德地区选铁副产磷精矿的增加，可部分缓解北方磷矿供应的紧张局面。

截至2018年底，我国磷矿共有有证矿山308家，其中大中型136家，实际生产矿山数171个，从业人数3.55万人。根据国家统计局统计，2018年磷矿石产量9632万吨，同比上升5.82%。其中：贵州省磷矿石产量3421万吨，同比增长2.0%；湖北省磷矿石产量3304万吨，同比增长19.5%；云南省磷矿石产量2110万吨，同比增长1.0%；四川省磷矿石产量523万吨，同比下降12.2%。5大重点企业的产量分别为：云南磷化集团827万吨，贵州瓮福集团972.3万吨（精矿553万吨），贵州开磷集团900万吨，湖北兴发集团390万吨，湖北宜化矿业公司280万吨。磷矿石供应除满足国内磷肥、黄磷和其他磷制品生产需要外，还有少部分出口。2001—2018年我国磷矿产量见图10。

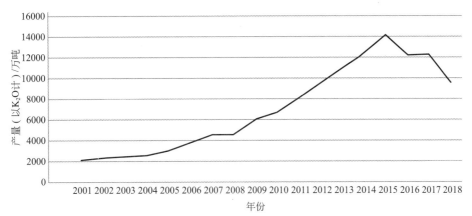

图10　2001—2018年我国磷矿产量

2000—2018年，累计生产磷矿石12.4多亿吨，为1978—1999年累计产量3.9亿吨的3.2倍，满足了磷肥工业和相关工业对磷矿石的需求。

（二）硫铁矿资源得到合理利用

进入21世纪，我国硫酸工业发展迅速，2018年硫酸产量达到8636万吨（国家统计局数据）。根据中国硫酸工业协会统计，2018年硫酸产量已达到9685万吨，其中：硫黄制酸4431.7万吨，占总产量的45.8%；有色烟气制酸3495.7万吨，占总产量的36.1%；硫铁矿制酸1651.7万吨，占总产量的

17.0%。从硫铁矿制酸的产量来看，硫铁矿的产量基本上与2000年没有大的变化，但其所占比重则是逐年在下滑。其主要原因是硫黄进口增加和国产硫黄的回收（2018年我国冶炼回收和天然气脱硫回收硫黄达637.8万吨），以及有色冶炼副产硫酸，改变了我国硫酸生产原料的结构。硫铁矿制酸已从2000年占硫酸总产量的75%，下降到2018年的17%。十几年来，硫铁矿的产量虽然一直维持在1400万吨左右，没有大的变化，但结构发生了较大变化，进入21世纪后，煤系硫铁矿基本已停产，有色副产硫铁矿回收力度加大，单一硫铁矿向硫、硫铁矿烧渣和硫铁矿制酸余热综合利用发展，广东云浮硫铁矿被国家列入循环经济发展试点单位。

截至2018年底，全国形成硫铁矿设计采矿能力6810万吨，根据原国土资源部统计，持证开采矿山总数188个，其中，大中型矿山数23个，实际生产矿山数32个，从业人员1.4万多人。2018年，全国硫铁矿产量1458.8万吨，同比上升1.1%。其中，广东生产346.3万吨，同比上升27.5%；安徽产量262.6万吨，同比下降19.5%；江西产量332.7万吨，同比上升0.8%；陕西生产98万吨，同比上升27.7%；四川78.6万吨，同比下降21.9%。两个重点大型企业的产量为：广东广业云硫矿业有限公司274.4万吨，铜陵化工集团新桥矿业有限公司163.8万吨。2001—2018年我国硫铁矿产量见图11。

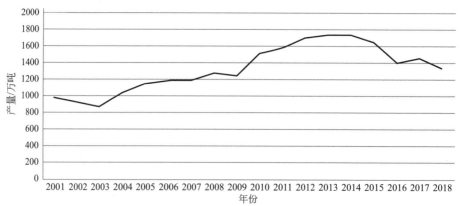

图11　2001—2018年我国硫铁矿产量（S35%）

（三）钾盐谱写辉煌篇章

进入21世纪，我国钾盐开发取得重大突破。2000年，国家西部大开发的首批十大项目之一——青海100万吨钾肥项目开工建设，2006年建成，实现达标、达产，氯化钾生产能力达到152万吨。从2005年以后，青海盐湖股份陆续启动盐湖综合利用项目一期、二期、金属镁一体化、ADC发泡剂一体化、海纳一体化、新增百万吨钾肥扩能改造等项目建设，伴随各项目的建成和试车，于2015年氯化钾生产突破500万吨。2016年8月22日，习近平总书记视察青海盐湖集团，为盐湖资源循环利用开发指明了方向。

新疆罗布泊钾盐资源开发于2004年进入实施阶段，国家批准在新疆建设钾肥基地，建设规模为120万吨/年硫酸钾，分两期建设：一期建设20万吨，二期建设100万吨。该项目2009年建成，创造了"罗钾速度"和"罗钾质量"。经过随后几年的完善和改造，目前已拥有年产160万吨硫酸钾生产装置、年产10万吨硫酸钾镁肥生产装置，是世界上最大的单体硫酸钾生产企业。经历了艰苦卓绝的起步和发展历程，在"死亡之海"谱写了辉煌篇章。罗布泊腹地由人迹罕至的死亡之海，变成了碧波荡漾、机器轰鸣的现代化工厂，同时也锻造出了一支团结向上、开拓进取的员工队伍，凝聚形成了以"情系三农、为国分忧的爱国精神；献身盐湖、艰苦奋斗的创业精神；一流技术、永不止步的创新精神；同心同德、敢于担当的团队精神"为核心的"罗钾精神"。

另外，为实施"走出去"发展战略，中农钾肥有限公司在老挝开发建设钾肥20万吨/年氯化钾。中化地质矿山总局目前正在进行泰国钾资源风险勘探，有望在国外建设100万吨/年氯化钾。

截至2018年底，我国氯化钾生产企业共18家，全国形成钾肥生产能力803万吨（折纯，下同），占世界总量的9.5%；我国硫酸钾矿生产大型企业1家，产能160万吨。2018年全国钾肥产量623万吨，与上年持平。其中：青

海 447.6 万吨，同比增长 0.7%；新疆 90.4 万吨，同比增长 1.5%。青海盐湖股份生产氯化钾 485 万吨（实物量），新疆罗布泊钾盐公司生产硫酸钾 160 万吨（实物量）。2001—2018 年我国钾肥产量见图 12。

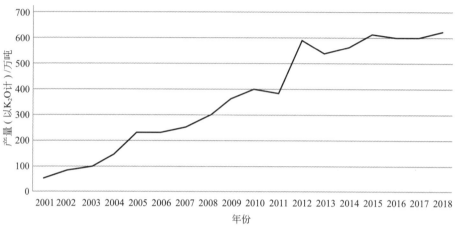

图12　2001—2018年我国钾肥产量

三、磷、硫、钾矿产消费情况

进入 21 世纪后，我国磷矿石消费与世界其他国家相比稍有不同，随着我国饲料磷酸氢钙和黄磷的快速发展，饲料磷酸氢钙约占磷矿石消耗的 10%～12%，黄磷生产约占 8%～10%。生产磷肥消耗约占 75%～80%。由于国家对农业的重视，再加上近几年的科技攻关以及技术装备国产化进程加快，高浓度磷复肥已完全实现自给。2018 年，我国共生产磷肥 1696 万吨，约消耗磷矿石 6444 万吨；生产黄磷约 85 万吨，消耗磷矿石约 850 万吨；饲料磷酸氢钙产量约 400 万吨，磷矿石消耗约 1120 万吨；磷矿石出口 43 万吨，磷矿石表观消费量在 8546 万吨左右。

我国硫矿主要用于制取硫酸，根据国家统计局数据，2018 年共生产硫酸 8636 万吨（中国硫酸工业协会统计 9685 万吨），2018 年进口硫黄 1078.1 万吨，对外依存度达 37%（不包括有色进口副产硫）。

钾肥作为农作物不可缺少的肥料，全球93%的钾盐用于制造钾肥，7%用于工业用钾。根据国家统计局数据，2018年我国钾肥表观消费量为1083万吨，对外依存度达到42%。

四、磷、硫、钾矿产进出口情况

（一）进口情况

1. 磷矿进口微乎其微

从1978年以来，我国基本上不再进口磷矿石，只进口高浓度磷复肥。进入21世纪后，随着我国磷肥生产技术获得重大突破，高浓度磷肥产量增长较快，除满足国内需求外，尚出口部分高浓度磷复肥。2017年，磷矿石进口有所反弹，湛江口岸进口摩洛哥磷矿石12.24万吨，平均进口价78.7美元/吨。2018年，仅进口磷矿石1万吨左右。

2. 硫资源进口逐年增加

我国在20世纪70年代中后期曾在世界硫黄价格很低的情况下建设了一批硫黄制酸装置，能力达到80万吨。20世纪80年代中期，世界化肥产量增长迅速，对硫黄需求量增加，硫黄价格也随之攀升，从20世纪70年代的最低25美元/吨上涨至150美元/吨左右。我国硫黄制酸厂家由于承受不了如此高昂的硫黄价格，纷纷停产。进入20世纪90年代，发达国家的化肥施用量开始下降，硫黄市场趋于疲软，价格稳步下降。20世纪90年代后期至今，硫黄制酸装置纷纷上马，其产量已占全国硫酸产量的45%以上。2003年国际硫黄价格出现较大回升，造成国内硫黄制酸企业的生产成本大幅度上升（超过硫铁矿制酸），原来掺烧硫黄的硫铁矿制酸企业减少了掺烧量。尽管如此，从2005年开始，我国进口硫黄量在逐年增加，2009年进口量达到历史高峰的1216.7万吨，2018年的进口量为1078万吨，对外依存度为37%。

3. 钾肥进口居高不下

由于受资源制约，虽然随着国产钾肥工业的快速发展，产量有一定的增长，但仍满足不了农业生产的需要，不得不每年进口大量钾肥。2018年，进口氯化钾745.6万吨，与上年的753.3万吨相比，减少0.1%；进口硫酸钾6.58万吨，与上年的6.4万吨相比，增长0.3%。我国钾资源的对外依存度为42%。

（二）磷矿石出口逐年减少

进入21世纪，随着我国磷肥工业发展迅猛，国内磷矿市场好转，加大了对磷矿石的需求，磷矿石价格上涨，再加上国家对磷矿石出口政策的调整（由出口退税调整为出口增加关税），磷矿石出口量在2001年达到最高的490.8万吨后，开始逐年减少，到2015年出口量仅为19.2万吨。从2016年开始磷矿石出口又有所回升，2018年出口磷矿石43.4万吨，主要出口至新西兰、日本、韩国、澳大利亚等国。

五、化学矿业科技与装备水平不断进步

（一）科技创新与时俱进

进入21世纪，化学矿业企事业单位非常重视科技进步和研发工作，科技投入力度不断加大，取得了一大批科研成果和先进适用技术，提高了行业的整体科技水平。

一是通过在云南磷化集团、贵州瓮福集团、湖北兴发、湖北三宁矿业、广东云浮、铜化新桥矿业、青海盐湖、新疆罗钾等大型磷、硫、钾矿山企业建设"博士后工作站""国家磷资源开发利用工程技术研究中心""国家级企业技术中心""国家技术创新示范企业"等，创新和开发了一批资源节约与综合利用先进技术，采选综合利用技术不断突破，部分技术处于国际、国内领先水平。以充填法采矿技术、露天开采可视化调度管理系统、远程遥控采矿技术为代表的采矿技术，在磷、硫、钾等化学矿产采矿中得到广泛应用，如"中厚缓倾斜矿体锚杆护顶高效开采技术"和"磷石膏充填无废高效开采技术",使开磷集团的磷矿回采率提高了40%以上,大大提高了经济效益和资源利用水平;"磷矿高承压含水层下安全高效全尾砂充填"采矿技术,盘活了矾山磷矿西区资源,使企业的产能提升一倍;湖北三宁矿业有限公司的生态开采模式,集全层开采、坑口重介质选矿和尾矿充填于一体,选矿无废水排出,既充分利用资源,又有利于水污染防治、矿山环境保护和地方经济协调发展,为宜昌中低品位磷矿开发利用,以及矿山生态环境保护提供了先导和示范,劳动生产率得到很大提高;中低品位胶磷矿正反浮选工艺在云南磷化集团应用,建成了我国最大的450万吨/年选矿厂,使中低品位磷矿得以利用(我国胶磷矿选矿技术居世界领先水平);磷矿矿井水无害化处理及综合利用技术在宜化矿业公司的应用,不但使外排水达标排放,而且还充分利用水资源,提高了企业的经济效益。

磷矿伴生氟、碘资源的综合回收利用技术在贵州瓮福集团成功投产,不但提高了企业的经济效益,而且还提高了资源利用率,为我国磷矿和磷酸工业综合开发利用提供了技术支撑和示范。随着低品位、共伴生、复杂难选冶的矿产得到开发利用,有效缓解了我国化学矿产资源的环境压力,保障了国家经济和资源安全,促进了我国化学矿业健康和可持续发展。

硫铁矿选矿提质升级技术在广东广业云硫矿业有限公司应用,使硫铁矿制酸后,烧渣直接用于炼钢的原料,为硫铁矿工业的发展提供了技术支撑和发展思路。

氯化物型盐湖卤水光卤石反浮选-冷结晶法生产氯化钾工艺和固体钾矿浸泡式溶解转化开采技术,使青海盐湖集团不但提高了产能和产品质量,还提高了钾资源的利用率,更重大的意义在于盘活了固态钾资源,再创了一个青海盐湖;钾混盐转化结晶法生产硫酸钾工艺技术研发和成功应用,使得我国硫酸亚型卤水得到有效利用,2004年,青海盐湖集团"罗布泊地区钾盐资源开发利用研究"项目获得国家科技进步一等奖;2013年,"罗布泊盐湖120万

吨/年硫酸钾成套技术开发"项目使我国一举成为世界最大的硫酸钾生产国，获得国家科技进步一等奖。我国化学矿产资源节约与综合利用先进技术见表1。

表1 我国化学矿产资源节约与综合利用先进技术

序号	技术名称	适用范围	典型用户
1	固体钾矿浸泡式溶解转化开采技术	零星分散的KCl≥0.5%的低品位盐湖固体钾矿（钾石盐、光卤石矿）	青海盐湖工业股份有限公司别勒滩矿区
2	磷石膏充填无废高效开采技术	中厚缓倾斜-倾斜破碎矿体	贵州开磷集团
3	中低品位胶磷矿正反浮选工艺	中低品位混合型胶磷矿	云南磷化工集团海口磷矿分公司浮选厂
4	盐湖卤水钾镁盐反浮选-冷结晶法生产氯化钾工艺	从氯化物型盐湖卤水钾镁盐矿中提取氯化钾	青海盐湖钾肥分公司
5	磷矿伴生氟资源综合利用技术	由含有氟的磷矿湿法制取磷酸的企业	贵州瓮福集团无水氟化氢装置
6	磷矿伴生碘资源回收新技术	磷矿伴生碘资源、卤水中的碘、油气田水中的碘、其他含碘废水中碘的回收	贵州瓮福集团50吨/年碘回收项目
7	人工永久矿柱置换安全高效开采技术	缓倾斜-中厚矿体的地下矿山	湖北柳树沟矿业股份有限公司丁西磷矿
8	局部胶结充填与空场组合采矿技术	水平-缓倾斜破、薄-中厚矿体	四川金河磷矿
9	含钾尾矿溶解转换热熔结晶法生产氯化钾技术	钾肥生产尾矿中钾资源回收及低品位钾矿综合利用	青海盐湖三元钾肥股份有限公司
10	低品位含铀硼铁矿资源综合利用技术	低品位含铀硼铁矿及类似共伴生资源的矿物加工分离和资源综合利用	辽宁首钢硼铁矿有限责任公司
11	冷结晶-正浮选生产氯化钾技术	利用光卤石高效生产氯化钾	青海盐湖工业股份有限公司
12	吸附法从老卤中提锂技术	盐湖卤水和老卤锂资源回收	青海盐湖工业股份有限公司
13	低品位含泥固体钾矿脱泥技术	盐湖地表高不溶物、低品位固体钾矿处理	青海中航资源有限公司、中国科学院青海盐湖研究所

续表

序号	技术名称	适用范围	典型用户
14	磷石膏转化制硫酸铵技术	磷矿及磷化工企业	瓮福（集团）有限责任公司
15	磷矿高承压含水层下安全高效全尾砂充填采矿技术	高承压含水层等压覆矿床开采	河北省矾山磷矿有限公司
16	低品位磷矿制黄磷技术	低品位磷矿富化制磷	马边无穷矿业有限公司
17	硫铁矿选矿提质升级技术	硫铁矿选矿工艺优化，高品质硫精矿生产	广东广业云硫矿业有限公司
18	新型硫酸钙抑制剂在钾盐生产中的应用	低品位含硫酸钙的钾盐矿（包括光卤石或钾石盐）生产氯化钾	中蓝连海设计研究院
19	胶磷矿重介质旋流器选矿技术	磷矿岩与脉石存在密度差的中低品位胶磷矿	河北寰球工程有限公司
20	中厚破碎磷矿体安全高效开采技术	中厚破碎磷矿体	贵州开磷矿业总公司
21	低品位萤石粗精矿再磨浮选工艺	低品位萤石矿5%以上的萤石原矿	福建顺昌埔上萤石有限公司
22	低品位硫铁矿资源综合高效利用技术与装备	低品位硫铁矿	安徽新中远化工科技有限公司

二是各大型矿山企业通过与中南大学、中国地质大学（武汉）、武汉工程大学等高校建立长期合作机制，以建设绿色、智慧矿山为目标，以实现安全生产智能化管控等为技术攻关方向，开展高效采矿技术与管控手段相结合以及充填采矿等研究，为设计和科研提供了强有力的基础理论与技术支撑，并在部分化学矿山企业得以应用，将回采率由原来的50%左右提高到90%，提高了资源利用率和企业效益。同时，与国内外多家先进的矿山采掘、选矿设备专业研究机构和制造厂商联合，对设备设施、节能降耗等进行全面改造

升级，提高智能化机械设备的适应性，不仅提高了效率，更是大规模压缩生产人员，实现了本质安全生产。

三是通过采用先进的集成控制技术，贵州开磷集团、湖北三宁矿业等企业矿井开采、选矿等活动在地面智能调度中心实现远程管控，大大提高了化学矿业的整体自动化水平。

四是中化地质矿山总局构建了8个科技创新团队、16家国家资质认定实验室，每年投入近千万元，形成了一批找矿和工程勘察施工新技术、新工艺，部分技术处于国内领先水平。如中化地质矿山总局湖南院根据建筑物倾斜的情况，综合考虑倾斜量、裂缝状况、工程地质条件等因素，采用注水、射水软化土层迫降纠偏，配合高压旋喷复合桩，结合静压注浆加固的方法进行施工，取得了较好的治理效果，并申请专利。明达海洋公司牵头研发的"装配箱式载荷试验移动平台"设备整体性好、稳定性高，不需反复装，节约成本三分之一，已用于工程试验。

五是标准化工作迈上新台阶。由中国化学矿业协会主导的《化工行业绿色矿山建设规范》上报标委会，《化工行业一般工业指标》修改初稿上报国土资源部评审中心；中化地质矿山总局主导修订了《磷矿地质勘察规范》《硫铁矿地质勘察规范》和《盐湖和盐类矿产地质勘察规范》等3个规范；中化地质矿山总局福建院主编的《化工行业岩土工程勘察成果质量检查与评定标准》由国家工业和信息化部正式颁布实施；中化地质矿山总局湖南院、浙江院编修的《复合桩基础设计规范》《高压喷射注浆施工技术规范》已通过公示。中化地质矿山总局吉林院联合吉林大学开展的油砂检测关键技术方法研究，提出了油砂甲苯抽提检测含油率的技术规程和技术要求，为油砂行业检测标准的制订提供了科学依据。

六是互联网+B2B采购平台在云南磷化集团有限公司实际运营，与北京盛世云商电子商务有限公司进行电子商务方面的合作与探索，使企业采购成本大幅降低，同时以实际行动贯彻落实了中央关于供给侧改革的相关要求，起到了很好的示范作用。

（二）大型矿山装备优良

我国化学矿山企业的技术装备发展不平衡，大型矿山企业已实现机械化、智能化、大型化、自动化和数字化开采，如云南磷化工集团公司，主要采掘运输设备均从国外引进，大型化、系列化和现代化配置，达到国际当代一流先进水平；贵州开磷、贵州瓮福、湖北三宁矿业、湖北宜化矿业、青海盐湖、新疆罗布泊钾肥公司等企业已实现大型化、智能化、数字化开采和选矿，资源利用率和开采水平都很高。四川江安县腾飞化工有限公司（新建150万吨硫铁矿/年）大力倡导绿色矿山、科技矿山、人文矿山，引进具有国际先进水平的瑞典阿特拉斯掘进台车、1254中深孔凿岩台车、英格索兰中深孔钻机、自动装药车，胶带运输等，从掘进、放炮、排险、回采、产运等全程实现了自控机械化，这些采选设备的引进和使用，极大提高了我国化学矿产资源利用技术水平。但我国的硼矿、萤石矿、重晶石矿以及中小磷矿、硫铁矿等矿山开采企业，由于受开采规模、资源赋存条件等因素制约，采选技术和技术装备水平比较低，资源损失大，并对矿山环境造成一定的危害。

六、秉承绿色发展理念，勇于担当社会责任

化学矿山企业特别注重矿山的绿色发展和社会责任，坚持"在开发中保护，在保护中开发""既要金山银山，也要绿水青山"的原则，树立开采方式科学化、资源利用高效化、企业管理规范化、生产工艺环保化和矿山环境生态化的发展理念，2011年，云南磷化工集团、贵州开磷集团等7家化学矿山企业首批获得国家绿色矿山试点单位，自觉践行"三型"（资源节约型、安全环保型、矿地和谐型）矿山建设，在绿色矿山、和谐

矿区、构筑良好矿地关系等建设方面取得了显著的成效。如"云南磷化集团—汉营模式",该模式由云南磷化工集团所属昆阳磷矿与所在地汉营村委会共建形成,以"支持新农村建设、发展地方经济、构建和谐矿山环境"为宗旨,从工业反哺农业、提供劳务和就业、扶持集体经济、文化交流、支持新农村建设等方面,促进企业与地方友好合作,构建了企地和谐共建、互利共赢发展新格局。再如,湖北三宁矿业公司已建成湖北省首家绿色智慧矿山,把"开发一方资源,造福一方百姓",作为公司建设绿色矿山行动纲领和发展目标,创建了磷资源开采、选矿、充填和深加工一体化、矿区环境治理和矿地关系和谐的磷矿资源绿色开发新模式,并按照国家AAA工业旅游示范点标准进行现代化公园式矿区规划,建设矿山生态环境园区景观,强化与周边居民的融洽关系,有力地促进了矿区与社区的稳定和谐,实现了高效智能采、选、充一体化的循环经济可持续与环境保护的协调发展。绿色智慧矿山建设发展呈现为常态化、科学化、规范化,并起到了示范引领作用。

化学矿山行业在自然资源部(原国土资源部)四次批准的试点企业中共有68家,其中磷矿29家,硫铁矿7家,钾盐5家,盐矿9家,萤石矿5家,石灰石矿3家,重晶石矿1家,硼矿1家,碱矿1家,锶矿1家,蛇纹石矿1家,占全国661家试点企业总数的10.3%,占化学矿山企业的3.8%。经过十几年的发展和建设,涌现了一批绿色矿山标杆企业,他们是云南磷化集团有限公司、贵州开磷控股(集团)有限公司、瓮福(集团)有限公司、湖北三宁矿业有限公司、河北矾山磷矿有限公司、广东广业云硫矿业有限公司、铜陵化工集团新桥矿业有限公司、青海盐湖工业股份有限公司、辽宁首钢硼铁有限责任公司等。在系统总结化学矿山企业绿色矿山建设的基础上,提出了化学矿山行业绿色矿山建设要求,并经自然资源部等四部委发布实施。

展望：化学矿业任重道远

根据农业部的资料显示，我国用占世界不到9%的耕地，生产了世界19%的谷物，49%的蔬菜瓜果，养活了世界21%的人口，化肥投入功不可没。今后一个时期，虽然农业施肥呈负增长，但化肥对农业生产、农民增收和经济发展仍将发挥不可替代的作用。习近平总书记曾指出："我国是个人口众多的大国，解决好吃饭问题始终是治国理政的头等大事""中国人的饭碗任何时候都要牢牢端在自己手上，我们的饭碗应该主要装中国粮"。因此，作为粮食的粮食的粮食—化肥矿物原料的化工矿业任重而道远，按照"创新、协调、绿色、开放、共享"五大发展理念，找大矿，找好矿，保护好、利用好宝贵的化学矿产资源，尤其是磷、硫、钾资源，作为化学矿业人，责任重大，使命光荣，这对于保障我国粮食安全具有十分重要的战略意义。

根据我国化学矿产资源赋存情况和现阶段开发利用水平，在未来一段时期内，磷矿生产和消费居世界第一的位置不会改变，产量基本满足国内需求，并有部分用于出口；钾、硫、硼资源长期短缺，需要进口才能满足国内需求；萤石、重晶石资源供大于求。针对上述情况，摆在我们面前的一个重要课题，就是要深化供给侧结构性改革，按照"三去一降一补"调整优化产业结构，向化学矿产品的下游产业延伸，促进高技术产业、战略性新兴产业发展，加快新旧动能转换，带动新兴材料矿产消费，为化学矿业振兴释放出新的潜力。随着我国经济的快速发展，资源消耗必将增加，我国化学矿产资源禀赋差，贫矿多富矿少，伴随开采强度提高，富矿资源急剧减少，富矿供应趋紧。因此，化学矿产找矿在现有矿区深部和外围开展工作，继续寻找大矿和好矿；化学矿产资源开发逐步从富矿开发转向中低品位矿，中低品位矿

开发利用将成主流。中低品位矿产资源的开发利用，对于我国转变化学矿产资源开发利用方式，提高化学矿产资源开发利用自主创新能力，推进矿产资源综合利用，增强资源远景保障能力，实现化学矿业可持续发展具有里程碑意义。

未来化学矿业将以数字化、智能化、自动化采矿装备为核心，以"机械化减人、自动化换人"为抓手，以高速、大容量通信网络为载体，以智能设计与生产管理软件系统为平台，通过科技创新的加快推进，矿山采矿设备向大型化、自动化方向发展，以提高开采强度和资源利用率。对化工地质找矿以及矿山生产对象和过程进行实时、动态、智能化监测与控制，实现地质勘探、矿山开采的安全、高效、经济和效益最大化，推动我国化学矿山采掘向安全、高效、经济、绿色与可持续高质量发展，增强我国化学地质矿山行业的核心竞争能力。

抓住《非金属行业绿色矿山建设规范》（简称"规范"）发布实施的机遇，以"规范"为指导，积极争取创建绿色化学矿山。坚持绿色发展，以资源节约推动化学地质矿山生态文明建设，促进人与自然和谐共处，自觉践行"绿水青山就是金山银山"的发展理念，构建绿色和谐化学矿业。

未来化学矿业向探矿、采（充填）矿、选矿及加工一体化、大型化和国际化方向发展，资源整合逐渐向国有大企业集团和优势企业集中成为常态（贵州瓮福和贵州开磷集团已整合为贵州磷化集团），开发集中度将不断提高，形成规模化、集约化开采。今后，资源整合将以产业结构优化升级为主线，以矿肥、矿化结合为方向，以产业链为纽带，多途径实现矿山企业规模化、集约化整合，使化学矿产资源开发利用效率明显提高，矿山生态环境明显改善，资源开发集中度明显提高，没有资源支撑和地理优势的企业将被逐步淘汰和兼并。

雄关漫道真如铁，而今迈步从头越。化学矿业人将继续发扬"三光荣"（以献身地质事业为荣，以找矿立功为荣，以艰苦奋斗为荣）、"四特别"（特别能吃苦、特别能忍耐、特别能战斗、特别能奉献）精神，以满足化肥工业和相关工业对化工矿物原料需求为己任，保持用热血和汗水铸就的顽强的意志力、旺盛的战斗力，强大的凝聚力和丰富的创造力，以更加开放的视野和更加包容的胸怀，志存高远，继往开来，为我国全面建成小康社会和国家粮食安全做出新贡献。

1949

/

2019

铿锵脚步

第二篇
实业救国

夯筑共和国化学工业的基石

不忘初心，方得始终。

三酸两碱、电石和无机盐是传统基础化工行业，中国现代化学工业滥觞于此，中国第一代化学工业奠基人也满怀"实业报国"的豪情壮志致力于此。

历史镜头回放到战火纷飞、积贫积弱的旧中国，民生凋敝、山河破碎。在西方列强的掠夺和压迫下，中国的民族化学工业几乎空白。

中国向何处去？中国何以复兴？

"实业报国"！这是以"南吴北范"为代表的中国化学工业的先驱们对世界的庄严宣告。

于是，20世纪20年代，有了天津永利碱厂，有了上海天原电化厂，建立了第一个化学工业的研究机构"黄海化学工业研究社"，侯德榜先生发明的"侯氏制碱法"享誉世界化学工业界，打破了索尔维制碱技术70年的垄断。在1926年8月美国费城举办的万国博览会上，"红三角"牌纯碱获得了中国重工业产品的第一个国际金奖，被誉为"中国近代工业进步的象征"！中国人树立了世界制碱史上的一座丰碑！

但，直到新中国成立前夕，中国化学工业始终徘徊不前，产值仅有1.77亿元！

1949年新中国成立后，永利、天原、大连化工厂等相继恢复生产并超过历史产量最高值。经过"一五""二五"计划时期，新建了青岛碱厂、吉林电石厂、太原化工厂等一大批大中小型化工厂，联合制碱法成功实现工业化，创新了"氯化铵结晶器逆料流程新工艺""虎克型吸附隔膜电解槽""接触法制硫酸用钒催化剂"等一批重大关键技术和工艺，产能产量成倍增长，产品种类也由硫酸、纯碱、无机盐、烧碱等几种单一品种增加到聚氯乙烯、无机盐等几百种基础化工产品，装置大型化、国产化和产品系列化、精细化均取得了长足进步，有力地支撑了农业、工业、建筑业的发展。至改革开放前，我国已经基本建成了独立完整的纯碱、氯碱和无机盐工业体系。

1978年，改革开放的春风再次吹响了向四个现代化进军的号角，纯碱、氯碱、硫酸、电石和无机盐工业赢来了跨越式发展的新机遇。在引进、消化吸收的基础上，新一代化工人相继攻克了"新型变换气制碱技术""全氟离子膜技术""资源循环再利用技术"等一大批先进技术，有的达到了国际领先水平。自动化仪器仪表、互联网数字技术广泛应用，生产自动化、信息化和装置的国产化、大型化全面推进，节能减排、废弃物处理处置、资源循环利用达到新的水平，单位产品能耗和废物排放量大幅下降。在21世纪初，纯碱、氯碱、电石、无机盐等传统基础化工产品产能产量位居世界前列，我国成为名副其实的世界化学工业大国，满足了工农业生产和人民群众日益增长的物质文化需求，为全面建成小康社会做出了重要贡献。

今天，站在新的历史起点，回顾70年不平凡发展道路，新时代化工人不忘实业报国的初心，牢记振兴中华的伟大使命，掀开了基础化学工业转型发展的新篇章！以供给侧结构性改革为主线，大力推进创新发展、绿色发展、可持续发展，走中国特色的高质量发展新路子，向着建设世界化学工业强国的宏伟目标阔步前进！

01

抚今追昔　再攀高峰

——新中国纯碱工业发展纪实

　　纯碱是被誉为"化工之母"的"三酸两碱"中的两碱之一，是基础化工原料，用途极广，产量和用量很大。我国的纯碱工业始于被称为"中国民族化学工业之父"的化工实业家范旭东先生1917年在天津创建的永利碱厂。永利碱厂创建之初，历经重重困难，于1924年生产出纯碱，距今已经有百余年历史。1949年新中国成立时，我国仅有永利塘沽碱厂（即今天的天津渤化永利化工股份有限公司）和1933年成立的满州化学工业株式会社（即今天的大化集团大连化工股份有限公司）两个纯碱生产企业，1949年前平均年产量只有6万吨。

　　1949年新中国成立后，在党和政府的大力支持下，两个纯碱厂迅速恢复了生产，同时经过不断的扩建和技术改造，加上少量的天然碱的生产，到1957年时纯碱年产量达到了50万吨。20世纪60年代随着大连化工厂大型联合制碱装置的投运，以及这一时期我国自行设计的自贡鸿鹤化工厂和青岛碱厂的建设和投产，纯碱产量迅速增加，1966年我国纯碱产量突破

100万吨大关。

20世纪70～80年代，随着小氮肥的兴起，适合我国国情的小联碱装置开始蓬勃发展，小联碱自发展之初，历经风风雨雨，走出了一条从无到有，从小到大，逐步完善，不断提高的道路，为我国纯碱工业的发展做出了重要贡献。1978年我国改革开放后，随着经济的迅速恢复和发展，纯碱需求快速增长，供不应求，为解决纯碱长期进口和供不应求的局面，1986年开始筹建潍坊、连云港和唐山三大纯碱厂，经过三年的艰苦努力，潍坊、唐山、连云港三大碱厂1989年建成投产，彻底解决了纯碱市场短缺的局面，由此我国纯碱从进口国变为净出口国。

20世纪90年代，随着经济的快速发展，纯碱需求不断增加，大批中小碱厂在此阶段进行了扩建和技术改造，同时纯碱生产技术不断取得进步。2003年我国的纯碱产能达到1259万吨，产量达到1102万吨，跃居世界第一，从此后产能和产量一直稳居世界首位。

21世纪初，纯碱行业进入高速发展阶段，纯碱装置向大型化发展，单个项目一次可建成年产百万吨以上的纯碱装置。到2018年，我国的纯碱产量达到2699万吨，纯碱产能达到3039万吨，成为世界上最大的纯碱生产和消费国。

1949年前：
中国近代工业进步的象征——纯碱工业的创立与奠基

1949年以前，我国的纯碱生产主要有两个工厂，一是范旭东先生1917年在天津创立的永利碱厂，是我国乃至亚洲最早成立的纯碱厂，也是我国最早成立的化工企业之一，距今已经有百余年历史。其生产的优质"红三角"牌纯碱，1926年在美国费城举办的万国博览会上，获最高荣誉金质奖章，被评委誉为"中国近代工业进步的象征"。永利碱厂的创建和投产，使中国成

为世界上第31个采用索尔维法制碱的国家，揭开了东亚和中国制碱史的第一页，在为中华民族争得荣誉的同时，奠定了中国近代化学工业的基础；二是日本帝国主义侵占我国东北后，1936年成立的满洲曹达株式会社（简称"曹达"），采用氨碱法（即索尔维法）生产纯碱，初期生产规模为日产纯碱100吨，1937年9月投入生产，投产后又将生产规模扩建为日产200吨，但未达产，1949年以前最高年产量曾达64811吨。1945年大连解放前夕，日本帝国主义对工厂进行了毁灭性的破坏，1947年末，中苏远东电业股份有限公司开始筹划修复曹达工厂，并将工厂改名为大连碱厂。当时，工厂一片废墟，到处杂草丛生，主要设备腐蚀严重，面对着这个破烂摊子，工人们在共产党的领导下，克服各种困难，开展了"生产自救"活动，自筹资金，维修设备，经过一年时间的艰苦劳动，1948年6月10日恢复了局部生产，随后，边生产边修复，使纯碱装置逐步恢复正常。

除了永利碱厂和大连碱厂合成碱之外，还有一些作坊式土法天然碱加工生产的"锭子碱"。我国的内蒙古、东北等地分布着一些天然碱湖，在冬季时可采集湖中的结晶碱，经熬制加工成为碱锭，由于这些碱锭大多在张家口、古北口集散，故称为口碱。旧中国天然碱加工由于技术落后，生产规模都很小，新中国成立前全国的天然碱年产量只有1000吨左右。1949年，全国纯碱总产量合计只有8.77万吨。

一、永利碱厂——远东第一大纯碱厂

纯碱是我国化学工业的摇篮，纯碱的发展为我国培养了大批化工专家和人才，中国的纯碱工业是由化工实业家、中国重化学工业奠基人、史称"中国化工之父"的范旭东先生创建的。范旭东先生生于1883年10月24日，原名范源让，字明俊，湖南湘阴人。1900年范旭东随哥哥到日本，先进入清华学校学日语，1908年考入京都帝国大学理学院攻读应用化学，在日本读书期间，范旭东亲眼目睹了日本明治维新后强国富民的景象，而当时中国深受列强欺凌，贫穷落后，满目疮痍，于是暗立决心和志向，立志创办中国自己的化学工业，以实现实业救国的理想。

1910年，范旭东在京都帝国大学毕业，1911年回到祖国。当时，虽然中国盐矿资源丰富，熬盐历史悠久，但是盐政腐败，制盐工艺落后，食盐杂质含量高，舶来品洋盐充斥市场。此时，新生的民国政府也对盐政有改革之意，委派范旭东等人到欧洲考察盐业，了解制盐的生产发展状况，考察期间，他几欲考察以盐制碱的工厂，均遭到拒绝。回国后，他便决定首先改良盐质，他和景韬白等人共同筹资5万元，在天津塘沽创办中国第一家现代化工企业——久大精盐公司，生产出品质洁净、深受老百姓喜爱的粒盐、砖盐，摘掉了"食土民族"的帽子，范旭东亲任久大精盐公司总经理（1914—1945），亲笔设计五角形"海王星"商标。

第一次世界大战爆发后，由于海上运输受阻，进口中国的洋碱锐减，而洋行、买办为牟利居奇，市场碱价高于正常价格七八倍，而且还买不到。致使上海、天津等商埠用碱作原料的工厂纷纷停工。看到这些情况，范旭东等人决定创建中国自己的制碱工业，采用索尔维法制碱。1917年，在范旭东天津寓所里，与陈调甫、王小徐三人进行索尔维法制碱试验，制得9千克纯碱，试验获得成功。范旭东联合吴次伯、陈调甫等联名发起成立永利制碱公司，并制订公司章程草案。1918年11月，范旭东、景韬白、张弧、李穆、陈调甫、王小徐在天津塘沽正式创办永利制碱公司，为亚洲第一座纯碱厂，从此走上艰难的制碱道路。索尔维法制碱是当时最先进的制碱技术，为西方国家所垄断，为了打破垄断，范旭东等人经过8年的试验和生产摸索，终于在1926年6月生产出品质洁白的合格碱，为此永利全厂欢呼，举国欢庆。为了区别于"洋碱"，范旭东给产品取名为纯碱，品牌确定为"红三角"。1926年，在美国费城举办的万国博览会上，"红三角"纯碱获最高荣誉金质奖章，被评委誉为"中国近代工业进步的象征"。1930年，再次获得比利时工商博览会金奖，为中华民族争得了荣誉，由此奠定了中

国近代化学工业的基础。

盐、碱企业的创办成功，让范旭东深知我国化工要有快的发展，"酸"这一基本工业也一定要自立。由于"硫酸厂平时可为民用，如国家遭受侵略，立可转为军用，因此绝不能让外国人染指"，范旭东于1929年正式向国民政府提出承办硫酸铔厂，并做积极准备。20世纪30年代，范旭东创设了永利化学工业公司南京铔厂，被时人冠誉为"远东第一"。硫酸铔厂的创建与发展，不仅拉开了国人自办硫酸工业的滥觞，成为彼时民营工业发展的典范，更在我国近代化工史上占有恢宏地位。1937年2月5日，永利铔厂出产了中国人自己生产的第一批硫酸铵化肥，掀开了中国化肥工业史上崭新的一页。永利铔厂作为当时国内罕见的化工联合企业，远远超出了我国三十年代的整体工业水平，国人把它和美国的杜邦公司相媲美，称它为"远东第一大厂"。

除了创办盐、碱、酸、化肥生产工厂外，范旭东深知，人才是各项事业发展的基础，在创办实业的发展过程中，1922年创立黄海化学工业研究社，1927年创办静生生物研究所，1944年创办海洋研究室等。这些研究机构的创立和发展，为公司培养和聚集了大批技术和管理人才，有力地促进了各项事业的大力发展。

1937年，就在范旭东雄心万丈的时刻，中日战争爆发。在卢沟桥事变前夕，日本军舰已经开入塘沽港，范旭东恐有大变，当即组织永利人员拆迁设备，退出工厂，工程师们将留在厂内的图纸有的烧毁，有的秘密保存，为日后重建做技术准备。在南京战事打响后，范旭东同样下令，将凡是带得走的机器材料、图样、模型都抢运西迁，搬不走的设备也要将仪表拆走，哪怕是搬不走的主要设备或埋起来，或尽可能拆下扔进长江，以免为强寇所用。工人们将拆下来的仪器和图纸分批乘船南下，经香港转道武汉和长沙，之后又陆续转移进川，成为大后方重建的重要财富。战争爆发后，永利碱厂和南京永利铔厂全部落入敌手。

天津和南京的工厂落入敌手后，范旭东和同事们把部分设备搬迁到了四川，1938年9月18日，也就是"九一八"纪念日当天，新的久大盐厂在自贡宣告成立，次年，永利和黄海也在五通桥重新建成，为纪念塘沽本部，范旭东将五通桥改名为"新塘沽"。70年后的今天，五通桥山崖的陡壁上还刻着"新塘沽"三个大字。在重庆久大、永利联合办事处的墙上，挂着一张塘沽碱厂的照片，范旭东亲自在上面写了"燕云在望，以志不忘"八个字，他常常在照片前伫立，并对同事说："我们一定要打回去的。"

然而，范旭东的事业始终没有重现战前的面貌，他的盐碱公司受到诸多的困难和阻挠，一直没有真正打开局面。范旭东在抗战胜利后不久，因突发急病在重庆去世，时间是1945年10月4日，终年61岁。范旭东病逝后，重庆二十多个团体组织追悼会，国共两党领袖都送了挽联，毛泽东写的是"工业先导，功在中华"，蒋介石写的是"力行致用"。

范旭东毕生致力于中国化学工业的振兴，生为此虑，死不瞑目，实在是中国企业史上顶天立地的大丈夫，他以书生意气投身商业，日思夜想，全为报国，数十年间惨淡经营，无中有生，独力催孕出中国的化工产业。在他的周围环绕着侯德榜、陈调甫、李烛尘、孙学悟等诸多科技精英，他们或出身欧美名校，或就职于跨国大公司，原本都有优厚舒适的事业生活，全是被范旭东的精诚感动，毅然追随他四海漂泊，后来的三十年里，这些人一直是国家化学工业的领导者。

"商之大者，为国为民"，说的正是像他这样的人。

二、世界制碱技术的新高度——"侯氏制碱法"

谈我国纯碱工业的发展历程，必谈到著名科学家、杰出化学家、侯氏制碱法的创始人、中国重化学工业的开拓者、近代化学工业的奠基人之一、世界制碱业的权威侯德榜博士。

1921年，侯德榜在美国获取博士学位后，接受永利制碱公司总经理范

旭东的邀聘，离美回国，承担起续建永利碱厂的技术重任，出任永利技师长。在制碱技术和市场被外国公司严密垄断下，永利碱厂用重金买到一份"索尔维法"的简略资料，侯德榜埋头钻研这份简略的资料，带领广大职工经过长期艰苦努力，解决了一系列技术难题，于1926年取得成功，生产出超过英国卜内门公司的优质碱，从此打破了洋碱在中国的垄断地位。自1927年起，侯德榜博士在永利化学工业公司任总工程师兼塘沽碱厂厂长。

永利碱厂生产出优质纯碱后，在总结亲身实践的基础上，侯德榜用英文撰写了《纯碱制造》（Manufacture of Soda）一书，1933年在纽约出版，在世界学术界和工业界产生了深远影响。

1934年，永利公司决定建设兼产合成氨、硝酸、硫酸、硫酸铵的南京铔厂，任命侯德榜为厂长兼技师长（即总工程师），全面负责筹建。1937年1月，这座重化工联合企业建成，一次试车成功，正常投产，技术上达到了当时的国际水平，它给以后引进技术多快好省地建设工厂提供了好经验。南京铔厂同永利碱厂一起，奠定了中国基本化学工业的基础，培养出了一大批化工科技人才。1937年2月5日，在侯德榜努力下，硫酸铵生产出来，硝酸也顺利投产——这标志着中国工程技术人员完全可以驾驭硫酸厂、氨厂、硫酸铵厂、硝酸厂的整体工程了。

永利碱厂采用索尔维法制碱，由于该法盐的利用率很低，当时盐价昂贵，永利碱厂的纯碱生产难以维持，为了寻求新的技术，1938年8月，范旭东派侯德榜率技术人员到德国考察"察安法制碱"。由于德国人在谈判中提出政治上丧权辱国、经济上苛求的条件，侯德榜带领技术人员愤而离开德国，并决心研究制碱新法。自1938年底准备开始，侯德榜博士带领技术人员，历尽艰难困苦，经过上千次试验，终于在1943年研究成功新的制碱方法——联合制碱法（侯氏制碱法）。该方法将合成氨厂和纯碱厂建在一起，联合生产纯碱和氯化铵。该工艺使食盐利用率从75%一下子提高到98%，也使氨碱法排放无用的氯化钙转化成化肥氯化铵，解决了污染环境的难题，这种方法把世界制碱技术水平推向了一个新高度，赢得了国际化工界的极高评价。1943年，中国化学工程师学会一致同意将这一新的联合制碱法命名为"侯氏联合制碱法"。20世纪40年代，侯德榜博士撰写的《纯碱制造》专著，将纯碱制造技术公开于世，为世界纯碱工业的发展做出了重要贡献，他发明的"侯氏制碱法"使合成氨和制碱两大生产体系有机地结合起来，在人类化学工业史上写下了光辉的一页。

1957年，为发展中国的小化肥工业，侯德榜倡议用碳化法制取碳酸氢铵，他亲自带队到上海化工研究院，与技术人员一道，使碳化法氮肥生产新流程获得成功，侯德榜是首席发明人，当时的这种小氮肥厂，对我国农业生产做出了不可磨灭的贡献。

侯德榜一生在化工技术上有三大贡献：第一，揭开了索尔维法的秘密；第二，创立了中国人自己的制碱工艺——侯氏制碱法；第三，便是他为发展小化肥工业所做出的贡献。

1949—1959：
"当好企业的主人"——新中国纯碱工业全新起步

一、永利碱厂的恢复

1949年解放初期，我国纯碱生产装置只有永利碱厂和大连碱厂两个碱厂和少量的天然碱粗加工装置。1949年新中国成立后，纯碱行业作为民族工业的基础，得到了国家的大力支持，1949年1月17日，塘沽解放。此时的永利碱厂由于战争处于停产状态，厂房破旧，设备失修，资金极度困难。为了迅速恢复生产，中共党组织为永利碱厂派驻干部，加强了党的领导，发动广大职工对机器设备进行了大检修，1949年2月11日重新复工，生产出纯碱和烧碱。

1949年5月6日，中共领导人刘少奇来到永利碱厂视察，代表党中央向全体干部职工表示慰问，表达了党和政府对永利碱厂的亲切关怀。获得翻身解放、当家做主的工人受到激励和鼓舞，焕发出极大的工作积极性，很快使纯碱日产量达到127吨。

解放初期，党和政府给予了永利碱厂多方面的支持，将永利碱厂的供销纳入国家计划，保证原燃材料的供应，统一包销产品，解决了生产和经营上的困难。同时政府以信用贷款方式，贷给永利碱厂在当时为全国最大的一笔企业贷款，以助永利碱厂流动资金的周转和扩大烧碱生产规模之用，至1951年，政府用于永利碱厂恢复生产的投资贷款达563亿元（旧币，1万元相当于新币1元）。

1949年至1952年的3年，永利碱厂生产逐步恢复正常，走上稳步发展的道路，纯碱产量大幅度增长，由1949年的年产4.1万吨上升到1952年的9.1万吨。

各项实践使永利碱厂领导和职工逐步体会到共产党和国家政策的英明正确，认识到没有新中国就没有永利碱厂的新生，由此决心走公私合营之路，以解决碱厂生产经营的根本困难，为了碱厂的发展，1952年6月，永利碱厂实行公私合营，成为中国首批实行公私合营的大型企业。

1954年4月23日，毛泽东主席亲临永利碱厂视察，勉励广大工人要当好企业的主人，为国家做出更大的贡献。碱厂工人受到极大的鼓舞，劳动热情高涨，积极投身于生产和技术革新当中，深挖企业内部潜力，广泛开展群众性合理化建议活动，取得突出的成果。

1955年1月，永利碱厂与久大精盐厂合并为"公私合营永利久大化学工业公司沽厂"，简称"永久沽厂"。

公私合营后，在党和政府的领导下，企业进行了全面的社会主义改造，组织了有公方人员、私方人员、工人代表参加的工厂管理委员会，建立了党委领导下的厂长分工负责制和党委领导下的职工代表大会制，加强了党的领导和职工的民主管理。企业推行计划管理和行政责任制，开展了技术管理，制订了不同工艺技术的控制指标，以岗位责任制和经济核算为中心，建立健全了各项管理制度，进行安全生产大检查、设备大检修等基础性工作，同时，对高温岗位增设了通风降温设施，对运盐、运煤、运碱等重体力劳动岗位进行技术改造，实现了半机械化，较大地改善了劳动环境和劳动强度。建立职工疗养所、托儿所、俱乐部、大食堂、职工医院、保健站等职工生活福利设施，提高了职工物质文化生活水平。

在政府的大力扶持下，1952年至1957年的5年间，永久沽厂逐年进行扩建，劳动生产率不断提高，纯碱产量从1949年的4.1万吨猛增到1957年的19.43万吨，增长了4.74倍。

二、大连碱厂的恢复

大连碱厂1945年9月16日由苏联红军接管，1947年8月移交建新工业股份有限公司领导，改名为大连曹达厂，1947年12月，大连曹达厂租给中苏远东电业股份有限公司经营，1951年1月，中苏远东电业股份有限公司将工厂正式交给东北人民政府工业部化学工业管理局，由此工厂更名为大连碱厂。

大连碱厂在1949年已恢复生产，当时的主要问题是如何提高产量和扩大生产，1951年1月，制碱专家刘嘉树对大连碱厂的设备及操作方法等方面提出了多项改进建议，改造后当年纯碱产量达到65865吨，突破了"满曹"时期的最高纪录。1952年，大连碱厂通过工艺改进和设备挖潜，纯碱产量和效益大幅度提高，当年纯碱产量达到了96931吨。

1953年，我国实施了第一个五年计划，大连碱厂被列为国家重点改建、扩建单位之一。在此期间，碱厂在保证生产的同时，对原有设备进行了大规模的技术改造，经过五年多的技术改造和扩建，氨碱系统实现了设备大型化、系统化，提高了生产能力，降低了消耗，改善了劳动条件和

操作环境。经过改造，纯碱年产量平均递增27%，各项经济技术指标均达到了历史最好水平。1957年7月，化工部决定将大连化学厂与大连碱厂合并为大连化工厂，两厂合并后，在客观上为氨碱生产的发展提供了方便的条件，纯碱产量呈现出直线上升的趋势，1957年纯碱年产量为306614吨，1958年达到387311吨。但是，1958年后，由于受极左思潮的影响，生产脱离了实际生产能力，大搞"放卫星""高指标"等形式主义，使设备因强化过度而受到损坏，紧接着三年自然灾害的来临，生产再遭影响，此时，纯碱产量一度下降了近50%。

三、组建天然碱公司

1949年11月，内蒙古伊克昭盟察汉淖尔、纳林淖尔、哈马日格太淖尔三处天然碱矿由伊克昭盟鄂托克旗人民政府接管，1951年在察汗淖尔组建天然碱厂，季节性开采三个碱湖的马牙碱。1952年，内蒙古自治区海勃湾化工厂在拉僧庙建成投产，以天然碱为原料用苛化法制烧碱。1956年1月，内蒙古伊盟政府组建伊盟天然碱公司。

四、新建鸿鹤碱厂和青岛碱厂

1958年，为了满足日益增长的纯碱需求，我国开始自行设计和建设自贡鸿鹤化工厂和青岛碱厂，两厂都为氨碱法工艺。1956年，轻工业部部长李烛尘到自贡检查工作，面对自贡岩盐、卤水和天然气这些丰富的矿产资源，他认为这是发展制碱工业的有利条件，建议在自贡建设纯碱和氯化铵厂，这样既能满足工农业需要，又解决了自贡食盐增产后的销路问题。1958年初，时任中央化工部部长的彭涛，率领四川省化工厅厅长、原自贡市市委书记牟海秀、自贡市市长张奇及一批专家来到鸿鹤镇，对自贡市这块依山傍水的小镇进行实地考察、论证，筹划在这里建设新中国内陆的第一个纯碱厂。同年5月24日，自贡市委正式行文组建鸿鹤化工厂，初定设计规模为年产16万吨纯碱，后来又改为年产8万吨。在以后不到两年的时间里，鸿鹤化工厂的创业者怀着加速盐化工业建设、改变自贡落后面貌的强烈愿望，在极其艰苦的环境下人拉肩扛，用"鸡公车"做运输工具，以"绞磨"为起吊设备，建成了我国内陆第一座纯碱厂，并一次试车成功产出纯碱产品。

1958年国务院批准了新建青岛化肥厂（后改名为青岛碱厂）的计划任务书，原计划采用联碱法，年产纯碱及氯化铵各18万吨，后改为氨碱法工艺，规模调为8万吨/年，当年5月动工，于1965年5月投入生产。

五、为联合制碱法工业化大生产奠定基础

1949年11月，在重工业部的组织下，侯德榜等专家到大连化学厂参观指导，鉴于大连化学厂与大连碱厂仅一墙之隔，具有采用侯氏制碱法生产的有利条件，开始着手进行联合制碱的试验工作。1952年7月，大连化学厂和大连碱厂共同组成了试验室研究组，对侯氏碱法的基础理论进行补充试验。试验组主要成员有陆冠钰、卢作德等人，从1952年7月开始到1953年8月试验组完成了相律试验、不同工艺条件下的母液循环试验及母液物化数据的测定，提出了重要工艺控制指标，做出了不同氯化铵结晶温度的对比等。

1953年7月，中央工商行政管理局以"发字1号文"给侯氏制碱法颁发了发明证书，发明人为侯德榜。

1953年10月，建于大连化学厂内的联合制碱试验车间开工运行，规模为日产10吨纯碱和氯化铵，但试验开始不久，有人提出"苏联不搞这种制碱法，氯化铵不能作为肥料"的意见，遂中止了全循环试验，研究工作亦告停止。直到1957年1月，当时化工部的领导接受了侯德榜关于继续进行侯氏制碱法中间试验的建议，指示大连化学厂和大连碱厂要继续进行侯氏制碱法的中间试验。侯德榜亲赴大连召开会议，落实设备整修进度和充实试验车间技术力量等有关事项。1957年5月，侯氏制碱法中间试验在侯德榜的领导下，在继永利创立和以前开展室内基础研究的基础上又恢复了全面试验工作，根据课

题安排，连续运转两年多，写出了多份试验报告。此次试验对确定流程、选择设备、制订工艺条件、提出原盐质量要求均进行了深入研究与全流程考验，同时培养了一批熟练工人和专职技术人员，为侯氏制碱法从实验室进入工业化大生产打下了坚实的基础，也为即将开始的大厂设计提供了坚实依据。

1957年，化工部决定以大连化学厂、大连碱厂设计科为基础，包括部化工设计院纯碱专业的部分技术人员组建大连化学工业设计研究院，由李祉川、王楚负责开展我国第一套年产16万吨联合制碱工业装置设计工作，从此侯氏制碱法进入大型工程化阶段。

1959年8月，由侯德榜编写的《制碱工学》上、下两册出版，是侯德榜继20世纪30年代出版《纯碱制造》后的又一巨著。

自1949年开始到1959年，经过对永利碱厂和大连碱厂的恢复和扩建，加上天然碱产量，纯碱产量由1949年的8.77万吨增长到1959年的80.8万吨，增长了8.21倍，纯碱产量大幅提高。纯碱生产的迅速恢复及产量的快速增长，为我国第一个五年计划提供了大量的化工原料和资金，培养了大批化工人才，对当时国民经济的发展提供了强有力的支持，做出了重大贡献。虽然1958年后受到极左思潮影响，纯碱生产一度受到影响，但是总的产量仍在增长，纯碱工业的发展为我国化学工业的发展奠定了基础。

1960—1977：小联碱异军突起——纯碱产量稳步增长

一、联合制碱法实现工业化

1959年，我国第一套大型联碱装置设计完成，在大化进入施工阶段。经过两年的紧张建设，1961年投入试生产，为了缩短试车时间，利用老碱厂部分制碱设备与新安装的二过程联动开车。在试生产过程中，侯德榜副部长十六次亲临现场进行指导，先后闯过了连续关、质量关、产量关和经济关，在技术上实现了多项突破，实现了联合制碱的工业化。1964年10月，国家科学技术委员会组织有关单位和国内知名专家对"联合制碱"技术进行了国家级鉴定并发给鉴定证书，正式命名为"联合制碱法"。

二、纯碱产量突破百万吨

自1958年到1965年期间，纯碱行业的发展主要是永利碱厂和大连碱厂的技术改造和扩建，这两个厂在1958年底时生产能力已分别达30万吨/年和35万吨/年。新建的大连碱厂年产35万吨的大型联碱工程，在设计建设过程中规模几经调整，到1966年纯碱产量超过了19万吨。1958年建设的自贡鸿鹤化工厂，1961年投产运行，该项目1975年改为联碱法，生产能力改为10万吨/年。青岛碱厂1965年投产运行，1960年在浙江省杭州市萧山建设了一个小型氨碱法纯碱厂，设计能力为5000吨/年，该项目1962年投产运行，1975年改为联碱法工艺，设计能力改为4万吨/年。1963—1965年，这一阶段为国民经济调整时期，虽然没有新建大型纯碱项目，但是随着永利碱厂、大连碱厂的改扩建，大化联碱（侯氏联合制碱法）、自贡鸿鹤化工厂、青岛碱厂建成投运，我国的纯碱产量仍然持续增长，1965年纯碱产量达到88万吨，1966年纯碱产量突破100万吨大关。

三、天然碱在不断进步

1960年，内蒙古自治区直属的"伊盟天然碱公司"更名为"内蒙古海勃湾化学工业公司"，下设拉僧庙化工厂、白彦淖化工厂、乌杜淖碱厂和察汉淖原料站，该公司1974年更名为"伊克昭盟化工总厂"。在此阶段天然碱矿不断发现，但实际开发并投入生产的是1971年建成的吉林省乾安县大布苏天然碱加工厂，设计能力为年产1.2万吨纯碱。1965年，内蒙古地质局发现查干诺尔碱矿，该矿开发建设历经多年，直到1989年小苏打装置才正式投入生产。1971年，河南地质四队在河南桐柏县发现吴城盐碱矿，该矿为倍半

碱结构，1984年建成年产5000吨重质碱装置。1976年，南阳油田在与吴城碱矿毗连的泌阳凹陷钻探油井时抽出了碱卤，后又发现固体碱矿，1992年建成了规模为1万吨/年的制碱装置。1974年，内蒙古工学院成立天然碱研究室，从事天然碱的开发和应用研究。

四、新建湖北省化工厂及援外项目

1968年6月，国家计委批准建设湖北省化工厂，该项目是以地下岩盐为原料，盐、碱、肥联产，热能综合利用的新型化工厂，建设规模为18万吨/年联碱、6万吨/年合成氨、25万吨/年精盐。该项目1970年4月开工建设，全部工程1978年2月完工并试车，生产出合格产品。1976年，河南省焦作化工三厂建成投产了年产5000吨纯碱的氨碱法装置。

随着我国纯碱技术的进步和经济的发展，1960年2月，中国政府与阿尔巴尼亚政府签订了援助协定，援建佛罗拉1.5万吨/年纯碱项目，该项目1967年1月投料试车一次成功，支援了兄弟国家阿尔巴尼亚的经济建设。

五、小联碱迅速发展

自1966年开始，随着小氮肥的不断发展，符合当时国情的小联碱项目开始建设并且走上了快速发展的轨道。1966年2月，化工部化肥公司在天津组织召开了"纯碱技术革命会战会议"，这是我国纯碱历史上空前的大会，老少四代制碱工作者同堂讨论并通过了"纯碱技术革命纲要"并成立三大战区，计划对变换气制碱真空结晶、高效澄清、原盐粉碎、沸腾煅烧等20多项新技术进行开发研究，虽然后来因"文化大革命"使这项计划没有完全按时实现，但不少项目在以后陆续得以完成。随着小合成氨技术的不断完善，加上纯碱技术革命会战取得的技术成果，自1966年到1977年，我国陆续设计建设了连云港化肥厂1.5万吨/年联碱装置、冷水江制碱厂1.2万吨/年联碱装置（国内独创的变换气加压碳化法）、上海浦东化肥厂1万吨/年联碱装置（国内独创的变换气加压碳化法）、河南郑州化肥厂年产1万吨/年联碱生产装置、合肥化肥厂3000吨/年联碱装置、兴平化肥厂5000吨/年联碱装置、辽宁营口盐化厂1万吨/年联碱装置、江西氨厂5000吨/年联碱装置、山东济南酒精总厂利用发酵气CO_2作为制碱原料（合成氨外购）的2000吨/年联碱装置、山西太原化肥厂2万吨/年联碱装置、申后化肥厂5000吨/年联碱装置（国内独创的变换气加压碳化法）、吉化公司化肥厂1.2万吨/年联碱装置、济南化肥厂1万吨/年联碱装置、湘江氮肥厂1万吨/年联碱装置、柳州化肥厂2万吨/年联碱装置、广东省石岐氮肥厂1.2万吨/年联碱装置、杭州龙山化工厂2万吨/年联碱装置等共17套小联碱装置，这一时期是我国小联碱起步和攻克各项难题的初步发展阶段，为我国改革开放后联碱法的大发展奠定了坚实的基础。

六、生产技术和理论研究取得显著进步

1962年12月，侯德榜、魏云昌编制的《制碱工业工作者手册》出版发行，为制碱工作者提高理论水平和技术研究提供了指导。1963年，《化工技术资料—纯碱专业分册》创刊，后改名为《制碱工业》《制碱工业简讯》，1978年后改名为《纯碱工业》，成为纯碱工业技术交流和信息检索的主要来源。

1964年，由大连制碱工业研究所研制的"氯化铵结晶器逆料流程新工艺"通过化工部组织的鉴定，该技术于1975年在大化公司用于大生产，后来在全国推广，并于1978年获全国科技大会奖。

1964年2月，化工部将大化公司设计研究院的研究部分、化肥厂、碱厂的中央试验室研究组合并为化工部制碱工业研究所，并确定以氨碱、联碱、天然碱为研究方向。

1965年1月，化工部调整设计机构，将西南化工设计研究院的设计部分定名为第八设计院，纯碱专业设计人员由大连迁往成都，称第六工程队，专门负责纯碱项目的设计工作。自1960年至1977年，这段时期经历了我国的

第二个五年计划、国民经济恢复调整，第三、四个五年计划以及第五个五年计划的部分时期，这个阶段我国的纯碱技术不断取得进步，生产取得了较大的发展。联合制碱法（侯氏制碱法）大型工程化并且建成装置投入运行，自行设计的青岛、自贡鸿化、湖北省化工厂逐步建成并投入运行，小联碱得到蓬勃发展，独创了变换气制碱技术，天然碱研发和生产取得进展，建立研究设计院所，技术类出版物逐步增加，形成了研究、设计、生产、技术、出版物多方位进步和发展的局面。

1978—2010：
跃居世界纯碱工业大国——技术装备水平迈上新台阶

一、纯碱发展的里程碑——三大氨碱厂建成投产

1978年12月召开的十一届三中全会，揭开了改革开放的序幕，会议确立了改革开放、以经济建设为中心的政策，从此，我国的经济建设走上了快速发展的道路，经济的快速发展导致纯碱需求量迅速增加，国内纯碱产量已无法满足市场需求，自1975年我国开始进口纯碱，此后纯碱产品进入长期进口阶段。为了解决纯碱供不应求问题，国家采取了一系列发展纯碱工业的重大措施，对几个大的碱厂采取恢复性大修和改扩建，对小联碱确定了"树样板、攻四关、再推广"和"整顿提高、合理配套、过好四关、择优改造"的方针，并确定以4万吨/年为最低规模的产业政策。20世纪80年代又建设了一大批1万～4万吨/年规模的小联碱装置，但是仍然无法满足市场需求。由于纯碱产量无法满足市场需求，1983年国家计委批准建设寿光、连云港两个年产60万吨大型氨碱厂，1985年又批复建设唐山年产60万吨碱厂，三大氨碱厂自1986年开始建设，1989年顺利建成投产，1989年，全年纯碱产量突破300万吨。三大碱厂的建设是

我国纯碱工业大发展的一个重要标志性事件，投产后彻底解决了纯碱供应不足的问题，除了满足国内市场外，还有一部分纯碱可供出口，纯碱产品从此走出国门，由多年的进口国变为出口国。三大碱厂生产规模大，技术水平高，设备先进又大型化，对我国纯碱工业整体技术水平的提升起到了极大的促进作用。

二、小联碱装置标准化、中小型氨碱厂得到发展

自1978年到1989年，随着小联碱技术的不断进步和完善，小联碱规模逐步扩大，这一时期小联碱迅速成长，我国相继建设了山东东风化肥厂1.5万吨/年联碱装置、石家庄市化肥厂2万吨/年联碱装置、金昌化工总厂3.8万吨/年联碱装置、嘉兴市化肥厂4万吨/年联碱装置、张家港化肥厂1.5万吨/年联碱装置、荣成化肥厂2万吨/年联碱装置、新都县氮肥厂4万吨/年联碱装置、广汉市化工总厂2万吨/年联碱装置、孟县第二化肥厂4万吨/年联碱装置、南京新蕾化工公司1万吨/年联碱装置、良渚化肥厂2万吨/年联碱装置、简阳县红塔氮肥厂1万吨/年联碱装置、淮南市东风化肥厂4万吨/年联碱装置、昆山化肥厂4万吨/年联碱装置、西安氮肥厂4万吨/年联碱装置、南郑县氮肥厂2万吨/年联碱装置、乐山市天然气化工厂4万吨/年联碱装置、重庆氮肥厂4万吨/年联碱装置、福州氮肥厂4万吨/年联碱装置、湖南省湘乡化工厂4万吨/年联碱装置、应城市联碱厂4万吨/年联碱装置、四川峨眉盐化公司4万吨/年联碱装置、四川富顺县化肥厂4万吨/年联碱装置、武汉制氨厂4万吨/年联碱装置、旅顺化肥厂2.5万吨/年联碱装置、云南沾益化肥厂4万吨/年联碱装置等26套小联碱装置。

1978年到1989年期间，还建设了乌海市化工厂5万吨/年氨碱法纯碱装置、包头光华纯碱厂1万吨/年氨碱法纯碱装置、河南巩县碱厂3万吨/年氨碱法纯碱装置、莱州盐场纯碱分厂4万吨/年氨碱法纯碱装置、大连金州碱厂3.5万吨/年氨碱法纯碱装置、甘肃兰州国营二七九厂2万吨/年氨碱法

纯碱装置、湖南省衡阳市国营二七二厂2.5万吨/年氨碱法纯碱装置、北京市房山碱厂2万吨/年氨碱法纯碱装置、青海德令哈4万吨/年氨碱法纯碱装置、甘肃玉门制碱厂2万吨/年氨碱法纯碱装置等10套小型氨碱法纯碱装置。

20世纪90年代我国又相继投产了吉兰泰20万吨/年氨碱法纯碱装置、广东南方20万吨/年氨碱法纯碱装置、新疆哈密8万吨/年氨碱法纯碱装置三个中型氨碱厂。

三、天然碱实现规模化发展

在天然碱发展方面，1978年，伊克昭盟（今鄂尔多斯市）天然碱科研组成立，并在乌审旗合同察汉淖开始碱田日晒工艺技术研究，开启中国天然碱产业拓荒之旅。1979年，伊克昭盟化工研究所成立，开创了碱田日晒工艺，天然碱开采加工初现现代化产业端倪，成为中国天然碱产业化的先导。1983年，全国最大的天然碱试验研究基地——伊克昭盟化工研究所碱湖科学试验站成立，科技成果产业化之路就此起步。

1984年，实施"天然碱制纯碱中试"并产出粗纯碱，科研、生产、经营三位一体的经济实体初具雏形。1986年，伊盟化工研究所承担了国家星火计划项目"天然碱水溶法制纯碱工业试验"，由于工艺先进，该项目以一流成果实现了非常好的效益。1990年，第二个国家星火计划项目"粒状重质纯碱开发"实施成功，改变了产品单一的局面。1990年7月，内蒙古自治区查干诺尔碱矿年产50万吨纯碱、5万吨烧碱与5万吨小苏打项目建成并投入试生产。1992年底，组建伊盟化学工业集团总公司（时称伊化集团），以统筹安排伊盟天然碱资源的规划、科研、开发和综合利用等事宜，由此掀开了天然碱产业发展的新篇章。1996～1997年，伊化集团来到河南桐柏，在已投产年产3万吨生产装置的基础上进行开发性实验，开发出"倍半碱"加工工艺，1997年，桐柏碱矿有限公司成立，从此拉开了大规模开发桐柏天然碱资源的序幕。

1999年，内蒙古苏尼特公司新增20万吨纯碱厂（天然碱法）投产，天然碱加工装置实现了大型化。

四、盐碱联合、技术进步加快实现装置设备的大型化

1992年邓小平南方谈话后，经济进入快速发展轨道，纯碱需求不断增加，在生产技术不断取得进步的推动下，各企业生产规模不断壮大，其中，山东寿光纯碱厂（后改为潍坊纯碱厂）装置扩建到80万吨/年，并且在1995年组建山东潍坊海洋化工集团总公司，成为第一家实现盐碱联合的集团公司，彻底解决了盐、碱分属不同系统管理，长期互相掣肘的局面。盐碱联合是我国纯碱行业发展上的又一件大事，由此带动大化集团、天津碱厂、青岛碱厂、双环集团等纯碱企业实现盐碱联合，有力地促进了盐碱共同发展。自1992年到1997年，这段时间一部分小联碱企业逐步扩大生产规模，由过去的年产4万吨扩建到年产10万～20万吨。随着装置生产能力的逐步扩大，相应的纯碱生产主体设备碳化塔、滤碱机、蒸馏塔、煅烧炉、结晶器、外冷器、干铵炉等逐步大型化。新的生产工艺如真空蒸馏技术、重碱二次分离，水合法重灰技术得到推广应用。自动化水平快速提高，重质纯碱、干铵产品比例逐步上升，产品结构逐步调整，纯碱行业发展呈现出欣欣向荣的新局面。

但是到了1997年，由于亚洲金融危机的影响，加上纯碱生产企业不断扩产，纯碱产量大幅增长，导致供过于求，在双重因素叠加下，市场竞争不断加剧，纯碱价格不断走低，企业效益逐步下滑，一部分企业开始亏损，长期亏损的企业由于生产无法持续，最后被迫停产退出了纯碱行业。这一阶段企业间出现了兼并重组，一些企业改制为股份制或民营。1997—2000年三年间，相继有10余家小碱厂关闭或转产。虽然经济效益不理想，但是不少企业在产品结构上进行了调整，重质纯碱比例逐步增加，纯碱生产、管理、工艺设备技术水平不断提高，设备和装置逐步大型化，一些大型纯碱工程设计

获得国家或部级优秀设计奖项，纯碱行业技术发展进入了较高阶段，这一时期我国纯碱企业数量最多，有近60家纯碱生产厂。

经过1997—1999年的亚洲金融危机和国内市场的萧条，自2000年下半年开始，经济形势开始好转，市场出现转机，纯碱需求开始增长，市场重现供不应求的局面，由此催生新一轮纯碱项目建设高潮，纯碱项目建设由此进入大型化发展新阶段。在技术发展方面，新型变换气制碱技术、DCS控制系统得到大力推广应用，装置自动化水平不断提高，新的不冷塔工艺得到应用。在装备方面，设备进一步大型化、系列化，新型大型外冷碳化塔、大型冷盐析结晶器、外冷器、大型CO_2螺杆压缩机、重碱带式过滤机、粉体流凉碱器得到推广与应用。2000年，新型变换气制碱技术通过鉴定。这一技术作为攻克纯碱行业节能减排的利器入选国家发改委公布的《国家重点节能技术推广目录（第一批）》50项重点节能技术。这一新工艺是20世纪90年代以来，由我国制碱专家、中国工程院院士周光耀领队，中国成达工程公司与石家庄双联化工公司合作开发的成果，该技术属国内外首创，在合成碱领域处于国际领先水平，这项新工艺为我国合成碱技术的发展开创了一条新路。

2000年后，纯碱行业的企业规模、工艺技术装备水平、自动化水平都达到一个新的高度。原有的小型纯碱装置（包括小联碱和小型氨碱装置）由于原材料消耗和能耗较高，逐步扩建为大中型装置。同时，大中型纯碱项目接连建设，这些项目包括：中州铝厂在河南获嘉建设10万吨/年联碱项目，该项目是国内第一家使用带式滤碱机过滤重碱的碱厂，开创带滤机过滤重碱先河；四川和邦股份有限公司在四川省乐山市五通桥区采用新型变换气制碱技术建设30万吨/年制碱项目，该项目2007年扩产为60万吨/年；山西省稷山县丰喜纯碱公司采用新型变换气制碱技术建设10万吨/年纯碱项目；河南平顶山化肥厂20万吨/年联碱项目；淮安华尔润化工有限公司采用新型变换气制碱技术建设30万吨/年联碱项目；江苏华昌化工股份有限公司采用新型变换气制碱技术分两期搬迁改造60万吨/年联碱项目；河南金山化工集团采用新型变换气制碱技术建设30万吨/年联碱项目。这些新建项目都采用了新型变换气制碱技术，采用了大型外冷碳化塔，双吨产品能耗可节省40～70度电，为行业节能降耗做出了重要贡献。

2003年，浙江玻璃股份有限公司拉开"东碱西进"帷幕，成立青海碱业有限公司，建设年产90万吨/年纯碱装置，由此拉开了青海建设大型纯碱项目的序幕。

2005年，河南桐柏县安棚碱矿建设40万吨/年天然碱技改扩建项目，并于2006年7月顺利投产，投产后纯碱生产能力达到了70万吨/年，一举成为国内最大的天然碱生产加工基地。该项目采用了自主研发的湿分解技术加四效错流蒸发结晶工艺生产重质纯碱技术，将卤水中的$NaHCO_3$采用湿分解集中深度分解，然后进行四效错流蒸发制得一水碱结晶，实现了"一步法"生产重质纯碱。2006年，桐柏安棚天然碱又建设成为150万吨/年纯碱、小苏打项目天然碱综合加工项目，成为亚洲最大的天然碱生产基地。

2006年到2010年，由于城市发展或者其他因素的影响，一些老碱厂开始搬迁新建，包括天津市投资53亿元启动天津碱厂搬迁工程，建设80万吨/年联碱装置；大化集团启动60万吨/年联碱搬迁改造工程；安徽红四方集团分两期建设的60万吨/年联碱搬迁工程等。同时，一批大型纯碱项目相继建设并陆续投产运行（个别项目为中型纯碱项目）。这些项目包括：河南省骏马化工股份有限公司30万吨/年联碱项目；重庆索特60万吨/年联碱项目；山东海天生物化工有限公司一次建成投产100万吨/年氨碱法纯碱项目；中盐青海昆仑碱业有限公司建设100万吨/年氨碱法纯碱项目；无锡益多集团投资建设60万吨/年联碱项目；青海五彩矿业有限公司投资建设110万吨/年氨碱法纯碱项目；江苏井神盐化股份有限公司采用国内首创的盐碱钙联合循环生产工艺，分期筹建60万吨/年纯碱项目；实联（江苏）化工有限公司建设100万吨/年联碱法纯碱项目。这些纯碱项目的建设是过去无法想象的，体现在生产规模大、工艺技术优、设备大型化、自动化程度高、

建设速度快等。除了这些大型纯碱项目建设，湖北双环科技股份有限公司还进行了油改煤项目并且试验成功；山东海化集团还建设了特大盐矿项目，纯碱产能达到300万吨/年，成为全球最大单个纯碱企业，并且建成世界上最大氯化钙生产基地。

为了展示我国的纯碱发展成就，2005年6月28日，在北京召开了世界纯碱大会，来自27个国家的121名国外代表和国内45家企业70多位代表参加大会。包括全球纯碱有关生产企业、研发机构和设备制造商等人员，到会的各国代表进行了生产技术交流，对中国纯碱工业的发展和取得的成就深表赞赏。

五、跃居成为世界纯碱工业大国

1978年后，得益于我国经济的快速增长，纯碱行业得到了高速发展，2010年时纯碱行业已发生了翻天覆地的变化，期间经历了"六五""七五""八五"直到"十一五"，历经三十多年，纯碱产量从1978年的132万吨增长到2010年的2047万吨。1989年，山东海化、连云港、唐山三大碱厂的投产结束了我国长期进口纯碱的局面，并且由此转变为纯碱出口国。1991—1995年（八五期间），我国纯碱的年平均增长率达到9.66%，这是一段快速发展的时期，产量的快速增长导致"九五"期间市场供应过剩，经济效益下滑，部分企业退出或转产。1999年，我国纯碱产量达到了749万吨，跃居世界第二位。2003年，全国纯碱生产能力达到1259万吨，产量达到1102万吨，首次超过美国成为世界上最大纯碱生产国，纯碱产能和产量均跃居世界第一位，从此独占鳌头。"九五"到"十一五"这段时期，行业集中度逐步提高，兼并重组进入新的阶段，民营企业快速发展，下游行业开始进入，部分老企业搬迁新建，天然碱装置实现大型化，东碱西移，西部青海省开始建设大型纯碱厂，纯碱行业通过新建、扩建、老企业搬迁，产能和产量都得到快速增长，技术发展的同时达到了新的高度，成为名副其实的纯碱工业大国。

六、中国纯碱工业协会成立

1987年8月，中国纯碱工业协会在大连成立，协会会员包括纯碱生产企业以及相关的科研、设计、机械设备制造等单位。协会的成立架起了会员单位和政府相关部门沟通的桥梁，在贯彻国家相关产业政策、开展纯碱发展战略研究、开展国际交流、及时反映会员企业的正当诉求、维护会员的合法权益、技术经验交流、推动纯碱工业技术进步、咨询服务和技术培训、促进会员单位的沟通联系等方面发挥了巨大作用，协会通过组织各种会议进行市场分析、成本分析、技术交流、技术推广等活动，提高了企业的技术水平、生产能力和经济效益，为我国纯碱工业的发展做出了重要贡献。纯碱协会特别重视工程技术人员教育，先后主编出版发行工程巨著《纯碱工学》等专业书籍，向纯碱行业人员推荐《纯碱生产分析》《联合制碱工艺》《氨碱法纯碱工艺》《纯碱生产设备检修与防腐》《纯碱生产相图分析》《纯碱生产工艺与设备计算》等进修丛书，有力提高了行业操作人员、技术人员的理论水平。

2011—2018：
"去产能、增效益"——进入供给侧结构性改革的新阶段

2001—2010年是纯碱行业高速发展阶段，这段时期纯碱的产量年均增长率达到10%以上，产能和产量大幅上升，装置和设备实现大型化，DCS系统得到普及应用，自动化水平和劳动生产率不断提高，单位产品原材料、燃料消耗、能源及动力消耗逐步降低，环保治理水平不断提高。由于纯碱产能和

产量的过快增长，2008年和2009年纯碱市场出现了过剩。为了遏制产能快速增长的势头，工信部在2010年5月发布了中华人民共和国工业和信息化部公告（工产业[2010]第99号）《纯碱行业准入条件》，以此提高行业准入门槛，防止纯碱产能的过快增长。

工信部发布《纯碱行业准入条件》后，由于准入条件的限制，2010年到2011年的两年，没有新的纯碱项目开工，这两年虽然没有新的项目开工建设，但是2009年开工建设的中盐青海昆仑碱业有限公司100万吨/年氨碱法纯碱项目、无锡益多集团在江苏丰县投资建设60万吨/年联碱项目、青海五彩矿业有限公司投资建设的110万吨/年氨碱法纯碱项目、江苏井神盐化股份有限公司盐碱钙联合循环法60万吨/年纯碱项目一期30万吨/年纯碱项目在这两年内逐步建成并陆续投产，导致产能得到大幅度释放，到2013年时纯碱产能达到了3180万吨。由于产能在短期内集中释放，导致纯碱产量大幅增加，纯碱产品严重过剩。自2012年起，过剩导致企业间相互激烈竞争，产品价格大幅下滑，企业效益大幅下降，全行业大面积亏损，开工率逐步下降，再加上2012年开建的青海盐湖镁业有限公司金属镁一体化项目120万吨/年氨碱法纯碱装置、中盐昆山有限公司搬迁建设60万吨/年联碱法纯碱装置、福州耀隆化工集团搬迁建设40万吨/年联碱法纯碱装置陆续开工建设并逐步投产，导致产能过剩更加严重，产品价格长期低位徘徊，行业经济效益持续下滑，自2012年到2015年连续4年除了天然碱企业和个别具有资源优势的企业外，其他纯碱企业几乎全部处于亏损状态。

2013年10月15日，国务院以国发〔2013〕41号发布了《国务院关于化解产能严重过剩矛盾的指导意见》，明确指出产能严重过剩越来越成为我国经济运行中的突出矛盾和诸多问题的根源。企业经营困难、财政收入下降、金融风险积累等，都与产能严重过剩密切相联。但从全局和长远来看，遏制矛盾进一步加剧，引导好投资方向，对加快产业结构调整，促进产业转型升级，防范系统性金融风险，保持国民经济持续健康发展意义重大。因此，要坚决控制增量、优化存量，深化体制改革和机制创新，加快建立和完善以市场为主导的化解产能严重过剩矛盾的长效机制。在此形势下，一些连年亏损的企业由于无法维持生产，只能逐步停产退出。2014年，纯碱行业生产企业为46家（包括一些已停产但是可随时恢复生产的厂家），纯碱总产能达到3130万吨，2014—2015年两年间，由于一些企业长期亏损、安全环保问题或者城市规划发展等因素影响，两年间有9家纯碱企业停产退出，退出产能达283万吨，到2015年底，纯碱企业只剩37家，总产能缩减为2847万吨。2015年中央经济工作会议确定以去产能、去库存、去杠杆、降成本、补短板为重点的供给侧结构性改革时，纯碱行业实际上已自动完成了去产能任务。

自2012年到2016上半年的4年多时间里，除了少数纯碱企业盈利或者持平外，大部分企业都处于亏损状态，这种情况一直持续到2016年下半年，市场才开始逐步好转，纯碱价格开始回升，逐步回到合理价位。2016—2018连续三年，行业开工率保持在近90%，期间纯碱价格虽然有所起伏，有时甚至波动很大，但全年平均价格保持在合理价位，全行业除了个别企业外，大部分企业都处于盈利状态，行业经济运行进入健康轨道，处在良好运行状态。

2011—2018年，这一时期纯碱企业更加大型化，2018年行业前10家大型纯碱企业生产总能力约占全行业总能力的65%，行业达到较高集中度；生产装置大型化，项目可一次建设年产100万吨以上纯碱装置；设备大型化，碳化塔单台能力达10万吨/年，单台带滤机能力达30万吨/年，联碱法冷、盐析结晶器单套能力达30万吨/年，目前单套能力可达50万吨/年；还有蒸馏塔、吸氨塔、煅烧炉、CO_2压缩机等设备都实现了大型化。自动化控制方

面，碳化系统实现了全自动换塔，一些企业实现了全流程自动化，装置自动化水平大幅提高。大型化和自动化使原材料、燃料及动力等各项消耗逐步降低。目前先进的具有循环经济特点的氨碱法吨碱能耗已低于300千克标准煤，采用变换气制碱的联碱法吨碱能耗先进指标已低于150千克标准煤，均处于世界领先水平。

未来展望：
踏上新时代建设纯碱工业强国的新征程

截止到2018年，我国的纯碱生产能力达到3039万吨，约占世界纯碱总生产能力的44%；产量达到2699万吨，约占世界纯碱总产量的43%，出口量居世界第二位，是名副其实的纯碱生产大国。2018年，全行业开工率达到88.8%，经济运行处于健康状态。我国拥有氨碱法、联碱法、天然碱加工法三种生产方法，是世界上生产方法最全的国家。拥有变换气制碱、干法加灰蒸馏、井下循环盐碱钙联产、不冷碳化等世界先进技术，技术水平已达到世界领先水平，纯碱工业的发展取得了巨大成就，纯碱工业为我国国民经济发展和人民生活水平提高做出了重大贡献。

展望未来，如何实现高质量发展是纯碱行业必须面对和解决的问题。当前，我国的制造业正处于转型升级、新旧动能转换的重要时期，是处于第二次质的飞跃的关键时期，还有很多硬骨头要啃，还有很多的问题要解决。纯碱行业的核心问题是要提高行业生产管理水平，大力培养高级管理人才和技术人才，发扬和宣传工匠精神；研发使用新工艺和新设备，提高全行业自动化水平，建设绿色智能工厂；在节能减排、污染物治理和三废综合利用上狠下功夫；提高原材料利用率，降低产品生产成本，进一步提高产品质量，实现安全绿色发展。严格控制新增产能，提高行业投资质量，通过调整产品结构，向高端产品和细分产品发展。加快企业转型升级，提高企业竞争能力和抗风险能力，统筹利用好国内国际资源，开拓更广阔的国际市场，增加出口量，提高国际市场占有率，提高经济运行质量，实现行业高质量发展，实现纯碱工业强国的目标！

02

不忘初心传薪火　砥砺奋进谱新篇

——新中国氯碱工业发展纪实

我国氯碱工业的发展可以追溯到1929年，正是在这一年，著名实业家吴蕴初在上海创办了国内第一家氯碱企业——天原电化厂，从此揭开了国内氯碱工业从无到有的篇章。同其他国家相比，我国氯碱工业起步相对滞后，晚于美国、日本、欧洲等国家和地区，但正是通过国家、生产企业与无数氯碱人的共同努力，使中国氯碱走向了国际舞台前列，最终成为全球氯碱生产、消费第一大国。

在烽火硝烟的战争岁月，氯碱工业发展步伐缓慢。在新中国成立前的20年当中，我国只有10个氯碱厂（点），烧碱最高年产量仅为1.5万吨，氯产品只有液氯、漂白粉、盐酸、三氯化铁等简单几种，然而这在当时已实属不易。

新中国成立后，我国氯碱工业与祖国共同成长，国民经济需求的不断增长带动着氯碱行业的壮大。从第一个五年计划开始，烧碱产量便以20%左右的速度增长。经过长期发展直至二十一世纪初，我国烧碱、聚氯乙烯生产规模相继跻身世界首位，耗氯产品的开发也从起初的四五种发展到现如今的二百余种。

行业发展与技术革新密不可分，氯碱行业在生产技术的改进上从未停歇。在早期的技术革新中，原化工部的支持与企业技术人员的努力起到了关键作用。正是早期的氯碱人通过向国外学习先进技术，并加以持续创新，才研发出适合中国氯碱企业生产的技术装置，从而奠定了发展的坚实基础。中国氯碱行业相继自主研发了国产化隔膜电解槽、30立方米聚合釜、离子膜烧碱电解装置和大型聚合釜等核心装备，直至研制出属于我们国人自己的离子膜"中国芯"。

"以人为鉴，可以明得失；以史为鉴，可以知兴替。"时至今日，我国一跃成为全球氯碱生产第一大国，在过去数十年的发展过程中，中国氯碱行业经历了战争洗礼、政策变革、自然灾害、贸易纷争等不同挑战与困难，行业在发展过程中积累的经验与教训，对如今的氯碱企业仍具有非常宝贵的借鉴意义。

2019年，在喜迎新中国成立70周年的同时，中国氯碱工业也迎来了行业发展的第九十个春秋。追忆九十载风云岁月，如同一部凝聚着无数氯碱人奋斗与拼搏的光辉历史。忆往昔，我们以史为鉴，继往开来。

1929—1949：在民族危难中艰难起步

中国氯碱工业始于20世纪20年代末期。新中国建立前的氯碱厂规模小，产品单一，产量很小。受当时复杂的战争环境影响，多数氯碱厂经历着停产、搬迁等变故，生产运行极不稳定。我国第一家氯碱厂是1929年由当时著名实业家吴蕴初先生在上海创办的天原电化厂。因资金有限，1930年开工初期，烧碱日产量仅有2吨，盐酸和漂白粉各为3吨。1932年，原国民党国防部兵工署巩县兵工厂建立了一个氯碱车间，同样因为抗日战争爆发而内迁

至四川泸州，改称二十三兵工厂。1935年，西北实业公司在太原建立西北电化厂，1937年正式投产，但不久后，因"七七"事变而停产。之后在日伪统治下复工，改称太原电化厂。抗日战争爆发之前，我国共有3家氯碱工厂，烧碱年产量约为4000吨，主要产品包括烧碱、盐酸、漂白粉、液氯等几种。受战争等因素影响，我国氯碱工业在萌芽时期的发展可谓困难重重。

一、天原电化厂——中国氯碱工业奠基

在早期建立的氯碱厂之中，最具代表性的莫过于开创我国氯碱先河的天原电化厂。创立者吴蕴初先生是当时著名的爱国实业家，他传奇的一生同样赋予了天原电化厂非凡波折的发展历史。

20世纪20年代，日本的调味粉"味之素"行销我国。"味之素"的巨幅广告，引起了吴蕴初的反复思索，我们中国人能不能自己生产出想要的产品来。于是在艰苦的条件下，经过一年多夜以继日的试验，吴蕴初找到了廉价批量生产味精的方法，并于1923年在上海建立我国首家味精厂——上海天厨味精厂，生产"佛手"牌味精。

上海天厨味精厂以国货起家并逐步发展壮大，然而制造味精的化工原料盐酸却因国内无法供应而多年依赖从日本进口。对此，吴蕴初先生深以为疚，再加上时局影响导致盐酸供应很不稳定，促使他燃起自己生产盐酸的念头。

1927年起吴蕴初开始积极收集世界各种电解槽、发电机、整流器等资料，想创办中国自己的氯碱工厂。1928年秋吴蕴初获悉法商设在越南海防的远东化学公司因经营不善正待出售，便亲赴海防考察并以8万元购进远东化学公司全部设备，这其中便包括120只爱伦摩尔式电解槽、蒸发器、氢气燃烧器和滚动式漂粉机等设备。办盐酸厂要比办味精厂困难得多，特别是电力和原料盐的供应在当时难以保证。然而吴蕴初决心既定，排除一切干扰，又有电解生产氯酸钾的经验，终于在1929年10月成立了天原电化厂股份有限公司（现上海氯碱化工股份有限公司前身），吴蕴初任总经理。

夯 筑 共 和 国 化 学 工 业 的 基 石

天原电化厂股份有限公司之所以把电化厂取名为"天原",即为天厨味精厂提供生产原料的寓意。经过一年的艰苦努力,天原电化厂于1930年11月10日举行隆重的开工典礼,吴蕴初先生亲自开车。天原电化厂开创之初,日产盐酸4吨,烧碱、漂白粉各2吨,产品采用"太极"商标。吴蕴初重视提高产品质量,于是经过一段时间的发展,太极牌产品风靡市场。盐酸完全能够满足天厨味精的原料自给,烧碱和漂白粉的销售则影响了英、日商人垄断中国市场的既得利益。于是外商开始压价倾销,面对这种情况,吴蕴初及时作出采用降低包装费用等办法加以抗衡。经过半年多的角逐,天原电化厂取得了初步胜利,太极牌产品在市场上站稳了脚跟。

此后,吴蕴初远赴英国考察,派专人赴美学习,回国后将国外技术消化吸收,逐渐改进技术和扩大规模。至1937年,天原厂烧碱日产量已达10吨,资产逾百万元,成为我国实力雄厚的少数厂家之一,正式奠定了我国氯碱工业发展的雏形和基础。

好景不长,战争随即席卷中华大地。吴蕴初作为一位有强烈爱国心的实业家,他常说:"做一个中国人,总要对得起自己的国家。"在上海"八一三"事变之后,为保存民族经济,天原电化厂因上海沦陷被迫内迁至重庆,部分主要设备如电解槽在运送至重庆的过程中,历尽千辛万苦和人员伤亡。

1940年,重庆天原电化厂(现重庆天原化工有限公司前身)正式投产,开始生产50%浓度的液碱,日产烧碱1.5吨,盐酸1.2吨,漂白粉2.5吨。这也成为我国西南地区第一家氯碱基础化工原料生产厂。

其后由于遭受日寇频繁的空袭,重庆电力系统受到破坏,供应紧张。吴蕴初又于1943年在宜宾增建天原电化厂宜宾分厂(现宜宾天原集团股份有限公司前身),于三年后正式投产,烧碱产量规模为400吨/年。

在战火纷飞的岁月,吴蕴初建立的天原电化厂未因时局动荡而放弃生产,相反,依靠艰苦卓绝的精神而几经搬迁,尽力保障生产运行,解决了工农业生产和人民生活的需要,为支援抗日战争做出了积极的贡献。

抗战胜利后，天原电化厂在上海复工时的产量还不及抗战前夕。1949年上海解放后，电化厂曾停工月余，后在解放军千方百计做到不损害上海经济、工业及城市建设的努力下，天原电化厂才没有受到损失，于1949年6月10日胜利复工。但由于此前受战争影响较为严重，当年烧碱产量规模仍保持在1930年的水平。

随后，天原电化厂又与吴蕴初创办的天利淡气制品厂合并称天原天利厂，1956年分建为天原化工厂和上海化工研究院，同年天原化工厂更名为上海天原化工厂，以区别于重庆天原电化厂和宜宾分厂。

二、从日伪手中接管的氯碱工厂

抗日战争期间，正在侵略我国的日军为扩大供给，充实战备，在东北、华北占领区建立了一些氯碱工厂。这些工厂在解放后，通过军民的共同保护，几经恢复，成为我国氯碱工业早期发展的一支重要力量。

日本在侵占东北后，为加紧对这一地区的经济掠夺，先后在辽宁建立了几座食盐电解工厂。1938年，日本垄断资本满洲曹达株式会社在开原及奉天（今沈阳）开设满洲曹达开原工厂及满洲曹达奉天工厂（合称曹达株式会社，原沈阳化工厂、现沈阳化工股份有限公司前身）。两家工厂分别于1939、1940年建成投产，主要以生产水银法烧碱、盐酸、漂白粉为主，奉天曹达后将水银法工艺改为隔膜法，产能达到3千吨/年，最高产量为1943年的2677吨。

奉天曹达后改称沈阳化工厂，在国民党统治时期，生产萧条，生产时间不到一年。1948年辽宁地区解放后，迅速修复了日伪时期遗留下来的50余台西门子式水平隔膜电解槽，并于第二年恢复了沈阳化工厂的氯碱生产，并在锦西建立食盐电解工厂（原锦西化工总厂前身）。

除东北地区之外，日伪于1939年在天津建设了东洋化学工业株式会社汉沽工厂（原天津化工厂、现天津渤天化工有限责任公司前身）。1942年日本华北盐业株式会社也在大沽建厂，后来演变为大沽化工厂。两个工厂建设初期，均以海水综合利用项目为主，生产烧碱、溴素、漂白粉、氯化钾等产品。1944年与1945年，两工厂又相继投资建设二期工程——试验电解项目。

日本投降后，国民党接收了汉沽工厂和大沽工厂。这一时期，汉沽工厂生产日渐萎缩，最高年产固碱为217吨，大沽工厂生产略有回升。1948年12月14日汉沽解放后，东洋化学工业株式会社汉沽工厂被收归国有。由于原东洋化学工业株式会社汉沽工场建场时，多数主机从日本国运来，机器设备比较先进，工艺路线也比较合理。在汉沽解放前夕，许多工厂老工人唯恐工厂受损，自发组成护厂队保护了工厂，因此在日本投降后和临解放时工厂均未遭受破坏。1949年工厂烧碱产量384吨，比1948年增长80%以上。

新中国成立前，我国共有10个氯碱厂（点），电解法烧碱生产能力近1.5万吨/年，主要氯产品仅有液氯、漂白粉、盐酸等几种简单产品。由于当时战争硝烟四起，民族工业奄奄一息，各氯碱厂也因此在开工与停产之间反复，生产极不稳定。但也正是这种在战争中顽强生存的经验与磨练，铸就了化工人坚持不懈的精神，使得多数氯碱厂能够在新中国成立后积蓄力量，快速进入稳步发展的道路。经历了战火硝烟、艰难困苦的中华儿女，对民族复兴充满着强烈的渴望。

1949—1978：新中国氯碱工业扬帆起航

新中国成立之初，百废待兴，在国民党统治时期多数氯碱厂物资被掠夺，设备被严重破坏。为满足国家恢复经济建设对烧碱和氯产品的急切需要，全国各氯碱厂在原重工业部化工局的领导下，迅速进行恢复生产和改扩建。原本因战乱而停产的氯碱厂在党和政府的带领下，重新开始生产。正是在这一时期，氯碱工业无论是在数量上还是规模上都有了显著提高。烧碱产

量从1949年的1.51万吨逐年提升，氯产品种类日渐丰富。

一、产业规模螺旋式快速增长

1950年至1952年的三年国民经济恢复时期，国内氯碱厂在技术、规模及产品开发等各方面快速提升。鉴于这一时期国家纯苯过剩和氯苯产品需大量进口的问题，天津化工厂于1950年6月新建氯化苯装置。1952年，大沽化工厂（现天津大沽化工股份有限公司前身）在全国第一个建立了日产0.5吨的六六六生产设备，年底生产能力达到了600吨。

沈阳化工厂也在这一时期修复了电解槽等装置，实现烧碱产量5314吨。同时，另一家具有代表性的企业——锦西化工厂（现航锦科技股份有限公司前身）成为国民经济恢复时期建立的第一家氯碱厂，因其在技术方面的大胆革新，成为后来第一家日产百吨烧碱的氯碱厂。三年恢复时期给予全国氯碱厂积蓄发展力量的机遇，工业产值逐年增加。

"一五"时期，国家为了加速发展氯碱工业，引进国外先进设备。同时，我国氯碱厂开始在产品品种和生产技术上加大研发力度。沈阳化工厂在此期间通过电解槽改造技术，生产能力增至3万吨/年，主要产品扩大到盐酸、液氯、漂白粉、六六六、汽缸油等。上海天原化工厂不断挖掘设备潜力，提高电流密度。在重工业部化工局的协助下，第一批虎克12型电解槽在天原化工厂投产，提高了生产量。

在国民需求的带动下，我国氯碱工业在"一五"期间，烧碱产量平均年增长20.34%，为国民经济建设提供了支撑和保障。与此同时，天原化工厂、温州电化厂、吉林电石厂、浙江嘉兴化工厂等近10家新的氯碱厂在此期间建立。

1958年5月在党的八大二次会议上，通过了"鼓足干劲，力争上游，多快好省地建设社会主义"的总路线，氯碱工业的建设也进入了一个真正的高速发展期。

为加快工业生产的发展，国家在全国布点，决定建设13个中型企业及一批小型企业。全国多个省、市、自治区纷纷筹建氯碱工厂，除长寿、株洲两地稍早建成外，北京、福州、衢州、葛店、广州、常州、合肥、遵义、九江、西安、四平以及上海等地的十余个新建氯碱企业，先后于1960年前后投产，各厂设计规模从7500～30000吨/年不等。其中包括北京化二工厂、福州第二化工厂、衢州化工厂电化分厂、合肥化工厂、九江化工厂和四平联合化工等。与此同时，千吨级的小型氯碱厂也如雨后春笋般纷纷建立。至此，全国氯碱企业数量从新中国成立初期的10家增加到40多家，氯产品从解放初期的4种扩至20余种。

伴随新建企业扩产，我国氯碱工业在"大跃进"时期有了较快的增长，年均增长率达到35%，年产量达3万吨以上的工厂有锦西化工厂、天津化工厂、上海天原化工厂和沈阳化工厂。在经过文革初期短暂的停滞后，我国氯碱工业的发展又进入了上升通道，在1970—1977年间全国千吨级氯碱厂达136个。在"二五"至"五五"期间，全国烧碱产量仍以年均8%～12%的速度在增长。

我国氯碱工业在新中国成立初期至十一届三中全会之前，行业规模发展呈现螺旋式上升。在近三十年的时间里，氯碱企业注重产品种类及生产技术的创新，科研人员不惧困难，合作研发，这为氯碱工业快速发展壮大奠定了坚实的基础。

二、协作攻克氯碱生产关键核心技术

新中国成立后，面对国家经济建设对氯碱产品的迫切需求，氯碱厂依靠"协作攻克、共享成果"完成大量的数据调研和基础实验，进而实现主要生产装置的技术进步。国内氯碱企业从逐渐实现"达标生产"到随后的"挖潜、改造、翻番"，为国家发展创造了效益，增添了发展活力，并缩小了与国外氯碱工业的差距。

（一）国内首台大功率水银整流器研制成功

新中国成立前至50年代初，我国氯碱工厂电解槽的直流供电设备，均采用整流效率的直流发电机、回转变流机。1956年锦西化工厂成功试制仿苏500×12、600伏、6000安单阳极水银整流器，试制成功了6000安/600伏的水银整流器，这是国内第一台大功率水银整流器，它的研制成功，对促进我国整流技术和氯碱工业的发展起了重要的作用。

60年代，各厂先后用硅整流器取代了水银整流器。进入70年代，氯碱企业普遍采用有载调压整流变压器和硅整流器机组，单机容量为6000安/300～600伏，其中锦西化工厂在国内首先采用66千伏直降式有载调压硅整流变压器，减少变压层次及电能损失。硅整流装置的成熟应用，配合了电解槽从石墨阳极槽向金属阳极槽过渡的更新换代。

（二）盐水精制技术不断提升

解放初期，我国烧碱生产盐水工序的工艺技术十分落后，只能满足当时小规模电解生产需要。50年代中期，天津化工厂、沈阳化工厂、锦西化工厂等企业将纯碱工业的道尔型沉降器（桶）用于氯碱行业，提高了盐水的生产能力和盐水澄清效果。此后衢州化工厂根据国外资料，设计制造加压浮上槽进行盐水澄清试验，同年上海电化厂在衢州化工厂试验基础上进行中型试验并取得成功，于1969年底投入工业生产。

70年代末期开始，盐水工序采用配水、连续化盐，并考虑氯化钡除硫酸根。企业普遍采用道尔澄清桶自然沉降，传统的澄清桶工艺在山东齐鲁石化公司20万吨/年隔膜法烧碱引进的基础上随后发展为改良道尔型澄清桶。作为辅助沉降的絮凝剂，在澄清设备不断演进的过程中，也不断有所发展。1955年上海天原化工厂在国内首先应用苛化麸皮作絮凝剂，随后三氯化铁也逐渐在全国推广使用。

（三）虎克型吸附隔膜电解槽研制成功

我国氯碱工业在电解工艺上共经历了隔膜法、水银法、离子交换膜法（简称离子膜法）三大工艺路线。早期还曾用过苛化法，苛化法因成本高，水银法因汞污染问题而被逐渐淘汰，企业逐步改用隔膜法和离子膜法制碱。

新中国成立前，上海天原、重庆天原、宜宾天原等氯碱厂均采用水平式隔膜电解槽和爱伦摩尔电解槽。新中国成立后根据化工部化工设计院关于用新型电解槽代替高能耗、低效率的电解槽建议，建立了以上海天原化工厂蒋兰荪工程师为首的新型电解槽试验小组。1957年制造的第一批40台虎克12型吸附隔膜电解槽投入运行，烧碱产量得到显著增加。1958年，我国又先后成功设计制造了虎克16型隔膜电解槽和天原32型隔膜电解槽。其电化性能接近当时世界同类槽型的水平。虎克型吸附隔膜电解槽的研制成功和推广应用，标志着我国氯碱工业技术向前迈进了一大步。

70年代开始，氯碱工业经历了一场技术革命，世界上许多国家都迅速地将石墨阳极电解槽转换成金属阳极电解槽。金属阳极电解槽阳极网袋形状稳定，比石墨阳极节电15% ～ 20%，生产强度提高一倍以上，从而助推了金属阳极电解槽的推广。上海桃浦化工厂于1972年成功研制了金属阳极隔膜电解槽。1974年12月25日，我国首批40台30平方米金属阳极隔膜电解槽在上海天原化工厂投产，生产能力大幅提高，每吨碱节电200多千瓦时。随后北京化工二厂、上海电化厂也分别于1977年和1978年投产使用金属阳极电解槽。

（四）国家引领深入研究烧碱蒸发技术

烧碱蒸发是整个烧碱生产流程中的一个重要工序，我国最早采用单效蒸发和大锅熬制的落后技术实现烧碱的蒸发浓缩。直至新中国成立初期，国内部分厂仍采用敞口大锅熬制、人工捞盐的方法。这种方法技术落后，能耗高，劳动环境恶劣，工作强度大。

1953 年，国家决定在山西太原建设一套规模为 1.5 万吨/年烧碱装置，该装置技术和主要设备从苏联引进，烧碱蒸发工艺为三效三体两段、浓效强制循环的流程。1964 年国家科委下达了改进型列文蒸发器的试验研究课题，在上海天原化工厂进行了结晶型列文蒸发器的试验研究。这是新中国成立以来我国氯碱行业对蒸发器进行的一次最为深入系统的工业化试验研究。

1975 年化工部给沈阳化工厂下达了建设一套年产 3 万吨烧碱三效逆流强制循环蒸发装置的任务，直至 1982 年 9 月，我国第一套三效逆流蒸发装置在沈阳化工厂工艺试车成功。与此同时，山东齐鲁石化总公司在 1978 年引进了一套年产 20 万吨烧碱装置，其中的液碱蒸发采用柴伦巴四效逆流带二次闪蒸的流程。国内技术人员通过对该技术的消化，特别是在掌握美国、英国、法国、德国、加拿大和比利时等国的蒸发器技术基础上，设计出了符合当时中国国情、技术先进的三效逆流流程。

（五）聚氯乙烯生产技术国产化持续攻关

聚氯乙烯（PVC）是我国较早发展起来的树脂品种之一。20 世纪 50 年代初期，化学工业试验所（现沈阳化工研究院前身），开始进行电石乙炔法制氯乙烯（VCM）、乳液聚合法制 PVC 树脂的试验研究。1958 年，由化工部第一设计院（现中国天辰工程有限公司前身）设计了第一套 3000 吨/年聚氯乙烯装置（常压精馏），并在锦西化工厂顺利投产。随后北京化工二厂、上海天原化工厂、天津化工厂等的 4 套年产 6000 吨的装置建成投产，奠定了中国 PVC 工业的基础。

20 世纪 60 年代，聚氯乙烯生产规模从 6000 吨/年扩大到 3 ～ 5 万吨/年，为国家创造更多效益的同时，逐步缩小了与国外的差距。在计划经济年代，各企业"协作攻关，成果共享"，完成了大量的调研、基础实验（包括工业化中间试验），为我国聚氯乙烯技术发展积累了宝贵的资源。这一时期，乙炔、氯化氢采用混合冷冻脱水新工艺，减轻转化器的腐蚀，延长使用周期，稳定生产。大沽化工厂、上海天原化工厂"新分流工艺"先后投产。化工部第一设计院在锦西化工研究院设计建成"盐酸脱析"中试装置，获得大量工业化数据。随后北京化工二厂乙炔发生器系统结构改造，乙炔产量实现翻几番。

1976年北京化工二厂引进赫司特（伍德）8万吨/年"乙烯氧氯化制VCM"装置，这是国内第一套氧氯化单体生产装置。在大量引进国外技术的同时，行业国产化的步伐同步加快。1974年，锦西化工机械厂成功研制$30m^3$氯乙烯聚合釜。1977年批量制造10台聚合釜，在北京化工二厂安装投入生产运行。

三、产品种类由单一向系列化演进

氯产品的开发与建设在我国氯碱行业的发展进程中起到了非常关键的作用，它直接决定了企业的生产特点与发展方向。新中国成立前我国氯碱行业仅有盐酸、液氯、漂白粉、三氯化铝等少量氯产品，在当时复杂的环境下，氯碱厂还经常面临液氯生产时断时续的问题。

三年国民经济恢复时期，在纯苯过剩而氯苯产品需要大量进口的形势下，天津化工厂建设氯化苯装置，产能2700吨/年。随后，大沽化工厂建设了全国第一套日产0.5吨六六六生产装置。截至20世纪50年代末，我国氯碱工业配套氯产品增加了十余种。

1953年9月沈阳化工厂首创的利用液氯与氯气热交换的节能技术，被氯碱企业广泛采用，解决了这一传统大宗氯产品的生产降耗问题。1956年，化工部发文批复天津化工厂滴滴涕（DDT）工程建设，并实现当年建设当年投产，六六六的生产能力和产品质量均有所提高，六六六丙体含量由12%提高到14.5% ～ 14.9%，达到了当时的世界先进水平。

1958年上海天原化工厂采用钙法生产出了我国第一批漂粉精，随后呼和浩特化工厂、镇江化工厂以及龙岩化工厂等厂家均采用钙法生产出了漂粉精。

进入20世纪60年代，广州助剂厂率先采用甘油法生产环氧氯丙烷，随

后无锡树脂厂、沈阳化工厂等建成丙烯高温氯化法装置，生产企业逐渐增至10家。1965年由四川自贡鸿鹤镇化工厂建成2200吨/年二氯甲烷工业规模试验装置，产品质量达标，填补了我国有机化工原料生产的一项空白。

在这一时期，国内氯碱厂又先后在大连、太原、重庆和常州建设了多套小规模的甲苯二异氰酸酯（TDI）和二苯基甲烷二异氰酸酯（MDI）生产装置，但由于产品应用的落后，TDI产业发展较为缓慢。

我国从20世纪70年代末开始研制氯化聚乙烯（CPE）。最早是由安徽省化工研究院研制成功"水相悬浮法合成CPE技术"，并先后在安徽芜湖、江苏太仓、山东潍坊建成了500～1000吨/年不同规模的生产装置。

氯化苯的生产经过近二十年的发展，在1970年增加到3.57万吨，产量逐年扩大。氯化苯最初的生产装置采用低温槽式连续氯化法，后经过小高温槽式氯化发展到塔式沸腾连续氯化法。

氯化石蜡的工业化生产由起初的沈阳化工厂逐渐扩至上海，徐州、广州、武汉、重庆、青岛、天津、广西等地，并陆续建成氯蜡-42、52的生产装置，之后又生产出含氯量为70%的氯化石蜡。

80年代以前的氯产品主要是为消耗因生产烧碱而副产的氯气，在当时国民经济的带动下，烧碱产量逐年升高带动了氯产品的开发与生产。我国氯碱厂在原化工部的号召下，积极引进氯产品生产技术，加大自主研发填补空白，氯产品生产种类由新中国成立前的几种发展到四十余种，不断满足市场需求。在这一时期，六六六、聚氯乙烯等耗氯产品很好地解决了企业碱氯平衡问题，为企业生产经营与技术改进提供了坚实基础。

回顾新中国成立后近三十年的发展，氯碱工业在国民经济发展的带动下，快速发展壮大。三年国民经济恢复时期，那些新中国成立前因战乱而损坏甚至停工的氯碱厂在政府的指导下，迅速恢复生产，抓住了重新起步的机会。"一五"、"二五"规划阶段成为我国氯碱工业发展过程中规模壮大的关键时期，氯碱产品产量得以快速提升，满足了当时国民经济的需求。

同时，我国早期发展的氯碱厂在这一阶段已经开始加强工厂的各项管理工作，在计划、技术、设备、质量、安全和物资等管理方面均有成效。各氯碱厂逐步意识到加强企业管理是企业向科学化发展的重要途径，这为我国氯碱行业在后来的改革开放发展阶段提供了再次升级的保障。

1978—2000：走上改革发展的快车道

1978年，党的十一届三中全会将全党的工作重心转移到社会主义现代化建设上来。在十一届三中全会精神的指引下，我国氯碱产品产量稳步增长。在改革开放的关键时期，邓小平同志南方谈话指引国民经济进入改革发展快车道，中国氯碱工业获得了再次发展壮大的新契机。

一、氯碱产量在结构调整中持续增长

"六五"时期，根据国家计委决定停止生产有机氯农药的指示，全国各地氯碱厂相继停止和降低了对六六六、滴滴涕的生产。由于当时六六六是氯碱生产企业主要耗氯产品，打破了原有的"碱氯平衡"，导致电解装置开工不足，烧碱产量出现明显下滑。

为此，国内氯碱企业及时调整耗氯产品结构，"七五"期间的烧碱产量增幅创历史新高，实现年均增速超过7%以上。1986年6月10日，盐锅峡化工厂1万吨/年离子膜法烧碱投产。随后齐齐哈尔化工总厂、北京化工二厂等离子膜烧碱装置相继投产。企业规模向大型化发展，烧碱产量5万吨/年以上的企业，由1980年的7家发展到1988年的13家。1989年烧碱产量为320.84万吨，已经接近了当时苏联、日本、联邦德国的产量水平，居世界第五位。

90年代后，我国氯碱企业生产规模稳步提高，产品在满足国内需求的同时开始向国际市场拓展。烧碱产品出口量基本保持在20万吨/年水平，进口量则较七八十年代出现大幅减少，中国从烧碱进口国转变为出口国。

截至1999年底，国内烧碱装置生产能力达到775万吨/年，产量达到650万吨。国内聚氯乙烯总生产能力达到291.5万吨/年，产量达181万吨，聚氯乙烯产量增速达到13.2%，已逐渐成为继六六六之后中国氯碱行业又一重要的耗氯产品。伴随着规模的增长，国内氯碱行业的技术研发也进入了新的历史阶段。

二、自主创新推动氯碱技术国产化进程加快

十一届三中全会的召开拉开了我国改革开放的序幕，激发了市场经济活力，提升了企业的经营与决策自主权。氯碱企业为缩小与国际先进企业的水平差距，积极开展技术与关键设备的引进、消化吸收与国产化工作，迅速提升了我国氯碱行业的技术水平。

（一）电解技术进入现代化发展新阶段

为加快我国氯碱工业现代化进程，国家在1978—1979年安排了40万吨烧碱装置金属阳极电解槽重点技术改造工程，在化工部的领导下，相关单位齐心协力，经过两年的努力，电解槽全部投入生产，做到了两年投资两年投产。

1978年4月，由上海电化厂设计、上海4805厂制造的C47-Ⅰ型金属阳极隔膜电解槽，是我国自主设计、制造的容量最大的金属阳极隔膜电解槽，容量为80千安。采用新电极材料的电解槽不仅实现了单槽生产能力提高、能耗降低、碱液质量和浓度提升，而且改善了劳动条件，使我国的电解技术进入了现代化建设的新阶段。至1981年3月底，我国金属阳极电解槽生产能力达到70万吨，占烧碱总生产能力的35%，拥有金属阳极电解槽设备的氯碱厂共有20个。

从1984年开始，化工部第八设计院（现中国成达工程有限公司前身）设计的、北京化工机械厂［现蓝星（北京）化工机械有限公司前身］制造的

C30-Ⅲ型金属阳极隔膜电解槽在大中型企业推广使用。扩张阳极与改性隔膜技术是氯碱电解过程改进的新技术，理论上采用扩张阳极与改性隔膜，每吨碱可节电约150千瓦时，经济效益十分可观。金属阳极隔膜电解槽进行扩张阳极加小极距和改性隔膜的技术改造，成为氯碱厂的应用首选。

改性隔膜的研制可追溯至20世纪70年代后期。上海天原化工厂开始进行改性隔膜的研制，自1982年起研究重点转向60％聚四氟乙烯（PTFE）乳液改性隔膜，该厂成为当时国内唯一一家在金属阳极电解槽上全面推广使用PTFE乳液改性石棉隔膜的氯碱厂。之后，常州化工厂采用丁堰化工厂生产的PTFE纤维作改性剂，自制改性隔膜实现成功应用。国产PTFE纤维质量与美国杜邦公司所产的几近相同。80年代初期，电力供给相对紧张，而氯碱行业又是耗电大户，随着烧碱产能产量的增长，我国氯碱企业开始致力于节能降耗工作。金属阳极电解槽逐渐被广泛应用，截至1988年，全国有30多家氯碱厂近3000台金属阳极电解槽投产使用。

（二）离子膜电解槽制造技术实现完全国产化

离子膜法电解具有产品纯度高、能耗低、无汞和石棉污染等优点。60年代中期，上海桃浦化工厂、上海天原化工厂、锦西化工研究院等单位便开展相关技术探索研究。1978年，上海市科委组织上海有机化学研究所、上海塑料研究所和上海天原化工厂等单位共同组成离子膜开发试验小组，进行了磺酸树脂的合成、制膜和在小型电解槽考核试验。离子膜制碱可以说是20世纪70年代氯碱工业的重大技术攻关项目。

1980年，原化工部将离子膜法工业化试验列为重点科研项目，拨专款在上海天原化工厂进行1000吨/年离子膜法装置试验，经该厂几年努力，克服解决了试验中出现的各种困难和问题，于1984年9月建成自己开发、制造的单极式、复极式离子膜电解槽。

这套装置除离子膜采用进口膜外，一切材料均立足国内，通过一年连续

试验，于1986年11月经专家组评议通过了部级鉴定。主要技术指标接近和达到了国外有极间距同类装置的水平，填补了国内离子膜电解槽制造与工艺上的空白。

除自主研发外，我国不断加大引进国际先进离子膜制碱技术装备。1983年7月26日，盐锅峡化工厂签约引进了日本旭化成离子膜制碱技术。随后在1984年4月，中国氯碱工业协会在上海召开离子膜法技术经济座谈会。会议交流盐锅峡化工厂、上海天原、大沽化引进装置的成本预测及经济分析。在统一计算口径基础上对离子膜法烧碱成本作了测算。随后上海天原化工厂、北京化工二厂、大沽化工厂、徐州电化厂、江门电化厂等引进的离子膜法烧碱装置全部投入生产。在广大氯碱企业技术人员的不懈努力下，熟练掌握了离子膜法烧碱生产操作。

为离子膜制碱技术立足国内，在引进国外装置的同时，北京化工机械厂引进了旭化成、旭硝子电解槽的制造技术、阳极活性涂层、活性阴极等技术。1987年1月26日，北京化工机械厂引进日本旭化成复极式离子膜电解槽制造技术生产出第一批两台电槽。

1993年，我国第一套国产化复极式离子膜制碱装置在沧州化工厂投产运行。电解槽采用北京化工机械厂生产的MBC-2.7复极式电解槽，这也是国产化电解槽在我国的首次应用。

2000年，北京化工机械厂消化吸收研制成国产第一套2万吨/年单极离子膜烧碱装置，在河北沧州大化集团黄骅氯碱公司投料开车成功，填补了国产单极式离子膜电解槽的空白。

北京化工机械厂通过引进消化吸收再创新，使我国离子膜法电解装置制造技术完全实现了国产化。通过自主研发，拥有多项自主知识产权和专利技术，所生产的各种类型的离子膜法电解槽已达到当时国外同类产品的先进水平。

（三）烧碱蒸发工艺实现新突破

1979年，吉化公司电石厂与化工部第八设计院合作，首先把双效蒸发改为三效顺流部分强制循环的蒸发工艺生产42%液碱，创造了符合我国国情的蒸发工艺路线，使汽耗指标大大降低。同期吉化公司机械厂研究的立式轴流泵经过三年的测试，运行基本正常，对我国三效顺流部分强制循环蒸发新流程的开发起到了重要的推动作用。

1982年2月，吉化公司电石厂三效顺流部分强制循环流程通过技术评议并在行业内推广使用，确立了具有我国独特风格的蒸发改造方向。1983年4月，佳木斯化工厂在国内率先正式在烧碱蒸发中采用三效顺流部分强制循环蒸发工艺。到1989年底，国内采用三效流程工艺的企业共有80多家，约占全国烧碱生产能力的一半。

自20世纪90年代起，国内烧碱蒸发技术在增效及循环方式的研究不断深入，围绕烧碱蒸发的技术革新主要集中在蒸发器的选型、选材、提高蒸发效率及自动化控制技术的选用。天津大沽化工厂开发的烧碱蒸发工艺的自动化控制技术在当时得到了广泛应用。

（四）仪表控制系统在氯碱行业首次应用

20世纪80年代中期，智能仪表已经从国外进入我国众多行业。当时化工部第八设计院在上海年产30万吨乙烯吴泾工程和15万吨离子膜烧碱装置设计中，首次采用了CENTUMA DCS分散控制系统，并于1990年3月20日投料开车一次成功。

该系统实现了世界首次对离子膜烧碱生产装置控制的全面应用，标志着我国大型离子膜烧碱装置的控制和操作管理水平进入了世界先进行列。由于当时国内外氯碱行业多还没有应用DCS，仪表控制系统的应用引起氯碱企业的广泛关注。自此，国内外氯碱行业的DCS系统应用逐步雨后春笋般涌现。

（五）引进消化吸收基础上实现再创新

1978年，化工部组织专家谈判引进了三井东压20万吨/年"氧氯化制VCM"（流化床）及信越化学20万吨/年"悬浮PVC"（127m³釜）成套技术装备，先后于80年代在齐鲁石化及上海氯碱投产。

1987年，北京化工二厂、锦西化工厂、沈阳化工厂、福州化工二厂各引进美国古特里奇（B.F.G）2～4万吨/年"悬浮PVC"。1990年，株洲化工厂引进吉昂2.5万吨/年"悬浮PVC"（78m³釜）。1997年，北京化二股份有限公司和锦化化工（集团）有限责任公司（现航锦科技股份有限公司前身）同时引进欧洲乙烯（EVC）105m³聚合釜的"悬浮PVC"装置技术，大沽化工厂引进了日本窒素公司的108m³"悬浮PVC"聚合釜装置生产技术。

本体法PVC生产工艺具有工艺流程短、设备少、操作简单、产品质量高、原材料和能耗低等优点，而我国又无本体法PVC生产技术和装置。为填补这一空白，四川宜宾天原集团有限公司于1992年4月与法国的克勒布斯（KREBS）公司签订了引进2万吨/年聚合装置及1.5万吨/年电缆粒料加工装置的承包合同，并于1997年7月试车投产，生产出合格的M-PVC树脂。

随着我国氯碱行业装备技术水平的不断提高，以沈阳化工厂为代表的聚氯乙烯糊树脂生产企业在引进技术的同时开始加大自主研发力度。80年代初开始，沈阳化工厂引进日本钟渊化学"微悬浮PVC"，上海天原化工厂、天津化工厂引进日本三菱化学"种子乳液PVC"，合肥化工厂引进法国阿托化学"种子微悬浮PVC"，上海氯碱总厂引进美国西方化学"混合法PVC"。这些引进的技术基本上包罗了当代世界较先进的PVC糊树脂生产工艺——种子乳液法、微悬浮法、混合法等，能生产35个牌号的PVC糊树脂。这对我国糊树脂发展起到了历史性的转折作用，不仅使产品质量有了飞跃，也带动了我国PVC糊树脂生产技术的全面进步。

1995年，沈阳化工厂第一套万吨级PVC糊树脂国产化翻版工程一次试车成功，结束我国糊树脂生产依赖进口的局面。沈阳化工厂糊树脂国产化装置生产工艺技术成熟，并在消化吸收引进技术的基础上结合我国实际情况有所改进和创新。

三、精细化学品获得长足发展

1983年，国家计委决定停止生产有机氯农药，其中规定，年产2.9万吨生产能力的六六六产品于3月底全部停产。年产1万吨的滴滴涕，除留出口部分任务外，减产一半。一时间，其他耗氯产品的生产能力难以消化剩余氯气，"碱氯失衡"成为当时氯碱厂生产面临的主要难题。生产企业被迫降低烧碱装置开工率，积极寻求出路开拓其他耗氯产品。除聚氯乙烯作为耗氯量较大的产品受到普遍关注外，行业在有机氯产品及精细化学品的开发上取得显著进步。

甲烷氯化物系列产品的增长满足了有机硅、有机氟材料的发展。有机硅生产所需的原料一氯甲烷大部分为农药敌百虫生产的副产物，此前仅北京化工二厂和江西星火化工厂建有以甲醇为原料的一氯甲烷生产装置。

90年代初，浙江巨化集团公司引进日本德山曹达甲醇法生产技术，并通过消化、吸收、创新使国内生产技术有了很大的提高。以此为标志，我国甲烷氯化物产业的发展进入了一个新阶段。进入20世纪80年代后，自贡鸿鹤化工厂在工业规模试验装置的基础上，开发了天然气热氯化法生产二氯甲烷、三氯甲烷技术，使甲烷氯化物生产技术有了进一步的突破。

进入80年代后，氯化石蜡的优良性逐步受到关注，快速发展的塑料业激发了对氯化石蜡的需求。从20世纪90年代开始，国内氯化石蜡产业经历了一段快速发展过程。1994年，氯化石蜡产能为9万吨，产量为4.95万吨，而到2003年底，国内产能猛增到30万吨，产量为15万吨，成为世界第一大氯化石蜡生产国。

20世纪80年代中期，随着我国石油工业的发展，钻井用助剂羧甲基纤

维素用量大幅上升，我国氯乙酸的生产开始得到发展。90年代初我国农药除草剂的迅猛发展再次刺激了对氯乙酸的需求。1991年7月，江苏东台市有机合成化工厂采用乙酸酐作催化剂的500吨/年氯乙酸生产装置建成投产，开创了我国乙酸氯化法生产氯乙酸的先河。1999年国内首套乙酸酐催化法大型氯乙酸生产装置在江苏无锡格林艾普化工股份有限公司建成投产，生产能力达到5000吨/年。同年12月江苏泰兴市与荷兰阿克苏诺贝尔公司签订了建设能力为2.5万吨/年的氯乙酸生产装置协议，并于2000年在泰兴经济开发区建成投产。这些装置建成投产后，大大提高了我国氯乙酸工业技术水平。

随着氯碱工业的不断发展进步，我国氯产品的配套生产已初步形成系列，但是同发达国家相比，我国氯产品的品种相对较少，生产能力和技术水平仍然不高。这一时期，漂白消毒类氯产品市场较为广阔，含氯、耗氯的精细化工产品方兴未艾。为满足氯碱企业规模扩大的要求，有机氯产品的增长超过了无机氯产品。

四、深化经济体制改革焕发新生机

1980年12月，化工部化工司在重庆召开了由30多位氯碱企业负责人和专家参加的技术经济座谈会，会议认为面对新时代、新情况，氯碱行业应团结起来，成立一个行业性组织，共同谋划未来发展。于是，一个行业性技术经济协调组织——中国氯碱工业协会，于1981年8月13日在沈阳成立。作为国内第一个正式成立的工业类行业协会，《人民日报》随后也刊发了这则重要消息。

为提升氯碱企业的装备技术水平，推进行业的节能降耗步伐，中国氯碱工业协会组织业内专家加大国产化技术的攻关力度。随着扩张阳极、改性隔膜以及离子膜电解槽等一批国产化技术和装备在全国范围内推广应用，氯碱企业不仅降低了能耗，还取得了良好的经济效益和环境效益。作为行业性组织，积极争取国家政策支持，为企业创造良好的外部环境成为协会的工作重点之一。从1992年开始，氯碱协会多次组织全国氯碱企业开展电价调查，并向相关部门反映电价过高对氯碱企业负担过重的实际情况，使烧碱生产争取到了国家对大工业的合理差别电价。此外，为冲破工业盐的垄断管理体制，自1993年开始，氯碱协会组织113家氯碱企业向有关部门积极呼吁，争取工业盐定价机制的转变。1995年11月8日，国家计委、国家经委联合下发关于改进工业盐供销和价格管理办法的通知，使盐碱生产企业双向选择，初步理顺了工业盐的供销渠道，使工业盐的价格变化回归理性。中国氯碱工业协会的成立使国内氯碱生产企业有了重要依靠力量，为行业技术交流、信息搜集整理、协调内外关系、统筹规划发展提供了有力保障。

自80年代开始，氯碱企业开始通过承包制、"转换机制，放开经营"（即"仿三资"）的企业试点以及股份制改革等不同类型的尝试，加速推进企业从经营权到所有权的一系列转变。1986年开始，在全国范围内掀起的股份制改革，拉开了氯碱企业改制的序幕。

1992年7月14日，上海氯碱化工股份有限公司成立，并在A股、B股市场发行股票，成为氯碱行业内第一家上市公司。随后，沈阳化工股份有限公司、四川金路集团股份有限公司等多家氯碱企业纷纷走上股份制改革的道路。

通过发行股票，氯碱企业在金融市场上融资，极大地拓宽了融资渠道；同时，公开的信息利于规范企业管理，接受社会监督，保证了企业稳定发展。伴随企业股份制改造的逐步推进，氯碱行业开始主动向现代企业制度转轨，从传统的国有企业逐渐转制为符合国际惯例的现代股份制企业。从计划经济体制下的"统购统销"到经营管理"厂长负责制"，自主经营、自负盈亏的经营模式使企业的生产和管理更为灵活。企业彻底打破"大锅饭"，建立了较为科学的分配制度，充分提高了员工的工作效率，增强了内在活力。初期的市场经济竞争机制的确立和企业体制改革的推进，为氯碱行业的发展提供了强有力的保障。

70年代末开始，中国氯碱行业虽然受到六六六、滴滴涕停产的短暂影响，烧碱产量一度有所下降，但是经过企业及时的产品结构调整，生产迅速

恢复，并使聚氯乙烯在此后逐渐发展成为我国氯碱企业的主要耗氯产品。同时，氯碱行业的装备和技术水平大幅提高，在引进技术的基础上加大了技术研发，国产化电解槽、万吨级国产化PVC糊树脂工程等一系列自主技术设备应用大大提升了我国氯碱行业的装备实力。在改革开放的时代背景下，企业经营机制的改革、现代化管理体系的初步建立，将中国氯碱行业带入了一个新的发展阶段。

2000—2010：
完成向世界氯碱工业大国的历史性跨越

自我国加入WTO后，国内经济面临着前所未有的机遇与挑战。亚洲金融危机过后，国家采取的积极财政政策和扩大内需政策引领着中国经济走出低迷。2003年开始，中国经济发展逐步提速，GDP保持在年均10%以上的增长速度。在需求提升的带动下，各相关产品产能、产量均有所增加，中国氯碱行业驶上了飞速发展的快车道。此外，受益于国家西部大开发政策，一批具有资源优势的氯碱企业迅速崛起，中国一跃进入世界氯碱大国行列。

一、产能在结构不断优化中跃居世界首位

随着亚洲金融危机的余波渐退，中国经济在消费、投资和出口"三架马车"的带动下，率先走出低谷，并逐渐进入了提速的上升通道。国民经济的持续增长带动了国内市场对原材料产品的需求，特别是基础设施建设对聚氯乙烯下游管材、型材的缺口巨大，为国内氯碱工业的发展壮大提供了广阔的空间。市场需求的拉动使产品价格大幅抬升，甚至在2004年，聚氯乙烯价格突破了近万元的历史高点，盈利空间的增长进一步激发氯碱新建、扩建项目增多。在多方利好因素共同促进下，原有氯碱生产企业不断扩大产能，新建项目也如雨后春笋般建设投产，行业规模急速提升。自2003年开始，中

国氯碱行业进入了一个高速发展的新时期，产能规模基本保持了年均10%以上的增长速度。尤其是在逐渐升温的房地产业带动下，聚氯乙烯产品显现供不应求的态势，自给率徘徊在50%～60%，每年需要依靠相当数量的进口弥补市场缺口。2004—2005年期间，氯碱行业扩能较为密集，中西部地区涌现出一批具有资源优势的氯碱企业。2006年烧碱进入投产高峰期，中国烧碱的产量达1512万吨，跃居世界首位。到2008年底，国内氯碱生产企业达到220多家，形成烧碱生产能力2472万吨/年，聚氯乙烯（包括糊树脂）生产能力1581万吨/年，我国已稳居世界氯碱生产第一大国。

企业规模壮大，产业集中度进一步提高。伴随中国氯碱行业的扩张，单纯依靠扩大装置能力已无法满足规模化发展的要求，越来越多的企业开始通过兼并重组等方式寻求"强强联手"，不仅加速了资源、市场的有效整合，也进一步提升了氯碱行业的产业集中度。经中国氯碱工业协会统计，2008年进入中国烧碱产能排名前十位的企业，最低规模40万吨/年，总装置能力占到了全国产能的22.4%。聚氯乙烯产能排名前十位的企业装置规模均达到40万吨/年以上，总产能占全国产能的32.76%。

整体实力增强，产业空间布局更趋合理。由于2003年、2004年国际原油价格一路走高，乙烯法PVC成本优势下降。此时，依托我国"贫油、富煤、少气"的资源能源格局建立的电石法工艺路线具有相对竞争力。同时，在国家鼓励西部大开发和各级地方政府因地制宜招商引资的带动下，众多企业将目光集中在具有资源优势的中西部地区，大型氯碱生产企业新扩建项目相继投产，西部地区氯碱产能在全国比重逐步增加。近年来，资源稀缺性日益显现，面对不断上涨的能源价格，延伸产业链成为氯碱行业进行成本控制和增加盈利的重要途径。通过投建原料供应基地或进行上下游企业间的整合，产业链条各环节紧密结合，形成整体竞争力，极大地增强了国内氯碱企业的抗风险能力。

在氯碱协会、政府和企业市场经济三驾马车的共同努力下，争取到合理

电价、促进进出口等优惠政策，加快推进节能减排关键技术应用，进一步规范市场行为，促进上下游交流与合作，为行业的发展创造了更为有利的发展环境。由于国内氯碱企业在几年间的急速扩张，氯碱行业供需失衡的矛盾显现。为规范引导行业发展，国家发改委产业司委托中国氯碱工业协会组织编写《氯碱（烧碱、聚氯乙烯）行业准入条件》，并于2007年11月以发改委第74号公告发布。规定了氯碱装置起始规模必须达到30万吨/年及以上，新的准入门槛对促进氯碱行业结构升级起到了源头调控效果，准入条件的颁布对氯碱行业的进一步优化整合起到了重要作用。2008年6月1日起实施的《烧碱单位产品能源消耗限额》以及于2009年10月1日起实施的《清洁生产标准　氯碱工业（烧碱、聚氯乙烯）》等一系列节能环保政策，通过明确的强制或非强制性节能减排指标限定，推进氯碱行业的节能减排步伐。

2009年5月25日，PVC期货在大连商品交易所上市。一方面，期货市场的价格发现功能，为企业调整市场战略提供前瞻性参考；另一方面，期货市场的套期保值也为国内PVC生产、消费、贸易企业降低价格波动风险提供了另一途径。

经历了几年的飞速发展后，国内氯碱行业的产能规模、装备水平、技术实力均有大幅提升，同时，借助中国氯碱工业协会不断完善的行业沟通平台以及管理协调机制，进一步促进了行业整体向着健康有序的方向发展。

二、以节能减排为主导，生产技术迈上新台阶

氯碱行业规模壮大的同时，也带动了生产技术水平的提升，氯碱国产化技术的应用迈上了新台阶。离子膜烧碱新工艺、干法乙炔、低汞触媒等一批工艺技术和装备在行业内推广应用。

（一）烧碱电解、离子膜国产化研发实现历史性突破

伴随离子膜烧碱工艺被国内氯碱企业广泛采用，新型膜极距离子膜电

解槽开始在我国投运。旭化成公司生产的NCZ膜极距离子膜电解槽和氯工程公司生产的*n*-BiTAC膜极距离子膜电解槽在我国多家氯碱企业实现工业化应用。2008年蓝星（北京）化工机械有限公司生产的NBZ-2.7膜极距离子膜电解槽在河北冀衡化学集团有限公司和宁波东港电化有限公司工业化应用。2009年，"氧阴极低槽电压离子膜法电解制烧碱技术"重点项目通过了可行性论证会。这标志着我国离子膜电解技术又迈向了更高台阶。该项目由蓝星（北京）化工机械有限公司进行立项研发，该技术可使吨碱电耗降低约30%。

作为离子膜电解槽的核心辅材——离子膜，其生产制造技术多年来一直掌握在美国和日本的三家企业手中。离子膜实现国产化，使中国氯碱企业具有"中国芯"一直是国家和行业的共同心愿，曾被列为化工部"一号工程"。2009年，在"十五"国家"863"计划和"十一五""十二五"国家科技支撑计划的支持下，山东东岳集团与上海交通大学历经8年的联合攻关，成功突破了从原料、单体、聚合到膜成品的一系列关键技术问题，解决了相关理论、技术、装备和工程难题，形成了拥有自主知识产权的技术体系，建成了1.35米幅宽的全氟磺酸/全氟羧酸/增强复合离子膜连续化生产线。国产化离子膜各项技术指标均达到国际同类产品水平，为维护我国氯碱产业安全起到了关键作用。

2010年，国产化离子膜DF988在蓝星（北京）化工机械有限公司黄骅离子膜电解技术产业化试验装置上平稳运行3600小时，取得初步成功。随后，国产化离子膜又在上海氯碱化工股份有限公司、中盐常州化工股份有限公司等企业氯碱装置上试用，积累了国产化离子膜工业应用的重要数据。

国产化离子膜的成功研发使国外离子膜厂商竞争压力增大，国外企业加速研发推出能耗更低、价格更优惠的产品，有效降低了我国氯碱行业产业升级成本和生产运行成本。

国产氯碱离子膜下线，攻克了困扰我国30年之久的跨世纪重大难题，保障了我国氯碱工业的安全运行和健康发展，成为中国氯碱工业发展历史上

的里程碑。

（二）大型聚氯乙烯聚合釜等工艺设备实现国产化应用

进入21世纪，为满足建筑业对PVC管材、异型材的使用需求，我国中西部地区凭借资源及劳动力优势，建设了大批10万～40万吨/年以上的电石法聚氯乙烯装置。2000年，锦西化工机械厂（现锦西化工机械集团有限公司前身）成功研制出70米³聚合釜，不仅满足了国内聚氯乙烯工业发展的需要，而且降低了企业扩大再生产的投资。

2004年，锦西化工机械集团有限公司为齐鲁石化乙烯二期改造工程制造135米³PVC聚合釜，各项技术指标均优于设计标准，结束了我国大型PVC聚合釜依赖进口的历史。从2005到2006年，锦西化工机械集团有限公司又成功研制了105米³PVC聚合釜、108米³PVC聚合釜和110米³PVC聚合釜。

2007年，我国聚氯乙烯产量超过美国成为世界第一大生产国，我国的机械制造业紧跟市场需求，在关键设备的国产化上做了大量的技术开发工作，并推出了一系列PVC生产过程中的大型装备，支持了PVC行业向大型化发展。氯碱企业与研究单位、机械制造企业加强协作，开发出了大型的乙炔发生器、转化器、电石渣压滤机、VCM螺杆压缩机及自动包装机，为PVC装置大型化提供了有力支撑。各企业单位对引进技术消化吸收，包括聚合（悬浮、本体、乳液、微悬浮）用各型号的复合分散剂（乳化剂）、复合引发剂、链调节剂、终止剂、消泡剂等在内的配方及助剂立足于国内。主要生产工艺过程，如合成、精馏、聚合、汽提等均采用微机控制，保证各批次间产品的质量均一稳定。

聚合防黏釜技术获得新突破，开发出多种防黏釜涂布新配方、新工艺，防黏釜助剂已基本实现国产化。生产低聚合度树脂可百釜不清，并且实现密闭进出料工艺。

（三）绿色工业技术实现大幅提升

"十一五"规划纲要提出了明确的节能减排目标，聚氯乙烯行业在环保技术方面的研发投入逐步加大。电石法聚氯乙烯企业通过协作攻关，在电石渣、废盐酸、含汞废水、精馏尾气VCM回收、离心母液等"三废"的循环回收利用方面均取得较好成效。

2006年12月，国内第一套干法乙炔生产装置通过了山东省科技厅的技术鉴定。此后在不断总结运行经验的基础上，开发出新一代标准化干法乙炔生产装置，并于2007年8月投入工业化生产。2007年，新疆天业（集团）有限公司在聚氯乙烯生产线上用干法乙炔工艺实现了全电石渣新型干法水泥生产工艺，生产出了完全符合国家标准的高质量水泥，且降低了水泥的生产成本。

电石法聚氯乙烯产能的快速增长，使汞污染防治成为行业关注重点。21世纪初，国内开始进行新型低汞触媒（催化剂）的开发与研究。2007年，低汞触媒研发进入到突破性阶段，在原料的选择、活性炭处理、氯化汞浸渍处理和后处理等方面进行了大量试验，先后开发生产了不同配方产品，并成功应用于氯乙烯生产中，取得了良好的效果。

2007年11月"乙炔法氯乙烯低汞新型触媒开发及应用"通过中国石油和化学工业联合会组织的科技成果鉴定。环保低汞触媒的使用，使汞的使用量降低了约50%，并减少了汞向后续工序的转移，生产过程中废酸废气的含汞量大幅削减，减少了汞对环境造成污染的可能性。

（四）耗氯产品向规模化、精细化、高附加值发展

为实现"碱氯平衡"，国内氯碱生产企业积极拓宽产品结构，不断加大技术攻关。耗氯产品种类日趋丰富，形成200余种氯产品和十几大系列产品，如漂白消毒剂系列、环氧化合物、甲烷氯化物、氯化聚合物、光气系列、氯代芳烃系列、氯乙烯系列以及精细化学品等十余个品种系列。在提高产品质量的同时，进一步挖掘耗氯产品发展空间。

PVDC共聚产品因其对气体、水蒸气、油和异味等具有极好的阻隔性，广泛应用于安全食品包装、高端药品包装等领域。我国自20世纪60年代开始聚偏氯乙烯（PVDC）的研究，由于技术难度大、西方技术的封锁，工业化进程缓慢。面对极好的市场应用前景，我国在其生产技术和产品应用上却长期受制于国外。

浙江巨化集团公司于2000年8月，投资1.3亿元，建成了国内首家万吨级PVDC生产装置，生产VDC单体、PVDC树脂和乳液。随着我国经济的高速发展，市场对PVDC的需求大幅度增加，PVDC因其独特的高阻隔性能，在美国、欧洲、日本，食品PVDC包装率达到80%～90%，中国、印度、东南亚等国家的食品PVDC包装率在逐年增长。

20世纪90年代，氯化亚砜在国内开始起步发展。在此期间，我国氯化亚砜生产企业有近20家，总生产能力约为2.5万吨/年。生产方法主要有氯磺酸法、三氯氧磷联产法、二氧化硫气相法三种。经过十几年的发展，我国采用氯磺酸法和三氯氧磷联产法的生产装置因为生产成本高、产品质量较低，尤其是对环境污染严重、难以治理，均已停产。随后国内生产企业多数采用二氧化硫气相法工艺，市场形成以骨干企业占领大部分市场份额，小企业为辅助的格局。

我国氯产品经过几十年的发展已经形成一定的规模，但从产品种类、工艺技术、产品质量等方面仍待进一步加强。氯产品精细化和高附加值发展是氯碱行业长期不懈的开拓重点。

三、全球化带来新的机遇和挑战

2001年12月11日，中国正式成为世贸组织成员。在全球经济一体化的背景下，中国氯碱行业在国际化进程当中也面临着前所未有的机遇与挑战。

中国氯碱行业对外贸易由此前单一的进口主导，转向进出口并重。我国烧碱自20世纪90年代开始出口，尤其是液碱出口逐渐占有重要份额，并在

2005年后猛增，2008年液碱出口达到164.92万吨。从2005年开始，国内聚氯乙烯出口开始呈现规模化趋势，PVC纯粉出口量在金融危机爆发之前保持了每年50%以上的增速。

伴随中国氯碱行业参与国际市场的程度日益深入，贸易摩擦亦不可避免。2001年世界经济持续回落，东南亚在经历了1997年的金融危机后，氯碱需求不振，国外PVC出口商纷纷瞄准中国市场，在低价产品的进口冲击下，国内氯碱企业利润严重下滑。2002年3月29日，对外贸易经济合作部决定对原产于美国、韩国、日本、俄罗斯和台湾地区的进口聚氯乙烯进行反倾销调查。在中国氯碱工业协会的组织协调下，国内骨干聚氯乙烯生产企业共同进行申诉。商务部听取了各方的陈述意见，并对我国聚氯乙烯生产企业进行了实地核查。次年9月，商务部对原产于美国、韩国、日本、俄罗斯和台湾地区的进口聚氯乙烯做出反倾销终裁。反倾销措施的实施，有效遏制了国外低价货源对国内市场的冲击，为我国氯碱企业的发展壮大提供了较为宽松的外部环境。

为保障国内氯碱行业利益不被损害，中国氯碱工业协会2000—2010年共组织了六个原审案件、五个复审案件，十一个案件全部取得胜诉，涵盖了几乎所有受进口冲击的重点氯碱产品。全球性金融危机在2008年下半年爆发，我国氯碱行业同国内各行业一样，陷入经营困境。氯碱行业下游需求低迷，国外低价货源抢占市场，企业开工负荷普遍降低，盈利能力大幅下降，行业面临着前所未有的考验。中国氯碱网2008年统计结果显示，全国65家主要聚氯乙烯生产企业中，开工率能够维持在正常水平的只有18家。企业面对过大的库存压力只能通过限产甚至停车来进行调节，与此同时，面对同质化产品竞争加剧的局面，氯碱企业转型升级寻求差异化发展势在必行。

中国自加入WTO后，国内氯碱企业与国外企业加大了交流机会，外资企业先进的经营管理理念、营销模式以及成长轨迹影响着国内氯碱企业的发展，既有成功经验的学习，也有不同企业之间的博弈。当面对全球性金融危机之时，生产企业则集中全力，力争在国家宏观调控政策的引领下，延长产

业链，形成规模优势与个性化发展，提升企业的核心竞争能力。

2010—2019：迈上向氯碱工业强国进军的新征程

自2008年金融危机爆发后，中国氯碱行业经历了前所未有的困难与挑战，宏观经济低迷与行业结构性产能过剩等内外因素叠加影响，使行业经历了自2012年开始连续四年的亏损阶段。在"抱团取暖"的清苦时期，氯碱企业冷静思考谋求生存之道，企业逐步化被动为主动，将调结构、促转型、增效益落到实处，一场任重道远的转型升级战略在氯碱行业拉开序幕。

一、成为世界氯碱第一大国面临的全新挑战

进入21世纪，我国烧碱、聚氯乙烯两大主要产品规模相继位居世界首位，主要耗氯产品产能规模增长较快，部分产品规模同样进入世界前列。经中国氯碱网统计：2018年我国烧碱生产企业161家，总产能已达4259万吨，占世界总产能的44%；我国聚氯乙烯生产企业75家，总产能达2404万吨，占世界总产能的41%；烧碱表观消费量由1978年的175万吨增长到2018年的3276万吨，我国烧碱消费量已占全球30%以上的份额；聚氯乙烯表观消费量也已达到1889万吨，占据全球份额的45%以上。

数十年间，中国氯碱工业从无到有，发展壮大，直至占据世界首位，"全球第一"的责任与挑战也随之袭来，在由氯碱大国向氯碱强国进军的过程中不可避免地伴随着改革转型的阵痛。单纯的规模发展已无法满足企业的现实需要，实现企业提质增效，提升节能、安全、环保等技术和管理水平，成为氯碱行业进入调结构、促转型、增效益的关键阶段。

"十二五"以来，氯碱行业市场化手段推进供给侧结构性改革成果显著。金融危机之后，针对行业整体景气度逐渐下滑，产能过剩严重的问题，中国

氯碱工业协会组织编写了《氯碱行业结构调整三年行动计划》，成为行业调结构促转型的有益指导。

随着国产化离子膜的研发成功，氯碱行业加快了产业结构调整步伐。2010—2017年共淘汰隔膜法烧碱产能约720万吨，年节能约220万吨标煤。"十二五"期间，烧碱和聚氯乙烯产能年均增速由"十一五"期间的15.5%和16%分别下降到6.7%和4.0%，在此期间，氯碱行业约有835万吨烧碱产能和625万吨聚氯乙烯产能退出市场，特别是经过2012—2015年激烈的市场竞争洗礼，氯碱企业数量进一步减少。氯碱行业在2017年提前完成了氯碱协会制定的《氯碱行业"十三五"规划》中关于烧碱和聚氯乙烯开工率的目标要求，分别达到了85%和80%。目前，我国氯碱行业基本实现了全离子膜工艺。

在此基础上，氯碱生产企业平均规模同样实现进一步提升，2018年国内烧碱生产企业平均产能为26.5万吨，较2010年的17万吨显著增长。50万吨及以上的企业有19家，相比于2010年增加12家，产能占比达到33%。2018年国内聚氯乙烯企业平均产能为32万吨，较2010年的22万吨增长10万吨，超过百万吨级的PVC企业有3家，30万吨级以上的企业有37家，产能占比达80%。企业平均规模的提升，使氯碱行业实现了优胜劣汰，市场经营环境得以改善，企业竞争力得以进一步增强。

根据中国氯碱工业协会监测重点企业统计，2012—2015年氯碱行业连续4年亏损，2016年行业利润总额52亿元，效益明显改善，全行业实现盈利，2018年氯碱行业全年利润达到200亿元左右。氯碱行业效益的大幅改善是多重因素共同作用的结果，既与宏观经济大环境逐步改善有关，又与国家供给侧改革政策引导、企业自身积极调整以及行业去产能促进供求关系转化等因素相辅相成。

二、结构优化调整迈出新步伐

中国是氯气生产、消费大国，氯气供应量每年超过2900万吨，占世界

氯气供应总量的40%以上。由于以氧化铝为代表的烧碱下游行业快速增长，而以聚氯乙烯为代表的耗氯产品增长相对平缓，"碱短氯长"成为氯碱行业常态。在行业"碱氯失衡"情况下，加强氯产品的用氯方式研究，形成氯资源的循环利用，成为氯碱行业推动产业结构优化升级的重要举措。

在我国氯碱企业可生产的耗氯产品中，除占比最大的聚氯乙烯外，目前已形成了甲烷氯化物、环氧化合物、高分子氯化聚合物、光气/异氰酸酯、氯代芳烃、漂白消毒剂等20多个系列，包括一级、二级、三级衍生产品及下游深加工等共约1300多种产品。为消耗液氯，丰富产品种类，氯碱行业不断加快耗氯产品投建步伐，甲烷氯化物、环氧氯丙烷、环氧丙烷、氯乙酸等产品规模在近十年里发展较快。

其中，甲烷氯化物产能规模由2005年的66万吨增长至2018年的300万吨。环氧丙烷在"十二五"期间进入投产高峰期，年均产能增速达到14.5%。截至2018年年底，我国环氧丙烷的产能达到340万吨。氯化石蜡产能规模同2009年相比翻了一番，达到200万吨，企业单产能力由最大5万吨增至11万吨/年。2017年斯德哥尔摩公约的第八次缔约方大会将短链氯化石蜡增列到受控清单附件A，并规定部分豁免用途。随着国际履约工作推进，我国氯化石蜡产品质量不断提升，促进了产品转型升级，实现氯化石蜡行业绿色健康可持续发展。

对于氯碱企业而言，高附加值氯产品一直是很多企业的第一选择。尽管较高的技术门槛以及较大的投资规模，对此类产品的发展速度形成了一定制约，但以MDI、TDI等为代表的该类产品仍得以迅速发展。国内MDI生产较为集中，主要分布在华东、华北及西南地区，典型企业如万华化学集团股份有限公司已发展成为全球领先的生产企业。

近几年全球TDI产能新旧交替，部分主流厂家停车检修，市场货源供应量不足导致价格连续上涨，成为市场的投资热点。但TDI生产技术复杂，工艺装置要求高，技术上寻求突破难度大，且投资较高，中国已逐步发展成为全球主要的TDI生产和消费国家。

经过多年的发展与摸索，国内氯碱行业形成共识，氯碱企业参与市场竞争不能只依靠单一产品的规模实力，更重要的是企业"碱氯平衡"和产品结构搭配的总体实力。中国氯碱产业逐渐形成了与石化相结合的规模效益型集聚发展模式，与精细化工结合的特色优势型发展模式和西部地区以电石法PVC为核心的资源型的模式。在氯产品的配套应用上，企业以某一氯产品为切入点，逐渐向上下游拓展，形成各种氯产品生产装置互联、上下游产品互供、投资相互渗透。未来行业仍将在有机氯产品、专用产品、深加工、高附加值产品方面持续发力，实现资源的充分利用，大幅降低企业生产成本，提升了企业的竞争力。

三、技术创新推动行业技术与国际比肩同行

作为氯碱生产与消费大国，中国氯碱行业多年来坚持生产技术的持续革新，氯碱行业核心电解槽零极距节能改造现已完成60%以上，在全球率先开展了氧阴极、氢燃料电站及相关商业化装置的建设。尤其是在全球金融危机之后，面对持续增长的经营压力，通过技术改进实现节能降耗更加受到行业重视。

近十年来，中国氯碱行业的生产工艺持续优化，能源和资源消耗不断降低，资源综合利用和环保水平提高。我国烧碱电解技术经历了从隔膜法、水银法、离子膜法及膜极距改造的变革，而在电耗方面，氯碱行业从水银电解法、隔膜电解法、普通离子膜电解、膜极距技术，到氧阴极电解的过程，恰恰是氯碱生产装置水平不断提升，电力消耗逐步下降的过程。

以30%的烧碱生产为例，2008年，全行业烧碱（30%烧碱）综合能耗平均水平为577千克标煤/吨，2018年下降到了325千克标煤/吨的平均水平，10年时间综合能耗下降了43.7%，氯碱生产技术的持续进步推动了氯碱行业的健康发展。不仅如此，继日本之外，我国已成为第二个能够生产离子膜及电解槽成套装备的国家，当前国产离子膜电解槽装置运行数量占世界装置数量的20%以上，世界氯碱技术装备话语权不断提高。

通过消化吸收国外先进技术，自主创新，我国开发了拥有自主知识产权的成套全自动20万吨/年PVC生产线的工艺技术，实现了大型PVC生产从工艺到设备的全套国产化，极大地提高了聚氯乙烯生产的自动化水平、安全和环保水平以及节能降耗水平。我国PVC聚合釜容积不断增大，经历了从30米^3、70米^{3}到目前135米^{3}大型聚合釜的转变，单釜生产能力由5000吨/年提高到了67000吨/年。

此外，70米^{3}聚合釜釜顶冷凝器改造技术、干法乙炔发生配套干法水泥生产技术、电石渣综合利用技术、氯化氢合成余热利用技术等一批新工艺、新技术的迅速推广，有力地促进了电石法聚氯乙烯向大型化、清洁化方向发展，对平衡中国能源需求结构产生了重要的影响。

在氯碱工艺技术革新过程中，企业从未停止脚步。近年来，氢气综合利用备受瞩目，营创三征精细化工有限公司采用欧盟推荐的氢燃料电池技术，建设了氢燃料电池发电站，该技术引起国内技术设备供应商的广泛关注。氯资源循环利用方面，上海氯碱化工股份有限公司和烟台万华化学集团股份有限公司开发研究了氯化氢氧化制氯技术，实现了氯的多次利用。智能化（自动化）建设同样成为氯碱企业的关注热点，通过氯碱生产企业与上下游合作开发，国内氯碱智能化技术取得显著成就，如蓝星（北京）化工机械有限公司开发的BITS系统，为氯碱企业打造数字化工厂解决方案，氯碱生产企业则通过云储存等先进手段，提升工厂的管理和运营水平以及对技术的控制程度，智能化发展已成为行业大势所趋。

氯碱行业通过膜法除硝技术、聚合离心母液废水处理技术、电石渣脱硫技术等末端治理技术的推广应用，"三废"排放量、化学需氧量、二氧化硫等主要污染物排放强度大幅下降。企业通过技术创新、产业链设计和跨界耦合，实现氯、钙和钠资源的多次利用，实现资源闭路循环，使资源整合利用更优化，产品结构更合理，环境更友好，效益更明显。

四、绿色可持续发展迈上新台阶

作为重要的基础化工原材料行业，国家政策的引导一直在氯碱行业的发展过程中起到举足轻重的作用，2010年之后，面对氯碱行业的结构性产能过剩、推进绿色化发展等焦点问题，国家及行业组织相继出台一系列重要举措，对氯碱行业起到规范、引领作用。

（一）明确低汞无汞路线引导行业绿色化发展

我国81%的聚氯乙烯产能为电石法工艺，而电石法PVC行业汞使用量约占全国汞使用总量的60%。2016年4月，全国人大常委会正式批准通过《关于汞的水俣公约》，2017年8月17日该公约在我国生效。按照《关于汞的水俣公约》公约要求，禁止在国内新建电石法用汞工艺项目，2020年单位产品用汞量削减50%。为努力实现氯碱行业低汞化、无汞化的目标，相关政府机构、行业组织、科研高校同生产企业付出大量智慧与汗水，并取得了令人满意的效果。

2010年初，中国石油和化学工业联合会（石化联合会）与中国氯碱工业协会（氯碱协会）共同成立了由政府部门、龙头企业和行业专家组成的汞污染防治工作领导小组和专家组，确定了"低汞化、无汞化"的路线图。自此，石化联合会、氯碱协会以及大型企业参加了国际上关于汞公约制定过程的全部重要谈判，针对谈判期间的突发问题和重要条款，行业组织积极与政府部门沟通协调并提供谈判对案。经过近4年的艰苦谈判，最终实现了预期结果，积极履行国际责任的同时也为电石法聚氯乙烯行业实现转型升级争取了时间，并通过组织建立无汞触媒产业技术创新联盟，形成了分工合作、共同推进的工作思路，无汞触媒研发取得积极进展。

为加快推进合格低汞触媒产品在电石法聚氯乙烯行业的推广应用，石化联合会和氯碱协会依据《低汞触媒生产企业公告管理办法》，于2015年开始，通过对低汞触媒生产企业现场评估、产品检测及专家评审，向全行业公布低汞触媒生产企业推荐名单，引导低汞触媒生产企业加强产品质量保障体系建设，推动在氯碱行业中的研发应用。

如进入第一批推荐名单的新疆天业集团自2008年开始从事无汞触媒的

探索研究，通过不断完善相关技术，天业集团已搭建出具有无汞触媒评测和分析能力的无汞催化实验室、单管测试平台以及中试研究平台，成为目前国内最完备的无汞触媒研究和测试平台，天业集团在无汞触媒领域已申请发明专利25项，其中11项获得授权。

氯碱行业通过不断提高行业低汞触媒高效应用水平，推进无汞触媒研发和工业化试验，系统做好电石法聚氯乙烯汞污染防治工作。目前国内开发的电石法聚氯乙烯汞污染防治技术，通过低汞触媒高效应用与汞污染防治技术的高效组合，可使95%的汞以含汞固体废物的形式回收利用，从而更好地实现对汞全生命周期的管控。

（二）有效提升行业节能降耗水平

2014年9月，我国出台《国家应对气候变化规则（2014—2020）》国家专项规划，确保在2020年实现碳排放强度比2005年下降40%～45%。氯碱行业作为重要的基础化工原材料行业，其主要产品在生产过程中能耗较高，节能水平的不断提高对行业意义重大。

2013年，中国氯碱工业协会相继组织完成了《烧碱单位产品能源消耗限额》国家标准修订及《聚氯乙烯单位产品能源消耗限额》国家标准的制定工作，具体能耗指标比原标准有大幅提高。

为促进区域经济与环境协调发展，推动经济结构的调整和经济增长方式的转变，引导烧碱、聚氯乙烯工业生产工艺和污染治理技术的发展方向，2016年，《烧碱、聚氯乙烯工业污染物排放标准》制定并发布。实施新标准后，废水化学需氧量、废气颗粒物、氯乙烯、非甲烷总烃排放量同原执行标准相比分别削减77%、51%、72%、58%，以实现行业环保水平的促进与提升。

2015—2017年，氯碱协会相继编制《取水定额 第29部分：烧碱》《取水定额 第38部分：聚氯乙烯》和《节水型企业·氯碱》国家标准，其制定对于指导和规范氯碱行业生产取水定额的使用和管理，提高企业用水效率，建设节水型社会具有重要的意义。

氯碱企业能耗、资源消耗和成本逐年下降，资源综合利用水平不断提高。相比"十一五"末，当前氯碱行业万元产值耗能源和耗水量分别下降了约23%和47%。

（三）安全管理成为氯碱企业发展重中之重

作为危化品行业，氯碱企业高度重视安全管理工作，但在氯碱行业景气度较高的时期，部分新进入氯碱行业的企业对安全管理认识不足，导致安全事故偶有发生。2012年，氯碱协会协助安全生产监督管理总局起草编制了《烧碱行业安全准入条件》，涉及氯碱生产企业布局、生产装置及工艺要求和安全设施、液氯储存和运输要求、安全标准化要求以及责任、监督与管理等方面，严格规范氯碱等高危化工行业安全准入。

随后，氯碱协会同中国化工勘察设计协会共同组织编写了《烧碱行业安全设计规范》，在规范编制过程中，吸收了国内外安全设计的先进理念，总结了国内外烧碱行业的生产实践和安全设计的经验，旨在规范和提高烧碱行业生产的本质安全和安全设计的责任与质量，从源头堵截或减少烧碱生产中安全事故的发生。

2016年以来，伴随烧碱市场行业的好转，烧碱市场量价齐升。但因环保政策和监管力度的不断加强，部分有机氯产品生产受到影响，液氯销售形势较为严峻，这使得氯碱企业及涉氯企业的液氯贮存和运输成为目前安全管理的重点。根据国家安全生产监督管理总局编制的GB 11984—2008《氯气安全规程》和AQ 3014—2008《液氯使用安全技术要求》，氯碱协会为使氯碱企业正确理解和执行规范标准，针对国内涉氯企业现状组织编写了《关于氯气安全设施和应急技术的指导意见》，并正在组织编写《氯安全管理手册》，促进氯碱企业安全生产和管理水平的提高。

国家安全生产监督管理总局于2017年印发《危险化学品安全生产"十三五"规划》，该规划提出6大具体目标：其中，关于推动危险化学品企业开展安全生产标准化建设工作，到2020年，鼓励涉及"两重点一重大"的

危险化学品生产企业达到二级以上水平，力争创建50家以上一级企业。杭州电化集团有限公司于2014年成为全国氯碱行业第一家通过国家一级安全标准化评审的氯碱企业，企业经多年努力形成具有本企业特色的安全文化，生产装置现场精细化的管理和防泄漏措施以及本质安全设施等均在氯碱行业具有示范作用。

五、利用贸易救济措施维护产业安全和行业利益

伴随我国逐步跃居世界第一氯碱大国，对氯碱全球化的影响日益加深，尤其是金融危机后，氯碱相关产品的贸易摩擦更加频繁。为保障国内氯碱行业的健康发展，氯碱协会高度关注并长期跟踪重点产品国内市场与进出口数量、价格情况，及时组织企业研究，积极组织贸易救济相关工作。

2010年伊始，氯碱行业迎来多个产品反倾销到期复审，氯碱协会充分调研实际情况，组织国内重点生产企业利用贸易救济措施，维护市场的有序发展。2010年11月，商务部对原产于欧盟、美国和韩国的进口三氯甲烷继续实施反倾销措施，协会组织三氯甲烷反倾销期终复审取得了成功；2011年6月，商务部对原产于日本、韩国、美国和法国的进口水合肼继续征收反倾销税，协会组织的水合肼反倾销期终复审取得成功；2011年7月，商务部对原产于俄罗斯和日本的进口三氯乙烯继续实施反倾销措施，协会组织的三氯乙烯反倾销期终复审工作取得最终的成功。2014年5月，商务部发布（2014）第32号公告，对原产于欧盟和美国的进口四氯乙烯征收反倾销税，为期五年，氯碱协会组织的行业四氯乙烯反倾销工作取得最终胜诉。

聚氯乙烯反倾销复审问题备受行业关注，氯碱协会在广泛听取重点企业的意见后，成立了专门工作组，在有关领导的重视和商务部的支持下，2014年9月28日，商务部发布第63号公告，决定对原产于美国、韩国、日本、俄罗斯和中国台湾地区进口聚氯乙烯所适用的反倾销措施进行期终复审调查。于2015年10月8日，商务部发布2015第36号公告，对原产于美国、韩

国、日本和台湾地区的进口聚氯乙烯征收反倾销税，实施期限三年。协会组织的氯碱行业PVC反倾销期终复审工作取得了最终的成功。

此外，由于成功应对土耳其特保案，氯碱协会自2007年3月至2012年3月，一直承担着PVC出口土耳其的行业自律工作，所有出口土耳其的PVC发票需经协会盖章签字后土海关才放行，到2012年3月，共执行了150多个合同，管理顺畅高效，得到了政府、出口企业和土方的好评。

六、"走出去"战略不断深化

改革开放初期，我国氯碱产品较少出口，且需要不断进口国外产品，随着我国氯碱行业逐步做大做强，国际贸易格局发生明显改变，中国氯碱产品远销全球，紧密融入到国际氯碱市场。"十八大"以后，在推进"一带一路"建设带动下，氯碱企业加强对外深度合作，充分利用国内国外两种资源，开拓国内国外两个市场，国内氯碱行业不断融入到全球化合作当中。

"一带一路"建设是我国在新的时代背景下提出的具有中国特色的全球化共建共享发展愿景，中国与"一带一路"沿线国家的贸易往来越发密切。"十二五"期间PVC出口量同比"十一五"增长约40%，进口量减少约30%。近年来，我国烧碱出口量基本稳定在150万吨以上，涉及国家达130多个，基本涵盖了"一带一路"的66个国家，聚氯乙烯出口涉及110多个国家，其中90%出口面向"一带一路"国家。

借助"一带一路"的发展契机，氯碱行业勇于探索，尝试走出国门并已取得一定成绩，2014年新疆中泰（集团）有限责任公司积极实施"走出去"战略，加速开辟新主业，结合塔吉克斯坦水土资源丰富、棉花种植成本低、无棉花深加工产业等基本情况，启动了中泰新丝路塔吉克斯坦农业纺织产业园项目。除此之外，新疆中泰加大对外出口合作，看重东南亚、非洲等国家地区经济发展对建材等PVC下游产品需求量的持续扩增，中泰与当地下游PVC加工企业合作，推动"以塑代木"产业发展，增加对东南亚、非洲等地的PVC出口合作业务。新疆中泰集团投资新丝路塔吉克斯坦农业纺织产业园

项目是进行产业链的向上延伸，而与国外PVC加工企业合作，又是使产业链实现向下延伸，新疆中泰成为氯碱行业对外走出去的代表企业之一。

伴随国内氯碱产能增速放缓，氯碱行业技术装备"走出去"率先开启，业内部分装备制造企业秉承立足国内市场，努力开拓国外市场的发展战略，为国内和海外氯碱行业持续发展提供装备制造和技术保障。蓝星（北京）化工机械有限公司（北化机）是中国拥有自主知识产权，能自行设计、开发、制造离子膜电解槽，并能为用户提供成套离子膜烧碱装置和电解工艺技术与服务的专业公司。北化机在原有四大基本业务板块上，依托工程总包资质，开始逐步由制造业务向服务化转型。在预测到国内氯碱行业产能饱和，未来新增装置速度放缓的情况下，北化机应时而变，率先向国际化方向发展。北化机已在海外11个国家建设了12套氯碱生产线，总产能达42万吨，推动具有先进制造技术的氯碱装备企业服务新兴市场。

2011年，经过与世界氯化学理事会的反复协商，中国氯碱工业协会正式加入了世界氯协会，并主办了世界氯行业可持续发展会议。按照理事会要求，每一年来自美国氯协会、欧洲氯组织、加拿大氯化学理事会、南美洲氯协会、印度碱制造商协会、日本碱工业协会、俄罗斯氯协会和海湾石化及化学协会等组织的负责人都会出席会议，交流美国、欧洲、中南美洲、加拿大、日本、印度、中国、俄罗斯和中东地区等各区域的氯碱行业发展现状、存在问题和下一步行业工作重点，促进氯碱行业长期可持续发展。

不断开拓海外市场、深入开展全球布局，已经成为我国氯碱行业发展的趋势。"十三五"期间，我国氯碱行业提高统筹利用国际国内两个市场两种资源的能力，推动我国氯碱产品向全球价值链高端跃升。

展望：七十载风雨征程　氯碱人与国同梦

新中国成立70周年，在党和国家的正确领导下，中国发生了翻天覆地的变化，取得了举世瞩目的成就。习近平总书记说："一个流动的中国，充满了繁荣发展的活力。我们都在努力奔跑，我们都是追梦人。"而我们一代代的氯碱人正是为民族工业的发展精勤不倦、挥洒热血，实现了中国成为全球氯碱第一大国的梦想。

九十载风雨征程，九十年革故鼎新。我国氯碱行业从1929年第一家氯碱厂建立伊始，无论是经历战火纷飞的年代还是新中国成立初期百废待兴的阶段，发展的脚步从未停歇。在经济全球化快速发展的今天，世界工业格局日新月异，我们在和平繁荣的发展时期，也迎来了新的挑战。承载着前人的梦想，新一代的氯碱人主动担负起建设"氯碱强国"的使命，为实现民族伟大复兴梦想贡献力量。

氯碱行业将通过加强安全环保工作的落实，提升氯碱行业本质安全水平，筑牢可持续发展的根基；通过积极开展《关于汞的水俣公约》的履约工作，全力做好低汞触媒高效应用和无汞触媒研发工作；通过加大与社会公众的沟通力度，增强社会对氯碱行业安全、环保、高质量发展的信心。

氯碱行业还将通过持续技术革新与提升创新力度，进一步增强行业竞争实力。坚持推动国产化离子膜应用，加快推进氧阴极等先进技术和国产化装备；不断开发高附加值耗碱、耗氯产品，拓宽产业链，扩大应用领域；鼓励应用新技术、新工艺、新设备、新材料，推进产品创新，以自主创新与技术进步促进行业整体实力提升。努力实现高质量、可持续健康发展，坚定地向世界氯碱强国的目标迈进。

从过往历史的经验来看，我国氯碱行业无论面对何种困难，都能够坚定信念、渡过难关、持续发展。在新中国成立前就已建立的几家老氯碱厂，非但没有被历史淡忘，相反依然站在氯碱舞台的中央，成为我国氯碱行业的领军企业。与此同时，一些新兴的氯碱企业同样带着创新的理念和非凡的胆识，伴随时代脱颖而出。曾经老一辈氯碱人的梦想被一一实现、完成甚至是超越，新一代的氯碱人与国同梦，将继续秉承自强、务实、创新的精神续写新的篇章！

03

鲲鹏展翅九万里

——新中国无机盐工业发展纪实

　　天寒远山静，日暮长河急。时逢中华人民共和国成立70周年盛世，普天同庆！回首峥嵘岁月，在中国共产党的领导下，新中国的建设者为了自己的信念，挥汗如雨，战斗在社会主义建设的各行各业，走过一段段激情燃烧的岁月，新中国无机盐工业建设者就是他们其中的一分子。

　　无机盐工业是我国化学工业的重要组成部分，是以矿物、含盐湖水、地下卤水、海水等天然资源、工业副产及工业品为原料进行加工、合成的基础原材料工业。除三酸（硫酸、盐酸、硝酸）、两碱（纯碱、烧碱）、化肥和原盐已分支成为独立行业外，其他绝大多数无机化工产品都属无机盐产品。我国无机盐产品按元素（或单质）及其化合物分类，可分为22个系列。典型的无机盐产品包括无机磷酸盐、无机硅化物、无机氟化物、碳酸盐、硫酸盐、无机氧化物、无机氯化物、无机溴化物、无机碘化物、硼化物等。无机盐产品是化学工业及其他工业的基础原材料，用途十分广泛，涉及医药、造纸、橡胶、塑料、农药、饲料、肥料、采矿、采油、冶金、航海及高新技术领域中的空间技术、信息产业以及国防工业等，还与纺织、食品、日用化工、建筑、交通和环保等相关。

经过70年来的建设发展，无机盐工业已经成为我国国民经济的重要组成部分。目前我国无机盐工业拥有1500种产品，2018年总生产能力超过1.2亿吨，产量9000万吨左右，已基本可以满足国民经济发展的需要，多种无机盐产品如钡盐、无机氟化物、硫化碱、磷酸盐和过氧化氢等产量已跃居世界前列。我国已经成为世界上最大的无机盐生产国、出口国和消费国。

昔我往矣，杨柳依依，今我思来，雨雪霏霏。让我们一起回顾那些不平凡的日日夜夜，岁月倥偬！

1949年前：春寒料峭——无机盐工业的萌芽

中国无机盐工业大致萌芽于19世纪后半叶。1883年，上海江苏药水厂开始生产硅酸钠，到20世纪上半叶，已有少量的无机盐化工厂和一些手工作坊。1931年，上海大中华橡胶厂生产出最初的轻质碳酸钙，至1949年，全国碳酸钙生产企业仅6家。1937年，上海创立大华泡花碱厂，此后青岛、北京、天津、杭州、广州、南昌、南京、本溪、沈阳、昆明、延安等地相继建起硅酸钠生产厂。1937年3月，国内首座容量为20千瓦的电炉制磷装置在上海开炉成功，得到成品黄磷；1941年11月，在重庆长寿上东街塘角湾投产了中国首台变压器容量为100千伏安的热法黄磷电炉（单相）；1945年5月，在昆明昆阳海口建成投产了变压器容量为150千伏安的黄磷电炉（两相）；至1949年，全国的黄磷产量仅有27吨。1938年，湖南衡阳建成了我国第一座直接法氧化锌厂——国泰颜料厂，大连皮子窝化工厂以盐田芒硝为原料，采用全溶法生产出无水芒硝产品。此外，碳酸钡、氯化锌、过氧化氢和过硫酸盐等无机盐产品在上海、河北和山东等地也陆续投入生产。截止到1949年，我国无机盐产品仅有30多个品种，产量只有几十万吨，生产方式

原始，生产工艺落后，发展极为缓慢。

1949—1957：自力更生——快速恢复无机盐生产

20世纪50年代，我国无机盐工业克服困难、恢复生产，产品增加到50多种，产量接近100万吨。1949年后，根据军工和其他行业需求，原有的无机盐工厂恢复生产，建设了一批工艺及装备比较简单的生产装置，增加了硫酸盐、硅酸盐、碳酸盐等系列品种。随着生产的发展，部分无机盐生产厂加强了科研工作，改进生产工艺和设备，进行新产品研发。1953年，沈阳化工综合研究所设立无机盐科研组；1956年成立了天津化工研究院，无机盐为其研究方向之一；一些地方化工科研院所、企业和院校，也开展了无机盐方面的研究，先后研制成功大量无机盐产品。这些都为无机盐工业的不断发展打下了基础。

碳酸钙是无机盐中产量大、用途广的产品。我国碳酸钙生产起步于20世纪30年代，1949年到1957年，随着我国橡胶、塑料、造纸等行业的快速发展，对碳酸钙的需求量越来越大，国内生产企业由新中国成立初期的6家扩大到上海碳酸钙厂、唐山建华化工厂、唐山东矿化工厂等14家。碳酸钙生产从初期的工艺简单、设备简陋、品种单一、质量低的状况，经不断革新，先后研制出烧油烘干、托盘干燥、三足离心机等设备，为扩大产能、提高质量奠定了基础。

硫化碱主要利用碳还原芒硝精制而得，也可以从钡盐副产得到。我国硫化碱工业起源于20世纪30年代，到1949年，硫化碱中 Na_2S 含量从42%提高到了52%，1949年以后，山西运城、河北辛集、山东济南、四川彭山等地开始进行固体硫化碱规模化生产，当时运城盐化局硫化碱生产采用耐火砖砌成的单面、双口5米^{2}简易弧形反射炉，日产量0.6吨左右，产品质量遵从52碱标准。1955年，运城盐化局生产的硫化碱 Na_2S 含量达到63%以上，成为当时我国硫化碱主要来源并出口。1949年，运城盐化局把沿用1300多年的"垦畦浇晒"产盐法用于十水硫酸钠（芒硝）的生产，并成为我国第一家生产元明粉的企业，其85%的无水硫酸钠产品是生产硫化碱的原料，生产工艺采用大锅法。1949年，运城盐化局日产85%无水硫酸钠1吨左右，1957年提高到年产2.8万吨。

钡盐是重要的基础化工原料，主要包括碳酸钡、硫酸钡、氢氧化钡、氯化钡、硝酸钡、钛酸钡等。钡盐生产以天然毒重石为原料，采用复分解法和转化法工艺，矿产利用率较高，能耗低，产品纯度高，但工艺复杂，间歇操作。1956年，公私合营后的青岛台东化工厂，采用改进的反射炉焙烧装置通过复分解反应生产碳酸钡、氯化钡、氢氧化钡等产品。1950年至1958年期间，天津化工厂、青岛红星工厂（原青岛台东化工厂）、河北辛集化工厂等钡盐生产企业，开发了石灰窑气碳化法碳酸钡新工艺，对产品蒸发、结晶、脱水、烘干等工艺条件及生产装置进行了研究、改进，为钡盐生产的节能、降耗、环保、技术进步、持续发展奠定了基础。到1957年，我国碳酸钡年产2万吨，其他钡盐年产1.5万吨，基本满足当时国内需求。

锶盐有十几种产品，其中主要是碳酸锶。碳酸锶由于具有很强的屏蔽X射线的功能和独特的物化性质而被广泛用于电子、军工、冶金、轻工、医药和光学等领域。20世纪50年代初，我国进行了碳酸锶、硝酸锶、氯化锶等锶盐的中试生产。20世纪50年代中期，重庆化工研究院研发成功碳酸锶复分解法生产工艺，并于1957年在四川建成碳酸锶生产线，为我国碳酸锶规模发展奠定了基础。至20世纪50年代末，全国锶盐总量近1000吨，基本满足当时国内需求。

磷化工是国民经济的重要产业。1949年后，为满足磷制剂农药的需求，多个省兴建了小型电炉法黄磷装置，我国的黄磷工业得到快速发展。黄磷生产厂不断提高电炉功率因数，化工部化学设计院及第七、八设计院对黄磷电炉进行扩容设计，逐步扩大至3150千伏安，并在全国各地推广。

1956年末，青岛泡花碱厂公私合营。该厂始建于1943年，原名东生福制碱厂。后来，青岛泡花碱厂发展为全国规模最大、品种最全、历史最悠久的多品种可溶性硅酸盐专业生产企业。1956年，青岛海洋化工厂硅胶生产首先工业化，是我国硅胶生产技术的发源地，1956年至1957年，该厂试制成功粗孔、细孔块状硅胶、蓝胶指示剂、活化硅胶。

无机氟产品包括氢氟酸、氟化盐和其他无机氟化物。1954年，新中国第一个氟化盐车间在抚顺铝厂（301厂）建成投产，设计产能2130吨/年，供抚顺铝厂自用。同年，北洋机器厂为制备氟制冷剂R11（三氯一氟甲烷）和R12（二氯二氟甲烷）两种产品试制无水氟化氢，并于1955年建成日产150千克氟制冷剂R12及其配套氟化氢生产装置。

20世纪50年代初，响应国家二机部技术司要求，辽宁开原化工厂开始组织生产硼酸和硼砂。1952年，辽源化工厂用进口硼砂，采用硫酸中和法（二步法）生产硼酸，开启了我国二步法硼酸的生产历史。1954年，辽宁省地质部门在辽宁凤城发现了硼镁石矿，随后又在宽甸、营口、凤城、海城、岫岩、铁岭等地陆续发现硼矿资源。1956年，辽宁开原化工厂采用酸碱联合法加工辽宁凤城二台子硼镁矿生产硼砂，建成了年产1000吨的生产线，随后沈阳味精厂也建成年产3000吨的硼砂车间，从此我国开始有了自己的硼矿加工工业。1956年，化工部组织沈阳化工研究院、上海第二泡花碱厂、开原化工厂、沈阳农药厂在上海进行碱法硼砂工艺攻关，使硼的收率提高到60%以上。次年，沈阳化工研究院提交了用硫酸法和烧碱法加工凤城二台子和宽甸杨木杆硼镁矿的实验室研究报告，天津化工研究院和开原化工厂参加了杨木杆矿碱法加工实验，这标志着我国硼加工技术的研究开发工作开始起步。同年，继辽宁开原化工厂和沈阳味精厂之后，上海、丹东和营口等地也相继建立了硼镁矿酸法加工厂，从而奠定了中国硼工业的基础。

新中国成立初期，国内出现了一些以卤水－纯碱法为生产工艺的镁盐生产小厂。我国第一家硫酸－矾土法硫酸铝装置于20世纪50年代初在山东淄博制酸厂建成投产。1952年，广州钛白粉厂和上海钛白粉厂开始钛白粉研究。1953年，贵州遵义化工厂利用当地的锰矿和土碱以固相法生产出高锰酸钾产品。1956年，沈阳化工研究院率先展开铬化合物的研究。1957年，长沙化工厂开始生产硫酸锰。1957年，我国开始生产过氧化氢，首先在上海采用电解法进行小批量生产。

第一个五年计划的完成对我国的社会主义建设至关重要，新中国第一批无机盐工业建设者，发扬了自力更生、艰苦奋斗的革命精神，以辉煌的成就打破了帝国主义的重重封锁，驾驭社会主义的伟大航船驶向光明。

1957—1978：
扬帆启航——无机盐工业体系初步形成

随着第一个五年计划的胜利实现，无机盐工业进入了提速发展阶段。在1956年成立的化工部领导下，我国无机盐工业的产能快速提升，许多产品填补了国内空白，生产设备也开始向大型、高效、密闭及连续化、自动化方向发展。从20世纪60年代初开始，不同产业的发展带动了无机盐产品需求量的增长，大批无机盐产品投入生产，如三聚磷酸钠、黄磷、热法磷酸、碳酸钡、氯化钡、硫酸钡、碳酸锶、氟化氢、氟硅酸钠、白炭黑、高锰酸钾、碳酸钾、氢氧化钾、氯酸盐、高氯酸盐及铬盐产品等，其中红矾钠、芒硝、硫化钠、磷及磷酸盐、氯酸钠等产品产量呈数倍增长态势。到70年代末，国内无机盐产品已经拥有300多种，年产量达到200多万吨，并有64种产品向国外出口，我国逐渐成为世界主要无机盐产品生产国。

镁盐产品广泛用于冶金、医药、密封材料、橡胶等行业。1960年5月，上海敦煌化工厂完成了硼泥碳化法制取氧化镁的工艺，同年6月又完成了加压碳化菱苦土制取氧化镁的工艺。该厂在轻质氧化镁和重质氧化镁两个规格产品的基础上，1962年，开发了电子管、微米级氧化镁，1963年，又研发

了活性氧化镁产品。1965年，上海敦煌化工厂开始生产试剂级氧化镁，1978年，参与了天津化工研究院的硅钢氧化镁的技术攻关项目，并取得进展投入生产。1963年，北京建材化工厂首次以白云石为原料，采用碳酸氢镁热解法生产轻质碳酸镁和轻质氧化镁，国内镁盐的研发工作初见成效。

这一时期，在钡、锶盐生产原料矿产重晶石和天青石的主要产地重庆和湖北，碳酸锶厂家迅速增加，青海省大风山锶矿资源也得到开发利用，开始建设天青石矿采选项目，并建设了大规模碳酸锶生产厂。1959年，河北辛集化工厂以国内首创的窑气法新工艺生产碳酸钡产品获得成功。1969年，溧水五一化工厂（现南京金焰锶业有限公司）在南京溧水爱景山发现我国第一座天青石锶矿，保有资源储量为240多万吨，是稀有天青石矿山。1970年5月1日，全国第一家1000吨/年碳酸锶、200吨/年硫酸锶生产线在南京金焰锶业有限公司投入生产。1970年12月26日，我国第一部彩电诞生，由于钡锶盐的特殊功能，碳酸钡和碳酸锶被大量用于彩色显像管玻壳和磁性材料、电子等行业。1965年以后，碳酸锶生产过程中的粉碎、浸取、除钡、合成过程均实现机械化，三足式离心机、厢式烘房等新设备在生产上得到推广使用，特别是青岛红星化工厂和河北辛集化工厂对钡锶盐生产工艺重点部位进行了技术改造，采用转窑代替反射炉，技改成效显著。1970年，江苏溧水县化工厂一条小规模碳酸锶生产线建成投产，1972年，另外一条2000吨/年碳还原-碳酸氢铵碳酸锶生产线也在该厂投入生产运行。到1976年末，红星化工厂和河北辛集化工厂碳酸钡总产能达到4.3万吨。

铝工业助剂无机氟化盐和无水氟化氢工程放大技术开发成功成为这一时期无机氟工业发展的重要标志。1960年至1970年间，新无水氟化氢制备线先后被北京化工厂、济南化工厂、武汉市长江化工厂等单位建成投产，转炉直径扩大至800毫米，单套生产能力300吨/年。1958年，上海鸿源化学厂仿德国文献，首次采用外转式转炉生产无水氟化氢，同年，按照国家指示，正在建设中的湖南铝厂套用湖北大冶蓝图增建了氟化盐车间。1963年，上海鸿源化学厂生产氟化氢的直径500毫米、长3米的反应转炉试制成功，规模约100吨/年，实际产量约40吨。1969年白银氟化盐厂竣工投产。1971年，湘乡铝厂氟化盐产能达到3万吨/年。

1958年至1959年间，化工部组织的国内磷矿勘探有了重大突破，相继建成了云南昆阳磷矿区、贵州开阳磷矿区和湖北襄阳磷矿区，称为中国磷矿的三阳开泰，为热法黄磷用矿提供了充足的保障。1960年，全国24个省、市、自治区（除新疆、西藏、青海、吉林、上海等）普遍兴建了电热法小型黄磷电炉，国家还对黄磷生产用电纳入了重点保证。1960年，云南省在云南昆阳磷肥厂建成第一台三相3根电极黄磷电炉，产能400吨/年。1964年，浙江化工研究所和广西化工研究所分别建成500吨/年和100吨/年盐酸法肥料和饲料磷酸氢钙中试车间，20世纪60年代，饲料磷酸盐问世。1965年，化工部为发展黄磷工业，将黄磷用途向磷酸盐、高效磷肥方面延伸，计划建设两台15000千瓦中型电炉，抽调国内有关黄磷技术方面的设计人员到化工部第七设计院参加由江善襄、陈善继为工程设计总负责人的上海大会战。1966年，化工部第七设计院（南化设计院）完成了广西三柳化工有限公司磷酸盐化工厂热法磷酸二步法1万吨/年三聚磷酸钠（STPP）装置的设计工作，并于1975年建成。1972年，贵州第一台制磷电炉——贵阳黄磷厂2000千伏安磷炉建成投产，生产能力800吨/年。为满足磷制剂农药的需求，1975年8月15日，两台我国自行设计的采用直径950毫米自焙电极的2×15000千伏安制磷电炉在广西柳城磷酸盐厂建成投产，大大缓解了国内农资短缺的局面。

1958年，北京化工三厂首先在工业上采用常压碱解法加工辽宁硼镁矿生产硼砂，开启了我国碱法加工硼矿直接生产硼砂的历史。同年，我国引进苏联技术，建成牡丹江磨料磨具厂，开始批量生产碳化硼，生产能力为5吨/年。1959年7月，上海大新化学厂首先提出并开发了硼镁矿碳碱法制硼砂的工艺。1960年8月，沈阳农药厂年产2000吨的碳碱法硼砂车间竣工，开启了我国碳碱法加工硼矿直接生产硼砂的历史。同年，大连工学院（现大连理工大

学）开展了硼镁矿焙烧机理的研究，确定硼镁矿石焙烧质量是硼砂生产的技术关键，使硼矿碱法和碳碱法加工的分解率达到85%以上，极大地促进了硼砂生产技术的进步。1960年，青海大柴旦化工厂开始利用大、小柴旦盐湖的硼矿资源生产硼砂产品，青海化工厂以硼砂为原料制备硼酸的装置投产，结束了青藏地区无硼酸生产的历史。同年，辽宁省化工研究所采用三氟化硼-乙醚络合物蒸馏法富集B10同位素；开原化工厂试制元素硼和氧化硼，并用萤石法试制三氟化硼-乙醚络合物；营口化工厂试制氮化硼；沈阳农药厂采用碳热还原法试制碳化硼，用抽丝法试制氧化硼，镁热还原法试制元素硼，硫酸法制三氟化硼-乙醚络合物，以及合成硼酐和氟硼酸钾等含硼精细化学品。上述工作开启了我国硼精细化学品的制备与生产历史。1961年，中科院大连化学物理研究所和北京化工研究院研制成功硼氢化物高能燃料，并成功用于我国国防尖端工业；同年，辽宁省化工研究所提出用多硼酸钠法制造硼酸的新工艺。1962年，青藏地区硼砂矿供应紧张，为解决硼酸生产原料问题，青海省化工设计研究院与青海化工厂协作，开发完成了以青海柴达木盆地柱硼镁石矿为原料，以硫酸分解法（一步法）制取硼酸的工艺，投入工业化生产后，产品质量稳定，硼酸含量达99%以上，产品出口国际市场，开启了我国西部地区利用固体硼镁矿（柱硼镁石）硫酸一步法生产硼酸的历史。1963年，硼镁矿加压碱解法制硼砂的工艺在上海硼砂厂实现工业化生产，使碱法分解率从70%提高到90%，烧碱消耗降低一半，硼的收率大大提高。1969年，辽宁省凤城矿磁浮联选1万吨硼精矿生产线建成。1970年，中科院沈阳金属研究所研制成功硼纤维，辽宁省化工研究所采用硼氢化物裂解法制纯度为99.99%的元素硼试制成功，辽宁开原化工厂也研制成功三氯化硼。1971年，辽宁宽甸五九一厂日产700千克的无水硼砂装置运行成功。1975年，辽宁凤城硼矿采用盐酸分解法建成一条硼砂生产线。1964年至1966年是我国硼砂行业的兴盛时期，东北一度成为国内硼化物生产活跃地区。1978年，化工部给予北京化工八厂、辽阳冶建化工厂、营口化工厂、开原化工厂、长春市化工一厂、牡丹江化工二厂、无锡红星化工厂、湖南湘江化工厂、通化市化工厂一次性投资，改用碳碱法生产硼砂。

1957年，国内开始生产过氧化氢，首先在上海采用电解法进行小批量生产。20世纪50年代末60年代初，由于国家需要高浓度（质量分数80%～85%）过氧化氢作为液体火箭内推动涡轮泵的工质，电解法过氧化氢专家姚峻先生首先利用电解法产品进行浓缩，制备出高浓度产品，技术指标达到使用要求，还进行了小批量工业生产，满足用户需求，为国防事业作出了贡献。1961年初，沈阳化工研究院开始研发蒽醌法制过氧化氢工艺。1966年初，通过实验室研究、模型试验和扩大试验完成蒽醌法制过氧化氢试验，11月通过化工部组织的技术鉴定，此前，国内主要采用电解法生产过氧化氢，生产规模及产量均较小，且能耗高，难于大规模生产。随后，贵州遵义碱厂获批建设一套2000吨/年蒽醌法过氧化氢生产装置，由贵州化工设计院进行设计，沈阳化工研究院派出2名主要研发人员参加完成工艺设计，但在土建及设备制造完成后，由于一些原因并未进行安装，设备长期处于露天闲置状态。1967年，黎明化工研究所在青海基本建成，沈阳化工研究院过氧化氢课题及部分主要研究人员迁入该所，但根据当时国家国防建设需要，黎明化工研究所集中力量投入化学推进剂研制工作，过氧化氢课题研究工作停止。1971年，北京氧气厂首先采用镍催化剂氢化釜工艺，建成300吨/年小型生产装置进行试生产，期间曾出现一些问题，如蒽醌降解等，黎明化工研究所给予了技术协助，并合作进行了一些项目研究，其中一项重要成果是：通过提高工作液中四氢蒽醌与蒽醌的配比（由50∶50提高至65∶35），在降低工作液中总蒽醌含量和提高氢化程度的情况下，蒽醌无明显降解，从而节省了蒽醌投入量。1975年，在中断相关研究8年之后，黎明化工研究所重新开展过氧化氢研发工作，首先对原镍催化剂工艺进行改进，先后完成了以高沸点重芳烃取代苯作溶剂和以空气取代纯氧进行氧化，并推广应用。1977年，黎明化工研究所与甘肃师大助剂溶剂厂合作进行重芳烃代苯生产应用试

验，并获得成功；同年黎明化工研究所进行空气氧化研究，采用三节并流填料塔，在上述同一工厂内进行了小型中间试验，确定了运转条件，获得较好效果，后该设备首先用于扬州合成化工厂镍催化剂过氧化氢生产装置，经完善推广应用于多套生产装置中。当年，国内过氧化氢年产量首次达到万吨级（以27.5%浓度计）。1978年3月1日至9日，中方专业代表与来华的日本三菱瓦斯化学公司三位过氧化氢专家进行了有关过氧化氢的技术座谈，重点讨论了过氧化氢的制造技术，特别是蒽醌法生产工艺。座谈过程中，对方介绍了该公司研发此工艺的概况和成就，中方提问了不少有关的技术问题，当涉及核心机密和专利权时，对方解答有所保留。胡长诚根据座谈内容和对方提供的书面参考资料，写了一份总结报告，提供给化工部科技情报研究所，该所据此编印了一份内部资料供有关人员参考。同年，黎明化工研究院开始进行钯催化剂固定床工艺研发，通过筛选，确定以特定的条形 Al_2O_3 作为钯载体，选定载体品种和规格，确定载钯量和载钯方法，优选使用条件，考核使用效果，选定失效后的再生方法，制成催化剂的同时进行固定床选型研究，通过对比实验，优选采用滴流床氢化。

1964年，运城盐化局硫化碱间歇式短转炉改进成为连续式转炉，单台生产能力比间歇式转炉提高了3倍。1965年初，双效自然循环真空蒸发罐试车成功，无水硫酸钠产品质量达98%，满足了国内化纤、洗涤剂工业的需求。1965年，该局自主研发的火塔法蒸发生产无水硫酸钠装置建成，火塔法既节约钢材、劳动力，又可提高产品纯度。1970年10月，运城盐化局建成我国第一条连续式硫化碱长转窑。1973年5月，运城盐化局二厂试制成功白色结晶硫化碱，填补了中国化工生产的一项空白。1969年，河北辛集化工厂将硫化碱生产平炉改成间歇式转炉；1971年，又把间歇式短转炉改为连续式转炉，实现了生产的机械化、连续化；1978年，该厂采用双效蒸发新工艺，硫酸钡副产工业硫化钠装置研制成功，为硫化碱生产找到了一条新的出路。1965年，运城盐化局无水硫酸钠产量达到11万吨/年，1971年无水硫酸钠生产能力为16.2万吨/年，到1976年，元明粉产量提高了一倍，产品质量高达98%。1967年，内蒙古阿拉善右旗中泉子化工厂年产元明粉3万吨，其中自然风化2万吨；1976年，新疆哈密地区（今哈密市）化工厂产能达5万吨/年；1978年8月，内蒙古阿拉善右旗中泉子化工厂1万吨/年硫化碱生产线投产，国内几个大型的元明粉生产基地雏形初现。

我国铬盐生产起步比较晚，但铬盐在电镀鞣革、涂料、颜料等方面应用广泛。重铬酸钠生产一般采用硫酸法和硫酸氢钠法。1958年，我国开始土法铬盐生产，上海浦江化工厂、天津同生化工厂和济南裕兴化工总厂先后用国产青海矿及越南矿进行小规模土法生产，基本上是焙烧用土炉、蒸发用大锅、冷却用大盘等原始方法，生产规模仅为300～500吨/年。1961年，上海浦江化工厂、天津同生化工厂率先采用带式混料机代替人工混料，以回转窑代替反射炉，实现了焙烧工段连续化，初步形成了规模化工业生产，单窑产能规模小于1000吨。1963年，上海浦江化工厂、天津同生化工厂对后处理设备进行了改进，采用双效真空蒸发器等设备，初步实现了铬盐生产的机械化、密闭化及半连续化。至1965年，铬盐生产已在全国各地迅速发展起来，总产能达到7000吨/年，生产厂家最多时达到70余家。20世纪70年代，上海浦江化工厂曾用碳化法生产重铬酸钠，后改进为碳化-硫酸两段法，节能减排。1972年，黄石无机盐厂开始试制红矾钠、铬酸酐产品，1976年生产红矾钠800吨。1976年，化工部组织生产单位、研究院所进行了以治理铬盐生产中"三废"排放为中心的铬盐生产技术攻关会战，取得一定成效，为后来90年代硫酸氢钠法及连续蒸发设备等的普遍使用奠定了基础。同期，国内研究出多种方法处理铬渣，大致分为干法处理和湿法处理，如湖南铁合金厂利用铬渣制取钙镁磷肥、炼铁溶剂和玻璃着色剂等。

1960年以后，由于橡胶、涂料、饲料等行业的发展，碳酸钙产品需求逐渐扩大，品种也趋向多样化，但是产量仍然处于低位。1961年，北京化工建材厂开始利用石灰生产轻质碳酸钙，产量达到2.6万吨。1969年，重庆松

山化工厂成为全国第一家在碳酸钙行业生产中使用钢壳机械化立窑的企业。1969年，山东张店工农化工厂成为全国第一家生产活性钙的企业，当时商标名称"白艳华"。1970年，全国轻质碳酸钙产量达到16万吨，1975年，产量跃升到23万吨。上海碳酸钙厂、辽宁本溪助剂厂和唐山东矿化工厂是这一时期碳酸钙的主要生产企业。1976年，北京建材厂设计制造了回转连续化灰机，该设备至今还在使用。期间，辽宁本溪助剂厂实验成功水环真空泵替代空压机，解决了碳化抽气问题，上海碳酸钙厂改进了回转滚筒式干燥机。一方面，石灰窑的引进和改造，使碳酸钙生产从过去吨钙耗180～200千克下降到110千克；另一方面，在干燥、脱水、筛粉等设备技术改造更新以后，企业节能减排得到明显改善。1978年，唐山建华化工厂成为全国第一家在碳酸钙行业生产中设计使用泡沫洗气塔的企业。同年，唐山东矿化工厂建成钢壳机械化立窑，并正式应用于生产。

氰化物是指带有氰基的化合物，主要用于电镀、冶金、医药、饲料、农药等行业，对国民经济的发展有着重要作用。1960年，吉林化学工业公司建成国内第一套产能为4500吨/年的氰熔体法氰化钠生产装置，从此，中国氰化物生产进入起步时期。1962年，四川省永川天然气研究院和化工部西南研究院开始共同研制天然气氧化法制氢氰酸工艺，1965年，成功建成78吨/年的氢氰酸试验生产装置并投入生产实践。1965年，重庆东方红化工厂500吨/年氢氰酸生产装置建成投产。1966年，化工部陆续在湖南益阳、江西南昌、湖北沙市定点建成500吨/年氨钠法氰化钠生产装置。1970年，上海吴淞化工厂开始研制轻油裂解法氰化氢生产工艺，并建成试验生产装置，1972年，轻油裂解法生产氰化氢装置打造成功投入生产，国内氰化物生产工艺技术在不断研发中持续改进提升。1976年，上海石油化工总厂首次引进5万吨/年丙烯腈装置及1万吨/年固体氰化钠生产装置。此后国内氰化物生产的产能不断提高，生产工艺呈多样化发展。

氯酸钾等氯酸盐产品主要用于火药制造、印染和医学等行业。20世纪60

年代，辽宁沈阳化工厂已经开始采用氯化钠溶液通过电解法生产氯化钾，同时广西贺县（今贺州市）光明化工厂也开始采用过氧化氢法生产亚氯酸钠。在相关部门的推动下，一些生产氯酸盐的骨干企业开始进行创新尝试，他们通过提高盐水质量、加入添加剂、优化工艺条件、采用新型电解槽等诸多办法，有效降低了能耗，提高了生产效率。1965年，大连复州湾盐场氯化钾、氯化镁生产线建成投产，20世纪70年代至80年代，大连氯酸钾厂、四川长寿化工厂、福州化工厂也在生产氯酸钾等相关无机盐产品，氯酸钾总产值逐年增大。

1958年，我国从民主德国引进黏胶人造丝装置的同时引进了一套年产6000吨的木炭法生产二硫化碳装置。20世纪60年代，国内自行设计的年产6000吨的木炭法生产二硫化碳装置在南京等地建成投产。70年代初，在成都开始进行以天然气与硫为原料的非催化法生产二硫化碳的试验研究工作，经过多年的研究和攻关，1978年完成年产100吨的生产中试，1985年1500吨/年的生产装置投入生产。

无机硅化物行业是以硅砂为原料生产硅酸钠及其衍生产品的无机盐工业，无机硅化物产品在绝缘材料、电子产品、催化剂等领域举足轻重。1958年，广州人民化工厂沉淀法二氧化硅首先工业化，之后，吉林通化、江苏东吴、安徽马鞍山等厂相继研究和生产出沉淀法二氧化硅新品种。1959年，我国成功合成A型分子筛和X型分子筛，以后又相继研制和投产了T型和丝光沸石及ZSM-5型分子筛；1964年，开始生产各种类型分子筛；上海无机化工研究所于1980年研制成洗涤剂用A型、X型分子筛。20世纪60年代，中科院兰州化学研究所开始了我国硅溶胶的研制和生产，此后在青岛、成都、北京、广州、温州等地实现了工业化，青岛海洋化工厂、北京红星建筑涂料厂、广州市人民化工厂等生产的硅溶胶在国内占有相当重要的位置。同时，沈阳、上海两地也开始小规模生产气相二氧化硅，多晶硅产业开始起步。1966年，青岛泡花碱厂首先将玻璃行业中的蓄热室式、全煤气马蹄焰窑炉移

植用于生产泡花碱，当时熔化面积只有18.68米²。1968年，第二台马蹄焰窑炉建成投产，自此，泡花碱生产的核心技术装备——硅酸钠窑炉与玻璃窑炉一脉相承，蓄热式马蹄焰窑炉作为中型玻璃生产装备和硅酸钠生产装备一直在国际上被广泛应用。1965年，青岛海洋化工厂试制成功粗、细孔球形硅胶、高效干燥剂硅胶，1971年，开始规模化生产硅溶胶，1978年，层析硅胶开始批量生产，青岛海洋化工厂因此成为我国硅胶生产技术的发源地之一。1971年，上海星火化工厂液相法泡花碱也实现了产业化生产。截止到1978年，国内硅酸钠生产厂家达100多家，年总产量约100万吨；白炭黑生产厂主要分布在广东、吉林、上海、江苏和安徽，年产量约1万吨；硅胶和硅溶胶生产单位达10多家，硅胶年产量约6000吨，硅溶胶年产量约1000吨，越来越多的硅化物产品起步研发。

20世纪60年代，贵州遵义化工厂、重庆嘉陵化工厂开始采用转窑法生产高锰酸钾。1960年2月，中国科学院青海盐湖研究所开始盐湖卤水提锂的研究。

1960年以后，我国无机盐企业生产规模有所扩大，特别是和国防事业有关的硼化物和无机硅化物等的生产出现了一轮高潮。但是，生产企业作坊式生产尚未改观，大多未能达到预期设计规模；技术进步未能从根本上扭转局面，老厂扩建、新厂建设大多是现有设备的翻版；产品单一、许多品种长期稀缺、产品档次和附加值低等问题长期困扰行业；企业经济效益普遍偏低、资金匮乏，"三废治理"缺乏投入；工厂分布和产品生产分散、监管不到位等问题造成生产难以形成合力。总体来说，我国无机盐生产水平和西方发达国家的差距依然巨大，无机盐生产中"小、低、散、缺"行业短板问题尚存。但是，1957年至1978年依然是不平凡的。在新中国无机盐工业建设者们的共同努力下，许多无机盐产品填补了国内空白，大量无机盐产品产能产量迅速提升，满足了人民的生活需求，增强了我国的国防力量，初步建立了我国无机盐工业生产体系，在新中国化工行业发展历史上留下了深深烙印。

1978—2000：乘风破浪——开创无机盐工业新局面

1978年，党的十一届三中全会决定，以经济建设为中心，实行改革开放。我国无机盐工业在改革开放的春风下，发生了翻天覆地的变化，开创并形成了崭新的发展局面。

一是无机盐产品生产规模不断扩大。20世纪80年代无机盐产量平均年增长率约6%，90年代平均增长率9%～12%；产品品种从1980年的350种增加到1990年的560种；截止到1999年，我国主要无机盐产品出口品种达到240多种，出口总量426.7万吨，出口总额14.3亿美元，几十种基本无机盐工业产品的生产能力及市场占有率悄然跃居世界前列。

二是科技成果转化速度加快。一批新工艺、新技术涌现，打破了制约行业发展的瓶颈，促进了产业升级和产品更新换代。氯酸盐电解装置由内循环式发展到外循环复极式电解槽；氟化铝生产由采用有水氢氟酸的湿法工艺向无水氟化氢的干法工艺转变；离子交换法生产高浓度硅溶胶、二水法磷酸生产新技术、五效真空蒸发逆流进料生产元明粉新工艺、硼镁矿沸腾焙烧新工艺、氰化钠滴落成型技术等工艺的改进，都反映了这一时期无机盐工业生产技术水平的进步。

三是生产布局开始优化。20世纪80年代后，传统大宗无机盐产品的生产逐渐向矿物资源丰富的地区转移，高耗能产品向有能源优势的区域转移，使行业生产布局得到调整，资源配置趋于合理。国内无机盐生产企业纷纷在云南、贵州、四川、重庆、江西、青海等西部地区建设磷化工、钡锶盐等产品的大规模生产基地，逐步形成了中国无机盐工业发展的新格局。

四是节能降耗提上发展日程。20世纪80年代以来，无机盐行业不断开展节能降耗，取得了一定成果。氯酸盐行业推行电解槽改造，使电流效率得到提高；碳酸钙行业推行滚筒列管干燥等先进成熟设备，使单位碳酸钙能

耗下降；过氧化氢行业推广应用碳纤维回收氧化尾气中的重芳烃技术，使重芳烃消耗降低；氰化物行业推行轻油裂解法生产氰化钠，回收中和尾气中的氢；铬酸钾、氢气一步还原生产氧化铬绿新工艺，实现了铬盐生产大幅度的节能减排；液相连续氧化法生产高锰酸钾产品能耗仅为平炉法的1/4，比国外液相氧化法还降低了60%左右；碳酸钡、碳酸锶、重铬酸钠、硅酸钠等采用高温煅烧生产产品的过程中，产生的尾气余热得到不同程度的利用，降低了能耗。同时，黄磷-甲酸钠联产工艺、黄磷生产块矿入炉、干法电除尘技术、氯酸钠-过氧化氢联产工艺、硅酸钠-磷酸联产工艺等综合利用、节能降耗技术日趋成熟。

五是民营企业异军突起。进入20世纪90年代，民营无机盐企业异军突起，许多小型国营企业也完成了向民营企业的转变，无机盐工业国有资产比重下降。当然也有一些落后产能的民营小企业，以牺牲资源与环境为代价，只顾眼前既得利益，一哄而上，但结果却是昙花一现。

20世纪70年代，我国钡盐产能在5万吨/年，80年代，随着改革开放，国民经济快速发展，钡锶盐企业猛增到百余家，生产能力随之大幅度提升，国内钡锶盐产量迅速提高。1979年，南京金焰锶业有限公司建设的全国第一条200吨/年氯化锶、200吨/年硝酸锶生产线投入生产；1981年，该公司又建设了国内第一条5000吨/年复分解碳酸锶生产线；1982年，全国第一条50吨/年金属锶生产线建成投产。1985年，青岛红星化工厂率先从日本引进湿法和干法造粒生产装置，大大提高了钡锶盐的生产效率，生产过程中通过改进脱水与烘干工艺、综合利用回转炉烟气余热和除尘技术、采用硫化氢回收处理新工艺等，大大改善了钡锶盐的生产环境和产量产能。1987年，河北辛集化工厂从日本引进设备，开始生产干法粒状碳酸钡，1993年，该公司新产品鉴定会认定采用"还原-窑气法"工艺生产碳酸锶，属国内首创。在国内钡锶盐产量迅速提高的同时，国产钡锶盐在国际市场上开始占主导地位，碳酸钡1996年出口11.4万吨，出口量年均增长率为12.1%。碳酸锶1996年出口3.36万吨，出口量也逐年增加，年均增长率为10%，出口占国内生产量的31%，占世界贸易量的50%，主要向亚、欧、美洲等国家和地区出口。20世纪末，重庆和湖北等天青石产地的碳酸锶生产厂家数量飙升，青海锶矿集中分布在柴达木盆地西北部的大风山、尖顶山，大风山锶矿资源得到开发利用，青海省建设了30万吨/年的天青石矿采选项目和大规模的碳酸锶生产厂。20世纪80年代以前，我国的钡锶盐主要产品基本上都是低档次普通级产品。当时我国钡锶盐由于行业内研发力度不够，生产的产品种类不多，尤其是精细、高纯、专用、纳米级等高附加值的品种、产量很少，远远不能满足国内市场需要。日本、欧洲、美国等发达国家和地区用我国出口的普通碳酸钡和碳酸锶进行深加工，生产高技术含量产品再出口到我国。到20世纪90年代中期，贵州红星发展有限公司、河北辛集化工有限公司、南京金焰锶业有限公司、重庆庆龙锶盐有限公司、重庆新申锶盐有限公司、河北深州嘉信化工有限公司等企业，结合我国经济发展、市场趋势及资源与环保等情况，先后研发出精细、高端、高附加值的钡锶盐系列产品，高纯级、电子级、纳米级、专用产品相继问世。高纯产品包括碳酸钡、氯化钡、硝酸钡、碳酸锶、硝酸锶、氯化锶等；专用产品包括发光材料电子级碳酸锶、液晶面板碳酸锶、电子与电容陶瓷碳酸锶等；其他精细产品包括八水氢氧化锶、金属锶、钛酸锶、氟化锶、钛酸钡、醋酸钡、药用硫酸钡、超细硫酸钡、纳米级钡锶盐等。

改革开放以后，氧化镁生产由只能生产单一的工业级氧化镁发展到拥有工业级和精细氧化镁生产能力，产量大约翻一番，规模达到万吨级或10万吨/年。工业水合碱式碳酸镁、硫酸镁、氯化镁产量均有不同程度的增加。自1981年起，除了老牌镁盐企业——上海敦煌化工厂在氧化镁生产工艺上不断研发改进之外，1984年，中南工业大学满元康教授采用加压碳化法，从白云石中成功提取轻质碳酸镁及轻质氧化镁，河北轻化工学院胡庆福教授成功研发白云石碳化法制造工艺，并首次提出超细含镁碳酸钙概念，这些科研

成果给镁化合物生产注入了新的活力。1987年，上海华东师范大学研制成功硅钢级氧化镁，次年投入工业化生产，该硅钢级氧化镁产品属国内首创，质量达到国际先进水平，取代了日本进口产品；1992年，又成功研发生产电工级氧化镁。镁盐生产由以前单一的卤水纯碱沉淀法发展到20世纪80年代的白云石碳化法、20世纪90年代的卤水碳铵法和轻烧粉水化碳化，科技进步日新月异。20世纪80年代至90年代，菱镁矿所在地——辽宁省、山东省及其邻近地采用硫酸法生产硫酸镁系列产品的镁盐厂家也在迅速增长，企业节能增效水平显著提高。20世纪90年代，中南大学徐徽教授利用水氯镁石，采用卤水 - 氨石灰联合法连续生产高纯氢氧化镁，彻底解决了合成氢氧化镁的过滤及洗涤难题，为青海盐湖镁资源利用开创出一条新路。自1996年起，为满足国内经济发展需要，氢氧化镁进口产品逐年增加，出口产品也逐年增加，到2000年，出口量稍稍超过进口量；碱式碳酸镁年均出口量是进口量的2.7倍；硫酸镁和氯化镁出口量远远大于进口量，对比明显。

1980年，化工部第六设计院与武汉长江化工厂联合开发了3000吨级的无水氟化氢新工艺，同年，黎明化工研究院向四川硫酸厂和浙江慈溪氟化工厂分别转让了50吨/年的六氟化硫生产技术，备受瞩目。20世纪80年代末，我国氟工业发展具备了一定基础，全国无水氟化氢生产厂家达到40多家。1989年，济南化工厂引进美国施多福（STAUFF）公司1万吨/年无水氟化氢生产技术，浙江巨化引进了BUSS公司1万吨/年生产技术，国内无水氟化氢的生产技术达到了较高水平，同年3月，各地方和部门又安排建设了几十家规模在（0.2 ～ 3）万吨/年的中小氟化盐厂并陆续投产。1992年，焦作市冰晶石厂采用"黏土盐卤法"工艺生产砂状冰晶石；1993年6月，该技术通过了河南省科委技术鉴定，填补了国家空白；1996年，被国家科委、国家技术监督局等认定为"国家级新产品"；1997年，列入国家重点火炬计划，衍生的无机氟化工新技术也开始得到迅猛发展。

1979年底，运城盐化局硫化碱年生产能力达到8万吨；1980年，运城盐化局试验四效真空蒸发末效二次蒸汽余热化硝工艺取得成功，被化工部列为全国无机盐行业五大新技术之一；1982年，该工艺在运城盐化局得到全面推广应用；至1985年底，7套四效蒸发装置设计生产能力达到27万吨/年。1981年，元明粉生产能力为10.4万吨/年，另有火塔6座，生产85%、95%硝，生产能力为15万吨/年，两项合计25.4万吨/年。到1985年底，生产能力达到27万吨/年，运城盐化局发展成为我国最大的硫化碱生产基地。1981年到1987年，甘肃省张掖地区山丹化工厂、新疆沈宏股份有限公司、内蒙古阿拉善左旗硝化厂等生产企业的9座元明粉生产线陆续建成投产，国内芒硝、元明粉产量得到迅速提升。1989年，四川成功将制盐工业中的五效真空蒸发逆流出料工艺应用到元明粉的生产上，大大促进了四川钙芒硝工业的发展。此外，自贡市轻工业设计研究院设计研发的五效外加热强制循环真空蒸发制硝新工艺和南风集团采用的导热油炉-旋转薄膜蒸发工艺，标志着国内元明粉和硫化碱的生产技术更加成熟。据统计，1999年上海太平洋化工（集团）淮安元明粉有限公司的元明粉生产能力高达50万吨/年，2000年江苏淮安南风元明粉有限责任公司的元明粉生产能力为25万吨/年。1991年至2000年是我国元明粉的重要发展时期，南风集团（原运城盐化局）元明粉生产能力也由30万吨/年扩增到120万吨/年，占全国生产能力的2/3，确立了在全国元明粉行业的龙头地位。

1978—1980年，全国建成的小型黄磷电炉已达80余台，黄磷产能发展到10万吨/年，产量4.24万吨，超过了荷兰、西德和加拿大，年产量跃居世界第三位。国家"六五"末期的1985年，国内黄磷工业的产能为13.59万吨/年、产量7.58万吨；"七五"末期的1990年，国内黄磷产能29.5万吨/年、产量15.89万吨；到1995年，我国黄磷工业得到了快速发展，黄磷总产量达到34.89万吨，是1990年总产量的220%，发展势头迅猛。1997年9月，贵州黄磷工业的技术人员采用国产直径500毫米的石墨电极首创建成了我国第一台电极呈圆周形布置的三相6根多电极黄磷电炉；同年，云南磷肥工业公司引

进苏联黄磷生产技术，设计建设的2×90000千伏安、自焙电极直径1700毫米、2×30000吨/年1号黄磷电炉于3月16日试车成功。1999年8月，湖北兴发集团首台7500吨/年三相6根直径500毫米电极黄磷电炉在襄阳保康正式投产，各项经济技术指标优于同容量（15000千伏安）三相3根电极黄磷电炉，并于2003年4月获国家实用新型专利。到"九五"末期（2000年），我国黄磷工业的产能上升到87万吨/年、产量50.59万吨，基本满足了国内需求。20世纪90年代，陕西宝鸡、贵州都匀、云南安宁等地设计的回转炉一步法热法磷酸工艺STPP生产装置也先后建成投产。

1982年，国内过氧化氢生产突破3万吨/年，1988年达到7.7万吨/年。随着蒽醌法工艺的研发成功和推广应用，电解法装置逐渐被淘汰，直至最终全部停产。1983年，黎明化工研究院建立了一套300吨/年过氧化氢全流程中试装置，经过几年中试研究，蒽醌法钯催化剂固定床制过氧化氢工艺获得成功，并趋成熟；1985年该工艺获得国家科技进步二等奖；1988年，该院成功研发了磷酸三辛酯（TOP）生产工艺，并与杭州有机化工厂合资建成工业生产装置，实现了过氧化氢生产原料TOP的国产化；1988年，黎明化工研究院进行了空气氧化改进氧化塔型的研发，将原填料塔成功地改为鼓泡空塔，提高了设备生产能力和产品收率，消除了不良弊端；1989年，通过湖北省化工进出口公司，黎明化工研究院钯催化剂固定床工艺技术及装置首次走出国门，出口到印尼新都伯公司，装置生产能力为5000吨/年（50%浓度计）；1990年，该院又研制成功球形钯催化剂，过氧化氢的生产能力显著高于使用条形钯催化剂。另外，这期间，国内过氧化氢行业推广应用碳纤维回收氧化尾气中的重芳烃技术，使重芳烃消耗降低。1990年，采用钯催化剂固定床工艺的1万吨/年工业化生产装置，首先在上海吴淞化肥厂建成投产。1993年，首套2万吨/年过氧化氢工业化生产装置分别在广州金珠江化工厂和河南中原大化建成投产，膨胀制冷回收芳烃技术首次得以应用。1994年，首套4万吨/年过氧化氢生产技术和装置出口到印尼泗水SAMATOR公司，并于1998年建成,一次投产成功。1998年,国内首套4万吨/年生产装置在山东高密建成投产。在日益增长的国际市场需求推动下,国内过氧化氢生产规模迅速扩张。

1980年,中国科学院沈阳金属研究所研制成功六方氮化硼,在国内一些重要半导体元件中得到应用,填补了国内空白。同年,营口化工厂生产的氮化硼和辽宁开原化工厂生产的晶体硼,分别在国防尖端工业和重要复合材料中得到应用。1981年,辽宁省化工研究所研制成功纺织印染工业用树脂整理高效催化剂氟硼酸钠,并通过技术鉴定。同年,辽宁省冶金研究所、丹东市化工研究所、沈阳农药厂、营口化工厂以硼酸为原料,采用硼酸法研制成功低水硼酸锌阻燃剂,上海无机化工研究所采用硼砂法,研制成功低水硼酸锌。国内一些单位采用这些技术开始规模生产硼酸锌,从此开启了我国硼酸锌阻燃剂的生产历史。1984年,辽宁丹东宽甸矿与天津红旗化工厂共同完成了硼镁矿沸腾焙烧中试,并通过了化工部主持的技术鉴定,新的硼矿焙烧装置在硼工业中诞生。1987年,由于两硼供应紧张,国内各口岸开始大量进口硼砂,在其后的2年内对国内硼砂市场造成巨大冲击。20世纪90年代,硼工业也开始了规模化生产经营,凤城二台子硼矿、宽甸硼矿的硼砂生产能力达到或突破3万吨/年,在国内名列前茅,2万吨/年以上生产能力的企业辽宁省内还有6家,这使辽宁省真正成为硼工业生产基地。1994年,全国硼砂产量33万吨,硼酸产量不足2万吨。同年,丹东市化工研究所开发成功六方氮化硼、二硼化钛、二硼化锆、立方氮化硼和硼氢化钠等硼精细化学品及含硼新材料,投放市场。1995年,国内有硼砂、硼酸企业40余家,但由于原料和市场等原因,有数家企业停产或转产,如曾获部优产品的北京化工八厂、西安浐河化工厂、无锡红星化工厂等,还有的企业因为原料供应不足只得减产或减少品种。与此同时,辽宁省等硼矿产地的硼砂、硼酸生产厂却如雨后春笋般迅速增加,其中乡镇企业占相当比重。截止到1995年底,国内十几家国有硼砂企业生产能力达到25万吨,乡镇企业硼砂生产能力达到10万吨,

异军突起，地域性明显。1995年，大连理工大学开发的硫酸分解低品位硼矿制硼酸、盐析法分离硼酸母液制一水硫酸镁的新工艺中试成功。1996年6月，青海格尔木藏铁公司与中国科学院青海盐湖研究所合作，采用常压碱解法加工西藏硼镁矿制硼砂试车成功，产品质量达国家标准一级品。1997年，辽宁宽甸县砖瓦厂与宽甸海星化工厂合作，利用碳碱法硼砂的工业废渣硼泥提取轻质碳酸镁和氧化镁的工业试验获得成功。1998年，大连理工大学化工学院在辽宁凤城矿进行了石灰石窑气变压吸附法富集CO_2的工业试验，富集CO_2的平均浓度可达85%，最高为95%。2000年，大连理工大学开发的以硼砂、石灰和盐酸为原料的一步法直接制取偏硼酸钙技术在辽宁大石桥市硼制品厂试产成功，年产达4000吨；产品在国内无碱玻璃纤维领域获得广泛使用，可替代进口的硬硼钙石作为无碱玻纤的含硼原料。硼酸钙的工业化生产，填补了国内硼酸钙生产的空白，实现了无碱玻璃纤维含硼原料的国产化，降低了无碱玻纤的生产成本，创造了巨大的经济效益。截止到2000年，国内有16家企业生产碳化硼，年产1000吨左右，硼化物的生产进入稳步发展期。

20世纪80年代，由于国营、集体、乡镇硅胶企业的迅速发展，国内无机硅化物年产量突破百万吨大关。1979年，青岛海洋化工厂试验成功硅胶空气造粒新技术；1984年，试制成功并投产粗孔微球硅胶、高浓度硅酸、酸性硅溶胶；1987年，该厂又试制成功并投产耐水硅胶（FNG）。因硅胶产品在火箭、导弹、卫星等军工方面的贡献，青岛海洋化工厂受到中央军委嘉奖并获得中央军委贺电。上海泡花碱厂、上海化工研究院和天津化工研究院等单位在偏硅酸钠和分子筛的生产工艺研发上也取得了进展。1981年，上海泡花碱厂研发出高纯硅酸钾产品（铁含量低于1微克/克）。1982年，通化第二化工厂生产的沉淀法白炭黑产品为潜艇水下发射"巨浪一号"导弹实验提供了优质的原材料。1985年，化工部主导的由江西南昌化工原料厂引进的美国PPG公司万吨级沉淀法二氧化硅装置建成投产，使我国沉淀法二氧化硅进入规模化生产阶段，并逐渐发展成为主流工艺。1993年，青岛泡花碱厂与世界

500强企业法国罗纳普朗克在青岛签约成立合资公司生产白炭黑，同年，又与美国PQ公司签约，引进其万吨级零水偏硅酸钠全套装置，并于1996年投产。1998年，青岛海洋化工厂研制成功啤酒硅胶；2000年，彩色变色硅胶投入生产。20世纪90年代，青岛海洋化工厂已经发展成为全国规模最大、品种最全的硅胶、硅溶胶专业生产国有企业，其次有上海硅胶厂、重庆东风化工厂、大连金光化工厂、西安新半化工厂等。20世纪90年代末，我国已经发展成为硅胶出口大国。2000年，青岛泡花碱厂研制成功高纯液体泡花碱，替代进口产品，从此，我国成为泡花碱产品净出口国。国产高纯度、精细化、高附加值的硅胶、硅酸盐、白炭黑、分子筛等产品也逐渐在国际市场占有一席之地，形势一片大好。

1978年，成都化工研究院和成都化纤厂合作，以甲烷或丙烯为原料，和硫磺进行气相反应制二硫化碳取得成功，1989年，该技术通过部级鉴定并投入大规模生产和应用当中。该技术属于低压非催化工艺，反应生成物经冷凝分离出绝大部分过量硫，然后通过正常压蒸馏得到产品，省去了国外低压非催化的油吸收工艺，从而缩短了流程，减少了投资。1984年，成都化纤厂建成1500吨/年二硫化碳工业化试验装置，成都、四川长寿、河北永清、辽宁盘锦等地也先后建成多套3000吨/年二硫化碳生产装置，到1985年，这些生产装置的总生产能力为6.3万吨/年，主要生产厂家达到35个。1990年，辽阳电化厂引进了美国FMC高压非催化技术，国内首套2.6万吨/年天然气法二硫化碳生产装置于1993年建成投产，国内二硫化碳生产面貌得到改观，产量逐渐上升。

1979年，安徽曙光化工集团利用化工部核留外汇首次建设轻油裂解法1000吨/年固体氰化钠生产装置，1982年投产，1985年固体氰化钠首次出口美国。自1985年起，天津华北氧气厂、河北诚信集团有限公司和兰州石化公司石油化工厂建成投产多套氰化钠生产装置，抚顺石化、吉林石化的丙烯腈生产装置也建成投产。1992年11月24日，营创三征（营口）精细化工

有限公司获国家铁道部运输局管理处批准，开通全国首例铁路槽车液体氰化钠运输线，共三条专线：营口—长春，营口—天津，营口—河北省元氏县，开辟了国内铁路槽车运输液体氰化钠的历史，增加了运输量，提高了剧毒危险化学品陆运运输安全性。1995年，安徽曙光化工集团采用我国自主开发的工艺技术路线建成丙烯腈副产法1万吨/年氰化钠生产装置并投产，属当时我国规模最大、设备最先进、自动化程度最高的固体氰化钠装置。1996年，营创三征（营口）精细化工有限公司和安徽曙光化工集团轻油裂解法1万吨/年30%液体氰化钠装置相继建成投产。1998年，国家相关部门完成氰溶体法、氨钠法生产氰化钠的工艺淘汰，轻油裂解法、甲醇氨氧化法等先进工艺技术逐步在业内推广，特别是轻油裂解法，并回收中和尾气中的氢，实现资源回收利用。在改革春风的吹拂下，国内氰化物产业得到迅速发展，出口量不断攀升。

1980年，黄石地方国营无机盐厂开始用回转窑生产红矾钠。1993年，中国科学院过程工程研究所研发了钾碱液相氧化法生产铬酸盐新工艺。1994年，冶钢集团黄石无机盐厂万吨级红矾钠扩建工程项目建成投产。1988年至1998年，无钙焙烧清洁生产铬酸钠新工艺和钾碱液相氧化法生产铬酸盐的新工艺分别在黄石地方国营无机盐厂和重庆民丰化工厂进行了中试。1998年，重庆民丰化工厂引进美国巴尔的摩铬盐厂2万吨/年重铬酸钠生产装置，这是当时国内规模最大、连续化、自动化程度最高的铬盐生产装置。20世纪80年代初，化工部资助建设了沈阳新城铬渣铸石车间、天津同生铬渣钙镁磷肥车间、黄石湿法解毒车间等一批铬渣治理工程，一些铬盐厂开始利用铬渣制砖。20世纪90年代以来，在有关行业的配合下，国内铬盐厂相继开发了一批解毒效果良好、解毒渣可以利用的治理技术，并不同程度地得到实施。20世纪80 ～ 90年代，铬酸钠的生产向无钙焙烧技术方向发展，生产装置向大型化、自动化方向发展。此外，铬盐生产中采用铬酸钾、氢气一步还原生产氧化铬绿新工艺，实现了铬盐生产大幅度的节能减排。

1992年3月，四川射洪锂盐厂（现天齐锂业）在四川射洪兴建，这是国内第一座碳酸锂工厂。1992年，青海省科委组织中国科学院青海盐湖研究所利用大柴旦湖水原料提取硼酸和氯化锂的中试获得成功，并通过了技术鉴定。1998年，中国科学院青海盐湖研究所完成的硼酸铝晶须新材料项目通过了技术鉴定。1998年4月，新西兰太平洋锂业公司与青海盐湖研究所商谈青海东台吉乃尔盐湖锂资源合作开发，同年7月，青海盐湖研究所东台吉乃尔盐湖锂盐开发基地正式建点启动，举行了19万平方米盐田修建开工仪式。2000年3月，赣锋锂业在新余仙女湖区河下镇成立，2004年1月，奉新赣锋锂业有限公司在宜春奉新工业园成立，后逐步扩建成全球最大的金属锂生产基地。

1980年以来，国内碳酸钙技术不断进步，设备逐步更新，原来烧石灰用的土窑逐渐被机械化钢外壳立窑替代，而且有的企业还使用气烧回转窑和意大利先进双筒自动控制立窑。化灰装置由过去的化灰池，改变为化灰吊篮、转筒化灰机、螺旋式化灰机等，从而提高了灰浆质量。碳化塔采用多种形式，如多段喷雾式碳化塔、超重力反应器、间歇鼓泡式碳化塔、连续鼓泡碳化等，内部结构安装了各种形式和不同转速的搅拌装置，可以生产出不同晶型、不同粒径的超细和纳米级碳酸钙。脱水工序也实现了彻底革命，脱水设备由20世纪70年代上卸料的三足式离心机，发展到下卸料的上悬式高速离心机，再发展到吊袋式离心机、全自动高压隔膜式板框压滤机、全自动刮刀离心机。产品干燥能力也不断提升，由过去的火坑、烘房改为回转干燥机、列管干燥机、箱式干燥机以及组合式二级干燥等。石灰窑煅烧全部采用机械化立窑，提高了自动控制水平，实现了微机调控、自动化配料，使碳酸钙生产实现现代化，生产环境得到明显改善。1984年，北京化工建材厂与天津化工研究院合作进行了粒径为40纳米的油墨用纳米级超细活性碳酸钙的项目开发，并实现成果转化。1987年，广东恩平化工实业有限公司从日本引进超细碳酸钙生产线。1988年，湖南省资江氮肥厂超细碳酸钙能力达

到5000吨/年，1998年，该厂又自主设计和建设了一套以间歇鼓泡碳化为主要特点的纳米碳酸钙生产线，实际年产量约1万吨。1998年，广东恩平嘉维化工实业有限公司建成了世界上第一条3000吨/年超重力法纳米碳酸钙生产线，其核心设备超重力碳化反应器单机生产能力达到3500吨/年。20世纪80年代以后，碳酸钙行业得到迅速发展，逐渐形成了轻钙、活性钙、纳米钙几大系列产品。北京化工建材厂生产的油墨钙替代了日本"OT"钙，占到国内油墨钙市场的85%以上。江苏常州碳酸钙有限公司、广西华纳新材料科技有限公司和北京化工建材厂生产的汽车底漆专用钙占国内市场的80%以上。截止到2000年，全国轻质碳酸钙总产量达到220万吨，重质碳酸钙总产量为280万吨，纳米、超细碳酸钙等创新产品在国际市场上也备受关注。

从改革开放到2000年，对于无机盐工业来说，这是一个承上启下的关键时期。改革开放的良好发展环境为无机盐生产提供了难得的历史机遇，许多无机盐生产企业不失时机地进行了整合调整、技术引进、挖潜改造和产品结构优化，逐渐走出困境，开创了一片崭新天地。这一时期我国开发了更多质优价廉的无机盐工业产品，在国际市场具有较强的市场竞争力，各项经济指标持续上升，发展形势一片大好。但是，某些无机盐产品资源匮乏、低档产品过剩、高利润精细产品市场被国外产品占据、进出口贸易逆差等问题开始显现，行业发展任重道远！因此，加速创新研发步伐、带动产业升级，已是时代的呼唤，刻不容缓！天高海阔，巨轮提速，我国的改革开放没有经验可循，面对没有标明的航道，唯有乘风破浪、勇往直前！

2000—2010：成果累累——无机盐生产大国崛起

进入21世纪，我国无机盐工业步入快速发展阶段，同全国各化工行业一样经历由小到大的发展历程，有挑战也有机遇。

一是生产规模和品种不断扩大。10年中，产品产量的平均年增长率达到

12.6%，2010年产品品种增加到1000种。几十种基本无机盐工业产品的生产能力及市场占有率居世界第一、二位。

二是产业核心竞争力不断提升。一批拥有自主知识产权的技术提升了产业的核心竞争力，超重力合成纳米碳酸钙粉体技术、连续氧化生产锰酸钾的方法和设备及气动流化塔专利技术、罗布泊硫酸镁亚型卤水制取硫酸钾技术等的应用使许多无机盐企业脱胎换骨。我国加入WTO之后，无机盐企业的国际合作和技术引进力度持续加大，也为我国无机盐生产注入了强劲动力。同时，无机盐生产装备水平不断提高及更新，逐步向大型、高效、密闭及连续化、自动化方向发展，DCS系统已经成功运用于过氧化氢、硅酸盐、氟化氢、碳酸钙等大型生产装置中，实现了生产的连续化、自动化。我国无机盐生产开始瞄准高附加值产品和无机功能材料，特别是沿海地区及发达省份，利用技术、人才、市场和信息等优势发展精细化、专用化、电子级、高纯度无机化学品，使产品结构得到调整和优化，产业链不断延长。无机硅化物、无机氟化物、磷化工、过氧化物等行业与上下游偶联，延伸了产业链，实现了资源有效利用，提高了企业竞争力。

三是无机盐产业布局不断优化。水电磷矿资源丰富的云、贵、川、鄂四省开展了"矿-电-磷-化"优化组合；碳酸钡、硫酸钡生产迁移到贵州、陕西等原料资源产地；磷化工产业进一步向云、贵、川、鄂资源优势地区集中，贵州开阳成为我国的"磷都"，区域产业群、带初步形成。同时产业集聚能力持续提升，无机硅化物生产集中于资源丰富的山东青岛、莱州、潍坊和福建等地；无机氟化物主要集中于河南、浙江、河北；轻质碳酸钙产业形成了河北井陉、江西永丰、浙江建德、广西贺州、广东连州五大生产基地。

这一时期，钡锶盐行业迎来了它的辉煌时代。据不完全统计，2005年碳酸钡产量达到高峰，全世界碳酸钡的年产量约为89万吨，其中我国约67万吨。20世纪70年代，我国钡盐生产能力仅为5万吨/年，到2005

年高峰期猛增到175余万吨/年，其中碳酸钡80多万吨/年，硫酸钡60多万吨/年，氯化钡20万吨/年，其他钡盐15万吨/年。2005年以后，由于市场消费结构发生变化，国家重磅出台产业调整政策，落后产能大幅淘汰出局，产能、产量、出口量也随之逐年下降。2008年，国内碳酸钡产量只有45万吨，2010年为42万吨，到2018年为30万吨，呈逐年下降态势。2005年世界碳酸锶总产量为50万吨左右，其中我国为30多万吨，占世界总产量的60%。2008年全球生产碳酸锶总量约37万吨，我国生产量约26万吨，占世界总产量的70%。2010年我国碳酸锶产量为23万吨，2011至2017年产量年均为17万吨左右，2018年产量为15万吨。2002年8月7日，重庆大足红蝶锶业有限公司年产10万吨碳酸锶扩建项目竣工投产，成为当时亚洲最大的碳酸锶生产厂。2002年10月，贵州红星发展股份有限公司碳酸钡生产线扩至年产20万吨，生产规模居世界第一位。2006年4月，贵州红星发展大足锶业公司硝酸锶生产线二次扩建圆满成功，达到年产8000吨的生产能力，居国内同行业第一。2010年3月，贵州红星发展股份有限公司年产2万吨高纯氯化钡项目投产，成为国内高纯氯化钡最大生产线。进入21世纪，河北辛集化工有限公司、南京金焰锶业有限公司等企业加快了研发精细、高端、高附加值钡锶盐系列产品的步伐，高纯度、电子级、纳米级产品如碳酸钡、氯化钡、硝酸钡、碳酸锶、硝酸锶等，发光材料如电子级碳酸锶、液晶面板碳酸锶、电子与电容陶瓷碳酸锶、八水氢氧化锶、金属锶、超细硫酸钡等产品不断更新换代，基本上形成了多系列、多规格的生产格局。"三废"治理方面，在碳酸钡和碳酸锶生产过程中，其工艺环节产生的废水大部分闭路循环使用，余下废水和其他钡盐产品工艺废水集中治理达标排放。南京金焰锶业公司、湖北京山钡盐公司等钡锶盐企业，研发了回转窑烟气除尘、脱硫治理等先进工艺，进行高效除尘、脱硫，效果很好；在钡锶盐生产工艺单元节点中的废气、粉尘排放点，加装引风装置集中收集，吸入到转窑烟气处理系统中，一并处理或单独设置吸收装置进行处理。为了妥善处置危废钡渣，山东信科环化、湖北京山楚天等公司利用无害化废渣制备蒸养砖和水泥或采用填埋储存等处置，达到了环保要求。

无机盐行业中用途较广、产量较大的碳酸钙领域的发展引人注目。2001年，石家庄鸿宇化学工程技术有限公司设计制造出全国轻质碳酸钙行业第一台槽式化灰机。21世纪初期，多条先进进口设备和生产线相继引进国内：2003年，广西华纳新材料科技有限公司首条30万吨/年纳米碳酸钙生产线建成投产，产品远销亚欧美各国，深受用户和同行赞誉；2007年11月，安徽池州升化碳酸钙有限公司总投资2亿元引进的30万吨/年轻质碳酸钙生产线一期工程于2009年8月12日建成投产；2009年，石家庄盖尔克斯科技有限公司3万吨/年纳米钙生产线开工建设，于2010年正式投入生产。2010年，全国重质碳酸钙年产量为1450万吨，2011年，全国轻质碳酸钙年产量达850万吨，轻质、重质碳酸钙产量继续领跑世界碳酸钙生产行业，纳米、超细等新产品也落地生根。

进入21世纪，国内元明粉和硫化碱进入大规模、高产能的生产时期。2003年，南风集团在硫化碱生产中采用单效列管蒸发工艺，该工艺设备投资小，劳动强度低，操作简单，产品质量稳定，易控制。2003年，工业无水硫酸钠国家标准GB/T 6009—2003出台，元明粉生产开始向高纯度、低pH值、大颗粒、低钙镁、精细及医用等高要求方向发展。2004年10月，新疆哈密巴里坤红星化工有限责任公司通过在煤还原芒硝法生产硫化钠的整个工艺过程中铁含量、硫化碱的颜色及其杂质的演化形态研究，采用水溶工艺、纳米分离技术，成功研制出超低铁纯黄色硫化碱、低铁硫化碱，工艺技术达到国际先进水平。2005年7月，江苏白玫化工有限公司建立国内第一套硝盐联产装置，2009年，南风集团运城元明粉分公司采用内置换热式流化床干燥元明粉，使生产成本大大降低，开创了元明粉干燥工艺之先河。进入21世纪，南风集团凭借元明粉技术优势，利用发行股票公开上市募集资金，实施在江

苏、四川地区的元明粉战略布局，元明粉生产能力占到全国生产能力的2/3，确立了在全国元明粉行业的龙头地位，制止了国内市场的无序竞争，提高了中国企业在国际市场的竞争力。这期间，由于矿产开发及元明粉技术突破性进步，四川、江苏两省元明粉生产明显显示出的成本优势，迅速成长为生产大省，甘肃、内蒙古等省、自治区因缺乏综合竞争优势，已经全面退出元明粉市场。2010年1月，湖南衡阳新澧化工有限公司单套年产量最大（80万吨/年）的元明粉生产线正式投产；2001年至2010年，新疆沈宏股份有限公司相继建成5条长转生产线（窑体规格：直径2.5米，长45米），硫化碱生产规模达到9万吨/年。

青岛泡花碱厂于2000年研制成功静压化料技术，同年，又研制成功高纯液体泡花碱，替代进口产品，从此，我国成为泡花碱产品净出口国。2001年，广州吉必时科技实业有限公司引进乌克兰250吨/年气相法白炭黑装置。2005年，青岛海洋化工有限公司硅胶产能5万吨/年，硅溶胶产能1万吨/年，成为亚洲最大的硅胶生产企业。2007年，青岛海湾索尔维化工有限公司成立，其生产规模、装备水平、产品质量均处于行业领先地位，位居世界单体产能前茅，是亚洲一流的硅酸钠生产基地。

2001年10月，国家计委批复青海盐湖研究所承担的国家高技术产业化重大示范工程"青海盐湖提锂及资源综合利用"可行性研究报告通过，标志着由青海盐湖研究所自主研发的"高镁锂比盐湖卤水锂盐生产的选择性离子迁移分离技术"与青海锂业有限公司承担建设的东台吉乃尔盐湖万吨级提锂项目拉开了序幕。2004年4月，天齐锂业通过天齐集团收购射洪锂业。2005年11月，青海中信国安科技发展公司碳酸锂项目开工建设，产能1万吨/年。2006年9月，国内首条卤水提锂生产线在新余开发区开工建设，赣锋从智利SQM采购Atacama盐湖浓缩卤水生产锂盐，开启了我国卤水提锂技术产业化的新篇章。2007年5月，青海盐湖佛照蓝科锂业股份有限公司1万吨/年碳酸锂项目开工建设，2010年引进俄罗斯卤水提锂技术，顺利实现从察尔汗盐湖卤水中提取锂资源。2007年10月，青海锂业有限公司3000吨/年碳酸锂生产线投产运行。2009年10月，由青海盐湖研究所承担的"青海盐湖提锂及资源综合利用"国家高技术产业化重大示范工程项目通过验收，该项目在青海东台吉乃尔盐湖建成了3000吨/年碳酸锂、25000吨/年硫酸钾和2500吨/年硼酸生产装置。至此，以青海盐湖自然资源为依托，青海盐湖研究所等科研机构参与的国内锂盐产品开发正式走上规模化生产阶段，发展潜力巨大。

2001年，广东中成化工公司的国内首套10万吨/年过氧化氢生产装置建成投产，此后，山东东营化工厂、江苏苏化集团的多套过氧化氢装置也顺利建成投产。2005年，湖南株洲智成化工有限公司设计的两套15万吨/年过氧化氢生产装置也先后建成投产，中国的过氧化氢生产设备水平突飞猛进。同年，黑龙江化工厂向孟加拉HP公司出口的日产40吨、35%（未经浓缩）过氧化氢生产装置一次投产成功。2006年，广西柳化集团采用黎明院钯催化剂固定床工艺建成投产第一套10万吨/年过氧化氢生产装置，2009年，又建成投产第二套同样规模的装置。2007年国内过氧化氢产量达86万吨，产能高达104万吨/年，此后产能扩张趋势还在继续，不断满足医药工业、化工合成、纺织印染、航天工业等行业的需求。2009年10月，江苏苏化集团与日本三菱瓦斯化学公司合资建成投产一套3万吨/年（以100%浓度计）过氧化氢装置，采用戊基蒽醌工作液，溶剂为二异丁基甲醇和偏三甲苯（重芳烃），氢化器为流化床。

2000年以后，基础硼产品硼砂和硼酸的生产实施矿化结合和资源结合，产业高度集中在有硼资源的辽宁和青海等地，硝酸二步法硼酸生产企业则集中在硝酸资源丰富的山东淄博地区，国内基础硼产品生产形成三足鼎立的布局。2002年后，硝酸二步法硼酸工艺经不断改进后，在山东省快速发展，其产量占据国产硼酸的半壁江山。2003年，大连理工大学开发的"由硼砂和石灰制偏硼酸钙"的新工艺日趋成熟，产品用作国内无碱玻璃

纤维生产的含硼原料，替代进口硬硼钙石。2004年，一步法硼酸开始采用浮选分离硼镁新工艺之后，解决了硼酸母液排放的环保问题，同时提高了硼收率，碳碱法硼砂的硼泥开始用于制砖、球团烧结添加剂及硼肥等。同年，黑龙江省牡丹江市碳化硼产品80%以上销往国外，占据了国际同类产品40%的份额，其中，黑龙江丹峰磨料磨具集团有限公司生产的L型高纯碳化硼粉体为国内首创，其产品纯度达98%以上，粒度最细可达3微米。牡丹江金刚钻碳化硼精细陶瓷有限责任公司碳化硼生产规模处于亚洲第一、世界第二的位置，2006年，该公司主营的高纯度、精细化、电子级产品实现历史性突破，营业收入超过亿元；2007年，公司完成国家重点技术改造项目，投资5000万元的精细微粉和核用材料生产线全面竣工投产，更多的高端电子级硼化物产品陆续投放国际市场。2008年，辽宁省重点硼企业在硼砂和硼酸生产过程中大力推广先进工艺技术，如改进产品洗涤方式、生产过程余热回收利用、在频繁启动的电机上使用变频调速设备等，有效地实现了节能减排。我国硼酸产量也由2001年的2.5万吨增长至2010年的22万吨，硼砂由2001年的35万吨增长至2007年的38万吨，达到顶峰。2007年以后我国硼酸产量开始逐年下降，2010年降至32万吨。自2002年开始，我国硼砂和硼酸不再出口，并大量进口国外硼砂和硼酸，碳化硼、硼铁合金产量的40%～50%出口，硼酸锌、氮化硼和硼氢化钠等部分出口，硼工业进入理性调整时期。

2002年，中国科学院过程工程研究所研发团队与河南省振兴化工集团公司合作，建成苛性钾亚熔盐液相氧化法1万吨/年铬盐清洁生产工业示范装置。2003年，甘肃民乐化工厂采用"无钙焙烧清洁生产铬酸钠新工艺"建成万吨级工业生产装置，从此我国拥有了自主知识产权无钙焙烧工艺生产铬盐的清洁生产技术，打破了发达国家对我国的技术壁垒。为加快铬渣无害化处理，2004年，在国家环保总局的指导下，筛选出技术基本成熟、解毒效果良好、经济相对合理、适宜组织实施的六种处置技术向国内推广。2007年，天津派森科技有限责任公司开发了铬铁矿碱熔氧化生产铬酸盐清洁工艺，该工艺以铬铁为原料，在高压容器中，实现铬的氧化熔出，不再产生废渣，从而解决了长期困扰铬盐工业发展的"渣害"问题。2007年，中国科学院过程工程研究所研发团队与中蓝义马铬化学有限公司合作，完成了苛性钾亚熔盐液相氧化法1万吨/年铬盐清洁生产示范装置技改，其配套的铬酸钾氢还原法1500吨/年氧化铬生产装置投产，产品进入市场。2009年，新疆沈宏集团股份有限公司2万吨/年铬酸钠生产线开始生产运行；同年，重庆民丰铬盐厂建成了直径为5米的回转窑，生产能力高达3.5万吨/年，配料及混料系统实现了自动化。2009年，中蓝义马铬化学有限公司新建两台刮板蒸发器替代了原装置中的熬碱锅，实现了生产装置的连续运行；2010年又建成一台直径800×22000的氢气还原铬酸钾回转式炉，替代了五台自动化程度低、劳动强度大的推舟式还原炉。2010年，中信锦州铁合金有限责任公司5万吨/年无钙焙烧清洁生产铬酸钠生产装置建成投产。进入21世纪，国内铬盐生产逐年稳步扩展，并保持一定的增长幅度。

2002年，安徽曙光化工集团4万吨/年液体氰化钠项目成功投产；2005年，该集团氰化钾新产品试产成功，填补了我国该产品工业化生产的空白。同年，重庆紫光化工股份有限公司在国内率先成功开发亚氨基二乙腈产品，为国内开辟IDAN法草甘膦路线奠定基础，工艺水平亦属国际一流。2006年，安徽曙光化工集团、营创三征（营口）精细化工有限公司首创的轻油裂解法氰化钠生产尾气回收制合成氨工艺投产，实现了循环工业生产。同年，安徽曙光化工集团液体氰化钠产能扩大到14万吨/年，2008年，国内最大的5万吨/年固体氰化钠生产装置在安庆曙光化工集团建成投产，国内氰化钠产能继续扩大。2008年以前，中国还是氰化钠的净进口国，每年要进口1万～3万吨，到了2009年，中国已迅速发展成氰化钠净出口国，除了满足国内需求之外，还有几万吨的出口量。

天然气法二硫化碳生产工艺在20世纪引进中国，辽宁瑞兴集团通过消化、吸收、再创新，于2001年申请了新的专利技术，并于2002年实现了技术和设备出口泰国。2002年，孔庆然研发成功焦炭法二硫化碳生产工艺，并申请获得了5项发明专利。焦炭法的研发成功淘汰了木炭生产工艺。2005年，上海百金化工有限公司在重庆投资建设3.5万吨/年天然气法二硫化碳生产线，2006年正式投产，该生产线创造了当时全球单条天然气法生产线的规模之最。21世纪以来，在以辽宁瑞兴集团、上海百金集团为代表的天然气法生产企业的共同努力下，二硫化碳产业在中国得到了突飞猛进的发展，实现了国内二硫化碳供应从依赖进口到零进口再到产品、技术、装置出口的"大转折"。

2002年，天津化工研究院完成4吨/年的液体六氟磷酸锂中试，并通过国家鉴定，产品质量达到国外同类产品水平。同年，焦作市多氟多化工股份有限公司自主研发的磷肥副产氟硅酸钠制2万吨/年冰晶石联产优质白炭黑生产线建成投产，这是国家计委的"国家高技术产业化示范工程"、科技部的"国家重点新产品"，开辟了我国氟资源循环经济发展新篇章。2003年，多氟多化工股份有限公司利用铝加工行业废弃物氟铝酸铵生产冰晶石项目建成投产，实现了铝加工行业废弃物的高效回收利用。2003年，成都新都凯兴科技公司成功开发国内第一台镍基合金往复旋转机，并作为预反应器用于浙江三美化工股份有限公司的1.5万吨/年无水氟化氢装置，使得以往依赖进口的氟化氢生产关键设备实现国内自行设计和制造。2006年，多氟多化工股份有限公司依靠自主创新建成了6万吨/年无水氟化铝生产线，利用电解铝含氟碳渣生产2万吨/年冰晶石项目也于2009年建成投产，被国家发改委列入"国家循环经济和资源节约重大示范项目"。2006年，黎明化工研究院工业级SF_6产能扩大到3000吨/年，产能和产量均跃居世界首位，并在此基础上，开展了电子级SF6研发，产品纯度达到99.999%。国内电子级氢氟酸制备最早从2007年开始，是由浙江蓝苏氟化有限公司引进的苏威公司技术，后经消化吸收创新后建立了多条生产线。2008年，贵州瓮福蓝天氟化工股份有限公司引进了瑞士布斯公司以磷肥副产氟硅酸为原料的2万吨/年无水氟化氢生产装置，为解决设备腐蚀问题，该公司与设备制造厂家创新改进了设备结构，使装置能长周期运行，成为国内真正意义上综合利用副产氟资源制备无水氟化氢的第一家企业。2010年2月，浙江凯圣氟化学有限公司采用自主知识产权建设的6000吨/年高纯电子级氢氟酸生产装置投入运行，产品质量达到国际先进水平。2010年，多氟多化工股份有限公司建成了200吨/年晶体六氟磷酸锂生产线，产品代替进口，返销日本，出口韩国，使我国成为全球第二个能生产晶体六氟磷酸锂的国家。同年5月，多氟多化工股份有限公司上市，成为我国第一家无机氟化工上市公司，开启了无机氟化工重组创新之路。

2001年3月，云南石屏磷酸盐厂21000千伏安 2#制磷电炉上采用了国内第一台三相7根直径500毫米石墨电极的设计方案。2002年11月8日，中国第一台三相7根电极呈梅花状布置的多电极黄磷电炉在云南石屏磷酸盐厂建成投产。2005年6月19日，中国第一台万吨级黄磷多电极制磷电炉在云南石屏方盛磷化工科技有限公司顺利投产。2008年《黄磷行业准入条件》（工业和信息化部公告，产业〔2008〕第17号）发布，自2009年1月1日起实施。

2001年，太原隆和镁业有限公司采用蛇纹石化学湿法生产高纯氧化镁和多孔状吸附剂的生产线正式投入使用，从此结束了我国不能生产99%以上工业氧化镁的历史。随后该公司以东北的水镁石和菱镁矿、沿海地区的卤水、青海的水氯镁石为原料，以该技术制取高纯工业氧化镁的实验研究也取得成功。2006年至2010年期间，氧化镁产量由1.5万吨/年发展到5万～6万吨/年，大约增长3倍，单套生产规模由500吨/年发展到1500～2000吨/年，生产能力提高了2～3倍。氢氧化镁发展速度也比较快，产量大约翻一番，规模已达万吨级或10万吨级，工业水合碱式碳酸镁、硫酸镁、氯化镁产量

均不断增加。氢氧化镁、碳酸镁、硫酸镁、氯化镁及过氧化镁出口量逐年增加，其他氧化镁出口也在快速增长，2008年我国镁盐出口量达到最大。2010年，河北科技大学与辽宁新发展企业集团合作建成0.4万吨/年高纯颗粒状氧化镁中试装置，工程试车成功并申请2项专利。2001年至2008年间，镁化合物行业运行平稳上升，而后随着金融危机出现下滑，出口受阻，国内市场疲软，一些小企业停产。2008年，全行业销售达到峰值，随后停止上升，稍有下滑，但领先优势依然明显。

2001年至2010年是无机盐行业发展提升与取得阶段性成果的阶段，新建、改建企业红红火火、如火如荼，企业经整合重组逐步走向规模化、集约化，众多无机盐产品产量和市场占有率在国际上独占鳌头，我国已跻身世界无机盐生产大国行列。在经历了急剧的发展壮大之后，大多无机盐企业各项生产指标明显上升，生产工艺水平和技术装备显著提高，高附加值、专业化产品日益增长，自动化水平不断提升。但是，随着国际金融危机的爆发、国内环保门槛的日益提高，很多生产落后、低水平重复建设、竞争能力不强、污染严重、难以适应市场需求变化的生产企业被淘汰。潮起潮落，几经风雨，面对全球一体化的国际环境，在经历了2005年的发展巅峰与随后的回落之后，我国无机盐行业开始了理性发展的思考，以理顺行业发展过程中涉及的方方面面问题，使发展方向更为明确，路线图更为清晰。我国无机盐行业正苦练内功、蓄势待发！

2010—2019：追梦路上——无机盐工业迈向高质量发展

2010年以来，国际国内形势发生深刻变化，我国无机盐行业在经过两次金融危机的洗礼之后，也迎来了难得的战略机遇期。进入新时代的中国无机盐工业，贯彻落实"创新、协调、绿色、开放、共享"的发展理念，以提高发展质量和效益为中心，以供给侧结构性改革为主线，在结构调整、技术创新、绿色发展、资源节约、"一带一路"国际合作等方面不断寻求突破，并奋力开启了创新驱动、智能制造的崭新篇章。截止到2018年，我国生产的无机盐产品有22个系列、2000多个品种，总生产能力超过1.2亿吨/年，总年产量超过9000万吨，相当数量的产品产量居世界前列。主要无机盐产品的产能、产量持续增长，无机氟化物、过氧化氢等产品的产量年均增长率超过10%。2018年，沉淀法白炭黑产能达到215万吨/年，黄磷产量近100万吨。2013年，中国矿产元明粉年产量为980万吨，达到行业70年来历史最高。2012年，我国碳酸钙产量跨越2000万吨大关，超过美国成为全球最大的碳酸钙生产国；2018年，我国碳酸钙总产能达到3400万吨/年，其中轻钙约1100万吨/年，全球产量所占份额继续扩大。同时，在席卷全国的环保风暴下，绿色发展日益成为行业共识。2011年至2015年，全无机盐行业单位增加值能耗累计下降20%，行业废水及主要污染物排放量持续下降，主要污染物排放总量降低15%，2014年COD比2010年下降8%。黄磷生产尾气能实现85%综合利用，铬盐含铬废渣处理利用率达到100%。同时，由于我国劳动力成本上升、资源匮乏、环保压力增大等原因，科技创新、产业升级迫在眉睫，许多无机盐生产企业开始发展新兴产业，寻找可续持发展之路。

2011年，全国第一家单条日产100吨的干法活性钙生产线由河北华博精细化工有限公司自主设计完成并投入运行。2013年以来，碳酸钙分会专家组认定了一批节能减排新设备，例如：石家庄佳友设备制造有限公司开发的DS1500碳酸钙专用吊带式离心机、浙江力普粉碎设备有限公司生产的"纳米碳酸钙粉碎分级成套生产线"、桂林鸿程矿山设备制造有限公司生产的"HCHI395超细环辊磨粉机"和黎明重工科技股份有限公司生产制造的"MTW欧式梯形磨粉机"等。这些新设备在碳酸钙行业的生产中起到了很好的节能减排作用。2016年，广西华纳新材料科技有限公司成为全国纳米碳酸钙生产能力最大的企业，年产量30万吨。至此，我国纳米（超细）碳酸钙生产企业已达49家，生产能力达81万吨/年。近年来，国内企业在占领中

低端产品市场的同时，中高端产品市场份额也明显提升，国产高端碳酸钙产品正逐步打破外资企业或其在华企业的垄断局面，各种功能的改性钙、专用钙，各种晶型的碳酸钙、粒度分布较窄的产品不断涌现，填补了国内空白，初步形成了产品系列化、专业化、功能化的新格局。2016 年以来，在席卷全国的环保风暴冲击下，围绕环保综合整治，碳酸钙行业实现了优胜劣汰、资产重组，技术装备水平显著提升，生产规模不断提高，产品质量稳定改善。浙江常山原有 18 家碳酸钙企业，2018 年全部退出；浙江衢州市 212 家企业整合为 17 家；建德市原有 124 家氧化钙、碳酸钙企业，通过整合保留 34 家；河北省井陉县围绕京津冀一体化发展战略，制定了十年发展规划，通过企业申请、部门批准共退出 27 家企业，剩余 18 家企业、25 个生产厂点，总产能控制在 120 万吨/年，比原来消减产能 100 万吨/年。井陉县保留下来的企业严格按照"井陉县钙镁企业环境整治 21 条标准"，投资 2.6 亿元开展了史无前例、脱胎换骨式的综合技术改造：企业通过正规化设计，建立了标准化车间；实现了原料进棚、密闭操作，设备全部进车间；引进推广了具有国内行业领先水平的全自动刮刀离心机，推广率达到 100%；干燥工艺全部实施了煤改气，实现了"双在线监测"；碳化、干燥、离心尾气采用冷凝处理、消除了疑似白烟；板框压滤处理生产废液普遍应用，提高了废液的利用率；排污节点全部安装了先进的高效布袋除尘设施，用电单独计量，在线监控。通过这次综合改造，厂容厂貌、生产环境、技术装备水平、产品质量得到了全面提升，实现了历史性跨越，使钙镁之乡——井陉碳酸钙行业走在了国内前列。

2011 年 8 月，上海百金集团独立研发的自主创新工艺"一氧化碳-硫磺法"低温连续催化生产二硫化碳技术通过了中国石油和化学工业联合会组织的"CO 低温催化合成 CS_2 新工艺"技术评审。2013 年 4 月 17 日，国家工信部《二硫化碳行业准入条件》正式颁布，2013 年、2015 年，国家环境保护部出台的《环境保护综合目录》连续两次明确将"间歇焦炭法二硫化碳工艺"列入"高污染、高环境风险"产品目录，我国开始逐步淘汰间歇焦炭法生产装置，全力推行先进的天然气法生产工艺，促进二硫化碳行业的清洁生产。2017年，全国二硫化碳总产能约91.8万吨/年（其中已投产运行产能78.5万吨/年，在建产能13万吨/年），2015年二硫化碳产量约为63.8万吨，2016年约为63.3万吨，2017年为68万吨，稳中有涨。2018年下半年，国内符合行业准入条件的二硫化碳生产企业继续加大现有装置的技术升级改造，全面实现"集散控制系统+安全仪表系统"的双系统自动控制。一方面，严格的企业生产污染排放标准促进了那些没有配套尾气处理系统或排放达不到新标准要求的企业设备的升级改造，确保尾气处理系统的正常运行。另一方面，目前综合能耗较高的企业正积极进行技术升级改造，以实现全行业在"十三五"期间综合能耗再降低的目标，使整个二硫化碳行业实现节能降耗、减排增效。目前，越来越多的二硫化碳生产企业开拓思维，加大创新力度，延伸相关产业链，利用副产高品质硫化氢，发展精细硫化工产品，实现二硫化碳与精细硫化工联产产业链，提高综合竞争能力。"天然气-硫磺法"生产二硫化碳的副产品硫化氢是难得的精细硫化工原料，利用副产硫化氢既可生产巯基乙醇、巯基乙酸、巯基丙酸、巯基乙烷、巯基乙酸钠等巯基类精细硫化工产品，也可生产高纯度硫氢化钠及其下游产品。

2013年6月，赣锋锂业万吨级锂盐工厂在江西新余建成投产，后逐步扩产，现成为全球最大的锂辉石提锂加工基地，锂盐综合产能达到7万吨/年。2015年12月，青海柴达木循环经济试验区重点支持和推进的循环经济产业化、高技术项目——海西蒙古族藏族自治州高纯氯化锂联产高纯硼酸项目在大柴旦工业园正式投产试车成功。2016年12月24日，青海柴达木兴华锂盐有限公司年产1万吨高纯氯化锂联产2.5万吨精硼酸项目一期0.5万吨高纯氯化锂联产1.25万吨精硼酸生产线顺利投料生产。2017年12月，青海恒信融锂业科技有限公司2000吨/年电池级碳酸锂生产线开始投料试车并正式投产。2018年9月29日，青海东台吉乃尔锂资源股份有限公司1万吨/年碳酸锂生产装置在青海东台吉乃尔建成投产。2017年我国锂盐产量12.34万

吨，同比增长 43.5%。2018 年国内锂盐总产量约为 25 万吨，其中碳酸锂产量 17.25 万吨，氢氧化锂 7.8 万吨，我国锂盐产量继续占据全球锂盐总产量的半壁江山。我国"十二五"规划以来，新能源汽车对锂盐的需求快速上升，供应紧张局面促使国内主要大型锂盐企业开始实施新的战略布局，发挥产业优势，发展新兴产业，实现了在固态锂电池、金属锂等领域高附加值产品的高质量生产。2011 年 11 月，赣锋锂业收购加拿大国际锂业 9.99% 的股权，开始在全球范围内布局上游锂矿资源；2014 年 3 月，赣锋国际与国际锂业签订协议，通过债转股和追加投资，拥有阿根廷 Mariana 卤水矿 80% 的股权，开始全球布局锂矿资源；2014 年 6 月，赣锋锂业收购深圳美拜电子科技有限公司 100% 股权，正式向下游产业链——锂电池制造板块进军。2014 年 8 月，天齐锂业收购泰利森锂业 51% 的股权，拥有位于西澳大利亚的全球最大的锂辉石矿藏——格林布什矿，为天齐锂业的锂资源提供了保障，垂直整合了锂产业链。赣锋锂业、天齐锂业等国内主要锂盐企业的海外扩张、并购布局代表了锂盐产业对资源保证和产业链整合的前瞻性和战略性举措，对于实现锂盐行业的高质量发展意义深远。

2011 年，湖北振华化学股份有限公司建成投产 5 万吨/年无钙焙烧红矾钠生产线，该生产线采用大型回转窑及其他先进设备建成，工艺技术和装备水平属于国内领先，2015 年，该公司数字化无钙焙烧清洁生产技术制红矾钠改造工程通过环保部验收。2011 年，白银昌元化工有限公司采用"连续液相氧化反应塔生产铬酸盐新工艺"建成万吨级工业试验装置，并试运行。2014 年，中蓝义马铬化学有限公司研制出一台自动化程度高且连续进出料的钢带式还原炉，用于氢气还原铬酸钾生产氧化铬绿，2015 年，该公司使用 MVR 蒸发器替代列管蒸发器用于芒硝溶液的蒸发并成功用于生产。"十二五"以来，铬盐行业在改造生产工艺实现清洁化生产的同时，还对毒性大、影响恶劣的铬渣进行减量处理，国内相继开发了铬渣代替消石灰作溶剂用于烧结炼铁、制低铬铸铁、高温熔融制水泥联产含铬铸铁、做水泥添加剂及矿化剂等十多种综合利用技术。除了铬渣的解毒回收利用外，尾气余热利用技术也日益成熟，重铬酸钠每吨尾气余热可副产蒸汽4吨以上，减少锅炉燃煤40%，除尘后尾气烟尘浓度由5克/立方米降至50毫克/立方米以下，能耗降低，污染减少。生产中实现密闭循环后，污水量降低至1吨/吨产品，经处理，可达标排放。截止到2019年上半年，经过企业兼并重组、优胜劣汰，我国现存铬盐厂10余家，其中5万吨/年以上规模的厂家3家，1万吨/年以下的厂家1家，其余厂家产能在1万～5万吨/年之间，国内铬盐产量呈稳步上升态势。

2010年，重庆紫光化工股份有限公司打破国外垄断，建成国内首套规模化蛋氨酸生产装置，成为全球5家蛋氨酸生产企业之一，蛋氨酸产能达到10万吨/年。从2010年开始，营创三征（营口）精细化工有限公司避开国内同质化氰化物下游产品开发方向，另辟蹊径，重点专项开发用于医药等行业的高附加值氰化钠下游产品，经过八年的研发，开发了用于医药等行业的高附加值下游产品，成为头孢呋辛酸中间体氯磺酸异氰酸酯（CSI）和抗艾滋病阿巴卡韦中间体文斯内酯全球产量最大、质量最好的供应商。安徽曙光化工集团在2008年最先通过国际氰化物协会（ICMI）认证后，其供销公司又于2011年首先通过国内运输认证。河北诚信集团有限公司2012年通过国际氰化物协会（ICMI）认证，并于2013年、2017年分别通过国内运输和国际海运认证。2012年上海赛科公司新建26万吨/年丙烯腈装置，于2015年成功投产。2013年河北诚信集团下属广安诚信化工有限责任公司建成我国最大的天然气氨氧化法固体氰化钠装置。同年，重庆紫光化工有限公司完成丁二烯法制己二腈从小试到工业放大实验，建成国内首套工业生产装置，掌握己二腈工业生产全套技术。2015年，天津港发生"8·12"爆炸事件，河北诚信集团有限公司、安徽曙光化工集团、营创三征（营口）精细化工有限公司、山西晋鸿等多家企业立即派出氰化物专家和救援队伍，成功进行了现场氰化钠处置工作，受到国务院安全生产委员会办公室书面表扬。河北诚信集团有限公司作为第一个主动到达现场参与处置和救援的氰化物生产企业，于2015

年 8 月 30 日收到了天津市委、市政府的书面感谢信。这些年来，我国氰化钠行业保持高速增长，已经成为世界最大氰化钠生产国。2017 年，氰化钠产量全球占比约为 23.30%。2018 年，安徽曙光化工集团建成甲醇氨氧化法氰化钠生产装置，该公司持续推进技术创新，丙烯腈副产固体氰化钠技术位居国内同行业前列，固体氰化钾的开发和生产填补了国内该产品工业化生产的空白，带动了国内氰化物行业的进步，目前该公司生产规模为 4 万吨/年高纯度固体氰化钠、0.5 万吨/年高纯度固体氰化钾及系列氰化物产品。作为目前全国规模最大的氢氰酸及其衍生物生产企业之一，河北诚信集团有限公司在 2018 年中国石油和化工民营企业百强中位列第 17 位、中国精细化工百强位列第 6 位。该公司围绕氢氰酸上伸下延，延长产业链条，形成氰化钠、黄血盐钠（钾）、三聚氯氰、丙二酸酯系列产品、原甲酸酯系列产品、氰乙酸（酯）系列产品、EDTA 螯合剂系列产品等，成为无机盐行业的大型精细化学品制造企业，2018 年，通过了工信部第三批"绿色工厂"认定，为行业首家。作为一个安全、环保要求严格和技术密集型行业，氰化物行业今后的发展方向将是严格执行行业准入的报批手续和生产许可证的管理，加强安全和环保管理，实现行业中生产装置的规模化、集中化、自动化。另外，鼓励行业进行新产品研发和工艺技术革新，就地消化氰化物初级产品，进一步延长产业链，发展下游高附加值的精细化学品和功能化学品，以减少氰化物运输带来的安全和环境风险，满足日益增长的市场需要。

2011 年 8 月，山东淄博众诚钡盐公司自主研发的氯化钡连续化生产新工艺和废气二氧化碳连续化回收新技术投产运行，新工艺和新技术填补了我国利用毒重石连续生产氯化钡和回收二氧化碳的空白。2015 年，南京金焰锶盐有限公司开始自主研发利用硫化氢制取液体硫黄的新工艺，整个生产装置采用不锈钢材质并全封闭、自动化控制，回收率 100%，无污染物排放，企业管理、安全生产、环境保护等全部实现连续化、自动化，各生产单元管理全部由 DCS 系统控制中心全程控制及反馈。2015 年 10 月，南京金焰锶业有限公司"锶矿（天青石）重-浮联合高效选矿技术"被国土资源部列入第五批矿产资源节约与综合利用先进适用技术推广目录。2017年，贵州红星发展有限公司、重庆庆龙锶盐公司连续碳化技术研发成功并应用，这一科技创新之举实现了生产工艺的连续化、自动化。这期间，国家产业结构调整和环保政策等一系列政策法规陆续出台，导致绝大部分中小钡锶盐企业停产或淘汰出局，钡锶盐产量呈下降趋势。据不完全统计，2010年碳酸钡产量42万吨，2018年30万吨；2011年至2017年碳酸锶产量年均为17万吨左右，2018年产量为15万吨；2018年硫酸钡产量为45万吨，氯化钡为13万吨。由于氯化钡生产污染问题严重，经淘汰落后产能，其产量降幅较大。近年来，液晶彩电、汽车、自动化控制等行业快速发展，对精细钡锶盐产品的需求大幅增长，促进了我国钡锶盐精细化工产品的发展。随着高新技术的发展，磁性材料行业对钡锶盐的需求以每年10%～12%的速度增长，电子级和陶瓷级钛酸钡锶粉体等高端产品市场潜力巨大。

2011年，大连金玛硼业科技集团股份有限公司并购牡丹江金钢钻碳化硼有限公司，至此，大连金玛硼业科技集团股份有限公司成为拥有完整硼产品产业链的生产企业。同年，丹东市化工研究所有限公司开始大批量生产大单晶氮化硼，并出口国际市场。2012年，辽宁瓮泉硼镁股份有限公司以进口土耳其硬硼钙石为原料，建设一套年产7万吨硼酸的工业生产装置，这是国内唯一一套以硬硼钙石为原料生产硼酸的工业装置。2017年，大连博恩坦科技有限公司启动年产50吨硼同位素系列产品的产业化项目，项目落户于大连长兴岛经济开发区。2011年以后，我国基础硼产品由于竞争力不强，受进口冲击，产量逐年下降，国产硼酸产量由2011年的26.6万吨，下降到2018年的14万吨；国产硼砂产量由2011年的28.8万吨，下降到2018年的13万吨；而碳化硼、氮化硼、硼铁合金等高附加值产品的生产规模不断扩大，核级硼酸、高纯氧化硼和高纯硼粉等硼产品陆续被开发生产出来，实现了产品的更新换代。在辽宁硼镁矿资源近乎枯竭的情况下，西部青海盐湖资源综合利用

副产的硼产品将成为我国硼行业新的增长点，同时充分利用国外进口的基础硼产品，生产高附加值的硼产品和含硼材料是今后的发展趋势。

2010年5月，铝用氟化盐代表企业多氟多化工股份有限公司上市，成为我国第一家无机氟化工上市公司，开启了无机氟化工重组创新之路。同年1月，国家对无水氟化铝单列税则号，实行零关税，其他氟化铝加征5%的关税。2011年5月，云南祥丰金麦化工有限公司、安宁市银洲化工有限公司、多氟多化工股份有限公司三方共同出资组建由多氟多公司控股的子公司多氟多（昆明）科技开发有限公司，联合建设投产3万吨/年冰晶石联产9000吨/年白炭黑生产线，年消耗15%氟硅酸约13.8万吨，成为磷肥行业环保治理的标杆项目。2012年7月，多氟多公司再次扩股，与原核工业部国营二七九厂白银中天化工有限责任公司（2004年通过有效资产改制重组而成立）重组，成为民营控股、国资参股的混合所有制企业，建设投产了12万吨/年的无水氟化铝和11万吨/年的无水氟化氢生产线，单条无水氟化铝生产线年产能达5万吨，成为西北无机氟化工生产基地，产品除销往国内各地之外，还远销俄罗斯、哈萨克斯坦、巴西、印度、埃及等国，深受国内外客户的青睐。2017年6月，多氟多并购宁夏金和化工有限公司，成立宁夏盈氟金和科技有限公司，建设投产了11万吨/年的无水氟化铝生产线，国内市场占比达30%以上，进一步掌控西北市场话语权。2013年，湖南广成发展有限公司建设年产3万吨氟硅酸钠水碱法制备氟化钠生产线，主要原料来自磷肥等其他行业副产物，大幅降低了成本，颠覆了传统的氢氟酸法制氟化钠生产工艺，提升了我国氟化钠生产竞争力。利用磷肥副产氟硅酸制取无水氟化氢是一条资源综合利用、延长磷化工产业链、推动循环经济发展的全新道路。贵州瓮福蓝天氟化工有限公司在2008年建设了年产2万吨从磷肥副产品氟硅酸中回收氟资源制取无水氟化氢生产线，随着技术日臻成熟，于2012年1月在福建全资子公司福建瓮福蓝天有限公司开工建设年产1万吨无水氟化氢的项目，成为世界第二套利用氟硅酸制取无水氟化氢的项目；同年11月，又和兴发集团在湖北共同投资建设了年产2万吨的磷资源综合利用项目——回收湿法磷酸生产中的氟制无水氟化氢；2017年4月，全球最大的单套氟硅酸制取无水氟化氢年产3万吨工业装置在云南瓮福云天化氟化工科技有限公司开工建设。云南瓮福云天化氟化工科技有限公司是由贵州瓮福蓝天氟化工股份有限公司与云天化股份有限公司共同出资组建的，2017年4月开工建设的这套装置是贵州瓮福公司在贵州、福建、湖北三套成熟工业装置之后的第四套工业化装置。氟硅酸制无水氟化氢技术的优化提升和扩建，实现了磷复肥行业的可持续发展，开辟了氟资源来源的新途径，对保护萤石战略资源具有巨大的意义，符合国家"发展循环经济、资源再利用、废物资源化"的政策方针，未来市场前景广阔。在国务院决定加快培育和发展的战略性新兴产业中，无机氟不但是七大战略性新兴产业之一新材料的重要组成部分，而且是其他六大战略性新兴产业不可或缺的配套材料，在发展战略性新兴产业中具有举足轻重的作用，尤其是芯片用电子级化学品氟化物（如电子级氢氟酸、电子级氟化铵、电子级四氟化碳等）和新能源汽车关键零部件锂离子电池用新型含氟锂盐（如六氟磷酸锂、四氟硼酸锂、二氟磷酸锂等），这是无机氟工业崭新的发展机遇。国内电子级氢氟酸制备最早从2007年开始，是由浙江蓝苏氟化有限公司引进的苏威公司技术，后经消化吸收创新后又建立了多条生产线。2010年2月，浙江凯圣氟化学有限公司采用自主知识产权技术建设的6000吨/年高纯电子级氢氟酸生产装置投入运行；9月，福建邵武市永飞化工有限公司"年产15000吨高纯超净氢氟酸（电子级氢氟酸）"项目投产；12月，浙江蓝苏氟化有限公司在衢州建设了年产5000吨电子级氢氟酸生产线。到2012年，我国高纯电子级氢氟酸已建、拟建产能大于12.72万吨/年，其中已建产能大于2.72万吨/年，在建、拟建产能分别约5万吨/年，另外中国台湾地区拥有产能超过1.77万吨/年，但这些生产线所得的产品由于品质属中低端，只能用于太阳能光伏电池和液晶显示器。由于高端技术瓶颈以及工艺苛刻和装备洁净处理要求甚高等多方面影响，我国集成电路

（IC）和超大规模集成电路（VLSI）用超净高纯电子级氢氟酸长期以来依靠进口。2012年，多氟多化工股份有限公司建设了年产1万吨电子级氢氟酸生产线，经过三年攻关，产品品质达到UP-SS级，满足高端芯片需求，替代进口，填补了我国不能生产高品质电子级氢氟酸的空白。锂离子电池商业用含氟锂盐材料六氟磷酸锂，2010年以前，国内尚无高质量的批量晶体六氟磷酸锂生产厂家，大部分依靠进口，每年原材料采购需支出1亿美元以上。国内六氟磷酸锂的研究始于天津化工研究院，该院1999年完成了4吨/年的液体六氟磷酸锂生产线中试并通过国家鉴定，产品质量达到国外同类产品水平。2005年8月，天津金牛电源材料有限责任公司（由河北邢台矿业集团公司与天津化工研究设计院共同出资组建）采用天津化工研究设计院（后更名）具有自主知识产权的液体六氟磷酸锂技术，建设了电解液生产装置，将制备的液体六氟磷酸锂以电解液的形式外售。2010年，多氟多化工股份有限公司在2006年至2009年小试的基础上，建设了年产200吨晶体六氟磷酸锂生产线，并于2012年承担国家863计划"锂离子电池全产业链电解质开发"，产品六氟磷酸锂代替进口，返销日本，出口韩国，使我国成为全球第二个能生产晶体六氟磷酸锂的国家。随后，国内相关企业也投资建设了不同规模的晶体六氟磷酸锂生产线，现阶段国内能生产六氟磷酸锂的企业主要有必康股份、常熟新泰、湖北宏源、石大胜华、天赐材料等。2017年，多氟多化工股份有限公司"锂离子电池核心材料高纯晶体六氟磷酸锂关键技术开发及产业化"获国家科学技术进步二等奖。2018年，国内无机氟工业总产能近200万吨/年，产量约100多万吨，销售额超过人民币30亿元，我国已成为全球继北美、欧洲、日本之后的氟化工生产、消费大国，已经建立了较为完整的产业链，门类基本齐全，多种产品的产能、产量居世界第一。

经过多年发展，当前我国无机硅化合物工业产能规模迈上新台阶，产能、产量居世界第一，部分产品质量达到世界先进水平，不断替代进口，逐步形成了自身的特点和优势。一是调整布局，落实产业政策。就全国看，对于主要产品硅酸钠，不同地区逐步建立了若干年产10万吨以上的大型骨干企业，已达到一定的经济规模，并以此为集团基地，着重生产熔制固体料；而小型厂则进行溶解固体料，生产液体、粉状和颗粒产品，形成了重点依托、重建减少、布局合理的格局，提高了经济效益。二是不断推广新技术，实现节能降耗。在硅酸钠生产中，结合当地资源的实情，各企业因地制宜择优选择煤、油及焦炉煤气、半水煤气、混合煤气或天然气等为燃料；生产企业为节约燃料，有的使用颜氏燃烧器，有的采用自制半水煤气，有的改进马蹄焰炉炉型等，都在降低能耗上取得了很好的成效。硅胶生产通过加强工艺过程的水循环利用，产品水耗从50吨降低到了25吨左右。三是进一步加强产品的研制和应用开发。发挥高等院校、科研院所的研究能力，形成与企业紧密结合的优势，在已开发的高分散白炭黑、硅酸锂、五水偏硅酸钠、电子级硅酸钾、二氧化硅气凝胶系列及硅酸铝等新产品的基础上，进一步加强科技经济力量，在新品种沸石分子筛、不同浓度和型号的硅溶胶活性和透明级二氧化硅、精细陶瓷等方面，不断进步和发展，形成无机硅化合物系列化产品。2012年，世界最大的用于泡花碱生产的燃煤马蹄焰玻璃池窑（176米^2）在山东莱州福利泡花碱有限公司建成投产。2016年，无锡确成硅化学股份有限公司在泰国投资设立子公司，成为第一家在海外进行投资自建的无机硅化物企业。2017年，广州凌玮科技股份有限公司开发出塑料母粒用二氧化硅开口剂，2018年开发了环保新型材料水性涂料专用二氧化硅消光粉，2019年推出用于涂料行业的创新产品防锈颜料，均为国内首家研发生产。2018年确成硅化学股份有限公司白炭黑国内总产能32.5万吨/年，成为全球第三、亚洲第一的二氧化硅专业制造商。去年全国无机硅化物总设计产能965万吨/年，产量765万吨，年产值235亿元，产量世界第一，其中偏硅酸钠产能达到50万吨/年，沉淀法二氧化硅产能达到215万吨/年，硅胶产能达到30万吨/年，硅溶胶60万吨/年，气相法白炭黑产能13万吨/年，高分散白炭黑113万吨/年。

2013年，南风集团联合四川雅安市名山区佳世机械厂、西安一航航空动力技术装备有限公司，对硫化碱制片机进行了相应的技术改进，采用镀硬铬喷淋冷却转鼓，克服了原碳钢材质耐碱腐蚀性能及硬度较差等缺陷，大大提

高了产品质量和设备使用寿命。同年，南风集团建成硫化碱包装自动化生产线，在行业内第一个实现了硫化碱成品自动电子计量、自动机械热合缝包，实现了硫化碱的标准化生产。2013年，我国矿产元明粉年产量为980万吨，达到行业70年来历史最高，硫化碱出口总量15万吨/年，产品遍及95个国家和地区。2014年3月，四川同庆南风有限责任公司首次完成元明粉三车间二系统五效蒸发改六效蒸发的技术改造。2015年2月，该公司钙芒硝尾矿综合利用工程（一期）建成投产，通过该工程的实施运用，使钙芒硝尾渣得到循环利用，废水废渣得到全部回收，解决了环保问题，降低了硫酸钠水溶液的开采成本，实现了对钙芒硝矿的综合利用，做到了变废为宝，彻底改变了元明粉生产企业的生产模式。2016年，南风集团将硫化碱的工艺系统由单效列管蒸发改造为两效蒸发，该工艺采用硫化碱碱液顺流进入两效蒸发浓缩系统的蒸发方式，连续进料、出料，从而降低了劳动强度，产品质量稳定，蒸汽消耗比单效蒸发节省了约40%，节能增效效果明显。截至2016年年底，我国硫化碱生产企业由2013年的52家减为36家，硫化碱总生产规模由2013年的120吨/年减为113.9万吨/年，由于国家绿色发展的要求及市场等因素的影响，芒硝、硫化碱行业发展步伐明显减缓。2018年3月15日，四川洪雅青衣江元明粉有限公司采用国际先进的机械热压缩工艺（简称MVR技术）生产元明粉，这是MVR技术首次应用于国内元明粉生产，科技创新贯穿整个生产流程。2017年以后，硫化碱产品由原来单一的桶装固体硫化碱，发展为片碱、低铁片碱、粒状碱、无水硫化钠、结晶体硫化碱等多品种产品格局。元明粉产品结构呈现多元化，超细元明粉、大颗粒元明粉、中性元明粉、彩色元明粉、饲料级元明粉、高纯元明粉及分析纯元明粉相继被开发出来并投向市场。

2011年，贵州黄磷尾气的资源化利用取得成效，"十二五"期间，贵州黄磷产业基于黄磷尾气进行了一系列的研究和实验生产工作，取得了可喜的经济和社会效益。如贵州磷都化工股份有限公司利用黄磷尾气净化提纯CO生产2万吨/年甲酸工业装置、贵州青利磷化工公司和开阳磷化工公司7万吨/年和3万吨/年甲酸钠工业装置、贵州川东惠水磷酸盐厂利用黄磷尾气生产1万吨/年甲酸联产2.5万吨/年六偏磷酸钠以及贵州开阳新强磷化工公司5000吨/年甲酰胺等一批项目相继建成投产。"十二五"期间，贵州黄磷生产企业的含磷污水已经全部做到了内部循环使用、零排放。黄磷企业生产中收磷、精制、水封、总水封、黄磷或泥磷储槽的用水，泥磷处理、包装、淬渣和地面冲洗水用水，输磷和熔磷污水，黄磷尾气净化和处理用水，电炉变压器、短网的冷却水及厂区生活、锅炉等产生的各种水，均做到了清、污分流，分级和循环使用。"十二五"期间，贵州黄磷企业采用磷渣显热加温的60～80℃渣池水，将受磷槽等的夹套蒸汽保温和蒸汽热水漂磷等都改为渣池水，减少和停开了燃煤锅炉，磷渣淬冷后用于生产建材、硅肥等，提高了热能回收及磷渣利用的附加值。2014年，全国黄磷产量首次突破百万吨级产量大关（102.5万吨），是当年世界其他国家黄磷总产量的8.91倍，产能、产量分别占全球的88.24%、89.91%。进入"十三五"时期，中国黄磷工业产品由工业级向医药级、电子级转变，低端产业链向高端产业链转变，无机磷化工产品向有机磷化工产品转变，使黄磷、中间产品及最终产品趋向1∶3∶5的合理比例，改变了磷化工产业链各环节产品数量比例头大尾小的现状（1∶1.5∶0.8）。2016年，国家颁布的GB/T 33321—2016《黄磷生产技术规范》是热法黄磷生产技术的第一个标准，对大型磷炉［指设计产能2万吨/年（含）以上的黄磷电炉］、中型磷炉［指设计产能为1万吨/年（含）～2万吨/年的黄磷电炉］、小型磷炉［指设计产能＜1万吨/年的黄磷电炉］进行了规范界定；对多电极制磷电炉作出了注释——采用三相6根、7根或三相多根石墨电极降低电极电流密度、达到增大电炉容量、满足和适应黄磷生产特殊工艺技术要求的独创炉型。2016年，多电极制磷电炉的出现，使得现有条件下制磷电炉不用自焙电极便可向大型化迈进、国产化发展。此技术具有中国特色和自主知识产权，是世界热法黄磷工业发展史上一次重大的技术革命和一个崭新的里程碑。在实际运用和推广中，其高效低耗的优良特点，已经得到了越来越多国内厂家的认可和采纳，实现了国人由认识科学技术是第一生产力到认识自主创新是第一竞争力的跨

越。目前，我国的多电极制磷专利技术已经走出国门，东南亚的一些国家正在采用这一技术建厂，越南、马来西亚建设的黄磷装置采用的也是我国的多电极制磷电炉技术，哈萨克斯坦、伊朗、埃及等国也在商谈采用我国多电极制磷电炉技术。2016年，全国黄磷产量98.85万吨，2017年，全国黄磷生产企业94家、黄磷电炉总数200台以下，全国黄磷产量94.04万吨，黄磷产能、产量整体呈逐步下降趋势，黄磷产业又将面临新一轮的洗牌。目前，磷化工企业利用先进技术与相关产业重组偶合，实现了优化共生、资源利用率提高、能耗和资源消耗降低。创新技术的应用，既使矿产资源得到了深度利用，提取了氟、碘等高附加值产品，又减少了"三废"污染。企业通过上伸下延，逐渐做强产业链，并实现资源的阶梯式利用，磷肥向磷化工延伸，原磷化工企业向资源和磷肥延伸。国内多电极黄磷电炉的出现，也达到了节能减排的目的，使得黄磷成型炉料生产工艺操作简便，团块不需高温固结，更是高效利用了中低品位磷矿，对不可再生的矿产资源进行了有效的综合利用。同时，我国黄磷电炉尾气综合利用技术的应用，使得黄磷电炉尾气的回收利用不仅消除了大气污染，还可以生产高附加值化学产品。由于大宗磷化工产品产能过剩，企业效益低下，产品高端化发展是磷化工转型升级的必然选择，当前磷化工产品开始向电池材料、光电材料、医用材料及阻燃剂行业延伸，开始进入高质量生产时期。

2011年，山东华泰与苏威合资的因特罗斯化工有限公司的国内首套18万吨/年过氧化氢装置建成投产。该装置采用黎明化工研究院钯催化剂固定床工艺，并由黎明化工研究院完成设计。2013年，山西阳煤太化集团采用黎明化工研究院两组分溶剂工作液体系钯催化固定床技术及工程设计，建设单套24万吨/年（30%）过氧化氢装置，与20万吨/年己内酰胺装置配套，该装置2016年10月投产。同年，德国赢创公司在吉林独资建设的一套23万吨/年（以100%浓度计）过氧化氢装置建成投产，采用乙基蒽醌/戊基蒽醌混合蒽醌工作液和流化床氢化工艺。2013年，湖南兴鹏化工和上海宸鹏化工联合开发了含醋酸甲基环己酯（MCA）的全酸性工作液体系高效钯催化剂固定床工艺，提高了生产效率和装置安全性。同年，韩国韩松公司在西安地区建成投产一套3万吨/年（以100%浓度计）过氧化氢装置，主要生产电子级产品，与该地区韩国三星公司的电子产业配套。2014年，黎明化工研究院将自主开发的含四丁基脲（TBU）三溶剂工作液体系、高效钯催化剂和新型固定床工艺技术用于过氧化氢生产。同年，黎明化工研究院研发的4万吨/年工业级和5000吨/年食品级过氧化氢技术转让项目在台湾义芳化学股份有限公司建成投产。2016年，苏威（镇江）化学品有限公司在镇江独资建成投产一套7万吨/年（以100%浓度计）过氧化氢生产装置。2017年底，石家庄炼化2万吨/年（100%浓度计）浆态床蒽醌加氢制高浓度过氧化氢工业示范装置开工建设。2019年4月30日，由巴陵石化、石科院、青岛安工院、上海工程公司、石家庄炼化及天津大学联合承担的2万吨/年（100%浓度计）浆态床蒽醌加氢制高浓度过氧化氢工业示范装置完成中交，进入装置开车准备阶段，国内过氧化氢生产创新工艺日渐成熟。

2010年，新成立的苏州市泽镁新材料科技有限公司在功能性材料方面的研究已经处于国际领先地位，多项新材料的研究填补了国内市场的空白。目前该公司以镁化合物高纯度、超细化和纳米化为基础，生产出医药食品级镁化合物、镁基功能性新材料、镁基配方型新材料等产品。2011年5月，青海西部镁业有限公司建成10万吨/年高纯氢氧化镁装置，下游产品也于2013年开始建设，2016年，10万吨/年高纯氢氧化镁系列产品检测达标，西部镁业现已成为氢氧化镁系列产品国内生产领军企业。2015年，我国工业氧化镁产能达到26万吨/年，产量15万吨，氢氧化镁产能55万吨/年，产量27万吨；硫酸镁产能400万吨/年，产量250万吨；氯化镁产能200万吨/年，产量120万吨。2018年4月，青海奥雷德镁业有限公司利用西部镁业和中信国安产品成功建成1万吨/年超细氢氧化镁和2万吨/年高纯氧化镁产线。2011年至2018年期间，镁化合物行业根据全国不同地域的镁资源，采用不同工艺路线开发出不同镁化合物产品，满足了国内外市场需求，逐步成为全球镁化合物产销大国。针对金融危机，镁盐企业积极调整结构，坚持管理创新、技术创

新、产品应用创新，面对市场低速、环保日益严格、人工费用提高等压力，积极开辟包括俄罗斯、韩国等在内的国内外市场。目前，国内镁盐生产在国内形成了四大产销基地，一批骨干企业带动了镁化合物行业发展，上海实业振泰化工有限公司、上海振泰化工有限公司、河北镁神科技股份有限公司、营口菱镁化工集团有限公司、青海西部镁业有限公司、辽宁省宽甸仙宝镁科技有限公司青海奥雷德镁业有限公司、潍坊海利隆镁业有限公司、河南强宏镁业科技股份有限公司等镁盐创新发展企业就是这一时期典型的行业代表。

斗转星移，经过近百年的发展，特别是新中国成立后70年不平凡的发展历程，我国现已成为世界最大的无机盐生产、消费和出口国，可谓开天辟地、风云吞吐，改天换地，日新月异！国内无机盐产业集中度逐步提高，主要行业的重点产品平均装置规模已达到或接近世界平均水平，涌现了10个以上销售额过100亿元、具有国际竞争力的大型企业集团。过去"小、低、散、缺"的生产模式已一去不复返，随之而来的是规模化生产、产业集聚化。无机盐产业布局进一步调整优化，园区化建设发展进一步加快，无机盐入园率提高到40%左右。节能减排、"三废"治理、资源综合利用等方面进步翻天覆地，国内无机盐行业实现了清洁生产、循环经济和绿色发展。纳米、晶须、高纯、表面处理改性精细无机产品发展突出，国产电子级磷酸、电子级氢氟酸、晶体六氟磷酸锂等高附加值产品具备了国际市场竞争力，无机盐行业已经迈向了高质量发展新阶段。

展望：关山初度尘未洗　策马扬鞭再奋蹄

说尽岁月变迁，沧海桑田。70年来，我国无机盐工业经历了基础装备建设、自主开发、规模扩张、稳健成长等阶段，在生产规模扩大、产业结构调整、技术创新改造、节能环保安全等方面持续突破，迅猛发展，从无到有、从弱到强、由衰到盛，几经风雨，浴火而生，取得了举世瞩目的发展成就，奠定了向无机盐工业强国跨越的坚实基础。

看庭前花开花落，望天上云卷云舒。我国即将进入"十三五"规划的关键收官阶段，一方面，国际经济形势仍有许多不确定因素，另一方面，制造业和贸易的周期性复苏和全球金融的稳定发展给我国无机盐工业提供了机遇与挑战并存的全新局面。展望未来，许多无机盐企业势必在产业链的最高端寻求突破，拓宽战略新兴应用领域，生产出更多功能化、高附加值的无机盐产品，越来越多的高纯度、超精细、电子级高附加值无机盐产品将由中国制造，并走向世界；越来越多的科研成果、创新产品将填补国内空白；低价出口国家矿产资源的现象将逐步根除，国内市场高纯度、精细化产品缺口很大的局面将逐步改观，进一步降低进出口贸易逆差；部分企业在"三废"治理、工艺技术、管理水平和资源综合利用等方面与国际大公司的差距将进一步缩小，逐渐实现绿色发展、安全生产；大型生产企业或将轻装上阵，通过加大研发力度、完善企业标准，跻身国际顶尖公司之列；更多的无机盐企业将走出国门寻求新的经济增长点，以睦邻友好国家丰富的自然资源拓展更大的空间；国际先进技术、最新工艺、智能化生产将给无机盐工业带来质的飞跃……大鹏一日同风起，扶摇直上九万里！未来发展中的中国无机盐工业就像一只展翅高飞的鹏鸟，静候大风起兮云飞扬，掠过叠嶂重峦，直上九重天。几度春秋，几多风雨，70年来，我国无机盐工业所取得的举世瞩目的发展成就奠定了我国向无机盐工业强国跨越的坚实基础。站在高质量发展的新起点上，我们完全有信心、有理由、有能力相信，只要坚持以习近平新时代中国特色社会主义思想为指引，坚定不移推进改革开放伟大事业，我国无机盐工业必将战胜各种风险和挑战，创造出新的无愧于时代、无愧于人民的光辉业绩，以优异成绩献礼祖国华诞！

04

自强不息七十载 绿色发展新时代

——新中国电石工业发展纪实

新中国成立以来，我国电石工业以自强不息、奋发向上的拼搏精神，积极探索、勇于革新、包容兼纳、独立自主，突破了一项又一项技术瓶颈，创造了一项又一项发展成就，实现了由小到大、由弱变强的历史转变，在新中国工业发展史上留下了浓墨重彩的一笔。

我国电石行业起步于20世纪30年代。1936年，民族资本家李允成等人在上海建成国内第一座450千伏安的电石炉，宣告了中国电石工业的诞生。1948年，新中国第一台1750千伏安的电石炉在吉林建成投产，翻开了电石工业发展新篇章。1958年，国家化学工业部成立，在全国批准建设了19台10000千伏安的开放式电石炉，推动电石工业进入第一次大发展时期。直到"文革"前期，国内电石产能持续扩张，企业数量不断增长，行业积累了丰富的设计、建设、管理经验，对我国国民经济的拉动作用也逐步体现。

十一届三中全会以后，我国电石工业重返发展轨道，进入了又一个快速发展期。到2000年，国内电石产能达到480万吨，产量340万吨，均已位列世界首位。期间，我国从挪威埃肯公司引进了组合把式器密闭式电石炉及气烧石灰窑生产工艺，为电石工业大型化、密闭化、一体化发展奠定了基础，而中国电石工业协会的成立，也让电石行业有了自己的组织，为之后的绿色可持续发展提供了重要支撑。2000年前后，国家经贸委明令要求淘汰开放式电石炉和5000千伏安以下小电石炉，2004年，国家发改委等七部委又联合下发了《关于对电石和铁合金行业进行清理整顿若干意见的通知》，揭开了长达十几年的行业淘汰落后产能大幕。

进入21世纪，随着改革开放的不断深入，我国经济发展提速，电石、聚氯乙烯需求量快速增长。电石产能从2000年的480万吨猛增到2010年的2250万吨，又增至2016年的4500万吨，达到历史最高点。之后连续两年产能负增长，行业发展回归理性，过剩矛盾得以缓解。2018年，国内电石产能为4100万吨，其中密闭式电石炉产能为3526万吨，占总产能的比重由2005年的不足10%提高到86%；产量2900万吨，开工率71%，扣除长期停产的680万吨产能，实际开工率为85%，为近年来最高。

我国电石工业的发展之路伴随着巨大的困难与挑战，全行业凭借着世人难以想象的毅力与决心，一路攻坚克难，终于将电石工业打造成一个千亿元级产值，千万吨级产量，集项目设计、工艺研发、装置建设、管理运营于一体的庞大产业。这其中的辛酸与喜悦值得所有电石从业者怀念并铭记在心。

新中国成立前后：产业萌芽时期

一、新中国成立前电石工业的诞生

我国电石生产起步较晚，其诞生可以追溯到20世纪30年代中后期，与国外电石工业（19世纪末）相比晚了约半个世纪。1933年，民族资本家李允成等在上海组建中国炼气公司，起初以生产氧气为主。1936年，该公司建

成容量为450千伏安的电石炉1座，电石日产量约3吨，产品主要用于生产乙炔气进而用于火焰切割和气焊，偶尔对外零售部分商品电石。抗日战争爆发后，炼气公司于1939年迁往四川省长寿县，此时不再生产其他工业产品，转为只生产电石，商标为葫芦牌。1945年，抗战胜利后，该公司又迁回上海。上海解放后，炼气公司于1958年与其他公司合并成立为上海吴淞化工厂，之后其电石生产历史又延续了几十年，成为新中国电石工业的重要力量。

抗战时期，日本在杭州艮山门外发电厂附近建设电石厂，当时名为大有利股份有限公司，由日本人和中国人共同经营，日本人占主要股份。该厂有2座容量为600千伏安的单相电石炉，拥有工人30多人。电石主要供给日本军队点灯使用。由于电石需求量较少，所以这两台电石炉一直开开停停。日本投降后，该厂就停止了电石生产。1954年，由国家组织其恢复生产并改名为大同电化厂。

在山东地区，民族资本家王继禹等人在博山等地分别建成容量为300千伏安、600千伏安的多台电石炉，并分别取名为永安、大华、建华等电石厂，1966年这几家电石厂进行了扩建和合并，改名为淄博有机化工厂。在北京地区，门头沟煤矿建业电石厂、中国电化厂也先后建成多台电石炉，其产品主要用于气焊和照明。

二、新中国成立初期电石工业的缓慢发展

新中国成立初期，也正是世界电石工业大发展的时期。20世纪50、60年代，随着乙炔有机合成工业的快速发展，世界电石工业的发展逐步达到顶峰。全球电石年产量一度超过1000万吨，其中约70%用于有机合成工业。电石企业规模持续扩大，电石炉也不断大型化和密闭化。但是好景不长，随着石油化工、天然气化工的迅速崛起，聚氯乙烯等电石下游产品的制备工艺逐步转向石油路线，电石的消费构成也发生了较大变化，需求量和产能迅速"由盛转衰"。由于西方资本主义国家对我国采取经济上的封锁，我国电石工业反而走出了一条截然不同的发展道路。

1948年东北解放后，我国在吉林建成国内第一座容量为1750千伏安的开放式电石炉，年产能达到3000吨。这台电石炉被普遍认为是第一台由新中国自主建设的电石生产装置。新中国成立初期，百废待兴，由于工业基础薄弱且经济上遭到西方国家封锁，电石工业缺乏成熟技术装备和建设管理经验，发展比较缓慢。1951年，吉林建成第2座1750千伏安电石炉。两年后，根据国家经济建设和下游需求情况，又将这两座1750千伏安的电石炉分别改造成3000千伏安和6000千伏安。1956年河北省张家口市下花园建成一座容量3000千伏安的电石炉，1957年我国又从苏联引进一座容量为40000千伏安的大型半密闭炉，也建在吉林，但是由于技术装备不成熟，管理水平不高，这台电石炉无法满负荷生产，实际产量远低于标定产能。

到1957年底，全国电石产能已达到约10万吨，电石炉有1800千伏安、3000千伏安、5000千伏安、6000千伏安、40000千伏安等多种型号。总体来看，由于液压设备和供电设备比较简陋，自控条件、电极糊质量水平不高，电石生产的操作方式也比较粗放，因此电石产品各项经济指标都不太理想，并且工人劳动强度较大，现场操作环境较差。

1958年到改革开放前：第一次大发展时期

这一时期，刚刚成立的化学工业部（化工部）成为了电石工业的"娘家"。在化工部的大力支持下，我国电石工业迎来了第一次跨越式发展，电石产能迅速扩大，工艺装备有所提升，企业积累了丰富的设计、建设和生产管理经验。在引进日本35000千伏安密闭炉并首次赴日本学习交流密闭炉生产经验后，行业开始重视密闭炉的发展，这为之后的密闭化发展打下了基础。

一、化工部的成立推动电石工业实现第一次跨越式发展

1958年是我国电石工业发展史上值得纪念的一年。这一年电石工业迎来

了第一次大发展。当时，为支持国家经济建设，满足氯碱、石灰氮、焊接切割等下游产业的发展需求，成立不久的化工部在全国批准建设了19台10000千伏安的开放式电石炉。为调动地方积极性，发挥各地区资源优势，化工部将这些工厂分设在全国多个地区：华东地区有浙江衢州化工厂、安徽合肥化工厂、上海吴淞化工厂；华南地区有福建三明化工厂、江西赣南化工厂；西南地区有四川长寿化工厂、云南化工厂；西北有山西省化工厂、太原电石厂；东北有四平联合化工厂、抚顺有机化工厂、哈尔滨化工二厂；华北有天津化工厂、北京化工二厂、下花园电石厂。

实践证明，10000千伏安开放炉的设计与建设是比较成功的，运行也比较稳定。19台电石炉产能合计约38万吨/年，建成投产后成为当时我国电石工业的中坚力量，使我国电石总产能由1957年的10万吨/年猛增至1958年的约50万吨/年，产量也大幅增长，有效缓解了电石供应短缺的矛盾，为各地区氯碱、石灰氮肥料生产提供了重要的原料保障。电石工业也凭借着这19台电石炉的建成投产实现了第一个跨越式发展，积累了丰富的设计、建设及生产管理经验。其中的部分企业，如浙江衢州化工厂、河北下花园电石厂等凭借着这一批电石炉的建设运行，逐步发展成为行业内知名企业，并在之后的几十年时间里引领了行业发展。

二、首次引进密闭炉生产技术和装备

20世纪60年代初，贵州水晶有机化工厂从日本引进了密闭式电石炉生产工艺，并在70年代初建成投产了35000千伏安的密闭式电石炉，电炉设计有功功率28000千瓦，原设计产能为72000吨/年，后经核定为60000吨/年，同时引入的还有中空电极等先进设计理念和配套装备。由于工艺装备的技术参数不符合当地原材料特性，这台电石炉开开停停，运行效果和经济指标都没有达到预期，但是由此也积累了很多生产运行和管理维修经验，为日后引进、消化、吸收其他大型密闭式电石炉，推动密闭炉的国产化奠定了很好的基础。

三、学习日本电石生产先进技术装备和管理经验

我国电石工业的发展得益于对引进技术装备的消化吸收，也得益于对发达国家先进电石企业的学习和模仿。1963年，化工部第一次派遣团组到日本考察电石工业发展情况。当时日本的电石工业非常发达，设备能力、生产工艺、技术经济指标等均为世界一流，这次考察活动让参与企业收获颇多，为当时还相对落后的我国电石工业提供了很多重要的参考经验。同时中日两国电石企业也建立了良好关系和沟通机制，为今后几十年两国电石工业的交流学习开了个好头。这次考察的收获主要有以下几点。

（一）日本电石下游产品繁多，产业链加工深度值得借鉴

日本当时生产电石的公司有18家，22个工厂，设备容量98.4万千伏安，1961年生产电石151.23万吨，占世界总产量（850万吨）的17.8%。其中用于有机合成工业的电石量为105万吨，占日本电石总产量的70%左右，以电石乙炔为原料生产的有机化工产品包括乙醛、醋酸、醋酸乙烯、丁醇、辛醇、氯乙烯、醋酸乙酯、丙烯、三氯乙烯、氯丁二烯等十几个品种，有效解决了电石下游消费单一、产业链抗市场风险能力不强的问题。

（二）密闭式电石炉技术装备成熟，优势明显

当时世界上共有密闭式电石炉28座，其中日本就占9座，约占世界总数的32%。世界各国采用的密闭式电石炉有Demag与Elkem型两种，日本的9座密闭电石炉中有2座Demag型和3座Elkem型，还有4座是日本自己改良的。改良的4座电石炉吸取了前两者的优点，在工艺和操作方面具有以下优点：①密闭性较好；②在强电流区采用了非磁性钢及新型结构，减少了涡流损失和设备的局部过热现象；③电极能深入炉料内，可以获得较好的生产效率；④电极把持器的松开和紧固操作，可以远距离控制；⑤投料槽布置合理，加料比较均匀。以上优点在之后我国电石新建项目和电石炉改造提升过程中，得到了充分重视与借鉴。

四、电石炉改造开创行业技改升级先河

赴日本考察交流后的1966年2月，化工部在福建三明化工厂召开了第四次全国电石生产经验交流会。会议提出一项建议，把当时的10000千伏安开放炉改为密闭炉，并决定在抚顺有机化工厂进行试点。在化工部协调下，各电石企业指派技术人员参加了本次改建工作。改建工作从设计到施工花费约一年时间，电石炉投产后，由于盖上了炉盖，实现了自动化投料，因此降低了料面温度，减少了粉尘排放，改善了操作环境，减少了操作人员数量和劳动强度。但是，由于当地原料质量和粒度不理想，该电石炉运行不稳定，各项技术经济指标和开工率均低于预期。后来又有几座电石炉改成密闭炉，容量也都增加到16500千伏安。从今天回看，这次改建工作意义重大且影响深远，为今后开放式电石炉的技术改造提供了重要依据和参考。同时改造后操作环境的显著改善也引起了各电石企业的重视，促进了电石行业对安全环保和以人为本的发展理念的倡导。

五、首个行业信息交流机构———煤化学工业技术情报中心站成立

1960年至1966年，化工部先后四次组织主要电石企业召开全国电石生产经验交流会。会议先后讨论了原材料对电石生产的影响，如何保障电石发气量，如何降低电炉电耗，将开放炉改造为密闭炉等议题，提出了很多很好的政策建议，对于加强企业间的信息交流与互相学习、破除电石生产技术壁垒发挥了重要作用。

煤化学工业技术情报中心站于1963年正式成立，该站设在吉林化学工业公司研究院第八研究室，业务上由化工部化工技术情报研究所领导。中心站成立以后，围绕电石工业做了很多信息收集、整理、发布工作，留下了很多宝贵的文字材料：一是每月收集各电石厂的生产情况，编印成册，分发给各厂进行经验交流，促进了当时正在进行的厂际竞赛和经验交流活动；二

是出版了20期《化工技术资料煤化学分册》及6期《电石译文集》，为电石企业相互学习、取长补短提供了重要参考。但在"文革"中，受到严重的冲击，被迫于1967年停刊。

直至"文革"前期，我国电石工业发展总体平稳。60年代，为了发展维尼纶产业，纺织工业部在全国建设了9座10000千伏安至16500千伏安的电石炉。而为了发展塑料工业，轻工业部又建成1800～6000千伏安的电石炉23座。"文革"中后期，电石新项目建设基本停滞，现有电石炉的生产运行也受到影响。据不完全统计，1976年全国共有各种类型电石炉255座，其中密闭炉13座，内燃式1座，开放炉241座。总容量95.6万千伏安，产能约187万吨/年。但由于电力和原材料供应不足，1976年全国电石产量仅为96.3万吨，装置开工率51.4%，各项技术经济指标都不如60年代中期。

改革开放初期到2003年：发展提升时期

十一届三中全会后，化工部对电石生产秩序进行了整顿，颁布了《电石生产技术管理要点》，重新制订了电石技术经济核算规程、工艺规程、设备维护检修规程、分析检验规程、安全技术规程和岗位操作法，多次举办电石企业培训班、电炉电气技术报告会和专题技术研讨会。一系列的举措促使行业发展重回正轨，企业生产秩序得以恢复。之后，伴随着改革开放的春风，聚氯乙烯、溶解乙炔、石灰氮、氯丁橡胶、1,4-丁二醇、醋酸乙烯等电石下游行业稳步发展，对于电石的需求量逐年增长，促使电石产业规模持续扩张，对于稳增长、保就业的贡献也越来越大。

一、"五朵金花"奠定了密闭化、一体化发展基础

1987年，为了全面提升我国电石生产的技术装备水平，国家计委和国务院重大引进设备办公室委托机械工业部、化工部引进了挪威埃肯公司密闭式

电石炉技术和德国维马斯特公司气烧石灰窑技术。当时，利用引进技术建设电石炉及石灰窑的企业共5家，分别是甘肃电石厂2台密闭电石炉、2台气烧石灰窑；西安化工厂2台密闭电石炉；太原电石厂1台密闭电石炉、1台气烧石灰窑；包头第二化工厂1台密闭电石炉、1台气烧石灰窑；下花园电石厂1台密闭电石炉、1台气烧石灰窑。

引进的密闭式电石炉为25500千伏安的三相圆型电炉，几何参数分别为：电极直径1250毫米，极心圆直径3580毫米，炉深2650毫米，炉壳直径8500毫米。电气参数分别为：容量25500千伏安，二次额定电压188伏，二次额定电流82千安。该炉型除全部密闭外，最大特点是其电极柱的导电颚板由铜瓦改成接触元件，其电极壳也是由12块弧板组对而成，需建设一个由缝焊机等专用设备组成的电极壳制造车间。引进的气烧石灰窑均为日产150吨的双套筒气烧石灰窑，主要技术参数为：产能150吨/天，最大180吨/天，燃料为电石炉气，热耗指标900千卡/千克，全部机械自动化操作。同时引进的还有中空电极技术、炉气干法净化技术、计算机控制技术，再加上密闭式电石炉技术和气烧石灰窑技术，当时业界称其为"五朵金花"。

1990年9月，下花园电石厂引进的密闭电石炉试车，之后太原电石厂、西安化工厂也相继试车。由于该炉气净化系统在设计上存在缺陷，当时未能实现长周期稳定运行，气烧石灰窑因无气可用，也未能连续生产。但是业界普遍认为，引进装置有很多先进理念和工艺设备值得借鉴。因此，河北省下花园电石厂、青海东胜化工有限公司等国内企业并没有轻言放弃，边生产边研究，对其工艺设备进行了消化吸收、改进创新，成功保持组合式把持器、自动化控制系统、中空电极系统运行平稳。2002年8月，青海东胜化工有限公司通过多次改进，突破了炉气干法净化这一制约密闭炉发展的瓶颈，为之后的电石行业炉气综合利用奠定了坚实的基础。为实现组合把持器密闭电石炉关键部件和装置的国产化，以河北省下花园电石厂、大连重工为主的技术人员大胆尝试，先后攻克了组合把持器密闭式电石炉在设计、工艺、关键部件制造等方面的缺陷，完全实现自主设计和全部国产化。行业涌现出一批密闭炉制造企业，如大连重工、中钢机电、锦州天晟、内蒙古纳顺、宜兴宇龙等先后研制出25500千伏安、27000千伏安、30000千伏安等多个型号的国产密闭炉，为电石工业密闭化、一体化发展奠定了基础。

二、中国电石工业协会成立

中国电石工业协会前身是全国电石协作组。我国电石行业组织的发展，先后经历了小电石协作组、全国电石协作组、中国电石工业协会三个阶段。1985年7月成立的小电石技术协作组是我国电石行业第一次有了自己的行业组织，当时成员单位有39个，组长厂是吴县石灰氮厂、沈空机修厂、包头化工二厂。1989年5月，以小电石协作组为基础，化工部组建了全国电石协作组，组长厂是上海吴淞化工厂，成员单位是97个。

中国电石工业协会于1992年6月17日经民政部批准成立。1992年11月3日中国电石工业协会成立大会暨第一次会员代表大会在浙江巨化公司开幕，来自全国25个省、市、自治区的63家会员单位的104名代表和化工部化工公司有关领导出席了大会。协会成立后，在参与政策和标准制修订，组织开展行业技术交流，反映行业呼声和企业诉求等方面开展了一系列工作，发挥了桥梁纽带作用，为推动我国电石工业持续提升绿色可持续发展水平，由电石大国向电石强国迈进发挥了重要作用。

改革开放初到2003年这段时期，对于电石工业具有承前启后的重要作用。在这二十多年时间里，随着改革开放的持续深入，我国逐步由传统的计划经济转变为市场经济，许多电石厂进行了改制，从端着国家铁饭碗变成自主发展、自谋生计。部分电石企业无法适应新的经济发展潮流，在体制改革的阵痛中退出市场。再加上国外石油法聚氯乙烯价格一度低于电石法聚氯乙烯，电石工业曾被称为"夕阳产业"。但是行业并没有放弃，而是依靠山石一般的坚韧精神和顽强毅力挺过了各种困难与挑战。1997年开始，世界原油

价格持续上涨，石油法聚氯乙烯成本一路走高，我国电石法聚氯乙烯产能迅速扩张，带动了电石需求量的快速增长。据中国电石工业协会统计，2003年国内电石产能700万吨，比1976年增长274%；产量538万吨，比1976年增长459%，产能与产量均已跃居世界首位。

2004—2007：清理整顿时期

20世纪末至21世纪初，国际原油价格暴涨，电石法聚氯乙烯需求量猛增，在经济利益的驱动下，部分地方电石行业的发展失控。部分企业违反国家产业政策，盲目新建电石产能，有的甚至大量建设国家明令淘汰和禁止发展的落后电石装置，不仅造成了资源能源的浪费，也严重影响了当地的生态环境。为此，国家先后出台了《关于对电石和铁合金行业进行清理整顿的若干意见》《电石行业准入条件》等产业政策，将电石行业列为重点监控对象，开展了为期三年的清理整顿工作和持续十几年的淘汰落后产能工作。

一、清理淘汰"黑三角"小散乱企业，掀起行业持续大力整顿的序幕

在无视政策法规，盲目发展小煤矿、小水泥、小电石、小焦化、小炼铁等"五小企业"的地方中，以山西、陕西、内蒙古、宁夏四省（区）交界的保德、河曲、府谷、准格尔旗最为严重。这四个县（旗）的企业大量采用国家明令淘汰和禁止发展的落后工艺与装备，且大多没有配套任何环保治理设施，部分企业的治理设施只是摆设，在调查组暗访时根本没有开启。这导致大量粉尘、废气、废水直接排入环境，当地乌烟瘴气，被当地居民称为"黑三角"。

2003年原国家环保总局、中央电视台、新华社、中国环境报组成联合检查组，对该地区进行了暗访、报道和曝光。之后，温家宝总理等党和国家领

导人先后做出16次批示，国务院相关部门也召开6次协调会，制定并发布了
《关于对电石和铁合金行业进行清理整顿的若干意见》（以下简称《意见》）。
《意见》要求，各地方政府要严查并立即淘汰开放式电石炉和5000千伏安以
下的电石炉，对超标排放的电石企业要责令停产并限期整改；全面清理并取
消电石企业享受的优惠电价、优惠税收、优惠供地等政策；对1999年9月1
日以后建设的电石项目的用电价格，每千瓦时提高0.05元（暂执行2年）；暂
停审批新建电石项目，直至新的政策出台前。其中的取消优惠电价并征收额
外电价两条措施，让那些符合产业政策和节能环保要求的电石企业，也因为
部分落后企业的违规违法行为受到"无辜牵连"。

为贯彻落实《意见》要求，2003年11月，国家环保总局在陕西省府谷
县召开会议，形成了解决污染问题的协调意见。2004年开始进行环保检查和
清理整顿，对于列入关闭范围的企业，一律收回营业执照和土地使用证、停
止供电和办理环保审批手续。国家环保总局先后抽查了内蒙古乌海、山西大
同等地区对《意见》的执行情况并于2005年1月在北京召开了晋陕蒙宁四省
区电石、铁合金、焦化行业环境污染整治工作会议。国家发改委也在2004
年12月发布了《关于进一步巩固电石、铁合金、焦炭行业清理整顿成果规
范其健康发展的有关意见的通知》，要求各地方要坚决淘汰落后产能，对符
合政策要求但手续不全的项目要重新审核并补办手续，对违反政策法规的建
设项目要依法关停。2005年8月、2006年3月、2007年11月国务院有关部门
又组织了"回头看"专项检查。

通过持续了4年时间的清理整顿工作，四省区共关闭取缔了1700余家
不符合产业政策和环保要求的落后企业。当地环境质量显著改善，削减二
氧化硫排放26.4万吨/年。随着落后产能的退出和环保水平的提升，电石市
场秩序得以规范，行业发展回归良性轨道。但是，由于落后企业的违规违
法行为，全行业也戴上了产能过剩和"两高一资"的帽子。直到目前，电
石项目的审批和电石企业贷款融资仍受到诸多限制，清理整顿工作产生了

深远影响。

二、建立准入管理制度，行业宏观调控进入新阶段

清理整顿工作的一项重要任务就是制定《电石行业准入条件》并建立电石企业准入管理工作制度。为此，国家发改委组织制定并于2004年颁布了《电石行业准入条件（2004年）》（国家发改委2004第76号公告），2006年颁布了《电石生产企业公告管理暂行办法》。《电石行业准入条件》在选址、规模、工艺、设备、能耗、环保、安全等方面，对新建、改扩建以及现有电石项目提出了具体要求，为电石工业优化产业布局、调整产业结构、提升技术装备和节能环保水平指明了方向。《电石生产企业公告管理暂行办法》则将电石生产企业准入管理与公告形成了制度化，将电石企业是否进入公告名单作为判断其是否符合《电石行业准入条件》要求的标准，从而将所有电石企业纳入产业政策调控范围。

《电石行业准入条件》和《电石生产企业公告管理暂行办法》的发布实施，不仅仅推动了行业清理整顿工作的开展，也对行业产生了更为深远的影响。2007年和2014年，根据行业发展变化情况，国家发改委和工信部又对《电石行业准入条件》进行了修订和重新发布。可以说，《电石行业准入条件》在引领行业结构调整和技术进步方面，发挥了其他产业政策难以替代的重要作用。

除此之外，为引导电石工业健康可持续发展，国家发改委还出台了"关于加快电石行业结构调整有关意见的通知""关于加强煤化工项目建设管理促进产业健康发展的通知""关于加强电石生产企业行业准入管理的通知"等文件，明确要求行业要强化准入管理，加快调整产业结构和产业布局，提高整体技术装备水平和产业集中度，积极发展大型化、密闭化、自动化生产装置，强化污染排放控制和治理，彻底关闭淘汰开放式电石炉。

三、加强交流学习，打造行业权威管理服务平台

2005年，中国石油和化学工业联合会组织召开了首届全国电石工业健康发展论坛（后更名为发展大会），2008年中国电石工业协会秘书处迁址北京，继续举办一年一度的大会，以产业政策动态、行业技术装备发展方向、节能环保与安全生产交流及经济运行市场分析等作为重点议题进行深入研讨交流，让企业充分了解电石技术发展动态，行业面临的挑战和机遇，以及未来发展趋势和方向。截至2019年，大会已连续召开十三届并成为行业权威的品牌会议，有力促进了行业间的学习交流与信息共享，使行业逐步从封闭保守转向开放共享。大会也有力推动了行业技术进步，大型密闭式电石炉以及气烧石灰窑、炭材烘干、净化灰焚烧、自动出炉机、无功低压补偿等配套技术的大范围推广应用在很大程度上得益于大会的宣传推介。

这一时期，中国电石工业协会充分发挥桥梁纽带作用，引导全行业深入贯彻落实党中央、国务院的重大战略部署，以及产业政策和行业标准的各种要求。协会积极向有关部委反映行业经济运行中出现的新情况和新问题，以及企业的合理诉求。协会先后编制《内燃式电石炉岗位安全操作手册》《密闭电石炉电极管理》等教材，建立了"中国电石网"等，推动了行业信息交流与共享，为生产管理提供了技术指导和支撑。协会建立了经常性行业运行分析研究制度，积极反应企业诉求，参与《电石行业准入条件》《电石生产企业公告管理办法》等产业政策、行业规划、各种标准的制修订工作，为电石行业调结构、转方式、增效益作出了重要贡献。

同时，行业也进一步加强了对外考察学习。从2006年开始，为提高我国电石生产装备的自动化水平和操作水平，在石化联合会、电石协会的组织下，行业开展了五次对外考察。2006年4月对挪威、德国、奥地利等国家的电石技术进行考察，重点与德国西马克公司就大型密闭电石炉生产工艺及其炉气净化技术进行了交流。2008年访问朝鲜，考察了朝鲜氧热法电石炉生产

工艺。2010年10月对日本电气化学株式会社的青海工厂进行考察，重点就其自动化出炉机进行了技术交流。2016年5月，为落实国家"一带一路"倡议，深入了解印度、越南等国家电石产业发展情况和发展环境，推动国内电石及配套企业"走出去"投资兴业，组织了对印度、越南的 DCM Shriram 公司及河内政府进行访问交流。2018年12月，对美国巨鹏生物和日本电气化学株式会社的青海工厂再次进行考察，考察组与美国巨鹏生物交流了电石炉气生物法制乙醇技术的开发及应用情况，与日本电气化学株式会社的青海工厂交流了电石密闭生产过程的安全管理重点与措施。值得一提的是，对日本电气化学考察交流后，在中国电石工业协会的倡议和推动下，国内企业开始自主研发机械化、自动化电石出炉设备，并在不到十年时间内就实现了大范围的产业化应用，将电石生产的机械化和自动化水平以及安全保障能力提升到了新高度，开启了行业发展的新篇章。

2008—2014：密闭炉大发展时期

一、行业迈入大型化、密闭化发展新阶段

电石工业诞生的80多年历史里，国内先后从前苏联、挪威、日本、德国等国家引进了多种不同炉型、不同规模的电石炉及其配套装备。在消化吸收引进技术方面，国内企业付出了高昂的"学费"。很多引进装置"水土不服"，无法满足国内原材料和生产工艺要求。直到2000年以后，通过对挪威埃肯炉的不断改进和完善，国内企业才突破了密闭电石生产工艺的瓶颈，开发出适合中国原材料特色的国产大型密闭炉及其配套装备。之后，大型化和密闭化就成为电石炉的发展方向，密闭化能够有效减少因粉尘和尾气排放造成的环境污染，同时能够对电石炉气进行回收和高效利用。大型化能够减少电石炉占地面积，降低单位产能投资，提高单台炉产出，保

障生产效率。之前，受引进埃肯炉设计理念的影响，国内单台电石炉的设计容量一直局限在25000千伏安到33000千伏安之间，直到2009年国内首台（套）40500千伏安密闭式电石炉在新疆天业问世，标志着电石炉正式步入大型化和密闭化发展阶段。

（一）40500千伏安密闭炉成为行业主流装备

40500千伏安密闭炉由新疆天业和大连重工联合开发，新疆天业负责参数研究及装备优化，大连重工负责设计与制造。项目自2008年1月起实施，历经17个月的设计、研发、建设，于2009年5月建成2套40500千伏安密闭式电石炉工业化示范装置。装置投产后，运行稳定可靠，各项技术指标均达到设计要求，综合能耗、电炉电耗等主要消耗指标处于国内领先水平。该项目通过电石炉密封结构优化技术、含氧量控制技术、组合式电极设计放大技术和独特的热管复合式降温技术的集成应用，使电石炉吨产品电耗降低超过50千瓦，炉气氧含量从2%下降至0.2%，提高了电石炉的运行安全性；解决了困扰电石行业炉气降温及换热面积灰的难题，使电石炉尾气净化装置的连续开车率从1个月提高到6个月以上；优化设计了电极的结构，采用环行排列母线管结构、加长的接触元件和加强的组合式压放结构，有效提高了电极的机械强度和载流能力；相对于25500千伏安密闭炉，新装置产能提升50%，单位电耗降低4%，综合能耗降低20%以上，经济效益显著。40500千伏安密闭炉具有以下几个方面的优势：

一是项目建设投资省。新建电石项目的总投资主要取决于电石炉以及石灰窑、炭材烘干、出炉系统、循环水系统、厂房结构、公用工程等。相同产能规模的电石项目，由于配套设施不同，总投资往往差异较大。一般来讲，变压器容量越大，单台炉投资越多；采用迈尔兹窑比采用其他石灰窑投资多；立式兰炭烘干机比其他烘干机投资多；闭式冷却水循环系统比敞开式冷却水循环系统投资多；钢结构厂房比混凝土结构厂房投资多；自动出炉

机比人工出炉和机械出炉机投资多。据电石协会不完全统计,单台炉(配套气烧石灰窑、炭材烘干及辅助生产系统)的投资分别是:27000千伏安6000万～9000万元,33000千伏安7500万～11500万元,40500千伏安6000万～20000万元,81000千伏安30000万～35000万元。按照万吨产能投资额计算,27000千伏安密闭炉每万吨产能最低投资1111万元,33000千伏安密闭炉最低为1263万元,40500千伏安密闭炉最低为823万元,81000千伏安密闭炉最低为2646万元。可见,40500千伏安密闭炉在节省投资方面具有很大优势。以内蒙古某企业为例,该企业81000千伏安密闭炉每万吨产能投资为3000万元,27000千伏安密闭炉每万吨产能投资为1200万元,40500千伏安密闭炉每万吨产能投资最低,只有850万元。

二是用工人数较少。密闭炉生产系统的操作方法和流程基本相同,用工人数主要取决于采用何种出炉装置。据调查统计,人工出炉每台炉每个班组需要一二十人,机械出炉每个班组比人工出炉少3到5人,自动出炉机用工最少,每个班组只需要2～3人。实践证明,用工数量与电石炉大小并不成正比,这意味着炉型越大,单位产能用工人数就越少。据电石协会不完全统计,27000千伏安密闭炉每万吨产能用工人数为7.2人,33000千伏安密闭炉为6.6人,40500千伏安密闭炉为5.5人。当前,使用自动出炉机替代人工出炉已成为必然,考虑到单台炉的改造费用相差不大,因此炉型越大,单位产能的改造费用就越少,大型炉改造的经济性明显优于小型炉。

三是产能利用率高。产能利用率=实际年产量/产能×100%,是衡量电石炉运行稳定性的重要指标。40500千伏安的密闭炉在业内已经推广应用多年,积累了大量的生产运行和管理经验,因此运行稳定,利用率高。据电石协会统计,90%以上的40500千伏安密闭炉产能利用率高于98%,部分电石炉甚至超过了100%,比如内蒙古某企业的电石日产量平均达到260～280吨。

四是资源能源消耗低。单位电石产品的电炉电耗、综合能耗及石灰、炭材、电极糊等消耗指标主要取决于炉况控制、原料质量、管理水平等因素。

据电石协会不完全统计，40500千伏安以下的密闭炉吨电石（折标，下同）电炉电耗多在3200千瓦时左右，综合能耗在0.9～1.0吨标准煤之间；40500千伏安密闭炉，电炉电耗大多在3100千瓦时左右，综合能耗在0.9吨标准煤左右；40500千伏安以上的密闭炉，电炉电耗大多在3100～3300千瓦时之间，综合能耗大多为0.9～1.0吨标准煤，而且其动力电耗明显高于40500千伏安电石炉。最近几年，行业能效领跑者企业的电炉电耗和综合能耗最低值（最先进值）分别为3049千瓦时和778千克标准煤，均来自40500千伏安电石炉。

因此，相对于其他密闭炉，40500千伏安密闭炉单位产能投资少，装置运行稳定，产能利用率高，电炉电耗、综合能耗处于行业领先水平。其诞生后，很快就受到全行业的高度关注和普遍认可。《电石行业准入条件》（2014年修订）出台后，新建电石项目大多选择该炉型。截至2018年年底，国内共有各种类型电石炉700台，其中密闭炉559台。数量最多的密闭炉就是40500千伏安密闭炉，为157台，占密闭炉总台数的28%，占电石炉总台数的22.4%；由该炉型生产的电石约占国内电石总产量的40%。可以说，40500千伏安密闭炉在推动电石生产节能降耗、污染减排和资源节约，提升行业绿色可持续健康能力等方面发挥了不可替代的作用。

（二）其他大型密闭炉的工艺装备不断完善

目前，国内已经建成的单台炉容量在40500千伏安以上的密闭炉型主要有42000千伏安12台、48000千伏安10台、54000千伏安4台、63000千伏安2台、81000千伏安10台以及195000千伏安5台。42000千伏安及48000千伏安的密闭式电石炉均由大连重工设计制造，当前该炉型运行平稳，产量稳定，但单位产能投资和生产效率不及40500千伏安密闭炉；54000千伏安的电石炉目前生产运行效果一般，单台产量每天240吨左右；63000千伏安的密闭式电石炉是由锦州天晟设计制造的，年产10万吨，日产303吨，基本实现了稳定运行；81000千伏安密闭式电石炉是引进德国西马克技术，由内蒙

古君正和国电英力特出资建设,于2012年9月投产,目前生产稳定,产量350吨/日;195000千伏安密闭炉由加拿大赫氏公司与青海盐湖集团联合建设,此电石炉已于2015年建成,但技术尚未完全成熟,运行不稳定,没有实现连续生产。

二、电石炉气回收利用取得突破性进展

密闭式电石炉炉气的回收利用是电石工业最为重要的节能和资源综合利用措施。经过全行业的不断探索和技术攻关,电石炉气不仅可以作为燃料用于煅烧石灰、生产蒸汽、发电、烘干兰炭等,也能够生产多种化工产品。新疆天业电石炉气制乙二醇项目、宁夏大地电石炉气制合成氨项目、茂县新纪元电石炉气制二甲醚项目均建成投产多年,装置运行稳定,产品性能优异,经济效益良好。目前,利用炉气生产化工产品的电石产能已占密闭式电石炉总产能的11%。

(一)宁夏大地电石炉气生产合成氨

该项目由宁夏大地冶金化工有限公司、核工业第四研究设计院及河北渤海设计研究院等单位于2006年8月联合设计,并于2007年9月建成投产,合成氨年产能6万吨。该项目是国家发改委确定的国内首个也是唯一一个电石炉气制合成氨试点项目,也是国内首个实现稳定运行的电石炉气生产化工产品项目。

项目在原有的25500千伏安电石炉气废渣回收利用技术研究的基础上,通过对电石炉气安全输送、脱硫、增压与储存、高浓度CO气体的变换及脱碳等技术研究,将电石炉气转化为化工级CO原料气,再用CO生产合成氨。此项目技术国内首创并通过了验收,装置已连续多年稳定运行,具有较好的经济效益和环境效益。

(二)新疆天业电石炉气制乙二醇

2012年,新疆天业5万吨/年电石炉气制乙二醇和3万吨/年电石炉气

制1,4-丁二醇项目建成投产。该项目对电石炉气进行深度净化,从而制取高纯一氧化碳和氢气,作为合成乙二醇和1,4-丁二醇的原料。该项目开辟了乙二醇新的生产工艺和原料路线,充分回收利用电石炉尾气中的一氧化碳,使其转化成为国内短缺且附加值较高的乙二醇产品,不仅降低了乙二醇的生产成本,而且提高了电石生产的经济效益。其工艺方案是:从密闭电石炉排烟管引出的600℃左右的高温电石炉尾气,经空气冷却除尘器降温至180~250℃后送入布袋除尘器除尘,含尘量降至30毫克/厘米^{3}以下,再送降温除尘水洗塔进一步湿法降温除尘,使电石炉尾气的温度低于45℃、含尘量小于1毫克/立方厘米以下。出水洗塔后经分离塔分离气体中夹带的水滴后,引入增压机使气体的压力提高到350毫米汞柱后经管道送气柜贮存。从气柜出来的经净化后的电石炉尾气经罗茨风机加压后送脱硫塔,进行湿法脱硫。脱硫后气体的硫含量小于10毫克/厘米^3,送静电除焦器脱除气体中所含的煤焦油。气体从静电除焦器出来后引入压缩机,将气体压力提高到0.8兆帕后送变换工序,在催化剂的作用下,部分CO与H_2O(气态)反应生成CO_2与H_2,变换后的气体再送到脱碳工段,采用变压吸附工艺,脱出气体中的CO_2,然后再送至乙二醇生产系统。

2013年6月,新疆天业"电石炉气制高纯一氧化碳和氢气工业化集成技术"通过中国石油和化学工业联合会组织的科技成果鉴定。项目共申请9项国家专利,2项实用新型专利。2013年,随着一期项目的成功投产,新疆天业启动了二期电石炉气制乙二醇和1,4-丁二醇项目。二期项目于2015年3月投产,2016年为项目配套的气化炉投产后实现满负荷生产,其产品质量达到乙二醇优等品(聚酯级)的要求,目前已经广泛应用于下游长丝、短纤及瓶片领域。

(三)茂县新纪元电石炉气生产二甲醚

项目所用技术由新纪元公司、鑫新能源公司与西南化工研究设计院、四

川天一科技股份有限公司共同开发，天一科技负责全面设计和专利授权，项目于2014年5月底正式投产。通过该合作项目，新纪元电石公司与科研院所建立了"产、学、研"合作模式，在实际生产过程中不断摸索，对原有的电石炉气净化、变换、压缩机节能等技术进行了改进和提升，促使装置消耗大幅下降。生产1吨二甲醚消耗甲醇设计为1.42吨，实际为1.39吨；电耗设计为1526度，实际为1150度。整个项目引进专利7项，后续产生专利3项。项目设计产能为5万吨/年二甲醚，产品主要用于民用燃料。2018年实际生产3.5万吨，实现销售收入1.2亿元，解决就业人员150余人，为改善电石污染物排放环境，以及当地的脱贫攻坚和稳岗就业作出了巨大贡献。2012年，项目就被列入国家发改委中央预算内投资项目，2013年获得国家财政部CDM清洁发展委托贷款，2017年获得四川省科技进步二等奖。

三、行业淘汰落后工作顺利推进

清理整顿工作结束后，电石行业仍在加大力度淘汰落后产能。"十一五"和"十二五"期间，一些工艺、能耗、环保达不到要求的小电石炉被陆续关停，也有一些企业因为市场低迷、严重亏损而选择主动退出市场。据工信部网站统计，2006年到2014年，电石行业累计淘汰落后装置504台，产能合计957.2万吨，超额完成了国家提出的"十一五"和"十二五"淘汰落后产能目标任务。而据电石协会不完全统计，2015—2018年，又有约800万吨电石产能淘汰、退出。目前，内燃式电石炉产能仍有约600万吨，将于2020年底前全部完成淘汰。届时内燃式电石炉将正式退出历史舞台，电石装置将彻底实现密闭化。

为推动落后电石产能退出，各地方对落后电石产能情况进行了全面调查，在市场准入、财政资金扶持、节能验收、环保评价、安全生产评价、供地等方面建立了有效的引导机制和倒逼机制。比如，山西省政府出台了《淘汰落后产能专项补偿资金管理办法》，公布了淘汰企业名单，接受媒体和社会监督。《办法》明确了淘汰落后产能的主体为各市人民政府，并与各市签订了《关停和淘汰落后生产能力责任书》，省政府每年拿出6亿元对淘汰落后产能企业实行经济补偿，深入市县进行逐户督查，对造成严重污染并屡查屡犯的企业，依法实施关停，并进行现场爆破。

2015—2019："两化融合"发展提速期

一、自动化引领电石生产方式加快转变

机械化、自动化程度低一度是制约我国电石工业发展的瓶颈。在自动出炉机和捣炉机面世前，电石出炉和处理料面两个工序需要大量人力才能完成。这两个工序高温、高辐射、高粉尘，生产环境恶劣、劳动强度高、安全隐患大，采用人工出炉方式影响操作工的人身健康，一旦发生喷料等生产事故，就会造成大量人员伤亡。行业以往发生的造成重大人员伤亡的生产事故，大多集中在这两个工序。当前，安全生产已经超过能耗、环保、质量，成为政府监管工作中最为重要的一环。一旦发生人员伤亡事故，企业轻则停产整顿，重则直接吊销安全生产许可证，同时也会给全行业带来巨大的监管压力。为此，电石全行业深入开展"机械化换人、自动化减人"科技强安专项行动，集中力量突破了自动出炉机、捣炉机、电石锅搬运等机械化和自动化装备的技术瓶颈，实现了大范围推广应用，扭转了重大事故频发的不利局面，充分体现了以人为本的发展理念。

（一）成功研制自动出炉机系统

在2010年10月对日本电气化学株式会社自动化出炉机考察后，国内有不少企业有意向引进这套技术装备，但是历经多次谈判，都由于价格过于高昂和附加条件过于苛刻而作罢。事实证明，关键技术和核心装备必须走自

主创新之路。在电石协会的大力推动下，经过不断的努力与尝试，国内首台（套）自动出炉机终于在 2015 年研发成功并实现工业化应用。

这台划时代的自动出炉机由新疆中泰矿冶有限公司、哈尔滨博实自动化股份有限公司联合研发。期间，中泰矿冶同哈博实等单位进行了多次技术论证，在反复试验的基础上，设计出这套操作简单、便于维护、功能齐全且超过国外先进水平的拥有自主知识产权的自动出炉机（当时称机械手）。2014年，第一台试原型机安装在中泰矿冶 20 号电石炉开始试验，结果出现了无法自动连接烧穿器、定位不精确、带钎力度不够、工具材质不符合要求、操作过于烦琐等诸多难题。但是，在全行业的高度期望下，两家企业并没有轻言放弃。历经几十个设计方案，上百次技术研讨，上千处反复改进，这些难题逐步得到解决。2015 年底，第二个出炉机原型运抵新疆，在其灵巧娴熟的操作下，第一锅自动化出炉的电石产品诞生了，开启了电石机械化、自动化生产的新篇章。中泰矿冶冯召海董事长表示："从最初的一个念头，到设计研发，到最后的现场调试，一路走来，虽然跌跌撞撞，但我没有想过放弃"。

研发出国内第一台工业化应用的自动出炉机，圆了几代电石人的梦想，开启了电石生产方式的新篇章，标志着电石工业进入了机械化、自动化发展新阶段。自动出炉机的成功应用，带来的不仅是安全保障能力的增强，还有经济效益的提高。采用自动出炉机后，由于作业效率的提升，炉况控制更加平稳，产量、单耗也全面优于人工出炉，中泰矿冶 2018 年 40500 千伏安电石炉产量较 2017 年平均提升 15%，直接降低生产成本 3600 余万元。

值得骄傲的还有行业第一次实现了女工操作出炉，而这在过去是难以想象的。作为劳动密集型的出炉工序，过去操作工人都是男工，女工仅能从事为数不多的配电、行车等岗位，员工队伍男女比例极不协调。而自动出炉机的出现，彻底颠覆了男性从事出炉作业的传统，让女员工也能轻松自如地驾驭电石炉。之后，电石行业又陆续涌现出一批拥有自主知识产权的自动出炉机和捣炉机等。

据电石协会统计，采用自动出炉机的企业近20家，其中内蒙古君正、中泰矿冶、包头海平面、安徽华塑、鄂尔多斯5家企业已为全部电石炉配备自动出炉机。目前，国产自动出炉机的操控性、稳定性、人机交互特性等已处于世界领先水平，其大范围应用将工人从高温、高辐射、高劳动强度的生产环境中解脱出来，同时，降低了消耗、提高了产量，实现了安全和效益的双丰收。

（二）自动化电石锅搬运系统逐步推广

由浙江嵘润机械有限公司研发制造的自动化电石锅搬运系统先后于2014年和2016年在盐湖海纳化工有限公司和中石化长城能源化工（宁夏）有限公司投入运行。该系统拥有6项发明专利，建成以来，运行稳定，优势在于缩短了电石出炉和输送至存储库的时间，减少了产品输送环节的员工数量，提高了电石企业整体生产效率，同时也能够减少百分之三的电石风化率，降低生产成本。但是由于系统整体投资较大，也缺乏相应扶持政策。该系统在电石行业推广较为缓慢。

二、配套技术装备不断完善

行业节能环保水平的提升主要得益于大型密闭式电石炉以及气烧石灰窑、炭材烘干、循环水利用等节能环保型配套装备的推广应用。

（一）炭材烘干

经过河南德耀等企业多年以来的不断摸索和试验，行业诞生出一批能耗水平和产品质量先进的炭材烘干设备，形成了"百花齐放、百家争鸣"的竞争格局，为电石企业提供了多种选择途径。第一台竖式烘干窑在宁夏英力特电石厂成功投产，标志着炭材烘干领域进入到一个全新的发展时代。其拥有破损率低、设备投资低、操作简单、热耗低、余热利用技术成熟等显著特点，得到广大用户认可，全行业超过23家大中企业应用，超过50台（套）

装置投入生产，部分装置实现了石灰窑尾气、烟气余热综合利用，为降低生产成本提供了有力帮助。

（二）石灰窑

20世纪80年代末，我国相继引进了多套氧化钙煅烧设备。首钢和太化从德国贝肯巴赫公司引进环形套筒窑；广钢和昆钢从瑞士迈尔兹公司引进双膛窑；带预热器回转窑来源于德国和美国两种类型技术。当时引进了两个主要部分，技术资料和核心装备。初次进入我国的这些装备，不适应生产工况条件，技术所有者对自己的产品也没有完全掌握，虽然能生产出高品质产品，但连续运行都出现问题。环形套筒窑拱桥经常坍塌；双膛窑工作环境差，通道容易堵塞；回转窑结圈影响生产连续性。直到2005年，江苏中圣园等公司改变了环形套筒窑燃烧工艺，找到影响拱桥坍塌的原因，才彻底保证环形套筒窑连续运行；同年张家港韩国元进双膛窑投产，改变了设备故障多、操作环境差的局面；带预热器回转窑和双梁窑运行也基本稳定。

电石行业在2010年左右开始使用新型氧化钙煅烧装备。之后，为了满足电石生产需要，行业开发了很多创新技术，如无焰燃烧、过程脱硫、多级燃烧、还原燃烧、气固混合燃料、循环利用等，实现了煅烧工艺的绿色化，行业的石灰石煅烧也逐步从技术装备引进型变成输出型。目前，气烧石灰窑是电石行业最重要的炉气利用方式，占密闭式电石炉气利用的87%。当前，我国电石企业配套的石灰窑窑型基本有四大类，分别为双梁窑、套筒窑、回转窑、双膛窑。据不完全统计，电石企业现配套上述四种石灰窑合计264台（套），其中双梁窑占38.4%，套筒窑占31.3%，回转窑占14.5%，双膛窑占11.5%，其他窑型仅占4.3%。四类窑型在燃料选择、原料适用范围、单位热耗、耐材寿命、产品活性度等方面各有优缺，各企业根据自身工艺装备和原材料特点，合理选择了不同的窑型并取得了不错的生产成绩。当前，《电石工业污染物排放》标准出台在即，电石企业和石灰窑制造企业共同发力，在开发低氮燃烧技术、降低尾气流量、加强余热利用、实现生产过程精细化控制等方面开展了大量工作，对石灰窑大气污染物（NO_x、SO_2）减排工作给予了重要支撑。

（三）净化灰气力输送与焚烧

电石在生产过程中，生产一吨电石约产生 $400m^3$ 电石尾气，温度约在 $600 \sim 1200℃$。电石炉尾气经过多级降温除尘后，收集的固体粉尘俗称净化灰。电石行业对净化灰一般的处理方式为用车外运后填埋，在卸灰、运输及倾倒时，粉尘极易飞扬，造成大气污染。据统计，每年净化灰的产量约占电石产量的5%～7%，如年产100万吨的电石企业，每年排放5万～7万吨净化灰，每天排放将近200吨。如何有效处置净化灰，杜绝安全隐患，同时达到环保要求一直是电石行业的难题。在电石工业协会推动下，净化灰输送、焚烧技术由山东煜龙环保和新疆中泰矿冶于2013年开始共同研发，2015年正式工业化应用。此技术后来分别推广应用到新疆中泰集团内部子企业、山东信发集团、新疆天业等20家公司。该技术充分利用净化灰易燃的特性，经过焚烧后变得极易处理且基本不会造成二次扬尘污染，其成功应用对电石工业而言是一次环保革命。

（四）循环水高效利用

电石生产过程采用循环水对电石炉进行冷却，耗水量主要集中在循环水系统。据统计，每吨电石耗水量1～2吨，废水排放量约0.3吨。虽然相比其他化工行业，电石单位产品的耗水量和废水排放量很少，但是电石产能集中在西北地区，当地不仅水资源短缺且生态环境脆弱。因此，行业一直高度重视水资源的高效利用和废水的治理减排。比如，为实现电石生产过程水的"零排放"，信发集团电石厂在废水治理上大胆尝试，一是充分利用污水处理设施，将厂区生活用水及下水道污水经过多级处理后，排放至万吨鱼塘内养鱼或作为公司绿化、地面洒水、公司料场雾炮喷雾等使用；二是将循环水软

水制备过程排放的浓盐水，经过加工处理后全部输送至集团的烧碱厂作为化盐用水，真正实现了电石生产过程的水资源全利用。目前，行业正在大力推广冷却水闭式循环系统，相对于开放式循环系统，该系统的冷却水蒸发量和废水排放量较少，水资源利用效率高。大范围推广应用后，将进一步降低水资源对于行业发展的制约。

（五）电石渣还原氧化钙（石灰）

国内电石产量的80%用于生产聚氯乙烯。每使用1吨电石约产生1.2吨电石渣（干基，下同），以2018年计我国电石渣产生量大约为3400万吨/年。由于总量太大，无论是露天堆放，还是采取掩埋的方式进行处理，都会对环境造成严重污染。以往，电石渣回收主要用于建材行业，例如利用电石渣制水泥、铺路、制砖等，或是利用电石渣作为脱硫剂用于烟气治理，或运用化工手段制备高纯度$CaCO_3$、纯碱、$CaCl_2$等。但是，由于产品产能过剩和销售半径以及当地消费总量等方面限制，这些方式并不能从根本上解决巨量电石渣的回收利用问题。为了保护环境、变废为宝，再加上石灰石矿山的限采，导致优质石灰石紧缺，近年来电石-氯碱行业联手对电石渣回收制备电石用原料石灰工艺进行了研究和攻关。

电石渣还原制备氧化钙再用于生产电石，一方面可以摆脱电石生产对石灰资源的依赖，另一方面可以实现石灰的循环利用，符合绿色发展理念，是最具经济价值和社会价值的利用手段。目前，亿利洁能等企业已建成工业化的电石渣还原制备氧化钙装置，还原后的氧化钙含量大于90%，与煅烧石灰混合后能够直接用于生产电石，混合比例约10%。虽然利用比例还比较低，距离大规模产业化也有一段距离，但是该利用方式已经为电石-氯碱行业解决电石渣大量堆积的问题指明了方向。

随着大型密闭炉及其先进配套装备的推广应用，全行业能耗水平和污染物排放水平持续提升，单位电石产品电炉电耗、综合能耗以及二氧化硫、氮氧化物等主要污染物排放量均出现了不同程度的下降。目前，行业电炉电耗平均值基本在3200千瓦时以内，平均综合能耗也能控制在1吨标准煤以内。

三、产能过剩得到有效遏制

2008年至2015年，电石行业一直处于高速扩张期，每年都有数百万吨新产能建成投产。行业扩张过快带来了产能过剩、无序竞争等一系列问题和矛盾。近年来，全行业积极贯彻落实《电石行业准入条件》（2014年修订）中"新增电石生产能力必须实行等量或减量置换，且被置换产能须在新产能建成前予以拆除"的要求，加强电石产能总量控制。加上行业自身发展周期和安全环保监管压力加大等因素影响，电石行业产能扩张速度逐步回落，企业投资趋于理性。据不完全统计，2018年国内新增电石产能只有约15万吨，是近十几年来最少的，而退出电石产能为65万吨，2018年底电石总产能4100万吨，比2017年净减少50万吨，连续两年负增长。扣除掉680万吨长期处于停产的无效产能，国内实际电石产能只有3420万吨，实际开工率已超过80%。这意味着电石行业长达十余年的产能高速扩张期已基本结束，行业重回理性发展轨道。

随着产能见顶和产量稳定增长，困扰行业多年的过剩矛盾已大为缓解，产业集中度也有明显的提升。在中小企业大量退出的同时，大企业的规模仍在扩张，2018年产能超过100万吨的电石企业增至4家，超过60万吨的企业增至22家。行业涌现出新疆中泰、新疆天业、陕煤集团、鄂尔多斯化工等一批上下游配套齐全、规模效应明显的龙头企业，引领了行业的技术进步和安全环保水平提升。

此外，为引导行业绿色化发展，提升行业安全环保和生产管理水平，针对当前电石企业安全事故频发，安全环保监管压力空前加剧等问题，行业加强了安全环保标准体系建设。通过向石化联合会和化工标准委员会申报，电石协会立项了《电石用氧化钙》《电石用兰炭》《电石装置检修安全规程》等

13项团体标准。截至2019年7月，已完成其中6项标准的编制工作。

2008年至今，电石行业成功应对了世界金融危机、产能过剩矛盾加剧、安全环保压力加大等一系列艰难挑战。2000年，国内电石产能仅为480万吨/年，产量为340万吨。到2018年底，国内共有电石企业170余家，产能为4100万吨/年，产量为2900万吨，开率工71%，扣除长期停产的680万吨产能，实际开工率为83%，较2011年开工率提高10个百分点，达到近年内新高。企业平均产能由2011年的7.5万吨提升到2018年的24.1万吨，产业集中度进一步提高。其中，技术装备水平高、节能减排效果显著的密闭式电石炉产能为3526万吨，占总产能的比重由2005年的不足10%提高到86%。总体来看，这十年是电石行业转变发展方式，推进绿色高质量发展的重要十年，行业在化解产能过剩矛盾、提高技术装备水平，增强自动化智能化能力、节约能耗和减少排放等方面取得了丰硕成果，为我国由电石大国迈入电石强国奠定了坚实基础。

展望

全行业以习近平中国特色社会主义经济思想理论和科学发展观为指导，深入贯彻落实党的十九大会议精神，牢牢把握绿色高质量发展主线，以降低消耗、减少排放、保障安全、提高效益为方向，加快淘汰落后产能、开拓新的应用领域，化解产能过剩矛盾；加快突破一批关键节能环保技术，提高能源利用效率和污染物治理水平；加快推广应用自动化出炉成套设备，提升智能化水平，改善操作环境，实现本质安全；加快管理创新和成本控制，改善经济运行质量，为全力构建"绿色、安全、高效、可持续"的新型电石工业体系持续努力奋斗。

随着制造强国战略的深入实施，电石行业工业化和信息化将进一步深入融合，大力提升电石生产重点工序的自动化、智能化、信息化水平，减少人工操作和现场巡检。加快研发经济可行的显热回收利用技术，完善提升国产自动出炉机的智能化水平，建立生产数据在线监控系统，实现电极入炉长度自动监测、电极糊柱在线测量、电极温度监控等数据的远程传输，提高运行数据监控的及时性和准确性。

电石行业产品结构将进一步优化，绿色发展水平将进一步提升。随着净化灰无害化处理和回收利用技术、下游精细化学品生产制造技术的开发与应用，聚氯乙烯消费电石比重降到60%以下，醋酸乙烯、1,4-丁二醇、石灰氮等其他领域的消费比重提高到40%以上。吨电石平均综合能耗将下降至1吨标准煤以下，平均电炉电耗将降至3200千瓦时以下，炉气用于生产化工产品的电石产能占密闭炉产能的比重将提升至20%。

05

风雨兼程　终露芳华

——新中国硫酸工业发展纪实

硫酸被称为"工业之母"，是重要的基本化工原料之一，广泛应用于化学工业、轻工业、印染工业、冶金工业、石油工业、制药工业、炸药工业和原子能工业等。由于硫酸在工业生产中的重要作用，20世纪世界上经常把硫酸产量的多少，作为衡量一个国家工业发展水平的重要指标之一。

新中国的成立给我国国民经济的发展带来了无限的动力，也给我国硫酸工业的发展提供了积极的环境，创造了勃勃的生机。回首硫酸工业在新中国成立后的七十年，既是波澜壮阔发展的七十年，也是推陈出新的创新七十年，既是乘风破浪的开拓七十年，也是夙兴夜寐的钻研七十年。几代硫酸人汇聚在这最辉煌灿烂的七十年里，用宝贵的青春、用辛勤的付出、用钻研的精神成就了我国最终成为世界第一大硫酸生产国。

在这七十年里，我国硫酸工业在工艺技术、产业规模、装备水平、环保水平、节能减排、资源综合利用等诸多方面取得了显著成绩。

我国硫酸工业根据原材料的不同，分为硫铁矿制酸、硫黄制酸、冶炼烟气制酸。各自发展的时段、经历、模式均有不同，以下各章节会分别对三种制酸进行阐述。

1949—1978：以硫铁矿制酸为主的基础筑造时期

一、产业规模：从无到有，飞速跃进

世界硫酸工业发展已有200多年的历史，中国硫酸工业起源于1874年，在旧中国硫酸年产量最高是1942年达到18万吨。新中国成立以前，西安成三硫酸厂、成都资业化工厂、重庆广效力化学工业社硫酸厂、中国造酸厂等企业陆续建成。1949年，中国有硫酸厂二十余家，硫酸产能20万吨，但当年硫酸产量仅有4万吨，大部分硫酸厂的生产处于停滞状态。经过三年的恢复建设，硫酸产量超过历史最高水平。1952年全国硫酸产量19万吨，是1949年的4.7倍。1949年到1978年的29年间，硫酸产量每年平均增长19.3%，1978年中国硫酸产量达到661万吨，成为继美国和苏联之后的硫酸生产大国。

二、资源探索：依托自有资源发展硫铁矿制酸

新中国成立后，我国硫资源的结构变化经历了三个阶段，第一阶段是以国内硫铁矿资源为主的艰难时期；第二阶段是以国际硫黄为主的快速发展时期；第三阶段是硫黄和进口有色金属附带硫并行的成熟期。其中，第二阶段是我国硫酸工业发展最迅速的时期。

我国国内的硫资源主要来源于硫铁矿及有色金属副产硫精砂，硫铁矿产地主要集中在华东、中南、西南三大区，硫铁矿储量6.6亿吨，其中伴生硫铁矿储量3.4亿吨，自然硫储量3.2亿吨。我国硫铁矿资源虽相对比较丰富，但硫含量较低。现已探明储量折35%的标矿计在2.2吉吨以上，硫含量大于35%的硫铁矿仅为0.22吉吨左右。另一部分为与有色金属共存的硫铁矿储量

在0.3吉吨以上。

20世纪50年代末期，国家加速了硫铁矿的建设，甘肃白银硫精砂产量稳定增长，广东云浮硫铁矿、安徽新桥硫铁矿、内蒙古碳窑口硫铁矿、江西铜业永平铜矿相继建设，四川、湖南、辽宁、广东、广西等小型硫铁矿、硫精砂也在开发建设，全国硫铁矿（硫精砂）资源供应逐步增加，使我国硫铁矿制酸有了新的发展契机。

1960年前后，已建成二十家重点硫酸企业（开封化肥厂、株洲化工厂、太原化工厂、甘肃河西化工厂、广东湛江化工厂、广州氮化肥厂、四川化工厂、四川硫酸厂、上海硫酸厂、吴泾化工厂、北京染料厂、天津硫酸厂、大连化工厂、吉化染料厂、南化氮肥厂、南化磷肥厂等），主要建设8万吨/年装置，最大装置为南化磷肥厂12万吨/年装置；进入20世纪80年代，南化公司磷肥厂、开封化肥厂、太原化工厂、株洲化工厂等国家重点硫酸厂的硫黄制酸装置改造为硫铁矿制酸装置，我国硫酸工业走上了稳步发展的道路。

20世纪70～80年代，以南化设计院设计的年产2万吨、4万吨硫铁矿制酸成套图纸为基础，四川、云南、广东等省化工设计院参与设计，在江苏、四川、广东、广西、湖南、湖北、山西、河北等省建设了一批2万～4万吨小型硫酸装置供应普钙生产。20世纪90年代是高浓度磷复肥的起步阶段，国家安排建设100套6万吨小型磷铵、重钙装置的建设，同时改造或新建配套4万～6万吨硫酸装置；大型磷复肥的建设也同时配套建设20万吨、40万吨大型硫酸装置；在沿海、硫资源产地同时建设20万～40万吨大型硫铁矿制酸装置。这些新装置的建设及老装置的扩能改造，使全国硫酸生产能力及产量呈现了快速发展的态势。进入21世纪，我国陆续在硫精砂、硫铁矿资源地建设了一批40万吨大型硫铁矿制酸装置。

1978年，全国硫铁矿制酸产量479万吨，占总产量的72%。

三、技术装备：用黑白的色调挥洒彩色的画卷

（一）采用接触法生产工艺

1949年后，我国开始大力发展先进的接触法生产硫酸工艺，逐步取代铅室法和塔式法旧工艺。南京永利宁厂依靠自己的力量，于1953年、1955年、1957年分别建成三套年产8万吨的接触法硫酸装置。苏联援建的两套年产4万吨硫酸装置，分别建在太原化工厂和吉林染料厂，于1958年投产。"一五"计划期间，对老厂进行技术改造和扩建，采用接触法工艺使全国硫酸产量逐年提高，到1960年，我国硫酸产量达到133万吨。从1949到1959年的10年间，硫酸产量年均递增38.8%。

（二）研制生产自己的催化剂

在国外制造技术严加保密的情况下，1949年南京永利厂中心试验室开始研究、试制钒催化剂。永利宁厂工程师余祖熙为了研制我国自己的钒催化剂，不懈努力，克服了资料不足、原料匮乏等困难，于1951年研制成功S101型（原称V1型）钒催化剂，试生产了5吨S101（V1）型钒催化剂，并逐步实现了工业化生产，奠定了我国钒催化剂生产基础，结束了依赖进口的历史，为发展接触法工艺生产硫酸创造了条件。

1957年，永利宁厂又相继研制成功S102型（原称V2型）环型钒催化剂，使我国钒催化剂的各项指标，赶上了当时的国际先进水平。后来又研制成功几种低温钒催化剂和耐砷钒催化剂等，发展到南化公司触媒厂；到1966年，已先后研制出S101、S102、S105、S108、SA（按国家标准编制）型钒催化剂。并有专家对催化剂反应动力学进行深入研究，使我国钒催化剂的各项指标赶上了当时的国际先进水平。

（三）开发沸腾炉焙烧技术

1956年，我国科研工作者们成功开发了自己的硫铁矿沸腾炉焙烧技

术，在南化氮肥厂建设了两台直筒型沸腾炉，被称为"南化炉"，用于年产8万吨制酸系统。其后，开封化肥厂建成扩大型沸腾炉，称为"开封炉"。以开封炉为基础炉型，1958年前后在大连化工厂、吉化染料厂、南化氮肥厂建设了年产8万吨沸腾炉，替代了八层、十二层机械炉。从此，我国的沸腾炉焙烧技术步入了国际前列。1978年，太原化工厂将机械炉改造为沸腾炉，到1983年我国硫铁矿制酸装置已全部采用了沸腾焙烧炉技术。

（四）自创文氏管水洗净化工艺

20世纪50年代初，上海新业硫酸厂（现上海硫酸厂）厂长、技术专家孙师白在矿制酸净化方面，成功开发了文氏管水洗净化工艺。上海硫酸厂与化学工业部（化工部）基本化学工业设计院共同试验，创造"三文一器"水洗净化流程。于1958年开始用于工业生产，这项技术的推广应用，对我国硫酸工业的发展起到了巨大推动作用。水洗净化工艺极大地简化了复杂的净化生产设备，大幅度地降低了建设投资。化工部考虑到国民经济各部门对硫酸的迫切需要，在国家建设资金不足的情况下，为了争取时间和利用有限的资金多建些硫酸装置，决定采用水洗流程建设硫酸装置，加速我国硫酸工业的发展。

（五）探索酸洗净化之路

为了解决硫酸厂水洗工艺的严重污染，1963年，甘肃白银有色公司使用玻璃钢材料用于硫酸酸洗净化工序，成功后在行业推广应用。

1976年，南化研究院进行了硫酸工业净化技术及"三废治理"中间试验，对新型电除尘器进一步深入研制改进。试验成功的电除尘器为钢壳外保温结构，电场有效截面积为2.5米^3，3个电场，进口气体含尘量约为30克/米^3（标况），出口气体含尘量小于0.1克/米^3（标况），除尘效率达

99.7%。逐步完善了净化工艺,实现了稀酸洗净化流程;小型装置采用旋风分离器除尘和污酸沉降分离固体杂质,实现污水的封闭循环,并在山东滕县磷肥厂使用成功。对采用水洗工艺的装置试用了中和沉降方法,处理后水循环利用或中和后达标排放。初步解决了硫酸工业酸性污水难处理的问题,硫酸工业污染环境的状况得到改善。

(六)开发建设两转两吸转化系统

我国于1965年由化工部组织专家及设计院首次用两转两吸工艺设计转化系统,开发研究两次转化工艺,并在上海硫酸厂和无锡硫酸厂分别进行了工业试验并获得成功。从1966年至1969年,无锡化工厂、上海硫酸厂、四川硫酸厂等十几家企业参与开发研究或应用两次转化工艺。1969年,茂名化肥厂以两次转化工艺改造硫酸装置;1972年底,四川硫酸厂建设年产8万吨硫酸装置,采用了两次转化,四段(3+1)型式。此后,两转两吸工艺在我国大、中型硫酸装置推广应用,转化率达到99%以上,有效地提高了硫利用率,减少了二氧化硫对大气的污染。

(七)开发新型瓷质填料及填料支撑

1975—1976年,南化设计院(原化工部第七设计院)、南化研究院等单位与江西、湖南等瓷环填料厂共同研制了矩鞍环、阶梯环瓷、异鞍环等瓷质填料替代拉西环,并开始生产76毫米矩鞍环和阶梯环瓷质填料;20世纪80年代开始研制大型瓷质球拱替代铸铁篦子板作为干吸塔的填料支撑,开孔率达到50%左右;新型瓷质球拱塔支撑、新型瓷环填料大幅度降低干吸塔阻力,提高了塔的生产强度。

(八)尾气吸收副产品用于造纸

1954年,大连化学厂建设了第一套氨法尾气回收装置,消除尾气排放的污染问题。20世纪70年代,硫酸厂与造纸厂合作,用硫酸厂氨法回

收尾气，生产液体或固体亚硫酸铵，用亚硫酸铵蒸煮植物纤维造纸，产生的废液可以作为肥料，解决了造纸厂采用烧碱蒸煮植物纤维原料，排放大量废液污染江河的问题，减少了环境污染，而且还节约了烧碱，为农业增加了肥源。1975年，石油化学工业部和轻工业部联合召开会议，推广了这项技术。

四、绿色发展：余热回收的先行者

我国硫铁矿制酸余热回收始于20世纪60年代，在大连化工厂等技术力量较强的企业设计了低压参数、简易单汽包双套管锅炉，生产饱和蒸汽。到20世纪70年代初期，国家计委组织南化设计院和大化、巨化的专家，开始对硫铁矿制装置余热锅炉进行攻关。由南化设计院和杭州锅炉厂联合设计，对大化的锅炉进行了部分结构改进和完善，由杭州锅炉厂制造出LFG-360型余热锅炉。

20世纪70年代后期，由化工部组织，大连化工厂、衢州化工厂、开封化肥厂、太原化肥厂等单位联合设计适用于4万～6万吨硫酸装置的DFZ8-39/450型全自然循环余热锅炉，采用翅片管，水冷壁和双层壳体结构，采用面式减温，净蒸汽参数提高到3.82兆帕，450摄氏度。

20世纪70年代末期，南化设计院、杭州锅炉厂等单位联合设计了一种F101型混合循环式余热锅炉，采用混合循环方式，沸腾炉冷却受热面采用自然循环。

改革开放前后，我国的硫酸装置已经实现了能源回收的绿色发展模式，在全国能源紧张的情况下，硫酸厂已被视为能源工厂。能源回收水平成为衡量硫酸厂技术水平的重要标志之一。硫酸余热锅炉产生3.8兆帕、450摄氏度过热蒸汽用于发电，每吨酸可产中压蒸汽1～1.2吨，热回收率达到硫酸生产过程可回收余热的60%～70%。安徽铜冠冶化利用磁硫化矿，生产1吨酸可回收蒸汽1.44吨。

1978—1990：需求驱动硫酸工业快速发展

一、产业规模：先抑后扬，产量进入千万吨级规模

改革开放后，国家为促进农业发展，重点发展普钙、重钙等磷复肥产品；同时配套发展硫酸和磷硫两矿，取得了举世瞩目的成绩，为解决占世界21.7%人口的温饱问题做出了很大的贡献。1978～1990年，这跨越了"五五""六五""七五"三个五年计划的特殊时期，我国硫酸产业规模先抑后扬，最终成功跨入千万吨级规模的时代。1978年，我国硫酸产量661万吨，到1983年，产量上升至这一时期的最高点，达到870万吨。随着国家"七五"计划的实施，来自化肥、染料等下游产品对硫酸的需求持续上升，硫酸产量随之上升，1988年首次超过1000万吨，至1111万吨，1990年我国硫酸产量达到1197万吨。这一时期的硫资源结构仍然以硫铁矿为主，1990年硫铁矿制酸产量985万吨，占总产量的82.3%。

二、技术装备：国外引进、消化吸收、自主创新并行

改革开放后，化工部化肥司组织各设计院、研究院、生产企业与设备制造厂通力合作，消化吸收冶炼制酸、矿制酸引进技术和设备，先后近二十年时间开展国产化工作，促进了我国硫酸工业技术进步，取得了显著成效。

（一）浓硫酸泵

化工部下达"七五"攻关项目，在中科院上海冶炼所、旅顺长城不锈钢厂、大化公司化肥厂及有关专家的共同努力下，对引进的美国路易斯浓硫酸泵的材质、流体力学等消化吸收，并吸收了国内同类型泵的长处，1990年开发成功LRS-200-22高温浓硫酸泵立式泵。1992年为葫芦岛锌厂研制了550立

方米/时浓硫酸泵，为甘肃金川镍业公司研制了最大规格1200立方米/时浓硫酸泵，适应110℃以上浓硫酸用条件。新型浓硫酸泵到1999年已生产1600余台，在全国300余家硫酸厂应用，形成大型耐高温浓硫酸泵系列，解决了国内浓硫酸泵不耐腐蚀等问题。

云南昆明嘉和泵业坚持科技创新，开发JHB型高温浓硫酸液下泵。与中科院腐蚀与防护研究所、江苏理工大学流体机械研究所等科研机构合作，充分吸收国内外硫酸泵的优点，共同设计开发了流量为1400立方米/时，扬程为30米的浓硫酸泵，该泵在高温下经久耐用。

（二）阳极保护酸冷却器

兰州化机研究院借鉴国外经验，1987年开始为多家冶炼厂、硫铁矿制酸设计制造了阳极保护管壳式不锈钢浓硫酸冷却器，填补了国内空白。江苏省江阴市环球石化机械厂、上海冶金研究所、南化设计院共同研制出阳极保护管壳式浓硫酸冷却器。阳极保护不锈钢管壳式浓硫酸冷却器的研制成功解决了铸铁排管腐蚀泄漏，环境污染的问题，在硫酸装置中得到普遍应用。

（三）电除尘器

在南化研究院多年研究热电除尘器的基础上，和泰兴电除尘设备厂合作，共同对南化磷肥厂电除尘器开展国产化工作。同时，对云南化肥厂、大峪口、黄麦岭、瓮福、鹿寨引进了国外的电除尘器进行技术改造，采用LD型电除尘器技术，都取得了满意的效果。我国自行设计制造的电除尘器满足了国内大型硫铁矿制酸、大型冶炼烟气制酸炉气除尘的需要。目前，为硫酸装置制造的电除尘器已出口到俄罗斯、赞比亚、刚果（金）、摩洛哥、印度、缅甸、越南、朝鲜等国家。

20世纪80～90年代，我国对引进的横向冲刷锅炉、转化器、干吸塔、电除雾器、纤维除雾器等一系列设备、技术实现国产化，广泛应用在硫酸装置的改造及新建中，满足了我国硫酸装置大型化、高强度、高效率的要求，提高了我国硫酸工业的总体技术水平。

三、装置大型化：依靠自己的力量建设大型硫铁矿制酸装置

从1978年开始，我国硫酸工业在不断的发展过程中，形成了有自主开发创新能力的设计、科研院所、大专院校，逐步建立起了一支能打硬仗，熟练生产管理、技术创新的硫酸生产队伍。锻炼了一支技术水平较高和经验丰富的工程建设力量；建立了一批装备先进、创新能力很强的硫酸设备机械制造企业。这些技术力量及装备为改革开放后硫酸工业的发展奠定了很好的基础。

20世纪80年代开始，以南化设计院为主力，开始对大型装置进行设计开发。1986年，首先对南化氮肥厂两套系统合并改造，建设年产20万吨矿制酸装置，这是我国第一套大型硫酸装置建设；该系统的技术、设备全部实现国产化，建设了沸腾焙烧和干吸工序，并最早使用国产废热锅炉。这套系统的改建经验，为后来建设的工程提供了不少有益的经验，为我国硫酸工业建设做出了应有的贡献。

开封化肥厂是国内较早自行设计建设的硫酸装置，设计规模年产16万吨，主体设备达到20万吨沸腾炉，焙烧强度达到19吨/（平方米·日），废热锅炉选用杭州锅炉厂生产的F101-25/39-450型锅炉，冷却塔、洗涤塔、间冷器、稀酸净化、一转一吸，尾气回收。该装置实现了长期稳定运行。

除了自主研发，这一时期的硫酸行业也引进了部分国外先进技术。20世纪80年代中期，南化公司磷肥建设硫酸七系统，为了使用江西永平矿超细硫精砂，从德国鲁奇引进了沸腾焙烧技术基础设计（包括：大型沸腾焙烧系统、电除尘器、横向冲刷锅炉、刮板运输机）、美国路易斯泵厂的浓硫酸泵，加拿大CIL公司的阳极保护管壳式酸冷却器，德国威尔纳特公司的聚乙烯稀酸泵，日本日立公司的鼓风机等；其余部分的设计如原料工序、净化、干吸、转化、尾吸工序均采用我国自有技术，由南化设计院承担设计。

四、绿色发展

20世纪80年代初期，以南化设计院为主，由四川东方锅炉厂参加联合设计，由东方锅炉厂制造的DG型自然循环余热锅炉，沿袭了第一代自然循环锅炉的总体格局，采用横置单汽包，水冷系统联箱置于炉墙内，炉气纵向冲刷，受热面布置和大化锅炉基本相似，炉气呈现W型流经四个纵向烟道。该炉型在四川银山磷肥厂、四川化工厂多家企业使用，提升了硫酸行业的热回收水平。

80年代初，为保证余热锅炉与硫酸生产同步稳定运行，化工部化肥司再次组织了南化设计院、杭州锅炉厂、四川东方锅炉厂及全国锅炉专家对现有强制循环、自然循环两种类型锅炉整体结构设计和材料选择进行改进，逐步形成标准化、系列化设计及设备制造，使其适应了硫酸生产的高温腐蚀、磨损。南化设计院对F101做进一步改进，形成FR型余热锅炉，由上海锅炉厂、杭州锅炉厂和沙州锅炉厂制造，1987年，先后在哈尔滨化工总厂、青村化肥厂、吴泾化工厂等多家使用。东方锅炉厂无锡特种锅炉分厂重新设计了全新型自然循环锅炉的结构，在银山磷肥厂、四川化工厂使用，达到了与硫酸生产同步稳定的效果。

20世纪80年代后期，随着余热锅炉制造技术的成熟，在大中型硫酸装置上得到普遍应用。全国年产10万吨以上硫铁矿制酸装置基本配置了中压余热锅炉，回收了硫酸生产过程中的高温位余热，以及部分中温位余热。余热回收产生的中压蒸汽多用于发电或并入企业蒸汽管网，为硫酸工业提高了经济效益。同时，在部分企业开始利用转化中温位余热，如淄博制酸厂利用硫黄制酸转化余热加热空气送洗衣粉车间使用；吉化染料厂硫酸车间利用生产65%发烟酸过程的中高温余热副产蒸汽；上海硫酸厂与上海711所联合开发了热管锅炉回收转化系统余热，吨酸回收蒸汽140千克，热管技术在大中型硫铁矿制酸装置逐步推广应用。

1990年底，全国已有52家企业65台中压余热锅炉，蒸汽生产能力686吨/时，据不完全统计，硫酸行业全年副产蒸汽392万吨，相当于节约标煤53.7万吨，发电255兆千瓦时，同时外供汽200万吨，供电1.58兆千瓦时。南化公司磷肥厂、上海硫酸厂等15家企业平均每吨酸产蒸汽量在1吨以上。

1991—2003：跃居世界第一硫酸生产大国

一、产业规模：雄赳赳气昂昂跃居世界第一

1991—2003年，我国硫酸产业规模先以硫铁矿制酸为主平稳增长，再以硫黄制酸和冶炼烟气制酸为主，高速爆发。1991年，全国硫酸产量1332.9万吨，其中硫铁矿制酸占比83.0%，到1995年，硫铁矿制酸一直是这一时期的绝对主力，1995年，全国硫铁矿制酸产量1450万吨，是1991—2003年间的产量最高点，占总产量的81.6%。从1996年开始，硫黄制酸和冶炼烟气制酸开始快速增长，尤其是硫黄制酸在1996—1999年中连续翻倍增长。到2003年时，我国硫黄制酸产量达到1261万吨，是1991年硫黄制酸产量的77.8倍，占总产量的37.4%；我国冶炼烟气制酸产量达到752万吨，占总产量的22.3%；我国硫铁矿制酸产量1303万吨，占比38.7%，较1991年下降了44.3个百分点。

在硫黄制酸和冶炼烟气制酸的大力推动下，2003年，我国硫酸总产量达到3370.7万吨，超越美国（3270万吨），跃居世界第一位，占世界硫酸总产量的19.3%。

二、资源探索：审时度势，向全球要资源

20世纪90年代中期，在我国国民经济不断发展，高浓度磷复肥建设起步，硫资源严重不足时，国际石油天然气产量增加，使得国际硫黄市场出现

供过于求的态势，国际硫黄价格大幅度下降，为我国在国际上寻求硫资源、增加硫黄进口创造了条件，给了我们发展硫黄制酸的机会。从那时起，进口硫黄一直是我国最重要的硫资源组成之一。

1998年前后，我国首先在沿海地区新建一批10万～20万吨中型硫黄制酸装置。如石家庄化纤厂、无锡硫酸厂、宁波硫酸厂、南通大伦公司、鲁西集团、扬州磷肥厂等，解决了各行业用酸。云南、四川开始新建4万～8万吨小型硫黄制酸装置，解决磷复肥生产硫资源不足的问题。

与此同时，随着我国国民经济的快速发展，对有色金属的需求量不断上升，冶炼行业开始迎来快速发展的机遇。利用冶炼烟气制酸，既可以处理有色冶炼过程中产生的富含二氧化硫的尾气，也可以生产硫酸用于工业的发展，可以说是变废为宝的好技术。冶炼烟气也是我国硫酸的重要原材料资源。

三、技术装备：深入推进国产化

（一）动力波洗涤器

动力波洗涤器是从美国孟山都公司引进的技术，1997年首先用于金隆铜业公司、贵冶二期、株冶铅系统、大冶公司。南昌有色设计院首先消化吸收该技术，主要应用在冶炼烟气制酸装置的净化工序，该技术使洗涤系统净化效率提高；现国内已有制造单位生产类似产品，浙江巨化等不同规模硫铁矿制酸装置的净化系统也采用了此设备，提高了净化效率。

（二）干吸塔分酸器

在引进加拿大CIL公司管式分酸器、美国孟山都公司管槽式分酸器的基础上，我国设备制造厂和硫酸企业很快实现了国产化，研制出了管式分酸器，分酸点在22～26个/米^2，材质选用耐蚀低铬铸铁、合金铸铁、SX不锈钢；研制出了酸管槽式分酸器，酸分布点都在41个/米^2。兰州化机院在原有阳极保护技术的基础上，研制出316L材质的阳极保护管槽式分酸器，解决分酸器耐腐蚀问题，其价格仅为进口Zicor或SX材料价格的四分之一左右。

四、装置大型化：利用国际先进技术迅速发展

（一）硫铁矿制酸

1990年后，云南云峰化肥厂建设23万吨硫铁矿制酸装置，利用世界银行贷款从鲁奇引进了工艺包和初步设计，废热锅炉、电除尘器、主鼓风机、浓硫酸冷却器、酸泵、仪表和特殊阀门在国际上招标，其余由南化设计院承担设计，装置中其余设备在国内采购。大峪口荆襄磷化工公司建设两套28万吨硫铁矿制酸，同样是世界银行贷款项目，引进了瑞典波利登公司焙烧工序工艺包，采用美国孟山都的制酸技术以及关键设备，南化设计院承担初步设计和施工图设计。南化设计院针对不同的矿源，做了大量细致工作，使引进技术得以消化吸收，适应中国国情。

安徽铜陵磷铵厂由安徽第三设计院承担设计，利用外资，引进了加拿大CIL公司的不锈钢转化器、阳极保护不锈钢浓硫酸冷却器、管式酸分布器，美国路易斯浓硫酸泵、美国孟山都高效含铯钒催化剂等。

"八五""九五"期间，我国利用国外贷款，与大型磷复肥装置配套建设了一批20万吨、40万吨硫铁矿制酸装置。这些硫铁矿制酸装置引进了孟山都、鲁奇等公司的技术，从美国、德国采购大型鼓风机，采用美国、欧洲等国家和地区的钒催化剂，采用日本横河公司的自动化控制仪表及DCS装备。这些装置的建设使国内设计研究院、生产企业广泛接触了世界硫酸工业技术、装备及相关的制造企业，对促进我国硫酸工业技术和装备的发展起了重要作用。

（二）硫黄制酸

我国从1998年开始建设20万～40万吨大型硫黄制酸装置。南化设计院最早开始设计20万～40万吨硫黄制酸装置，在苏州精细化工有限公司建设

年产30万吨、山东红日化工公司建设年产40万吨硫黄制酸装置投产。2001年云南磷肥厂建设年产20万吨，山东鲁西集团、重庆涪陵化工公司建设年产30万吨，南京化学工业公司建设年产25万吨硫黄制酸装置。在这些装置设计、制造中借鉴了引进的大型冶炼烟气制酸、大型硫铁矿制酸的技术、装备国产化的经验，并对自行设计的焚硫炉、中压水管余热锅炉、过热器、省煤器实现大型化，对设备结构、部件设计、操作参数经过优化组合，各项技术指标先进，生产过程清洁卫生、对环境污染少，取得了显著的经济效益和环境效益。

到2003年，我国相继建设了硫黄制酸年产30万吨装置6套，40万吨装置5套。2003年，由华东工程公司开始为云南三环设计了我国第一套年产60万吨硫黄制酸装置。

（三）冶炼烟气制酸

冶炼烟气制酸装置发展的起始阶段主要以引进技术为主。1985年，贵溪冶炼厂首家引进三菱重工铜冶炼烟气制酸技术和装备，由南昌冶炼设计院承担设计，它标志着我国冶炼烟气制酸工业达到一个新的水平，为我国硫酸工业的发展提供宝贵经验。该装置年产硫酸36.7万吨，转化工序系统采用"住友-开米柯"两次转化（3+1）型工艺技术，换热流程为ⅣⅠ-ⅢⅡ。投产后装置连续稳定运行，最终转化率99.64%～99.74%；经考核各项技术经济指标达到较好的水平。1990年后，该装置改用富氧冶炼，硫酸产量提高到60万吨，成为我国当时最大的硫酸生产装置。

1997年，安徽金隆建设铜冶炼烟气制酸装置，年产硫酸37.5万吨。首次引进美国孟莫克动力波洗涤器，净化工段采用的一级动力波、填料塔、二级动力波组成稀酸洗涤系统；转化器采用SUS304不锈钢制造，为积木式结构；采用孟山都大颗粒Cs-120型低起燃含铯环状催化剂，及LP-110、LP120环状钒催化剂；采用孟山都技术的双圆缺型折流板式换热器；从德国采购了

KKK公司的鼓风机，及配套采购美国罗宾康公司的变频调速系统。该装置
实际生产的各项指标基本上已达到或超过设计指标的要求。表明该工程的设
计合理，设备选择稳妥可靠，各项技术经济指标先进。

五、绿色发展：余热回收技术继续提升

20世纪80年代中期，开始引进国外先进技术，我国硫酸行业的余热回
收技术取得显著进步。

首先，南化公司磷肥厂20万吨系统引进德国鲁奇横向冲刷锅炉；其后，
大峪口荆襄磷化工公司的两套28万吨硫铁矿制酸装置通过引进SHG（横向
冲刷）锅炉，可多产蒸汽0.1～0.2吨，单位产品水耗不超过65立方米，电
耗不大于93千瓦时，回收了部分低温热，经济效益十分可观。

山东红日40万吨硫黄制酸装置，平均每小时发电9000千瓦。云南三环
公司33万吨硫黄制酸装置，采用3000千瓦汽轮机驱动SO_2风机，低压蒸汽
再用于浓缩磷酸。我国硫酸余热利用技术逐步向国际先进水平迈进。

到2001年底，全国硫黄制酸和大部分年产4万吨以上硫铁矿制酸装
置都配置了高温余热回收锅炉。通过对105家硫酸企业统计，副产蒸汽总
计1125万吨，折合标准煤172万吨，其中，利用蒸汽发电39家，发电量
65662万度。

2004—2018：数量与质量一起进步

一、产业规模：持续扩张，稳居第一

2004—2018年，是我国硫酸行业推陈出新、稳固成绩的15年，这一时
期，我国硫酸产量继续高速增长。尤其是硫黄制酸和冶炼烟气制酸，硫黄制
酸2018年产量达到4432万吨，是2004年的2.7倍；冶炼烟气制酸2018年产

量达到3496万吨，是2004年的4倍。两者共同推动我国硫酸总产量在2018年增长至9686万吨，是2004年的2.4倍，占世界硫酸总产量的三分之一。为我国乃至世界工业的发展做出了巨大贡献。

二、硫资源探索：国产和进口平衡发展

经过多年的探索发展，我国硫资源结构逐渐趋于平衡（见图1），进口和国产硫资源共同支撑我国硫酸工业走向辉煌。2018年，进口硫资源消费量占到我国总硫资源消费量的52.5%，其中以进口硫黄和进口有色金属矿中的硫为主；国产硫资源消费量占到47.5%，其中以国产硫黄、国产硫铁矿和国产有色金属矿中的硫为主。进口和国产硫资源两者的平衡发展，既减少了我国硫酸生产成本，也保障了我国硫资源的供应安全。

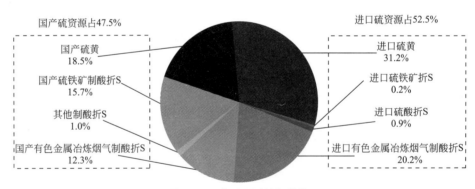

图1　2018年我国硫资源结构

三、技术装备：以环保为核心的技术大开发

（一）低温热能回收技术

1. 引进先进的低温热能回收技术

2004年，在张家港双狮公司年产100万吨硫黄制酸装置上，首次引进美国孟莫克（MECS）低位热能回收（Heat Recover System, HRS）技术。由

MECS负责总体设计，采用了最先进的带蒸汽喷射的HRS技术。2005年成功开车，装置运行状态平稳，刷新了国内硫酸生产装置连续生产的新纪录。系统产生的蒸汽进行热电联产，大大地减少了硫酸成本，HRS技术使硫酸装置的余热回收率从65%提高到90%以上，增加的建设投资在2～3年内可完成资金回收。使硫酸企业获得利用资源的经济效益和社会效益。该技术迅速为中国硫酸行业所瞩目，到2018年，全国已有54套硫酸装置引进了HRS技术，增加了低温热回收系统。

2. 低温热能回收技术国产化

为了促进我国硫酸行业低温位热能回收技术的开发，2005年，南化设计院投入了大量的人力、资金对低温位热能回收技术进行了研究开发，依托中石化南化公司现有的硫酸装置，建成了一套低温热能回收试验装置。2007年国产化的低温热能回收技术开发成功，并在南化公司25万吨硫黄制酸装置上成功应用。2009年，南化设计院将自行研制的低温热能回收技术（DWRHS）分别应用在各种硫黄制酸工程中，到2018年，依托国内自创技术建成的低温余热回收系统已达103套，其中南京海陆公司建成65套，硫黄制酸低温热回收52套，单装置产能达80万吨；矿铁矿制酸低温热能回收有5套，单装置产能达到30万吨；冶炼烟气制酸低温热能回收4套，铜冶炼烟气制酸产能120万吨，铅冶炼烟气制酸产能40万吨；硫酸亚铁掺烧硫黄低温热能回收4套。103套采用低温热回收系统的装置总产能约2600万吨。硫黄制酸低温热回收产汽率为0.45～0.5吨/吨，硫铁矿制酸和冶炼烟气制酸低温热回收产汽率为0.4～0.5吨/吨。

低温热能回收技术目前已在硫黄制酸、硫铁矿制酸、硫铁矿-硫黄掺烧、大型冶炼烟气制酸等不同原料类型的制酸装置中应用，这是我国自行研制的制酸低温热能回收重要技术，达到了国际先进水平，正在全国硫酸行业中推广应用，为把我国硫酸装置的低温热能回收提升到国际水

平做出了贡献。

（二）资源再利用技术领先世界

1. 石膏制酸联产水泥技术国际领先

20世纪60年代，在东欧、德国曾有石膏制酸试验装置，但由于世界硫黄产量的增加等原因停止了试验。我国是硫资源短缺的国家，为寻求新的硫资源，自20世纪70年代，化工部与建材部组织联合工业化试验，在借鉴国外有关技术的基础上，开始了石膏制硫酸联产水泥的研究。1982年，在山东鲁北建成一套7500吨石膏制酸试验装置；1990年，在化工部3万吨磷铵成捆项目中，在鲁北建设3万吨磷铵、4万吨磷石膏制酸联产6万吨水泥放大试验项目，硫酸、水泥装置分别由南化设计院、山东省建材设计院设计；1991年建成投产，并通过化工部组织的45天考核考评。1994年、1995年，回转窑运转348天和352天，能力达到6万吨硫酸、7万吨水泥。在此基础上，南化设计院、山东省建材设计院、四川省化工设计院为沈阳、青岛、遵化、鲁西、银山、什邡等地的六家企业设计并建设了3万吨磷铵、4万吨磷石膏制硫酸联产6万吨水泥项目，简称"三、四、六"推广示范工程。遵化、鲁西、银山、什邡的四套装置顺利建成投产；遵化磷石膏制硫酸装置采用酸洗净化，解决了污水排放问题。1997年鲁北建设15万吨磷铵、20万吨磷石膏制硫酸联产30万吨水泥大型装置，1999年投产，成为当时世界最大、技术最先进的石膏制硫酸联产水泥装置，很好地解决了磷石膏的堆存问题。全套装置采用了半水石膏烘干流程，单级粉磨，回转窑分解煅烧，封闭稀酸洗涤净化，两转两吸工艺。煅烧过程采用了旋风预热器窑外分解石膏生料新技术，使窑气SO_2浓度可达11%～14%，降低了系统热耗，提高了生产能力；水泥熟料标号稳定达到625#以上，产品为425#、525#低碱水泥；2003年硫酸产量达到44万吨。不仅自产磷石膏全部吃光用尽，还消化了周边部分磷石膏，包括发电、盐化工附产的盐石膏和电厂脱硫石膏。

石膏制酸联产水泥技术是我国拓展硫资源的一项重要举措，利用磷石膏制酸联产水泥，也是解决制约磷复肥发展排出磷石膏堆存问题的有效办法，被认为是一项资源综合利用、发展循环经济的示范项目。

2005年，湖南湘福新型建材有限公司以硬石膏和脱硫石膏为混合原料开发了石膏制硫酸项目，2010年底投产试车；2008年，重庆三圣特种建材股份公司以硬石膏和磷石膏为混合原料建设年产30万吨硫酸联产30万吨水泥生产线，2009年试车投产成功。

2. 掺烧技术解决钛白粉副产的硫酸亚铁

我国是世界上的钛白粉生产大国，同时也是世界上的钛白粉出口大国，据统计，2017年，全国41家能维持正常生产的全流程型钛白粉企业（集团）的综合产量为287万吨，其中，硫酸法钛白粉占钛白粉总产量的80%，钛白粉副产硫酸亚铁产量从2006年的343万吨，到2016年1039万吨，到2020年将达到1280万吨。我国钛白粉快速发展的同时面临着严重的资源和环境压力，而国内硫、铁资源紧缺的现状也迫使人们寻找新的制酸原料和炼铁原料，钛白粉工业副产物硫酸亚铁资源化利用成为了新的热点。

四川龙蟒集团依托四川省化工设计院对钛白粉生产过程排出的稀酸提浓和硫酸亚铁资源化利用做了大量工作。2003年，四川省化工设计院与四川龙蟒集团合作开发了"废酸浓缩过程一水硫酸亚铁掺烧硫铁矿循环生产硫酸"新技术，建成10万吨硫酸装置，每年能消化1万吨硫酸亚铁，吨酸可掺一水硫酸亚铁350～400千克，硫酸亚铁的掺烧除回收硫资源外，还副产含铁60%～65%的铁资源。

2010年前后，四川省化工设计院又陆续设计建设了九套30万吨、40万吨、22万吨、24万吨、16万吨大型装置，有硫黄掺烧硫酸亚铁工艺和硫黄、

硫精砂掺烧硫酸亚铁工艺。两种工艺副产铁精砂含铁量都大于60%。从而实现钛白粉、硫酸、磷化工等行业的技术嫁接与融合发展。

3. 利用现有装置处理废酸

工业生产中，废硫酸或产生于有机物的硝化、磺化、酯化、烷基化及其他精细化工产品的生产，或产生于钢铁酸洗、蓄电池废液和氯气干燥，或来源于石油炼制、化纤等行业。据中国化工信息中心调研统计，我国废硫酸中无机废酸约占35%，有机废硫酸约占65%，含量40%以上废硫酸占废硫酸总量的46%左右。

废酸的利用是国家清洁生产中的重大课题。仅石油炼制行业产生废硫酸折100%约120万吨，目前对废酸处理比较成熟的技术主要是对烷基化废酸的处理。

废硫酸裂解生产硫酸装置到2013年全国有8套，每年处理废酸能力达到14万吨，以高温还原分解工艺用于烷基化废硫酸的再生，该工艺以石油或天然气为原燃料，在分解炉中1000～1100℃温度下将硫酸还原分解为SO_2，废硫酸中有机物则被分解为CO_2和H_2O，SO_2气体经预处理后送入制酸装置生产硫酸。该法生产成本较高，每吨硫酸成本在700～900元，远高于市场硫酸价格（300～400元），经济上很难过关。

利用现有带热回收单元的硫黄制酸装置中掺烧烷基化废酸，可以在不需要外加能源的情况下完成废酸的裂解，转废为宝。废酸的组成（质量分数）为：硫酸90%、水5%、有机物5%。原料中的废酸与硫黄的质量比（简称酸黄比）为1，此时产品酸中的硫23%来自废酸、77%来自硫黄，年产20万吨硫黄制酸装置年处理废酸5万吨，这是比较简单的处理方法。

利用现有硫铁矿制酸系统处理废酸，硫铁矿沸腾焙烧炉掺烧（裂解）废硫酸，利用硫铁矿沸腾焙烧释放的反应热（炉温近950℃）裂解废酸为SO_3和H_2O及SO_3进一步裂解为SO_2和O_2，与此同时，硫铁矿焙烧过程中释放的单质硫，将SO_3还原为SO_2，其裂解气汇入硫铁矿沸腾焙烧炉气进入制酸系统制酸。

利用石膏制酸装置处理废酸：鲁北化工总厂在大型石膏制硫酸与水泥装置上进行煅烧废酸，以最大化处理废硫酸，将水泥产量降低50%，每年处理废硫酸24万吨。

在石膏制硫酸联产水泥大型装置上喷烧烷基化废硫酸，废硫酸用泵送入水泥窑的窑头喷枪，经雾化后喷入水泥窑，废酸裂解和磷石膏生料分解生成的SO_2窑气自窑尾进入第四、第三、第二、第一级旋风预热器经热交换后排出，由热引风机送入电收尘器，进入制酸工序。

中石化上海赛科石化引进美国孟山都公司废酸裂解技术，对生产甲基丙烯酸甲酯（MMA）过程中产出的废酸，建设了一套28万吨/年制酸装置，生产的新鲜硫酸返回MMA生产系统，使硫资源得以循环利用。其后，由化工部第二设计院宁波分公司设计，在中石油吉化公司为16万吨/年MMA生产装置配套建设了一套40万吨/年废酸裂解装置，降低消耗，减少了对环境的污染。

4. 硫铁矿渣资源化利用

20世纪末期，黄麦岭集团对硫铁矿渣的利用进行了广泛调研。选择了对硫铁矿或硫精砂进行精选，富集成高品位硫精矿（硫含量＞48%），经氧化焙烧副产矿渣，再生产铁球矿。其后建设了一套30万吨/年硫精矿选矿富集装置，分离出48%以上品位的硫精矿，建设了10万吨/年球团矿生产装置，将原磁化焙烧工艺改为氧化焙烧工艺。2005年，利用精选硫精砂焙烧出含铁量63%烧渣，生产铁球团矿7.5万吨，新增利税1300余万元。黄麦岭集团的经验迅速在全国得到推广应用，小到年产2万～4万吨装置，大到40万吨装置，以弱氧焙烧工艺获取高品位铁矿渣，硫铁矿烧渣基本全部回收，实现了资源化综合利用，使硫铁矿制酸基本没有废渣排放。同时，

铿锵脚步
新中国成立 70 周年石油和化学工业发展纪实
Petroleum and
chemical industry

硫铁矿、硫精砂生产企业也提高了收益，使硫铁矿的硫、铁两种宝贵资源得到有效利用。

（三）尾气处理技术层出不穷

2007年的环境统计数据表明，我国硫酸工业SO_2年排放量约10万吨，占全国SO_2排放量的0.4%，占化工行业SO_2排放总量的9.0%，是化工行业中较大的SO_2排放源。按照新国标要求，所有硫酸企业将统一执行$\rho_{(SO_2)} \leqslant 400$毫克/米^3、发达地区$\rho_{(SO_2)} \leqslant 200$毫克/米^{3}的排放限值。为此，全硫酸行业在原有两转两吸、铵法、碱法等尾气治理的基础上，以科技创新技术治理尾气。

1. 新型催化法脱硫技术脱除SO_2、硫酸雾

由成都达奇环境科技有限公司、国家烟气脱硫工程技术研究中心及四川大学共同研制的新型催化法脱硫技术是一种脱硫同时脱除硫酸雾的装置。

新型催化法脱硫技术以专用吸附材料（如活性炭）为载体负载活性催化成分制成催化剂，该催化剂既具有载体的吸附功能，又具有活性组分的催化功能，通过吸附催化将制酸尾气中的SO_2转化成SO_3，再与H_2O反应生成硫酸，达到脱硫目的，在脱硫过程中不产生硫酸盐；作为硫酸雾的主要成分SO_3，同催化反应生成的SO_3一起和水反应生成硫酸，而硫酸雾滴也会在进入催化剂床层之后被拦截。因此，新型催化法脱硫技术不仅可以高效脱除烟气中的SO_2，实现SO_2的超低排放，还能从根本上削减绝大部分硫酸雾排放量。

2016年，攀钢集团重庆渝港钛白粉股份有限公司30万吨/年硫酸装置采用此技术对尾气脱硫，基本实现了SO_2近零排放，同时出口硫酸雾浓度也达到特别排放限值5毫克/米^{3}的要求。此项技术已在十几套装置上成功运行，脱硫效率大于95%，脱硫酸雾效果显著。新型催化法烟气脱硫技术在处理硫酸尾气中的SO_2和硫酸雾时产生的稀硫酸，可以全部回收利用，提高硫资源

利用率。同时为解决硫酸雾问题提供了新的思路。

2. 过氧化氢与TS-1/2稳定剂法脱除硫酸尾气中二氧化硫

过氧化氢与TS-1/2稳定剂法脱除硫酸尾气中二氧化硫技术由江苏中建南京工程设计有限公司和威海恒邦化工有限公司首先尝试，在威海恒邦化工年产15万吨装置上进行试验。

用过氧化氢法脱除硫酸工业尾气中二氧化硫是将过氧化氢溶液加入尾气吸收塔中，利用过氧化氢强氧化性将尾气SO_2氧化为硫酸，回收稀硫酸返回制酸系统，全部过程不产生新的三废产物。该技术流程简短，投资省，脱硫效率高，副产品稀酸可全部回收，无二次污染，属典型的清洁生产工艺技术。该技术确保尾气达标排放，取得了很好的环境效益和经济效益，为国内硫酸行业尾气脱硫开辟了一条新途径，具有较高的应用和推广价值。该技术已成功在多家企业采用，企业减排效果非常明显，环境效益和社会效益显著。

3. 离子液循环吸收脱硫技术在冶炼烟气制酸系统中应用

离子液循环吸收脱硫技术也称为可再生胺法回收SO_2工艺，是最早由壳牌康索夫公司开发的一项新技术。2006年，该技术在国内实现商业化运营，国内相继开发了离子液循环吸收法、二元胺法等工艺。该技术采用有机胺溶液作为SO_2吸收剂，烟气在吸收塔内与贫胺液接触，SO_2被选择性吸收，含SO_2富胺液经解吸产生纯净的高浓度SO_2气体（SO_2体积分数99.9%），再生后的贫胺液再次用于吸收SO_2。该工艺分为洗涤-吸收、再生-净化和副产品生产三道工序。有机胺作为吸收剂是以有机阳离子、无机阴离子为主，添加少量活化剂、抗氧化剂组成的水溶液；该吸收剂对SO_2气体具有良好的吸收和解吸能力，吸收剂可循环利用、脱硫效率高（99%以上）、处理烟气气量和气浓范围大等优点，脱硫副产物为体积分数 > 99%的纯净SO_2气体，可返回制酸系统制酸。

金川公司广西分公司160万吨冶炼制酸装置的硫酸尾气脱硫工程技术采用了离子液循环吸收法烟气脱硫技术，项目由泰兴市电除尘设备厂总包，于2013年11月建成，系统总体运行平稳良好，相关指标均达到或优于设计值，尾吸塔出口SO_2浓度控制低于100毫克/米^3（标况）。该系统基本不产生二次污染物，从而降低企业治污成本，达到环境效益与经济效益的双赢。

云南锡业股份有限公司铅冶炼烟气制酸项目采用了一转一吸+有机胺脱硫的烟气制酸工艺处理低浓度SO_2烟气。经过电收尘、动力波洗涤塔、电除雾器净化后的冶炼烟气一部分进入Cansolv（康它夫有机胺液）脱硫系统主吸收塔，另一部分烟气进入一转一吸制酸系统，SO_2烟气经过干燥、转化、吸收后，尾气也进入Cansolv脱硫系统尾气吸收塔。烟气经过主吸收塔和尾气吸收塔脱除SO_2后进入烟囱达标排放，解吸出的高浓度SO_2通过管道送往制酸系统。铅冶炼烟气制酸系统设计处理烟气量7800～63150米^3/时，实际烟气SO_2浓度0～14%，通过烟气分配、补充空气、调整SO_2解吸量维持烟气SO_2浓度相对稳定，确保酸厂热平衡及尾气达标排放。锡冶炼烟气制酸改造项目2012年4月开始运行，制酸系统平稳有效运行，SO_2排放浓度稳定在400毫克/米^{3}以下。此项技术为促进企业循环经济的发展，对锡铅冶炼和其他有色冶炼行业低浓度SO_2治理起到较好的示范作用。

四、装置大型化

（一）硫黄制酸

经过多年的技术积累，我国硫黄制酸在设计、建设、装备等各个方面都积累了大量经验，再加上与国际上的交流不断增加，各种技术壁垒不断突破，大型装置不断上马。2004年，张家港双狮精细化工公司引进了美国孟莫克公司大型硫黄制酸装置的基础设计、详细设计和主要工艺设备，建设年产

100万吨硫黄制酸装置。2005年，湖北宜化引进美国孟莫克关键工艺技术和装备，建设年产60万吨硫黄制酸工程。到2007年，云天化国际的富瑞、三环、三环中化、贵州中化开磷相继建设4套80万吨装置；湖北、贵州建设了6套60万吨装置；江苏、浙江、湖北、重庆、四川等地建设了20万～40万吨硫黄制酸装置60多套。2010年，张家港双狮再建设一套100万吨装置，云天化国际红磷、三环中化、贵州开磷再建三套80万吨硫黄制酸装置。2010年，全国硫黄制酸企业121家，其中年产量在20万吨以上有45家，占硫黄制酸年产量的82.4%。到2018年产量的硫黄制酸企业有82家，产量在40万吨以上的34家，这34家的产量占硫黄制酸产量的80%。

到2010年，我国大型硫黄制酸装置除张家港双狮两套100万吨装置，湖北宜化二套60万吨装置是整套引进国际先进技术和装备外，其他60万吨、80万吨的大型硫黄制酸均由我国南化设计院、云南省化工设计院、安徽东华工程公司等自主设计建设。其中有云南富瑞、云南三环中化、云南三环、云南红河、云南弘祥、贵州开磷中化、贵州开磷、贵州威顿、湖北大峪口等年产80万吨装置，有湖北洋丰、云南三环、贵州西洋、湖北鄂中、湖北龙祥等年产60万吨装置；还有江苏、浙江、广西等建设的年产40万吨装置；这些装置装备基本由国内制造，由国内工程公司建设安装，装置的技术和装备基本达到或接近了国际先进水平。

（二）大型硫黄制酸的技术装备特点

（1）张家港双狮精细化工公司引进了美国孟莫克公司大型硫黄制酸装置的基础设计、详细设计和主要工艺设备，建设了我国第一套年产100万吨硫黄制酸装置，第一次引进了孟山都的HRS低温热能回收系统，使硫酸生产热能回收率达到90%以上，第一次利用高、中温位热能生产次高压蒸汽，配套建设53兆瓦发电机组，提高了发电量，使硫酸工厂成为能源工厂。

（2）在建设大型硫黄制酸的工程中，南化设计院、安徽东华工程公司、

云南省化工设计院、海陆昆仑高科技工程公司等设计研究院、工程公司、设备制造厂以及硫酸磷复肥企业共同努力下，工程技术设计国产化率、装备的国产化率基本上达到100%，设计建设出了具有中国特色的大型硫酸装置。

（3）在云南富瑞年产80万吨大型装置中，借鉴国外经验，开发设计了一次扩大型焚硫炉。在80万吨大型装置成功采用双锅筒火管锅炉，减轻了制造难度，解决了运输问题。贵阳中化开磷80万吨硫黄制酸的废热锅炉开创了2段串联对接的型式。南京设计院设计大型装置普遍采用"3+1"或"2+2"四段转化工艺，也有采用"3+2"五段转化工艺，不锈钢焊接结构的转化器。东华工程公司消化吸收了国际先进经验，在为云南三环设计的60万吨装置中，设计了中间支撑圆筒的不锈钢新型转化器等。

（4）大型硫黄制酸装置建设基本实现了焚硫炉、火管锅炉、全不锈钢转化器、阳极保护42点槽管式分酸器、阳极保护管壳式浓硫酸冷却器、空心环管式换热器、高效纤维除沫器、高效干吸塔等关键设备大型化、国产化。同时，引进了美国孟山都、德国鲁奇的先进技术、装备，引进孟山都、丹麦托普索高活性钒催化剂、含铯催化剂，以及为DCS自动化控制配套的一次仪表等技术和设备。大型装置的建设标志着我国硫黄制酸装置向60万吨、80万吨、100万吨大型化发展迈出了坚实的一步。

（三）冶炼烟气制酸后来居上

2007年，中国瑞林工程技术股份有限公司（中国瑞林）通过引进Outokumpu（奥托昆普）烟气部分循环二氧化硫转化技术，设计建设了阳谷祥光铜业有限公司90万吨/年冶炼酸装置，这是世界首套实现高浓度二氧化硫转化的大型冶炼烟气制酸装置。随后中国瑞林采用具有自主知识产权的非恒态高浓度二氧化硫转化专利技术，为铜陵有色集团及中铝宁德铜业公司各设计建设了两套75万吨/年的冶炼烟气制酸装置。2011年，中国瑞林为紫金铜业公司设计建成100万吨/年冶炼酸装置，成为当时最大的冶炼酸装置。

2013年，由中国恩菲工程技术有限公司（中国恩菲）设计的广西金川有色金属有限公司双闪铜冶炼烟气制酸装置（两套80万吨/年）投产。该装置采用孟莫克预转化工艺处理高浓度冶炼烟气，入转化器烟气二氧化硫浓度达到18%；采用孟莫克的低温位热回收系统，回收干吸低温位热能生产低压蒸汽，用于精矿干燥、脱硫解吸等，经济效益显著。投产后单位产品能耗保持在约80千克标准煤/吨硫酸。

2015年，由中国恩菲设计的中原黄金冶炼厂冶炼酸装置建成投产，产能达到130万吨/年，成为我国至今最大的硫酸装置。

五、绿色发展

我国硫酸工业余热回收技术一直在不断推广和进步，"能源工厂"的美誉得到巩固。2010年，年产10万吨以上的硫铁矿制酸及全部硫黄制酸装置有效回收利用了生产过程中的高温、中温位余热，余热回收率在60%以上。硫铁矿制酸吨酸产汽量平均1000千克；硫黄制酸吨酸平均产汽量1300千克。有26套装置利用国内外技术回收低温热能，热能利用率达到90%以上，同时减少了循环冷却水的消耗。2010年，257家硫黄制酸、硫铁矿制酸企业回收利用余热，副产蒸汽6200万吨，相当于节约标准煤870万吨，减排二氧化碳2130万吨。在硫黄制酸中有约1200万吨产能的装置配置了低温位热回收系统，吨酸产汽量从1.2吨提高到1.7吨，热利用率从65%提高到90%以上，这些企业每年增加蒸汽产量约500万吨。

2001—2010年的十年间，硫铁矿制酸、硫黄制酸回收高温、中温、低温余热生产蒸汽3.44亿吨，折合标准煤4830万吨，减排二氧化碳2.09亿吨。

到2018年，硫铁矿制酸、硫黄制酸回收高温、中温、低温余热产中低压蒸汽8248万吨，相当于节约标准煤1145万吨，减排二氧化碳3102万吨。

从2011年到2018年，我国硫黄制酸和硫铁矿制酸回收余热产蒸汽8亿吨，相当于节约标准煤1.1亿吨，减排二氧化碳2.8亿吨。

建设大型冶炼烟气制酸装置，特别是新建铜冶炼烟气制酸装置，提高了二氧化硫浓度至25%～40%，平均为34%；入转化系统的二氧化硫气浓度为10%～12%，用热管锅炉回收中温位热能，平均吨酸可副产中低压蒸汽300千克左右。防城港金川集团建设40万吨铜冶炼大型装置，不仅回收中温位热能，而且回收干吸系统的低温位热能，采用孟莫克的HRS技术，使年产160万吨大型铜冶炼制酸装置吨酸回收蒸汽达到500千克以上。此技术逐步在大型铜冶炼制酸装置上推广，每年可回收蒸汽500万吨，折合标准煤64万吨，减排$CO_2$160万吨，热能回收效果相当可观。

展望：长风破浪会有时，直挂云帆济沧海

中国硫酸工业随着国民经济的发展壮大，起起浮浮走过了70年的奋斗历程，从小到大，从弱到强，如今已发展成为产量居世界首位，产品品种齐全，技术装备领先，工艺水平成熟的硫酸工业强国。在新中国成立70周年之际，我国硫酸工业在世界上的地位发生了根本的转变，根据海关统计，2018年，我国出口硫酸128.1万吨，创下历史新高；净出口硫酸32.8万吨，首次成为硫酸净出口国。我国硫酸远销摩洛哥、智利、印度、菲律宾、印度尼西亚、纳米比亚、澳大利亚、巴西等国，为世界工业的发展做出了贡献。

我国硫酸工业技术、装置也已走出国门，开始帮助推动世界各国的硫酸工业取得进步，走出去的步伐正在加速向前迈进。

东华工程科技股份有限公司近年来在国际市场上成绩显赫，接连成为突尼斯化工集团（GCT）一套60万吨/年硫黄制酸装置的EPC总承包商、越南海防1250吨/天硫黄制酸EPC总承包商、韩国COSMO公司600吨/天硫黄制酸的EPC总承包商。中国瑞林分别在俄罗斯及菲律宾承接80万吨/年及40万

吨/年冶炼烟气制酸EPC总承包。中国恩菲成为埃及50万吨/年硫黄制酸项目EPC总承包商，巴布亚新几内亚2×50万吨/年硫黄制酸项目EPC总承包商，以及纳米比亚HUSAB 50万吨/年硫黄制酸项目EPC总承包商。

宣达实业集团自主研发的耐硫酸专用XDSS特种合金材料，多年来大量用于硫酸生产设备，用XDSS合金制作的管槽式分酸器已成功应用在非洲、亚洲等多个国家的硫酸装置上；用XDSS合金制作的循环酸管道、泵阀也已出口多个国家。由江苏蓝电环保股份有限公司（原泰兴电除尘设备厂）设计生产的电除尘设备已经服务我国硫酸行业近半个世纪，并已远销俄罗斯、印度、泰国、菲律宾、赞比亚、刚果等国。

新中国成立七十年，几代硫酸人以孜孜不倦的进取精神，以不畏艰险的开拓精神为我国硫酸工业的发展做出了巨大贡献，从"摸着石头过河"到如今的"百花齐放"，从"独善其身"到"兼济天下"，我国的硫酸工业走出了一条崎岖漫长而又宽阔高远的发展之路，未来的硫酸工业将中流击楫，破浪前行，继续为我国、为世界的发展贡献力量。

1949

/

2019

铿锵脚步

第三篇
服田力穑

中国人的饭碗任何时候都要牢牢端在自己手上

手中有粮，心中不慌。泱泱大国，巍巍华夏，哺育了无数优秀中华儿女的中国始终把人民的吃饭问题当做头等大事。1949 年新中国成立时，全国每公顷粮食产量只有 1035 千克，人均粮食占有量仅为 210 千克，落后的化肥和农药工业无力支撑农业满足人们对粮食的需求。

化肥是农业的粮食，农药是粮食的卫士。面对自然灾害和生产力落后的重重困难，70 年来，中国农用化学品工业勇敢地承担起促进粮食生产的艰巨任务，一步一个脚印地探索，把实现粮食丰收增产当作矢志不渝的奋斗目标，用苦干、实干谱写了飞速发展的新篇章。在化肥、农药工业的有力支援下，我国农业生产取得了巨大进步，成功地度过了几次粮食危机，满足了不断增长的人口和人们日益提高的生活需要。

一是产量持续大幅攀升，实现了一次次华丽转身。新中国成立初期氮肥年产量仅有 6000 吨，到 1991 年仅用 42 年就快速成长为世界最大的氮肥生产国，2003 年实现尿素产品净出口，2007 年成为世界最大的尿素出口国，2015 年氮肥产量达到历史最高值 4791 万吨，是 1949 年的 800 倍，占世界总产量的 38%；磷肥从几乎为零起步，到 2006 年基本实现了自给，一举结束了大量依赖进口的历史。2015 年我国出口磷复肥 578 万吨（折 P_2O_5），约占当年全球贸易量的 39.3%；钾肥从单一的氯化钾产品发展到 100 多种钾盐资源衍生产品，产量从最初氯化钾 953 吨增长到现在的 560 万吨（折 K_2O）；农药也是从品种单一到可以生产 600 多种有机合成和生物源农药，从依赖进口到现在的世界第一生产和出口大国。

二是突破了一批核心关键技术，自主创新能力迈上新台阶。国产化水煤浆和粉煤气化技术及大型合成氨成套国产化技术取得突破后，一批具备实力的企业建成了大型洁净煤气化合成氨装置，氮肥工业的技术装备水平显著提高；磷肥工业首创了氯化钾低温转化法生产硫基氮磷钾复合肥生产技术和装备，利用中品位磷矿生产高浓度三元复合肥；钾肥工业经过近 70 年的技术积累，大型核心装置的设计、制造、安装大多实现了国产化，部分达到了国际先进水平；农药工业建立了化学、生物与信息技术相结合的农药先导化合物发现的技术体系，创制能力和整体水平明显提高。众多具有自主知识产权的技术异军突起，撑起了我国化肥和农药工业的明天。

三是资源综合利用深入推进，开创了转型发展的新局面。氮肥行业加大下游产品的开发力度，积极延伸产业链条，生产烯烃、乙二醇、聚碳酸酯等重要化工原料和化工新材料，高端化、差异化发展加快；胶磷矿精选富集技术达到国际领先水平，中低品位磷矿选矿产业化程度大幅度提高，2018年磷石膏年综合处理量占当年新增石膏量接近40%。青海盐湖坚持"以钾为主、综合利用、循环经济"的发展模式，建成了我国最大的钾肥基地和盐化工基地，形成了多元融合发展的循环经济模式。绿色生态农药快速增长，生物农药和生物化学农药已从过去仅占农药总产量的8%～10%，增长到2018年的15%。

化肥和农药工业70年的风雨路程，犹如一幅波澜壮阔的雄美画卷，历久弥新，引人入胜。站在新的历史起点，相信在党中央、国务院的正确领导下，行业必将不负重托，从一个辉煌走向另一个辉煌！

01

栉风沐雨砥砺行　乘风破浪再出发
——新中国氮肥工业发展纪实

　　长期以来，我国粮食产量与肥料用量关系密切，粮食总产和单产与化肥用量同步增长。1960年，我国氮肥消费量仅为47.6万吨，其中国产氮肥19.6万吨，平均每亩耕地施肥量仅为0.4千克。改革开放以来，随着我国工业化、城市化的高速发展，人均耕地面积逐年减少。据统计，我国耕地面积从1986年的20.68亿亩，下降到2007年的18.26亿亩，逼近18亿亩的红线。之后有所增加，2015年为20.25亿亩，人均耕地面积1.50亩，不足世界人均耕地面积的一半。与此同时，我国人口也在增加，从1978年的9.7523亿人，增加到2018年的13.9538亿人，平均每年增加1050万人。因此，"人多地少"是我国的基本国情，保证粮食安全始终是国家的头等大事。

　　在化肥工业的强力支撑下，我国农业生产取得了巨大进步，在错综复杂的国际形势下，成功地度过了几次粮食危机。我国粮食产量从1958年的19765万吨，增长到2018年的65789万吨，增长了46024万吨，粮食人均产量和单位面积产量也实现稳步增长；主要经济作物产量取得了几倍到几十倍、几百倍的增长，极大地丰富了人们的菜篮子、米袋子。在种植面积有限的情况下，化肥工业的发展保证了粮食总产的稳定增长，满足了不断增长的人口和日益提高的人民生活对粮食的需求。

我国氮肥工业的发展实现了进口替代，为农业生产提供了质优价廉的肥料。多年来，我国化肥市场价格大多数时间都低于国际价格。在我国化肥短缺时期，国家通过给予进口化肥补贴平抑国内价格，当国际市场价格高于国内价格时，国家又出台一些相应的政策。国内廉价的化肥供应，每年为农民节省用肥成本数百亿元，有力地支援了"三农"，氮肥工业的发展为我国农业发展和粮食安全做出了巨大贡献，功不可没！

2019年是新中国成立70周年，70年以来我国氮肥工业众志成城、砥砺奋进、艰苦创业，用双手书写了氮肥工业发展壮大的壮丽史诗。我国的氮肥工业从新中国成立初期仅有5个基本处于停产状态的氮肥厂起步，在国家各级领导和社会的高度关注和重视之下，经过无数氮肥人艰苦奋斗、不懈努力，通过引进、消化、吸收、自主创新，先后闯过了制约发展的"技术关""原料关""经济关"，实现了长足的发展，取得了惊人的成绩。我国氮肥工业的发展充满了氮肥人的辛勤汗水，也凝聚了氮肥人的聪明才智，取得的每一项成绩，留下的每一个脚印，都是广大氮肥人努力奋斗的结果。在这重要的历史时刻，全面回顾70年来的发展历程和历史经验，激励新一代氮肥人继承和发扬氮肥工业的光荣传统，同时汲取智慧和继续前进的力量。

新中国成立70周年来我国氮肥工业发展历程

新中国成立初期，我国氮肥工业底子非常薄弱，全国只有5个氮肥生产厂，氮肥年产量仅6000吨左右（折纯，下同）。为了满足粮食生产对化肥的需求，在以毛主席、周总理为代表的几代国家领导人的亲切关怀和支持下，

经过几代人的艰苦奋斗和不懈努力，我国氮肥工业实现了长足的进步，取得了惊人的业绩。尤其是改革开放以后，由于农业的快速发展及国家一系列优惠政策的扶持，氮肥总量取得一次又一次的跨越。1991 年我国成为世界最大的氮肥生产国，2003 年实现尿素产品净出口，2007 年成为世界最大的尿素出口国，2015 年氮肥产量达到历史最高值 4791 万吨，占世界总量的 38%。到 2018 年，合成氨、氮肥和尿素产量分别达到 5612.9 万吨、3809.2 万吨和 5206.7 万吨（实物）。回顾我国氮肥工业的发展历程，实属来之不易。

一、1949—1956：氮肥工业初步恢复生产

新中国成立之初，我国仅有 5 个氮肥生产厂，分别是大连化学厂（原满洲化学工业株式会社）、天利氮气厂、永利化学工业公司宁厂（原永利化学工业公司铔厂）以及鞍山和抚顺两个炼焦副产硫酸铵的车间，并且由于战争破坏、原材料供应困难等原因，基本处于停产状态。1949 年，我国氮肥总产量仅 6000 吨左右。国家非常重视氮肥工业的发展，迅速组织力量开展氮肥生产恢复工作。

大连化学厂是新中国成立后重点恢复的工业企业之一。政府派出领导干部，集中一批技术骨干，发动工人群众，克服重重困难，仅用约一年半的时间就完成了预计三年才能完成的任务。1951 年 6 月，大连化学厂全面恢复了合成氨、硫酸、硫铵等产品的生产，首战告捷，并且在后续的改建、扩建中，克服了技术上和材料上的许多困难，新建稀硝酸装置，试制高压氮气压缩机，修复高压压缩机、高压齿轮泵和高速鼓风机等大型、高精度机械，顺利完成了恢复生产任务。

永利化学工业公司在新中国成立后也很快开展恢复和改扩建工作，试制出固定层煤气发生炉和高压循环气压缩机等关键设备，还成功开发了多层卷板式 31.4 兆帕氨合成塔。周恩来总理在有关文件上批示："这是我国自己解决高压设备的开端，对促进氮肥工业、有机合成、化学工业和炼油工业的发

展将起重大作用"。同时，还开拓出利用无烟块煤代替焦炭制取合成氨原料气的工艺，开辟了新的合成氨原料路线，是氮肥工业领域史无前例的创举，为利用我国较为丰富的无烟块煤资源、扩大氮肥原料来源和加快发展氮肥工业创造了条件。

在不断恢复和扩建大连化学厂和永利宁厂的同时，我国从苏联引进技术，在吉林、太原、兰州建立了三个中型氮肥厂，生产规模为年产5万吨合成氨配套9万吨硝铵。这三套装置的引进过程，也是先进设计、施工、生产技术与计划管理、技术管理和经济核算的学习过程，同时也为我国培养了一批技术人员和管理人员，为今后合成氨及其他化学工业的发展打下了良好的基础。

二、1957—1972：小氮肥诞生，并与中氮肥共同成长

（一）小氮肥的诞生

1957年，大连化学厂的工程技术人员利用石灰窑气与氨反应，生产出碳酸氢铵。在此基础上，专家们提出可以采用二氧化碳较多的合成氨原料气与氨直接碳化制取碳酸氢铵，这样在净化原料气的同时，又可使二氧化碳得到充分利用。著名化学家、化工部副部长侯德榜考察了大连化学厂常压法制碳酸氢铵的生产情况，直接领导科研人员进行试验工作，着手开发"碳化法流程合成氨制碳酸氢铵工艺"，仅用两个月的时间，就完成了繁重的设计、制造、安装任务，且初试一举成功。这一工艺免除了高压水洗，免除了氨加工的硫酸或硝酸的配套装置，生产设备少、投资小、见效快，便于普及推广，是"多、快、好、省"生产化肥的新路子，是老一辈科技人员的历史功勋，奠定了我国小氮肥蓬勃发展的基础。基于这一工艺编制的年产1万～2.5万吨专区级氮肥厂的定型设计，以及年产5万吨合成氨的省级氮肥厂的定型设计，开启了我国氮肥工业大规模建设的新篇章。这一技术于1964年获得

了国家科委、计委联合颁发的工业新产品二等奖。

1958年，毛主席在领导干部工作会议上提出："化肥工厂，中央、省、专区三级都可以设立"。在各级领导的关怀和全体氮肥人的努力下，我国先后开发并建设了400吨/年型、800吨/年型和2000吨/年型合成氨示范厂和定点厂，这些厂成为我国最早的一批小氮肥企业，对此后我国小氮肥的建设和发展发挥了巨大作用。

400吨/年型与800吨/年型合成氨厂：1958年1月，大连化工厂设计室陈以楹、党洪昌工程师等主持年产400吨、系统压力为120工程大气压（1工程大气压 = 98066.5帕）的氨厂设计。同年4月，大连化工厂在大连金家街开始建设年产400吨的合成氨样板厂。该套装置同年11月试车投产。1959年6月15日，化工部在大连召开年产400吨合成氨厂设计审查会。根据彭涛部长指示，会议决定将小合成氨厂的规模由年产合成氨400吨改为800吨，以利于在全国推广。大连金家街400吨/年合成氨装置改造为800吨/年合成氨，并作为800吨/年样板厂。随后，中央安排35套800吨/年装置建设任务，并在化工部成立"化工部合成氨办公室"，负责小合成氨厂的建设工作。

2000吨/年型合成氨厂：1958年，我国首套采用"碳化法流程合成氨制碳酸氢铵工艺"、年产2000吨合成氨县级示范厂在上海化工研究院试车投产。上海市组织百家企业赶制2000吨/年型成套设备，化工部定点建设13个2000吨/年型氮肥厂：江苏六合化肥厂、山东明水化肥厂、江西东乡化工厂、福建永春化肥厂、内蒙古土佐旗化肥厂、黑龙江绥化化肥厂、湖北武汉制氨厂、安徽江淮化肥厂、浙江杭州氮肥厂、广东番禺氮肥厂、四川温江氮肥厂、陕西西安氮肥厂、辽宁铁岭化肥厂。地方定点建设4个2000吨/年型氮肥厂：湖南衡阳化肥厂、河南偃师化肥厂、江苏丹阳化肥厂、河北柏各庄化肥厂。

此后的三年间，各地相继建成投产多套800吨/年和2000吨/年合成氨装置，但生产工艺中氨与二氧化碳不平衡、碳化过程中生成结晶和设备堵塞等问题突出。

1962年，江苏丹阳化肥厂经过三年的艰苦努力，全体职工吃住在厂，取消工休，奋力拼搏闯关，对整个系统及设备进行了检修和更新改造，率先解决了碳化流程中二氧化碳与氨的平衡问题。1963年全年生产合成氨2636吨，超过设计能力31.8%，全年生产化肥10544吨，实现利润72万元，在全国率先闯过了设备关、技术关、经济关，为生产碳酸氢铵的小型氮肥厂发展提供了宝贵的经验。

同年，800吨/年型上海嘉定化肥厂过了经济关，当年盈余3万元；2000吨/年型浙江龙山化肥厂过了经济关，当年盈余5万元。10月，化工部在北京召开"全国小化肥会议"，会议认为2000吨/年小氮肥厂可以发展，800吨/年小氮肥厂要继续巩固提高。为提高小氮肥厂技术经济水平，会议认为应适当扩大小氮肥厂规模。会议确定了800吨/年型改为3000吨/年型，2000吨/年型改为5000吨/年型的改造方案。这是小氮肥行业巩固、发展的一次关键性会议。

1964年，关于小氮肥的改造方案得到国务院副总理李富春的肯定，并指示化工部再建造两套2000吨/年型小合成氨装置，将年产量提高到5000～6000吨，与现有大厂作技术经济比较。1964年，全国小氮肥生产厂达到55个，其合成氨产量达8.7万吨。86%的小氮肥厂集中在华东，华东小氮肥厂合成氨产量与吴泾化工厂和衢州化工厂合成氨产量总和相等。上海小氮肥行业于1964年率先实现全行业扭亏增盈，是全国第一个实现省、市级小氮肥全行业盈利的市。1970年，全国小氮肥行业生产合成氨100.04万吨，氮肥76万吨，占全国氮肥总产量的50.22%。全国小氮肥厂氮肥产量首次超过全国氮肥总产量的50%以上。

在这些基础上，我国建设了多套小型氮肥生产装置，许多省份几乎每县都建有氮肥厂。小氮肥由于符合我国国情，不断壮大发展，成为这一时期氮肥行业的主力军。随着小氮肥企业的陆续建成投产，作为主要原料的无烟块

煤短缺问题凸显出来。为解决小氮肥企业的"吃饱"问题，国家提出"就地取材、有啥吃啥、粗粮细作、吃饱吃好"的口号。1968 年，福建永春化肥厂开始尝试碳化法粉煤成型试验，从此开启了小氮肥原料改造的历程，为小氮肥的进一步发展奠定了基础。

（二）中氮肥的壮大发展

四川化工厂是我国自主设计建设的首个中型化肥厂，由化工部第一设计院于 1956 年开始设计建设，采用了适合我国国情和实际情况的设计方案、设施设备以及工艺路线，经历了四年的建设，于 1959 年建成投产，这标志着我国已经基本具备自力更生建设氮肥厂的能力。

1958 年，根据四川化工厂的建设经验，结合永利宁厂的工业化数据和生产经验，化工部编制了年产 1 万吨、2.5 万～5 万吨合成氨的专区级氮肥厂和省级氮肥厂定型设计。

年产 1 万吨合成氨专区级氮肥厂示范装置：1958 年，化工部在北京化工实验厂动工兴建年产 1 万吨合成氨的专区级氮肥厂示范装置。该套装置于 1959 年 10 月 1 日投产，增加了水洗脱碳工序，操作比较方便，生产较快正常，比较适应中型氮肥厂的需要，对后来发展省级氮肥厂和小型氮肥厂逐渐改造大型化发挥了积极作用。

年产 5 万吨合成氨省级氮肥厂：在陈云副总理的直接主持下，我国自行设计、建成了衢州化工厂合成氨分厂、上海吴泾化工厂和广州氮肥厂。这三个厂的建成投产，标志着我国氮肥工业进入自己设计、自己制作设备、自己施工建设的新阶段。1965 年，河南开封化肥厂、云南解放军化肥厂、河北石家庄化肥厂、安徽淮南化肥厂和贵州剑江化肥厂等中型氮肥厂陆续投产。当年年底，全国投产的中型氮肥厂共 15 个，年产合成氨 130 万吨。

在坚持自主设计建设的同时，我国也十分重视国外先进技术装备的引进。1963 年，国家批准引进的第一套以天然气为原料的化肥生产装置在四川泸州天然气化工厂开工建设。合成氨装置从英国引进，采用天然气加压蒸汽转化法制合成氨原料气，年产氨10万吨；尿素装置从荷兰引进，采用水溶液全循环法，年产尿素16万吨，1966年成功建成投产。1965年，陕西兴平化肥厂开始建设从意大利引进的年产5万吨的合成氨重油加压部分氧化法装置。70年代又先后在甘肃省刘家峡、黑龙江省浩良河、吉林省长山镇、湖北省应城以及天津、广州、新疆等地建成了一批以重油为原料年产合成氨5万～6万吨的中型氮肥厂。

在关键技术方面，1964年底，化工部第一设计院总工程师陈冠荣等提出以煤为原料、采用三触媒净化流程制合成氨的设计方案，得到化工部领导的重视和国家计委的支持。化工部于1965年春组织有关部门攻关会战，由中科院大连化物所负责两种催化剂和一种脱硫剂的配方和制备方法的实验，由上海化工研究院负责1升原粒度催化剂和脱硫剂的试验，由北京化工实验厂负责200升催化剂的试验，由南京化学工业公司催化剂厂承担催化剂的试制和生产。1966年1月，化工部第一设计院和北京化工实验厂进行了这一净化流程制合成氨的中间实验，经考核证明，催化性能良好。1966年10月采用三触媒净化流程制合成氨试点的石家庄化肥厂三期扩建工程竣工投产。这一新工艺的成功，是先进大型化学工程技术联合开发成功的范例，增强了广大技术人员自力更生开发建设氮肥工业的信心。此后又陆续取得了一些新成果，如含10%烯烃的焦化干气蒸汽转化法制合成氨，焦炉气蒸汽转化法制合成氨，炼厂气催化部分氧化法制合成氨等。利用这些科研成果，相继建成了一批以油、气、煤为原料的中型氮肥厂。

通过引进以天然气、重油为原料的中型装置，加上我国自行设计、自制设备的一批中型氨生产装置，我国逐渐建成了以煤为主、煤、油、气原料并举的中型氨厂体系，成为我国氮肥工业的基础。我国中氮肥建设与发展不仅反映了我国氮肥工业自力更生开发创新与消化吸收国外技术的成果，更有价值的是作为我国氮肥工业基础的中氮肥为我国小氮肥的建设和大氮肥的引进

奠定了技术和人才基础,可以说中氮肥是我国氮肥工业的摇篮。

三、1973—1999:大、中、小氮肥协同发展,实现氮肥自给

这一时期是我国氮肥工业取得大发展的阶段,中小氮肥厂积极进行改造扩建,实施原料路线拓展和产品升级,注重技术提升,实现了较快的发展。同时,我国开启了大型氮肥装置引进的历程,与中小氮肥厂共同致力于实现氮肥自给的目标,形成了大中小氮肥并举的局面。

(一)致力于挖潜提升、节本增效、产品升级的中小氮肥

20世纪70年代初,我国虽然已有一批引进和自建的中小型氮肥厂,但其化肥产量相对于农业增产粮食所需还是远远不够的。限于我国当时的国情和国力,不可能大量进口化肥。国家当时提出了化肥不进口,自力更生发展化肥生产,以满足农业需要的要求。当时还有一个非常鼓舞氮肥行业的口号:"化肥不进口,我们自己干,横下一条心,拿下三千万,小厂挑一半"。由此,符合我国国情的投资少、建设快的小氮肥厂如雨后春笋般发展起来。到1979年,小氮肥厂猛增到1539家。期间小氮肥厂面临的最现实的问题是原料供应紧张和生产运行水平较低。当时虽然已经可以使用无烟块煤替代焦炭生产化肥,但因山西晋城无烟块煤基地尚未开发,无烟块煤供应非常紧张,即使少数有无烟块煤的地区(如福建等省),小氮肥生产用块煤也难以保证供应,常常面临"无米之炊"的局面。小氮肥厂"吃不饱、开不足、消耗大、成本高"的矛盾突出。

为了解决这些矛盾,小氮肥行业在建设新厂的同时积极开展已有装置的挖潜改造和原料改造工作,计划将3000吨/年的厂扩能改造为5000吨/年,将5000吨/年的厂扩能改造为10000吨/年,上海市承担了技术改造设备的制造任务。1975年上海完成3000吨/年型成套设备10套,小化肥改造设备130套,其中3000吨/年改5000吨/年设备85套,5000吨/年改10000吨/年设备

45套；1976年上海完成小合成氨技术改造设备150套、成套设备20套。这些改造有效地提高了小氮肥厂的氮肥产量。同时化工部多次组织扩产改造经验交流，促使各厂共同进步，这也奠定了氮肥行业深入交流生产技术、经营管理和发展经验的良好基础，成为行业惯例并一直保持至今，对促进行业的发展起到了重要作用。

为解决小氮肥企业"吃饱"的问题，20世纪70年代，行业掀起无烟粉煤成型造气热潮。福建永春化肥厂首次尝试石灰碳化煤球制合成氨技术，取得成功，解决了工厂原料不足的难题。福建长泰化肥厂在永春化肥厂的基础之上，在制造工艺和气化技术上下功夫，制成了质地优良的碳化煤球，其发气量能够达到甚至超过同品种的块煤。这为在全国推广碳化煤球提供了宝贵经验，前后有600多家企业进行了改造。以碳化煤球为主要内容的原料路线改造成功，是自力更生解决小氮肥原料难题的重要路线，为全国氮肥增产起到了重要的作用，实现了中央提出的"就地取材、有啥吃啥、粗粮细作、吃饱吃好"的要求。1978年石灰碳化煤球制合成氨技术获得全国科学大会奖。

自改革开放以来，我国氮肥行业逐步学习了解国外氮肥企业的先进技术，无论是行业还是企业都明确意识到能耗高、成本高是制约行业发展的最大障碍。国外引进装置的建设和运营过程也是我们对比学习的过程，根据先进大化肥厂的经验，中小氮肥厂深入学习，采取一系列加强企业节能降耗的技术管理措施，强化理论基础学习，总结实践经验，并开展全行业的比、学、赶、帮，节能降耗效果显著。与1978年相比，1988年全国小氮肥工厂数量减少到1070个，合成氨产量1129.20万吨，增加了74.1%，占全国氮肥产量的55.6%。能耗大幅度下降，吨氨原料煤耗1361千克，下降了22%；燃料煤耗467千克，下降了69.1%；电耗1455度，下降了17.6%；总能耗1692万大卡（70.84吉焦），下降了42.6%。相当于每年节约标准煤2000多万吨。

1988年，山东寿光化肥厂"合成氨生产蒸汽自给技术"获得成功，率先实现蒸汽自给目标，实现两煤改一煤，使以煤为原料的合成氨装置的产

品能耗，接近于引进的大型合成氨装置的水平。这项技术集中了全国小氮肥先进设计思想和技术革新成果，是集众多节能措施、高效设备、高效抗毒催化剂、优良水质、精心操作、程序控制之大成。自1991年起，连续三年由中央财政支持在行业内进行改造。"八五"期间，全国小氮肥行业在财政部和国家计委支持下，对438个厂进行了合成氨生产蒸汽自给改造，共投资6.06亿元，年节煤260万吨，年增加合成氨生产能力60万吨，企业减少支出6亿元。这项改造使小氮肥技术水平上了一个新台阶，与1989年相比，1995年全国小氮肥总能耗下降了10.1%。该项成果及其推广工作先后于1992年、1998年获化工部科技进步二等奖及国家科技进步二等奖。

同年，化工部化肥司提出小氮肥实行"两水（冷却水、造气废水）闭路循环的有关意见"。此后多次举办现场会议，交流、推广"两水闭路循环"经验。"八五"期间，全国小氮肥行业对240个厂实施"两水闭路循环"改造，投资1.84亿元，年节水15亿米^3，减少3亿米^{3}污水排放，使企业减少水资源利用费支出2.4亿元。这项技术在环境保护、节水节电、增产增效、延长设备使用寿命和长周期运行上具有重大意义。在水资源紧缺、环境压力日益紧张的今天看来，这也是极具远见卓识的。

在积极开展挖潜提升、节本增效工作的同时，在市场需求的推动下，小氮肥产品升级工作也不断推进，碳酸氢铵产品已无法满足农业对高浓度氮肥的要求。1986年，国务院同意了化工部"关于'七五'期间小化肥技术改造方案"，拉开了全国小氮肥企业产品结构调整"碳铵改尿素"的序幕。同年，我国第一套以煤为原料的碳铵改产尿素装置在山东邹县化肥厂试车成功，这提供了非常宝贵的试生产经验。1987年，辉县化肥厂年产4万吨尿素装置通过了由国家经贸委、建设部、化工部、电子工业部三部一委组成的联合验收小组的实地考察评定，被评为优质工程。此后不久，碳铵改产尿素项目在全国范围内择优选厂推广开来。碳铵改产尿素技术的成功，改变了小氮肥产品单一、碳铵含氮量低的被动局面，满足了农村对尿素的需求，也为后续尿素生产"四改六"（年产四万吨尿素装置改造到六万吨规模）、"六改十"（年产六万吨尿素装置改造到十万吨规模）的扩能技改奠定了基础。"七五""八五"期间，中央先后安排"65亿""95亿"专项资金支持中小化肥产品结构调整，共建设小尿素装置141套，增加尿素生产能力585万吨，总投资91.83亿元；"四改六"60套，"六改十"17套，增加尿素生产能力220.5万吨，总投资23.8亿元。综合核算，吨尿素投资仅相当于建设煤头氮肥厂的四分之一，取得了投资少、见效快的切实效果。这一系列改造和建设也使得"尿素不进口，我们自己干，小厂挑重担"的豪言壮语变成了现实。

20世纪80年代以后，中型企业在原料改造的过程中生产能力也有进一步扩大。例如，以重油为原料的兴平化肥厂（现陕西兴化集团有限责任公司）始建于1965年，装置设计能力为合成氨5万吨/年、硝酸铵11万吨/年，后经二期扩建达到合成氨10万吨/年、硝酸铵22万吨/年。实施"油改气"后，合成氨的年生产能力达到18万吨，硝酸铵的年生产能力达33万吨；黑龙江浩良河化肥厂将以重油为原料的年产12万吨合成氨、20万吨尿素装置，改为以煤为原料的德士古水煤浆造气，使合成氨年生产能力达到18万吨，尿素年生产能力达到30万吨。

行业的发展离不开技术创新和技术进步。1991年，湖北省化学研究所开发的首套常温精脱硫新工艺在湖南益阳地区氮肥厂开车成功，攻克了困扰联醇生产中保护联醇催化剂的难题。常温精脱硫工艺，至今已在保护甲醇催化剂、甲烷化催化剂、氨合成催化剂、尿素脱氢催化剂，以及消除硫对尿素设备腐蚀等方面发挥了突出的作用。此后，湖北省化学研究所又先后开发了深度水解催化剂串深度脱硫剂组合型、水解转化吸收型和加氢转化吸收型三种合成气的深度净化工艺，使得大型化装置深度净化得以实现。1993年，我国第一套甲醇甲烷化（双甲）工艺装置在衡阳氮肥厂投产。该工艺由湖南安淳公司开发，具有联产甲醇、净化精制合成氨原料气的双重功能，经化工部鉴定为国内领先、国际先进的创新技术，是1995年化工十大新成果之一。自

此，我国联醇生产有了较大的发展。此后湖南安淳公司在双甲工艺基础上又开发了醇烃化工艺，获得 2003 年国家科技进步二等奖。

（二）大氮肥的引进和发展

早在 20 世纪 60 年代，化工部就已认识到建设大型化肥装置的优越性，继而化工部第一设计院开始编制以天然气为原料、年产 20 万吨合成氨装置的设计方案，并安排了实验项目，但是在"文革"期间被迫中断。随着农业生产对化肥需求量的日益增长和我国石油、天然气的开发，我国从 1973 年开始自美国、荷兰、日本和法国引进技术先进的大氮肥装置。1973 至 1979 年，我国引进了具有世界先进水平的 13 套大型合成氨、尿素装置。其中，以天然气为原料的装置 10 套，以石脑油为原料的装置 3 套，分别在四川成都、四川泸州、山东淄博、云南水富、贵州赤水、湖南岳阳、湖北枝江、河北沧州、辽宁盘锦、黑龙江大庆、江苏南京、安徽安庆、广东广州等地建设。随后又引进了 8 套以渣油为原料（浙江镇海、宁夏银川、新疆乌鲁木齐、内蒙古呼和浩特、江西九江、甘肃兰州、辽宁大连和吉林）和 2 套以煤为原料的大型装置（山西潞城、陕西渭南）。这些装置的规模均为年产 30 万吨合成氨、48 万吨或 52 万吨尿素（或复合肥）。

在有关省市的协同下，各地调集了大批干部、技术人员和工人，集中力量参加大化肥装置引进建设会战，对每个厂点的工程筹备、项目设计、土建施工、设备安装、投料试车、人员培训、操作管理、消化吸收引进技术、配套的化工原料、备品配件和相关催化剂的研制等都做了周密计划，精心部署，从而高质量、高速度、高水平地建成了这批大型氮肥装置。这批大型氮肥装置在当时具有国际先进水平，这些利用国家外汇引进的大型装置迅速提高了我国氮肥工业的技术水平和高浓度尿素的比例，对提高我国氮肥工业的生产技术水平和管理水平发挥了重要作用。

这一时期，是氮肥行业快速发展的阶段，也是重新洗牌的阶段。不少小氮肥企业由于原料、环保、成本等竞争激烈，遭到淘汰，小氮肥的数量减少到1998年的612家。可喜的是通过这一时期的一系列改造调整，小氮肥厂平均规模达到了3万吨氨/年，还有部分中小型厂达到了大氮肥规模，与大型氮肥企业并驾齐驱。同时，碳铵的产量比例由历史最高的60%下降为30%，尿素逐步实现了自给。1999年我国尿素不再进口，摘掉了世界尿素进口大国的帽子，开启了我国氮肥发展的新阶段。到今日，我国已成为世界第一大尿素生产国、消费国和出口国。截止到2018年年底，我国尿素产量达到5206.7万吨（实物），占氮肥总量的63%。

四、2000—2018：结构调整，提质增效，走上创新、绿色发展道路

2000年以来，我国氮肥工业进入了结构调整和优化发展的时期，重点体现在两个方面，一是以示范项目为先导，开展了大规模的原料结构和动力结构调整，在国产化水煤浆和粉煤气化技术及大型合成氨装置成套国产化技术取得突破后，一批具备实力的企业建成了大型洁净煤气化合成氨装置，显著提高了氮肥工业的技术装备水平；二是氮肥行业贯彻"坚持化肥、走出化肥"的发展思路，发展了甲醇、醋酸等碳一化工产品、多元醇、精细化工产品、化工新材料等多种产品，提高了企业经济效益，培育了新的经济增长点，部分企业发展壮大成为以煤气化为龙头的综合性化工基地。我国氮肥行业整体水平有了显著提升。

（一）总量和效益变化显著

近十几年我国氮肥总量快速增长，年均增速保持4%左右，但总量的过快增长使得供应从自给有余发展到严重过剩，从而导致企业盈利能力下降，行业自2014至2016年连续三年出现大幅亏损。为化解产能过剩矛盾，行业加快去产能工作，并取得显著成效。一些成本高、能耗高及装置落后的老旧产能陆续退出，据中国氮肥工业协会统计，2013至2018年累计退出合成氨

产能1680万吨，退出尿素产能2291万吨，氮肥总量在2015年达到顶峰值后开始呈现下降趋势，产能过剩得到有效遏制，行业盈利能力逐渐好转，2017年实现扭亏为盈，2018年仍保持较好效益。据国家统计局数据显示，2018年氮肥行业主营业务收入2107.6亿元，同比增长12.9%，；全行业利润总额从2016年的净亏损98亿元增长到盈利105.5亿元。

（二）原料结构调整取得积极进展

21世纪初我国尿素实现了零进口。在市场利益的驱动下，尿素产能迅速增长，开始有尿素出口，并很快出现产能过剩的局面。2004年尿素出口量已近400万吨。为保障国内肥料供应并抑制价格上涨，国家一方面采取了尿素限价的政策，另一方面出台了尿素开征暂定关税的政策，政策的出台明显地抑制了化肥价格的上涨、产能扩张和尿素的出口。由于价格的限制和产能过剩，市场价格走低，企业被迫面临激烈的成本竞争，而影响成本最重要的原料问题更加凸显出来。我国引进的大氮肥装置中有近半数是以石脑油和渣油为原料，中氮肥也有9套是以渣油为原料，原料供应和价格受国际影响显著。而采用无烟块煤为原料的众多中小氮肥企业，也因资源、运输和煤价的影响，受到制约。氮肥生产原料结构调整成为必然选择。氮肥行业原料结构调整的启动，不仅有利于资源的有效利用，也使已有装置的能力更好地发挥出来。

"十五"期间，除个别有炼油配套的装置外，其余以油为原料的大中氮肥分别根据资源情况进行了改造，或改为以天然气为原料，或采用粉煤气化、水煤浆气化技术改用烟煤为原料，一批以煤为原料的中小氮肥企业也开展了原料本地化改造。期间，通过对德士古水煤浆气化、壳牌煤气化等引进技术的消化、吸收、再创新，形成了以多喷嘴对置式水煤浆气化技术、HT-L航天煤气化技术以及水煤浆水冷壁加压气化技术为代表的多项具有自主知识产权的新型煤气化技术，并相继应用于氮肥生产，从根本上改变了氮肥行业的原料结构。尤其是近十几年，采用国产化新型煤气化技术的合成氨装置建设速度明显加快，我国氮肥原料结构调整成绩显著，以烟煤、褐煤为原料的产能占比不断提高，以无烟块煤和天然气为原料的产能占比逐步下降。到2018年底，采用烟煤、褐煤为原料的合成氨产能2488万吨，占比达37.2%，相比2010年提高32个百分点，相比2005年提高37个百分点。以无烟块煤和天然气为原料的合成氨产能占比分别下降至38.1%和20.5%。

原料结构调整使氮肥企业面貌发生巨大变化，尤其是原来的一批小氮肥企业，依托煤气化装置的先进性和大型化，大大提高了生产能力、装置技术水平和企业管理水平，成长为颇具竞争力的大型氮肥生产企业。

（三）技术创新成果丰硕

我国氮肥工业主要是依靠自己的力量发展起来的。多年以来，氮肥工业广大技术人员、干部职工在坚持企业自主开发的前提下，充分发挥行业团队精神，自力更生、艰苦奋斗，针对行业急迫的技术难题开展多学科多领域的技术创新，开发出一大批对行业发展有重大影响的新技术、新设备，有力地支撑了氮肥工业的发展。

进入21世纪，以华鲁恒升水煤浆气化年产30万吨合成氨大氮肥国产化项目为契机，氮肥工业陆续开发出一批拥有自主知识产权的重大技术成果，如新型水煤浆和干粉煤煤气化、大型气提法尿素等。

2004年12月，我国第一套采用国产化多喷嘴对置式水煤浆气化技术的合成氨装置在山东华鲁恒升投产运行，该气化技术有力地促进了氮肥企业的原料结构调整和大型化发展。该技术于2007年获国家科技进步二等奖，目前采用该技术日投煤量3000吨级的大型气化炉也已投运。

2008年第一套国产化干煤粉气化制合成气装置在安徽临泉化肥厂成功投运。这是我国第一套国产化干煤粉气化制合成气装置，显示出煤种适应性宽、氧耗低等独特的优势。

2011年，国内第一套水煤浆水冷壁气化装置在山西阳煤丰喜肥业（集团）有限责任公司临猗分公司成功投运。该技术充分发挥了水煤浆耐火砖和干煤粉水冷壁技术的优点，同时也有效避开了它们的不足之处，获得2013年教育部技术发明一等奖。此后又进行改进，开发了水煤浆水冷壁辐射废锅煤气化技术，副产高品位蒸汽实现了合成气显热回收，提高了气化炉整体能源转换效率。该技术第一套示范装置于2016年在山西阳煤丰喜临猗分公司成功投运，并获得2017年度中国氮肥工业协会技术进步特等奖。

除了新型煤气化技术外，还有一大批关键生产装备和技术实现了突破，包括大型低能耗空分设备、一氧化碳等温变换、节能型低温甲醇洗和液氮洗、大型低压氨合成等，有力地促进了氮肥产业核心竞争力的提升。目前氮肥行业已具备8万立方米等级空分、3000吨级水煤浆气化、2000吨级干粉煤气化、大型低温甲醇洗和液氮洗、60万吨级氨合成、100万吨级尿素等装置的设计、制造能力。这些技术、装备不仅降低了投资和能耗，有力地支撑了氮肥工业的发展，也为我国近年来兴起的现代煤化工产业发展奠定了技术基础。

同时，近年来氮肥行业开发并推广了一大批先进的节能减排技术、清洁生产技术和环境保护技术，清洁生产水平明显提升。全行业实现了造气炉渣综合利用，部分企业实现了锅炉烟气超低排放和废水超低排放，个别突出的企业还实现了废水零排放。与2010年相比，2018年全行业吨氨产品综合能耗下降8%，COD、氨氮和总氮排放量下降30%以上，二氧化硫、氮氧化物等大气污染物排放量下降20%以上。

为了搞好技术创新，很多骨干企业建设了技术和研发中心。中盐安徽红四方股份有限公司等16家氮肥企业的技术中心，先后通过国家认定成为国家企业技术中心。以河南心连心、四川金象和天津华景为依托分别成立了"中国氮肥工业（心连心）技术研究中心""中国氮肥工业（川金象）液体肥工程研究中心"和"硝酸硝基肥技术研究中心"。这些技术中心为氮肥行业的整体技术进步提供了有力支撑。

（四）装置大型化步伐加快

我国氮肥工业装置大型化、国产化进程，从最初的仅有32套引进装置，一路走来，经历了单系列30万吨/年、45万吨/年、60万吨/年合成氨生产装置，单系列52万吨/年、80万吨/年、100万吨/年尿素生产装置，单系列6万方/时、8万方/时、10万方/时等级空分制氧装置等，发展到目前的拥有近70套单套产能在30万吨/年、45万吨/年的合成氨装置，同时我国还有一批单套产能60万吨/年的合成氨装置正在建设或初步运行。

2004年，我国首套年产30万吨合成氨国产化大化肥装置在山东华鲁恒升化工股份有限公司建成投产，实现了我国国产化大化肥装置技术、工艺和原料路线的重大突破。

2005年，我国第一套拥有自主知识产权的气头年产20万吨合成氨国产化装置在四川美丰化工股份有限公司建成投产。这是国内第一套以天然气为原料、拥有自主知识产权的大型国产化合成氨装置，创造了国内大化肥工程项目建设周期短、投资省、开车顺利的好业绩。2011年该项目被评为四川省科技进步一等奖。

2015年，我国第一套国产化年产60万吨合成氨装置在阳煤沧州正元正式投产，项目采用的还原态催化剂，其制备、保存、装填、使用体系均属国内外首创，采用的液氮洗是国内最大的国产化装置，采用的克劳斯硫回收尾气直接去锅炉燃尽也是国内首次。该装置的技术水平达到行业一流，使我国氮肥行业迈上了一个新台阶。

2018年，中石油宁夏石化公司建设的第一套以天然气为原料的年产45万吨合成氨、80万吨尿素装置，华鲁恒升建设的第一套年产百万吨级尿素装置分别投运成功。这些国产化装置的建成和投运使我国氮肥生产装置设计和装备制造进入世界先进行列，实现了几代人为之奋斗的大型装置国产化的美好愿望，是我国氮肥工业发展的里程碑。

据中国氮肥工业协会统计，2018年我国合成氨产能超过30万吨/年的企业有96家，产能占比72.6%；尿素产能超过50万吨/年的企业有65家，产能占比79.5%。合成氨和尿素产能达百万吨级的企业数分别达到20家和22家，行业前十名企业产量占到总量的30%以上。

（五）产品实现多元化发展

为适应农业发展的新形势和满足农民对肥料品种的新需求，氮肥行业不断优化产品结构，产品从新中国成立初期的硫酸铵发展到目前尿素、碳酸氢铵、硝酸铵、硫酸铵、氯化铵、增效尿素等十多个品种。

与此同时，企业积极开发高效新型肥料，取得了初步成效。2018年，已有40多家大型氮肥企业实现增值肥料的产业化，总产能达到1200万吨/年，产品500多万吨；10多家企业生产液体氮肥，总产能200万吨/年；近20家企业发展硝基肥，产能近700万吨/年，占国内硝基肥总量的35%。氮肥行业通过多年围绕传统产品的改性增效、复合化等多方面工作，目前氮肥复合化率提高至38%。

此外，依托产业优势，氮肥行业加大对煤化工下游产品的开发力度，在煤化工、精细化工、化工新材料等领域积极延伸产业链条，生产烯烃、乙二醇、聚碳酸酯等重要化工原料和化工新材料，往高端化、差异化发展。相当一部分企业已建成完善的产业链条，发展成为新型煤化工企业，鲁西化工、山东华鲁恒升是"坚持化肥、走出化肥"的典范企业，非化肥产品占比上升至80%以上。

（六）企业管理创新水平不断提高

氮肥企业始终注重加强管理、改革创新，不断向国际先进水平学习，向大型氮肥企业的先进理念学习。经过多年的努力探索和企业整顿，现代企业制度和先进企业文化逐渐建立和完善，氮肥企业的产权结构和产业结构发生了深刻的变化。大多数企业，尤其是小氮肥企业进行了产权制度改革，不少企业改制为股份制企业、民营企业或上市公司，形成了多元化的新型产权结构，充分激发了企业的发展活力。企业间通过兼并重组、内部扩张、强强联合，形成了一批化肥产能过百万吨的大型企业集团，建成多个以肥为主、肥化并举的工业园区。更为可喜的是，一大批氮肥企业随着自身素质的提高，形成了具有自身特点的先进企业文化，将企业管理升华到文化管理的新境界，显著提升了企业的核心竞争力。管理制度的革新和文化建设的加强，使氮肥企业在面临优惠政策取消和市场化激烈竞争时，仍能具有强大的竞争力和旺盛的生命力。

（七）培养了一大批优秀人才

一直以来，氮肥行业秉持以自主创新为主、技术引进为辅的理念，建设了一大批项目，氮肥行业成为技术创新和人才成长的沃土。一是氮肥行业培养和造就了一大批产品和技术研发、项目建设管理、装置操作维护等方面的生产和管理人才，有力地支撑了行业的持续发展；二是以设计院为代表的工程公司，培育了一批设计、施工的工程建设队伍，走出了一条"以我为主"的成功发展道路，有的甚至走出国门，承揽了海外项目；三是为现代煤化工培养、储备了一大批人才，氮肥行业人才已成为煤制油、煤制烯烃、煤制天然气等煤化工项目工程建设、生产运行的重要力量。

（八）国际合作取得积极进展

利用国内、国际"两种资源、两个市场"，氮肥企业积极"走出去"开展合作。一是开展国际贸易，从2003年尿素规模出口开始，尿素出口量逐年增大，2015年达到1375万吨的历史峰值，占世界出口总量的30%。近几年出口量有所下降，但仍是世界最大尿素贸易国。据海关统计，2018年我国出口氮肥470.6万吨（折纯），出口尿素244.7万吨（实物）。二是开展海外工程及制造业务，采用"抱团出海"的合作模式，生产企业、技术单位与工程公司积极运作海外化肥项目。鲁西集团成立海外工程公司，以装备制造为突破口进军国外市场。三是开展投资并购，金正大先后在荷兰、德国、西班牙展开了一系列海外并购，并以1.16亿欧元收购康朴公司创下了中国化肥业海外并购第一大单。

新时代氮肥行业面临的挑战

习近平总书记在党的十九大报告中指出："我国经济已由高速增长阶段转向高质量发展阶段，正处在转变发展方式、优化经济结构、转换增长动力的攻关期，建设现代化经济体系是跨越关口的迫切要求和我国发展的战略目标。"虽然目前我国是世界氮肥生产和消费大国，但还不是强国，与国际上先进的化肥、化工企业相比仍有差距，我国氮肥行业发展仍面临很多挑战。具体表现在以下几个方面：

一是农业需求持续下降。2015年，农业部颁发的《到2020年化肥使用量零增长行动方案》实施以来，我国单质肥料需求量连续两年减少。今年国务院发文，将化肥和农药使用量由零增长转为负增长，要求到2020年，京津冀及周边地区、长三角地区肥料利用率达到40%以上。农业部扩大轮作休耕试点，2018年轮作休耕面积同比翻一番，预计将减少60万吨尿素用量。可以预见，未来几年化肥和农药用量将继续保持下降趋势。农业需求减少将加剧氮肥供给与需求不匹配、不协调、不平衡的矛盾。

二是产能过剩矛盾依然突出。过去几年，在政府和企业的努力下，全行业毫不动摇地坚决淘汰落后产能，行业去产能工作成效显著，2018年合成氨、尿素产能双双降到7000万吨/年以下，合成氨总产能利用率已达到80%以上。但目前我国仍有300多万吨/年氮肥产能处于停产状态，优质产能占比不足40%，行业控制新建、淘汰落后、优化存量的工作力度不能放松。

三是产业结构总体水平还较低，产品同质化严重。这主要反映在两个方面：一方面，我国氮肥基础原料供过于求，而契合农业绿色发展需要的高效肥料供给不足。过度发展单质高浓度氮肥，造成肥料施用过量、利用率低下等一系列问题。我国氮肥当季利用率不足40%，远低于发达国家60% ～ 80%的水平。亩均化肥用量21.9千克，是世界平均水平的4倍多。养分利用效率更高的新型氮肥品种，如增值肥料、改性肥料、液体肥料等在氮肥产品中所占比重还很低，缺乏与平衡施肥、测土配方施肥、机械化施肥、水肥一体化施肥等先进肥料施用技术相匹配的新型氮肥产品，不能充分适应我国农业提高化肥利用效率和生产高品质农产品的要求。产品结构不合理，成为行业结构调整的制约瓶颈，成为供给侧改革的明显短板。因此加快发展高效优质肥料，构建与作物需求、环境协调相适应的肥料新体系势在必行。另一方面，化肥企业虽然也在"走出化肥"，在产品多元化方面取得一些突破，抗风险能力有所增强，但大多数企业产品品种少，发展路径单一，市场应变能力差。这是制约我国氮肥行业做大做强，实现转型升级的重大障碍。

四是科技创新基本上还处于"跟跑"和"并跑"阶段，距离"领跑"还有很大的差距。目前，世界氮肥行业的领先技术，如年产60万吨以上的大型天然气合成氨技术和关键设备，年产100万吨以上的先进节能型尿素生产技术等还没有国产化。国内大型合成氨、尿素国产化关键设备，包括化肥专用设备、通用设备和环保设备等的效率和可靠性还有待提高。如空分压缩机，国内机组比国外机组能耗高3% ~ 5%，合成气压缩机、氨冰机国内机组蒸汽消耗比国外高10% ~ 15%。在氮肥催化剂、净化剂及新产品的开发和应用领域，以及与氮肥产品链发展相关的关键技术与发达国家的差距更大，严重影响了我国氮肥利用效率和企业的市场竞争力。氮肥行业多年的发展经验表明，"核心技术"是买不来、求不来的，即使能买到一些通用技术，其高昂的价格也最终转嫁到我们的生产成本上，削弱了我们的产品竞争力。加快提升行业特别是企业的创新能力，走自主创新发展之路，是我国氮肥行业发展壮大的根本途径。

五是绿色发展水平还有相当大的差距。党的十九大提出了"生态文明""绿色发展""坚持人和自然和谐共生"等新的发展理念和发展原则，中央和国家有关部门正在强化环保、安全方面的政策制定以及监管和督察，这些政策措施将深入影响氮肥行业的未来发展。一部分处于城市人口密集区的

氮肥企业将逐步搬迁或退出；氮肥企业还需要进行全面改造以适应更加严格的安全、环保、节能等方面的要求。据中国氮肥工业协会统计，长江经济带有合成氨企业 163 家，产能 2538 万吨/年，其中落后产能占比超过 50%。2018 年国务院发布《打赢蓝天保卫战三年行动计划》，要求到 2020 年，二氧化硫、氮氧化物排放量比 2015 年下降 15% 以上，化学需氧量、氨氮排放量减少 10% 以上。同时，国家新的污染排放标准和能源消耗标准更加严格，"史上最严"新环保法律开始实施。氮肥企业，尤其是环保设施落后的老旧企业，面临环保治理成本上升的巨大压力。

绿色发展对氮肥行业，既是挑战，也是机遇。氮肥行业拥有煤炭清洁高效利用技术，在协同处理有机废物方面也作出了有益的探索。抓好氮肥的绿色发展、节能环保工作，不仅有助于行业本身的可持续发展，也将为其他行业的废弃物处理、改善生活环境、提高全社会的资源利用效率做出贡献。

六是企业国际化经营水平还比较低。我国氮肥行业规模已居世界第一，也有一些规模相当大的企业集团，但是我们要看到，在规模上，我国还没有世界公认的大型化肥公司；在技术上，尽管我们有的企业可以达到"单项冠军"，但还达不到全面领先；在国际市场上，贸易量所占份额还不够大；在成本上，还属于偏高的水平。因此，我国氮肥行业在世界上的影响力还很低，更谈不上拥有一批在国际上具有话语权的化肥化工企业集团。通过培育一批跨国发展和国际化经营的化肥化工企业集团，整合全球资源，适应全球化竞争，对于推动行业高质量发展，实现向氮肥强国跨越具有重要的战略意义。

展望：坚定不移地为实现氮肥强国而努力奋斗

经过 70 年的发展，我国氮肥工业从小到大、从弱到强，完成了由蛹化蝶的蜕变，成为世界最大的氮肥生产、消费和贸易国，并逐渐向世界强国迈进。

推进行业产业结构转型升级，深化供给侧结构性改革，是氮肥行业实现从"数量追赶"转向"质量发展"、从"规模扩张"转向"结构优化"的重要途径，是推动行业发展由高速增长阶段转向高质量发展阶段、迈向氮肥世界强国的必然选择。氮肥行业将在企业规模适度、技术水平提升、产品品种优化、产业结构调整等方面必须全面发力。

老一辈氮肥人风雨70年铸就了氮肥工业的辉煌，新时代，党的十九大为我们指明了前进的方向。站在新的历史起点上，氮肥行业将继续发扬自强不息、艰苦奋斗的光荣传统，牢记"把中国人的饭碗牢牢地端在自己手里"的使命，确保粮食生产对化肥的需求，实现建设氮肥工业强国的"中国梦"！

02

长风破浪会有时　直挂云帆济沧海

——新中国磷复肥工业发展纪实

　　我国磷复肥工业起步晚、基础差，新中国成立70年来，在党和政府的高度重视和正确领导下，中国磷复肥人一步一个脚印艰辛探索，用实干精神谱写了行业飞速发展的新篇章，规模上从小型磷肥厂到大型磷复肥企业集团；布局上从邻近用户市场分散布局到邻近磷矿原料产地或港口或农业大省相对集中布局；工艺上从酸、热法并举的产品加工路线到以酸法为主改变；技术和装置上以自主研发到自主研发和引进技术、装置并举，再到创新突破为主线的技术创新转变；产品上从低浓度磷肥到高浓度磷复肥转变；养分上从单一（单质）到复合（多元）转变；品种上从大宗、基础、通用、粉状/固体型磷复肥到批量、专用、功能、缓释/水溶等特效、粒状固体/液体为主转变。走过了从无到有、从小到大、从大到强的历史发展进程，完成了由进口大国向制造大国再到出口大国的历史性跨越，成为全球产量第一、出口第一的磷复肥工业大国，令世界瞩目。我国磷复肥工业技术与装备创新取得长足进步，主要体现在以下几方面。

　　一是单系列装置设备实现国产化、大型化。采用国内磷酸、磷肥工艺技术专利和国产化设备建设的大中型装置建成投产，大型磷酸、磷肥装置的工程设计技术、设备制造能力日臻成熟，大型装置生产技术已达到国际先进水平。40万吨/年P_2O_5湿法磷酸、60万吨/年DAP、40万吨/年MAP、40万吨/年硫铁矿制硫酸、80万吨/年硫黄制硫酸装置的设计、工程化都实现了国产化、大型化，装置投资大幅度降低。

一些原来需要进口的关键设备如料浆泵、磷酸氟回收尾气风机、转台式过滤机等国产化进程进展顺利。新建磷酸装置的工艺技术自主化率达到100%，设备自主化率超过90%，工艺技术指标达到或超过同类型引进装置的水平。国内自主开发的磷酸一铵生产技术及装备，可利用中品位磷矿生产高浓度的磷酸一铵，其生产规模已经大型化。

二是突破了一大批核心关键技术。国内自主开发的氯化钾低温转化法生产硫基氮磷钾复合肥生产技术和装备，利用中品位磷矿生产高浓度三元复合肥，为世界首创。自行开发的"料浆法磷铵"、氯化钾低温转化生产硫基复合肥、磷石膏制硫酸联产水泥、磷酸快速萃取、传统法DAP与料浆法MAP联产、回收副产氟生产无水氟化氢等技术都具有世界先进水平。湿法磷酸净化技术产业化取得突破，大大推进了磷肥生产向磷化工延伸的步伐。

三是磷矿共伴生资源和副产磷石膏综合利用水平不断提高。胶磷矿精选富集技术达到国际领先水平，中低品位磷矿选矿产业化程度大幅度提高，从磷矿中提碘、提氟技术实现规模化；磷石膏制各种建材产品的推进工作进展很快。到2018年，磷石膏年综合处理量已占当年新增石膏量近40%。

四是新型肥料生产技术日臻完善。多种缓释肥、控释肥、水溶肥等新型肥料生产能力进一步扩大，逐步在大宗农作物上推广应用。我国高浓度磷复肥DAP、MAP、NPK复合肥产量得到快速增长，肥料产品结构进一步趋向合理。

我国磷复肥及其他化肥工业支撑了粮食高产稳产。1978年我国粮食总产6000多亿斤，1996年首次突破1万亿斤，2017年人均粮食占有量达到889

斤，超过世界平均水平。水稻、小麦、玉米3大谷物自给率保持在98%以上，2004—2017年，粮食生产"十三连增"为保障国家粮食安全做出突出贡献。我国磷复肥工业的发展，为确保我国农业稳产高产和粮食安全提供了坚实的保障，为我国国民经济快速发展做出了突出贡献。

1942—1949：磷复肥工业在艰难中缓慢起步

我国施用化肥是从1909年开始。1910年，河北保定直隶农事试验场率先开始进行化学肥料试验。此后，北京、吉林、广东、上海、华北、四川、陕西等地先后进行了各种作物的氮磷钾三要素肥料试验。试验发现氮肥效果最好，磷肥次之或甚微，钾肥更次之甚至无效。这一系列的肥效试验结果直接决定了当时的施肥结构为：以氮肥为主加少量磷肥。

在新中国成立前的40年间，我国施用的化肥以进口为主，主要品种是硫酸铵和少量的过磷酸钙、氯化铵，据统计，新中国成立前磷肥的最高使用量在1937年前后，约为4187吨，均为进口产品。

正是受这种施肥结构的影响，相比氮肥工业，我国磷肥工业起步相对较晚，直到1942年裕滇磷肥厂在云南省昆明市建成。该厂为日产1吨过磷酸钙，原料采用昆阳磷矿（含P_2O_5 37.9%），产品含有效P_2O_5 17%，主要供应云南草坝蚕业新村公司种植桑树，后因销量不畅，开工半年即宣告停产。新中国成立前，除台湾省基隆与高雄两座普钙厂，年产约3万吨外，中国大陆地区没有新建磷肥厂。

这期间，尤其是开展一系列肥效试验之后，对磷肥的需求在慢慢积累。1936—1940年，著名土壤肥料学家张乃凤等在全国14个省、7种土壤、6种作物上进行"地力测定"，这是第一次全国性的化肥肥效试验，结论是氮的需要程度约为80%，磷约为40%，钾仅为10%，油菜较其他作物更需要磷素。1941年，土壤农业化学家李庆逵发表了第一篇磷矿粉直接利用的试验报告，认为昆阳磷矿粉对玉米有显著的增产效果。这些试验为新中国成立后国家下决心大力发展磷复肥行业打下了坚实的理论和实践基础。

1949—1959：磷复肥工业在探索中向前发展

新中国成立之后，社会环境相对稳定，随着化肥市场需求增长，尤其是一系列的肥效试验，共同推动了我国磷肥工业发展。这个时期既是经济恢复时期，也是社会主义改造和苏联对华援建时期，也是我国磷复肥行业真正发展的初始时期，因此行业的发展呈现出缓慢、逐级推进的特征。

在产品结构上，这一时期的磷肥工业仅限于低浓度的过磷酸钙和钙镁磷肥两个磷肥产品。1955年，我国磷肥产量仅1000吨P_2O_5，全部是过磷酸钙产品，到1959年，我国磷肥产量达到8.8万吨P_2O_5，其中过磷酸钙产品7.3万吨P_2O_5，占比82.95%，钙镁磷肥产品1.5万吨P_2O_5，占比17.05%，低浓度磷肥开启了我国磷肥工业不平凡的发展历程。

一、从生产磷矿粉起步

1949年新中国成立，百废待兴，受资源、技术和资金等条件制约，还不具备大规模建设发展磷肥工业的条件。为了满足当时农业对磷肥的需求，"一五"期间（1953—1957年），我国的磷肥行业发展基本方针为：一方面优先发展磷矿粉肥，以替代供不应求的骨粉；另一方面，加大过磷酸钙进口量，其中1953年进口量曾达5.5万吨。

与此同时，国家也在大力推动磷矿粉肥的施用。

1951年，中国科学院土壤研究所开始进行磷矿粉的肥效试验，并于1953年在海南岛橡胶林大量施用江苏锦屏磷矿粉。同时在华东、中南等地也进行了锦屏磷矿粉肥效试验。

1962年，农业部调拨摩洛哥进口磷矿粉13.8万吨，在东北、华东、中南和四川、河北、北京等18个省市区进行了大面积的肥效试验。

1972年，为了增加肥源，又一次大规模地推广和施用磷矿粉，并命名为"磷矿粉肥"。1976年，我国磷矿粉肥产量曾达到140万吨（实物），由国家给予财政补贴。

磷矿粉肥的推广和施用，在一定程度上满足了当时我国农业对磷肥的需求。但是磷矿粉肥在使用上也存在着很大的局限性：一是我国磷矿产地的磷矿活性低，因此肥效较差；二是只能施用于pH<5.5的酸性土壤上；三是最好施用于吸磷能力强和多年生木本作物。这些局限性从根本上决定了磷矿粉肥的推广施用之路不会走得太远，1979年之后，我国基本上不再生产磷矿粉肥。

二、一次具有深远意义的行业重要会议——磷肥工业座谈会

尽管在整个"一五"期间，国内磷肥施用以磷矿粉肥和进口过磷酸钙为主，但对于发展我国磷肥工业的探索之路却一直在进行中。1952年，我国原重工业部化工局（后来的化学工业部）开始着手利用国内磷矿开展磷肥技术研究、开发和工业装置建设。

1953年对于我国的磷肥工业来说具有重要意义，原重工业部化工局在北京召开了具有深远意义的磷肥工业座谈会。会上讨论了我国磷肥生产发展方针，以及磷矿资源开发问题，并确立了我国早期磷复肥工业发展方向：鉴于我国磷矿以杂质含量较高的胶磷矿为主，同时含硫资源不足，我国磷肥加工路线确定为酸法、热法并举，过磷酸钙、钙镁磷肥作为发展重点予以技术研究和产业化建设。建议先着手进行以江苏锦屏磷矿为原料生产过磷酸钙的科学研究和工厂筹建工作，同时要求地质部门加强磷矿勘探，尽快摸清资源情况。

自此，一场轰轰烈烈的磷肥工业发展之路铺展开来。

三、早期磷肥工业的"明星产品"——过磷酸钙、钙镁磷肥

在解决了"怎么干"的问题之后，我国磷肥工业开始进入了"大力干、使劲干"的阶段。两个产品——过磷酸钙、钙镁磷肥的探索、起步、发展，描绘了我国早期磷肥工业发展的脉络。

（一）过磷酸钙

过磷酸钙（single superphosphate，缩写SSP）是世界上最早用化学方法加工生产的最重要的磷肥品种，也是最早的化肥品种。英国人 John Lawes 于1842年获得用硫酸和鸟粪石生产过磷酸钙的英国专利，并建立工厂，成为世界过磷酸钙商品肥料生产的开创者。过磷酸钙产品属速效水溶性磷肥，主要成分为一水磷酸二氢钙 [$Ca(H_2PO_4)_2 \cdot H_2O$] 和无水硫酸钙（$CaSO_4$），产品一般含 P_2O_5 12%～22%（质量分数，下同），同时含 S 10%～16%，含 CaO 17%～28%及 MgO 等中、微量营养元素。

过磷酸钙生产突出的优点，一是对原料磷矿的要求低，可以使用24% P_2O_5 以上的磷矿；二是生产工艺相对简单，建厂投资少。

1953年，原重工业部化工局安排化工实验所杭州分所（后并入现上海化工研究院）开展了以江苏连云港锦屏磷矿精选磷矿粉为原料试制过磷酸钙技术研究工作，为扩大生产规模建设大型企业提供设计数据，1955年，首先在上海制酸厂（上海化工研究院第一试验厂）建成了1万吨/年过磷酸钙中间实验厂。1952—1957年间，我国相继在黑龙江哈尔滨、辽宁辽阳、山东济南、湖南衡阳布局建设了4家2万～6万吨/年的小型过磷酸钙厂。

1958年，我国在江苏南京的原华东磷肥厂（后改名南京化学工业公司磷肥厂）和山西太原的原山西磷肥厂（后改名太原化学工业公司磷肥厂）建成了采用立式搅拌、回转化成工艺、产能分别为20万吨/年和40万吨/年的粒状过磷酸钙工业装置。大型过磷酸钙装置的建成和投产，奠定了我国早期的磷肥工业基础。

（二）钙镁磷肥

钙镁磷肥（fused calcium magnesium phosphate，缩写FMP或FCMP）是另一个重要的低浓度磷肥品种。德国S.Arthur等人1939年最早获得实验室熔融钙镁磷肥专利；1943年，美国TVA（Tennessee Valley Authority，田纳西流域管理局）J. H. Walthall等人完成熔融钙镁磷肥的中试研究；1946年，美国加利福尼亚州Permanente冶金公司开始用电炉生产熔融钙镁磷肥。

钙镁磷肥产品通常为粉末状，有效成分是$Ca_3(PO_4)_2$雏晶，无明确的分子式和分子量，含枸溶性P_2O_5 12%～22%，枸溶性K_2O 0.5%～5%（含K_2O>2%称为含钾钙镁磷肥），有效MgO 8%～20%，有效CaO 25%～32%，可溶性SiO_2 20%～30%（其有效性高达99%，远高于其他硅肥，是增强高产作物成熟期抗倒伏的功能性元素），FeO 1%～2%（二价铁与镁、氮的协同作用，可以增加作物的叶绿素含量）。

我国钙镁磷肥生产始于台湾肥料公司（台肥）罗东厂，1951年，该厂试制含P_2O_5质量分数18%～20%的熔融钙镁磷肥。从1953年起，我国四川、云南、江西、浙江、北京等地的研究和设计单位相继开展了钙镁磷肥研制工作，并应用研究成果在四川乐山（峨眉高桥）磷肥厂、北京化工实验厂、江西樟树磷肥厂、浙江兰溪化肥厂等建设生产装置。

1956年，第一套平炉法工业生产装置在四川乐山（峨眉高桥）磷肥厂建成，距世界第一套钙镁磷肥装置投产，即1946年美国用电炉生产熔融钙镁磷肥相差约10年。

1958年，在北京化工实验厂建成1座直径1.2米、高2.8米水冷夹套炉体高炉，产量为30～40吨/日，标志着高炉法钙镁磷肥工艺在我国正式出现。1959年，在浙江兰溪化肥厂采用冷风直筒型高炉生产出钙镁磷肥。

1959年11月，化工部在浙江兰溪召开了第一次全国钙镁磷肥生产经验交流会，肯定了钙镁磷肥品种，推荐采用高炉法钙镁磷肥生产技术，并指出钙镁磷肥生产还存在炉龄短、消耗高、成品未磨细等问题。

此后各地陆续开始建设了一批钙镁磷肥工厂。

1960—1978：技术进步推动磷复肥工业提速发展

20世纪60年代到1978年改革开放前夕这一时期，在国家大力支持和磷肥行业的共同努力下，我国磷肥工业在生产技术和产品产量上有了显著提高，磷肥产量从1960年的19.3万吨P_2O_5增长到1978年的178万吨P_2O_5，增长了8.22倍，但受磷矿资源品位和生产技术的限制及经济和政策等方面的制约，我国磷肥工业仍以中小型过磷酸钙和钙镁磷肥生产装置为主，同时生产少量的高浓度肥料磷铵，磷肥工业基础还非常薄弱，产品仍以低浓度的过磷酸钙和钙镁磷肥品种为主，其中过磷酸钙占比近70%。

一、技术进步为行业发展插上"翅膀"

这个时期，由于国家大力发展过磷酸钙、钙镁磷肥这两个重点产品，相关的资金、人力、物力都倾力于此，因此，两个行业发展迅速，很快成为我国改革开放前夕的磷肥主要品种，技术也得以精进。

（一）"浓酸矿浆法"的推广使用，推动过磷酸钙行业发展

此前，我国过磷酸钙主要采取"稀酸矿粉法"生产工艺，但是这种工艺的弊端也是显而易见的，干法磨矿造成粉尘污染，同时还存在南方地区雨季长、雨水多、建设磷矿原料仓库投资大、磷矿固体粉料输送困难等问题，各种因素推动了"浓酸矿浆法"技术的应运而生。

"浓酸矿浆法"是我国四川、福建、江苏等省磷肥生产企业的技术人员经过长期探索，自主创新开发的过磷酸钙生产新工艺，它巧妙地将浓硫酸的稀释配酸用水转移到磷矿的湿磨当中，直接以质量分数92.5% ～ 98%的浓硫酸

与经过加水湿磨的磷矿进行混合，再经化成、熟化工序制成粉状过磷酸钙。

"浓酸矿浆法"技术的推广，直接推动了我国过磷酸钙行业的发展。

1960年底，广州氮肥厂采用"浓酸矿浆法"工艺，建设了5万吨/年的小型过磷酸钙工业装置。

1963年和1965年，广东湛江化工厂和湖南株洲磷肥厂分别建成了采用皮带化成工艺的20万吨/年过磷酸钙装置。

20世纪70年代，湖北大冶、安徽铜陵铜官山分别建成了20万吨/年过磷酸钙装置。

20世纪80年代，甘肃金昌建成了40万吨/年过磷酸钙装置。

由于过磷酸钙工艺和设备相对简单，投资不高，各地因陋就简建设了一批生产能力在5万吨～10万吨/年的中小型过磷酸钙装置，促进了过磷酸钙工业的发展。

（二）从"电炉法"到"高炉法"，一场钙镁磷肥的技术革命

同是磷肥工业早期的"明星产品"，钙镁磷肥的发展要比过磷酸钙慢，且产品占比也小得多。

1961年以后，在浙江、湖南、广西、福建、贵州、江西等省（区），由于当地水电资源丰富，相继有10多家工厂建设了30多台400～2800千伏安电炉法装置，生产能力为0.25万～2万吨/年钙镁磷肥，由于电耗高（直接电耗900千瓦时/吨）导致成本过高，经济效益差，到1978年大部分停产，1992年装置全部关闭。

电炉法的弊端成为钙镁磷肥扩大发展的"绊脚石"。怎么办？一项中国独创的"高炉法"生产钙镁磷肥技术因此产生。

1963年6月和1964年2月，江西东乡磷肥厂将"大炼钢铁"后闲置的1座直径1.3米、容积13米^{3}和另1座直径2米、容积40米^{3}的炼铁高炉，分别改造成3万吨/年和6万吨/年的熔融钙镁磷肥高炉，从此开创了我国高炉生

产钙镁磷肥的历史。

1966年，绍兴钢铁厂将82米^{3}炼铁高炉改建成年产10万吨钙镁磷肥高炉。

1976年，原郑州工学院（现郑州大学）提出玻璃结构因子配料方法，可以使用低品位磷矿。

1980年，广西鹿寨化肥厂采用精料、大风、高温的生产方法，使产量提高一倍，焦耗降低40%，实现了高产、优质、低耗，使钙镁磷肥生产技术水平进一步提高。

高炉法钙镁磷肥生产技术的开发和推广在我国早期磷肥工业发展史上意义重大，为直接利用低品位磷矿开辟了一条新路。该生产技术不仅为我国独创，而且我国在高炉法钙镁磷肥的研究、生产方面形成许多成熟经验，在生产配料、工艺和能耗上均处于世界先进水平，能耗一般低于电炉法和平炉法，先进企业能耗降至5.6吉焦/吨，具有相对较强的竞争优势。20世纪60年代初，我国输出高炉法钙镁磷肥生产技术和装置援助越南（文典磷肥厂）、朝鲜的磷肥工业。

（三）其他相关技术的初步探索

1. 选矿技术的发展

磷肥工业是资源型产业，磷矿选矿技术对行业发展至关重要。磷矿浮选技术的进步，使我国磷肥企业的原料从"有啥吃啥"，逐步转变为实行"精料政策"。

由于我国磷资源禀赋差，大多数磷矿需经过选矿才能达到较好的品级，从而用于磷肥生产。浮选法是我国使用最多的选矿方法。自1958年建成投产第一座116万吨/年的大型沉积变质磷矿浮选厂——江苏锦屏磷矿选矿厂后，1976年，又在河北马营磷矿建成一座30万吨/年的中型岩浆型磷矿石浮选厂。这两座浮选厂的建成标志着我国已经掌握了易选磷灰石型磷矿的选矿富集技术。

1961—1964年，安徽马鞍山钢铁公司还曾利用冶炼过程中的铁矿伴生磷资源生产钢渣磷肥，1964年达到766吨（实物量）的最高产量。

1964年，浙江和广西化工研究所分别进行了以盐酸处理磷矿、生产沉淀磷酸钙（可作为饲料添加剂）的中间试验，并取得建厂所需数据。四川自贡鸿鹤镇化工厂和南宁化工厂根据中间试验数据，分别建成年产肥料3500吨和饲料添加剂1500吨的沉淀磷酸钙生产车间。

2. 高浓度磷复肥探索

20世纪50年代初，世界高浓度磷复肥及各种磷资源加工工艺产业化处在刚刚起步阶段，我国也已经意识到除了抓好过磷酸钙、钙镁磷肥两个低浓度品种的发展以外，还应利用中国的磷矿资源进行湿法磷酸、热法磷酸、重过磷酸钙（简称重钙）、磷酸铵、硝酸磷肥、脱氟磷肥等生产技术开发和中间试验工作。

上海化工研究院20世纪50年代中期先后进行多种硝酸磷肥生产方法的研究，1964年，与南京化学工业公司磷肥厂（简称南化公司磷肥厂）、南京化学工业公司设计院合作完成了3000吨/年碳化法硝酸磷肥中间试验，生产出含N 18%、P_2O_5 12%的硝酸磷肥产品；1968年，南化公司磷肥厂在中间试验装置上，采用混酸法（硝酸和硫酸），进行了氮、磷、钾三元复合肥料的试验和生产；1978年，南化公司磷肥厂采用间接冷冻法，进行生产硝酸磷肥的中间试验，产品含N 27%、P_2O_5 13.5%，水溶率大于65%。

1966年，南化公司磷肥厂采用单槽多桨、空气冷却工艺建成了我国第一套50吨/日 P_2O_5 的磷酸装置，采用多槽中和、喷浆造粒工艺建成了我国第一套3万吨/年磷酸二铵（DAP）装置。

1976年，广西柳城磷肥厂（后改名广西磷酸盐化工厂）建成了两套热法磷酸生产装置，一套是1.5万吨/年黄磷，1.8万吨/年 P_2O_5 热法磷酸；另一套以泥磷为原料，2.5万吨/年 P_2O_5 热法磷酸，磷酸浓度为60%，供5万吨/年重钙和三聚磷酸钠用。由于热法重钙的生产成本高，难以作为肥料使用，只能供糖厂作为净化剂使用，未能继续生产。

二、低浓度磷肥产量大幅增长

截至改革开放初期，我国磷肥工业的发展以满足日益增长的农业需求为目的，以发展低浓度的过磷酸钙和钙镁磷肥品种为主，经过多年的发展，已成为世界上低浓度磷肥的生产大国。我国1960—1975年磷肥产量及产品结构见图1。

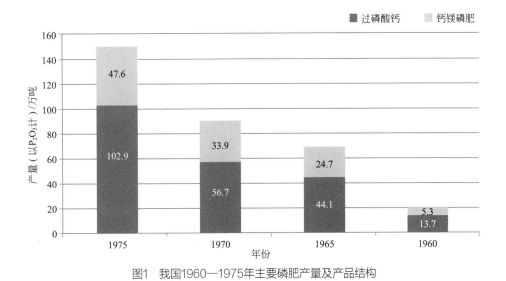

图1　我国1960—1975年主要磷肥产量及产品结构

从图1可以看出，1960—1975年期间，我国磷复肥发展迅速，1960年磷肥产量仅有19.3万吨（包含磷矿粉肥产量），1975年磷肥产量已增至153.6万吨（包含磷矿粉肥产量），其中过磷酸钙属于最主要的产品，钙镁磷肥发展也较为迅速。国内产量快速提升，一方面为当时农业、粮食生产提供了坚实的保障；另一方面也为国家节省了部分进口肥料的外汇。

但是，这个时期我国磷肥工业的基础依然薄弱，科研和发展资金投入不足，人力资源储备也不充分，磷复肥行业期待走上高质量发展道路。

1978—2000：磷复肥工业在改革春风中繁荣兴旺

改革开放以来，我国经济发生了翻天覆地的变化。乘着改革的春风，"七五""八五"期间，中国磷复肥工业也发生了深刻的变革——结合世界磷肥工业的发展态势，我国磷肥工业的发展以产品结构调整为主，倡导大力发展高浓度磷复肥产品。一方面，利用外资引进国外先进的高浓度磷复肥生产技术和设备，建设了十多套大中型高浓度磷复肥生产装置；另一方面，利用国内自主开发的"料浆法磷铵"和"硫基复合肥"生产工艺技术建设了80多套小磷铵和多套硫基复合肥生产装置，使中国磷肥产品的结构得到了初步调整。

一、时不我待，结构调整成为必然

1978年底召开的十一届三中全会做出改革开放、全党工作重心战略转移的重大决策。经济体制改革率先在农村取得突破性进展，家庭联产承包责任制极大解放了农业生产力，促进了农业发展。随后，城市经济体制改革开始进行放权让利的试点。1984年的十二届三中全会，通过了《中共中央关于经济体制改革的决定》，中国的改革重点由农村转向城市。

这期间正是我国磷肥行业生产和销售面临大调整的时期。当时进口的美国磷酸二铵产品严重冲击和挤压了国产低浓度磷肥及本就产量很低的高浓度磷复肥产品市场。农业对高浓度磷肥产品的迫切需求与我国磷肥工业以低浓度磷肥产品为主的现实差异，致使过磷酸钙和钙镁磷肥企业的低浓度产品严重滞销，工厂被迫停产，全国磷肥产量急剧下降，1985年达到低谷的175.8万吨P_2O_5，此番波动一直延续到1986年。

我国磷肥行业自起步以来，仅靠低浓度的过磷酸钙和钙镁磷肥一统天下的局面开始动摇，调整磷肥产业产品结构势在必行。

二、大力发展高浓度磷复肥

早在20世纪50年代，发达国家发展高浓度磷复肥时期，我国已经开始密切关注，但是鉴于当时物力、人力、技术等条件限制，中国没有能力发展高浓度磷复肥，只是进行了一些探索性的工作。

随着市场环境的改变，国家相关部门也意识到了磷肥产品结构变化的必要性。早在1983年1月12日，邓小平同志在同原国家计委、国家经委和农业部门负责同志的谈话中就指出：增加肥料对于增产粮食是靠得住的，肥料质量要好，要把大力发展复合肥料作为方针定下来。

伴随着改革开放的大潮，计划经济向市场经济转轨，1987年，国务院151次会议提出了要大力发展高浓度磷复肥的方针。

如何大力发展我国高浓度磷复肥工业？

1978年4月，化工部在沧州主持了"矿山、磷肥发展规划会议"，确定了大打矿山之仗，实行"精料政策"；磷肥加工部门要根据国情，寻找能降低对原料要求的工艺。1978年8月，化工部组织化学矿考察团前往美国、瑞典、西班牙，对磷、硫、钾矿和复合肥进行专题调研和考察，确定了我国矿山和磷肥工业要引进国外先进技术和装备、加快发展的方针。

自1980年开始，国家和地方先后投入了500亿元人民币，大力发展高浓度磷复肥和配套建设磷、硫、钾矿；且从国外引进技术和装备建设15家大中型高浓度磷复肥厂，使我国高浓度磷复肥产能、产量和技术装备水平大幅提高，迅速缩小了与国外先进水平的差距。

当时化工部化肥司硫酸磷肥处提出要尽快创办一本全国性磷复肥专业技术杂志，1985年9月，《磷肥与复肥》杂志创刊。此后，我国磷肥产业迎来了繁荣兴旺、百花齐放的发展时期，低浓度和高浓度磷肥都得到了较快发展，尤其是大中型高浓度磷复肥企业的建设开始有了大规模的飞速发展。

三、热法、湿法磷酸路线的抉择

磷酸是生产磷酸盐的重要原料，也是生产高浓度磷复肥的中间产品，其来源有热法磷酸和湿法磷酸。

究竟是选择热法工艺还是湿法工艺发展高浓度磷复肥，曾经是早期高浓度磷复肥产业发展的难题，怎么办呢？让实践告诉我们！

1976年，广西磷酸盐化工厂建成了年产1.5万吨黄磷、2.5万吨P_2O_5热法磷酸和5万吨热法重钙和三聚磷酸钠等装置。投产后，由于热法重钙生产成本高，不能用作肥料，只能少量生产供糖厂作净化剂用。

20世纪80年代，为了发挥云南省的磷电优势，决定建设6万吨黄磷、14万吨P_2O_5热法磷酸和40万吨热法重钙装置试点。由于后期各方面情况发生了变化，投资增加再加上电价大幅上涨，重钙成本超过售价，不能实现经济生产。

自此宣告，热法磷酸工艺在我国高浓度磷复肥生产中行不通。

通过探索、实践，对热法和湿法两种磷酸生产工艺进行比较：热法磷酸所消耗的热能约为湿法磷酸的3.4倍，电能消耗约高13.4倍，湿法磷酸净化后制得的磷酸盐成本较低，湿法磷酸的磷资源利用率高于热法磷酸，每生产1吨P_2O_5的磷酸，热法磷酸多耗磷矿约20%。湿法磷酸通过净化代替热法磷酸，质量上能适应不同要求，成本较低。

氟化物是湿法磷酸的主要杂质之一。由于氟化物在工业上有广泛用途，因此，在湿法磷酸净化过程中，可回收其中的氟化物制成副产品，既提高过程效益，又提高资源利用率。最终，我国确定了以湿法磷酸为基础的高浓度磷复肥生产工艺路线。

四、我国主要高浓度磷复肥产品的发展历程

我国高浓度磷复肥品种主要有重过磷酸钙、磷酸铵和复合肥，其中后两

者陆续发展成为我国高浓度磷复肥的核心产品。

（一）重过磷酸钙市场逐渐萎缩

重过磷酸钙（简称重钙）是水溶性化合物，P_2O_5含量为45%～48%，外观与过磷酸钙类似，但有效养分是过磷酸钙的3倍或3倍以上。

我国从20世纪60年代开始开发重钙生产技术。重钙工业是在过磷酸钙工业的基础上发展而来，主要采用化成法工艺。我国重钙装置采取的是引进和自主开发并举的发展方针。

1982年，依托国内开发的技术和设备，在云南建成我国第一套湿法重钙装置（日产110吨P_2O_5磷酸和10万吨/年重钙），年生产能力已达20万吨/年。

1997年，依托引进技术在湖北荆襄磷化工公司建成了670吨/日P_2O_5磷酸、56万吨/年化成造粒法重钙装置，总投资约28亿元。

1999年，贵州瓮福磷肥厂建成投产了1000吨/日P_2O_5磷酸和80万吨/年料浆造粒法重钙装置，总投资37亿元。

此外，还有开阳磷矿（息烽）10万吨/年、云南4万吨/年等小厂。

从重钙这个阶段的发展情况来看，重钙在我国并未得到较大的发展，主要原因有：虽然与磷铵生产相比重钙可节省硫酸25％～30％，但由于生产重钙采用的磷酸为中强酸，其分解磷矿的能力弱于强酸硫酸，因此，要求原料磷矿（即俗称的二次磷矿）品质高、活性好、粒度细，且必须单设干矿磨粉系统。而在我国磷资源条件下，绝大部分地区磷矿难以满足其生产技术要求，加之重钙仅含有磷素养分，用于生产氮磷复合肥时，与尿素混合产生加成反应，使结晶水变成游离水，导致肥料物性变坏。因此，目前重钙仅在磷矿品位高、活性好的云南、贵州生产，产品多出口东南亚地区。部分引进的大装置也纷纷改产，如"八五"期间引进的3套大型装置除了云南磷肥工业有限公司（大黄磷）外，有2套先后改产磷酸二铵或复合肥。湖北荆襄大峪口56万吨/年重钙已改产50万吨/年复合肥和15万吨/年磷酸一铵、贵州瓮

福两套共 80 万吨/年重钙装置改造为 120 万吨/年磷酸二铵。目前，我国的粒状重钙（GTSP）多采用稀磷酸（38% ～ 40% P_2O_5）生产，装置可转产磷酸一铵/磷酸二铵/复合肥。

（二）磷酸铵——引进吸收与自主开发"两条腿"助推高速发展

磷酸铵是一种对农业增产特别显著的高浓度磷肥，主要品种有磷酸一铵和磷酸二铵，是我国主要的高浓度磷复肥产品。我国磷酸铵产品的研制和中间试验工作始于 20 世纪 50 年代。1966 年，南京化学工业公司采用国内开发的技术和设备，建成我国第一套 50 吨/日的 P_2O_5 磷酸和 3 万吨/年磷酸二铵生产装置，揭开了我国磷酸铵生产的历史。随后，产业的发展壮大通过引进吸收和自主开发"两条腿"得以实现。

1. 引进大中型磷铵装置及技术的消化吸收

"八五"及"九五"期间，我国引进了多套生产工艺为磷酸浓缩法（即用二水物湿法磷酸浓缩到 50% ～ 54% P_2O_5 后通氨中和）的大中型高浓度磷复肥装置。

1987 年 12 月，12 万吨/年磷酸二铵装置在安徽铜陵落成；1989 年和 1990 年，采用 Davy/TVA 技术的 24 万吨/年磷酸二铵装置在南化磷肥厂和 21.6 万吨/年复混肥装置在大（连）化磷铵厂落成；1990 年 12 月，采用 AZF 技术的 48 万吨/年磷酸二铵、60 万吨/年复混肥装置在秦皇岛中阿化肥公司建成；1992 年，建成云南云峰 24 万吨/年磷酸二铵 20 万吨/年复混肥装置（Davy/TVA 技术）；1996 年，建成湖北黄麦岭 18 万吨/年磷酸一铵装置（Jacobs 技术）；1997 年，建成甘肃金昌 12 万吨/年磷酸二铵装置（AZF 技术）；1999 年，广西鹿寨 24 万吨/年磷酸二铵装置建成投产。

随着高浓度磷复肥装置的陆续引进，多项磷酸铵和复合肥技术落地中国，如美国 DAVY-McKEE 管式反应-转鼓氨化造粒技术，法国 AZF 双管反应器生产技术，西班牙 ERT-ESPIND 单管反应一次氨化技术，这些项目和技术的建成使用，使得我国磷复肥生产和技术水平与国外同行基本保持一致。

大型引进装置在运行过程中，生产工艺得到不断完善。例如，中阿公司独特的单管式反应器新工艺流程（即单管式反应器-转鼓氨化粒化流程），是在传统预中和槽-转鼓氨化粒化机流程及AZF双管式反应器工艺流程基础上的一种改进，是当时磷复肥生产工艺中最先进的工艺之一，生产稳妥可靠，产品P_2O_5水溶率高、外观好，质量容易控制，尤其在原料的适应性、产品转换灵活和操作简单等方面具备非常大的优势。

在引进技术的基础上，1991年10月，在江西贵溪化肥厂建成第一套采用预中和、料浆造粒工艺技术的大型国产化24万吨/年磷酸二铵装置。

"十五"期间，我国又分别在云南三环嘉吉（60万吨/年磷酸二铵）、贵州开磷（24万吨/年磷酸二铵）、重庆涪陵化工（24万吨/年磷酸二铵）、云南富瑞公司（60万吨/年磷酸二铵）建成4套大型磷铵装置。

2."料浆浓缩法"——适应中国国情的磷铵生产工艺

由于"磷酸浓缩法"传统工艺要求品质较高的磷矿原料，而我国磷矿资源90%以上为难选的中低品位胶磷矿，原料来源严重制约了我国高浓度磷复肥的发展。

为了磷复肥行业的可持续发展，我国自20世纪80年代开始对"料浆浓缩法"磷酸铵工艺进行研究。原成都科技大学（现四川大学）与四川银山磷肥厂合作，针对四川金河磷矿（27%P_2O_5，3%MgO，5.8%R_2O_3）杂质含量高的特点，采用氨中和稀磷酸、双效浓缩料浆工艺，成功开发了具有自主知识产权的"料浆浓缩法"工艺，产品规格11-42-0，P_2O_5水溶率70%，该成果获得了国家科技进步一等奖，被国家计委列为"六五"以来我国科技战线八大成果之一。该技术的成功开发、推广运用意义重大，结束了国产中品位矿不能生产磷铵的历史，改变了全国高浓度磷复肥长期依赖进口的被动局面。1988年，银山磷肥厂3万吨磷铵工业性试验装置通过了国家验收，"七

五""八五"期间,国家分别安排"20亿""45亿"两个专项,在全国21省市自治区共建成3万吨/年磷铵装置80多套,6万吨/年磷铵2套。在随后的30多年,经实验室研究、中间试验、工业示范及大型化等关键性技术的研究开发,"料浆浓缩法"磷铵单系列生产能力由3万吨/年扩大到10万吨/年,成为我国高浓度磷复肥生产至今为止的主要技术路线之一。

为了解决磷石膏的出路,1990年,山东鲁北自主开发了磷石膏制硫酸联产水泥的技术,率先建成了年产3万吨料浆法磷铵、4万吨硫酸、6万吨水泥联产装置。后来在四川什邡、河北遵化、青岛东方等厂进行了推广,但因经济问题而先后停产。后来,鲁北又放大建成了15万吨磷铵、20万吨硫酸、30万吨水泥装置,一直开车正常。

(三)复混肥料——技术进步推动产品发展

我国复混肥工业的发展始于20世纪80年代初。80年代以来,国家对复混肥的生产和使用技术进行了系统研究,为复混肥行业发展打下了坚实的基础。

1980—1983年,全国化肥试验网对复混肥料肥效和施用技术进行了研究;1982年3月,在北京召开了"我国复合肥(掺混肥)发展问题研讨会",研讨会建议学习国外先进经验,发展我国的复混肥产业。

1983—1986年,国家科委组织了"高浓度复(混)合肥料品种、应用技术和二次加工技术的研究"攻关项目,对复合肥与单质配肥肥效、不同养分形态复合肥品种肥料、粉状和粒状复肥肥效、复(混)合肥施用技术等进行了详细研究。

20世纪80年代复(混)合肥料生产工艺以团粒法为主,生产规模一般为年产1万~5万吨。20世纪90年代建设了多家年产10万吨装置,但是整体来看,复混肥产业依然较小。90年代之后,我国复混肥发展迅速,一方面是由于技术、人才储备趋于成熟;另一方面是响应国家农资政策调整,国有大型磷复肥企业改变思路，大规模进军复混肥生产。

技术推动始终是产品发展的核心力量，低温转化法生产硫基复合肥工艺的出现和推广极大地推动了我国高浓度磷复肥行业的发展。

20世纪80年代，中国仅有一家三元复合肥企业——撒可富，由阿拉伯、突尼斯、中国三国合资建设，所采用的完全是国外技术，其余产品主要从国外进口，但价格相对较高。且当时的国际肥料市场形成一种模式：只要中国开始采购化肥，国际肥料价格就上涨。

在这种国际行情的压制下，国内一些企业开始逐步探寻新的出路，最终在20世纪90年代初得到突破。

1993年，山东红日有限公司（前身为山东省临沂市化工总厂）发明了氯化钾低温转化法生产三元复合肥的技术，将3万吨/年料浆法磷铵改造成10万吨/年氮磷钾复合肥装置。这项技术获得了国家发明金奖，被列为国家"九五"期间重点推广技术，填补了国内化肥行业的一项空白。

该生产技术的特点是利用料浆法磷铵装置，将磷铵、氯化钾转化、复合肥料三道工序合而为一，生产硫基复合肥，不仅取消了磷酸料浆的浓缩，降低了生产硫酸钾中物料对设备的腐蚀，又可分别减少单独生产磷铵、硫酸钾、复合肥的一些重复工序（如造粒、干燥、冷却和包装），减少了大量能耗。其使用的原料磷矿P_2O_5含量一般在30%～32%，杂质含量可以高于磷酸铵用矿，其工艺条件的"非苛刻""原料磷矿质量要求不高"是促使该工艺在我国迅速发展、并形成实力的基本保证。

（四）硝酸磷肥未得到发展

硝酸磷肥是用硝酸分解磷矿制得的氮磷复合肥料，产品组成包含水溶性和枸溶性磷酸盐，以及肥效持久的铵态氮NH_4^+和速效的硝态氮NO_3^-。硝酸磷肥可以生产二元或三元复合肥，可以调整产品中P_2O_5的水溶率，是一个好的肥料品种。

针对我国硫资源不足的特点，同时硝酸磷肥生产不产生磷石膏，氟排出少，对环境污染小，20世纪50年代初，我国开始着手硝酸磷肥的研制和中间试验工作。

1984年，开封化肥厂（现晋开集团）采用磷酸、硫酸混酸法建设了年产硝酸磷肥13万吨和三元复肥3.5万吨装置。济南化肥厂采用间接冷冻法建设了15万吨硝酸磷肥装置，但均由于技术和经济问题不过关而停产。1987年，山西化肥厂（现天脊集团）引进挪威Norsk-Hydro公司的间接冷冻法工艺，以煤为原料的30万吨/年合成氨，54万吨/年硝酸和90万吨/年的硝酸磷肥装置，是当时世界上最大的硝酸磷肥装置。但由于部分设备选型不当，酸不溶物分离效果差，直到2000年才达到设计能力，并部分改产硝酸磷钾肥。由于硝酸磷肥在工艺上对磷矿质量要求较高，工艺流程长，设备要求采用不锈钢以防腐蚀，基建投资太高，极大限制了该品种的发展。

五、低浓度磷复肥在市场萎缩中求生存

尽管我国已经明确了发展高浓度磷复肥，但是低浓度磷肥，仍然留存一定的生产空间。为了更好地适应市场需要，提高其经济性，过磷酸钙和钙镁磷肥也通过自身技术的提升发展自己。

1997年9月，郑州工业大学（现郑州大学）开展了"缩短和取消过磷酸钙堆置熟化期及改善产品物性的研究"。根据我国不同磷矿的特性，开发了系列酸解磷矿反应过程添加剂（活化疏松剂），使矿浆流动性明显改善，鲜肥转化率提高3%～15%，可生产出疏松不结块的过磷酸钙产品，且产品物性稳定不退化，氟逸出率下降（部分可降至5%以下），生产环境明显改善。2000年，该项目获得河南省科技进步二等奖；2001年，以此为重要指标内容的无堆置熟化过磷酸钙生产工艺被列入原国家计委（国家发改委）和科技部《当前优先发展的高技术产业化重点领域指南》，并被列入国家示范工程项目。

20世纪80年代，广西鹿寨化肥厂对容积45米^{3}钙镁磷肥高炉通过完善设备结构，加强煤气净化，提高热风温度和采用精料入炉等措施，使产量提高一倍，焦耗降低30%，能耗达到全国最好水平。

原郑州工学院（现郑州大学）创立"钙镁磷肥玻璃结构因子配料方法"。使钙镁磷肥生产配料从"经验模数"提升为理论指导下的数理解析。该成果1983年获国家发明四等奖。20世纪80年代，"玻璃结构因子配料方法"先后在云南光明磷矿厂、江西东乡磷肥厂、湖北刘家场磷肥厂及河南信阳磷肥厂进行了工业验证证明其有效性，使得全国大多钙镁磷肥厂能使用含P_2O_5 16% ～ 24%的低品位磷矿生产出含有效P_2O_5 12% ～ 18%的钙镁磷肥。

六、繁荣兴旺、百花齐放的发展时期

伴随着改革开放的大潮，经济改革和对外开放政策不断深化，计划经济向市场经济转轨，特别是1987年国务院151次会议提出要大力发展高浓度磷复肥之后，我国磷复肥产业迎来了繁荣兴旺、百花齐放的发展时期，低浓度和高浓度磷肥都得到了较快发展，尤其是大中型高浓度磷复肥企业的建设开始有了大规模的飞速发展。

（一）高浓度磷复肥产量比例提升

随着我国行业政策转向大力发展高浓度磷复肥，我国磷复肥行业取得了较大的进步。

改革开放初期，受磷矿资源品位和生产技术的限制，我国磷肥产量较低，1980年，国内产量仅为230.8万吨，产品主要是过磷酸钙和钙镁磷肥等低浓度磷复肥。

"七五"期间（1986—1990年），我国磷肥产量增长到411.6万吨P_2O_5，但94%仍是低浓度的过磷酸钙和钙镁磷肥。同期，磷肥施用量为499.6万吨，

进口量146.5万吨。

"八五"期间（1991—1995年），为解决农业生产对高浓度磷肥产品的需求（1991年进口磷酸二铵、复混肥400多万吨）、丰富磷肥品种，我国一方面引进十几套大中型磷肥装置，另一方面依靠自有技术建设了80多套小磷铵装置。项目投产后，改善了磷肥工业的产品结构和规模结构。到1995年，全国磷肥产量迅速增长到619万吨，十年净增443万吨P_2O_5。这一阶段过磷酸钙和钙镁磷肥产品产量占全国磷肥总产量的85%，虽然还占据主导地位，但与之前相比，占比下降明显。从1994年起，我国磷复肥主要品种已经完全涵盖世界磷肥行业所有品种，包括：磷酸二铵、磷酸一铵、重钙、硝酸磷肥、复混肥、过磷酸钙、钙镁磷肥等。

"九五"期间（1996—2000年），由于引进装置对我国磷矿原料不适应，未能有效发挥生产能力，磷肥产量增加有限，2000年我国磷肥产量663万吨P_2O_5，其中，高浓度磷肥增加126万吨P_2O_5，低浓度磷肥减少37万吨P_2O_5，高浓度磷肥占比从15%增长到35%。

（二）企业布局日趋合理，但是压力较大

"七五"期间：1990年，全国约有637家磷肥企业，其中80%以上是产能在3万吨/年以下的小型企业，多数大中型企业的产能只有3万～5万吨/年。重点大中型磷肥企业主要布局在缺少资源、靠近农业需求市场、经济较发达的东部地区。

"八五"期间：随着磷肥布局观念的转变，即按照资源条件、公用工程设施和化肥使用地点等综合考虑，实行自愿优化配置，企业选址布局也做了相应调整：一方面在原料产地建厂；另一方面在主要产粮区，且当地有一定资源的地方建厂。根据这一布局原则，云、贵、鄂等地建设了一批大型高浓度磷复肥装置。值得一提的是，此期间建设的大型装置大部分是利用外资建设，加上贷款利率、汇率和通货膨胀的增加，项目资金急剧膨胀，企业被迫

背上了沉重的债务负担，造成项目投产之日就是亏损之时。

"九五"期间：为了缓解企业背负的沉重压力，这一时期国家对磷复肥企业给予了政策上的大力扶持，实施了优惠电价、运价、免征增值税、免收进口关税等一系列优惠政策，在一定程度上缓解了当时磷复肥企业的压力。截至2000年，我国拥有磷复肥企业1020家，其中，磷肥企业554家，磷肥企业亏损面仍然高达37.1%。

（三）中国磷复肥工业协会成立

除了产业蓬勃发展，在此期间行业还有一件大事发生——中国磷肥工业协会（2014年11月更名为中国磷复肥工业协会）的成立。

1990年4月，中国磷肥工业协会在北京成立。协会是经民政部和化学工业部批准成立的全国性磷复肥行业社团，由磷肥、复合肥料、掺混肥料、各种作物专用肥、新型肥料等生产经营企业、科研、设计、大专院校、社会团体等单位自愿结成的全国性、行业性、非营利性社会组织，具有全国性社会团体法人资格。协会的宗旨是竭诚为会员服务，为行业服务，为政府服务，维护会员的合法权益，反映行业的愿望和要求，传达贯彻政府的意图，在政府部门和行业之间起桥梁和纽带作用。

在这个时期，协会在推动行业发展方面主要开展了以下几项工作：

一是积极向主管部门反映行业发展中存在的问题，为磷肥争取优惠政策和技改资金，坚持通过行业年会和主办的《磷肥与复肥》技术杂志（双月刊），及时宣传国家政策、行业发展动态、技术研发成果，为磷肥行业信息、技术交流提供了平台，有力促进了行业新技术、新产品的推广。

二是协会非常重视磷肥技术进步和我国自主开发的技术推广工作，为我国磷肥工业的发展和技术进步做出了突出贡献，推进了行业技术快速发展。

从20世纪80年代开始，化学工业部化肥司和中国磷肥工业协会主持了

料浆法磷铵生产技术开发的全过程，从研发、工业性试验、通用设计、关键设备材料的攻关、编写"小磷铵生产技术丛书"、组织人员培训，到召开7次"全国小磷铵生产经验现场交流会"，集全国的智慧，不断加以改进完善和提高。同时，参与了料浆法磷铵和硫基氮磷钾产品标准的制定，打破了一些传统的观念，促使这些科技成果顺利地转化为生产力。

随后，又组织开发了磷酸聚晶技术、磷酸快速萃取技术、在料浆法磷铵装置中采用管式反应器制磷酸二铵等，推动3万吨/年能力挖潜翻番到10万吨/年。

2000—2019：磷复肥工业走上行业腾飞之路

跨入21世纪，在各方的努力下，我国磷复肥工业踏上了腾飞之路，一个个创纪录的数据和画面徐徐展开。

一、了不起，产量跃居世界第一

2000年，全国磷复肥生产企业1020家，其中磷肥企业554家，工业总产值314.09亿元；截至2018年8月，全国共有规模以上磷复肥生产企业1217家，其中磷肥生产企业189家。

1980年，我国磷肥产量为230.66万吨P_2O_5；2005年，磷肥产量跃升至1125万吨P_2O_5，产量跃居世界第一；2007年，磷肥产量达到1351万吨P_2O_5，首次实现磷肥净出口；2018年，协会统计口径我国磷肥总产能为2350万吨P_2O_5，产量为1696.3万吨P_2O_5，占世界磷肥总产量的37%。

2000—2010年的十年间，中国磷肥产量完成了从初具规模到"世界第一"的跨越。经历上述发展，我国磷肥工业产能同样位列全球第一，以磷铵为主要产品的大中型高浓度磷复肥生产技术工艺与世界水平同台共舞，奠定了我国磷肥工业的国际地位。

二、稳步推进，国产高浓度磷复肥全面占领国内市场

1990年始，引进的大化肥装置陆续建成投产，高浓度磷复肥产量开始增长，但是由于进口肥长期占据国内市场，形成一定的口碑，国产高浓度磷复肥有产量却没有销路。面对这种状况，中国磷复肥工业协会一方面向政府呼吁，为国产磷肥争取到"以产顶进"的优惠政策；另一方面从2000年开始首次举办"国产高浓度磷复肥产销会"，树立国产高浓度磷复肥的形象，提升美誉度，打开了国产高浓度磷复肥的销路。2017年，高浓度磷肥产量1535.4万吨P_2O_5，占磷肥总产量的93.6%；低浓度磷肥产量105.3万吨P_2O_5，占磷肥总产量的6.4%；完成了产品结构的调整（见图2），国产高浓度磷复肥华丽转身成为名副其实的市场主力，为保障我国粮食安全提供了坚实的基础。

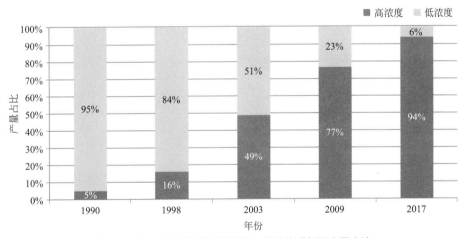

图2　1990—2017年我国高浓度、低浓度磷复肥产量占比

三、根本逆转，从进口大国到出口大国

20世纪90年代以前，我国每年需要进口相当数量的磷酸二铵和复合肥产品，目前这一状况得到了根本扭转。

1998年，磷肥净进口达到历史峰值，占当年磷肥表观消费量的31%，其中，磷酸二铵进口量高达550万吨，占当年世界贸易量的35%，占我国当年需求量的85%；2002年，尽管国内产量大幅增长，但仍进口了490万吨磷酸二铵，国内产品销售步履维艰。

2006年，我国磷肥基本实现了自给，一举结束了大量依赖进口的历史。

2007年之后，中国磷肥在实现自给有余的基础上实现净出口，且出口形势整体呈现出增加的态势。

2015年，我国出口了各种磷复肥578万吨P_2O_5，创历史新高，约占当年全球贸易量的39.3%；随后，出口份额虽然小幅下降，但仍在世界贸易份额中占据举足轻重的地位。

磷复肥实现自给有余，标志着我国农业生产彻底摆脱了对国际市场磷复肥的依赖，中国人的饭碗端在自己手里有了充足的保障。同时，作为世界贸易最大供应国，奠定了我国磷复肥工业的国际地位。

四、趋向合理，产业布局从分散到集中

中国磷肥工业经历了从分散到集中的发展过程。发展初中期，根据当时的工业水平采取"一县一厂"的建设方针普遍开花，有效地满足了农业用肥需要、摆脱了运输半径限制，产品以过磷酸钙、钙镁磷肥为主，产业集中度非常分散。随着世界性的磷肥产品结构调整由低浓度转向高浓度、生产规模由小型化转向大型化、配套磷硫资源的贸易化，中国磷肥工业的产业布局也在悄然改变。

以降低生产成本为先导，大型高浓度磷复肥生产建设向原料配套条件较好的磷矿资源产地集中，最终造就了我国"七五""八五"期间建设的大中型高浓度磷复肥装置基本分布在云南、贵州、湖北、安徽等省区，实现了产磷大省的新时代工业布局。三元复合肥和二次加工肥料生产向市场所在地转移，满足了农业发展需求。

2000年，磷肥产量前五名的省份为云南、湖北、贵州、山东、四川，其产量之和占全国总产量的47.61%；这之后我国磷肥产量向资源地集中的趋势更加明显，到2018年，云南、贵州、四川、湖北、安徽五省磷肥产量之和达到1453万吨P_2O_5，占总产量的85.6%。

五、产品丰富，种类从单一到复合

中国复合肥应用始于20世纪70年代，从俄罗斯等欧洲国家进口产品。20世纪90年代初，国内开始自行生产复合肥，特别是1993年，山东红日化工股份有限公司研发的氯化钾低温转化法生产硫基复合肥的技术获得成功，简化了流程，节省了投资，降低了成本，生产和使用量迅速增加。

根据国家统计局《中国统计年鉴》统计，经过30年的发展，我国化肥复合化施用量连年增长，1980年，复合肥施用量仅有27.3万吨（折纯），到2017年，复合肥施用量增长至2207.2万吨（折纯）。

从复合肥行业发展史来看，近二十年来，尤其是从2000年以来，我国复合肥企业在推动产品结构调整方面始终走在前列，缓控释肥和水溶肥料等新型肥料产品正在复合肥企业中落地、发芽、壮大。

六、华丽转身，从技术引进转向技术输出

整体来看，七十年的快速发展，我国磷复肥工业已建成具有自主工艺装备、产业集中、产品配套、产量巨大、满足国内农业需求的完整工业体系。成就斐然离不开国家正确的发展方针，离不开技术革命，离不开几代化肥人励精图治、创新求变、奋发向上的奉献。

进入21世纪之后，在实施创新驱动发展战略的推动下，磷复肥行业关键共性技术取得较大突破：半水法、半水-二水及二水-半水法磷酸生产产业化、大型化取得明显进展；磷矿中氟、碘的回收规模进一步扩大；湿法磷酸深度净化技术深入推广，磷酸MER值均小于0.08，最低达到0.04，不仅满足

了磷酸梯级利用的要求，也提高了氟的回收率；聚磷酸与聚磷酸铵工艺研究有了新的突破，为磷的高效利用提供了更多的途径。

在行业技术跨越式发展的同时，磷复肥工业的装备水平也大幅提高。大型硫酸装置的硫铁矿焙烧炉、硫黄焚烧、废热锅炉、净化及转化设备，大型磷酸装置的萃取、过滤、浓缩设备，大型磷铵装置的造粒和转鼓干燥、提升、冷却及除尘设备等均实现了国内自主设计、制造、安装，运行情况良好。我国自主开发的硫基氮磷钾生产技术和装备，利用中品位磷矿生产高浓度的三元复合肥为国际首创。

目前，我国磷复肥工业部分技术和装备已经达到和接近世界先进水平，中国磷复肥人用自己的智慧实现了从"技术引进"到"技术输出"的根本转变。

贵州瓮福公司"中低品位磷矿高效综合利用系列技术及装备的研发与集成应用"达到世界先进水平，2007年，瓮福公司击败欧美及中东地区多个国际工程公司，成功中标Sabic选矿EPC项目。

中国五环工程公司早在2000年就成功中标巴基斯坦ENGRO化工有限公司复混肥项目；随后中标突尼斯、印度尼西亚磷酸项目并已投产运行。

江苏新宏大公司近年来积极开拓国际市场并取得了国外总承包工程资质，产品远销美国、法国、英国、巴西、刚果、突尼斯、伊朗、约旦、塞尔维亚、以色列、印度、巴基斯坦、孟加拉国、越南、缅甸、韩国、朝鲜、印度尼西亚、巴布亚新几内亚等50多个国家和地区。

展　望

历经七十年发展，我国磷复肥工业取得了非凡的成就，行业发展也步入了成熟期。伴随着人们对农业和农化产业认知的改变和科技进步，消费者不再满足于"有什么用什么"，而更趋向于个性化需求，隐藏于行业发展中的产能过剩矛盾、农化服务能力不强、磷石膏处置困难等问题日益凸显出来。

进步的脚步永远是滚滚向前的，尽管我国磷复肥工业发展面临诸多内生困难和外部复杂环境，我们仍然可以肯定地说，未来十年将是中国磷复肥行业由内而外变革、实现由大向强转变的重要时期。勤劳勇敢的磷复肥人将继续用实干精神去实现磷复肥工业的"强国梦"，为行业发展奏响下一个"华章"。

磷复肥工业将通过环境保护约束机制、行业准入条件的限制和淘汰机制实现产能规模的适度减少，加快转变发展方式，以提质增效为目标做精做细产品，加快创新、延伸产业链；以提高主营业务利润率为目标推进产业整合，增品种、提品质、创品牌，提升产业核心竞争力；以原料安全、过程减排、产品高效为目标，不断创新方法、手段和模式，推出一批绿色产品，培育一批绿色工厂，建立一批清洁生产示范装置，打造行业绿色产业链，构建全生命周期绿色产业体系。

磷复肥工业将以农业需求为导向，创新手段和方法，探索专业化、社会化、智能化集成的农化服务新模式，推进测土、配方、配肥、施肥产业化体系形成，推进大数据、智能化、物联网等科技手段在肥料制造、智慧物流、农业使用等方面的应用，增强工业制造与农业需求变化的匹配度，使化肥能够全方位多形态满足农业个性化需求。

中国磷复肥工业开始进入规模效应决定话语权的阶段，具有北美和北非特征的取得市场话语权的超大型企业和具有欧洲特征的关注产品特质效果的中小企业型并举将成就我国磷复肥产业的新格局。超大型企业通过农用化学品施用方式和服务模式的建立有助于推进农业生产方式向规模化和集约化转变；中小型企业通过特质肥料的坚守有助于个性化服务的实现。在培养化肥市场良性竞争的同时助力中国农业实现数量和质量的飞跃。中国磷复肥工业作为全球磷复肥工业的重要组成部分，其产业结构和产品布局终将以人类农业需求为着眼点，其装备和技术水平必须与世界水平对标，资源和市场必须与全球相匹配。中国的磷复肥工业能够从无到有、从小到大、从落后到先进，中国磷复肥人就有能力在世界磷复肥工业的发展中再创新的辉煌！

03

不破楼兰终不还

——新中国钾肥工业发展纪实

中国钾肥工业，从诞生到成长再到大发展，已走过了60多个春秋。钾是农作物生长必需的三大营养元素之一，被誉为"粮食的粮食"。新中国成立前，我国没有钾肥生产，粮棉产量很低，百姓饥寒交迫、民不聊生。新中国成立初期，我国钾肥主要依赖进口，严重缺钾成为制约我国粮食生产、供应的首要因素。为打破"中国钾盐资源赤贫""钾盐无资源可寻"的论断，兰州大学戈福祥教授上书政务院，提请国家对柴达木盆地的钾盐资源进行勘探、开发。1957年，中国科学院成立了由柳大纲院士为队长的"中国科学院盐湖科学调查队"，挺进荒无人烟的"生命禁区"青海柴达木盆地，开始了艰苦、漫长的找钾工作。最终在青海察尔汗地区发现以卤水为主的大型钾盐矿床，成功地揭开了中国盐湖的神秘面纱，为我国的钾肥工业提供了重要的资源保障。

1958年，中国钾肥人在海拔2800米的青海察尔汗盐湖戈壁滩无人区生产出第一袋氯化钾样品，就此拉开了我国自主生产钾肥的历史序幕。在60

多年的峥嵘岁月里，中国钾肥工业经历了从土法生产到引进国外生产工艺再到自主创新，从单一的氯化钾产品发展到100多种钾盐资源衍生产品，从铁锹、铁耙的手工作坊到单套百万吨级的生产规模，产量从最初的氯化钾953吨/年增长到如今的560万吨/年（折K_2O），一代又一代的中国钾肥人前赴后继、开拓创新，逐渐形成了青海察尔汗盐湖和新疆罗布泊盐湖两大生产基地，钾肥产能达到千万吨级规模，自给率50%以上，中国已经成为全球第四大钾肥生产国。

中国，作为农业生产大国，解决近14亿人的吃饭问题是头等大事。钾肥生产和粮食增产息息相关，承载着亿万农民的期盼，钾肥在农业种植中的作用不容忽视。国产钾肥不断地持续供给，不仅是我国粮食丰收、农业发展的保障，也是平抑进口钾肥价格的定海神针。70年的风风雨雨、起起落落，中国钾肥工业不断突破资源束缚，不断提高产能、产量，通过谈判打破国际垄断，实现了从无到有、从小到大、从土到洋、从弱到强的历史性跨越。

中国钾肥工业是新中国成立70周年以来民族工业发展的缩影，是中国共产党领导下，社会主义经济建设取得的伟大成就。正是因为无数中国钾肥人的不懈努力、砥砺前行，中国钾肥工业才能挺起脊梁，傲然屹立在世界东方。以史为鉴，可知兴替，与时俱进，续写新篇！让我们一起重温那段激情燃烧的岁月。

新中国成立前至1958年：漫漫"找钾"路

一、踏破铁鞋无觅处——钾盐资源的意外发现

历史的车轮推移到70多年前，我国经过多年的战乱，农业陷入衰败状态，洪涝病虫害也经常发生，粮食产量很低，饥荒弥漫在中国大地的每一寸土地上，百姓饥寒交迫，民不聊生，基本没有化肥生产和消费，那时的中国

是一个既无钾盐矿、又无钾肥生产的国家。虽然在 1943 年，当时的国民政府财政部盐务总局谢文辉、袁见齐和黄海化工研究社寿乐、孙继高组成西北调查团，由寿乐任团长到青海茶卡盐池实地考察地理、地质环境、矿物成分及盐量盐质，但并没有关于钾盐资源的论断。直到 1946 年，盐矿专家、学部委员袁见齐教授在"西北盐产概论"中，注意到青海茶卡盐湖母液中含有钾盐的成分，首次提出了中国寻找钾盐矿的重要意义。

20 世纪 50 年代，曾有外国专家断言："中国是贫钾之国，根本无钾资源可寻，只能依赖进口"，然而我国是农业大国，发展农业生产离不开钾肥，时称"燃眉之急"。为了打破这种僵局，改变中国钾肥一穷二白的落后面貌，长期以来，寻求大型钾矿成为我国地质科学家的共同夙愿。1951 年，一位"火眼金睛"的专家学者——兰州大学戈福祥教授向政务院建议国家重视柴达木的盐湖资源研究与开发利用，他是新中国历史上要求国家开发钾盐资源的第一人。虽然，当时的新中国刚刚成立，百废待兴，经济实力有限，很难真正开始相关开发工作，但是，这一建议还是得到了第一代国家领导人的认可，时任国务院副总理李富春将此建议批转给中国科学院，由中国科学院予以考虑。因此，在第一个五年建设规划期间，中国便开始了找钾成矿预测工作，出版相关成矿理论著作，举办钾盐培训班并着手组建找钾、勘探队伍。

1955 年，慕生忠将军率领部队修复青藏公路，在修通甘肃敦煌至青海省格尔木路段时，青海省交通厅公路局在哈萨克族哈吉带路老人的指引下，发现了经常使公路路面翻浆的察尔汗干盐滩。由于工作人员就地采吃食盐时，卤盐有苦辣口感，后经西北地质局 632 队化验，发现钾含量达 0.4%，当时，在地质部地矿司工作的朱夏教授指出，察尔汗干盐滩可能有钾盐矿赋存。到了 1956 年，国家制订的"中国十二年国家重大科学技术长远规划"中，进一步明确了以找钾、硼为主要任务的盐湖科学考察，从此找钾地质工作正式列入国家计划日程。

1956 年，中国科学院化学研究所和北京地质学院部分师生，在柳大纲和袁见齐的带领下到茶卡、柯柯盐湖开始进行调查研究。与此同时，食品工业部盐务总局副局长张圻之，总工程师唐汉三等也考察了这两个盐湖，青海柴达木盆地的钾盐资源研究工作得以逐步展开。

二、庐山真面目——盐湖钾资源勘探

1957年9月，以中国科学院柳大纲院士为队长，侯德封院士、袁见齐院士及韩沉石为副队长的"中国科学院盐湖科学调查队"，从北京奔赴青海柴达木盆地，开展了为时3个月的艰苦漫长、大规模、系统、多学科的科学考察，终于在察尔汗盐湖首次发现了光卤石矿，为我国筹建第一个钾肥厂提供了资源和物质保障。郑绵平受化工部地质矿山局总工程师李悦言教授安排，参加了柴达木盆地盐湖调查队的普查组。通过调查，科考队发现盐湖卤水钾含量较高，提供了现代盐湖可能形成钾盐矿床的重要信息。在由郑绵平主笔编写的盐湖科学调查报告中，论证了察尔汗钾盐的陆相成因，估算氯化钾资源量1.508亿吨，并指出该盐湖具有经济价值。这次调查结束后，柳大纲院士立即向青海省政府作了汇报，并提出建议，1958年，最终促成青海省成立化工局，兴建察尔汗钾肥厂。从此，我国钾肥工业在这里开始起步，走出了一条从无到有、从小到大的康庄大道。

1958年至1960年，以中国科学院地质研究所所长、中国科学院院士侯德封教授为队长的中国科学院青（海）甘（肃）综合考察队中的一支盐湖考察分队，对柴达木盆地西部盐湖沉积、东台吉乃尔、西台吉乃尔和一里坪盐湖进行综合考察。同期，中国和前苏联两国科学院合作开展"柴达木盆地盐湖资源勘探与利用"研究项目，柳大纲任中方负责人。在进行合作研究的同时，他安排调查队队员上海化工研究院工程师曹兆汉和中国科学院化学研究所研究员陈敬清各自领导小组开展沟槽晒卤结晶光卤石研究，帮助钾肥厂工人识别光卤石和掌握不饱和的氯化镁卤水冷分解光卤石生产钾肥（氯化钾）的技术流程。与此同时，袁见齐院士也三次奔赴察尔汗盐湖现场潜心研究，

1961年撰写和发表《中国内陆盐湖成钾盐沉积的若干问题》和《含钾沉积形成条件的几个问题》两篇学术论文，也就是后来被简称为"高山深盆"的著名陆相成钾理论和模式，袁见齐院士为我国盐矿地学的发展做出了重大的贡献。1959年，张彭熹院士在多次带队参加我国盐湖考察中积累了大量盐湖的基本资料，基本摸清了我国盐湖的分布、类型和盐湖资源特点。通过长期的资料积累，他首次编制了柴达木盆地1：50万的盐湖水化学图，预测了柴达木盆地钾、镁、硼、锂等盐湖资源的分布和远景，指出了盆地内钾盐的找矿方向。

1959年，全国第一次"盐湖盐矿学术会议"在北戴河召开。柳大纲院士在会上作了"盐湖化学与任务"的报告，首次明确指出我国盐湖具有"多、大、富、全"四大特点，提议盐湖化学与海水化学一样可作为无机化学中一个分支学科，而且比海水浓十几倍的盐湖卤水更具有开发的前景。通过柳先生的积极建议，原国家科委于1963年设立盐湖专业组，负责各部门、多学科、多兵种分工合作的组织协调工作。此后根据编制的国家"盐湖科技发展十年规划"，明确要求成立盐湖专业研究机构，这也是中国科学院青海盐湖研究所的由来。

根据前期盐湖工作的进展，以及国家"盐湖科技发展十年规划（1963—1972）"的要求，中国科学院决定以西北化学研究所为基础，抽调中国科学院化学研究所、兰州地质研究所、西北高原生物研究所的有关室组及部分人员，组建盐湖研究所。经中共青海省委和省政府的申请，由原国务院副总理、国家科委主任聂荣臻元帅批准，1965年3月6日，中国科学院盐湖研究所在西宁正式成立。柳大纲兼任首任所长，老干部常韬任副所长，老红军景松林任党委副书记。1965年，化工部决定筹建盐湖化工综合利用研究所，由上海化工研究院、天津化工研究院、连云港化工矿山设计研究院和部属企业的有关室组人员及大柴旦盐田试验队组建，所址也选定西宁，并与盐湖研究所只一墙之隔。1966年6月，原国家建委主任谷牧到青海调查，认为这两个研究所应当合二为一。同年9月，经国家科委批准，两所正式合并，1970年，更名为中国科学院青海盐湖研究所（简称青海盐湖所），一直沿用至今。两所合并后，全所职工很快达到500多人，其中以20世纪50～60年代中期的大学毕业生居多，汇集了全国第一批从事盐湖科技的有生力量，形成了初具规模的多专业队伍，标志着盐湖勘探和钾盐科技事业进入一个全新的阶段。

三、拓荒者的足迹——盐湖勘探血脉延续

从20世纪50年代中期开始，在全国范围内，开展了多次第四纪盐湖和古代钾盐的普查和预测研究工作，在中国找钾史上留下了浓墨重彩的一笔。仅50年代末至70年代初，投入的找钾地质队伍最多时曾达4000余人。其中，深入钻探工作量较多的地区有：青海柴达木盆地、四川省、云南省、新疆、西藏以及东部苏、鄂、赣、豫、鲁、皖、湘和粤，还有华北、内蒙古、陕甘宁等地区。

1965年至1976年的十多年时间内，以张彭熹为代表的青海盐湖所的科研人员陆续完成了柴达木盆地盐湖的考察。1972年，青海盐湖所组织郑喜玉等科研人员赴新疆进行了艾丁湖等新疆盐湖的初步调查，并于1973年完成了新疆盐类资源概况报告。1973年，"中国科学院青藏高原综合科学考察队"正式成立，至1978年，5年间与中国科学院青海盐湖研究所对西藏盐湖资源进行了野外科学考察工作，考察湖泊80余个，打钻21孔，对西藏盐湖的数量及其资源状况进行了全面的科学调查研究。1980—1981年，中国科学院新疆分院罗布泊综合科考队，深入罗布泊盐湖进行了盐湖盐壳的类型和成盐特征的研究科考工作。1983年，根据"中国盐湖研究"规划，国家组建了中国科学院盐湖研究所内蒙古盐湖考察队，深入到锡林郭勒、鄂尔多斯和阿拉善高原地区开展盐湖地质、环境、水化学、沉积矿物和盐湖分布及其形成方面的考察研究工作，并于1985年完成"内蒙古盐湖研究"成果报告。

半个多世纪的时间里，"找钾人"经过实地考察、科学分析，在钾盐理

论方面的研究日趋深入，对我国盐湖的分布及其资源概况、水化学特征及同位素地球化学特征、盐湖沉积及盐类矿物特征、盐湖成因及其成矿规律作了详细的科学论述。20 世纪科考过程中，中国地质科学院、原地矿部、食品工业部、轻工业部、石油部、青海地质局、西藏地质局、甘肃地质局、内蒙古地质局、新疆地质局等单位在盐湖普查与勘探及资源评价方面做了大量工作，积累了许多的盐湖资料，为我国盐湖钾盐资源勘探事业建立了不可磨灭的功勋。中国盐湖钾盐勘探的丰硕成果，是几代"找钾人"共同努力、辛苦付出的结果。袁见齐、柳大纲、高仕杨、张彭熹、郑绵平、曹兆汉、王弥力、吴必豪、郑喜玉、刘成林、陈敬清、胡克源、张长美、陈克造、吴景泉、陈大福、祁永唐、刘铸唐、于升松、黄师强、杨存道，一个个闪亮的名字回响在茫茫的戈壁滩上，永载中国钾肥工业史册。

事业成功离不开执着的信念与追求，不畏艰险的顽强拼搏才会有回报。早期钾盐找矿研究是在极其艰难困苦的条件下进行的，第一代"找钾人"冒着"死亡之海"恶劣的气候条件，凭借极为简陋的装备，靠着为国为民找钾的决心，翻山岭、跃沟壑、穿沙丘，直面寒冷、死亡的威胁，他们孜孜以求、默默奉献。经过一代又一代找钾人的不懈努力，终于在中国的西部找到了几个可以建设工业钾肥生产的重要基地和远景区，用事实验斥了中国无钾可寻的谬论，翻开了中国钾盐资源开发利用的崭新一页。

1958—1979：新中国钾肥工业的起步

一、零的突破——开辟我国钾肥生产新纪元

沧海桑田，记载盐湖开发史；塞北归鸿，见证艰苦创业路。回顾中国钾肥工业的发展史，就要从青海盐湖的创业史说起。61 年前，一阵阵呐喊声打破察尔汗盐湖的宁静，唤醒了沉睡亿万年的荒滩戈壁，一片生机盎然。

1958年初，经国家化学工业部批准，青海省委开始以省盐务局为基础，筹建察尔汗钾肥厂。省盐务局接到命令后，抽调干部、招收工人，成立了由省盐务局的4名干部和茶卡盐场的15名捞盐工组成的察尔汗钾肥厂先遣小组，这就是察尔汗盐湖的第一代盐湖拓荒人。当时，察尔汗盐湖人迹罕至、寸草不生、脚下无黄土、河里无淡水，人类生存条件极其恶劣。在大批人马进入盐湖之前，先遣小组全体人员几经探索，用大铁锅、汽油桶和破旧老羊皮袄，把卤水放在大铁锅内熬制，用老羊皮袄紧紧裹起来再放入汽油桶内进行保温结晶，如此连续几天的试验，先遣小组终于采用"热法熬制"钾肥的方法生产出了氯化钾含量达到50%左右的10多千克钾肥样品。青海省委领导见到样品后，决定正式在察尔汗盐湖成立钾肥厂，并定名为"青海察尔汗钾肥厂"，乔思义同志被任命为首任厂长，这也是青海盐湖工业股份有限公司的前身。

一声令下，大军开拔！在专业技术人员的指导下，率先到达察尔汗盐湖的4789位工人逐步掌握了有关制取钾肥的知识和基本操作技能。在"艰苦奋斗，自力更生，土法上马，勤俭办厂"的思想指导下，工人们克服了重重困难：没有食品，要从860千米之外的西宁采购；没有淡水，要到几十千米外拉运，并定额分配；没有房子，几十个人睡一顶帐篷；没有生产钾肥的机械，硬是用铁锹、铁耙、铁锅、铁桶等工具，土法生产出了中国第一批钾肥。生产钾肥所需的光卤石原料距生产工地约7千米，起初只能靠人背肩挑，人力消耗巨大，后来为了方便运输，1310名建设者迎风冒雪，仅用了20天的时间，靠着双手打通了长7千米、宽4米、深1.5米的运河，实现日运矿量达220吨以上。正是这样一群"钾肥人"用血肉之躯和磐石般的意志，鏖战数百个日夜，"中国钾"就此诞生！并在建厂当年就实现了生产953吨钾肥的壮举。

二、砥砺前行——"盐湖人"忍辱负重

天有不测风云，就在"盐湖人"还沉浸在成功的喜悦中，一场旷日持久的灾难悄悄地降临，"中国钾"的成长过程注定命运多舛。

"三年困难时期"，国民经济陷入困境。按照中央提出的"调整、巩固、充实、提高"的八字方针和上级指示精神，1961年全厂缩编减员，撤销了原有的生产建制，大量地裁减干部、工人。本着"从哪里来到哪里去，多留一个工人，少留一个干部，技术人才一个不减"的原则，一时间，近3000名干部、工人陆续地被裁减回乡支援农业。1961年12月，青海省察尔汗钾肥厂归属海西州化工局主管，更名为"青海省海西州察尔汗钾肥厂"，到1962年底，全厂只剩下356名职工，曾经轰轰烈烈的盐湖开发大业，一时跌入了谷底。1963年，研究人员意外地发现达布逊湖边长出大面积光卤石，全厂仅存的240名干部、工人一起出动，不分昼夜地进行抢矿、开采，保证了工厂的全年生产用矿。这一年，青海省海西州察尔汗钾肥厂共生产钾肥1000吨，特别是钾肥产品氯化钾含量由50%提高到80%～90%，"盐湖人"自豪地称之为"精钾"。1966年，盐湖上诞生第一座年产2万吨钾肥生产车间，虽然设备比较落后，但"盐湖人"精神饱满、干劲十足，他们发扬自力更生、艰苦创业的作风，硬是走出一条曲折的希望之路。

三、机械化生产——钾肥工业的里程碑

1968年，针对半机械化车间仍然存在的一些问题，察尔汗钾肥厂着手进行了设备改造和配套设计。同年，由于盐湖研究所已经研究出了浮选工艺制取钾肥技术，厂里开始将原冷分解洗涤车间扩建为产能1万吨的冷分解浮选车间，第二年正式建成投入生产。1969年，盐田兑卤试验获得成功，解决沟槽盐田老化问题，同时，国内首次引进了浮选法生产氯化钾工艺，察尔汗钾肥厂开始向大型生产企业发展，钾肥生产向机械化作业生产方向迈进。此后，察尔汗钾肥厂又引进鸭嘴式采矿机，效率比人工采矿提升了七八倍。我国钾肥工艺从落后的土法生产，到采用先进的浮选法生产工艺，二十年的时间，察尔汗钾肥厂已然茁壮成长为共和国钾肥的"火车头"，一路风驰电掣！

1972年，察尔汗钾肥厂氯化钾年生产能力突破万吨大关。1974年，青海革委会和燃料化学工业部向国务院呈报了《关于开发察尔汗钾矿和建设青海钾肥厂的报告》。1975年6月，经燃化部批准，成立了青海钾肥厂筹备领导小组，范士弘任组长。8月，国家计委审批了《青钾一期工程建设计划任务书》。9月，"青海钾肥厂筹备小组"正式成立，当年的察尔汗钾肥厂生产突破了2万吨大关，生产又走上了一个新台阶。工人们说："我们多生产1吨钾肥，就是给国家多生产一些粮食，为此流汗出力是值得的。"

1977年之后，青海柴达木盆地钾盐勘察工作获得重大突破，找到并探明了液体和固体共生的大型钾盐矿床，为柴达木盆地的大规模开发打下了坚实的基础，为盐湖设计开发提供了资源保障。1978年，国家计委以国计（1978）521号文下达了《关于青海钾矿计划任务书》的批复，8月，青海钾矿筹建处正式成立。由于当时察尔汗钾肥厂对产品干燥系统的研究取得突破性进展，企业又开始筹建4万吨钾肥生产车间，并于1982年建成冷分解浮选法4万吨装置，一举成为当时中国钾肥工业的里程碑，"青海盐湖"已经被打造成为我国钾肥工业的"黄埔军校"。

经过近二十年的生产实践，察尔汗钾肥厂逐步实现了从手工操作到半机械化、机械化的转变，氯化钾产能和产量均突破了2万吨，比1958年翻了5倍多，奠定了我国钾肥工业的基础，揭开了中国钾肥工业规模化生产的序幕。

1980—1999：钾肥工业的大转折

一、化茧成蝶——钾肥产量上规模

改革开放初期，不仅中国的工业需要大干快上，农业同样亟待快马扬鞭。生活从来不会一帆风顺，创业更是艰辛无比，平均海拔高度2800米的格尔木，夏天炎热、冬季寒冷干燥，每时每刻都让人因为缺氧而头晕眼花。即便生存

环境如此恶劣，但是没有什么能阻止"中国钾肥人"追求梦想的脚步。

1980年5月，化工部正式接管筹建处，青海钾矿筹建处更名为"化工部格尔木钾矿筹建处"。1981年5月，由化工部常务副部长秦仲达带队，国家计委、化工部、建委、财政部等部委组成的大型工作组，赴察尔汗盐湖调研盐湖开发建设方案，并启动"化工部格尔木钾矿筹建处"。同年7月，化工部、青海省人民政府向国务院呈报了《关于加快青海察尔汗盐湖生产钾肥的报告》。按照计划，察尔汗盐湖开发建设方案总规模为年产氯化钾100万吨，一期工程年产20万吨，二期工程年产80万吨。于是，9月份国家计委下达了"关于加快青海察尔汗盐湖生产钾肥报告的批复函"，同意青海察尔汗盐湖开发建设方案以及加快建设的前期准备工作和争取在1985年建成一期工程的意见。

1983年，青海钾肥厂利用"冷分解－浮选－洗涤法"建造的一期工程初步设计完成。1984年12月，青海钾肥厂一期工程扩大初步设计终审会议在京召开。1985年9月1日，一期工程在10平方千米盐田上破土动工并于第二年4月建成。1986年5月1日，晴空万里，彩旗飘扬，鞭炮齐鸣，锣鼓喧天，格尔木10平方千米的盐田上碧波荡漾，作为国家"七五"重点建设项目，青海钾肥厂一期工程正式投产。现场开工典礼隆重举行，化工部副部长王珉，青海省副省长吴承志为开工剪彩。这是一个值得纪念的日子，一位老"盐湖人"含着激动的泪花说："我们30多年总算没白干"，他们多年的奋斗终于在那一刻得到了回报。

1992年10月，青海钾肥厂一期工程通过国家竣工验收并交付使用，全年氯化钾产量达到190173吨。青海钾肥厂一期工程经过10年漫长的筹建、酝酿，建成投产后，中国的钾肥生产能力达到了25万吨，是1978年产量的10倍，国产钾肥生产迈上了一个全新的高度。

二、改革重组——钾肥生产新契机

随着国家经济体制改革的深入，青海钾肥厂于1992年底酝酿出改革思路，提出了"以改革为动力、以效益为中心、以机制为重点、以承包为基础、以科技为先导，形成小机关、大服务，小管理、大经营的运行格局，走效益型企业之路"，这个在计划经济体制下建立起来的新厂，从试生产时期就被推向上了市场经济浪潮的风口浪尖，经受着享受补贴的进口钾肥的强烈冲击，在不平等的环境中开拓市场，在进口钾肥的夹缝中求生存、求发展，通过避让沿海和南方等进口钾肥的优势区域，确立了"回缩销售区域、占领陇海中断、巩固巴蜀大地、打开北方市场"的策略，内抓管理、外抓市场、上跑政策，积极争取国家政策的支持，渡过难关。

1993年7月18日，在青海考察的时任中共中央总书记、国家主席江泽民同志视察了青海钾肥厂，江总书记赞扬道："你们在这里进行着一个非常艰巨的、光荣的而且是对我们整个国民经济具有举足轻重的事业"，并为青海钾肥厂题词："艰苦奋斗铸盐魂，改革开放创新业"，他对"盐湖人"的奉献精神给予了高度评价。

在经历了国有企业转换经营机制的系列改革之后，1996年7月31日，在"青海钾肥厂"基础上，按照现代企业制度整体改组成立了"青海盐湖工业（集团）有限公司"（简称"盐湖集团"），从此，"青海钾肥厂"在改革春风的吹拂下，扬帆起航，驶向广阔的汪洋大海。1997年8月，盐湖集团将所属钾肥主业成功组建"青海盐湖钾肥股份有限公司"，"盐湖钾肥"股票在深交所成功上市，上市后，公司连续四年被评为全国上市公司潜力股前50强，连续五年净资产收益率分别达到10％以上。1998年开始，盐湖集团按照"加强控制，加快发展"的辩证工作思路，以强有力的措施于2000年一举完成了"3年扭亏"重任，摘掉了连续7年的亏损帽子。1990—2000年，盐湖集团的氯化钾产量呈现稳步、大幅度提高趋势：其中1990—1992年为试车整改期间，钾肥产量连续突破10万吨和15万吨，直冲20万吨大关，在1989年产量基础上翻番。正式投产后，全厂氯化钾产量由1993年的15万吨逐步提高到2000年的46.5万吨。

　　攻坚的时刻，呼唤思想引领；奋进的征程，尚需步调协同。在短短的三年时间里，青海盐湖集团攻城拔地、傲视群雄，在国内钾肥行业业绩骄人、一枝独秀。

　　从此，中国钾肥开始真正奏响时代最强音！

三、资源破局——钾矿勘探的新发现

　　1985年之后，为了迅速改变中国严重缺钾状况，中国科学院盐湖科考一直没有间断过。地质部专门安排中国柴达木盆地西部和北部钾盐普查项目，为后来钾盐资源的重大发现，打下坚实基础。半个多世纪以来，在原国土资源部钾盐找矿小组负责人、国土资源部教授级高工曲懿华和青海省广大地质工作者的不懈努力下，中国在青海察尔汗探明大型液体固体共生钾盐矿。此外，早期在13个省18个地区的钾盐资源科考工作中，除青海柴达木盆地外，其他地区早期工作效果不明显。

　　"八五"期间，找钾工作又在新疆罗布泊获得重大发现。1989年9月，郑绵平和他的考察队员们乘着3辆车，沿西路向罗布泊"大耳轮"挺进。由于西路早为多年风沙覆盖，已无故道可循，他们经历三次周折，终于闯出一条新路。第一次因车辆故障，不得不中途返回。第二次经过废弃的原子弹爆炸中心时，进入风蚀形成的"魔鬼城"，当时地面定位系统太过落后，迷失了方向，最后只好退入孔雀河驻扎。但罗布泊就像一块巨大的磁石吸引着郑绵平和他的队员，让他们不畏艰难，不惧凶险，第三次进入罗布泊。这一次，顺着孔雀河河岸，遇到冲沟和断路，就用砂砾和树枝铺垫前行，他们终于闯出了一条被后人称为"郑绵平小道"的新路，最后抵达罗布泊"耳轮"地带，并通过踏勘取样，化验分析，最终确定罗布泊的盐卤中确实含有钾盐矿物。通过多次到罗布泊考察，郑绵平发现了罗布泊钾盐找矿线索，并预测罗布泊为"第二个柴达木钾盐湖区"。

1995年10月，中国地质科学院副院长、中国地质学会秘书长、行业公认的"马背夫人"王弭力会同多名工程师，组成了"罗布泊远景区成钾"专题组，开始了探询新疆罗布泊的艰苦征程。深秋的罗布泊神秘莫测，它周边是荒漠无垠的戈壁沙漠，迷宫般的风蚀雅丹地貌，包围着干涸尖硬的盐滩和盐壳以及未知的宝藏，一直无人问津。专题组在这一片达千余平方千米的无路、无人、无名称之地的"三无盐滩"中，冒着生命危险进入有"死亡之海"之称的罗布泊，开展了地质科研探索寻找钾矿。最终，在新疆罗布泊"罗北凹地"发现了埋藏盐壳地下的第四系盐层中的大型卤水钾矿，第一卤水层氯化钾储量4356万吨，接近中国大型卤水钾矿规模，是近年来我国钾盐找矿工作的重大突破。

1996年，罗布泊找钾正式列入"九五"国家科技攻关项目。地矿部、中科院盐湖所、新疆地质局、二机部、化工部的工作人员，都非常关注塔里木罗布泊及周边蕴藏的丰富固液钾盐矿，并多次奔赴罗布泊无人区进行科学勘察。之前地矿部的朱允铸、吴必豪、王弭力、刘成林等"找钾人"在研究中发现，罗布泊也蕴藏着丰富的钾盐资源。而后，蔡克勤等科学家在罗布泊北部吐哈盆地中，发现了硝酸钾盐矿。1998—1999年间，青海盐湖所的山发寿研究员等进入罗布泊盐湖进行细致的野外科考，对钾盐矿床成因及其分布形成了新的认识和观点。五年来，经各方努力勘察，初步探明罗北凹地钾盐储量1.27亿吨，远景储量2.5亿吨，是我国继青海察尔汗盐湖后发现的最大的钾盐资源，对尽快解决我国钾肥需求短缺的难题具有极大的现实意义。

半个多世纪的时间里，中国"找钾人"励精图治，在当时自然环境极为恶劣、科考条件极为有限的情况下，以惊人的毅力和顽强拼搏的斗志，不畏艰难险阻，充分发扬艰苦奋斗精神，在对青海、西藏、新疆和内蒙古盐湖进行全面科学考察的基础上，为祖国寻找到10亿多吨氯化钾资源储量，为我国钾肥工业的快速发展奠定了坚实基础。

四、技术创新——钾肥品质的提升

20世纪60年代后期，中国科学院青海盐湖研究所与当时的察尔汗钾肥厂合作开发了"冷分解—浮选法"工艺，1967年正式投入工业生产。它是察尔汗地区使用的第一个真正意义上的氯化钾工艺流程，也是迄今最为成熟的一个工艺流程。"冷分解—浮选法"（也称正浮选）的工艺原理是利用氯化钾、氯化钠和氯化镁三者溶解度的不同，使盐田光卤石分解，氯化镁进入液相，经浮选使钾、钠分离。该工艺的优点是能耗低，工艺成本较低，耐腐蚀材料用量少，工艺流程操作简单，对原矿质量适应性强；但缺点是回收率低，产品粒度细，品质差。

从20世纪80年代中期开始，上海化工研究院、化工部连云港化工矿山设计研究院和青海盐湖集团公司进行"反浮选—冷结晶"（简称反浮选）工艺的研究。1994年，盐湖集团投入1300万元进行冷结晶工艺技术的进一步工程化研究开发，经过3年的技术攻关，开发成功反浮选工艺。相比正浮选工艺，反浮选工艺使得氯化钾含量可达95％左右，产品粒度粗、外观效果好。该工艺缩小了盐湖钾肥与进口钾肥品质的差距。

从1990年开始，盐湖集团逐步改变生产工艺，从单一的"冷分解－浮选法"工艺发展到"反浮选－冷结晶"工艺和兑卤工艺，氯化钾产品产量、质量双双提升，盐湖钾肥生产脱胎换骨、一日千里。尤其是经过反浮选冷结晶的改造，氯化钾产品一级品率由50％左右提高并稳定在90％以上，93％、95％、98％的产品开始进入市场。1999年，盐湖集团氯化钾产、销量双双过40万吨大关，引起国家有关部门的关注。同年11月，朱镕基总理视察青海，盐湖集团及时向总理汇报了二期钾肥项目进展以及公司钾肥生产在冷结晶工艺上已取得的成就，总理当即做出了"利用国内自有技术，由盐湖集团作为业主建设钾肥二期项目"的重大决策。青海盐湖集团开始认真组织实施年产100万吨钾肥项目的建设。

从零到破百，中国钾肥工业的全新时代即将来临。

2000—2009：钾肥工业的二次腾飞

如果说，从新中国成立之初到2000年是中国钾肥与自然条件抗争、实现自我极限突破的重要阶段，那么2000年到2010年则是"钾肥人"用智慧实现自我挑战，并成功实现飞跃的第二次突破阶段。受益于国家西部大开发政策，一批具有资源优势的钾肥企业迅速崛起，中国钾肥工业也正式进入世界大国行列。从这一阶段的发展可以看出，中国钾肥工业的每一次提升，不仅凝聚着钾肥工业建设者的辛勤汗水，更融入了"钾肥人"的创新智慧。

一、罗钾成立——创造世界钾肥奇迹

如果说青海盐湖公司是中国钾肥工业的"火车头"，那么成立于2000年的国投新疆罗布泊钾盐有限责任公司（简称罗钾公司）就是新世纪以来钾肥工业的"生力军"。1999年随着罗布泊钾盐资源的发现，为了有效缓解我国钾肥短缺局面，保障粮食安全，罗钾公司在环境极端恶劣的罗布泊腹地拉开了开发钾肥资源的序幕。一批有志于中国钾盐事业的科研、管理人员——李浩、李守江、唐中凡、尹新斌、刘传福、郭兴寿等一群年龄和经历各不相同的创业者，放弃已有的较好工作生活条件，不畏艰险，义无反顾地从祖国的四面八方汇聚在罗布泊，用生命与激情唤醒了沉寂多年的罗布泊，叩开了罗布泊的"宝藏"之门，开始了"十年磨一剑"的艰难历程。

与世界上其他地方的盐湖相比，罗布泊的富钾硫酸镁亚型卤水中，除钾离子外，硫酸根含量偏高，氯离子含量很低。另外，罗布泊盐湖卤水比青海察尔汗盐湖卤水多了硫酸根离子，成了世界上罕见的五元体系。在设计工艺路线时非常复杂，加上恶劣的环境和气候等因素，开发过程异常艰难。为了弥补技术上的不足，罗钾公司请来了一位德国钾肥专家。专家在了解情况后说："你们这里卤水的成分，钾与硫的比例严重失衡，无法直接生产硫酸钾。

若要生产，既要购买昂贵的辅料，更要使用大量淡水。"如果没有一流的技术团队来解决这世界级的难题，罗布泊钾盐的开发就是空中楼阁。为此，李守江决定招贤纳士，组建自己的团队，攻克技术难关。没有现成的经验，创业团队就四处求学，去到全国各地搜罗人才。2000年4月，国内著名的钾盐化工专家、化工部长沙设计院副院长李浩受聘担任罗钾项目负责人，那时李浩正被调往北京任职，但他最终却选择了罗布泊。随着李浩的到来，钾盐开发的许多顶尖人才也集聚到了罗布泊，在总工程师唐中凡的带领下，科研团队经过无数次反复的推算、论证，终于取得技术方案突破，通过盐田兑卤制取光卤石，间接得到了氯化钾，并设计出了一套完整的制取硫酸钾的方案。罗布泊的实验室远离城市400千米，由木板拼凑而成，冬季滴水成冰，夏季地面能烤熟鸡蛋，在这样艰苦的环境下，经过一百多个日夜的努力，上百次的失败后，科研团队终于找到了解决罗布泊卤水硫、钾比例严重失调的方法。之后，科研团队乘胜追击，2001年3月11日，在罗北试验基地进行了利用罗布泊富钾硫酸镁亚型卤水制取硫酸钾工艺的中间试验，研制出高浓度低镁卤水分解光卤石的方法，攻克了代替淡水生产硫酸钾的关键性技术；又找到了用药剂浮选法代替美国水洗法制取软钾镁矾的新方法，这两项技术的应用不仅比西方技术回收率提高30%，而且创造了每吨硫酸钾仅需用水10吨的奇迹，用水量仅及传统工艺的三分之一。

2001年10月25日，具有深远意义的罗布泊钾肥基地一期21.6平方千米盐田工程在"生命禁区"的罗布泊腹地——罗中正式开工建设。至2002年5月15日盐田工程及配套的采卤、输卤渠工程全面完工投入生产，成功打响了罗布泊钾盐开发工程建设的第一炮。同年9月，年产2万吨硫酸钾工业试验厂项目在罗中破土动工。在时间紧、任务重的情况下，建设者们经受住了极度严寒和多次沙尘暴的侵袭，心往一处想、劲往一处使，保证了工程建设的顺利进行。经过近9个月的鏖战，2003年6月工程完工，所有基建、设备、物资全部按时到位。6月31日进行投料试车。7月1日生产出优等品硫酸钾产品。当第一袋白花花的硫酸钾优级品生产出来时，在场的员工都激动得欢呼雀跃。

2003年8月26日，在罗布泊举行了"新疆罗布泊钾肥基地2万吨/年硫酸钾工业试验厂正式试车剪彩仪式"。项目9月达产，10月超产，当年就生产了1万多吨优质产品。2004年2月，2万吨工业试验厂进行"2扩4"扩能改造，并于当年7月投料试车。同年11月，再次投资扩大生产规模，并且于2005年9月完成投料试车，一举将年产能增加到10万吨。

仅用4年时间，罗钾公司完成探索性试验、小试、中试和工业试验厂，同样的工作，美国犹他州大盐湖干了15年。"国投罗钾人"在罗布泊异常艰苦的环境下，一步一个脚印，一年一个台阶，创造了世界盐湖开发史上的奇迹。

二、跨越发展——钾肥实现工业化大生产

新世纪以来，中国国民经济持续高速发展，综合国力大大增强，我国的钾肥工业与时代同步，紧扣工业发展和国力提升的时代脉搏。

2000—2012年，是青海盐湖集团实现大工业化生产阶段。2000年，国家吹响了西部大开发的号角，"青海100万吨钾肥项目"被列为国家西部大开发的首批十大项目之一。盐湖集团审时度势，紧紧抓住国家西部大开发的大好发展机遇，充分依靠国家的优惠政策，依托企业自身的优势，确立了"西部大开发，盐湖大发展"的集团发展思路，以做大做强钾肥产业为目标，积极规划了"打造国内最大钾肥生产基地"的蓝图。2002年6月30日，国家西部大开发首批十大标志性工程之一的"青海100万吨钾肥项目"开工建设，2003年10月项目建成，短短的一年多时间里建成试车。此后青海盐湖集团的发展势如破竹，2004年试生产完成55万吨、2005年完成90万吨、2006、2007年连续两年突破100万吨，产能和产量几乎每年上升一个新台阶。得益于青海百万吨钾肥项目的建成生产，2004年全集团完成氯化钾产量109万吨，年产量首次突破100万吨。

2008年5月，国家发改委组织对"青海100万吨钾肥项目"按达产达标验

收，并授予"四个典范"工程称号，当年，盐湖集团钾肥产量再次突破200万吨，氯化钾216.95万吨。盐湖集团钾肥生产能力达到200万吨，世界排名升至第五位，实现了集团发展的第二次飞跃。自此，盐湖钾肥产量先后突破200万吨、230万吨大关，其产量在我国氯化钾总产量中一直占绝对优势，达到50%以上，占国内整个消费市场的30%以上。中国钾肥产量"破百"的实现标志着中国不再受制于国际钾肥寡头，增添了中国在进口钾肥谈判中的话语权。

此外，同时实现百万吨钾肥生产突破的还有罗钾公司。为了早日把罗钾公司建成"世界硫酸钾航母"，迈入世界一流钾肥企业行列，国投集团迅速调整了之前的战略规划，由原来的一期40万吨变为直接上马120万吨，要尽快地把资源优势转化成经济优势，把技术优势转化成产业优势、行业优势，尽快解决我国钾肥供应紧缺的问题。但是，从40万吨直接放大到120万吨，绝不是放大3倍那么简单，需要解决一系列的工程化问题，困难重重。罗钾公司采取产学研相结合模式，与清华大学、中南大学、化工部长沙设计研究院、中蓝连海设计研究院、中科院青海盐湖研究所、中国地质科学院郑州矿产综合利用研究所等高校及科研院所开展合作。通过内引外联，聚集了一批国内从事钾盐开发的专家和技术人才、管理人才，并将120万吨钾肥项目设计总承包给化工部长沙设计研究院。2006年2月，国家发改委正式核准新疆罗布泊钾肥基地年产120万吨钾肥项目，并被列为国家"十一五"重点建设项目。同年4月25日，国投罗钾年产120万吨钾肥项目举行开工典礼，世界最大的硫酸钾"航母"在著名的罗布泊开始打造，年产120万吨钾肥项目总投资48亿元，包括采输卤、盐田、矿石采输、加工厂区、热电站、外部供水、哈密铁路专用线等9个主项工程。由于项目重大、建设周期短、环境恶劣，从工艺、设备到电力、生产生活用水供应都有很大难度，公司领导班子树立干大事业、做大项目的信心和决心，成立了以总经理为首，副总经理各负责一片的基建指挥部，基建指挥部分为五个工程部门，举全公司之力来完成120万吨钾肥项目建设。为了保质量、保工期，管理人员都放弃休假时间，吃住在工地，在罗布泊一待就是好几多月，终于，项目历经两年半，于2008年11月18日投料试车成功。罗钾公司年产120万吨钾肥项目是我国自主研发、设计和建设的重大钾肥项目，是目前世界上单体生产规模最大的硫酸钾生产装置，历时两年半，"罗钾人"卧薪尝胆，"钾肥航母"宣告打造完成，再一次续写中国速度的神话。

除了盐湖集团、罗钾公司等国有企业外，"突地""藏格"等民营企业也蓄热待发。2004年5月，冷湖滨地钾肥有限责任公司成立，2014年8月13日，年产48万吨硫酸钾项目投产仪式在青海柴达木盆地的冷湖镇昆特依盐湖大盐滩举行。该项目是以青海海西州柴达木盆地冷湖昆特依盐湖为依托，采用浮选-转化硫酸钾生产工艺，继新疆罗布泊百万吨硫酸钾项目建成之后，又一个具备先进工艺技术和装备的盐湖硫酸钾生产基地。

经过快速发展，中国这个贫钾国家终于占据世界排名前列，使中国从此在国际钾肥市场上掌握了贸易主动权，在钾肥谈判中拥有了话语权。

三、联合谈判——进口钾掌握更多话语权

自1972年加拿大钾肥公司的氯化钾进入中国以后，进口钾肥在中国市场落地生根发芽，在相当长的时期里，中国钾肥市场70％的份额一直依靠进口支撑。新中国成立以来，我国就在国内、国际两条战线，在钾盐钾肥的勘探、开发、生产和贸易进口两大领域进行着不懈的努力。中国作为一个农业大国，钾肥需求量占世界钾肥总需求量的20％，但我国钾盐资源短缺，钾肥进口依存度一直比较高，1998—2007年这十年间，中国钾肥进口量持续增加，2007年钾肥进口量曾达到历史最高水平941万吨，进口份额曾经达到78.4％。为了能够在波诡云谲的国际钾肥贸易市场上占得一席之地，从2005年底开始商务部建立了"政府指导、商协会协调、企业联合对外"的钾肥进口价格联合谈判机制，以中化集团中化化肥有限公司、中国农业生产资料集团公司为代表的贸易进口企业，在国际市场纵横捭阖、折冲樽俎，始终达到"一个声音对外"，保证了我国进口

钾肥价格始终处于世界洼地，争取最大国家利益的目的。

联合谈判机制避免了多头谈判、多头对外、缺少政府主导和商会协调、易于被外方各个击破、趁机不断抬高进口价格的风险。中化化肥、中农公司作为钾肥进口的主渠道，以骨干企业的社会责任意识和大局意识，始终恪守保障国内钾肥供应稳定，力保中国钾肥进口低价区地位，维护国家利益和农民利益的使命。根据国家海关总署和商务部的统计，中国2007年进口钾肥平均到岸价格每吨243美元，同期印度价格为275美元、东南亚地区价格为350美元、巴西价格为350美元。2008年我国钾肥进口价格为600～650美元，同期亚洲周边国家和地区的进口价格都超过每吨1000美元。2010年中国进口价格为325美元，同期印度价格为460美元。2011—2017年，中国钾肥进口大合同价格在450～230美元之间，同期印度价格均比中国高70～80美元。多年来，联合谈判小组凭借在钾肥进口贸易、钾肥国内流通领域的经验，同加拿大钾肥公司、俄罗斯钾肥公司、白俄罗斯钾肥公司、阿拉伯钾肥公司等主要钾肥供应商保持良好的沟通和合作，在进口谈判中充分掌握国际、国内市场的相关情况，为国家钾肥进口努力争取最优质货源和最优惠的进口条款。

回顾中国联合谈判以来走过的足迹，联合谈判企业在联合谈判机制的指导下，参与各方对内充分交流、对外统一决策，提高了谈判效率，获得市场的认可，始终确保我国钾肥进口全球市场价格"洼地"的优势地位，平抑了进口价格，降低了进口依存度，为我国钾肥进口谈判赢得了话语权。

2010—2019：钾肥的高质量生产

一、扬帆远航——中国制造的魅力

中国钾肥企业在科学规划和循环利用资源上的努力，是近年来行业发展的一个亮点。我国可溶性钾盐矿查明资源量是10.3亿吨（折KCl，下同），基础储量5.2亿吨，约占世界钾基础储量总量的6%，其中89%以上资源储量集中分布于青海柴达木盆地和新疆罗布泊盐湖，钾矿所在地地理位置偏僻，自然环境恶劣，配套开采条件差。钾盐资源以卤水钾矿为主，钾矿品位相对较低，因而生产成本相对较高。利用有限资源在最大程度上满足国内钾肥需求是中国"钾肥人"的宏愿，要实现这一目标，坚持科学规划、合理开采势在必行。进入"十二五"之后，我国钾肥工业增速逐步放缓，但通过淘汰落后、兼并重组、资产整合，减少企业数量，提高产业集中度，企业装置规模不断扩大，培养了一批著名品牌的龙头企业，钾肥工业迈出了协调发展、创新发展、拓宽发展之路的新步伐。

2010年12月，中国证券监督管理委员会核准批复"青海盐湖钾肥股份有限公司"吸收合并"青海盐湖工业集团股份有限公司"，2011年4月，"青海盐湖工业集团股份有限公司"更名为"青海盐湖工业股份有限公司"（简称盐湖股份公司）。2013年9月14日，历时两年，承担着国家产业振兴项目的盐湖股份公司新百万吨钾肥生产装置建成投产，一次投料试车成功，从此中国钾肥工业再添一套现代化百万吨级钾肥装置。2014年6月，公司开始启动500万吨钾肥挖潜扩能工程，从而巩固了中国钾肥基地地位，并成为世界第四大钾肥企业。在察尔汗盐湖铁路以东地区开发初期，该地区的钾肥企业生产规模小、管理落后、工艺设备陈旧，致使资源浪费、原料供给不足、氯化钾收率低、产品质量差。后经青海省政府批准，对该地区企业实行四统一，2007年该地区钾肥生产能力达到年产60万吨。2013年，在青海省和格尔木市计委的组织下，由格尔木藏格钾肥有限公司（简称藏格钾肥）为主对铁路以东的13家企业整合，关停了小规模的生产装置，只保留了年产12万吨氯化钾的生产车间，后新建一套年产48万吨氯化钾的生产装置，经过近几年的快速发展，藏格钾肥现已拥有盐湖开采面积724.35平方千米，氯化钾产能扩大至200万吨，成为国内第二大钾肥生产企业。在经历了资源整合后，青海察尔汗和新疆罗布泊两大钾肥生产基地的相继建成，我国资源型钾

肥产能产量达到了一个新的高度。

截止到 2018 年，我国共有规模资源型钾肥企业 23 家，加工型钾肥企业 130 家左右，成为全球第四大钾肥生产国。生产规模大于 100 万吨的大型企业有 3 家，占资源型总产能的 66%，行业集中度不断提高，初步形成以大中型企业为主的格局。到 2018 年底，我国资源型钾肥总产能 728 万吨（K_2O），与 2010 年相比增长了 100%；产量 560 万吨（K_2O），比 2010 年增长了 96%。其中盐湖股份公司氯化钾产能 500 万吨，藏格钾肥公司氯化钾产能 200 万吨，罗钾公司硫酸钾产能 160 万吨。"十三五"期间，我国钾肥已形成科研、设计、设备制造、施工安装、生产、销售、农化服务等一套完整的工业体系，市场竞争力不断增强。国产钾肥的自给能力有了大幅度提高，可满足国内 50% 左右的钾肥需求，长期依赖进口的局面有了结构性的转变。国内钾肥市场产销、供需的结构性变化推动我国钾肥行业逐步形成了"供应稳定、竞争有序、理性发展"的"新常态"。

钾肥的品种、品质和规模方面近十年也得到极大丰富。除了传统的氯化钾和硫酸钾之外，已形成规模的钾肥品种还有硝酸钾、磷酸二氢钾、硫酸钾镁肥及其他专用含钾复合肥等多种产品，并能根据土壤的监测结果有针对性地补充缺失的元素。对于传统产品氯化钾，也实现了从粉末状到颗粒状、大颗粒状的产品多样化。作为中国钾肥工业的领头羊，盐湖股份公司在建成 500 万吨氯化钾的基础上，还形成了 40 万吨硝酸钾、40 万吨氢氧化钾、8 万吨碳酸钾生产能力，成为名副其实的世界大型钾工业基地。

中国钾肥经过几十年的成长，一直不断围绕提升产品质量，全身心投入到品牌打造和荣誉升级过程中去。从任何一个品牌的成长路径来看，品牌从无到有、从弱到强，都是品牌培育与建设的方向。我国许多知名品牌的成长轨迹，就是从成本优势、资源优势向技术优势、创新优势转移，逐步增强自主创新能力和加快自主品牌建设。长期以来，盐湖股份公司坚持产品品质为品牌核心的理念，以品质保障是品牌升级的前提为宗旨，使科技创新、产品创新和服务创新成为提升品牌魅力的源泉。围绕质量提升所取得的荣誉，也使盐湖股份公司的品牌之路不断延展——"盐桥"牌注册商标被评为"中国驰名商标""国家质量免检产品"……盐湖股份公司被认定为"中国钾肥制造行业排头兵企业"，荣获2009中国制造业企业500强第496名、中国企业效益200佳第83名。盐湖股份公司打造百年名牌企业的宗旨，也使其成为具有高质量、高信誉、高知名度、高效率以及高市场占有率的现代化企业。罗钾公司坚持创新发展理念，全力打造"罗布泊"品牌的"良心钾""放心钾"，公司生产的"罗布泊"牌硫酸钾从2007年起连续被评为新疆名牌产品。2008—2014年，"罗布泊"牌商标多次获得"新疆著名商标"称号。2014年12月，中国品牌建设促进会和中央电视台联合举办了2014年中国品牌价值评价信息发布会，公司"罗布泊"品牌以51.43亿元，登上"2014年中国品牌价值评价信息发布（产品品牌）"信息榜，这标志着"罗布泊"牌硫酸钾成为国内行业第一大品牌。

二、循环利用——盐湖资源绿色发展

敬畏资源、尊重资源就是诠释生态观的最好理念。在绿色发展的时代背景下，青海盐湖发展的脚步依然没有停歇。为此，青海盐湖坚持"以钾为主、综合利用、循环经济"的发展思想，最大化地利用源头资源。

2005年10月，盐湖集团被海西州确定为全国第一批13个开展循环经济试点之一，成为柴达木循环经济产业园区的"领头羊"。盐湖集团综合利用一期项目于2005年9月24日开工，二期项目于2007年6月21日开工，总投资100多亿元。此后，青海盐湖从单一的钾肥向化肥产业、有机化工、精细化工、石油化工、天然气化工、煤炭化工等多重跨越，公司产品由单一氯化钾发展到氢氧化钾、碳酸钾、硝酸钾、氢氧化钠、碳酸钠、金属镁、氧化

镁、氢氧化镁、碳酸锂、PVC、甲醇、尿素、聚丙烯、焦炭、水泥等多种产品，涉及工业、农业、航天航空、建材、医药等多领域。特别是盐湖资源综合利用项目一、二期工程及金属镁一体化等一批重大项目工程的相继开工建设，使"青海盐湖"加快了资源优势向经济优势和绿色发展转化，不仅建成了我国最大的钾肥和盐化工两个基地，并形成了以钾产业群为龙头，带动镁产业群、气产业群、钠产业群、锂产业群发展，培育新的经济增长点，改善产业结构，延伸产业链，提高产品附加值，成为青海省奋力打造国家循环经济发展先行区的排头兵，形成了"与光伏光热风电新能源融合发展、与天然气化工、煤化工、碳一化工耦合发展"的经典循环经济模式。

"绿水青山就是金山银山"。2016年8月22日中午，习近平总书记来到平均海拔2800米的"太阳城"——格尔木市，随后驱车60千米深入位于察尔汗盐湖的青海盐湖工业股份有限公司调研考察，习总书记听取了盐湖股份公司总裁谢康民关于公司生产经营、产业技术升级、循环经济发展、新材料等情况的汇报，听取了盐湖股份公司董事长、党委书记王兴富关于利用供给侧结构性改革去杠杆，化解资产负债率高和产品高进低出压力，实现建设中国盐湖"生态镁锂钾园"战略目标的总体思路的汇报，对汇报内容给予了回应。同时，习近平总书记察看了氯化钾、氢氧化钾、硝酸钾、锂电池、镁合金等盐化工产品展示，走上木栈道察看了现代化采盐船作业。习近平总书记高度评价了盐湖股份58年的创业、创新、创优的历程，肯定了盐湖循环经济建设，强调了盐湖资源的战略地位。得知企业发展目标是用5～10年建成全球镁锂钾行业最大的领军企业，表示肯定。

作为中国最大的钾肥工业基地，盐湖股份公司在致力于钾盐工业的探索和发展，碳酸钾、氢氧化钾、储能熔盐等钾盐项目已形成规模，盐湖生态镁锂钾园已具雏形的基础上，也在积极谋求"巩固钾、走出钾、提升钾"，为中国钾肥工业的发展壮大和实现石化产业"十三五""走出去"目标做出应有贡献。

三、自主研发——技术填平资源沟壑

当前世界是知识经济时代，科技创新是时代发展的大趋势，也是企业发展的原动力。"以需求顶进、以技术推动"成为中国钾肥开发的真实写照。在国家发改委、国家科技部等多个专项支持下，盐湖股份公司通过自主探索与产学研相结合，取得了重大技术创新成果，实现了多项先进技术的产业化，形成了第三代氯化钾工业化技术，技术创新比肩国际水平，堪称行业楷模。

在钾盐资源开采方面研发了低品位固体钾矿的浸泡式溶解转化技术、盐湖晶间卤水的分散开采与集中输送技术、浮箱式泵站抽卤技术，研发了大面积深水盐田光卤石长串走水工艺控制技术，研发了光卤石矿水采船；在钾盐资源加工方面开发并实现了冷分解浮选法、反浮选冷结晶法、冷结晶浮选法、兑卤盐法、尾盐再利用热溶结晶法等多条工艺技术的产业化，开发出了适应高原环境的反浮选冷结晶工艺氯化钾全自控系统和新型高效冷结晶器。

低品位固体钾矿的浸泡式溶解转化技术，形成了世界上唯一的低品位固体钾盐开采工程，溶采使固体钾盐工业品位由8%降至2%，让2.96亿吨依靠已有技术无法利用的低品位固体钾矿"起死回生""重见天日"，察尔汗变"活"了；固体钾矿溶解转化将老卤与微咸水按一定比例调剂成溶剂，实现老卤资源的循环利用，每年减少约40万吨氯化钾损失；固液转化工程的实施，实现持水度卤水的驱动开采，使原来不能开采的占卤水总量约43.7%的持水度卤水变为可采，可采储量成倍增加。

"采输分离、分散采卤、集中输送"工程化集成技术创立了以开拓系统、回采系统和采准系统为主要内容的盐湖采矿理论体系，通过深渠采卤、钻井采卤、浮箱式泵站抽卤、集中输卤技术，实现盐湖资源的大规模高效、连续、安全开采。

大面积深水盐田长串走水工艺生产优质光卤石矿技术变并联为串联，变短串为长串，实现大面积太阳池连续稳定生产，提高了蒸发效率，节约了盐田面积和建设投资。实现了光卤石矿的分级集中晒制，提高采收作业效率。促进了老卤均衡排放，保证了生产连续稳定。

高品位、高回收率的氯化钾加工利用技术也取得重大创新成果。

开发了利用光卤石生产氯化钾的反浮选冷结晶技术，并根据多年生产实践经验深入研究了光卤石溶解动力学、氯化钾结晶热力学、动力学和反浮选机理研究等内容，通过调整工艺路线、优化工艺操作条件、改进关键设备等技术手段，提高氯化钾颗粒粒度，将直接排到尾盐池的低浓度精钾、粗钾母液在系统中循环利用，形成新一代高品位、高回收率氯化钾生产集成技术，实现氯化钾回收率从55%提高到65%，能够稳定生产98%氯化钾产品。开发了高钠光卤石冷结晶法制备高品质氯化钾生产工艺。对钠盐调节池、光卤石调节池高钠低钾贫矿，采用传统冷分解浮选法存在分解不完全、回收率低的问题。冷结晶浮选法工艺实现了贫杂矿高效分离，形成了高钠光卤石为原料的高品质氯化钾冷结晶生产技术。

开发了在线监控光卤石分解过程的自动控制系统和方法，实现了冷结晶过程的自动控制与平稳调整。

开发了热溶结晶法综合回收高钠尾盐氯化钾成套工业技术。针对加工厂排出的氯化钾含量4%～8%的浮选尾盐，开发溶解转化制取钾石盐—热溶结晶工艺回收利用，实现尾矿资源化。

技术进步使察尔汗盐湖钾盐资源利用效率和水平得到显著提升，钾盐资源总利用率由初期的不足30%提高至70%以上，加工厂综合回收率由60%提升至90%，产品品位氯化钾含量由不足90%提高到98%。由此使钾肥规模成倍增加，改变我国钾盐资源的供应格局和钾肥生产工艺格局。察尔汗盐湖钾盐开发由年产100万吨服务38年增加至年产500万吨服务50年，保证了中国钾肥工业的可持续发展。该研究成果先后获国家科技进步二等奖、青海省科技进步一等奖、中国石油和化学工业联合会科技进步一等奖和国家发明专利优秀奖，并列入国家矿产资源节约与综合利用先进适用技术推广目录。

与氯化钾的生产不同，资源型硫酸钾的生产更是没有经验可以借鉴。面对困难，罗钾公司的创业者根据罗布泊盐湖资源的特点及当地的缺水条件，因地制宜，自主创新，开发出了一套适合罗布泊资源特点的工艺技术。此技术缩短了钾盐结晶路线，使钾盐析出相对集中，选用低镁卤水分解光卤石，节约了罗布泊地区有限的淡水资源，提高了浮选加工过程钾回收率。利用该工艺生产的硫酸钾纯度达到97%以上，钾离子总回收率达到50%，吨耗水量不到7吨淡水。罗钾公司在建设发展过程中获得授权专利成果18项，其中发明专利7项，实用新型专利11项，并获得多项科技进步奖，"罗布泊地区钾盐资源开发利用研究"成果获2004年国家科技进步一等奖，"罗布泊硫酸镁亚型盐湖卤水年产2万吨硫酸钾工业性试验"项目成果获中国石油和化学工业协会科技进步一等奖。2011年，罗钾公司"用含钾硫酸镁亚型卤水制取硫酸钾的方法"发明专利获中国第十三届专利优秀奖。2013年，罗钾公司"罗布泊盐湖120万吨/年硫酸钾成套技术开发"获得国家科技进步一等奖；2016年，罗钾公司年产120万吨硫酸钾项目获得第四届中国工业大奖。2016年7月，罗钾公司党委书记、总经理李守江被中宣部授予"时代楷模"称号；罗钾公司2017年被评为工信部第二批制造业单项冠军示范企业。罗钾公司通过自主创新开发出一批拥有自主知识产权的国际先进工艺技术和重大成果，促进了我国硫酸钾产业的结构升级，使我国一举迈入了世界硫酸钾生产大国行列。

此外，随着技术的不断革新，资源的不断整合，中国钾肥工业发展培育和催生了一批先进企业，生产装置规模不断大型化，产业集中度大幅提高。经过近70年的发展经验和技术积累，100万吨/年氯化钾、120万吨/年资源型硫酸钾、10万吨/年硝酸钾、10万吨/年磷酸二氢钾生产装置，30万吨/年

钾肥干燥设备，大型钾肥造粒机、结晶器和过滤机等装置的设计、制造、安装大多实现了国产化，部分达到了国际先进水平，装置投资大幅度降低。这不仅大幅提升了行业整体的技术水平，更填平了中国与世界钾肥技术之间的重重沟壑。

四、境外探索——钾肥走出去路漫漫

面对更开放的市场和更激烈的竞争，中国钾肥人一方面整合传统资源，降低生产成本，提升企业竞争力，一方面借力"一带一路"，大力拓展国际市场，加快推进企业走出去步伐。全球钾盐资源丰富、分布不均衡，全球钾盐生产具有较高的产业集中度和贸易垄断，主要集中在加拿大、俄罗斯、白俄罗斯。但是我国由于资源短缺，可持续开采年限不足30年，因此"走出去"利用境外钾盐资源进行开发，刻不容缓。

从20世纪90年代开始，我国企业曾与加拿大、德国、泰国和老挝等国接触，探索钾盐资源境外开发合作的可能性，由于各方面条件限制，进展较慢。2008年，中老两国达成"资源换资产、全面推进双边经贸合作"的共识，随后在国家发改委、商务部等相关部门的积极推动下，四川开元集团、中农矿产资源勘探有限公司、云南中寮矿业开发投资有限公司、中国水电矿业（老挝）钾盐有限公司的四个老挝项目分别投入开发，在工程建设、技术开发等方面为我国获得境外资源提供了可借鉴的模式。此外，在境外钾盐资源开发方面，部分中国公司也分别在加拿大、哈萨克斯坦、刚果（布）等国家进行钾盐矿产勘探开发的工作。

20多年来，走出去的企业历经了大量的艰难困苦和艰苦卓绝的努力，终于走出了一条来之不易的海外拓荒之路，我国企业在10多个国家进行钾盐资源开发项目约30余个，投资金额近30亿美元，规划总产能近2000万吨，在世界7个富钾的国家拥有了数量可观的钾盐资源，在多个富钾盆地生根发芽，初见成果。

走出去企业中，最成功的范例当属老挝开元集团。2008年10月，老挝开元公司取得老挝甘蒙省、沙湾拿吉省面积为194.8平方公里的钾镁盐矿探矿权后，仅用一年半时间完成了详查与勘探，取得了41.69平方公里的采矿权。2011年，一期年产50万吨氯化钾工程开工；2014年3月，矿山工程建设全面完成，井下生产配套系统全面形成，具备了连续机械化开采能力，2014年8月，随着第一船老挝开元公司生产的钾肥运抵连云港，标志着中国钾盐境外开发企业首度成功实现产品内销，当年销售回国的产品11万吨。2015年起，该公司已全面实现达产达标，生产能力50万吨，产品质量稳定，氯化钾含量≥95.5%，各项指标优于中国国家质量标准。现已销往东亚和东南亚市场，销售地区包括中国、越南、泰国、日本、马来西亚、印尼、韩国、菲律宾等，其中，中国和东盟市场占总产品销售的80%以上。

尽管海外钾肥项目已经开始有回报，但境外钾肥项目投资规模大，涉及面广，周期长，困难多，目前除在老挝形成80万吨产能外，其余项目基本处于勘探阶段或建设准备期。究其原因：一是对境外项目建设困难认识不足，部分国家政局不稳定，投资政策不稳定，缺乏有效的风险防范措施。二是钾盐项目投资大、周期长，且对采矿和加工经验要求较高，企业面临很大的资金、融资等方面的压力。三是缺乏政府层面的协调引导，国内企业盲目走出去占有资源，同一地区投资规划多个项目，抬高了项目建设成本。

我国作为一个农业大国，今后钾肥的需求量在一定时间内仍将保持平稳增长，而国内资源钾肥只能满足50%。全球范围内钾矿资源十分丰富，我国周边国家也有丰富的钾盐资源，因此我国应积极实践"走出去"战略，多元化的利用钾盐资源，积极推进境外钾矿项目开发进程。重点开发我国周边国家、非洲一些国家、资源禀赋有优势的国家及"一带一路"的国家，打破世界钾肥垄断格局，形成我国自身的钾盐战略合作联合体，保证可持续的合理价格获取进口钾肥，保障我国农业钾肥需求的稳定性。

展　望

回眸过往的日月，雄关漫道真如铁，而今迈步从头越！2018年之后国内外环境纵横交错，形势空前复杂。一方面，制造业和贸易的周期性复苏、全球金融的稳定发展和全球一体化的进程给中国钾盐钾肥企业提供了新的发展机遇；另一方面，国际风云变幻莫测，中美贸易战持续升级，这无疑给可溶性钾盐资源短缺的中国钾肥工业走向平添变数。根据IFA预测，2019年全球钾养分消费量4330万吨（K_2O），中国钾肥2020年钾肥表观消费量约1200万吨（K_2O），其中45%依赖国外进口。面对复杂的国际形势以及少数利益集团对世界钾肥市场的高度垄断，为了保证国家的粮食安全和社会稳定，维持钾肥的供需平衡，中国钾盐钾肥工业必须进一步统筹好国内外两种资源、两个市场，坚持国内开发、国际采购和境外开发多渠道并进的战略方针，居安思危、未雨绸缪。

国内找钾盐的力度将继续加大，重点是加大投入，加强基础理论研究和技术手段的攻关，从国家层面整合找矿队伍，产学研一体化，形成合力。"油钾兼探"将成为一项重要的战略决策，成为在国内继续寻找和勘探可溶性固体钾盐资源的主要手段。国家将继续加大对青海柴达木盆地和新疆罗布泊盐湖后备钾盐资源的寻找，加强卤水开采技术与低品位固体钾盐开采技术的研究，延长国内两大盐湖的服务年限，同时合理控制国内钾盐产能，保持50%的自给率，科学开采有限的钾盐资源，合理利用有限的盐湖资源。

老挝、俄罗斯、白俄罗斯、哈萨克斯坦等钾盐资源丰富"一带一路"国家已经成为中国出口需求的重要来源和关键原材料来源地。今后，越来越多的中国钾盐企业将涉足境外钾盐资源开发项目，并逐渐形成稳定的供应基地。预计，在未来的10到15年之内，2到3个百万吨级规模的境外钾肥生产基地即将建成，从而推动钾盐资源的多元化，保证钾矿供应，保证未来几十年粮食的稳定增产。

山海有园天地宽，中国钾盐钾肥70年的发展历程犹如一幅波澜壮阔的画卷，时而风雨飘摇，时而风和日丽、彩虹满天，一张张熟悉而平凡的"找钾人"的面孔依然笑容可掬，催人奋进。在伟大的中华人民共和国成立70周年即将来临之际，每一个"钾盐钾肥人"怀揣中华民族伟大复兴的梦想，沿着先辈的足迹继续奋战在茫茫的戈壁滩上，巍巍的崇山峻岭之间，干劲十足。这就是"中国钾肥人"！他们用坚韧和隐忍，体现着一种中国式的责任。70年的发展历程，不断地承上启下，继往开来，他们迈着铿锵的脚步奔向富国强邦的康庄大道，在艰苦的征途中迎接一个又一个胜利！

04

绿色卫士　勇立潮头

——新中国农药工业发展纪实

我国是使用农药最早的国家之一，早在公元前7～前5世纪，就有使用嘉草、莽草、牡鞠、蜃炭灰杀虫的记录，以后的《氾胜之书》《齐民要术》《本草纲目》和《天工开物》等古籍中都不乏用植物性、动物性和矿物性药物杀虫、灭鼠、防病记录。但在历史上我国农药生产和使用发展缓慢，在病虫害突发流行时就束手无策，到新中国成立前夕，我国仅有几家规模极小的手工作坊式农药厂，生产信石、砷酸钙、砷酸铅、硫黄、鱼藤酮、雷公藤、巴黎绿和王铜等几种矿物农药和植物农药，产量每年仅几十吨，农业病虫害仍无药防治。20世纪中期，我国开始了化学农药的研究和生产，1944年原中央农业实验所、泸州二二三兵工厂（现泸州北方化学工业有限公司）开始研制滴滴涕，但当时的国民政府并不重视，滴滴涕的生产未能得到发展。

新中国成立后，人民政府对农业病虫害的防治十分重视，把建立和发展化学农药工业列为刻不容缓的重大任务，历年来投入大量人力、物力和财力，支持农药行业的发展。中国的农药行业正如我国化工行业的发展一样，从无到有，从小到大，经过艰苦拼搏，开拓进取，走过了波澜壮阔的70年风雨历程，取得了辉煌成就，已形成包括原药生产、制剂加工、科研创新开发和原料中间体配套在内的较为完整的农药工业体系，为保证我国农业可持续发展、粮食安全和国家稳定做出了巨大的贡献。据国家统计局统计，2018年我国农药产量达到208.3万吨（1950—2018年农药产量见图1），主营业务收入2323.73亿元，利润总额227.04亿元；出口量140.53万吨，出口额80.72亿美元，进口量4.20万吨，进口额4.90亿美元，实现了连续15年出口数量及金额超过进口。

图1　1950—2018年农药产量

在我国，已知危害农作物的病、虫、草、鼠害达到2300余种，其中病害约750种，害虫（螨）约840种，杂草70余种，农田鼠害20余种，形成农作物的灾害在100种以上，如果不施农药，因为病、虫、草、鼠的侵害，会使农作物受损75%左右，其中由于病虫害引起减产的达53%。据农业部门

统计，由于科学使用农药，我国平均每年可挽回粮食损失250亿千克，棉花800万担（40万吨），蔬菜80亿千克，果品33亿千克，挽回直接经济损失约300亿元，在保障农业生产安全、农产品和粮食安全方面具有不可替代的作用。特别是除草剂的使用，解放了数以亿计的农村劳动力，参与到城市建设、工业生产和国家基础工程建设。此外，农药还在保护人民身体健康、食品防霉保鲜、畜牧业和家畜家禽健康、森林防火、城市园林、建筑物和纺织品防蛀等诸多方面发挥着巨大作用。

1949—1957：农药工业发展揭开序幕

一、有机氯农药投产开启农药工业

新中国建立初期，我国的化学家开始了化学农药的研究。1949年黄瑞伦教授对种子消毒剂醋酸苯汞的合成进行了研究，北京制药厂、宁波农药厂等先后建设了赛力散（醋酸苯汞）生产装置。1950年，胡秉方和陆钦范教授将合成对硫磷的四种方法进行了研究比较，确定了简单、经济的合成工艺，为我国大规模生产对硫磷奠定了理论基础。20世纪50年代初，南开大学杨石先教授和他的助手合成了我国独特的植物生长调节剂。沈阳化工研究院于1952年开始研究农药，1958年设立农药研究室，农药专业下设农药合成、分析、生测、加工、安全评价、情报等研究室及试验车间，该院至今仍是我国农药研发的最重要的科研单位。

新中国成立后，人民政府对农业病虫害的防治十分重视，把建立和发展化学农药工业列为刻不容缓的重大任务。1954年9月，周恩来在第一届全国人民代表大会第一次会议上所做的《政府工作报告》中首次提出了建设"现代化的农业"这个概念。国家在百业待兴的艰难条件下拨出一定的资金投入农药生产装置的建设，第一个滴滴涕生产装置于1951年建成投产，产品主要用于卫生害虫的防治，至今仍在防治非洲疟蚊方面发挥着巨大的作用。由华北农科所、上海病虫药械所和沈阳化工研究院（原东北局化工研究室）开发的六六六生产装置于1951年和1952年相继投产，开启了我国大规模化学农药研发和生产的进程。化学农药一经使用，便显示了明显的优越性。例如使用六六六不仅节省治虫的劳力，而且控制了蝗虫对农作物的危害，从1951年至1956年连续6年使用六六六灭蝗，实现了基本保证蝗虫不致成灾。六六六在我国农药发展史上占有重要地位，其投产初期就在抗美援朝战争中对抵抗美国细菌战发挥了巨大作用。

　　1956年化工部成立，使我国的化工领域有了更集中、更专业的管理和引导，我国化学工业进入快速发展轨道。此后，在化工部的历次会议和向中央的报告中将化肥和农药的发展提到重要的地位。在国务院和化工部的关怀和支持下，农药行业与其他行业一样，发展速度加快，在20世纪50年代后期至60年代中期，毒杀芬、氯丹、七氯等一批含氯农药生产装置建成投产，这些农药在我国农业、林业和卫生害虫防治方面起到了巨大作用。此后，在沈阳化工厂、天津化工厂、锦西化工厂和天津大沽化工厂先后建设了万吨级滴滴涕和六六六生产装置，其中六六六在较长的时间内是我国产能、产量最大的品种，产能最高达到30万吨/年，产量曾达到25万吨。由于该产品生产过程简单、可以消耗大量氯气，对氯碱工业的发展起到了很大支撑作用。六六六有8种异构体，只有 γ 体具有杀虫活性，在六六六原药中只占18％左右，其他无效体在自然界中会存在数十年，是一个巨大的潜在危险。为此科技工作者进行了大量研究，将 γ 体提纯和无效体综合利用。成分经分离提纯至含量为98％以上，成为一种高效杀虫剂——林丹。其他无效体，经分离、加工制成三氯苯、六氯苯、五氯酚、五氯酚钠等多种化工原料和农药。利用这项成果先后在沈阳、大沽、福州、常州、株洲、武汉等地，建立了不同规模的六六六提纯和无效体综合利用生产装置。

二、高效有机磷农药研制成功并投产

在有机氯杀虫剂蓬勃发展的同时，有机磷杀虫剂也开始了研制和生产装置的建设，20世纪50年代中期至60年代初期，北京农业大学的胡秉方和陈万义教授、南开大学的杨石先、陈茹玉、杨华铮、邱桂芳、陈天池、李毓桂等教授先后发表了关于有机磷化合物及杀虫剂研究的文章。

在胡秉方和陆范钦研究的基础上，北京农业大学、华北农业科研所进行了有机磷杀虫剂对硫磷生产工艺的研究和开发，1957年在天津农药厂建设了我国第一个对硫磷的工业化生产装置，标志着有机磷杀虫剂在我国开始走上了历史舞台。同年，上海信诚化工厂和上海农业药械厂共同试制成功另一种有机磷杀虫剂敌百虫，1958年正式投产。敌百虫杀虫效果好，对人畜毒性较低，防治范围广，使用又较安全，不久就成了我国农药主要品种之一。

三、开始杀菌剂、除草剂、植物生长调节剂等研制

在有机氯杀虫剂蓬勃发展、有机磷杀虫剂崭露头角的同时，科研工作者也在关注杀菌剂和除草剂的研发。在此期间，我国除草剂的研究和生产也开始起步，在1950—1965年间，北京农业大学、沈阳化工研究院、南开大学元素所、中科院植保所等科研单位进行了研究开发，解放军9719工厂、沈阳化工厂、抚顺农药厂和天津农药实验厂等企业先后建设、投产了2,4-D、2,4-D钠盐、2,4-D丁酯、2甲4氯钠盐、2,4,5-滴、除草醚、除草剂一号和五氯酚钠等除草剂生产装置。其中，五氯酚钠不仅可以作为除草剂使用，在防治钉螺（血吸虫寄主）方面发挥了巨大作用，为"送瘟神"做出了巨大贡献。

随着农田水、肥条件逐步变好，农作物病害也逐年加重，为防治农作物病害，提高农产品的产量和质量，杀菌剂工作的研制也在加快进行。沈阳化工研究院、江苏省农药研究所、中科院上海有机所、天津农药实验厂、上海

农药研究所等科研单位进行了大量研究工作，开发了一批杀菌剂的生产工艺技术，在这些研究成果的基础上，山西临汾有机化工厂、大沽化工厂、上海联合化工厂、上海农药厂、天津农药实验厂等企业先后建成了五氯硝基苯、六氯苯、二硝散、克菌丹、灭菌丹、敌锈钠、代森铵、代森锌、福美双、稻脚青（甲基肿酸锌）等一批生产装置。此外，植物生长调节剂（萘乙酸）、杀鼠剂（安妥）也开始了工业化生产。

四、农药标准化技术文献《农药规格》出版

由华北农业科学研究所和中华全国供销合作总社生产资料供应管理局编辑，农业出版社于1957年出版了《农药规格》，标志着我国农药产品质量标准化工作启步。

在这期间，我国农药产量缓慢增长，1950年仅有0.1万吨，而且都是杀虫剂，主要是滴滴涕。到1954年首次突破1万吨，仍然以杀虫剂滴滴涕和六六六为主，还有少量杀鼠剂和杀菌剂，1950—1957年间历年农药产量见表1。

表1 1950—1957年间历年农药产量

年份	1950	1951	1952	1953	1954	1955	1956	1957
产量/万吨	0.1	0.1	0.2	0.5	1.0	2.6	5.5	6.5

1958—1976：农药工业进入快速增长期

一、大力推动农药产量、品种扩增，满足支农要求

毛泽东主席根据我国农民群众的实践经验和科学技术成果，于1958年提出了农业八项增产技术措施和防病虫草的需要。在此基础上，党中央提出的提高农作物产量的"八字宪法"，这八个字是"土、肥、水、种、密、保、

管、工"，其中"保"字就是"植物保护、有害生物的防治"。

1958年，中共中央在北京召开化肥、农药、农业机械化会议。会议提出"化学农药应当积极按计划增产，并向多品种发展，以解决对农药的需要。"为支持农药行业的发展，国家采取了一系列政策措施，如"核留外汇"，由农业和商业部门提出需要进口的农药品种和数量，交给化工部进行审核，提出免于或减少进口的品种或中间体的数量，节省的资金用于支持扩大产能和开发新品种。

由于农药的推广使用，农民从中获益匪浅，对农药的需求日益迫切，不仅数量要增加，而且要求更多的新品种，满足防治各种病虫害的要求。为此，国家予以了更多的投入，生产企业付出了巨大努力，提高已有品种的生产能力，以满足农业生产的需求。在此期间，六六六生产企业从5家增加到12家，其中沈阳化工厂、锦西化工厂、大沽化工厂、衢州化工厂等企业的生产能力达到2万吨/年，全国的生产能力提高到近30万吨/年，最高时达到年产25余万吨，加上滴滴涕等其他有机氯农药，年产量达到30万吨左右，占我国农药产量的近50%。与此同时，农药行业的科研人员开发了更多的农药新品种，国家投入了大量资金，建设了一大批农药生产企业。农药品种迅速增加，从60余种增加到120多种，杀虫剂从40余种增加到80多种，有机磷杀虫剂达到20多个品种。

1962年，杨石先教授给中央领导写了一份《关于我国农药生产，特别是有机磷生产的几点意见》，针对有机磷农药一般毒性较高的特点，提出选择毒性较低的几个品种优先进行开发、建设。同时采用先进的施药器械，以提高药效、降低成本。对使用人员要进行严格的培训，确保安全。其中关于施药器械和使用人员的意见，至今仍是没有很好解决的问题。同年，杨石先教授受周恩来总理的委托，筹建了南开大学元素有机研究所，先后开展了有机磷化学及有机氟、有机硼等领域的研究，为开辟我国农药发展道路做出了巨大贡献。

在前人理论研究的基础上，有机磷杀虫剂有了井喷式发展，一些品种至今仍是有机磷杀虫剂的主要构成。敌敌畏、乐果、马拉硫磷、甲基对硫磷、杀螟硫磷、磷胺、治螟磷、内吸磷、亚胺硫磷、甲胺磷、乙酰甲胺磷、杀螟畏、久效磷、皮蝇磷、辛硫磷、甲拌磷、蝇毒磷、哒嗪硫磷、稻丰散、异丙磷、伏杀硫磷、二溴磷等一批有机磷杀虫剂陆续实现工业化生产，形成了我国杀虫剂的重要种类之一。有机磷杀虫剂进入市场初期，虽然暂时不能对有机氯杀虫剂的市场造成冲击，但为20世纪80年代淘汰高残留有机氯杀虫剂创造了条件。

为满足农药生产的需求，实现农药品种多样化，农药科研人员开始新型农药的研发，其中具有代表性的当属氨基甲酸酯类杀虫剂，主要品种有中科院动物所、上海医药工业设计院、沈阳化工研究院、北京农业大学和浙江省化工研究院先后开发的甲萘威、仲丁威、速灭威和混灭威等，形成了我国新一类杀虫剂。

二、杀菌剂、除草剂等新品种相继研制成功并投产

随着农业生产的发展，作物病害和草害问题日益凸现。科研院所和企业响应中央的号召，投入很大精力进行了杀菌剂和除草剂的开发研究。

20世纪60年代中期，中科院上海有机所从大蒜中分离出一种杀菌成分，经合成筛选出优良农药抗生素乙蒜素（代号402），同年在上海农药厂等企业投入工业化生产，这是我国首次仿生筛选成功的杀菌剂新品种。1970年，沈阳化工研究院成功地试制出我国第一个内吸性广谱杀菌剂多菌灵，能防治棉花、麦类、谷类、果树、烟草等多种作物的许多病害，成为我国防治农业病害的一个主要品种，至今仍是我国杀菌剂的重要品种之一。此后，沈阳化工研究院和上海农药研究所开发的敌克松、陕西省石油化工

研究设计院开发的甲基硫菌灵、西北大学开发的克瘟散、上海农药厂开发的稻瘟净、浙江兰溪农药厂开发的异稻瘟净、上海农药研究所和浙江兰溪农药厂开发的萎锈灵以及生物农药井冈霉素、中科院微生物所开发的多抗霉素和春雷霉素、中国农科院原子能所开发的多效霉素等一批杀菌剂相继研制成功并投产，对防治水稻、小麦、玉米、棉花等作物上的各种病害起了重要作用。尤其在汞制剂停产后，这几种杀菌剂迅速发展，保证了农业需要。其中，井冈霉素是上海农药研究所从我国井冈山地区土壤中发现菌株，经过培育、复壮，大大提高了发酵单位，开发成功为农用抗生素新品种，对水稻纹枯病具有良好的防治效果，所用生产工艺，发酵单位较高，生产成本较低，用药量低，药效显著，因而迅速得到推广，至今仍旧是农用抗菌素的重要品种之一。

在一批新型杀菌剂研发、投产的同时，科研人员和企业同样下大力气进行了除草剂的开发，除草剂得到了较大的发展。如上海农药研究所开发的燕麦灵；沈阳化工研究院和南开大学元素所开发的氨基甲酸酯类除草剂燕麦畏、燕麦敌一号和燕麦敌二号。在除草剂的开发中，沈阳化工研究院做出了很大贡献，开发了一系列取代脲类、苯类和酰胺类除草剂，如异丙隆、绿麦隆、利谷隆、敌草隆、稗草稀、杀草胺和敌稗等。吉林市农药化工研究所和上海农药研究所开发了莠去津、扑草净、西玛津、西草净和扑灭津等三嗪类除草剂。在上述除草剂中，莠去津至今仍是玉米田主要除草剂，扑草净、西草净在防除水田杂草方面起到了很大作用，使农民从繁重的稻田除草劳动中解放出来。

植物生长调节剂能增强农作物抵御自然灾害、适应恶劣自然环境的能力，增加产量和改善农产品品质。我国从20世纪50年代起，开始研究和试制植物生长调节剂。这一期间，先后投产的有赤霉素、矮壮素、乙烯利、丁酰肼、增产素等品种。1975年，南开大学元素所研究成功的新植物生长调节剂矮健素，能促进农作物的根系发育，茎叶增粗，防止麦类倒伏，减少棉铃脱落，投产后很受农民欢迎。

三、农药生产技术进步，农药混配制剂研发成功

在农药产量和品种增长的同时，生产工艺技术和产品质量不断提高，原材料消耗和生产成本逐步下降。为提高药效、扩大防治谱和增加适用作物，开发了农药混配制剂。

六六六开始生产时，采用的是间歇氯化工艺，主要生产设备为玻璃瓶，生产过程污染大，消耗高，γ体含量低，生产人员劳动强度大，尤其是原料苯的耗用量大，约占全国苯用量的1/3。为此，各有关科研单位和工厂进行了大量试验研究，努力提高生产技术水平和收率。1961年，上海联合化工厂和上海医药工业设计院，成功地将原间歇氯化和玻璃瓶反应器改为搪瓷釜反应器，实现了设备大型化和连续化生产，劳动强度减轻，改善了生产环境，确保了安全生产。而设备占地面积大为缩小，可以提高厂房建筑面积的使用效率，减少基本建设投资。通过工艺条件优化，改进操作，使γ体含量稳定提高，消耗量下降，采用回收过量苯等措施，使原料消耗大大下降，每吨六六六的苯平均消耗量由1952年的400千克以上降低到1965年的300千克左右，γ体的含量也由1952年的12%左右提高到1965年的14%左右。

农药加工是农药工业的重要组成部分。我国的农药加工是随着原药的发展而逐步发展的。开始以加工六六六、滴滴涕为主，加工剂型主要有粉剂、可湿性粉剂和乳油。其中，最具代表性的是甲（乙）对硫磷和六六六的混配制剂（甲六粉和乙六粉），1965年，中国农科院植保所、浙江省化工研究所、湖南省化工研究所和湖南农药厂、无锡农药厂等单位，相互配合协作，共同研究成功甲基对硫磷和六六六的混合制剂。这种混配制剂具有提高药效、降低毒性、使用安全、延缓病虫抗药性等特点，深受广大农民欢迎，迅速得以

推广，成为当时杀虫剂的主要产品。此后，又开发了敌百虫和马拉硫磷、稻丰散和马拉硫磷等混配制剂，在防治水田主要虫害方面发挥了很大作用。

四、第一批化学农药产品暂行标准颁布

1961年3月6日化工部、农业部、商业部联合颁发32种化学农药暂行标准，作为生产、使用、经销部门验收农药产品质量的依据。这是我国自己制定的第一批化学农药产品标准。

这一期间，我国农药产量开始较快增长，到1959年突破10万吨，所生产的品种也有所增加，主要品种是有机氯杀虫剂六六六、滴滴涕，有机磷杀虫剂对硫磷、敌百虫；杀菌剂五氯酚和五氯硝基苯；除草剂2,4-D、五氯酚钠等。1961年和1962年两年，由于自然灾害的影响，农药产量下降。1963年开始恢复上升趋势，1965年农药产量超过1960年，达到19.3万吨，所生产的品种有了较大增加，虽然有机氯杀虫剂所占比例仍然较大，但有机磷杀虫剂增加了许多新品种，如敌敌畏、乐果、马拉硫磷、甲基对硫磷、杀螟硫磷、磷胺、甲胺磷、乙酰甲胺磷、亚胺硫磷等，同时增加了一个新的农药类别——氨基甲酸酯类杀虫剂。1958—1976年农药产量见图2。

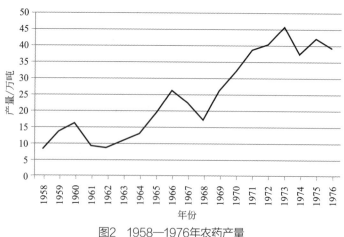

图2 1958—1976年农药产量

1977—1990：农药工业发展再上新台阶

一、产业建设和技术改造投入加大

随着新型农药品种的开发，对原料、中间体和加工助剂的数量和种类需求也不断增加，为了加快高效、低毒、低残留品种的发展，化工部于1978年7月至10月，组织技术考察团，先后赴法国、德国、美国、瑞士和瑞典等国家，对一些重要原料和中间体的生产技术进行考察，其中主要有五硫化二磷（有机磷农药的重要原料）、甲基异氰酸酯（氨基甲酸酯类杀虫剂中间体）、甲萘酚（杀虫剂甲萘威中间体）、间甲酚（杀螟硫磷中间体和拟除虫菊酯类中间体间苯氧基苯甲醛的原料）、苯酚、顺酐（马拉硫磷中间体）、氢氰酸、三聚氯氰（三嗪类除草剂中间体）等，引进了1.2万吨/年间甲酚的生产装置，建设在北京燕山石化的向阳化工厂。1979年2月和5月，化工部再次组织更高规格的考察团，赴美国、日本、意大利、荷兰、瑞士和英国等国，考察了36家公司，主要考察了克百威及其中间体呋喃酚、涕灭威、甲萘威、二嗪磷、亚磷酸甲酯、吡啶、低碳脂肪胺和除草剂、杀菌剂及其中间体。所有这些考察活动，为六六六、滴滴涕的取代做了技术上的准备。

为使六六六、滴滴涕的停产不影响我国氯碱生产和农业用药，国家计委和国家经济办公室（后改名为国家经委）先后多次召开工作会议，研究如何抓紧农药新品种及其中间体的建设，拟定了一批生产、基建和技术改造项目。在国家经济条件不充裕的情况下，国家科委、国家计委等部门先后投入10多亿元资金，用于发展新农药品种项目的建设，建成了2套5000吨/年杀螟硫磷（天津、宁波）、2套1000吨/年久效磷及其配套中间体亚磷酸三甲酯（南通、青岛）、湖南临湘氨基甲酸酯厂（异丙威、仲丁威）及

其配套原料中间体（氯碱、光气、邻异丙基酚、邻仲丁基酚、甲基异氰酸酯）、1000吨/年涕灭威（山东华阳，中试成果产业化项目）及其中间体（光气、甲基异氰酸酯）、1000吨/年醚醛（苏州，拟除虫菊酯类杀虫剂中间体）等一批生产装置。国家经委每年投入1.5亿元用于技术改造项目，连续数年，取得了显著效果。此外，国家每年还拿出上亿美元进口农药和配套原料、中间体。以上投入，使我国杀虫剂生产能力迅速提高，年产量达到18万～20万吨，满足了农业生产需求，较好、较快地解决了六六六、滴滴涕的取代问题。

二、叫停高毒、高残留农药，发展高效低毒农药

在农药生产高速发展的同时，党中央和国务院也没有放松对高毒、高残留农药的监控，为保护人民身体健康和环境生态的安全，及时发现并坚决采取措施，停止了一批高毒、高残留品种的生产和使用。

1956年，日本水俣湾附近发现了一种奇怪的病，经过长达12年的调查，1968年发现是氯乙烯和醋酸乙烯酯在制造过程中要使用含汞（Hg）的催化剂，这使排放的废水含有大量的汞，通过水产品的富集，导致"水俣"的发生。这个事件引起了党中央的高度重视。此后，我国先后停止了有机汞农药的生产和使用，1970—1973年先后停止了噻力散等有机汞农药的生产和使用。我国有机汞农药赛力散（醋酸苯汞）、富民隆（磺胺苯汞）、西力生（氯化乙基汞）等退出了历史舞台。

由于六六六长期使用造成了诸多问题，使一些地区的粮食、食用油、肉类、禽蛋、茶叶、水果蔬菜等食物中，六六六残留量超过卫生部门规定的标准，成为人民身体健康的巨大潜在威胁，同时影响这类食品的出口，因六六六残留超标而遭国外拒收或退货的事件时有发生。为此，1975年由化工部发布（75）油化长字第9号文中宣布：六六六、滴滴涕、毒杀

芬、艾氏剂、杀螨砜、三氯杀螨砜、杀螨酯等列为高残毒农药。化工部于1978年在河北张家口市召开了取代有机氯杀虫剂座谈会。1983年根据国家副主席李先念的指示，国务院常务副总理万里在国务院会议上宣布六六六、滴滴涕于1983年4月1日起停止生产和使用。仅保留天津化工厂生产滴滴涕出口到非洲用于疟蚊的防治，扬州农药厂的滴滴涕用于三氯杀螨醇的生产；大沽化工厂和沈阳化工厂保留六六六生产，用于生产林丹（γ体六六六含量＞99％），提纯后的无效体用于生产六氯苯（杀菌剂和烟花的添加剂）、三氯苯（溶剂和染料中间体）、五氯酚钠（防治血吸虫寄主钉螺）和五氯酚（铁路枕木防腐）。直到20世纪90年代。由于林丹被列入POPs（《关于持久性有机污染物的斯德哥尔摩公约》）和PIC公约（鹿特丹公约，即"关于在国际贸易中对某些危险化学品和农药采用事先知情同意程序"），国际林丹协会注销，大沽化工厂于20世纪90年代停止生产林丹，我国六六六生产宣布全面停产。为填补六六六停止生产和使用造成的农药供给空缺，化工部向国务院呈送《关于调整农药结构、限制六六六生产和使用的报告》。报告提出，计划用5年时间，以杀螟硫磷、速灭威、异丙威、克百威、杀虫双、甲胺磷、辛硫磷、久效磷、氧乐果、对硫磷、拟除虫菊酯、敌百虫等12个品种取代六六六。这是我国继停止生产有机汞农药之后，农药产品结构调整的又一个里程碑。

三、原药品种与加工制剂品种比率提高

在20世纪70年代初，化工部组织科研、生产单位，对新制剂、新剂型进行了攻关，开发了一批新型农药制剂，其中包括许多混配制剂，如：颗粒剂、悬浮剂、可溶性粉剂、乳粉剂、超低容量喷雾剂等。这一时期，我国农药制剂的数量有了较大的增加，一种农药原药平均可加工3～4种制剂。

四、配套原料、农药中间体及助剂产能逐步扩大

随着农药生产的发展，对于原料、中间体和加工助剂的种类和数量的需求也增加较多，为此，中央和地方共同增加投资，发展农药生产配套的原料、中间体以及助剂的生产，主要包括：黄磷及其下游产品三氯化磷、五硫化二磷；顺酐、有机胺类（一甲胺、二甲胺、三甲胺、乙二胺等）；芳烃及其衍生物［氯化苯、苯胺、氯苯、邻（对）氯硝基苯、硝基苯、二氯苯、邻苯二胺、邻硝基甲苯等］；酚类中间体（间甲酚、邻甲酚、对氯酚、邻苯二酚和2-萘酚）以及拟除虫菊酯重要中间体如菊酸乙酯、二氯菊酸乙酯、2,2,3,3-四甲基环丙烷羧酸、2-（4-氯苯基）-3-甲基丁酸、氯氟菊酸（功夫酸）和间苯氧基苯甲醛等，通过设新的生产厂或通过技术改造扩大现有装置能力，提高技术水平。

农药加工助剂是开发新剂型、提高制剂水平必不可少的原料。我国主要剂型是乳油，使用的助剂比较单一，主要是乳化剂。20世纪70年代之前，使用的乳化剂主要是磺化蓖麻油和环氧乙烷蓖麻油。60年代中期，在化工部的组织下，沈阳化工研究院、上海市农药研究所、江苏省农药研究所、安徽省化工研究所等科研单位与相关企业密切配合，先后研制出各种非离子型和阴离子型农药用乳化剂以及复配产品，使我国乳化剂的生产和应用前进了一大步。南京钟山化工厂通过技术改造，生产了多种效能较好的乳化剂，成为我国生产农药专用乳化剂的重点企业，产量占全国总产量一半左右。湖北、山东、陕西、辽宁等省石油化工厂，也先后建成了农用乳化剂的生产车间，基本满足了国内乳油生产需求。

五、杀虫剂、杀菌剂、植物生长调节剂技术及产业化升级

1985年3月15—18日，化工部和中国农药工业协会在北京联合召开部分农药企业厂长座谈会，研究加强农药企业横向联系，推动农药行业的体制改

革等问题。会议提出：农药企业要通过发展新品种，提高质量，降低成本，加强宣传和销售服务等工作，增强自身的竞争能力；打破行业界线，实行一业为主，多种经营，搞活企业，提高经济效益；联合起来，加强同大专院校和科研单位的合作，共同搞好科研攻关，提高技术素质；搞好工贸结合、技贸结合，学习国外先进经验，为我所用。

六六六、滴滴涕等一批有机氯农药停止生产和使用后，为不影响农业生产，在国务院、化工部的组织和引导下，通过科研单位和企业的共同努力，开发了一批杀虫剂、杀菌剂及除草剂和植物生长调节剂新品种，迅速填补了我国农药市场的空白，有力地支援了农业生产的发展。

在原有杀虫剂的基础上，又开发了许多新型杀虫剂品种，包括有机磷杀虫剂水胺硫磷、甲基异柳磷、喹硫磷、三唑磷、二嗪磷；氨基甲酸酯类杀虫剂仲丁威、异丙威、残杀威、克百威、涕灭威。在这一时期，仿生农药登上了历史舞台，包括沙蚕毒类杀虫剂杀虫双、杀虫单、杀螟丹、杀虫环等。最重要的是，仿生合成农药中拟除虫菊酯类杀虫剂的开发成功，为我国杀虫剂增添了重要的一个家族，日后也成为我国杀虫剂"三足鼎立"中的重要"一足"，主要品种有氰戊菊酯、氯氰菊酯、高效氯氰菊酯、氟氰菊酯、氯菊酯、甲醚菊酯、胺菊酯、戊菊酯等，这些品种不仅为防治农业害虫发挥了重要作用，也为保护人民身体健康做出了贡献。与此同时，其他类型杀虫剂也开发成功，主要有杀螨剂三氯杀螨醇、双甲脒、单甲脒、杀螨脒、三环锡，以及生物农药浏阳霉素（杀螨剂）等。

这一时期，新型杀菌剂的开发也获得较快发展，主要有苯类杀菌剂百菌清、甲霜灵、菌核净、灭锈胺；有机磷杀菌剂三乙膦酸铝、克菌壮；杂环类杀菌剂拌种灵、十三吗啉、稻瘟灵、叶枯灵、噻枯唑；三唑类杀菌剂三环唑、三唑醇、三唑酮、烯唑醇；有机硫类杀菌剂代森锰锌。此外，一批生物杀菌剂开始进入市场，主要有井冈霉素、公主岭霉素、多抗霉素等。上述这

些品种中有一部分至今仍是杀菌剂中的骨干品种，如百菌清、甲霜灵、代森锰锌、井冈霉素、多抗霉素等。而三唑类杀菌剂已经发展成为目前杀菌剂市场上的一个大类，品种多达十余个，在防治各类农作物病害方面发挥着重要作用。

20世纪70年代后期，随着改革开放的一步步深入，随着农业机械化发展的需要，特别是农村的经济结构发生了很大变化，农民迫切要求从繁重的除草劳动，尤其是水田除草中解放出来，可以从事其他非农业经营。除草剂的需求日益增加，科研单位和生产企业陆续开发了酰胺类水田除草剂丁草胺、敌草胺、克草胺、乙草胺（水旱田兼用）以及取代脲类除草剂莎扑隆等。针对果园、橡胶园等经济作物，开发了酰胺类除草剂磺草灵、三嗪类除草剂西玛津等。随着化学除草剂市场的迅速扩大，除草剂的研制也随之发展，一批新型除草剂也逐步投放市场，其中主要有灭草松、氟乐灵和地乐胺以及针对麦田野燕麦的燕麦枯等陆续投产和扩大生产能力，除草剂在农业生产和解放农村劳动力中发挥了日益重要的作用。

在此期间，由沈阳化工研究院和江苏省激素所先后开发的我国第一个超高效磺酰脲类除草剂苄嘧磺隆投放市场，这一类除草剂一经进入市场，便迅速得到推广，大批新品种相继被开发出来，成为除草剂家族中的重要成员。由沈阳化工研究院、广西化工研究所和贵州省化工研究所先后开发的草甘膦诞生，随着抗草甘膦转基因作物的推出并大规模种植而快速增长，已经成为当今全球市场份额最大的农药品种。

在新农药开发的同时，并没有放松对共用农药中间体和农药生产工艺的改进。其中，有机磷农药的重要中间体亚磷酸酯的生产技术有了重大突破。以三乙胺为原料，连续化合成亚磷酸三甲酯的工艺技术达到国际先进水平，产品含量达到99％，生产成本大大降低，使一步法合成敌敌畏的质量和成本优于敌百虫碱解法老工艺，原油含量超过95％达到了出口质量标准，生产成本比老工艺降低了近2000元/吨。为敌敌畏生产禁止采用两步法的产业政策提供了技术支撑。

杀菌剂三唑酮生产技术经过攻关，有效成分含量超过95％，达到国际同类产品水平，成本大大低于跨国公司产品，在国际市场上具有较强的竞争力。

氨基甲酸酯类杀虫剂的关键中间体甲基异氰酸酯的生产技术水平，在湖南化工研究院的不断努力下有了重大突破，实现了连续化生产，设备利用率大大提高，产品纯度达到99％以上，使得一批氨基甲酸酯类杀虫剂的生产技术有了很大的提升，原药含量超过98％。

随着我国农药开始出口并与跨国公司合作的展开，农药行业积极采用国际标准或跨国公司的先进标准，采用比例已经达到70％左右，有力地促进了我国农药质量水平的提高。有的产品接近或达到国际标准，甚至超过国际标准，如灭多威、噻嗪酮、多菌灵、甲霜灵、三唑酮、百菌清等。

六、中国农药工业协会成立

1982年中国农药工业协会成立。协会宗旨是：为政府、行业、会员服务，发挥政府与企业、企业与企业间的桥梁和纽带作用，着力于行业、企业与政府间的沟通协调，并加快国际合作步伐，努力为中国农药行业营造良好的发展氛围，促进农药行业可持续发展。

成立三十七年来，协会主要是从六大方面为行业服务：

一是发挥协会专业优势，协助工信部、农业部、环保部、市场监督管理局及海关总署等相关管理部门做好农药相关管理工作，为政府管理部门提供及时、准确的行业信息。

二是组织、推荐企业参评知名品牌产品和驰名商标评选，开展农药企业信用等级评价工作，推动农药行业信用体系建设。

三是提供咨询服务，维护、保障会员正当权益，应对行业突发问题，为

农药行业营造良好发展氛围。解决农药行业共性技术、关键技术和集成技术难题，提高制剂加工整体技术水平，建立第三方分析检测平台，提升企业质量控制水平。

四是成立中国农药行业责任关怀联盟，发布《中国农药行业 HSE 管理规范》，开展合规企业的认证工作，推动农药行业责任关怀（HSE）体系建设，加强基层医生中毒急救技术培训，减少中毒事件，提高中毒急救的成效。加大安全科学使用农药技术的普及，指导农民科学使用农药。

五是针对行业的热点、焦点和企业需求，开展多种形式的培训、研讨工作，搭建行业商贸和信息交流的专业平台。

六是发布行业信息，设立公共媒体平台，提供及时准确的行业信息和有效的展示和交流服务。开展市场调研、定期市场分析及专项课题研究，提供项目投资咨询和信息咨询。

七、率先实行行业生产准入制度

1984年3月16日为制止小农药厂盲目发展，《经济日报》发表题为《农药行业要切实整顿》的社论。社论指出：农药属化工部为主组织生产的一类产品，应当以化工部为主进行规划。由于农药生产的特殊性，当前要采取发放生产许可证的办法严加管理。4月7日，国务院颁发《工业产品生产许可证试行条例》。10月9日，化工部颁发《化工产品生产许可证暂行实施细则》。《条例》和《细则》规定：凡新建农药厂点，要经所在省、市、自治区化工部门审查同意，报化工部批准，发给"农药生产许可证"；要对全国农药生产企业进行整顿，农药生产必须具备生产的基本条件和技术力量，产品适销对路，有"三废"治理措施；凡不具备办厂条件的企业，都要采取强有力的措施，坚决关、停、并、转。

1984年12月3日凌晨，印度中央邦首府博帕尔市的美国联合碳化物属下的联合碳化物（印度）有限公司设于贫民区附近一所农药厂发生氰化物泄漏，引发了严重的后果。造成了2.5万人直接致死，55万人间接致死，另外有20多万人永久残废的人间惨剧。针对此次事件，化工部于1985年1月8日发出《关于对生产危害性大的化工企业进行安全可靠性检查的通知》。检查的重点，首先是生产或使用光气的企业，生产甲基异氰酸酯系列产品的企业，以及农药、染料、塑料、有机合成等生产装置处理剧毒物质的企业。对生产许可证的企业进行了更为严格的审查，在对1543个申报企业进行经认真审查、严格考核后，于7月31日化工系统首批944家合格企业获得有效期为5年的生产许可证。这批合格企业，主要是生产磷肥、化学试剂、橡胶密封制品、轮胎和农药厂家。

八、"三废"治理研究和实施力度加大

农药生产的特点之一是生产工艺流程较长，所用原材料多、化学反应多、副反应和副产品多等，因此农药生产过程产生的三废量较大、成分比较复杂且难于处理，农药生产过程所产生的三废对环境造成的污染也日益严重。随着人们对环境的日益关注，三废处理技术的研发也提到日程上来。过去，新农药开发的重点是合成工艺、工程化生产技术和生产成本，对于新产品所产生的新三废不十分重视。随着全社会对环境意识的增强，农药新产品开发的同时开始对三废处理技术同时进行研究，开发出一批新的三废处理技术，除传统的物理化学处理技术，如吸附法、萃取法、超声波技术、中和法、化学絮凝法和氧化还原法，以及常用活性污泥法、生物接触氧化法之外，开发了深井曝气、厌氧生化处理、电化学处理等等。对废气的治理一般采用吸收法，废渣一般采用焚烧炉高温焚烧方法处理。1984年10月9日，化工部颁发《化工产品生产许可证暂行实施细则》。要求农药生产必须具备生产的基本条件和技术力量，产品适销对路，有"三

废"治理措施；凡不具备条件的企业，都要采取强有力的措施，坚决关、停、并、转。

在此期间，我国农药产量经历了基本平稳、大幅度下降，然后缓慢上升的起伏，见图3。主要原因是1983年六六六、滴滴涕等高残留有机氯农药的停用，这些品种的产量占全国农药产量的50％左右。新开发的替代品种的平均用量大大低于有机氯品种，因此虽然产量下降，但仍基本满足农业生产需求。

图3　1977—1990年我国农药产量

1991—2000：农药工业结构调整步伐加快

一、产品比例结构进一步优化

20世纪90年代初期，我国农药的产量和品种基本上能满足我国农业生产防治病虫草害的需要，但品种结构还不够理想，杀虫剂的产量占70％以上。1991年我国可以生产农药150多种，其中杀虫剂75种、杀菌剂39种、除草剂29种和植物生长调节剂9种。1991年农药产量为25.33万吨，其中杀虫剂、杀菌剂、除草剂和其他各占77.4％、13.8％、7.82％和0.98％。随着农业生产的发展，农产品种类的增加，对农药的需求呈多样化方向发展，我国农药虽然在数量上可以基本满足农业生产需求，但一些特殊需求仍要依靠进口，特别是高效安全的杀虫杀螨剂、防治地下害虫药剂、内吸性及保护性杀菌剂、杀线虫剂、蔬菜作物等旱地高效除草剂，进口量近5万吨，占国内消费量的16％左右。

1999年2月，国家宣布停止除草醚、氯丹、七氯、杀虫脒、氟乙酰胺、毒鼠强等高毒、长残留农药产品的生产、销售和使用。

在这十年的时间内，我国农药产量增加不多（从25万吨增加到45万吨），而是下大气力进行产品结构的调整，进一步提高对农业生产需求的满足度，尤其是对高效、低毒、低残留农药的需求。从1993年起我国实行新的专利法和《农业化学物质产品行政保护条例》，对知识产权的保护要求更趋严格，从生产工艺的保护延伸到对化合物的保护，保护期从15年延长到20年。不能再仿制在我国已取得专利权或行政保护的农药产品。因此，自主开发一些过专利期但在我国尚未登记使用的高效、安全、对环境友好的农药新产品，成为农药科研的主要发展方向。在国家的支持下，各研究单位、大专院校积极开展新农药的工艺开发、工业生产技术的研发。

在此期间，有机磷杀虫剂又有新的品种涌现，如毒死蜱、胺苯硫磷、特丁磷、地虫磷、蚜灭多等，其中毒死蜱发展成为目前有机磷杀虫剂中最大的品种。氨基甲酸酯类杀虫剂的新品种也在这一时期进入市场，如残杀威、灭多威、抗蚜威等，为克服高毒农药对人体的危害，还进行了克百威和灭多威的低毒化开发，研制了丁硫克百威和硫双灭多威。拟除虫菊酯类农药的开发成为这一时期杀虫剂新品种开发的重点，溴氰菊酯、氯氟氰菊酯的生产标志

着我国手性农药产品生产技术上了新台阶，卫生用拟除虫菊酯，如右旋炔戊菊酯、右旋苯醚菊酯、右旋炔丙菊酯和 *S*-右旋反式烯丙菊酯等也实现了工业化生产。其中，氯氟氰菊酯已经成为目前最主要的农用菊酯类杀虫剂之一。此外，其他类型杀虫杀螨剂也投入工业化生产，如灭幼脲、氟幼脲、噻嗪酮、吡虫啉、避蚊胺、有机锡类杀虫剂三唑锡和苯丁锡、杂环类杀螨剂四螨嗪、哒螨灵等，其中烟碱类杀虫剂吡虫啉已发展成为当今主要杀虫剂之一。随着生物农药的发展，新型农用抗生素和昆虫病毒也有了较大发展，出现了藜芦碱、印楝素、棉铃虫核型多角体病毒和阿维菌素等，其中阿维菌素已经发展成为现在最重要的生物杀虫剂，其防治对象和适用作物几乎涵盖了目前所有农作物和多种有害昆虫和螨类。

随着有机汞、有机砷杀菌剂的禁止使用以及农业生产，特别是蔬菜、水果种植面积的扩大，农作物病害防治的需求向着多品种、多种作用机理方向发展，在科研单位、大专院校和企业的共同努力下，开发了一批新型杀菌剂，如新型苯并咪唑类杀菌剂苯菌灵、甲基硫菌灵、噻菌灵、丙硫咪唑和异菌脲等；取代芳烃类杀菌剂乙霉威、三唑类杀菌剂腈菌唑、烯唑醇、双苯三唑醇以及其他杂环类杀菌剂噁霜灵、腐霉利、噁霉灵。这些新品种的出现，填补了有机汞、有机氯、有机砷等高毒、高残留农药停用所造成的市场空缺，进一步满足了农业生产的需求。

随着改革开放进程的加快，我国工业化速度提速，农村劳动力开始大规模进入城市，农民迫切希望从繁重的体力劳动中得以解放，特别是杂草的防除劳作。因此，国家对除草剂的开发予以特殊重视，鼓励科研单位、生产企业在除草剂的开发方面加大投入。在此期间，一批新型除草剂实现了工业化生产，主要有含氟二苯醚类除草剂乙氧氟草醚、氟磺胺草醚和三氟羧草醚先后进入市场，开启了含氟除草剂发展的序幕；杂环类除草剂噁唑禾草灵和喹禾灵也实现了工业化生产；此外，三嗪类除草剂也增加了新的成员，如环嗪酮、氟草净、杀草净、甲草嗪和氰草津。在1990年我国第一个超高效磺酰脲类除草剂苄嘧磺隆投放市场以来，我国磺酰脲类超高效除草剂有了飞跃式发展，有沈阳化工研究院、南开大学元素所、江苏农药所等研究单位开发了一批此类除草剂，如氯磺隆、甲磺隆、吡啶黄龙、胺苯磺隆、氯嘧磺隆、嘧磺隆、烟嘧磺隆和醚磺隆等，其中烟嘧磺隆目前仍是玉米田骨干除草剂品种之一。这些除草剂的开发与生产，极大地解放了农村劳动力，使得大批农村劳动力进入城市和各项工业生产，在我国城市建设、工业发展和高速公路的建设中，除草剂的推广应用功不可没。

上述新型杀虫剂、杀菌剂和除草剂的发展，使得我国农药产品结构进一步合理化，杀虫剂、杀菌剂、除草剂和其他品种所占比例从1991年的77.4%、13.8%、7.82%和0.98%调整为2000年的70%、8%、19%和3%，进一步提高了对农业生产的满足度。

二、南北两个国家创制中心推动农药创新

为了加速我国农药科研从仿制向创制转变的进程，国家于1996年组建了国家农药工程研究中心和国家南方农药创制中心（即南方中心和北方中心），这是对我国农药工业发展具有战略意义的重大决策，它们在创制新农药方面做了大量开拓性工作。南北两个农药创制（工程）中心的创立，标志着我国农药创制研究体系的形成，农药科研步入创仿结合的轨道。北方中心（农药国家工程研究中心）以沈阳化工研究院和南开大学元素有机化学研究所为依托；南方中心（国家农药创制中心）总投资15250万元，其中国家拨款8500万元，地方财政拨款3375万元，依托单位自筹3375万元。建设了四个基地：上海农药研究所、江苏省农药研究所、湖南化工研究院和浙江化工研究院，建成国家级农药创制平台，具备农药创制基本条件，四个基地共有专门从事农药创制的研究人员125人，其中合成研究人员82人，生测43人，

还有专门从事信息、档案等辅助人员。此外，还设立了以安徽化工研究院为主的化工部农药加工和剂型工程技术中心。除早期开始研究农药新品种的合成和农药制剂加工的单位如中国农业大学（原北京农业大学）、贵州大学、辽宁省化工研究院等，还有一批大专院校也进入农药研发的领域，如华中师范大学、华东理工大学、中科院上海有机所、中科院大连化物所、西安近代化学研究所（隶属于兵器集团）等，这些单位都具有较强的科研能力。他们的加入，有力地推动了农药新品种的开发和农药制剂加工水平的提高。

三、重大科技攻关项目大部分实现产业化

在这一时期，国家进一步加大了对农药行业的支持力度，使一批国家科研攻关成果实现了产业化，有力地促进了农药生产发展，其中主要项目有：

1991年，天津农药厂农药中间体年产2500～3000吨乙基氯化物扩建工程投入试生产，该装置的建成，为多种有机磷杀虫剂的发展提供了支撑。同年，该厂年产4000吨有机磷杀虫剂敌百虫生产线实现了连续化生产。

1992年1月21日，天津农药总厂年产5000吨50%杀螟松乳油工程通过国家竣工验收，正式交付生产。该项目是我国农药行业最大的项目之一，全部工程由国内自行开发、设计、制造设备和安装。

1992年4月15日，化工部批准上海农药厂等18个单位的农药技术改造项目，要求在1992年内建成投产。这批项目包括17个农药新品种和1个农药专用中间体，总投资1.9亿多元，分布在上海、江苏、浙江、湖北、山东、沈阳等省市。

1993年2月，郑州农药厂年产1500吨40%久效磷技改工程建成投产。同年3月湖南临湘农药厂年产1万吨氨基甲酸酯类农药工程建成投产。该项目总投资1亿元，是我国自行研制的高效、低毒、杀虫广谱的第三代农药新产品。

1994年4月，浙江新安江化工（集团）股份有限公司年产1000吨除草剂草甘膦原粉生产线建成投产。该公司草甘膦年生产能力达到2000吨。

1993年，沙隆达股份有限公司A股上市，是农药行业首家A、B股上市的公司。

除农药生产得到长足的发展之外，农药加工助剂也得到一定的发展，1990年12月15日，金陵石油化工公司化工二厂年产1.2万吨农药乳化剂装置通过国家验收。该装置由日本提供技术和关键设备，除生产农药乳化剂外，还可生产聚醚、非离子型表面活性剂等精细化工产品，投资5258万元。

四、中外合资，引进先进的技术和经营管理理念

1983年天津农药厂（现天津农药股份有限公司）与法国罗素优克福公司（几经跨国公司间的收购与合并，现属德国拜耳公司）合资建设200吨/年溴氰菊酯生产装置，是我国第一家与跨国公司合作生产农药的合资企业。

1991年5月14日，上海杜邦农化有限公司在上海浦东举行奠基仪式。该公司由杜邦中国集团有限公司、上海农药厂、上海市农药研究所合资经营，总投资2500万美元，生产主要用于水稻的"农得时"（苄嘧磺隆）除草剂100吨。

1994年，青岛农药厂与瑞士汽巴·嘉基有限公司（现瑞士先正达公司）签订协议，合作生产久效磷农药。该项目年产杀虫剂久效磷4000吨，总投资1540万美元，产品部分内销，部分由汽巴公司包销。

1994年7月，英国捷利康公司农药部宣布，该公司已与南通农药厂、江苏农用化学有限公司、南通石油化工总公司签订协议，投资6000万美元，建设年产3000吨百草枯项目。

1994年9月28日，湖北沙隆达股份有限公司从美国欧罗公司引进的年产1000吨农药中间体呋喃酚装置，建成投产，总投资3127万元。

1995年11月9日，由江苏金龙集团和挪威鲍利葛工业有限公司合资组建江苏太仓鲍利葛化工有限公司，投资1055万美元，采用非光气路线生产年产1000吨克百威农药建成投产。

1996年9月25日，杭州农药总厂与法国罗纳·普朗克公司（现属德国拜耳公司）在北京签订协议，合资建设年产500吨广谱杀虫剂——锐劲特项目。项目总投资约5000万美元，中外合资比例为2.5：7.5。

1998年2月11日，埃尔夫阿托化学武汉有机化工有限公司开业。该公司由法国阿托化学公司与武汉有机实业有限公司合资建设，总投资1.68亿元，其中中方持股40%，外方持股60%。在武汉有机化工有限公司现有氯化苄、苯甲醛等生产基础上，采用法方技术进行改造，以提高生产能力和产品质量。氯化甲苯等产量由年产1.5万吨提高到2.8万吨，主导产品氯化苄含量由99%提高到99.5%以上，并开发生产氯化甲苯的衍生产品。

五、杀菌剂氟吗啉等一批自主知识产权新品种推出

自20世纪50年代起，我国一些研究院所开始从事新农药的创制工作，20世纪60年代中期，中科院上海有机所梅斌夫先生在甲基和异丙基大蒜素的基础上开发了我国第一个创制农药——乙蒜素（代号402）。1970年，沈阳化工研究院张少铭等研发了多菌灵，早于巴斯夫公司（1973年），首先实现了工业化生产。70年代中期，贵州大学就创制了我国沙蚕毒系仿生农药杀虫双和杀虫单，并在行业中推广，直至今日仍是我国杀虫剂中的主要品种之一。但是，由于我国农药行业长期落后于跨国公司的发展，企业总体实力较弱，不足以支撑高额的创制投入，我国农药的创制工作长期陷入停滞。但是，我国农药行业的科技工作者和生产企业并没有因此而畏缩不前，始终在努力提升实力、提高研发技术，积累力量。

广大农药工作者的努力没有白费，1994年沈阳化工研究院刘长令总工程

师率领的团队开发了杀菌剂氟吗啉（试验代号SYP-L190），该品种的诞生创造了"七个第一"：第1个含氟丙烯酰胺类杀菌剂品种，第1个获得美国和欧洲发明专利的农药品种，第1个具有自主知识产权的创制杀菌剂，第1个获得世界知识产权组织和中国知识产权局授予的发明专利奖金，第1个获准正式登记并产业化的创制品种，第1个获得ISO通用名称的创制品种，第1个在国外登记销售的创制新农药品种。氟吗啉的创制成功，拉开了我国农药创制序幕。在这一时期，先后有中国科学院成都生物研究所开发的生物农药杀菌剂宁南霉素（1997）、南开大学元素有机研究所李正名教授团队创制的磺酰脲类除草剂单嘧磺隆（1999）、上海农药研究所的生物农药杀菌剂长川霉素（1999）和浙江龙湾化工有限公司创制的杀菌剂噻菌铜（2000），这些品种均已经获得了登记并在市场上销售。

六、生物农药稳步发展占比提高

我国生物农药按照其成分和来源可分为微生物活体农药（包括真菌，细菌，昆虫病毒，转基因生物，天敌等）、微生物代谢和分泌产物农药（主要是抗生素类农药和信息素）、植物源农药、动物源农药四个部分。

在过去四十多年的时间里，我国开发并进入市场的生物农药仅有雷公藤、浏阳霉素、井冈霉素、多抗霉素、春雷霉素、四霉素等十余种。到2000年，除上述生物农药外，获得登记的生物农药品种有了较大增加，其中包括5种病毒类杀虫剂（棉铃虫核型多角体病毒、菜青虫颗粒体病毒、草原毛虫核多角体病毒、苜蓿银纹夜蛾核型多角体病毒和蟑螂病毒）、7种细菌类生物农药（苏云金杆菌、地衣芽孢杆菌、枯草芽孢杆菌、蜡质芽孢杆菌、荧光假单胞杆菌、放射土壤杆菌、耳霉菌），真菌类生物农药木霉菌，4种抗菌素（宁南霉素、氨基寡糖素、菇类蛋白多糖、嘧啶核苷类抗菌素）以及7种植物源生物（苦参碱、藜芦碱、烟碱、印楝素、苦皮藤素、茶皂素、低聚糖

素）。生物农药从农药总销售额的 1％以下增加到 3％左右。

七、农药产品出口额首次超过进口额

我国农药在数量上可基本满足农业生产需要，且每年有部分农药出口，为了满足部分特殊需要也进口一些农药新品种，在 1994 年以前，进口大于出口。经国内农药企业不断努力开拓国际市场，到 1993 年我国农药进出口额已经相差无几，虽然出口数量超过了进口量，但出口品种大多为老品种，出口额仍低于进口额，当年出口 4.8 万吨，金额 9582.3 万美元，进口 2.6 万吨，金额 1.30 亿美元。到了 1994 年则实现了数量和金额的双超越，当年出口 7.0 万吨，金额 1.71 亿美元，同年进口 3.55 万吨，金额 1.42 亿美元。自此以后，我国农药始终保持出口数量和金额大于进口，农药行业成为石油化学工业中为数不多的进出口贸易顺差行业。

八、国家进一步规范农药生产及流通秩序

1995 年 7 月 17 日，化工部决定在全国范围内开展清查无证和违禁生产农药的工作。同时，重申国家早已禁止生产和使用的农药，凡未获准农药登记的品种都不得生产和使用。农药生产必须有生产许可证或准产证，按照限定的品种和规格生产，不准"一证多用"。1991 年以后开工的新农药厂点和老企业增加农药品种实行核准制度，未经化工部计划司核准的不得颁发准产证。对无证企业要责令其停产、停销，至今仍生产国家禁止和使用农药品种的企业，要会同工商和技术监督部门严肃处理。

1997 年 5 月，国务院颁布实施《农药管理条例》。条例规定开办农药企业要经过国家核准，农药企业生产的所有产品必须同时具有"农药登记证""生产许可证（生产批准证书）"和"农药产品质量标准"等三证，方可生产、销售和使用农药。

1997 年 12 月 15 日，根据中华人民共和国《农药管理条例》，原由各省、

自治区、直辖市化工行政部门发放的农药准产证改由化工部统一发放农药生产批准书。从1998年1月1日起，未获得农药生产批准证书的农药生产单位，将按无证生产查处。

1999年7月1日，国家农业部和海关总署共同发布《关于对进口农药实施登记证明管理的通知》。通知规定所有进口农药产品必须事先取得我国农药登记证明方可入关。

在1991—2000年这十年间，通过国家、地方和企业的大力投入以及科研单位的技术支撑，我国农药行业有了长足的进步，产品结构进一步合理，可生产的品种大幅度增加，生产能力有了较大的提高，产量从1991年的25.3万吨增加到2000年的64.8万吨，见图4。中外合资企业的设立和发展，不仅补充了国内农药品种的不足，合资企业带来的先进技术和现代经营、管理理念促进了我国农药企业向现代企业的转型。沙隆达公司的成功上市，标志着农药企业进军资本市场，为企业的进一步发展获得更多的资金支撑。

图4 1991—2000年我国农药产量

2001—2010：跃居世界最大原药生产国

一、产量跃居世界首位

2001—2010年期间，我国农药生产快速增长（见图5），2005年突破100万吨大关，达到104万吨，年均增长率达到10.5％。2009年突破200万吨大关，2010年达到268万吨，年均增长率达到20％。我国已经成为全球最大的农药原药生产国，年出口量超过100万吨，占据世界农药市场的50％以上。

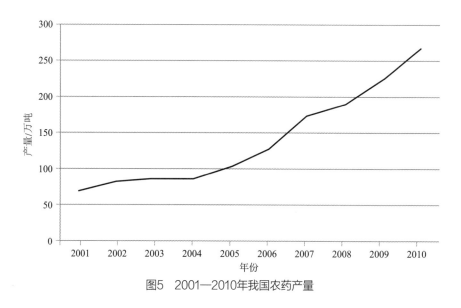

图5　2001—2010年我国农药产量

改革开放前20年农药行业基本处于准备阶段，积蓄实力、练好内功、蓄势待发。21世纪前十年（2000—2010）是小试锋芒，进一步提高实力。在这十年间，部分企业之间通过兼并、重组、整合，产业结构发生了一定的变化，但要进一步发展，实力略显不足。部分企业开始将眼光投向资本市场，在20世纪90年代，已经有企业试水股市，筹集资金，但数量不多，在1993年12月农药企业沙隆达第一个上市之后，2000—2008年又有8家农药生产企业上市。

这些上市企业中只有一家企业后因故退市，其他企业凭借技术、资金优势大踏步前行，跨省收购、兼并一些各具特色的同类企业，成为各领域的排头兵。如红太阳集团，发展成为跨农药、医药、原材料、中间体领域综合经营的大型企业集团；南通江山通过引进跨国公司的技术，成为酰胺类除草剂技术最先进、品种最多的领先企业；新安集团高度重视资源循环利用，开创了"氯循环利用"和"磷循环利用"工艺技术，目前正在开发"硅循环利用"工艺技术，该公司从1995年至2012年的近20年时间内，独自或带头与跨国公司进行抗争，赢得了多次跨国公司在欧洲、南美洲、澳洲发起的反倾销诉讼，为我国草甘膦出口铺平了道路，提高了企业在国内外市场的竞争力，赢得了国际竞争对手的尊重与赞赏；扬农化工则发展成为全球菊酯类农药的排头兵，品种、产能均居世界第一，在2018年又收购农药行业科研实力最雄厚的沈阳化工研究院农药研发部分，拥有坚实的发展基础；诺普信则是我国最大的农药加工企业，在国内多个省份均拥有子公司，作为纯农药加工企业能多年跻身农药销售百强，实属不易。

二、农药行业管理进一步规范

2001年11月29日，《国务院关于修改〈农药管理条例〉的决定》（以下简称《条例》）公布实施，该《条例》对农药的登记、生产、销售和使用进行了更详细的规定以及违反《条例》惩罚。根据该《条例》，国家经济贸易委员会于2002年颁布了《农药生产管理办法》（以下简称《办法》），2004年国家发改委再次修订了《农药生产管理办法》并于2005年1月1日起施行。《办法》对农药生产企业的核准、农药产品生产的审批、监督管理以及违反《办法》惩罚作了更加详细的规定。

在此期间，国家发改委、工信部先后多次发布关于农药工业发展的通知、产业调整目录等，主要有《国家发改委办公厅关于进一步加强农药行业

管理工作的通知》（2008年2月）及其附件"农药企业核准、延续核准考核要点"；2010年8月由工信部、农业部、环保部和国家质检总局联合发布的《农药产业政策》；2010年12月工信部发布的"部分工业行业淘汰落后生产工艺装备和产品指导目录（2010年本）"。

三、停产停用五种高毒有机磷杀虫剂

有机磷农药在我国农药发展过程中发挥了巨大作用，对保障农业生产安全和粮食安全做出了不可磨灭的贡献，特别是有机磷杀虫剂撑起了防治虫害方面的半壁江山，2003年产量占农药总产量的22.6%、杀虫剂的32.4%、有机磷杀虫剂的46.5%。但是，有机磷杀虫剂中的主要品种如甲胺磷、对硫磷、甲基对硫磷、久效磷和磷胺也存在着毒性高的缺点，导致非正常中毒的事件时有发生，为保障农业生产者的生命安全，在其他品种可以替代的条件下，国家果断决定停产、停用5种高毒有机磷杀虫剂。

1998年，甲胺磷、对硫磷、甲基对硫磷、久效磷、磷胺等5种高毒有机磷农药被列入严格控制的名单之中。

2000年12月6日，温家宝副总理在国务院办公厅秘书局《专报信息》（第368期）上批示："要改善农药品种结构，减少高毒农药的比重"。

原化学工业部、原国家石油和化学工业局十分重视，在农药行业"十五"规划中提出减少高毒农药比例、增加高效低毒品种、改善农药产品结构的措施。

为贯彻落实国务院领导同志的批示精神，履行好国际公约，调整农药产品结构，有关部委组织人员于2001年11月启动了"高毒有机磷杀虫剂削减方案"（以下简称"方案"）的编制工作。参加人员包括国家经贸委、农业部、石油和化学工业规划院、中国农药工业协会和中化化工科技总院的领导和专家。经过大量的调查研究，于2002年底提出"方案"初稿；2003年1月，由国家经贸委组织了"方案"论证会，参加的人员包括国家经贸委、国

家计委、农业部、国家质检总局、国家环保总局、财政部、卫生部、中国农业大学、中国农科院植保所、中国农药工业协会、中化化工科技研究总院以及石油和化学工业规划院的领导和专家，经过充分研究、讨论，几易其稿，最终形成了"高毒有机磷杀虫剂削减方案"。

该"方案"在介绍了提出的背景、5种高毒有机磷农药生产和使用现状、削减的必要性、削减的可行性分析后，提出了削减的原则和目标：从2004年1月1日起至2006年12月31日，分三个阶段实施该方案；从2007年1月1日起，全面禁止5种高毒有机磷农药在农业上的使用，只保留部分生产能力用于出口。为达到停产停用的目的，方案推荐了十余个技术成熟、可扩大生产规模的品种和20余个可供工业化开发的杀虫剂品种。其中扩大生产规模的品种共需投资14亿元，需申请银行贷款9.8亿元，由中央财政贴息3年。20余个可供工业化开发的品种需投资2.8亿元，国家拨款5000万元。

该方案在各级管理部门、企业和科研单位的共同努力下有序推进，具备了停止5种高毒有机磷杀虫剂的条件，发改委、农业部、环保总局、质检总局、工商总局和安监总局于2008年1月9日联合发布公告，主要内容是："自本公告发布之日起，废止甲胺磷、对硫磷、甲基对硫磷、久效磷、磷胺的农药产品登记证、生产许可证和生产批准证书。""自本公告发布之日起，禁止甲胺磷、对硫磷、甲基对硫磷、久效磷、磷胺在国内的生产、流通。""自本公告发布之日起，禁止甲胺磷、对硫磷、甲基对硫磷、久效磷、磷胺在国内以单独或与其他物质混合等形式的使用。""本公告发布之日前已签定有效出口合同的生产企业，限于履行合同，可继续生产至2008年12月31日"。至此，我国顺利完成了5种高毒有机磷农药的替代工作。

四、农药科研创新和仿制结合，产品结构渐趋合理

2003年，国家科技部设立了由华东理工大学校长钱旭红为首席专家的"973农药创制项目"，该项目组汇集我国十几个大学和研究所的农药研究精

英。由于成绩斐然，该项目连续进行了两期共10年，共有30余个新农药品种问世，这不仅使我国的农药创制成为当今全球的生力军，还培育了一大批科技人才。

2009年9月，中化化工科学技术研究总院联合沈阳化工研究院有限公司、湖南化工研究院、浙江省化工研究院有限公司、江苏省农药研究所股份有限公司、中国科学院上海有机化学研究所、山东省农药研究所、安徽省化工研究院、中国农业大学、南开大学、贵州大学、华东理工大学、浙江新安化工集团股份有限公司、南通江山农药化工股份有限公司、江苏扬农化工股份有限公司、红太阳集团、深圳诺普信农化股份有限公司等17家单位，成立了农药产业技术创新战略联盟。

2010年1月8日，农药产业技术创新战略联盟被科技部选为首批开展联盟试点工作的36家联盟之一。

十年间，我国农药行业开始走上仿制与创制相结合的健康发展之路。自此期间，我国仿制的新品达30余个，对一些骨干老品种及其关键中间体的工艺进行了改进，如开发了毒死蜱、吡虫啉、啶虫脒、菊酯类杀虫剂和生物农药阿维菌素等8个高毒替代品种；吡啶、贲亭酸甲酯、手性菊酸、氯代三氟甲基吡啶和乙基氯化物等关键中间体的绿色生产工艺，以及不对称手性合成、催化加氢、定向硝化氯化、生物拆分等和农药新制剂、功能性农药助剂等共性技术。

在广大科研工作者和企业的共同努力下，我国实现了农药新品创制快速发展。2006年3月25日，"新农药创制研究与产业化关键技术开发"和"农药创制工程"项目通过了科技部高新技术发展及产业化司组织的专家验收。通过实施这两个项目，30多个农药创制品种完成了产业化开发并取得了临时登记，推广使用达1.2亿亩次，累计销售收入达到11.4亿元。近100多个具有良好活性的化合物处于开发过程的各个阶段。组合化学、高通量筛选、化学工程与生物技术相结合的创制方法等高新技术已经在农药创制中得到应用。

五、产品质量提高，品种比例满足农业需求

在过去的很长一段时间内，我国成功开发了大批过专利期品种，基本满足农业生产需求，但产品质量仍比国外相同产品有一定差距，有效成分含量低5％左右，杂质含量也较高。经过科研人员，特别是企业的努力，针对生产过程中的不足，组织科研专项。有针对性地进行攻关，使产品质量有较大提高，部分产品的纯度高于国外相同产品。不仅成功地打入国际市场，还使跨国公司停止自己生产，转而采购我国产品进行加工，如吡虫啉、草甘膦、酰胺类除草剂等。

随着国产新农药品种的不断涌现，特别是5种高毒有机磷杀虫剂的削减，我国农药产品结构也发生巨大变化，从20世纪90年代的"三个70％"（杀虫剂占农药总产量的70％、有机磷占杀虫剂的70％、高毒有机磷又占有机磷杀虫剂的70％）的状况逐年发生变化，到2010年杀虫剂占31.4％、杀菌剂占7％、除草剂占41％，除草剂超过杀虫剂所占比例。除草剂的大幅度增长，使得农民从繁重的除草作业中解放，更多的农民进入城市参与城市建设、制造业发展、道路交通等基础建设，为我国国民经济发展做出了巨大贡献。

六、进行农药安全性评价GLP体系建设

为进一步提高和完善我国农药创制能力，制定并完善了"农药生物活性测定标准操作规程（SOP）"、"农药毒理学安全性评价良好实验室规范（GLP）"及其安全性评价标准操作规程，建立了农药安全性评价试验标准操作规程（SOP）和农药卫生毒理学安全性评价研究机构GLP认证标准，初步建立了创制农药品种的市场预测和风险评估方法，制定了农药环境评价、残留以及质量的GLP行业标准，建立了农药GLP管理体系。这一系列标准、

规范和方法的建立，不仅进一步提高了我国农药创制能力，还为我国农药进入国际市场提供了便捷的通道。

七、创建农药产业园区，加大环保治理

2005 年末至 2006 年初，中国农药工业协会与江苏如东县人民政府、山东潍坊市滨海经济开发区合作，分别在如东洋口化工园区和滨海经济开发区创建"中国农药工业生产示范园区"。此外，各化工生产比较集中的省份也建立了不同类型的化工园区，如江苏、安徽、江西、湖南等，积极推进农药生产逐渐走向规模化、集约化和园区化。园区内集中了各种类型的化工生产企业，企业之间的副产物可实现相互作为原料或中间体，有利于资源的充分利用，发展循环经济，实现可持续发展。

为了进一步加大我国环境保护力度，做到有法可依，我国在 2000 年 4 月发布《中华人民共和国大气污染防治法》之后，分别于 2004 年和 2008 年发布了《中华人民共和国固体废物污染环境防治法》和《中华人民共和国水污染防治法（2008 修订）》，2010 年发改委、环保部等 9 部委联合发布了《关于推进大气污染联防联控工作改善区域空气质量的指导意见》，等等。

农药行业生产的特点是原药中间体种类多、工艺路线相对较长、污染物的产生和排放较多且成分复杂、处理难度较大等，针对这一特点，我国农药研究人员提出：在开发新品种的时候，同步开发减少新污染物的工艺和污染物处理的工艺。在此期间，在国家的支持下，开发了催化加氢、不对称合成、定向硝化以及生物酶、草甘膦废水低排放及母液回收利用、百草枯废水资源化利用、菊酯类农药废水综合治理、阿维菌素清洁生产新工艺及废水、废渣低排放、吡虫啉创新工艺研究与废水治理、氯代吡啶类除草剂废水综合治理与低排放、毒死蜱清洁生产与废水低排放等多项减少污染物产生及处理技术，极大地提高了农药行业污染物处理水平。

为掌握我国污染物产生和排放状况，为制定切实可行的相关法规、政策，进一步加快推进我国环境保护工作，环保部于2007年启动了全国第一次污染物普查。中国农药工业协会参与了该项普查的全过程，承担了"化学农药行业产排污系数核算"的课题并圆满地完成了任务，编制完成了《农药行业产排污系数使用手册》。

2011—2018：迈上高质量发展的新征程

2010年工信部、农业部、环保部和质监总局联合发布了《农药产业政策》（简称《政策》），《政策》规范和引导我国农药产业健康、可持续发展，提出了到2020年我国农药发展的目标以及为实现发展目标所采取的技术政策、生产管理、进出口管理、市场管理、社会责任和发挥中介机构的作用。

2017年3月16日，国务院颁发新修订的《农药管理条例》（简称《条例》），自2017年6月1日起施行。条例的最新变化是将原属工信部、农业部和质监总局的农药行业管理职能归属于农业农村部一个部门，结束了多头管理、权力分散的现象。农业农村部根据《条例》所赋予的职能，制定了一系列配套规章、制度，设立了登记、生产、经营三项行政许可以及登记试验单位的认定制。自此，我国农药管理进一步规范化，行业开始了新的发展进程。

一、中国化工集团完成对ADAMA、先正达的收购

2011年11月，中国化工集团以24亿美元收购以色列马克西姆-阿甘公司60%股份，这是中国化工企业一宗最大的收购外国农药企业的项目。该项收购完成后，对集团的农化行业进行了整合，原集团子公司沙隆达股份退市，并于2018年以"安道麦"的名称在上交所上市。2018年，中

国化工集团再出大手笔，以430亿美元收购瑞士先正达公司94.7%的股份，这意味着中国化工集团跻身全球农化行业第一梯队。先正达是一家具有259年悠久历史的跨国公司，总部位于瑞士巴塞尔，是全球农药界第一大、种子界第三大的高科技公司，销售收入900亿元，净利润84亿元，其农药和种子分别占全球市场份额的20%和8%。对先正达的收购将能够填补专利农药和种子领域空白，对提高我国农业竞争力、保障粮食安全将起到积极作用。

2018年全球农药产业格局发生了巨大变化，德国拜耳公司完成了对美国孟山都公司的收购；美国陶氏和杜邦公司完成了合并、重组。世界农药巨头由过去的六大公司（先正达、拜耳、杜邦、孟山都、巴斯夫和陶氏）变成为如今的中国化工、拜耳、巴斯夫和科迪华（杜邦和陶氏合并后重新拆分、组建的农化公司）四大巨头。

二、自主知识产权农药新品不断产业化

2011年8月18日，科技部批复同意农药产业技术创新战略联盟牵头组织的"十二五"科技支撑计划"绿色生态农药的研发与产业化"项目立项，项目编号为2011BAE06A00，项目完成时间2015年12月，经费预算总额77072万元，其中国家科技支撑计划专项经费22072万元。

截至2013年12月31日，农药产业技术创新战略联盟共有50个联盟成员，其中企业27家、大学11家、科研院所11家、行业协会1家。

在国家、地方和企业的共同努力下，氯氟醚菊酯、噻唑锌等10个创制品种的产业化开发共计投入11425万元（其中国家科技支撑计划拨款2333万元），改扩建19套产业化生产装置，总生产能力达到原药2010吨/年，各种制剂9950吨/年，见表2；氯氟醚菊酯、噻唑锌等10个产业化开发品种全部实现商品化，并基本实现规模化生产；项目实施期间共实现销售收入约8.3亿元，新农药推广使用面积约7850万亩次。

表2　创制品种生产装置及生产能力

序号	品种名称	单位名称	装置规模/（吨/年）	
			原药	制剂
1	硫氟肟醚	湖南海利化工股份有限公司/湖南化工研究院有限公司	10	500
2	环氧虫啶	上海生农生化制品有限公司	50	1000
3	哌虫啶	江苏克胜集团股份有限公司/华东理工大学	200	1000
4	氯氟醚菊酯	江苏扬农化工股份有限公司	50	—
5	毒氟磷	广西田园生化股份有限公司/贵州大学	200	600
6	甲噻诱胺	利尔化学股份有限公司/南开大学	100	350
7	噻唑锌	浙江新农化工股份有限公司/浙江工业大学	1000	5000
8	唑胺菌酯	沈阳科创化学品有限公司/沈阳化工研究院有限公司	100	500
9	唑菌酯	沈阳科创化学品有限公司/沈阳化工研究院有限公司	100	500
10	丁吡吗啉	江苏耕耘化学有限公司/中国农业大学	200	500

在此期间，完成了11051个新化合物的分子设计、合成和结构表征、活性筛选，筛选出ZJ4042等15个具有进一步研究价值的新活性化合物；建立了化学、生物与信息技术相结合的农药先导化合物发现的技术体系；建立和完善了229条农药药效试验技术规范（SOP）、40项农药安全性评价和环境评价测试方法以及9套农药健康与安全性评价技术方法；开发了精异丙甲草胺等20项高效安全农药品种及关键中间体的清洁生产技术，建成试验和示范装置22套。上述成果，为我国农药行业创制能力和整体水平的提高，打下了坚实的基础。

三、大宗品种产能过剩依然存在

农药与其他化工产品生产不同的是具有很强的季节性，每年2月开始，农业用药从南到北，逐步进入用药高峰。最早使用的是除草剂，用于播种前土壤处理或播后苗前土壤处理，处理后一般可以保障全年免除杂草危害，少量用于后期杂草防治；随着天气转暖，杀虫剂开始登场，天气进入雨季，杀

菌剂开始大量使用。为此，企业需要在用药高峰前备货，从前一年的12月份至当年6月份是生产旺季，除草剂的生产旺季更短，只有4～5个月的时间，少数品种拥有出口订单的仍在维持生产。也就是说，要用6个月左右的时间生产全年的市场需求产品，而化工产品的产能是以10～11个月计算的，因此，农药产能必须略有过剩，否则不能满足市场需求。

目前，我国农药产能在200万吨左右（按100%有效成分计，中国农药工业协会统计数据），年产量在150万吨（按100%有效成分计，中国农药工业协会统计数据）左右。国内农业、卫生、工业、林业等需求在70万吨左右（100%有效成分），其余50％用于出口。国家统计局按实物量统计的2011—2017年全国农药产量见图6（有重复计算部分）。造成部分品种产能过剩的有两大原因：一是由于我国农药创制能力与市场需求相差甚远，仍然依靠仿制品种支撑病虫草害的防治，国外优良品种一旦专利过期，国内纷纷上建设生产装置，造成同质化现象严重，一个品种有数十家甚至上百家企业登记，如吡唑醚菌酯国内登记企业达到78家，造成产能过剩；二是一些大宗老品种，国内外市场具有较大空间，一些有实力的企业一再增加产能，造成产能过剩，如草甘膦一度有上百家企业登记，产能超过100万吨，由于市场

图6 2011—2017年我国农药产量

突变和环保核查，才逐步走向正规，但目前产能仍显过剩。

四、"农药使用量零增长行动"促使绿色生态农药强势增长

农药是重要的农业生产资料，对防病治虫、促进粮食和农业稳产高产至关重要。但由于农药使用量较大，加之施药方法不够科学，带来生产成本增加、农产品残留超标、作物药害、环境污染等问题。为推进农业发展方式转变，有效控制农药使用量，保障农业生产安全、农产品质量安全和生态环境安全，促进农业可持续发展，农业农村部制定了《到2020年农药使用量零增长》方案。方案指出：随着农业病虫草鼠害逐年呈加重趋势，目前防病治虫多依赖化学农药，容易造成病虫抗药性增强、防治效果下降，出现农药越打越多、病虫越防越难的问题。为保障农产品食品安全、生态环境安全，为促进病虫草害的可持续治理和降低防治成本的需要，应采取新的治理措施，保护和利用天敌，实施生物、物理防治等绿色防控措施，科学使用农药，遏制病虫加重发生的态势，实现可持续治理。为实现《到2020年农药使用量零增长》，农业农村部制定了《到2020年农药使用量零增长行动》实施方案，"方案"提出："农企合作共建农作物病虫专业化统防统治与绿色防控融合推进示范基地"。植保工作者和农药生产企业大力合作，"充分发挥植保机构掌握病虫监测信息、熟悉防控技术，企业高效低毒农药和绿色防控产品研发、生产优势，积聚资源，集中力量，共建农作物病虫专业化统防统治与绿色防控融合推进示范基地，联合开展技术集成、产品直供、指导服务，加快绿色防控产品、高效低毒农药、现代植保机械及科学用药推广应用步伐，示范带动病虫综合防治、农药减量控害、农业提质增效，深入推进《到2020年农药使用量零增长行动》。"为落实农药使用量零增长的行动方案，农药生产企业做出了巨大努力和付出，特别是在教育、引导农民科学使用农药活动中，中国农药工业协会牵头，由企业、植保专家组成团队，召开现场会、请专家面对面、手把手地进行指导，几年的时间内培训了数万名农民、种植专

业户，收到了很好的效果。除此之外，还组织了对培训师的再培训，有数百名培训师参与了再培训，进一步提高了科学用药的指导水平，提高了采用新型防控技术的积极性。通过各级管理部门、企业、植保工作者和广大农民的共同努力，已经初见成效。根据国家统计局统计，2016年我国农药产量为322.1万吨，国内消费量246.1万吨；2017年提前实现了农药用量零增长的目标，农药产量在多年增加之后，出现了负增长，产量为294.1万吨，下降了8.7%，国内消费量锐减到139.2万吨；2018年农药总产量为208.3万吨，下降了9.5%，国内消费量大幅度压缩到71.97万吨。

化学农药使用量不仅实现了零增长，而且出现了负增长，为生物农药和生物化学农药的发展带来了机遇，在化学农药产量下降的同时，生物农药和生物化学农药逆势而上，从过去仅占农药总产量的8%～10%，增长到2018年的15%，主营业务收入和利润分别增长10%和5%，亏损额大幅度下降了48%。我国的生物农药也已进入一个相对快速的发展阶段，登记品种和数量近年都有明显增加，迄今为止，我国生物农药（包括生物化学农药、微生物农药和植物源农药）共有52个有效成分，1200多种产品，涉及560多家企业。

五、我国已制定农药残留限量标准超4000项

随着人们对食品安全关注度的日益提高，从"吃得饱"提高到"吃得好"，进一步要求"吃得健康"和"吃得安全"。为此，国家组织制定了《食品安全国家标准　食品中农药最大残留限量》，组建了由农业、工业、卫生、疾病控制、环境保护、物资流通等领域的专家组成的"食品中农药最大残留限量标准"评审委员会，经过数年的努力和艰苦工作，制定了《食品安全国家标准 食品中农药最大残留限量》。日前，《食品安全国家标准 食品中农药最大残留限量》2016版正式颁布实施，这一农药残留的新国标，在标准数量和覆盖率上都有了较大突破，规定了433种农药在13大类农产品中4140个残留

限量，较2014版增加490项，基本涵盖了我国已批准使用的常用农药和居民日常消费的主要农产品。最近两年，还陆续有新的农药品种和新增食品中的最大残留限量标准发布，使我国的食品中农药残留标准逐步与国际接轨，结合我国国民的日常饮食习惯，有的标准比欧美、日本还要严格。这些标准的发布为执行监督提供了法律依据，提高了我国农产品和食品安全的保障水平。

六、产品质量、技术装备和自动化水平不断提高

新中国成立70年来，我国农药行业的科技工作者和生产企业不仅在新品种的开发上不断取得进展之外，在老品种的工艺技术上花费了巨大的心血，同时也在不断提高老品种的质量，从生产初期的产品纯度只有80%～90%，提高到目前的95%以上，特别是我国创制的新品种的纯度可以达到95%以上或更高，如山东省联合农药工业有限公司创制的氟醚菌酰胺，纯度达到了98%。多菌灵的纯度从95%提高到97%、阿维菌素 α 值（B1a与B1b的比值）从4.0提高到10.0、毒死蜱原药的纯度从95%提高的97%、百菌清一等品的纯度从96%提高到合格品的97%，等等，很多产品的质量已经超过原开发者的水平，大量出口到国际市场，有的跨国公司自己不再生产原药，改为从中国购买原药再加工成制剂在国际市场销售。在原药质量大幅度提升的基础上，经过技术人员的不断试验、改进、调整配方、选择更适合的加工助剂，制剂产品的质量也有很大提升，制剂产品的主要技术指标达到或超过国际水平，在国际市场获得了更多的市场份额，2011年制剂出口量首次超过原药出口量，以后的年份始终保持这一态势。

在注重提高产品质量的同时，生产企业凭借丰富的实践经验，对从科研单位转让的工艺技术和设备不断加以改进，实现了工艺优化、反应设备大型化、生产过程连续化、自动化。反应设备从初期的3米^3，增加到20米^{3}甚至更大；微生物发酵罐的体积也一步步提高到200米^3，在提高能源利用率的同

时也提高了产率；通过改变反应器内部结构，提高了传质传热速率，物料转化率更高、反应更加完全、产品收率提高；分离干燥设备的一体化，收到了节约能源、优化操作环境、减少物料损失等良好效果；生物膜反应器的使用大大缩短了反应过程、节约能源和资源。

近年来，微反应器得到更多的关注。由于其内部的微结构使得微反应器设备具有极大的比表面积，可达搅拌釜比表面积的几百倍甚至上千倍。微反应器有着极好的传热和传质能力，可以实现物料的瞬间均匀混合和高效的传热，因此许多在常规反应器中无法实现的反应都可以在微反应器中实现，在医药、农药、特种材料、精细化工产品以及中间体的合成中得到越来越多的应用。我国农药行业也不例外，开始在应用方面进行探索，有的企业开始使用该种反应器，如浙江绍兴东湖高科技股份有限公司已经将微反应器用于农药乙烯利的生产中，得到了很好的效果。

惠州市银农科技股份有限公司经过多年的不懈努力，实现了农药制剂加工的全自动化，加工车间从原药、辅助材料投放到成品包装入库全部实现自动化、智能化操作，生产过程管理控制采用MES信息管理系统，自动进行质量数据分析、环境因素检测，做到自动预警，整个生产过程只需2～3个生产人员进行监控，可以做到精准地保证产品品质的一致性，提高生产效率。

七、"农业一体化解决方案"推动种、药、肥一体服务模式兴起

"互联网+农业"风起云涌，网上购买农药、作物病虫草害远程诊断、个性化定制的天气预报、病虫草害预报等互联网服务如雨后春笋般出现。以京东、云农场、村淘等巨头的跨行进入，以及田田圈、农一网等行业自建平台的参与，给行业带来了新的变化。再加上以"飞防"为代表的机械化、智能化的施药方式，统防统治、专业化防治、水肥药一体化、作物综合解决方案等新型防控农业病虫害等新理念、新措施和现代技术的发展，促进我国农

业向现代化发展。但农资+互联网也并不是万能的，它仍会面临现实中的诸多问题，包括：农民传统赊销习惯严重不符合电商模式；电商如何培养农民的网购习惯；电商化与传统渠道存在利益冲突；农村物流配送体系落后增加电商化难度；农药产品的真伪辨别，其中最大的问题是农资产品的技术服务与售后问题如何保障等。

随着我国土地流转、土地集约化管理趋势加快，新药械的发展应用势头凶猛。而植保无人机可以说是近两年来药械行业内最吸引人的产品。作为现代植保最前沿的技术，无人机低空施药作业效率比地面植保机具效率高20余倍，无人机植保在水田作业、高秆作物和应对爆发性病虫害等方面已经表现出突出的优势，而且可以应对农村劳动力减少的问题，近年来发展迅猛。据不完全统计，在农业领域形成产品销售的企业有100多家。农业市场对无人机需求旺盛，加上政府推动，一些农药生产企业、服务组织、合作社都纷纷涉足农用无人机领域。

作物综合解决方案可以综合解决作物整个生长发育乃至成熟期出现或可能出现的病虫草鼠害问题，同时帮助和保障种植业者提高作物产量、提升作物品质、增加种植收益。另外，根据作物解决方案适时、合理、科学使用农药，可以达到减少施药次数，减少农药使用量，减少用工成本，减少环境污染的效果。

八、环保风暴及园区建设加速行业"绿色"发展进程

2015年工业和信息化部发布了《关于促进化工园区规范发展的指导意见》。该意见的总体要求是：全面贯彻落实党的十八大和十八届三中、四中、五中全会精神，按照《中国制造2025》要求，推动石化化工行业发展和新型城镇化实现良性互动，牢固树立以人为本的理念，遵循产业发展规律，努力实现石化化工行业安全、绿色和可持续发展。园区发展的原则是：坚持科学规划、合理布局，坚持以人为本、绿色发展，坚持两化融合、完善配套。

"意见"要求：科学规划布局、加强项目管理、严格安全管理、推进两化深度融合、完善配套服务、加强组织管理。

农业部于2017年印发《关于加强管理促进农药产业健康发展的意见》，要求到2020年，进入化工园区或工业园区的化学农药原药生产企业达到60%以上；到2025年，进入化工园区或工业园区的化学农药原药生产企业达到80%以上。在优化产品结构方面，要有序淘汰高毒农药，积极发展生物农药以及高效、低毒、环保新型农药。该意见还要求，新设农药企业须在省级以上化工园区建厂，农药企业迁址或新增原药生产范围的，须进入市级（地市级）以上的化工园区或工业园区。

在各级政府和相关部门的监督和引导下，通过园区和园区企业的共同努力，江苏如东洋口化学工业园与中国农药工业协会合作设立的"中国农药工业产业园"曾荣获"中国化工潜力十强园区""全国环保优秀产业园区"等称号。目前园区正努力创建"国家火炬计划化工新材料特色产业基地""国家新型工业化产业示范基地"和"国家级生态园区"。

早在2005年8月，时任浙江省委书记的习近平同志就提出"绿水青山就是金山银山"的理念。在党的十九大报告中指出，加快生态文明体制改革，建设美丽中国，必须树立和践行绿水青山就是金山银山的理念，坚持节约资源和保护环境的基本国策，要实行最严格的生态环境保护制度，形成绿色发展方式和生活方式。2014年新环保法颁布实施，2018年6月27日，国务院印发了《打赢蓝天保卫战三年行动计划》，是2013年《大气污染防治行动计划》（简称《大气十条》）的延续，标志着大气治理第二阶段正式开启。该行动计划从钢铁、炼焦、建材等行业扩展到家居、板材、造纸、印刷、矿业、化工等行业，从中央到地方开始了一次比一次更加严格的环保督察，刮起了一轮轮的"环保风暴"。每一轮"环保风暴"对农药行业都是一场巨大的冲击，以我国最大的农药生产省份——江苏省为例：在苏北的盐城、连云港一带，集中了连云港化学工业园区（省级、堆沟镇）、灌南化工园区（市级）、灌云县化工园区、响水生态化工产业园区（原名陈家港化工集中区），其中农药企业有20多家，还有100多家农药、医药、染料中间体生产企业，这些企业大多是从浙江、苏南等地搬迁或设立的第二个生产基地。在"一刀切"式的环境整治过程中，受到了巨大的影响，所有农药及中间体企业停产，而且还波及到其他地区的农药生产，或是中间体供应停止，或是大幅度涨价，导致农药涨价、供不应求。2018年12月杀虫剂价格指数达到129.25，杀菌剂价格指数达到123.79；2019年2月杀虫剂价格指数128.20，杀菌剂价格指数继续上涨到131.74。"环保风暴"虽然对农药生产冲击很大，但对企业和行业的整体安全环保水平的提升起到了促进作用。同处苏北地区的如东县，由于园区的严格监督、企业自律，在"环保风暴"中基本没有受到影响，依然保持正常生产。

2019年3月5日，李克强总理代表国务院在十三届全国人大二次会议上作《政府工作报告》中指出，"企业作为污染防治主体，必须依法履行环保责任。改革创新环境治理方式，对企业既依法依规监管，又重视合理诉求、加强帮扶指导，对需要达标整改的给予合理过渡期，避免处置措施简单粗暴、一关了之。"。据此，生态环境部表示：严格禁止"一刀切"、保护合法合规企业权益，是深化环保领域"放管服"改革的重要内容。一些地方出现的环保"一刀切"问题，既损害了党和国家形象和合法合规企业权益、给人民群众生产生活带来不便，也违背生态环境保护工作的初心和使命，更对生态环境保护工作造成了干扰，必须态度鲜明坚决反对，严格禁止。目前，"一刀切"式的环境整治虽然得到纠正，但企业受到的影响依然存在，重点地区的整治更加严格，有的地区颁布了整治方案，大规模地减少化工企业，导致大批农药企业外迁，许多企业将眼光投向西北的宁夏、内蒙古等欠发达地区。此举可能引起农药产业布局发生较大变化。

结语

　　中国的农药行业正如我国化工行业的发展一样，从几近于零到大，全体"农药人"艰苦奋斗、历经磨难、砥砺前行，实现了一次次华丽转身，终于化蛹成蝶、破茧而出。从品种单一到可以生产几百种有机合成和生物源农药，从仰仗进口到如今的世界第一生产和出口大国。拥有了包括50多家上市公司在内的生产大军，越来越多的企业正在实现现代企业的运行机制，实践着责任关怀的理念，走上绿色发展的康庄大道；拥有了从化合物合成、菌种筛选、药效试验、安全评价的创制体系，已经拥有70多个具有自主知识产权的新品种，正在从单纯仿制转变为仿创结合，进而发展到创制为主。在全体农药人的努力下，我国正在由农药大国向农药强国加快转变！

李寿生　主编

铿锵脚步下

新中国成立70周年石油和化学工业发展纪实

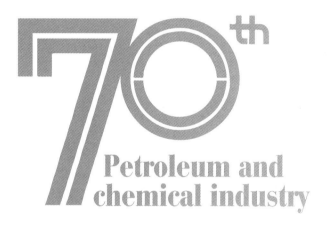

化学工业出版社

·北京·

目录

目录

目录

目录

1949

/

2019

铿锵脚步

70th

Petroleum and
chemical industr

第四篇
为美而生

涂 画 生 活 中 靓 丽 的 风 景 线

　　雨后的彩虹总比单色调的阳光更加吸引人。曾几何时，我们周围环境的主色调是单一的，衣服、家具、建筑、交通工具等简单而朴素，对美的追求和欲望潜伏下来。

　　这与人们当时的审美有关，更与色彩的生产与创造——染（颜）料工业和涂料工业紧密相关。中国近代染料和涂料工业在新中国成立前夕就有了一定的生产规模，但在战火中受到打击和摧残，破败落后，奄奄一息。

　　新中国成立后，在党和政府高度重视下，染料和涂料工业迅速恢复了生产和经营，此后，伴随着改革开放和20世纪90年代国有企业产权制度改革，染料和涂料生产企业的发展活力充分迸发，产业快速发展壮大。时至今日，中国可生产的染料品种达1200多个，全年产量超过100万吨，每年直接出口到130多个国家和地区；涂料产量已超过2000万吨。我国已发展成为名副其实的染料和涂料生产与消费大国。

　　在中国化学工业中，染料行业和涂料行业是民营经济发展最充分的两个行业，民营企业已在行业中占据绝对比例。它们有的从乡镇企业起步，有的白手起家，有的经国企改制而来，尽管出身不同，但都经过市场激烈竞争的洗礼与拼杀，培育出浙江龙盛集团股份有限公司、浙江闰土股份有限公司、嘉宝莉化工集团股份有限公司、河北晨阳工贸集团有限公司等具有较强竞争力的民族企业。从它们的领头人身上可以真正看到宝贵的企业家精神，可以看到不服输、不怕输，敢于同国际领先企业同台竞技的创新精神，可以看到筚路蓝缕、艰苦奋斗、唯勤唯俭的创业精神。这些精神随着时代的发展而日益彰显，随着行业的发展而愈益珍贵。

　　今天，我们走在大街上，映入眼帘的不再是单调的几种颜色，而是几十种，甚至成百上千种颜色。化学工业不就是创造舒适生活的么？不就是让我们的生活更加美好美丽的么？这就是化学工业的力量。

　　回首百年岁月，尤其是70年的不平凡发展历程，中国染料、涂料工业发生了翻天覆地的变化，产量从小到大，品种从少到多，技术从弱到强，市场从内到外，为全球染料、涂料工业的发展做出了重大贡献，在世界化学工业发展历史上涂抹了一道靓丽的风景线！

雄关漫道真如铁，而今迈步从头越。现代染料和涂料工业已进入一个新的100年，展望未来，人们消费升级以及汽车、高铁、航空航天等战略性新兴产业的发展都会为染料、涂料工业创造出更大的发展空间。生产制造安全环保、绿色低碳、高附加值、高性能的高端产品已成为染料和涂料工业发展的新使命，中国染料、涂料工业正朝着差异化、高端化、国际化的方向奋勇前进，五彩缤纷的大千世界将继续充盈着中国的鲜艳色彩。

01

励精图治七十载　辉煌业绩谱新篇

——新中国染料工业发展纪实

　　有色物质，采用适当的方法，可使其他物质具有坚牢的颜色，这样的有色物质称为着色剂。根据使其他物质着色方式的不同，着色剂分为染料和颜料。当有色物质在水或其他溶剂中或成气体状态时，以染色方式使其他物质着色时，一般称为染料；而当有色物质在水或其他溶剂中，以分散嵌入或成膜黏合的方式使其他物质着色时，称为颜料。染料与颜料的应用领域、性能、着色机理有很大不同。染料的主要应用领域是纤维等的染色，染色过程中要经过溶解或分散，然后扩散与吸附等过程。因此，染料工业的兴衰与纺织工业紧密相联。使用适宜的色彩来装饰周边环境、服饰及人体本身是人类共同的爱好。

　　中国化学合成染料工业始创于1918年，由当时的大连永顺洋行与日本资本家田银一族合资组建大和染料合资会社（大连染料厂的前身），开始生产硫化黑产品。1919年，由青岛民族资本"福顺泰"杂货店经理杨子生筹金2万银圆，创办了青岛维新化学工艺社（今青岛海湾精细化工有限公司）。这标志着中国民族化学合成染料工业的开始，也标志着我国民族资本染料工业的创建。青岛维新化学工艺社的建立和发展，对推动山东、天津、上海国内民族染料工业的发展起到了领军作用。20世纪30年代，上海地区部分实业家先后创办了大中、中孚、华安、华元、美华、华生等染料厂，推动了上海民族染料工业的快速发展。1930年，天津民族工商业者张书泉开办了天津第一家生产合成染料的厂家——久兴染料厂，1934年杨佩卿在天津拉萨道开办裕东化工厂，之后维新染料厂、东升染料厂先后投入生产。

1918—1949年，经过30年的发展，近代中国染料工业经历了初创、发展、停滞、再发展的曲折过程，使我国染料工业从无到有、从小到大，产品也由单一的硫化黑产品发展到品种的多样化。尽管经历了战争洗礼，但整个中国近代染料工业在新中国成立前夕仍然有了一定的生产规模。

1949年新中国成立，党和政府高度重视染料工业的发展，采取多种措施给予了大力扶持，在各方共同努力下，尽快恢复了生产和经营。这一时期，党中央提出了私营工商业逐步进行社会主义改造的政策方针，全国各地的染料工业顺利地完成了公私合营。与此同时，国家积极组建管理和科研机构，大量培育专门人才，为染料工业进一步发展打下坚实的基础。

1978年，党的十一届三中全会召开，拉开了改革开放的序幕。我国染料工业也开始从高度集中的计划经济体制向充满活力的社会主义市场经济体制转变，并朝着世界染料大国不断迈进。特别是20世纪90年代以后，我国国有染料企业通过产权制度改革，极大地促进了染料生产企业的改革和发展，使染料行业较早迈入市场经济的发展道路，进入了高速发展阶段，创造了行业发展新的辉煌。染料产量多年保持两位数的高速增长，产品出口量平稳增长。目前，中国可生产的染料品种达1200多个，每年生产的品种有700多个，生产品种能够超过100个的有分散染料、活性染料和酸性染料。从中国染料工业协会统计数据和海关数据看：截至2018年，染颜料产量合计完成103.4万吨，其中，染料产量81.2万吨，有机颜料22.2万吨。进出口总量为

41.5万吨，进出口贸易总额为33.7亿美元，其中，染料出口22万吨，染料进口4.4万吨；有机颜料及制品出口13.1万吨，进口2万吨。改革开放以来，通过全行业的不懈努力，中国染料实现了快速发展，目前已经成为全球染料生产、出口和消费的第一大国。在满足国内需求的基础上，染料产品每年出口到130多个国家和地区，近1/3的产量实现出口。近几年，中国重点染料企业开始实施"走出去"国际化合资合作发展，中国染料步入了最辉煌的发展时期，为染料工业的发展和人类色彩的需求做出了重要贡献。

1918—1949：中国染料工业始创及初步发展

远在古代，我国就已经采用植物染料染色织物，并且将植物染料对织物的染色方法传播到国外。主要的植物染料有靛蓝、茜草、红花、姜黄、槐花、五倍子等。1856年合成染料在欧洲问世，19世纪后期，化学合成染料产品开始在世界市场上销售。随着西方工业的不断发展，大批洋货产品进入中国市场，上海、青岛及大连等地成为最重要的输入口岸。我国是世界上应用和生产染料较早的国家之一，但在半殖民地的旧中国，染色市场同样受到资本主义国家的控制，以进口的合成染料、有机颜料替代天然植物染料及无机颜料。其中从德国、英国、瑞士、美国及日本等进口的染料产品，基本占据了中国整个染料与颜料的市场。在染料贸易带来巨大利润的影响下，外国商行不满足于商业活动，为节省运输和劳务费，雇用我国的廉价劳动力在国内建立复配或分装工厂或建厂直接生产染料进行销售。国内一些民族企业家也看到了染料生产的经济利益和市场需求，20世纪初中国化学合成染料生产开始诞生。

大连染料厂是我国出现的第一家化学合成染料生产工厂，前身是大和染料合资会社，创建于1918年，由当时的大连永顺洋行与日本资本家田银一族合资组建，开始生产硫化黑产品。1919年硫化黑产量约155吨。1920年，大和染料合资会社更名为大和染料株式会社，社长首藤定、副社长福田熊治郎。1931年，由于日本殖民当局的垄断，大和染料获得了发展机会，硫化黑产量最高年份是1938年，达668吨。抗战胜利时，大和染料株式会社被大连职工总会接管，但日本人将大批设备、资料搬走，工厂遭到严重破坏，基本处于停产状态。1949年，中华人民共和国成立后才得以恢复，大和染料株式会社被正式更名为大连染料厂，并开始重建和恢复生产。至1952年，大连染料厂不仅恢复并增产硫化黑产品，还先后配套生产二硝基氯化苯、苦味酸等产品。

青岛染料厂是我国创建的第一家民族资本投资的化学合成染料生产厂，1919年，由青岛民族资本"福顺泰"杂货店经理杨子生筹金2万银圆，创办了青岛维新化学工艺社，生产硫化黑产品。该厂素有"中国民族染料第一家"之称，标志着我国民族染料工业的创建。1920年，用氯化苯合成出膏状硫化黑染料，年产不足百吨。当时该厂除制造染料外，还经营织布、织腿带以及染色业务，成为生产—染色—销售"三合一"式的综合体系，具有西方染料行业的经营特色。1937年1月和1938年10月，该厂分别在上海和天津建立分厂。新中国成立后，该厂不断发展，成为我国大型染料厂之一——青岛染料厂。

1922年，陈介夫先生离开青岛维新化学工艺社，于1928年集资3万银圆，在青岛湖岛村投资建设新工厂，起名为中国染料厂，日产煮青染料产品300余箱。这一地区先后有济南裕兴染料厂、潍县裕鲁染料厂先后投产，都生产煮青，市场需求已近饱和，销路渐趋不畅。中国染料厂经理陈介夫利用青岛附近出产的芒硝自制硫化碱，不再从日本进口硫化碱，产品成本显著下降，销路大增，远销山东各地及河南、河北。1931年，中国染料厂又增添了品紫、孔雀蓝两个新品种。1938年青岛沦陷后，日本三井洋行威逼利诱，要求与中国染料厂合资经营，遭到陈介夫的拒绝。以后三井洋行要求包销该厂产品，并勾结日本宪兵威胁。陈介夫坚定地对日本人说："中国染料厂，只

有两条路可走，一是由我们继续独立经营，二是你们强行没收。"表现了中国人的民族气节。

天津是华北重镇，1930年，天津民族工商业者张书泉开办久兴染料厂，当时主要是用日本的中间体二硝基氯苯生产硫化黑。1934年杨佩卿开办裕东化工厂，生产直接靛蓝、直接天蓝、盐基杏黄等3种染料，产品很受用户和商家的欢迎。1937年"七·七"事变以后，日本中断了中间体的供应，1938年，久兴染料厂和裕东化工厂被迫相继关闭。直到1945年抗战胜利后，天津的民族染料工业得到恢复和发展，先后出现了东升染料厂（后天津市染料化学第四厂）、公裕化学厂（后天津市染料化学第五厂的一部分）等20家民族染料企业。

长江三角洲纺织厂的建立和发展，带动了上海染料工业的发展。一些民族企业家纷纷把目光投向合成染料的生产，先后办起了大中、中孚、华元、华安、美华、华生等6个染料厂，但均生产硫化黑一个品种。从1933年到1937年，6个厂共生产染料9485吨。抗战期间，上海因受战乱影响较小，作为通商口岸便于获得化工原料，上海染料工业出现异常繁荣的局面，不仅老厂恢复生产，新厂也如雨后春笋般地兴旺发展起来，到新中国成立前夕，上海大小染料厂已达47家之多。在这种特殊的背景下，上海逐渐发展成为我国最大的染料生产基地。

1949—1957：染料工业恢复发展

染料工业是精细化工中历史比较悠久的行业，它不仅服务于纺织工业，而且与国民经济的许多部门和领域都有关联，如油漆、油墨、橡胶、塑料、纸张、皮革、感光材料、文化用品、食品和化妆品以及某些高新技术领域等。

1949年中华人民共和国建立后，国家对于关系到国计民生的纺织及配套的染料工业进行了大力扶植。在染料生产的重点地区如：大连、青岛、上海、京津等地进行了恢复、重建、发展工作。

随着私营工商业改造的潮流，政府主导各地染料工业顺利完成了公私合营。政府控制染料进口，但进口中间体，促进了国内染料的生产和行业发展。同时，染料重点地区积极组建管理和科研机构，大量培养专门人才，为我国染料工业进一步发展奠定了技术力量。

从1949到1957年，染料行业基本形成了完整的体系，1957年与1949年相比，染料产量增加了4倍，品种增加71种，不仅基本满足了国内需要，而且从1957年开始出口，改变了旧中国染料进口依赖的局面。

一、染料企业迅速恢复生产

到1949年中华人民共和国成立之时，延续新中国成立前的染料产业，全国染料总产量5000余吨，总品种18个。硫化染料中只能生产硫化蓝、硫化黑等几个品种，硫化染料产量约为2500吨。当时纺织印染所需染料主要依靠进口。1951年，国家重工业部在北京召开全国酸、碱、染料工作会议，提出要重视染料工业的未来发展，按照"发展生产、繁荣经济、公私兼顾、劳资两利"的方针，全国各地、各方共同努力促进染料行业恢复生产，使战争年代处于停产、半停产的染料企业普遍得以在短期内恢复生产和经营。

（1）大连染料 大连染料厂是最早恢复生产的染料企业，1949年4月恢复了硫化黑的小型生产，1952年扩大了硫化黑的产量，达到2466吨。1952年增加了染料中间体二硝基氯化苯的生产。相比日伪时期产量最高年份1938年的产量提高2.7倍。职工人数增到727人。

（2）青岛染料 青岛维新化学厂1949年由政府接管后当年试产出硫化蓝，除煮青、硫化蓝、硫化氢、甲基紫、大红色基G外，还陆续投产了直接蓝、旗红色基、枣红色基。1952年总产量达到2848吨，为1949年的近13倍。1953年，由国家重工业部接管，定名青岛染料厂（现为青岛海湾精细化工有限公司）。1956年，洪泰化学厂、意民染料厂、大安染料厂、宏新化学厂、

久裕骨胶厂并入，到1957年，各种染料总产量达到4143吨，染料品种增加到15个。青岛染料厂成为我国染料工业重点企业之一。

（3）上海染料　上海是京、津、沪地区中染料工业恢复较快的地区，为加快地区染料工业的发展，1951年成立上海市染料同业公会。该公会是新中国成立最早的行业组织之一，上海私营染料企业比较集中，据上海市染料同业公会统计，经过国家扶持，到20世纪50年代初，上海地区增加了染料厂十家左右，生产品种有硫化染料、直接染料、酸性染料、碱性染料、冰染染料、中间体、有机颜料7大类30多个品种，产量合计7490吨。

1951—1954年，上海市染料同业公会在政府领导下，开始对私营染料企业进行联合、公私合营等形式探索，1955年11月完成了全行业的公私合营。1956年，国营上海染料工业公司成立，统一对所属的13个公私合营厂进行"合理裁并，专业分工"。1953—1957年上海染料工业得到不断发展，1956年产值达9339.8万元，1957年品种增加到159个，产量达到16985吨，产值16008万元。上海染料工业初步形成1个国营厂和13个公私合营厂的有机整体，拥有职工2191人，其中技术人员212人，全行业资产净值13825万元。

（4）天津染料　1949年天津的染料企业主要有被接管后命名为天津卫津化工厂和天津染料厂的两家国营染料厂及国营天津利津化工厂，加上一些私营染料厂，天津染料开始了恢复和新的起步阶段。

1951年，天津各染料厂开始向多品种发展，生产了多种直接染料、冰染染料、酸性染料、油溶颜料及部分中间体。

到1953年，天津共有20多个规模较小的私营染料厂，1954年及1955年天津重工业局将其合并调整为八个公私合营染化厂，实行专业化分工。1956年成立天津市染料化学工业公司，主要下属企业有：天津染化二厂和天津染化三厂、天津化工四厂、天津染化五厂、天津染化六厂等。这一时期，从业人员约1800多人，技术人员有110多人，天津染料工业初具规模。

在原有的基础上，经过公私合营后，以上城市的染料工业基本上组成了我国主要的染料生产基地。这一格局一直维持到20世纪80年代末和90年代初期。

二、重点建设项目——吉林染料厂建成投产

吉林染料厂是"共和国化工长子"——吉林石化最早建成投产的重点化工企业，国家"一五"计划期间与苏联签订了156项重点工程，其中之一的吉林染料厂建设于1954年开工。在全国各方面的支援和工程技术人员艰苦努力下，1957年10月建成了一座大型现代化染料厂，先后建成22个包括配套原料及中间体的还原染料、分散染料、冰染染料、印染助剂的生产车间，成为我国最大的染料化工企业之一。一度发展成为亚洲最大的染料化工生产企业，年产染料中间体3.5万吨，染料1万吨，产量居世界第二位。

三、编制实施全国染料发展规划

1954年，化学工业第一个五年计划，正式提出了要适当发展酸、碱和染料工业。国家计划委员会组织重工业部、地方工业部、商业部、纺织部、对外贸易部等成立了全国规划小组，对染料、有机颜料、印染助剂等用户所使用的品种、数量及其发展趋势进行了全面调查研究，广泛收集染料进出口情况和国外染料发展趋势方面的资料，编制了全国染料发展规划，提出了生产品种、数量、工艺路线、科研课题、基本建设及技术改造项目。为全国染料有序发展指明了方向。

从1956年起，作为化学工业主管部门的化工部，主要有计划司、生产司、科技司、供销局等4个职能部门负责染料工业的科研、协调生产和投资工作。计划司、生产司制订年度染料及中间体生产计划，每年召开订货会议，会同供销局对当年生产所需的主要原材料进行划拨，计划司还负责制订染料行业重点企业重大项目的投资计划并上报上级批准后实施，生产司主要负责当年生产任务的实施与考核，科技司主要负责染料行业科技项目的计划、报批及实施。这种运行模式一直维持到20世纪90年代初。

四、科研与人才培养体系初步建立

染料工业的迅速发展，离不开科学技术的支撑，1949年新中国成立之后，政府除了重视染料生产的扩大发展，还十分重视染料科学研究工作，先后建立了国家与地方、研究与教育等染料方面的研究机构，为染料工业的发展起到了重要支撑作用。中华人民共和国成立后，我国开始注重染料科研机构的建立与产品的自主研发，于20世纪50年代在大连工学院（现大连理工大学）、华东化工学院（现华东理工大学）及天津大学三所院校设置了染料与中间体专业，为国家培养了大批工程技术人员，并成立一院两所，分别为沈阳化工研究院和上海染料研究所、天津市染料工业研究所，为研究开发新染料提供了坚实保证。

（一）建立科研机构

（1）沈阳化工研究院　前身是始建于1949年1月的东北化工局研究室，是当时成立最早的综合性化工科研单位。1949年12月，成立了东北化工局研究室，并建立小型中间试验基地，主要研究染料和染料中间体，研制开发的品种主要是"一五"计划中苏联拟定帮助中国生产的品种。在成立初期的十年中，完成了190项染料课题，其中180项已用于生产，并配合吉林染料厂做了许多染料、有机颜料、染料中间体、染料新品种技术开发工作，培训了技术和操作工人，开展了染料情报、染料标准化工作，成为我国染料工业科研中心。从"六五"开始，沈阳化工研究院共承担染料国家科技攻关计划课题52项。1949年到20世纪90年代是我国的染料种类、品种扩展和技术提升的发展时期，在此期间沈阳化工研究院染料专业共完成科研成果780余项，涉及分散、硫化、还原、酸性、直接、冰染、活性、荧光增白剂、有机颜料及染料中间体、染料加工、标准、情报研究课题，实现工业化品种330余项。参与了吉林、大连、青岛、四川等骨干染料厂的生产基地建设，为中国染料的发展奠定了良好的基础并做出了重大贡献。

（2）上海染料研究所　1955年，在上海化工研究院第五研究室的基础上成立了上海染料研究所和上海涂料研究所，主要从事纺织染料、食品染料、塑料油墨用有机颜料和印染助剂方面的研究，后来又扩充成为南方的测试中心，扩大了染料新品种的研制、应用工作。上海市染料研究所成立后，多次承担国家染料科技攻关项目，如硫化元染料、还原红F3B、彩色电影染料、联苯胺染料代用等项目。在"六五"期间完成了染料产品命名、羊毛整理助剂等7个国家攻关项目。"七五"期间完成了食品添加剂赤藓红、新红、热敏和压敏染料、笔用染料墨水黑、液状色基色酚、毛用MF系列酸性染料、固色剂NFC、匀染剂SD、涤黏中长混纺高温高压一浴一步法9个国家攻关项目。其中，涤黏中长混纺高温高压一浴一步法染色工艺1988年获化工部科学技术进步三等奖。上海染料研究所为上海地区染料工业的发展做出了积极贡献。

（3）天津市染料工业研究所　1956年，天津市染料化学工业公司成立，同年天津市相继筹建了行业中心实验室和技工学校，后来组建成立天津市染料工业研究所，为天津染料工业的发展创造了条件。研究所成立后，首先是瞄准合成纤维用染料的开发，并将分散染料定为研究重点，在国内最先完成分散重氮黑、分散红、分散黄、分散蓝等品种的研制，继而开发了SE型分散染料、P型分散染料等系列产品。1969—1975年承担全国染料行业染印法彩色电影染料和无毒化油彩科技攻关会战，出色完成染印法彩色电影染料黄、品、青三原色组成的染印法电影染料，同时在化工部定点生产企业——天津市染化九厂投产，并且达到国外同类产品的水平。

为了拓宽染料应用技术领域，天津市染料工业研究所试制成功了激光染料、飞行有色喷雾剂等功能性染料。"相转移催化剂及其在染料颜料合成方面的应用"项目1984年获化学工业部情报研究三等奖。还有油溶染料、醇溶染料以及分散荧光红的研究成果1987年通过化工部鉴定。承担并完成国家"六五""七五""八五""九五"国家染料科技攻关项目。先后承担染料科研课题300多项，其中18项科研成果获得市、部及国家级奖励，6项通过

化工部鉴定。天津市染料工业研究所当时也是国家卫生部、化工部和商业部联合指定的食用染料的生产单位之一。天津市染料工业研究所建所以来，取得了很多可喜的成就，为天津染料工业的发展做出了应有的贡献。

（二）院校设置染料专业

从1952年起，大连工学院、华东化工学院、天津大学等院校先后建立了染料和中间体专业。这些专业的设置，为培养染料工业科技人才做出了突出贡献。

（1）大连工学院　1949年4月由张大煜、彭少逸等著名化学家建立了大连大学工学院化学工程系，1950年大连大学工学院独立为大连工学院，1952年大连工学院化学工程系设立染料及中间体专业，一直着重活性染料方面的探索研究，侯毓汾与张壮余两位教授相互配合，侧重活性染料结构与染色动力学方面的研究，进行了多种活性染料的理论研究和剖析分析，为我国活性染料的发展起了重要技术指导作用，也为合成染料技术的开发研究奠定了基础；并形成了一支科研教学的骨干力量，对我国活性染料品种的开发生产及质量的提高做出了重要贡献。胡家振等侧重在胶片染料、酞菁铜络合性染料、新型的活性染料中间体研究，形成了一支从事染料及中间体科研、教学的骨干力量。染料专业程侣柏、王家儒、孙杰、李慕洁、杨凌霄研究的"用于涤棉混纺织物印花的含羧酸硝基分散染料新品种"通过鉴定，这些技术成果均为国内首创。2001年，大连理工大学杨锦宗教授当选为中国工程院院士，是中国染料化工行业第一位当选院士的教授。2016年，张淑芬教授主持完成的"基团功能强化的新型反应性染料创制与应用"项目荣获国家技术发明二等奖。2017年，彭孝军教授当选中国科学院院士。

（2）华东化工学院　20世纪50年代末期，华东化工学院染料化工系建立，朱正华等为活性染料的研究起到了积极推进作用。华东化工学院在教书育人的同时，不断加强染颜料科研工作，先后取得了骄人成绩，1962年，朱正华教授等进行的"红外增感染料合成的研究"获国家教委、经委、计委联合新产品二等奖；从20世纪60年代起，配合胶片研究工作，做了大量菁染料的合成试验，为菁染料的生产创造了有利条件，1964年，学校有三项工业新产品获国家科委、经委、计委新产品奖，其中"菁染料"获二等奖。

20世纪70年代开始，陈仰三教授和上海染料三厂协作，开展了阳离子染料的研制工作，将部分产品投入生产，促进了腈纶染色的发展，在合成纤维配套染料方面填补了空白。沈永嘉教授承担颜料黄光酞菁绿3G的中试研究（国家"八五"科技重点攻关项目），发明了一种在高温下对铜酞菁进行溴化反应的方法，成功地批量制造出黄光酞菁绿3G（C.I.颜料绿36），在此基础上申请了1项发明专利"一种具有分子内电荷转移的化合物及其制备方法"获得授权（专利号ZL02110728.9），研究成果获1997年度上海市科技进步三等奖。沈永嘉教授先后研究获得染料和颜料直接相关的专利或技术成果有30多项。

2011年，华东理工大学两位精细化工专家当选两院院士，其中，田禾教授当选中国科学院院士，钱旭红教授当选中国工程院院士。

（3）天津大学　天津大学是培养染料专业人才的三所全国重点院校之一，1951年经国家院系调整定名为天津大学，1952年由原天津大学、清华大学、南开大学、北京大学、燕京大学及唐山工学院的化工系合并成立天津大学化工系染料及中间体化学工艺学专业。改革开放以后，以唐培堃教授、林立群教授和周春隆教授等为代表的各科研组，主要承担完成了国家"六五""七五"和"八五"科技攻关项目、企业和协作委托项目。分别完成了"新型活性基氟氯嘧啶的合成""苯的绝热硝化技术""蜡烛染料合成的研究""铜酞菁类型溶剂染料""二芳甲烷类弱酸性染料""铜酞菁颜料的晶型与转变"，黄、红色重要中间体"4-氯-2,5-二甲氧基苯胺的合成研究"，与德国巴斯夫公司合作的"喹吖啶酮/吡咯并吡咯二酮（DPP）固态溶液技术研究"，与中国台湾色真公司合作"黄、红色高档偶氮颜料的研究"等项目，其中部分项目实现了产业化。"苯并咪唑酮类有机颜料的合成"获天津市科技进步三等奖；"4-

氯-2,5-二甲氧基苯胺的合成"获国家教委科技进步二等奖。

上述高校的染料专业成为培养染料专业人才的三大基地。

五、染料生产基地初步形成

在"一五"计划期间，国家投资大连染料厂420万元，新建年产能力1500吨的氯化苦车间、年产能力100吨的偶氮染料生产车间、年产能力120吨的酞菁颜料车间、年产能力100吨的光气车间以及配套的供热锅炉。1952年该厂将加硫反应由常压法改为加压法，1953年最先实现了粉状硫化黑机械化连续输送。到1954年生产品种多达18个。在1953—1957年间，大连染料厂共研制成功新产品42个。

20世纪50年代中期，上海染料研究所王鹏飞、周福田等开始研究阳离子染料，1959年沈鼎三、王鹏飞等技术人员研制成功蓝色阳离子染料并投产。1957年上海润华染料厂技术人员开始三嗪结构活性染料的艰苦研发工作。1956年上海染化五厂赵全勋等最先开始研制分散染料。上海染料品种有硫化、酸性、盐基等9大类89种，同时建立起自己的中间体生产基地，如2-萘酚生产车间，奠定了冰染、色酚和偶氮型有机颜料的发展基础，并根据染料应用配套需要，从无到有地发展纺织印染助剂。

公私合营后的天津染料企业进行了专业分工，各有侧重，生产染料品种30种，染料中间体15余种，使天津逐渐成为全国重点染料工业基地之一。

北京地区染料得到发展，1952年，北京兴华行化工染料厂投料生产；1953年海明化学工厂开业；在1956年公私合营高潮中，由北京十几家经销及分装小袋染料的作坊组建成北京市兴华染料厂。这些染料厂先后在北京西直门、榄杆市、灯市口等地建有分装、仓库及经营店铺。

1958年后，北京染料厂拥有了拼混设备用于少量的合成生产。中华人民共和国成立后南方很多纺织印染工业迁至北京，北京染料市场需求不断扩大，市中心原厂区狭小，周边环境也不适合染料化工的发展。1964年北京市兴华染料厂迁至北京市东南郊进行扩建，1966年更名为北京染料厂，先后投产了酞菁有机颜料、还原染料（还原靛蓝、还原桃红R等），分散染料（分散藏青、分散黄棕、分散大红等）、硫化黄棕、酸性染料、碱性嫩黄、颜料色浆、色母粒及部分中间体和硫酸生产。

六、染料中间体、印染助剂和有机颜料发展扬帆起航

染料中间体是生产染料和有机颜料的各种芳烃衍生物，染料中间体也是生产农药、医药等精细化学品的基本原料。

1951年吉林江北兴建铁粉还原法生产染料中间体苯胺装置，1953年产量达到1021吨。后由间歇法改进为连续法，规模提高到年产苯胺16000吨。为改进污染状况，1956年沈阳化工研究院开始研究硝基苯加氢制苯胺新工艺。

上海华亨化工厂在1955年开始用固定床法生产苯酐，1957年吉林染料厂新建年产2000吨装置投产后，仍不能满足要求。1956吉林染料厂采用结晶精馏分离工艺投产中间体对（邻）硝基氯苯。1952年锦西化工厂磺化法装置生产中间体苯酚。

印染助剂包括抽丝油剂、洗涤剂、染色分散剂、染色载体、防火剂、防水剂、防蛀剂、防皱剂等。我国印染助剂于20世纪50年代起步。1954年，国内最早的印染助剂厂——上海助剂厂开始生产拉开粉BX和保险粉。同时为了提高直接染料在棉织物上皂洗及水浸的牢度，开始发展固色剂M。1956年生产渗透剂BX、固色剂Y、萘系磺酸甲醛缩合物的分散剂，起初生产低浓度的分散剂N，而且还增加了新品种，如分散剂MF、CNF、S等。

有机颜料起步于中华人民共和国成立后。上海染化一厂、上海染化十二厂、天津染料六厂和北京染料厂是主要的有机颜料生产企业。1955年，颜料产品立索尔红在上海染料厂投产，产量47.46吨。1956年，上海染料厂和国华染料厂分工生产有机颜料，生产品种有大红粉、金光红、甲苯胺紫红等偶氮颜料和碱性品绿色淀、酸性湖蓝色淀等低档色淀颜料。20世纪50年代后

期，耐晒黄G等色淀、色原颜料投产。20世纪60年代，银行印钞用的永固红、1602颜料绿B、碱性艳绿色原等专用颜料品种研制成功，铜酞菁颜料、橡胶大红LG、永固橘黄等品种得到发展。20世纪70年代，我国发展了各种有机颜料制备物，如橡胶着色剂、维尼龙着色剂、色母粒、涂料印花浆等。20世纪70年代中期，开发大分子颜料2B红、橙、棕、黄等系列品种，后期开发投产了苯并咪唑酮类颜料以及偶氮颜料。

1958—1978：染料工业体系初步建立

1957年"一五"计划完成后，我国染料工业技术水平显著提高，具备了研制较高端染料品种的条件。"二五"计划期间，我国染料工业已能生产硫化、直接、酸性、阳离子（碱性）以及冰染等五大类染料及颜料，具有年产4万吨的生产能力，能满足国内染料需求的80%。除巩固和发展老产品外，着重升级换代。1958年后，增添了还原及活性两大类别，后又增加冰染等棉用高级染料，标志着我国进入高档染料发展时期。20世纪60年代至70年代，阳离子（碱性）、分散染料产量随涤纶、腈纶产量增加而增加，硫化染料产量继续压缩。

一、新型染料技术及品种研发活跃

（一）各地染料科研成果不断涌现

1962年上海染料研究所成立，先后形成催化氨化、活性染料、纺织助剂、应用技术等7个研究方向。20世纪70年代初，上海发展杂环、稠环中间体，丰富了分散、活性、阳离子、还原染料及有机颜料色谱。

1965年，化工部、纺织部、商业部等共同组织会战，8年后制成防棉纤维脆化的硫化黑染料。1969—1971年，天津染料化学工业公司组成以天津市染料研究所为基地，天津染料厂、天津染化三厂及八厂、天津市胶片厂等参加的会战组，经3年攻关，完成了三原色配套染印法电影染料并在天津染化九厂投产，达到国外同类先进水平。同时完成了后来在全国戏剧界广泛应用的无毒化油彩系列配套染料。这两项成果获得1978年全国科学大会奖。1975年大连理工大学染料结构剖析、合成技术、基础研究等18项科研成果获奖。

（二）活性染料研制进步明显

活性染料结构中不含24种致癌芳胺，是纤维染色最佳选择之一。1957年，上海润华染料厂开始探索三嗪结构活性染料实验并完成了中试，产品具有色泽鲜艳、较高的湿处理牢度、耐水洗、耐摩擦的优势。1959年，大连工学院程侣栢和华东化工学院朱正华等人成功开发乙烯砜型活性染料（KN）型的重要中间体4-β-硫酸酯乙基砜苯胺，并在上海投产，达到世界先进水平。

至20世纪70年代中期，已有包括黄至黑在内全套色谱的十余个活性染料品种投入生产。在20世纪70年代以后，大连工学院与上海染化八厂合作研制出活性深蓝M-G，具有印、染的全面性能，标志着活性染料由印花向染色方面发展。上海染化八厂在世界上首先成功实现了M型和KM型活性染料工业化，成为活性染料领军企业。活性染料具有了40多个品种，全国活性染料产能3000～4000吨/年。这一时期的研究改善了活性染料上色率低、牢度较差的问题。

（三）阳离子染料突破技术瓶颈

阳离子染料实际上就是精选的腈纶用碱性染料，主要用于染腈纶及其混纺织物，以及阳离子改性的PET涤纶织物PBTO。

上海染料研究所与华东化工学院及上海染料化工三厂合作，由陈仰三主持研制阳离子染料研发，于1966年投产，填补了合成纤维配套染料方面的空白，并于20世纪70年代中期，解决了阳离子染料工业化生产过程中的"冻结"问题。天津、青岛等地也相继投产阳离子染料。当时性能好的品种有黄X-6G、红X-GR、艳蓝X-GR2、黄4G、红6B、蓝GL等。

（四）分散染料研制成果显著

1956年上海染化五厂最先开始研制分散染料，国内第一个分散染料车间建成投产，主要品种有分散黄RCFL、分散红3B、分散蓝2BLN，即所谓三原色，可复配14个品种。1958年，沈阳化工研究院以蒽醌型为主合成了18个分散染料，大连工学院以偶氮型为主合成了45个分散染料，至1960年，全国已试制出83个分散染料新品种。总计有20多个品种被筛选投产，其中分散红3B质量达到瑞士Resolie FB水平。上述分散染料主要用于醋酸纤维和锦纶纤维的染色和印花。

20世纪70年代中期，涤纶织物染色工艺普遍采用悬浮体扎染高温焙烘法，要求供应耐升华的品种，有关单位联合攻关，取得了科研成果。

（五）还原染料研制稳步推进

1958年，吉林染料厂和上海华元染料厂投产的第一个还原染料品种为还原染料蓝RSN，之后蒽醌类的还原棕BR、还原卡其2G、苯系蒽醌类还原金黄、紫蒽醌类的还原深蓝BO、多环酮类的还原大红R、靛族类的靛蓝等还原染料品种陆续生产。1958年12月，上海中联染料二厂研制出还原蓝BC，还原橄榄R、还原蓝BO、还原红5GK等。

（六）军工染料及其他专用染料研制来断进步

菁染料是感光胶片最重要的功能性光学增感染料。1962年至1965年，华东化工学院朱正华科研小组，在中国科学院上海有机化学研究所配合下，合成了多种分子结构不同的菁染料品种，并筛选出特殊分子结构的菁与取代的酞菁类菁染料，试制出对蓝、绿、红光特别是近红外区域具有高效光学增感作用的菁染料品种，制备出满足高空航拍、具有高感光度的军用感光胶片，获国家教委、经委、计委联合新产品二等奖。

1958年上海中联染料三厂成功试制食用染料：柠檬黄、肼黄、杨梅红、桑子红、湖蓝等。

二、染料中间体及印染助剂不断发展

（一）硝基苯胺加氢技术实现重大突破

1957年后，吉林染料厂硝基苯和苯胺生产采用连续化工艺。沈阳化工研究院针对其工艺中铁粉、废水污染开展了硝基苯催化加氢法的研究工作，并于1966年在吉林染料厂进行了沸腾床法气相加氢制苯胺中试。

1970年南京化工厂对铁粉法制苯胺的传统工艺进行流化床加氢法制苯胺改造，1977年12月建成国内第一套年产3000吨硝基苯加氢制苯胺装置，使苯胺生产工艺跨入国际先进行列。

（二）开展苯酐工艺攻关会战

为满足染料中间体苯酐需求，从1958年起陆续在上海、大连、北京等地建设了5套年产苯酐1500吨的装置，生产工艺由固定床提高为沸腾床工艺，但因关键设备沸腾床氧化器缺陷，化工部组织了瓮邵琳、王尊孝等以及沈阳、大连、吉林、上海等地有关单位技术人员成立了会战组攻关，1964年在大连试验成功，将薄壁冷凝改为热熔冷凝，产量提高了3倍多，该项目1965年获国家科技成果奖。20世纪60年代锦西化工厂采用新型异丙苯法装置生产中间体苯酚。

（三）由印花向染色-印染助剂发展

印花助剂生产是从1958年生产涂料浆A开始的，后又生产黏合剂、交联剂与颜料印花浆配套，成为涂料印花染料。20世纪60年代，后整理助剂和非离子表面活性剂研制成功，初期投产净洗剂LS、乳化剂OP和S、增白剂VBL等品种，浸湿剂JFC替代进口。

20世纪60年代开始生产非离子表面活性剂，主要有匀染剂O、乳化剂O、乳化剂T-60等品种。

20世纪70年代，耐高温扩散剂、合成纤维印染助剂、扩散剂CNF、MF、N先后投产。此时期固色交联剂DE、两性表面活性剂、柔软剂SCM和C、分散剂IW等品种相继投产。较大的助剂厂有上海助剂厂、安阳助剂厂、武汉助剂厂、天津助剂厂、广州助剂厂。

三、开发环保型工艺和装备

20世纪70年代，我国对还原咔叽2G产品的工艺路线进行改革，采用了用非汞路线。后开发4,4-二氨基酰替苯胺中间体代替致癌物联苯胺生产直接元青。制苯胺方法由铁粉还原改为硝基苯加氢制苯胺，使工艺污水量只有铁粉还原法的5%。这些工艺进步，标志着染料发展开始注重环保。

20世纪80年代，加快了过淋设备更新，采用半自动油压或全自动板框过滤机代替简单吸滤设备，后又采用多种密闭式过滤设备。采用气流、真空、辊筒等新型干燥设备，提高了染料的质量和收率，减少了环境污染。

四、染料分析测试工作起步

1958年6月大连工学院在苏联专家埃费罗斯教授倡议与组织下开始了活性染料的分析工作，这是染料分析工作的开端。沈阳化工研究院第二批留苏人员充实了染料部的研究力量，开展元素分析测定工作。添置与改进分析仪器，不断提高分析能力，为染料、有机颜料及其助剂的研究起到了很大的指导作用，并培养了一支分析研究队伍。1961年苏联撤走了全部专家，吉林染料厂的二期扩建项目被迫削减。沈阳化工研究院担负起为吉林染料厂一、二期工程技术培训与人才储备的工作。质量控制装置进步保证了染料产品质量和连续化生产。

五、三大染料基地和一批重点企业建成

1970年上海地区染料产量为17258吨，其中活性染料和还原染料产量占

总产量的11.8%和10.34%。上海染料工业得到迅速发展，成为中国染料生产、销售、消费、出口中心。

1975年，全民所有制天津染料化学工业公司成立，下辖14个企业、1个研究设计室，主要生产硫化、直接、酸性、碱性、冰染、还原、活性、分散、阳离子及其他染料等10大类产品共130多个品种，另有中间体、助剂、有机颜料及其他化工产品几十种。

随着两个五年计划的完成，国内逐步形成了上海、天津、吉林三大染料生产基地，并建成了北京染料厂、青岛染料厂、大连染料厂、吉林染料厂、四川染料厂、武汉染料厂、徐州染料厂、温州染料厂、苏州染料厂与河南化工厂等10家重点企业。至改革开放初期，国内又增加了无锡染料厂、太原染料厂、重庆染料厂、宁波染料厂、常州染料厂及甘谷油墨厂（生产酞菁颜料）等，全国共有17个重点染料生产企业。这些生产基地和重点企业与其他企业一起，为计划经济时期的我国染料工业做出了重要贡献。

1979—2018：中国染料工业快速崛起，走向辉煌

1978年，中共中央十一届三中全会召开后，拉开了我国改革开放的序幕。我国染料工业也开始从高度集中的计划经济体制向充满活力的社会主义市场经济体制转变，并开始朝着世界染料大国快速迈进。

20世纪80年代，世界染料工业发生了重大变革。一是染料的消费中心从欧美国家向亚洲转移，促进了亚洲染料工业的发展；二是亚洲劳动力成本与欧美国家比明显较低；三是随着环保意识的提高，欧美国家绿色环保要求及环保成本越来越高，进入90年代，世界染料工业的生产、贸易、消费开始快速向亚洲转移。中国正处在改革开放的初期，迎来了中国染料工业快速发展的机遇。随着市场经济的加快发展，我国染料行业由卖方市场

不断向买方市场转化，染料生产企业多种经营体制快速发展，在国营染料公司转制的同时，一大批乡镇企业、合资企业、私营染料企业等不同所有制企业如雨后春笋般涌现。环境保护意识的提高和城市整体改革的推进，使得一些地处城区的染料企业被强制性搬迁、改造，很多国营染料公司被迫关停。这些改革使得新中国成立后逐步形成的国企染料生产格局逐步发生变化，江苏和浙江的民营染料企业逐渐崛起。我国染料工业快速壮大，产量逐步跃居世界首位。

改革开放初期，我国染料年产量只有7万吨左右，其中硫化染料占总产量约50%，而分散染料、还原染料、活性染料等高档染料只占18%，有机颜料和高档有机颜料产量更小。染颜料生产企业不到100家，以国营染料企业为主，全国生产能力在10万吨左右。当时，国内染料工业在产量、品种、质量、技术上远远落后于欧美国家的水平。究其原因，一方面，我国的染料工业是在仿制国外染料品种的基础上发展起来的，由于仿制产品门槛低，造成我国染料企业多、生产的染料产品同质化现象严重，商品化水平低，染料品种老化，三废治理落后。另一方面，我国染料创制工作起步较晚，创制基础薄弱，资金支持力度有限，创制经验缺乏，在原创技术上与跨国公司相比存在较大差距。而染料原始创新是一项高投入、高风险、长周期的系统工程，需要雄厚的资金实力作为基础。国外一个新的染料品种从研究开发到进入市场，需要几千万美元的资金投入，而我国绝大多数的染料企业对染料技术创新能够提供的有效经济支撑很少。我国政府和染料企业每年用于染料技术创新的总投入不超过全国染料销售总额的0.2%。还有一方面是染料企业基本上是国有企业，缺少竞争机制和发展的活力。

到20世纪80年代中期后，多种所有制共同发展，形成新的染料产业格局，大批乡镇、合资、私营染料企业得到发展。许多染料企业搬迁、改造，国企与乡镇企业联合，组建染料联营或民营企业，与国外合资等，同时相关技术转移或被带入民企。上海、天津、吉林、大连、四川、武汉、北京等地的国营染料企业大部分关停,少部分迁移或重组到乡镇企业。江苏省早期不断出现的染料集体乡镇企业给染料国企带来很大冲击。特别是浙江私营染料企业的兴起,对全国染料企业的体制转化、结构调整、产量快速增长起到了很大推动作用。染料行业格局发生重大转变,从原来的上海、天津、东北为主的格局转变为以浙江、江苏二省为主的格局。龙盛、闰土、吉华和亚邦等江浙民营染料企业逐渐崛起。染料企业进入相对独立、自主经营、自负盈亏的市场经济体制时期,染料行业产销得到较快的发展。

进入20世纪90年代以后,我国国有染料生产企业通过兼并重组、产权置换、关停并转等改革,极大地促进了集体、私营染料生产企业的产生和发展。1978—2018年全国染料生产统计数据见表1,从中可以看出,40年间,以平均每年6.6%的速度增长。1978—1985年,染料年产量没有突破10万吨;从1986年开始突破10万吨,并以年均1万吨左右的数量增长,从1994年到2004年的10年间,全国染料每年平均增长12.4%,从2007年到2017年每年平均增长3%。2017年染颜料产量合计124万吨,进出口总量为49万吨,进出口贸易总额为32.7亿美元。产量和进出口量都达到一个高峰。中国染料工业协会统计数据显示,2018年全年染颜料、中间体、印染助剂等行业经济运行趋势总体较去年同期均有增长。产量、出口量较去年同期下降较多,主要是因为在国内环保督察期间相关区域内染料生产企业均进行了集中停车整改,不少染颜料生产企业被限产甚至是停产,导致染料行业开工率在二、三季度的相对下降,产量出现短期的明显下滑,国内供应不足,出口量自然也相对偏少。从协会统计数据看:2018年染颜料产量合计完成103.4万吨,进出口总量为41.5万吨,进出口贸易总额为33.7亿美元。

在新常态下,染料行业的发展方式、产业转型升级以及供给侧改革加快,技术创新、管理能力提升,为行业持续发展提供了良好的条件。

表1　1978—2018年全国染料生产及出口统计　　　单位：万吨

年份	产量	出口量	年份	产量	出口量
1978	8.29		1999	20.4	15.6
1979	7.17		2000	25.7	17.9
1980	6.5		2001	33.7	17.8
1981	7.66		2002	41.46	20.3
1982	8.55		2003	53.62	19.8
1983	7.48		2004	59.83	22.7
1984	7.48		2005	63.03	23.1
1985	8.97		2006	70.93	24.1
1986	10.66		2007	74.96	28.7
1987	11.29		2008	73.88	23.6
1988	12.63		2009	71.91	23.7
1989	12.74		2010	75.6	27.3
1990	13.63		2011	77.2	24.3
1991	14.12		2012	83.3	27.0
1992	15.74	5.1	2013	89.5	29.0
1993	17.32	5.9	2014	91.7	27.1
1994	18.96	7.6	2015	92.2	25.3
1995	24.23	9.2	2016	92.8	26.0
1996	22.3	9.5	2017	98.6	27.6
1997	24.54	12.7	2018	81.2	21.9
1998	20.22	13.2			

注：统计数据来自国家统计局、中国海关、中国染料工业协会。

一、改革开放后国有染料企业逐步退出市场

随着市场经济体制建立，城市整体发展的需要和环境保护意识的提高，20世纪80年代末，一些地处城区的染料企业被强制性进行搬迁和改造，使改革开放前逐步形成的染料生产格局发生变化。许多国有企业纷纷与乡镇企业联合，组建染料生产的联营或民营生产厂，或与国外企业合资，改变经营者性质，同时将相关的生产技术转移或带入至民营企业，使得上海、天津、吉林、大连、四川、武汉、北京等地的国营染料企业，大部分关停，少部分迁移或重组到乡镇企业生产。20世纪80年代，江苏省不断出现的乡镇企业给国有染料企业带来很大的冲击。进入20世纪90年代，浙江民营染料企业快速兴起，对全国染料企业的所有制转化、结构调整起到了重要的推动作用。进入21世纪以后，国有染料企业大部分退出市场，目前仅有青岛海湾精细化工有限公司、山西临汾染化（集团）有限责任公司、上海染料研究所有限公司三家全资国有企业，约占全国染料销售额的5%。我国染料行业基本形成了以股份制企业为主，其他形式为辅的所有制格局，产地也相对集中在浙江、江苏、山东、河北地区。2000年以后，浙江省逐步成为国内染料生产、消费、出口的第一大省，产量占全国生产总量的60%，国内三大染料上市公司浙江龙盛集团股份有限公司、浙江闰土股份有限公司、浙江吉华集团股份有限公司总部和主要生产基地都在浙江省。

（一）天津市染料工业发展与变迁

改革开放后，天津染料行业狠抓企业整顿、"革新、改造、挖潜"和重点项目措施的落实，使科研生产迅速发展，先后完成了科研项目81项，投产54项，新产品产量1200多吨，投产的分散P型染料填补了国内空白。一些重点产品扩大生产能力，提高了产品质量，例如染化三厂的直接耐晒黑G原来产量小，质量不稳，通过改革，由每月产15吨提高到40吨，并在质量上达到国内领先地位。到1980年，天津染料行业年总产值已达到2.7亿元，

染料总产量达到13063吨，品种达到107个，创利税总额8300万元，其中利润4465万元。在两年内，每年产量递增速度为7%，产品质量也有了显著提高，在与国外可比的35种产品中，达到先进水平的有13个，占37.14%，各项工作成果丰硕。

1981—1983三年中，在开发新产品方面也取得了可喜成果，研制投产新品种68个。染料产量13051吨，生产品种113个。

由于全国经济体制的变化，随着民营企业的不断出现，市场经营价格、方法手段灵活，全国染料市场出现供大于销的局面，许多重点产品滞销。原材料的迅速涨价，给企业带来了难以消化的困难。因此，从1984年到1986年的三年内，出现了天津染料行业近十年来的第一次跌落，这是天津染料行业遇到的最困难时期。

在这段时期中，面对激烈的市场竞争，各企业积极增加短线产品、压缩长线产品，不断变换品种，以适应市场需要。天津的染料企业在质量管理方面保持了老企业的趋势，染化五厂的色酚AS被评为国家银质奖，1979年以来获得的各级优质品称号的28个品种，全部保持了原有称号。在新产品开发方面，三年来共研制、投产品种87个。经过努力开发，逐步走向系列化，形成了染料行业的一大系列产品。染化九厂与韩国LG公司合资引进了分散染料后处理技术，提高了产品质量和增加了新品种。通过联合，天津染料公司开发了一批重要中间体，提高了行业配套水平，如对硝基甲苯、硝基氯苯、2-萘酚、J酸、蒽醌、1-氨基蒽醌、溴氨酸、三聚氯氰等。"友好"牌染料在国外市场渐享佳誉。

为增加染料行业的活力，天津市染料企业特别加紧了新产品的研制和开发。1982—1999年在化工部领导下，天津市染料公司承担了"六五"至"九五"期间国家染料科技攻关项目，提前超额完成43个课题、152个新品种开发任务，取得重大成果和较大的经济效益。天津市染料公司被评为"六五""七五"国家科技攻关先进单位。"八五"科技攻关获得化工部颁发的

112项重大成果《集体荣誉证书》。1987年到1988年全行业共投产新品种22个，在完成的31个"七五"科研项目中，网印黏合剂、SE系列分散染料获1987年天津市科技进步二等奖和1988年化工部科技进步二等奖。分散染料品种形成S型、SE型、E型、P型四大系列，其中SE型最早试制成功、最早投产，产量和品种在全国都占有较大比重。随着改革形势不断深入，1985年天津市染料企业开始了搬迁、重组及关停。1988年年底，天津染料化学工业公司被市化工局宣布为企业性公司，预示着新的发展阶段的到来。

天津染料工业在以往发展过程中起伏变化较大，这一方面是由于国内外经济环境和市场变化的影响，另一方面也存在着产品结构不合理的原因。

进入90年代，天津染化五厂和天津染化八厂分别与瑞士科莱恩国际有限公司合资成立科莱恩（天津）有限公司、科莱恩颜料（天津）有限公司。

进入21世纪以后，天津市的国有染料企业先后基本都退出了染料生产，目前有少数合资、民营染料企业在天津塘沽开发区及郊区继续生产。

（二）上海市染料工业发展与变迁

随着进一步改革开放，上海市染料工业发生了很大变化，借助上海国际化大都市的背景和影响力，很快为上海染料走向国际市场创造了有利条件，进一步密切了上海染料行业同国际的交往。早在1985年，上海市染料公司与泰国合资成立沪泰染料有限公司，并在曼谷建设了后处理商品化设备，开展染料商品化和泰国及周边国家的贸易活动。1987年与香港天厨味精厂在香港合资建立天海化工有限公司复配生产助剂。

1990年，成立企业性上海染料农药公司，由上海农药厂、上海化工制桶厂、上海东风农药厂、上海联合化工厂、上海染料化工九厂以及上海染料工业供销公司组成公司实体，行业内的其他企事业单位均为公司的成员单位。1992年7月，因行业结构调整，农药部分划出，公司经调整充实实体层后改

名为上海染料公司。该公司为全民所有制大型二档染料生产经营企业。公司实体层由上海染料化工九厂、染料化工十厂、染料化工十二厂、化工制桶厂、染料化工机械厂、助剂厂、浦东染料化工厂组成。公司作为企业法人，上海染料化工厂、上海染料化工四厂、上海染料化工五厂、上海染料化工七厂、上海染料化工八厂和上海市染料研究所为公司的成员单位。

上海染料公司成立后，为上海染料工业的发展及江苏省、浙江省染料工业的崛起发挥了重要作用。1990 年上海染料产量约 1 万吨，其中活性染料 3674 吨、还原染料 1294 吨、分散染料 2453 吨、阳离子染料 1584 吨、冰染染料 1221 吨，有机颜料 1819 吨，助剂 13240 吨。染料、有机颜料、助剂及中间体的产量占全国 1/6 ～ 1/5。染料品种有分散、活性、还原、阳离子、冰染、直接、酸性、媒染、缩聚、硫化、特种染料及食品着色剂等 12 大类 500 个品种左右。有机颜料有偶氮、酞菁、色淀、缩合偶氮型和磷钨钼酸类色原 5 个结构类型。制备物和浓缩物有聚丙烯色母粒、聚乙烯色母粒、DOP 浆状着色剂、维纶水性色浆、橡胶着色剂和黏胶着色剂等 7 种。印染助剂有纺织用前处理剂、后整理剂及印染助剂，以及用于非纺织行业的各种表面活性剂等 20 大类。染料中间体有蒽醌系、萘系、苯系、杂环系和脂肪族化合物等 5 个大类的相关品种。上海染料工业已发展成为国内产品门类齐全，应用配套能力较强的重要生产基地。

进入 21 世纪以后，上海市的国有染料企业基本全部退出了染料生产，目前有少数合资、民营染料企业在浦东或上海郊区继续生产，个别老的国有企业利用品牌和市场影响力，继续开展一些贸易工作。

二、军装染料发展

1978 年，由化工部科技局、化工司与总后勤部等单位共同组织由沈阳化工研究院、四川染料厂、上海染料化工十一厂、吉林染料厂、武汉染料厂、上海染料公司应用室组成的会战组，共同承担完成了非汞法制备还原咔叽

2G会战工作，军用还原咔叽2G成为军装的必用染料。该项目1977年荣获沈阳市科学大会奖，1980年荣获化工部科技成果三等奖。

沈阳化工研究院从1976年至1982年间开展了军用迷彩伪装服用染料的研制，产品3413黑（Ⅴ型）染料于1982年被正式确认为军工产品，投入生产。1984年该染料的制造及应用荣获国家发明三等奖。该种染料成为我军第三代迷彩服的主要着色剂。

三、民营染料企业的崛起与发展

随着改革开放不断深入，染料工业"国退民进"步伐不断加快，应运而生的民营染料企业不断出现并得到快速发展，目前，我国合资、民营染料企业总数和销售额都要占全国95%以上。

在这样一个大的经济环境中，中华人民共和国成立后在吉林、四川、上海、天津、武汉、北京、大连、青岛等地逐步建立的国营染料企业发生了很大变化。有的与国内外企业合资，有的改变经营者性质，有的缩小规模、转产或逐步退出染料市场，使得我国染料行业的主导力量发生了根本的变化。代之而起的是以浙江省染料企业为代表的民营企业。这些企业已成为我国染料行业的主导力量，并正在成为我国各类染料的领军企业集团。目前已有若干家企业发展成年销售额达数十亿元的生产集团，其中浙江龙盛集团股份有限公司、浙江闰土股份有限公司和杭州吉华集团股份有限公司等三家公司都已经成为世界级的染料企业，名列我国染料生产企业的前三甲，并且都已成功上市。这些企业集团有较雄厚的资本实力和较强的技术开发力量。

浙江省的染料工业起步较晚，但改革开放后发展迅速，已成为我国染料生产的第一大省，成为我国染料行业的主导力量。目前浙江有染颜料生产企业近100家，均为民营企业，若干家企业发展成年销售额达数十亿元的生产集团。2018年，浙江省染料产量达到53.7万吨，占全国染料产量的66%。出

口量为9.7万吨，占全国总出口量的44.3%，出口创汇额为6.9亿美元，占全国总出口量的43.7%。江苏的常州北美颜料化学有限公司和浙江的百合花集团股份有限公司名列全国重点有机颜料生产企业的前两位，2018年的产量分别约为45000吨和38500吨，分别占全国有机颜料产量的20.3%和17.3%。百合花集团有限公司2016年成功上市，成为中国有机颜料行业第一家上市公司。

江苏省的染料工业自改革开放以来发展也很快，目前染料年产量占全国的15%～20%。该省染料生产企业逾百家，以民营企业为主，80%的企业集中在盐城市、连云港市、常州市和泰州市等，以生产分散染料、活性染料和还原染料为主。重点企业有江苏亚邦染料股份有限公司、徐州开达精细化工有限公司、江苏锦鸡实业股份有限公司、江苏泰丰化工有限公司等。江苏省的染料出口量名列全国第二位，2018年出口量4.6万吨，创汇4.1亿美元。

经过不断调整和发展，改革开放以后涌现出来的民营染颜料企业积累了较雄厚的资本和较强的技术开发力量，逐渐成为中国染颜料工业的主力军。浙江龙盛集团股份有限公司是我国染料行业第一家上市公司，之后浙江闰土股份有限公司、浙江吉华集团股份有限公司、上海安诺其集团股份有限公司、江苏亚邦染料股份有限公司、东港工贸集团有限公司，生产中间体的河北建新集团公司以及彩客化学（东光）有限公司等，生产纺织印染助剂的传化智联股份有限公司、广东德美精细化工集团股份有限公司、宁波润禾公司等相继上市。

随着改革开放的不断深入，在国家"退城进园"政策的指导下，染料行业产业聚集度明显提升。逐步形成了以浙江省绍兴市上虞区、杭州市萧山区，江苏省泰兴市、常州市、盐城市、连云港市，山东省昌邑市，河北省黄骅市为主的染料产业化工园区。这些园区基本都在沿海地区，为染料工业发展创造了良好的发展环境，企业纷纷迁入园区发展，到2018年，入驻化工园区的染料生产企业占全国染料企业的85%以上，园区企业产量占全国染料企业的95%以上。

四、染料国际贸易快速发展

经过多年的努力，中国已经位居全球染料生产数量、出口贸易和消费数量第一位，染料产量约占世界染料产量的60%以上，出口量占世界染料贸易量的30%以上，生产的品种超过1200个，其中常年生产的品种约700多个。世界染料重心从欧美转向亚洲已成定局，中国已成为世界染料生产、贸易的中心。

随着我国提倡的"一带一路"经济走廊的快速发展，国际纺织业、服装业势必向东南亚、西亚地区转移，而中国染料的主要贸易伙伴也都在"一带一路"经济走廊上。为了认识新常态、适应新常态、引领新常态，推动中国染料工业发展走在改革的最前列，带领中国染料"走出去"发展，中国染料工业协会在搭建国际交流平台、推进国际间合作上进行了尝试。中国染协在2001年开始举办上海国际染料展览会，至今已经举办19届。为了更好地向世界展示中国染料的整体形象，加快"走出去"发展战略，经国家贸促会、外交部、商务部批准，创新开展了亚洲国际染料巡展的境外自办展项目。中国染料工业协会从2010年至今连续成功举办了八届"亚洲国际染料巡展"活动。展会期间还召开了行业发展交流会议、投资环境及产业政策论坛，并组织展商参观纺织印染工厂，展会获得了较好的展出效果。

五、国际化合资合作项目不断增加

在计划经济时期，我国染料出口贸易数量很少，年出口量约3万吨。主要由国家指定的中国化工进出口总公司（现为中化集团公司）负责进出口贸易，进出口口岸主要是上海和天津。出口品牌仅有两个，分别是"永久牌"和"友好牌"。

随着对外开放的不断深入，染料进出口贸易也发生了很大变化，经过政

府批准，有染料出口的生产企业基本都获得进出口权，可以直接进出口染料产品，这一政策的实施，极大促进了染料进出口贸易的增长，到 2016 年，我国染料年出口量达 26 万吨。占生产总量的 28%，出口创汇 14.2 亿美元，染料行业多年来一直是贸易顺差，为国家创汇、节汇做出了很大贡献，近些年，染料直接出口 130 多个国家，涵盖全部染料品种。

20 世纪 90 年代初，借助上海浦东开发的优惠政策，吸引世界各地的著名跨国公司投资合作。为了加快上海染料企业的动迁调整，上海化工局和上海染料公司领导经过几番考察与论证，与德国巴斯夫公司合资成立了上海巴斯夫染料化工有限公司，合资公司的投资规模为 17.6 亿元，拥有有机颜料、阳离子染料和助剂 3 个系列产品，并建成一座工艺先进、治理效率高的污水处理设施，使该合资企业的"三废"治理投资约占总投资的 25%。由于项目的重要意义和投资额度较大，受到中德两国国家领导的高度重视，先后出席了 1993 年和 1994 年分别在中国和德国的签约和投产仪式。

1992 年 11 月在瑞士巴塞尔，青岛染料厂与瑞士汽巴嘉基公司在互惠互利的基础上，签署了合作协议。1994 年底至 1995 年初双方就建立 1200 吨/年分散染料的青岛汽巴纺织染料公司，1500 吨/年有机颜料的青岛汽巴有机颜料公司和 2000 吨/年皮革助剂青岛汽巴化学品公司（后改为青岛德瑞皮化公司）等 3 个合资企业达成协议，并进入全面建设。3 个合资企业总投资 6400 万美元，于 1996 年后陆续投产运行。同时，青岛染料厂利用合资的带动和辐射作用，加快老企业的技术改造，新上 3 个项目，为合资企业提供所需分散染料、中性染料和中间体。通过合资合作，汽巴公司的先进管理和技术带动老企业产品质量的跃升。

另外天津地区也积极开展合资合作方面的工作，比较早合资的公司有，天津油墨厂与日本东洋油墨公司合资成立天津东洋油墨有限公司，生产油墨用有机颜料产品。1995 年，天津市染料化学第五厂与瑞士科莱恩国际有限公司在天津市经济开发区分别合资成立科莱恩（天津）有限公司（生产分散染料、酸性染料）和天津华士化工有限公司（年产5000吨分散染料、冰染染料、碱性染料和中间体）。1996年9月，天津染化八厂与瑞士科莱恩国际有限公司合资成立科莱恩颜料（天津）有限公司，年产3000吨有机颜料，经营范围涉及颜料和相关化工产品。

1995年3月，德国德司达染料有限公司与江苏省无锡染料厂合资兴建德司达无锡染料有限公司，年生产2000吨分散染料。利用德司达公司染料商品化技术，使用国产分散染料滤饼进行染料商品化加工。

2004年，杭州百合花化工公司与瑞士科莱恩国际有限公司合资，建成由百合花化工公司控股的杭州百合科莱恩颜料有限公司，在萧山临江工业园区投产。2010年，公司更名为"百合花集团有限公司"，公司技术中心通过国家级企业技术中心认定。

2006年10月德国德司达公司在南京投资5500万美元的独资企业德司达（南京）染料有限公司正式投产。2007年10月，浙江龙盛集团股份有限公司与印度KIRI染料公司在印度合资兴建Lonsen Kiri染料公司，一期2万吨活性染料生产线于2009年7月20日在印度古吉拉特邦建成投产。这是中国第一个在境外建设的合资染料厂。

2009年，浙江龙盛集团股份有限公司收购了全球染料巨头德国德司达染料公司。德司达公司是由德国巴斯夫、拜耳和赫斯特三家德国化工巨头的染料部联合组成，2010年，浙江龙盛集团股份有限公司通过可转换债券成功控股全球染料巨头德国德司达公司（DyStar）。这宗震惊全球染料界的收购案在世界染料史上具有里程碑的重要意义，此次收购推进了中国染料工业的国际化发展步伐，中国染料企业开始登上世界染料舞台的中心。2010年1月，国际化工协会联合会发布公告，中国浙江龙盛集团股份有限公司收购染料巨头德司达公司被列为2010年度世界化工十大新闻之一。

浙江闰土股份有限公司在上市后得到了快速发展，先后收购江苏明盛化工有限公司70%的股权；与约克夏染料集团公司合作重组，并成立约克夏（中国）贸易有限公司和约克夏（浙江）染化有限公司。为公司更好地实施"走出去"发展战略，奠定了坚实的基础。

2016年，中国纺织印染助剂的重要生产企业，浙江传化集团全额收购荷兰拓纳化学公司，拓纳公司在传统纺织化学品解决方案、数码印花化学品解决方案、高性能纺织品化学品解决方案、技术用纺织化学品、功能整理化学品等方面都处于全球领先的地位，开发创新的技术力量雄厚。

改革开放的不断深入促进了染料行业合资企业的不断增加，也提高了中国染料工业的整体水平。使品种数量及产量不断增长，生产新技术和产品质量与国际标准加快接轨，企业管理、经营理念得到提升，生产工艺和设备不断进步，产品出口与国际交流不断扩大，总之，通过对外开放，合资合作，互利双赢使染料工业的整体水平有了全方位的提升。

六、染料科学技术不断进步

改革开放以来，促进染料工业迅猛发展的一个重要因素，就是把技术创新作为行业发展的核心动力。在新产品创制上，全国的染料科研院所开始了更广泛的研发工作，涉及染料、有机颜料的所有类别，包括纺织印染助剂和染料中间体。

在新产品开发方面。从1976年第六个五年计划开始，沈阳化工研究院、上海染料研究所、天津市染料工业研究所等在国家科技部的支持下，开始了全新的、领域更广泛的染料研究。研究类别包括：硫化、直接、酸性、中性、冰染、还原、碱性（阳离子）、活性、分散、功能性染料以及有机颜料、溶剂性染料、印染助剂以及染颜料中间体，几乎涉及染料的所有类别，其品种每年工业化30～50个，如：涤棉深色印花用分散染料的研制，分散嫩黄 SE-GGFL、分散蓝 S-RBL、分散红 3B 质量改进，涂料印花色浆及助剂的研究，苯四甲酸、还原艳橙GR、还原枣红2R、酸性媒介红S-80、阳离子黄X-5GL、阳离子蓝X-GRRL、酸性媒介灰BS、聚烯烃色母粒的研制等。这些品种可以取代进口产品，节省大量外汇，其中一些品种填补国内空白，转而成为出口品种。

在此后的"七五"（1986—1990年）、"八五"（1991—1995年）、"九五"（1996—2000年）、"十二五"（2011—2015年）、"十三五"（2016—2020年）计划期间，在染料及其中间体的开发研制上，染料行业的科研院所以及重点企业承担了一批国家重点科技攻关任务。其中"七五"期间，为了中长纤维（涤纶、涤棉、涤腈混纺织物）配套研制了R型活性染料5个品种和D型活性染料15个品种；SD型阳离子染料7～8个品种；T型分散染料10个品种以及荧光增白剂ER及其中间体；弱酸品蓝7BF及其中间体；醇溶染料5个品种、油溶染料8个品种以及固相法酞菁铜新工艺等。"八五"期间，主要有溶剂法合成2-羟基-3-萘甲酸的研究、分散藏青2GL新工艺的研究、热敏传真用无色染料的研制、分散黑EX-SF（300%）的研制、隐色体液状硫化染料的研制、还原棕R的研制，弱酸性蓝G、酸性媒介红B、麻用活性橙LR-G、麻用活性涤蓝LR-R、麻用活性黑LR-B等10个品种以及α-抗结晶抗絮凝颜料酞菁蓝的研制等。"九五"期间，研究的重点主要是高性能染料的研制以及适于超细纤维用的分散染料，如涤纶超细旦纤维用分散染料和助剂的筛选及应用工艺、新的环保型双活性基活性染料的研究、直接荧光嫩黄7GFF及荧光增白剂CBS的合成、脱氰N-烷基吡啶酮合成黄色偶氮型分散染料的开发、香豆素系荧光分散染料及超级耐晒系列分散染料的研制、捏合法制酞菁蓝BGSR开发、苯并咪唑酮系列高档有机颜料的研究等。"十二五"期间的"染料及中间体清洁制备及应用关键技术开发"和"十三五"期间的"典型染料及有机颜料连续化生产近零排放技术"进一步提升了我国染料行业在节能减排、环境保护方面的生产技术水平。攻关项目的完成，提高了染料

科研人员的研究能力与素质，极大地丰富了国内染料品种，满足了国内相关行业对染料的需求，为我国成为世界染料第一生产大国及健康、持续发展打下了坚实的基础。

进入21世纪后，我国染料工业加快了产业升级的步伐。围绕着新型纺织纤维的出现，与之配套的染料新产品的研发取得了卓有成效和骄人的成绩。如适于纤维素纤维深色染色技术的新型活性染料，是一类具有高提升性、高固着率、高重现性和易洗涤的新型活性染料；超细且聚酯纤维染色用分散染料、聚酯纤维与醋酸纤维混纺织物染色用分散染料，是一类具有高提升性和相容性、优异的重现性和优良色牢度的分散染料；还有适于数码喷墨打印和印花技术的新型染料墨水和涂料印花浆等。目前，我国已成功研发出近500个新型环保型染料，环保型染料已超过全部染料的2/3。在近10年间，经英国染色家学会（SDC）的核准，中国染料获得国际染料索引通用名的染料有几十个。以天津德凯化工股份有限公司为例，已确认的活性染料有C.I.活性黄215、C.I.活性橙141、C.I.活性橙142 、C.I.活性红283、C.I.活性紫48、C.I.活性蓝278、C.I.活性蓝277、C.I.活性黑52等十多个品种，这表明我国的染料工业已步入了自主创新的时代。

在有机颜料的生产工艺及其高档有机颜料品种的研发方面也已取得了骄人成绩，如表2所示。

表2　有机颜料类别及主要产品

类别	主要产品
偶氮缩合类颜料	大分子黄4GL、大分子黄2GL、大分子红GRL、C.I.颜料黄93、C.I.颜料黄95、C.I.颜料黄155、C.I.颜料红144、C.I.颜料红166等品种
苯并咪唑酮类颜料	C.I.颜料黄151、C.I.颜料黄154、C.I.颜料黄175、C.I.颜料黄180、C.I.颜料黄181、C.I.颜料黄194、C.I.颜料橙36、C.I.颜料橙62、C.I.颜料橙64、C.I.颜料红171、C.I.颜料红175、C.I.颜料红175、C.I.颜料红185、C.I.颜料红208、C.I.颜料棕25等品种
高档色酚类颜料	C.I.颜料红188、C.I.颜料红243、C.I.颜料红245、C.I.颜料红266、永固红P-F7RK、C.I.颜料红269等品种

续表

类别	主要产品
喹吖啶酮类颜料	C.I.颜料紫19、C.I.颜料红122、C.I.颜料红202,C.I.颜料红206,C.I.颜料红207以及重要原料之一的丁二酰丁二酸甲酯(DMSS)等
二噁嗪类颜料	C.I.颜料紫23、C.I.颜料蓝80(二噁嗪-苯并咪唑酮类)
吡咯并吡咯二酮(DPP)类颜料	C.I.颜料橙71、C.I.颜料橙73、C.I.颜料红254,C.I.颜料红255、C.I.颜料红264、C.I.颜料红272等品种
异吲哚啉酮与异吲哚啉类颜料	C.I.颜料黄109、C.I.颜料黄110、C.I.颜料黄139等品种
喹酞酮类颜料	C.I.颜料黄138、中间体8-氨基-2-甲基喹啉及四氯代邻苯二甲酸酐等
苝红系颜料	C.I.颜料红123、C.I.颜料红149、C.I.颜料红178、C.I.颜料红179、C.I.颜料红190、C.I.颜料红224、C.I.颜料紫29、C.I.颜料黑32及中间体苝四甲酸酐(PTCA)等
稠环酮类颜料	C.I.颜料黄147、C.I.颜料橙43、C.I.颜料红168、C.I.颜料红177、C.I.颜料红194、C.I.颜料蓝60等品种
杂环金属络合类及铜酞菁类颜料	C.I.颜料黄150、ε-型铜酞菁(C.I.颜料蓝15:6)、C.I.颜料蓝75、C.I.颜料蓝79(环保型铝酞菁颜料)

近年来,相继研发的高档有机颜料,具有颜色鲜艳、优良的耐热稳定性、耐迁移性能、耐光牢度等,广泛应用于油墨、油漆、涂料、织物印花、塑料、建筑材料、橡胶、食品包装、儿童玩具、文教用品的着色,也应用于医药、液晶显示器、信息跟踪以及国防安全等领域。

与此同时,染料产品的生态安全已逐步被企业重视,践行社会责任已成为染料企业的自觉行动。2008—2010年,国内进行产品生态安全认证的企业有90多家,认证的产品800多个,认证的项目1930多项。从2009年开始,中国染料工业协会、中国印染行业协会和上海天祥技术服务有限公司(英国Intertek)连续举办了三届"中国印染和染化料行业生态安全及可持续发展论坛",为供需双方搭建交流平台。染料、助剂、印染、服装等企业代表,国际买家以及媒体等多个行业的企业参加会议,推动了国内染料产品生态安全工作的开展。

在工艺技术创新方面，不断开发的染料领域高新技术，赋予染料工业新的生命力。改革开放初期，国内染料企业普遍采用传统的合成工艺。如：染料生产中的缩合闭环工序，通常是在液相中进行，一般要使用有毒溶剂，产生大量废液。采用固相法生产某些染料和中间体，可减少生产过程中废物排放，简化生产设备，降低生产成本。如天津染化四厂生产的酞菁素艳蓝IF3G，自投产以来，一直采用二氯苯作溶剂，后采用固相法生产，既不用溶剂，又减少了工序，不但提高了产品的鲜艳度，而且降低了成本，提高了劳动生产率。吉林染料厂生产的还原橄榄绿B，3-溴苯绕蒽酮与1-氨基蒽醌实现固相缩合后，工序从原来的9道砍掉了8道，完全消除了酸性、碱性废水和废渣，并使缩合收率从原来的76%提高到98%。

先进技术给国内染料行业的快速发展注入了活力。1997年初，台湾正裕兴业股份有限公司张文谭先生介绍日本染料专家与浙江的染料公司合作，传授分散染料合成以及相关中间体的合成制造技术。经过双方共同努力，开发了染料重氮化偶合组分的合成制造技术近百项；生产流程设计、商品化制备、成品染料配方等400多项，这些新技术的引进和消化吸收，大大促进了分散染料的快速发展。

商品化技术的开发是染料品质提升的关键，主要有染料复配增效技术，包括助剂的复配技术、超微型还原染料加工技术，如还原蓝RSN、还原棕等，其悬浮体粒径可达0.25～0.5μm；超细且分散染料的加工技术等。

有机颜料的工艺创新主要有：为充分发挥无机颜料优异的耐气候牢度与耐热稳定性，以无机颜料为核，采用有机颜料表面包覆技术；采用固态溶液（solid solution）技术，制备含有两种或两种以上化学结构相似的组分，以调整色光及改进颜料某些应用性能，通过改变颜料组分，改进颜料的各种牢度及应用性能，扩展产物的颜色范围或颜色空间；混合偶合技术已经在偶氮类颜料产品中广泛应用，通过混合偶合制备含有两种以上不同化学结构组成的颜料，混合偶合技术可有效降低反应产物的粒径、明显提高着色强度、增加透明度、光泽度；有机颜料挤水转相基墨工艺，将有机颜料滤并不经干燥与树脂油连结料通过捏合使水性颜料转入油相，分离出水而得到着色强度高、易分散的色膏，并直接用于制备油墨；透明型有机颜料制备技术的突破，通过控制偶合反应速度、添加表面活性剂，控制介质pH值、偶合反应后加热温度、颜料滤饼的干燥温度及选择高效的带式干燥设备等，可制备出高透明度、高光泽度、高着色强度、耐热稳定性等优异性能的颜料产品。

大力开展了高档有机颜料的表面改性技术，生产亲水性颜料产品新剂型，以满足环保型水性涂料、水性喷绘印墨着色用的有机颜料需求。高质量地生产高性能有机颜料相关中间体原材料，缩短工艺流程、减少三废生成、提高了中间体内在质量。

大数据查询表明，全世界发表涉及有机颜料的合成、商品化技术、后处理、反应设备及相关中间体制造技术的专利总数约440多篇，其中我国发表的相关专利数目（CN）多达104篇，均为1999—2017年间申请的专利，约占世界申请专利总数的23％。这些成绩的取得是企业与高等院校、研究部门通力合作的结果。这些专利高度重视了有机颜料的基础性理论研究，关注颜料的化学结构、晶体形态、粒径大小分布及表面极性与应用性能的关系，为创新品种、改进颜料性能探索一条不可或缺的途径。

为满足应用领域的需求，增加有机颜料品种的同时，企业更加关注颜料产品的品质，商品颜料的品质是根基，必须以优异的内在品质方可创建经久不衰与可信的颜料品牌。

随着改革的深入和技术的进步，高端技术在国内染料行业中实现了突破。目前，催化技术是染料清洁生产工艺中发展最快的绿色制造技术，其中包括催化加氢还原技术、相转移催化技术、连续硝化技术、三氧化硫磺化技术、组合增效技术、溶剂反应技术、循环利用技术等工艺技术创新和应用，

对我国染料行业安全生产中实现本质安全、集约管控、节能减排、循环经济、绿色工艺等方面都具有重要意义。

清洁生产、节能减排得到染料生产企业的高度重视，2009年，染料行业有四项技术被工信部列入清洁生产技术推广目录，它们是：染颜料中间体加氢还原清洁生产制备技术；染料膜过滤、原浆干燥清洁生产制备技术；有机溶剂替代水介质清洁生产制备技术以及低浓酸含盐废水循环利用技术。通过这些新技术的不断推广实施，从源头管控、工艺改进和采用膜过滤、原浆干燥等生产制备技术使80%的活性染料品种、40%的酸性染料和荧光增白剂等产品实现了工艺废水零排放；同时，加氢还原、综合利用、生化及MVR废水处理等技术被企业广泛应用，有效减少了废水、固废的产生和排放。

在装备提升方面，合成反应设备的大型化成功解决了大型反应釜在质量传递、动能传递、热量传递方面的工程技术难题，使合成过程中的单釜投料量及单批产量大幅度提升。特别是在分散染料合成制造工艺上，采用了以 $90 \sim 100m^3$ 为主合成釜的大容量合成装置，使生产单批量大幅增加，产品质量稳定性明显提升，解决了原小批量生产质量批差的困扰，为染料生产规模化，产量快速提升和生产企业的集约化奠定了良好的基础。

大型化连续硝化、加氢还原生产装备使得连续硝化替代传统间歇硝化；加氢还原替代传统铁粉、硫化碱还原等技术在染料行业实现了工业化的应用。大型的高温高压反应釜、减压精馏、蒸馏设备以及各种在线的电子监测设备，适用于高沸点、低沸程差、热敏性芳香胺异构体精密分离工艺的装置得到应用。DCS集散控制系统，对全流程工艺参数实施自动控制，提高装置自动化水平和系统运行的稳定性及安全性。ESD应急处理系统，自动实施异常工况应急处理机制，提高化工生产的安全性等装备逐步应用于工业化生产。同时，耐高温、耐有机溶剂腐蚀的大型过滤设备，如自动板框压滤机、液压压滤机、带式压滤机、隔膜箱式压滤机、膜过滤等设备，提高了过滤的有效面积、过滤速率和染料的分离效果，减少了染料废水的排放。

新型超细研磨设备，如研磨机、球磨机等适于干式研磨，胶体磨、砂磨机等适于湿式研磨，特别是近年来高效节能的粉碎设备，如专用的大型多种规格强力捏合机、球磨机、均质机、流能粉碎机、双（反）向旋转球磨机等设备，具有节能高效的特点，可有效降低研磨粉碎能耗，同时，产品质量达到了国际先进质量水平，解决了我国商品染料因颗粒大、粒径分布范围广等问题，提升了染料精细化水平。

大型染料干燥设备方面，在传统的干燥箱基础上，滚筒干燥器、带式干燥、闪蒸干燥设备以及喷雾干燥塔设备等被广泛用于染料的干燥过程。其中喷雾干燥塔设备全部实行国产化，是目前染料行业应用最多的干燥设备之一。

此外，有机溶剂的回收、提纯设备，耐强酸或强碱、耐高温、耐腐蚀的较大型密封真空包装设备，用于含盐酸性废水和含盐碱性废水处理的多效蒸发设备等也已广泛应用。

结语

回首中国染料工业近百年的风雨历程，有艰辛曲折的不屈奋斗，也有令人自豪的辉煌业绩。新中国成立70年来，中国染料工业发生了翻天覆地的变化，产量从小到大，品种从少到多，技术从弱到强，市场从内到外，为全球染料工业的发展和纺织印染业的需求做出了重大贡献。如今，中国染料工业正朝着国际化、多元化的发展道路不断前进，加快"走出去"，努力开拓国际市场，培育更多的具有国际竞争力的跨国染料公司，让五彩缤纷的大千世界充盈着中国染料的鲜艳色彩。

02

不忘初心，奋力向涂料强国迈进

——新中国涂料工业发展纪实

涂料工业在国民经济发展中发挥着重要作用，是人民生产、生活不可或缺的基本物质。作为配套行业，涂料工业为支柱产业的发展提供了重要保障，在国民经济发展中举足轻重。

涂料是涂于基材表面能形成具有保护、装饰和特殊功能的固态涂膜的一类液体或固体材料之总称。早在7000年前的新石器时代晚期，我国便开始生产和使用以天然物质（大漆、桐油、松香、红土等）为原料制备的涂料，在世界上处于领先地位。直至1915年，由阮霭南、周元泰创办的上海开林油漆颜料厂的诞生，标志着中国近现代涂料工业的开启。

刚刚走过百余年的近现代中国涂料工业，因辛亥革命成功的鼓舞而起步，因军阀混战冲击而缓慢前进，因日寇摧残而苦撑时日几近奄息。新中国的成立，掀开了中国涂料工业的光辉篇章，改革开放更是促进了涂料工业的迅猛发展。直至2009年，全国涂料产量从新中国成立初期的不足万吨增长到755万吨，从而跃居全球首位；到如今，我国涂料产量已近2000万吨，并连续10年雄踞涂料生产和消费第一大国的地位，正在昂首阔步向世界涂料强国攀登！

历经100余年，特别是新中国成立70年的积淀与发展，中国涂料工业经历了跌宕起伏，特别是改革开放40年来，持续推进体制机制改革，大力促进创新驱动和技术进步，大力推动结构调整和产业升级，积极推进低碳环保和节能减排，积极推行绿色可持续和高质量发展，着力履行社会责任和历史使命，注重高素质人才培养，重视"引进来"和"走出去"，让中国涂料行业迸发出勃勃生机，发生了翻天覆地的巨变，取得了辉煌的成就！70年来，中国涂料工来已经从一个不为人知的弱小行业，发展成为一个为世人所瞩目的行业；从一个微不足道的细小分支行业，成长为渗透到国民经济发展中各行各业不可或缺的重要角色。从国防军工到航天航空，从交通运输到道路桥梁，从国家重点工程到生活家居……涂料都承担着保驾护航的重任，在我国经济发展过程中起到举足轻重的作用。

1915—1948：艰难创业，历尽曲折

辛亥革命的成功，近代中国涂料工业现出黎明前的一缕曙光。国内工业得到了一定的发展，与之配套的涂料消费量进一步增长，进口涂料远远满足不了国内需求，给中国民族涂料工业的兴起带来了机遇，我国近代涂料工业开始起步，诞生了一批创业的涂料先行者。

1915年，上海开林油漆颜料厂建立，标志着中国涂料工业从"天然油脂漆"升级到天然树脂（植物油脂）"化学炼制涂料"（当时称为"化学漆""洋漆"）时代。

从1915年到1936年，这21年是近代中国涂料发展史上的一个"小黄金"时期，从无到有、开枝散叶，奠定了现代涂料产业的基础和格局。虽然国内政局动荡、军阀割据，但涂料越来越多地用于各种军事、民用领域，留

477

洋的化工技术人才纷纷回国创办实业，有些企业，甚至具有了和国外同行竞争的实力，比如上海振华油漆公司，在1925年，他们生产的"飞虎"油漆就压倒了日货"鸡牌"油漆。

好景不长，1937年卢沟桥事变爆发，标志着抗日战争全面打响，刚刚起步的近代中国涂料工业遭受了毁灭性的重创。涂料企业不是被日寇征用，就是毁于战火，大批涂料企业家，或拒绝与日寇合作，或外逃至港澳、内陆边陲避难。8年抗战期间，只有1940年成立的昆明元丰油漆厂（今日昆明中华涂料有限公司的前身）和1942年成立的贵阳建成油漆厂在生产，其余的企业不是破产被收编，就是濒临倒闭，之前21年打下的初步基础荡然无存！

抗战胜利后，1946年3月，全部日伪涂料企业的产权由国民政府"经济部"接收；然而，和平并没有到来，国民党反动派发动了内战，历经兵火和战乱的中国涂料企业惨淡经营，奄奄一息。

1949—1959：涂料工业重获新生

一、重获新生，产量增长速度迅猛

新中国的建立，万物复苏，百废待兴，中国涂料工业也重获新生，得到了迅猛发展。从1949年到1958年期间，是涂料工业建立基础的阶段。在此期间，确立了全民所有制企业在涂料工业中的主导地位，帮助私营企业克服困难，恢复生产，逐步走向全行业公私合营，使之纳入了计划经济的轨道。

1949年新中国成立初期，我国仅有约50多家涂料厂，从业人员1055人，只能生产几十种低档产品，年产量仅有约8000吨。这50多家涂料厂中，有一定名气的涂料厂只有约19家，上海7家，天津3家，广州2家，大连、武汉、重庆、沈阳、广州、昆明和贵阳等7个城市各1家（表1）。其余大多数城市包括大部分省会城市均无涂料厂。

表1 1949年国内主要涂料厂一览

序号	厂名	创建时间	地址
1	开林油漆厂股份有限公司	1915	上海
2	大成油漆公司	1917	天津
3	振华油漆公司	1918	上海
4	满洲油漆株式会社	1919	大连
5	东方油漆厂	1921	天津
6	永固油漆厂	1926	上海
7	建华油漆厂	1928	武汉
8	永华油漆厂	1929	天津
9	重庆油漆厂	1931	重庆
10	敖利玛化学品公司	1932	上海
11	满洲油漆株式会社奉天工场	1933	沈阳
12	万里油漆厂	1933	上海
13	通州油墨油漆厂	1933	广州
14	大生油漆厂	1934	广州
15	永光油漆厂	1935	上海
16	联安油漆厂	1936	上海
17	岭南油漆厂	1939	广州
18	元丰油漆厂	1940	昆明
19	建成油漆厂	1942	贵阳

1950—1952年的三年经济恢复时期，党和政府实行发展生产、繁荣经济、公私兼顾、劳资两利的政策，对19家涂料厂的所有制分类管理，政府接管属中央国营的涂料企业2家（沈阳、上海开林）、外商经营或中外合营4家（大连、沈阳各1家，上海2家）、民族工商业（当时对私营工商企业的称谓）13家。

随着我国社会主义经济建设的发展,特别是从1953年到1957年第一个五年计划执行期间,涂料工业迅速发展。为使涂料适应经济发展要求,在政府主导下,对全国各非公有制油漆厂进行公私合营改造。公私合营改造有个别企业和全行业公私合营改造两种模式,对涂料企业公私合营改造属于前者。在公私合营改造中,先将私营企业中官僚资本部分没收,转为国有经济成分,也有国家对私营企业投资,使国有经济成分增加,政府同时派遣国家干部到私营企业担任领导工作。对资本的私人持有者(即民族资本家)实行"赎买"政策。公私合营初期,企业获得利润按国家应得税金、企业公积金、职工福利奖金和资方的股息红利"四马分肥"方式分配。

1956年,全国各涂料厂在政府主导下,全行业经公私合营改造,同时进行合并小厂,扩大企业规模。如在天津,以永明油漆厂为基础,在公私合营过程中,将大小40多家分散的小油漆厂和小颜料厂合并组成天津油漆颜料总厂,成为国内最大的油漆厂,并在1957年后由当时化工部直属,成为国有企业,其也是新中国成立后第一家产量达万吨的涂料厂,1954年产量即达1.006万吨。

1949—1958年,各地先后建设了一大批涂料生产厂,共有40家,其中28个厂集中在1956—1958年建成。在对私营涂料企业进行社会主义改造的同时,没有涂料企业的城市,由地方政府投资扩建、新建了一些地方国营涂料企业,如西安、北京、青岛、湖南建湘、哈尔滨和四平等涂料厂。此外,各地兴起了一批集体性质的涂料厂,如河北省的石家庄、邯郸、张家口等地的三家涂料厂,也称大集体企业。至此,除新疆、宁夏、青海、西藏等四省、自治区未建涂料厂外,其他各省、自治区、直辖市都建立起了涂料厂。

由于涂料生产厂家的增加和涂料生产大厂实际产量的增多,带来涂料产量突飞猛进的增长。1950—1952年的三年恢复时期,涂料产量每年以翻倍的速度增长,从1949年的年产量8007.8吨,达到了1952年的27000吨,增长了2.4倍,到1957年,我国涂料产量达到了63402吨,增长了7.8倍,增长速度着实惊人。这也是当时整个涂料工业基础规模小、起点低的反映。

二、全面引进消化吸收苏联技术

新中国成立后，百业待兴，开始进入恢复时期。新中国成立前留下来的涂料行业，技术力量不强，基础薄弱。上海、天津等地新中国成立前少量进口的一些生产设备，如单辊机、三辊机、离心机等，可小批量生产清油、厚漆、防锈漆、酚醛、酯胶调和漆和硝基漆等产品。

20世纪50年代，由于西方国家的封锁，我国基本上处于被封闭的国际环境之中。当时，苏联是我们学习的唯一对象，只能是引进苏联的技术作为借鉴，仿制苏联涂料牌号，请来苏联涂料技术专家作"老师"。第一个五年计划期间，我国政府提出全面向苏联学习的政策，对我国涂料工业的发展，产生了深刻的影响。

根据中苏两国的协议，在"一五"期间，苏联政府援建我国156项重点工程。这些项目，需用大量的配套涂料，且按苏联产品标准供应。为了适应这一情况的需要，苏联政府无偿地提供了油基、醇酸、硝基、过氯乙烯、环氧漆等200多个涂料品种的制造技术与合成树脂的升温曲线图，并派出了涂料专家赫拉莫夫来华协助工作。赫拉莫夫曾先后到沈阳、大连、天津、西安、重庆、上海、武汉、广州等地的涂料厂进行指导，介绍苏联涂料工业的发展状况，进行技术讲座和技术咨询，帮助解决技术问题；同时，各厂纷纷组织技术人员对苏联提供的配方进行仿制与研制，生产了大批仿苏牌号的涂料产品，有力地支援了重点工程的建设。

同期，我国派出技术人员到苏联接受培训学习，经化工部和国家有关部门批准，先后派遣盛景祥、王顺高、陈桂凯、王乐天、芦丰、韩金奎等到苏联学习培训。其中，王乐天是专门去学习硫酸法钛白粉的生产工艺，韩金奎是到苏联门捷列夫化工学院涂料专业留学（四年），其余都是一年，主要学习涂料生产工艺。这在百废待兴的新中国成立初期，涂料要急切地满足国民经济正常建设的需要是起了积极作用的。

为配合仿苏标准的贯彻，天津东亚声光仪器厂仿制了苏联采用的黏度杯、硬度计、弹性仪、冲击强度计等检测仪器，促进了涂料工业检测手段的改进。

由此可见，50 年代，苏联援助对涂料产品的系列化、质量管理标准化产生了积极的影响，为我国涂料工业打下了较好的基础，这是有目共睹的。仿苏涂料产品及质量标准的实施，对以后涂料产品的分类，产生了一定影响。

三、引进技术生产"解放牌"汽车配套用涂料

中国的汽车工业是新中国建立以后，在所有传统产业中仅有的，从无到有发展起来的。中国汽车涂料工业正是跟随汽车工业发展的步伐同步成长的。自 1956 年第一汽车制造厂（以下简称一汽）建成，我国的汽车工业开始起步。一汽的投产，结束了我国不能制造汽车的历史，开启了我国汽车涂装和 OEM 汽车涂料的历程。

一汽是我国第一个五年计划由苏联援建的重点项目之一，因而涂装线的设计、调试和涂装人员的培训，全由莫斯科斯大林汽车厂负责，即涂装技术、用漆品种及标准、涂层质量标准等全面从苏联引进。

1956 年 7 月 13 日，从总装线上下线的崭新的第一辆"解放牌"汽车，就全部采用了国产的 OEM 汽车涂料，是当时的化工部从苏联引进了成套汽车原厂涂料的配方和制造技术，由天津永明油漆厂按苏联标准开发研制的，并得到苏联斯大林汽车厂的检验认可。经天津永明油漆厂和一汽双方的共同努力，引进开发了醇酸树脂底漆和面漆、硝基漆和沥青漆三大体系 13 个品种的"解放牌"汽车专用涂料。涂层质量略高于苏联载重汽车的涂层质量。

这为今后中国汽车涂料的发展做出了重大的贡献。

四、引进并创新醇酸树脂产业化，其他类涂料树脂开始发展

涂料工业是在手工作坊生产模式上发展起来的。新中国成立初期，涂料

产品主要是以植物油和硬树脂为主要原料的油脂漆、沥青漆、酯胶调和漆、酚醛漆，即业内习称为"前四类"低档漆（早期的涂料分类命名标准是按成膜物树脂类型分类，把涂料品种分为十八大类，油基涂料列为前四类）。

醇酸树脂是涂料用的骨干树脂，也是量大面广、基础性的涂料专用树脂。醇酸树脂的问世，逐步改变了中国涂料工业由"前四类"低档漆一统天下的局面，走上以合成树脂涂料为主的发展道路。这一进步，是涂料树脂合成摆脱手工作坊式、间歇式生产，迈向现代化工大生产模式的里程碑。也是发展其他合成树脂的基础。

（一）醇酸树脂问世开创了现代涂料工业的新纪元

1949年，只有两家工厂生产醇酸树脂漆，50年代发展到8家。在新中国成立前夕的1947年，陈调甫先生创办的天津永明油漆厂（前身为大成油漆公司，现天津灯塔涂料公司）开始了醇酸树脂研究。1948年，天津永明油漆厂首先研制出中油度醇酸树脂涂料，因其能刷、能喷、能烘烤三种宝贵性能，而被命名为"三宝漆"，这个品牌一直沿用至新中国成立后。1949—1950年，天津油漆厂先后完善了醇酸树脂清漆、底漆、磁漆的配套工作，与此同时研制出配套的催干剂。

新中国成立后的三年经济恢复时期（1950—1952），天津、上海、沈阳、大连等油漆厂相继开始试制醇酸树脂新品种，形成一批试验室成果和小规模扩大试验结果。在第一个五年计划时期（1953—1957），醇酸树脂品种发展得到了苏联的援助，向中国提供了甘油型的中油度醇酸树脂和季戊四醇型长油醇酸树脂的配方与工艺（当时按俄语音译为"格里夫他"和"般他夫他"）。以天津、沈阳、大连等厂为主仿制"格里夫他"醇酸树脂涂料，很快就为第一个五年计划的156项重点项目提供了以醇酸树脂磁漆为主的第一代工业用涂料。其中，天津永明油漆厂等厂通过消化吸收，对国内醇酸树脂品种发展和产品质量提高起到了促进作用。第一汽车制造厂的解放牌汽车专

用漆、武汉长江大桥漆、首批飞机用漆等主要就是醇酸树脂涂料。据记载，1949—1957年，有四家企业生产醇酸树脂涂料：天津油漆总厂51吨（1949年），大连油漆厂7吨（1949年），双虎涂料工业公司0.4吨（1967年），沈阳油漆厂315吨（1956年）。

醇酸树脂合成工艺早期是采用熔融法，即本体聚合，该方法设备简单，成本低，但产品性能不易达到预定要求，工艺也不好控制。1953年上海永固造漆厂（上海振华造漆厂前身）首先试验成功溶剂法生产醇酸树脂工艺，从此将树脂合成工艺提高到以溶剂回流法脱水同时酯化为主的生产工艺阶段，不久即在全国范围推广，成为主要工艺形式。

（二）其他涂料用合成树脂开始起步

（1）酚醛树脂。1954—1955年，天津永明油漆厂研制成功酚醛改性松香酯；1956年，沈阳化工综合研究所研制成功酚醛树脂，但此类树脂的应用未能得到很大发展。

（2）环氧树脂。第二次世界大战后，绝大多数工业发达国家都开始生产环氧树脂。20世纪40—50年代，环氧树脂在涂料等领域得到了良好应用。1954年，沈阳化工综合研究所（沈阳化工研究院前身）首先从原料开始进行了环氧树脂的研制，相继开发出双酚A型环氧树脂。随后华北化工设计研究分院、浙江化工研究所和上海化工研究院分别进行了仿苏牌号40和30等环氧树脂的试制。1958年在上海树脂厂和岭南化工厂建成环氧树脂生产车间并投入了生产。

（3）丙烯酸树脂。我国的丙烯酸树脂涂料研究始于20世纪50年代，当时苏联专家提供了以BMK-5为代表的溶剂型热塑性丙烯酸树脂涂料的生产技术，并在天津油漆厂生产，以满足一些特殊要求。1958年，由于出口轻工皮革制品急需提高饰面质量，轻工部委托北京油漆厂朱传棨与轻工部皮革研究所合作，开发丙烯酸单体及乳液聚合技术。这是我国皮革用丙烯酸涂料的起步。

（4）有机硅树脂。我国有机硅制品的研制和生产，是从新中国成立后才开始的。新中国成立后，为适应国民经济和我国有机硅制品研制和生产，1951年开始有机硅化合物的研制，1956年在沈阳建立了第一个有机硅单体生产车间。1958年在上海树脂厂，1960年在天津油漆厂分别建立了有机硅单体生产装置。上海树脂厂于1958年开始研制有机硅树脂，到1961年研制成功12种仿苏K型有机硅树脂，1962年通过化工部成果鉴定，1964年获国家技术发明奖。有机硅涂料是20世纪50年代末到60年代初，从仿制苏联фΓ-9有机硅耐热涂料开始的，先后在天津、西安两家涂料厂生产。

五、军用沥青系船舶涂料及飞机蒙皮涂料成功应用

新中国成立初期的涂料科研，是以军工涂料为重点，以苏联牌号为目标。新中国成立后，我国船舶涂料和航空涂料都是从零开始，经历了艰苦的研制生产过程。

我国船舶涂料的发展始于新中国成立后。新中国成立初期，当时只有上海开林造漆厂生产船舶涂料。为了开发符合海军舰船要求的舰船涂料，开林造漆厂在海军的全力支持下，从1950年起积极开展舰船涂料，特别是船底防锈涂料和防污涂料的研究试制工作。由于国外的经济封锁，一切从零开始，建造了国内第一个用于船舶涂料模拟试验的人造海水池，并在海军协助下，在定海、青岛、厦门、榆林海港中设置了试验浮筏，从而使船舶涂料试验纳入了正轨。

1955年，开林造漆厂研制成功了具有较好防锈和防污性能的830铝粉底漆、831黑棕船底防锈漆、832船底防污漆沥青系船底涂料，并于同年涂装在由江南造船厂建造的我国第一艘03型潜艇艇底上。经海港试验和实船试验，其耐水性、防锈性能和防污性能超过当时的英国红手牌和苏联尼夫克牌（HUBK）船底漆。不久之后该厂又研制成功常规型水线漆和船壳漆。从50年代中期开始，我国沿海城市大连、天津、青岛、宁波，都向开林造漆厂学习

船舶涂料的生产技术，以适应我国造船工业、航海事业和人民海军的需要。

新中国成立初期，我国建立了自己的空军，要制造、装饰及保护飞机，而飞机所需涂料需要自己配套。我国的航空涂料就是这样从零开始的。当时航空涂料的品种全部采用苏联牌号和技术指标，如格里夫他、盘他夫他醇酸漆、фг-9有机硅耐高温涂料等。我国飞机蒙皮涂料开发始于20世纪50年代，以C01-7长油度醇酸涂料为主，主要用在军用运输机和轰炸机上，也用于一般低速飞机上。军用飞机上常用的颜料是草绿色和天蓝色，起到一定伪装作用。

1956年，为满足飞机蒙皮涂料的特殊要求而开发季戊四醇醇酸树脂，天津油漆厂、沈阳油漆厂和西安油漆厂等都承担了航空涂料的研制、生产任务。天津油漆厂陈士傑等为满足空军任务要求，首先对仿苏牌号170A醇酸蒙皮清漆，46、56硝基清漆进行改进，首次制成长油度亚麻油季戊四醇醇酸清漆（仿苏牌号为170A），取得了技术突破，并用于我国第一架米格战斗机上，同时，国产第一架战斗机全部使用了国内配套的涂料。

六、为满足重点工程建设集中开发新品，涂料标准化管理机构逐步建立

新中国成立初期，百废待兴，这个阶段中国涂料的整体水平相当低下，我国涂料品种只有几十种，而且都是低档品种，耐久性差。国内只能小批量生产清油、厚漆、防锈漆、酯胶调和漆、酚醛和硝基漆等，满足不了需求，各生产厂根据市场需要和原料供应情况生产，生产者自定牌号，没有产品标准。

"一五"（1953—1957）期间，围绕苏联支援的156项大型重点工程的建设和国防军工的需要，大力仿制苏联牌号涂料以应急需。为满足大量配套涂料的需要，苏联政府向我国无偿提供多种涂料制造技术的同时，还提供了相关涂料标准和检测仪器，如摆杆硬度计、冲击强度测定仪等。从1956—1957年，聘请了苏联涂料专家到我国多地的涂料厂进行指导，国内各厂各取所需，吸收、消化，积极进行仿制生产，在有力地支援了重点工程建设的同

时，还建立了适合国情的中国涂料标准和检测方法。这些工作，推动了我国涂料品种的发展扩大，并逐步引导涂料产品和全行业走向标准化和规范化轨道，是涂料颜料标准化的起步。

涂料产品和检验方法标准的制订工作始于20世纪50年代后期。标准化真正走向正轨是涂料标准化管理机构的建立和正常工作，并且是随国家标准化工作发展而进步的。1949—1956年，中央财经委员会技术管理局设置标准化规格化处，管理全国标准化工作。1957年国家技术委员会正式成立了"国家标准局"，制订了第一批国家标准。我国涂料和颜料标准化发展的最初阶段是1954—1957年，这个阶段重工业部化工局沈阳化工综合研究所油漆研究室承担了我国涂料和颜料标准化工作，参照苏联标准，制订了部颁暂行标准41项（以化暂×××—57发布），基本能覆盖涂料和颜料品种和所涉及的检测方法。1957年后，涂料颜料标准化工作由化工部天津化工研究院涂料研究室承担。

七、涂料颜料的技术进步

国家经济的发展推动涂料工业振兴。涂料工业的发展以涂料科学技术为先导，只有重视技术进步，发展新品种，加强人才培养，使涂料产品不断提档升级，才能跟上国民经济发展的步伐。新中国成立初期及第一个五年计划期间，我国涂料工业基础相当薄弱，品种仅有厚漆、调和漆等简单品种，生产设备陈旧，工艺落后，产品性能远远不能满足工业发展的需要，特别是不能满足国家重点工程及军工产品等发展的需要，为此，在国家政策指引下，在沈阳、大连、天津、上海等地相继成立多种形式的涂料及颜料的研究部门，同时，各大涂料厂也纷纷建立中心实验室，抽调技术力量，加强涂料研究，开发新产品，并积极开展人才培养。

1954年，沈阳综合化工研究所设立油漆研究室，它是化工部设置最早的涂料研究机构之一，1957年，根据国家建设的需要，该研究室从沈阳迁往天

津，并入华北化工研究设计分院，1960年改为化工部天津化工研究院，专门从事涂料及无机颜料的科研开发，当时阵容强大，在国内涂料研究开发中居领先地位。直到1969年涂料、颜料及配套科室搬迁到甘肃兰州，成立化工部涂料工业研究所。

新中国成立初期，鉴于我国涂料行业技术水平太低，大专院校又不设涂料专业，因此，涂料行业采取自己培训技术人员的方法。从1956年开始，先后派人去苏联学习涂料与钛白粉的生产工艺技术，还指定工程师跟随来华工作的苏联专家学习，这是新中国成立后我国涂料行业培训人才的开始。

1957年，刚成立不久的化学工业部，在天津永明油漆厂举办了新中国成立后第一届涂料行业技术培训班，除请当时苏联涂料专家授课外，永明油漆厂的涂料技术人员也作为讲课的主力。培训了52名技术人员，随后，他们都成为各厂的技术骨干和领导，为发展涂料工业做出过不小的贡献。事后将讲义修改，定名为《普通油漆工艺学》，由化学工业出版社正式出版，是国内介绍现代涂料技术的第一本专著。技术培训和出版专著对推动涂料行业技术进步起了重要作用。

总之，新中国成立以后的十年，新生的涂料工业，经过努力和探索，积累了经验，培训了人才，开发了一批新产品。在全国各地新建了一批生产厂点，形成了一批科研开发的队伍和装备，制定了一批生产制度和产品标准，产品越来越趋于规范化，这些为以后的发展准备了充分的条件。全国涂料产量直线上升，从新中国成立时的年产8007.8吨，到1958年已经上升到11.23万吨，10年之间增长了13倍。

1960—1978：蜿蜒曲折，全国布局雏形初步形成

从20世纪60年代到1978年改革开放前，涂料工业经历了曲折的发展过程，涂料产量经受了两次"马鞍形"的发展，同时，涂料行业也克服重重困

难，全国通过组织防污涂料"4·18"会战、醇酸涂料会战、金红石型钛白粉会战三大技术会战，解决了几个技术关键问题。到1978年，全国各省市自治区除西藏外，都普遍建立和发展了本地的涂料生产骨干厂，形成一定规模的有近百家生产厂，其中大型厂有5家。全国产量也由1958年的11.23万吨上升到1978年的34.36万吨，遍布全国的百家油漆厂已初步形成了我国涂料工业合理布局的骨架。

一、曲折起伏，涂料产量两次呈"马鞍形"发展

1958年全国涂料产量突破10万吨（11.23万吨），进入20世纪60年代以后，涂料行业由于受三年自然灾害的影响，生产受到了很大的挫折，年产量出现了马鞍形，1961年比上年减产72%，1962年又较上年减产7.7%。党和国家及时实行"调整、巩固、充实、提高"方针，克服了困难，1963年国家经济走出困境，1964年全国涂料年产量再次突破10万吨（11.46万吨），6年间，涂料产量经过了第一次"马鞍形"发展。但一直到1966年才真正走出低谷。

1966年全国涂料产量达到20.23万吨，突破了20万吨大关。但好景不长，"文化大革命"开始，国家经济发展开始受到影响，拖累涂料产量连年下降，涂料生产再次陷入低谷。在此特殊时期后期，在"抓革命，促生产"号召下，经济发展开始止跌趋稳，使涂料产量也稳中缓升，1972年全国涂料产量第二次突破20万吨（21.02万吨），涂料产量在6年中经受了第二次"马鞍形"发展。涂料产量两次"马鞍形"发展，说明涂料工业发展是与国家经济发展密切相关的。

二、三大技术会战解决关键技术问题

在20世纪60年代，为了解决几个关键的技术问题，全国曾组织过三大技术会战，那就是"4·18"会战，醇酸涂料会战和金红石型钛白粉会战。

（一）"4·18"会战结硕果

20世纪60年代初期，鉴于国际、国内形势的需要，国家计划建设一支强大的海军，海军方面要求我们提供有效防污期长达3年的长效防污涂料。1966年4月18日，在化工部的建议下，由涂料行业会同海军后勤部、海军装备部、化工部、六机部七院等诸方面的生产、科研、使用单位组成"舰船涂料科技攻关协作组"，简称"4·18"会战组。参加的单位还有上海市有机公司应用室、上海市染料涂料研究所、开林造漆厂、六机部六院九所、宁波造漆厂、国家海洋局三所、青岛油漆厂、大连油漆厂、广州制漆厂、广州老化研究所、南海海洋所、化工部涂料所等单位。

"4·18"会战组分成三个会战小组，分别驻扎在青岛、上海、广州三地，以黄海（包括渤海）、东海、南海为试验对象，进行了从理论到产品开发、浮筏考核和实船涂料应用等一系列的试验。包括舰船总体设计、涂料配方设计和筛选、现场实船涂装和试验等各阶段工作。协作组的首要任务就是在最短的时间内研制出1.5～3年有效期的船底防污涂料，以解燃眉之急；同时研发3～5年长效防污涂料，并兼顾整体配套涂料。"4·18"会战历经15年，参加人员达130名，跨地区、跨行业合作；军民协作，团结一致，克服了许多困难。研制出铝壳快艇和钢壳舰艇以船底防污、防锈涂料为重点的配套船舶涂料，包括甲板防滑涂料、船壳涂料、油舱涂料、水舱涂料以及雷塔罩涂料等品种。铝壳快艇用9号丙烯酸树脂防污涂料，经东海、南海和北海30多次实船试验，防污时效为原用涂料的4～6倍。承担的钢壳潜艇长效防锈和防污涂料，经过几千次挂板试验和数百次实船海试，先后研制出1.5～3年期效的系列防污涂料共十多个品种。

（二）醇酸会战为醇酸涂料发展铺平道路

1966年，全国还组织了醇酸会战。当时，我国醇酸树脂涂料经过十多年的发展，已有20多个厂家生产，但各厂家之间，配方与工艺都不一样，产品质量也相差悬殊。为了解决醇酸树脂涂料的质量问题，会战以重油度醇酸树脂作为研究对象，优化工艺，筛选了醇解催化剂，找出了最合适的酯化深度，确定了从原料植物油和生产中各阶段的半成品的质量控制指标和控制方法。在会战中暴露出来的生产管理上的诸多薄弱环节，也重新订立制度，予以加强。这次会战，虽为时只有10个月，却为我国醇酸树脂涂料的健康发展铺平了道路，收获不小。

（三）开发金红石型钛白粉会战为钛白粉发展奠定基础

钛白粉是涂料生产的重要原料。钛白粉作为颜料，有金红石型与锐钛型两种晶型，这两种晶型，虽各有各的用途，但金红石型钛白粉的需求量较大。但是在生产过程中，金红石型不稳定，锐钛型比较稳定，金红石型常常会转变成为锐钛型钛白粉，这就给金红石型钛白粉的生产带来了许多的困难。于是一场以开发金红石型钛白粉为目的的会战，就在1963年展开了。这次会战，以天津化工研究院为核心，与上海钛白粉厂、南京油脂化工厂和大连油漆厂共同合作，目标是开发硫酸法生产金红石型钛白粉的工艺流程，制出相当于日本石原公司R-820质量水平的产品。这个会战，进行了两年的小试，在试验车间做扩大试验优化了一年，拿出试制品，经化工部组织鉴定通过，于1970年在南京油脂化工厂投产成功，质量基本达到R-820的各项指标。从此，我们有了自主开发的硫酸法金红石型钛白粉的整套生产工艺技术，填补了国内的空白，这是我国钛白工业发展史上的一个重要环节，为其后我国钛白粉工业的发展奠定了基础。

另外，在70年代，为满足汽车工业对轿车和卡车涂装的需要，还组织了两车涂料的会战，集中相关单位的技术力量，对轿车涂料和卡车涂料进行开发研究。这次会战使我国的汽车用涂料水平提高了一步。

三、设立研究机构，加强自主创新

为了提高自主创新能力，加强我国涂料工业的科研组织机构和科研体系建设，以满足工业和国民经济发展对涂料提出的新要求，从20世纪50年代到70年代末相继成立了化工部涂料研究所，化工部、海军和中国船舶总公司共同组成攻关三年以上防污涂料的"4·18"协作组（即化工部海洋涂料研究所的前身），化工部合成材料老化研究所，化工部第三设计院，上海市涂料研究所，武汉材料保护研究所，广州电器科学研究所，公安部四川消防科学研究所等研究机构。一些大中型生产厂也先后建立了科研组织，加强了科研技术力量。上述科研设计院所的建立以及生产厂研究组织的建立和不断加强，有力地推动了涂料工业新产品，新技术，新工艺的研究、开发和应用，初步改变了我国涂料工业在新中国成立初期只能生产几十个低档产品的落后局面。这一时期相继开发了许多新品种，到1978年，生产的产品大类已涵盖了油脂漆、天然树脂、酚醛树脂、沥青、醇酸树脂、氨基树脂、硝基、纤维素、过氯乙烯、乙烯树脂、丙烯酸、聚酯、环氧树脂、聚氨酯、元素有机硅、橡胶、辅助材料等，合成树脂涂料的比例已达到40.13%，这些都为我国涂料工业改革开放后科技的进一步快速发展奠定了基础。

四、坚持人才培养，培养技术骨干

（一）政府主导技术培训，《涂料工艺》诞生

1973年，是涂料遭遇第二个"马鞍形"发展期的底部，是时化工部已同煤炭部、石油部合并成为燃料化工部。为了阻止涂料行业在技术上的"滑坡"，振兴涂料工业，燃化部炼化司借鉴了1957年举办油漆技术培训班的经验，在甘肃省兰州市举办综合性涂料工艺短训班，由甘肃油漆厂（西北油漆厂前身）承办，面向全国涂料厂特别是规模较大的国营企

业，指名抽调其主要工程技术人员参加培训，选收学员约80人。由燃化部炼化司聘请有关大型涂料厂老技术员、工程师和有关院校教师按计划轮流赴兰州讲课。由于燃化部炼化司的重视，授课的教师结合自己科研生产实践经验和平生所学，毫无保留地教授学员，取得了很好的培训效果，在整个行业反映也很好。随后要求参加培训班学习的人很多，1974年开始，又连续办了三期。讲课的教材经老师们进一步修改，汇编成《涂料工艺》一书，分成9个分册，1975年由化学工业出版社出版，1977年出齐。后于1981年陆续重印出版。在整个80年代，该书在指导我国涂料工艺的科研开发、生产、施工应用、技术供应和销售等方面起了很大的作用。后经修改补充，把我国改革开放以来国内外涂料工业的新发展、新水平、新动向纳入其中，在1994出版增订本，共六分册，这是涂料行业中一套理论结合实际、实用性很强的重要参考书，是该书以后于1997年、2009年的第三、四版的主要基础，对涂料行业技术进步和涂料工业发展起了重要推动作用。

此后，原燃化部炼化司还组织举办了多期专业短训班，如醇酸树脂漆、涂料情报、涂料施工应用、涂料助剂、彩色颜料、质量检测、企业管理、财会等，甚至还办了涂料专业英语短训班，累计培训了学员达1500多人次。

（二）大型国营企业积极开展职工教育

在原化工部炼化司主导技术教育工作不断发展的同时，业内一些大型国营企业如大连油漆厂、天津油漆厂、重庆油漆厂、武汉油漆厂、上海涂料公司，也都纷纷自己办班，开展职工教育，自己培养具有中专以上学历的科技人员。许多高校也都设置涂料专业，上海科技大学在1975年和1976年两年，从全国涂料厂招收60余名学员，开办了两届涂料专修班，学制三年，毕业后回原厂工作，这样的专修班后来又办了几期。这些都成为我国涂料工业技术人才的主要来源。

1978—2000：伴随着改革开放涂料行业发生深刻变化

从改革开放到 21 世纪初的 20 多年间，在以经济建设为中心和改革开放路线的指引下，我国涂料工业发生了深刻的变化。

一、涂料产量持续快速增长，首次突破100万吨

从改革开放到 1992 年，是计划内公有制涂料企业发展的最佳时期，这种计划经济管理促进了公有制涂料企业较快发展，涂料产量增加也较快，当时涂料年产量过万吨、利税超千万元的企业算大型涂料企业。1989 年前，有近 100 家计划内的公有制涂料企业，在 30 家重点骨干涂料企业中，涂料年产量过万吨、年利税超千万元者有 24 家；其中涂料年产量过 2 万吨者 5 家、过 3 万吨者 2 家、过 4 万吨者 1 家。到 1992 年，全国涂料产量相比 1978 年的 34.36 万吨增加了两倍，首次突破 100 万吨达 105.8 万吨。

二、多种所有制企业竞相发展，行业管理体制改革深化

从 1978 年到 20 世纪 90 年代初，改革开放处于起始探索阶段，紧紧围绕国有企业改革、发展民营企业、引进外资设备三者互动向前推进；进入"八五""九五"两个五年计划的 20 世纪 90 年代，我国涂料工业的改革开放进入了以行业管理体制和组织结构、现代企业制度和企业经营机制为重点的深化改革的新阶段。

通过改革开放一系列政策的颁布实施，原国有、集体企业改制为股份公司和股份合作制公司，外资企业进入和发展扩张，民营企业崛起，涂料工业企业所有制的结构发生了实质性的变化，涂料工业企业由改革开放前的国有、集体公有制经济一统天下的局面发展为了目前的国有、民营和外资共同发展的格局。

（一）公有制企业改革不断推进

1978年，全国有近100家计划内的公有制涂料企业。其中，30家是重点骨干涂料企业，37家属大集体企业，其余属一般国有企业。

改革开放不久，政府对国有企业逐步放权，扩大企业在人、财、物方面的自主权，推行承包责任制，实行责、权、利紧密结合的生产经营管理制度。从1985年起，由于涂料企业经济责任制的转变，也促进企业由单纯的生产型向生产经营型转变，1988年后，逐步实行厂长负责制，让企业成为自主经营、自负盈亏、自我发展、自我约束的商品生产和经营单位，享有独立民事权利和承担民事义务的企业法人。国有企业内部改革、重组，规模扩大，主营方向集中，率先走上发展轨道的代表性企业上海涂料公司（现为上海华谊集团下属的华谊涂料公司）、广州珠江化工集团有限公司，规模和利润位于全国涂料企业前列。

上市也是国有骨干涂料企业探索改革的途径。从1993年10月—1997年10月，南京造漆厂、天津油漆总厂、武汉制漆厂、西北油漆厂、重庆油漆厂等5家骨干涂料企业，经过内部股改，先后以宁天龙、渝三峡、双虎涂料、灯塔油漆和西北化工名义分别上市。

"九五"期间（1995—2000年），国家对企业体制改革进一步放开，提出"抓大放小"，对竞争性强的行业（涂料行业符合）可以进一步放开，国有资本也可以从有关国营企业部分或全部退出。有的国营涂料企业抓住机遇，坚决走"股改"（企业股份制改革）之路，如湖南造漆厂（现湖南湘江涂料有限公司）、陕西兴平县的兴平油漆厂（现陕西宝塔山油漆股份有限公司）等都是股改成功的例子。

（二）民营涂料企业"雨后春笋"般迅速崛起

公有制涂料企业在社会主义市场经济体制指导下进行改革的同时，非公有制涂料企业得到迅速发展，主要包括乡镇企业、民营企业、股份合作企业。

在公有制为主体、多种经济成分共同发展的方针下，个体和民营企业如雨

后春笋般迅速发展起来，尤其是珠江三角洲地区和长江三角洲地区，仅几年时间就快速发展起了几百家民营企业，通过优胜劣汰，发展壮大，出现了广东华润、嘉宝莉、美涂士、江苏兰陵等经营机制活、创新能力强、技术设备先进、发展强势的民营企业。遍布全国的民营涂料企业，已成为涂料工业发展的三大势力之一。经过近20年发展，众多的非公有制企业经过严峻考验，有起有落，有兴有衰，脱颖而出一批颇具规模的企业群体，其中不乏卓有成效者。

（三）外资企业纷纷进驻中国市场

随着国家一系列对外开放政策、法律、法规的颁布和实施，国家为吸引外资，对外商在中国设独资公司或合资办厂，税收实行"三免五减"（头三年免税，随后五年减税）优惠。"八五""九五"期间，涂料工业通过引进先进技术和装备、技术转让、合资合作、外商独资等多种方式，在汽车涂料、粉末涂料、船舶涂料、集装箱涂料、建筑涂料、马路标线涂料以及树脂、制漆、包装生产设备等多方面，积极开展了与国外涂料公司的合作，国外涂料公司纷纷挺进中国市场，不仅在全球排名前40位的国外涂料公司大多陆续进军中国，就是一些中小涂料企业也跃跃欲试，准备进入中国。到"九五"末，外资/合资企业已成为我国涂料工业发展的一股重要力量。

至此，民营和外资/合资企业的发展已改变了我国涂料工业计划经济时期只有国有资产的唯一所有制形式，形成了国有、民营、三资三种所有制形式共同发展的格局。

但也应该看到，外企的涌入，在给中国涂料市场带来了比较先进的生产技术和新品种、促进中国涂料技术进步、缩小与国外差距的同时，也加剧了涂料市场的竞争。

三、产品结构调整卓有成效，科技创新能力不断增强

产品结构和质量代表了涂料工业生产和技术水平。新中国成立后的前30

年涂料品种的发展，初步满足了当时国民经济的需要。改革开放后到21世纪初，通过引进先进技术和自主开发相结合，我国涂料品种结构和水平提高到一个新的阶段，有些产品已达到当时国际先进水平。

（一）产品结构调整初见成效（1978—1988）

为管理方便起见，我国计划部门将涂料产品，按其主要组成成分（即主要成膜物质）划分为18个大类，包括：油脂漆类、天然树脂漆类、酚醛树脂漆类、沥青漆类、醇酸树脂漆类、氨基树脂漆类、硝基漆类、纤维素漆类、过氯乙烯漆类、乙烯树脂漆类、丙烯酸漆类、聚酯漆类、环氧树脂漆类、聚氨酯漆类、元素有机漆类、橡胶漆类、其他漆类和辅助材料等18大类。其中，前四类是一些低档产品，品质较差，使用寿命也不长。1978年，油脂类、天然树脂类、酚醛树脂类和沥青类四大类产品还占总产量的56.8%，而合成树脂类涂料所占比例仅为43.2%。

为了提高产品品质，提高合成树脂涂料的份额，1978年向全行业提出了"限制前四类，改造硝基漆与过氯乙烯漆两大类，发展醇酸、氨基、环氧、丙烯酸四大类，开发乙烯树脂、橡胶、聚氨酯、聚酯四大类"的品种结构改革方案，引导大家进行一次品种结构的大调整。经过10年的努力，到1988年，合成树脂的比例已上升到57.1%。限产的前四类涂料产量比例由1978年的56.8%下降到1988年的42.9%。这是改革开放后，涂料行业取得的一项重大进步。

到21世纪初，合成树脂涂料占比超过70%，满足了国民经济和国防工业发展要求。其主要原料也配套发展，不仅能满足国内涂料制造的需要，还可出口国外，与改革开放之初主要靠进口有天壤之别。

（二）产品结构逐渐优化

随着我国国民经济的快速发展和人民生活水平的提高，相关行业产品结

构的变化和升级，对配套的涂料产品要求越来越高，高装饰性、高功能性专用涂料备受市场的青睐。因此，调整产品结构，增加品种，提高档次，适应不断变化的市场需求，已成为行业生存和发展的必然。通过"八五""九五"期间的不断调整，到 20 世纪 90 年代末，涂料品种结构已发生了根本性改变，合成树脂涂料的比重已从 1979 年的 42.64% 提高到了 65% ～ 75%。同时在市场的带动下，涂料用树脂及相关产品的商品化，初步改变了一些老企业产品样样齐全、样样不专的情况。

四、积极引进装备技术和涂料新品种，提高国内技术水平

新中国成立以来，涂料工业为我国工业现代化、国防现代化配套发展起了积极作用，其间向工业较先进国家引进较先进技术起的作用功不可没。但每个时期或每个类型与性质的引进所起的作用也大不相同。新中国成立初期到"二五"期间，由于西方国家对我国实行封锁，涂料技术只能全面从苏联引进，这是涂料基本品种配方技术和标准解决有无的引进；在 20 世纪 80 年代"六五""七五"期间，在国家改革开放政策指引下，从国外引进十分活跃，形成了一股引进国外技术的新高潮，这个时期的引进为提高国内生产装备技术和涂料产品水平起到了一定作用。

（一）引进生产装备，提高装备水平

20 世纪 80 年代开始，对单一设备、单一品种甚至单一生产线引进众多，如陆续引进密闭立式砂磨机、卧式砂磨机、篮式砂磨机等较先进的色漆分散设备；包装桶的生产线成套设备；自动包装设备及工艺先后有近 20 家企业引进。这些引进为改变落后生产工艺、提高生产效率、改善劳动条件起了相应作用。

其中，对涂料行业起关键性作用的引进是成套设备与工艺引进与基础原料生产工艺的引进。如产能 4500 吨/年的醇酸树脂生产设备与工艺成套引进及粉末涂料成套生产技术与设备的引进，产能 3.8 万吨/年丙烯酸及其酯类的

成套装置及生产工艺和甲苯二异氰酸酯（TDI）生产工艺等的引进，这些引进对发展中高档涂料有里程碑的作用。

1. 醇酸树脂生产设备与工艺引进，促进骨干涂料品种飞跃发展

1980年北京油漆厂通过香港立时集团，从日本引进年产4500吨醇酸树脂生产设备与工艺。经过生产实践，这套生产装置基本实现生产的自动化（反应温度的自动控制）、高效、安全和低能耗，所有液体物料（包括进场的液体苯酐）全部自动计量，树脂经密闭过滤自动灌装后入库或输送至树脂贮罐。这套设备投产后，一次可生产醇酸树脂溶液12吨，年产能4500吨，可供生产醇酸树脂涂料约20000吨/年，有的涂料专家称这个规模当时在国内涂料行业堪称"吉尼斯纪录"。该设备产能大，生产效率高，树脂的质量好，能耗降低，劳动条件改善，生产成本也大幅下降。受该引进项目鼓舞，1983—1987年，沈阳、大连、杭州、重庆、郑州等地的涂料厂，先后分别从日本、比利时，引进了醇酸树脂生产设备。有的反应釜达到15米^3，生产能力更大，其中，杭州和重庆两地引进的设备，都带有自动化程序控制的功能，大大推进了国内醇酸树脂的发展。

2. 引进丙烯酸及其酯类成套生产装置解决重要原料短缺

丙烯酸及其酯类，是生产丙烯酸树脂和乳液的主要单体，是业内长期渴望解决的系列单体原料之一。在20世纪80年代初期，国家为发展石油化工，给北京石油化工总厂引进了几套大型乙烯生产装置，各套装置年产乙烯十几万吨到几十万吨，同时有大量丙烯随同产出，可为制丙烯酸提供原料。经过上下反复酝酿，最后国家批准，在北京通县潮白河畔张辛庄建设东方化工厂，从日本三菱重工引进一套年产丙烯酸及其酯类3.8万吨的成套设备。

解决了"无米之炊"，当时化工部在全国大力推广丙烯酸及酯在涂料中的应用，促进丙烯酸树脂涂料迅速发展。1979年全国生产的丙烯酸涂料只有上千吨，1988年全国丙烯酸涂料产量达2万多吨，增长了20倍。有了丰富的

丙烯酸酯的资源，对发展建筑用丙烯酸酯乳胶涂料起到了积极作用，使丙烯酸工业涂料跨入发展的快车道。1995年丙烯酸树脂涂料产量进一步达到5.1万吨，使溶剂型丙烯酸树脂涂料逐步成为我国涂料中一大系列的骨干产品，成为汽车等工业涂装的重要涂料品种。

（二）引进涂料新品种，缩短与国际先进水平差距

引进涂料新品种是从1985年开始，第一个引进的是船舶涂料。改革开放以后，为了适应我国承接国外船舶订货和船舶维修的需要，1985年上海开林造漆厂在化工部、上海市化工局的支持下向英国IP公司引进船舶涂料先进技术，投资42万美元，年产600吨船舶涂料。国内外船商纷纷要求订货，销售状况甚佳。同年，大连油漆厂从日本中国涂料株式会社引进船舶涂料生产技术软件，投资20万美元，生产规模为年产2000吨。

除了船舶涂料的引进，20世纪80年代，较大规模引进的新品种还包含汽车涂料，包括底漆（阳极电泳涂料、阴极电泳涂料）、水性浸漆、汽车面漆、汽车修补涂料和高级轿车涂料，由天津油漆总厂等9家涂料厂分别从日本、德国、美国等国的9个公司引进。还通过与外商合资形式引进技术和汽车涂料品种，这些例子也较多。乳胶漆引进规模也不小，先后有9家涂料厂分别从奥地利、德国、日本、荷兰四个国家引进了14个项目。此外，较大规模引进国外技术的还有粉末涂料和丙烯酸乳胶漆等。

改革开放前，国内粉末涂料处在研究和推广实验中，到1982年全国粉末涂料产量才180吨。1986—2001年是我国大量引进粉末涂料制造设备和技术、世界先进的粉末涂料和树脂制造厂家陆续进入我国建厂的时期，也是大批原材料供应商进入我国的时期。

总之，在20世纪80年代，我国涂料工业从国外引进了许多技术项目，除了有船舶涂料、汽车涂料、乳胶漆、粉末涂料、卷钢涂料、罐头漆等涂料品种的生产软件外，还引进过生产设备、测试仪器等硬件，还有涂料包装桶

的生产线等成套设备，项目不下五六十项。

五、行业组织、专业研究机构和企业研发机构的建立

（一）中国涂料工业协会的成立

中国涂料工业协会作为联系政府和企业的纽带，正是在改革开放之风正起时应运而生。1985年1月，由原国家经贸委批准协会成立，1991年6月民政部核准登记。作为引领行业发展的推动者，在规范、引领、推动行业健康、可持续发展过程中发挥着越来越重要的作用。

（二）部属科研机构的建立

1978年化工部西北涂料工业研究所（1969年创建）与甘肃油漆厂分开，改为化工部涂料工业研究所。为加速科研成果转化，1983年起，先后在深圳、江门、厦门、上海、天津、石家庄、兰州等大中城市建立了10多个科研-生产联合体，在化工部领导下，先后建立了化工部涂料科技情报中心站、化工部涂料和颜料质量检测中心和全国涂料和颜料标准化委员会，承担全行业的情报信息、质量监测和标准化工作，为行业发展服务。化工部涂料工业研究所在1996年更名为"化工部涂料工业研究设计院"。

改革开放以前，全行业只有一个部属涂料专业研究所——化工部涂料工业研究所（现北方涂料工业研究院）。1979年12月26日，经国务院批准，由化工部二局筹备，于1982年正式成立"化工部海洋涂料研究所"，1997年更名为化工部海洋化工研究院，在防腐涂料、聚脲弹性体材料、大型飞机蒙皮涂料、水性防腐涂料等研究领域均取得了出色的成果；1987年经化工部批准，又在江苏省常州市正式建立化工部涂料工业研究所服务中心，从事涂料、颜料的技术开发、质量监测、标准化、科技情报以及技术服务工作。1993年9月经化工部批准，常州技术服务中心与化工部涂料工业研究所分立，更名为"化工部常州涂料化工研究院"。1999年6月，全国242家国家部委直属的科研

院所改制为高科技企业，或进入企业集团，按企业化管理和运行。

（三）地方和企业创办涂料研究机构

部属科研院所的建立，科研力量大为加强，但仍显得技术力量不能满足发展要求。地方和企业也积极创办涂料研究机构。

涂料企业加强投入，逐步发展为科研主体，一些大中型涂料厂重视技术开发。"六五"期间，在北京、天津、重庆、西安、广州、武汉、南京、郑州、哈尔滨等地相继成立了 10 多个厂办涂料所和地方涂料研究所，形成 5000 多人的科研队伍，对各有关涂料企业科研发挥了重要作用。有的"厂办所"发展成独立研究单位，如广州涂料研究所；有的"厂办所"改为技术研发中心，突出的如天津灯塔涂料公司的涂料研究所改为技术开发中心，1993年经国家批准为国家级企业技术中心，是业内第一个国家级企业技术中心。

六、标准化工作的不断推进

1979年，化工部涂料工业研究所加强标准化工作力度，专门成立标准化研究室，其工作范围包括涂料颜料标准化及质量监测。同年12月，经国家标准局和化工部标准处批准，成立了全国涂料和颜料标准化技术委员会（CSBTS/TC5）（第一届），秘书处设在化工部涂料所标准化研究室，负责全国标准化日常工作。加快了涂料颜料标准化工作的进程，为行业内标准化工作打下了重要基础。

1978年，我国以中国标准化协会（CAS）名义参加国际标准化组织（ISO），提高了我国涂料颜料标准化工作的国际地位，也推动了国内涂料颜料标准化工作，如参照国际涂料颜料标准，制订了大量相应的国家标准，涂料检验方法标准大部分等效采用国际标准。

1987年"化工部涂料工业研究所常州技术服务中心"成立，涂料和颜料标准化委员会秘书处随迁至常州技术服务中心。1987年全国涂料和颜料标

准化技术委员会第二届会议决定成立涂料和颜料基础标准、涂料检验方法标
准、颜料检验方法标准、涂料产品标准、颜料产品标准和涂漆前金属表面处
理标准等6个标准化分技术委员会。

1993年9月16日"化工部涂料工业研究所常州技术服务中心"更名为
"化工部常州涂料化工研究院"（现中海油常州涂料化工研究院），全国涂料
和颜料标准化技术委员会秘书处设在该院。

据统计，到1989年，已有涂料和颜料标准328项，其中国标164项，占
56%；涂料和颜料标准分别为274项和54项。涂料标准274项中，国标（检
验方法、基础及产品）131项，行标（产品和基础）127项，化工部颁标准
（检验方法）16项。颜料标准54项中，国标（检验方法、基础和产品）53项，
行标（基础）1项。因检验方法标准基本是等效采用国际标准，比较成熟，
升格为国标的较多。

七、加强人才培养，为行业培养技术骨干

改革开放前，主要由原化工部主导开办技术培训，1957年和1973—1975
年先后分别在天津永明油漆厂、西北油漆厂举办全涂料行业的技术培训班，
培养技术骨干，对涂料行业技术发展起了很好的作用。从改革开放到20世
纪初，高校通过开办涂料培训班、开办涂料专业等形式培养了大批涂料技术
人才。也开展了不同形式的人才培养。

1. 开办涂料培训班

1975年受燃化部炼化司委托，上海科技大学（后与上海大学合并）举
办了第一期涂料技术培训班。从1983年开始，该校为涂料行业每年上半年
和下半年分别举办涂料普及班和涂料进修班两期短训班，分别以一线技术工
人、技术员和工程师、技术管理骨干为主。至1991年共办18期，培养涂料
专业人才1327名，对行业技术进步起了重要作用。该校办培训班一直坚持

到2007年，因行业发展形势变化而停止。

另外，北京航空学院（北京航空航天大学前身）金属腐蚀与防护专业办了一届"涂料及应用施工"培训班和三届"航空涂料应用施工"进修班；沈阳工业学院金属腐蚀与防护专业从20世纪70年代中后期至1988年共办了14届中专班，专业课设有金属表面处理、涂装工艺学等。

2. 开办涂料专业班

从20世纪70年代初起，业内专家和企业管理者呼吁高校创办涂料专业，培养涂料中高级人才。在业内高涨的呼声下，一些高校、专家、涂料企业管理者和化工部有关部门，"前赴后继"创办涂料专科班。

在燃化部炼化司支持下，上海科技大学在1975年和1976年办了两届涂料大专班，学制三年，毕业后回原单位工作，后因各种原因停办。在1985年和1986年，按成人高考标准招生，电大教学模式，由学校教师统一安排授课。1987年因生源不够而停办。

天津油漆厂在1976—1981年办了三届"七二一大学"（大专），1982—1990年办了五届职工大学，均招收高中毕业生，学制三年。其中职工大学由天津市教委承认其大专学历。

河北化工学院（河北科技大学前身）1983年开办涂料大专班（学制三年），1987年招收一个涂料本科班（学制4年）。

武汉工学院（武汉理工大学前身之一）附属材料研究所朱维新副教授，1984年开始，连续招收了三届涂料专业硕士研究生（每届一名），但未坚持下来。该校化学化工学院精细化工专业开设涂料涂装专业课，为涂料企业委培少数学生。

1985年，化工部直属武汉化工学院（武汉工程大学前身）进行专业调整，建立了精细化工专业，其教学研究方向是高分子涂料和助剂，学生由全国统一高考招生，学制4年。该校一直坚持涂料专业培养方向，每届1个班。1999年化工部撤销，该校下放湖北省教委管理后，由于国家教委大学专业目录中没有涂料专业，生源和毕业生就业转为以湖北省内为主，国家没有经费支持，办涂料专业困难增多，难以为继而停办。

八、积极开展国际技术交流

1959年后，中苏关系逐渐趋冷，和西方国家交流甚少。直到我国恢复联合国安全理事会常任理事国地位，法国、英国、美国、日本等与我国先后恢复邦交，国家对外交流开始活跃。

（一）到国外学习考察

1979年，化工部组织陈士傑等老专家到日本考察汽车涂料等发展情况。1981年，化工部委派虞兆年、陈士傑两位老专家赴法国巴黎，代表中国出席ISO TC35标准化会议，提出关于涂层耐磨性测试方法的改进意见并被采纳，列入国际标准。这是改革开放初期涂料界最早的对外技术交流活动。

20世纪80年代初，先是洪啸吟到美国北达科他州立大学（NDSU）的聚合物与涂料系做博士后研究工作（五年）；稍后化工部涂料所的钱伯容、南仁植、陶子斌，上海涂料公司汪道彰等分别被派到美国和日本做访问学者，均学习考察二年。回国后，均为行业发展发挥了很大作用。

（二）请外国涂料专家来华讲学

1984—1992年，中国涂料工业协会等陆续邀请美国威克斯、西德丰克教授（1987年）、日本色材协作会长大薮権昭博士（1988年）、法国技术专家本佩拉（1991年）等国外涂料专家来华交流和讲课，内容涉及涂料、颜料及美国、德国、法国、日本等国的涂料颜料发展趋势，参加交流和听课的人受益较多。

其中有代表性的、影响最大的是邀请美国北达科他州立大学的聚合物与涂料系威克斯教授来华讲学。经过威克斯教授多次多地的讲学，全国（除西藏）几乎所有涂料厂里都有科技人员聆听了他的讲课。威克斯讲课不仅内容丰富，生动活泼，而且理论联系实际，无保留地解答生产实际中的问题。威克斯编著的《Organic Coatings: Science and Technology》（有机涂料科学和技

术）授权化学工业出版社组织翻译出版。

（三）组织国际涂料技术交流的探索

1. 以中国化工学会涂料涂装专业委员会牵头

化工部涂料工业研究所经过酝酿和筹备，由中国化工学会批准，于1980年在长沙成立了"中国化工学会涂料涂装专业委员会"（以下简称"专委会"，1987年迁至常州，以后一直挂靠常州涂料化工研究院）。专委会和日本、印度、韩国等亚洲国家有关涂料组织开展亚洲和环太平洋涂料涂装技术交流。随着1998年化工部的撤销，专委会组织经常性国际涂料技术交流的探索缓慢地落幕。

2. 以中国涂料工业协会牵头

中国涂料工业协会自1985年1月成立以来，极其重视国际涂料技术交流，多次邀请威克斯等外国专家来华讲学。并一直努力探索国际涂料技术交流渠道和机制，当时在参加国际涂料交流机构、与日本涂料工业协会（JCA）等发达国家涂料协会建立互动交流和定期参加发达国家涂料展等方面成绩显著。20世纪90年代初，中国涂料工业协会先后参加国际涂料＆油墨理事会（IPPIC）和亚洲涂料工业理事会（APIC），不仅了解了世界涂料的发展动向，也让世界看到了中国涂料的发展。

2001—2010：涂料产量首次跃居全球首位

进入21世纪，在国民经济迅速发展带动下，涂料企业所有制改革促进涂料工业走上发展的快车道。2001年开始，我国加入WTO，经济全球化和市场国际化的步伐加快，使我国涂料行业面临全新的竞争和发展环境。同时，贯彻科学发展观，以节能减排、安全环保、循环经济、实现涂料工业可持续发展为主线，重点进行行业组织结构调整，实施专业化、集团化，建立完善创新体系，安全环保立法、执法等方面的改革。

一、涂料产量持续快速增长，涂料产量跃居全球首位

在21世纪的第一个10年中，涂料产量持续快速增长。尤其是"十一五"的五年，更是涂料行业超常规发展的五年，我国涂料行业在高速成长的房地产、汽车、船舶、运输、道路交通、家电等行业的带动下，生产总量每年以两位数的增速发展，呈现出产量连连攀升、发展势头强劲的特点。

2002年涂料年产量达到201.5万吨，首次超过日本，成为世界第二大涂料生产国；在连续六年稳居世界涂料生产第二大国地位的基础上，2007年产量直逼年产量约700万吨的世界涂料生产第一大国——美国；2009年我国涂料产量达754.5万吨，首次超越美国居全球首位，成为世界涂料生产和消费的第一大国！涂料产量至今十年一直居世界首位，现涂料年产量超过全球第二的美国800万吨以上。引进先进技术缩短了与发达国家涂料技术的差距，加快了"跟跑"世界先进技术的步伐。

1992—2002年，用了10年，涂料年产量才增加了100万吨；在2002年后，涂料产量增加100万吨只用了2年（2002—2004年）时间；在2004年的涂料年产量基础上翻一番只用了4年（2004—2008年），见图1。

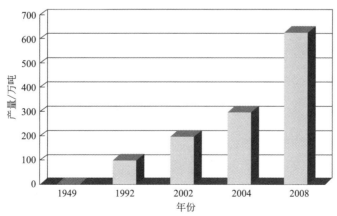

图1　涂料企业所有制改革后涂料产量增长情况

从2002—2010年，涂料年产量和销售收入均呈两位数增长，只是2008年因北京举办奥运会，影响当年涂料产量增长和2009年的销售收入增长。

二、企业规模化发展不断加强、布局不断优化，三大集群基本形成

伴随经济体制改革进程的不断深入，我国涂料工业通过行业内外企业之间的联合、并购、重组，行业的集中度不断提高，企业规模化发展不断加强，布局不断优化，三大集群基本形成。

（一）业内企业重组、并购的波涛初兴

"九五"期间（1996—2000年），我国涂料行业的兼并重组活动已悄然进行，其主要集中在国内原有的国企之间展开。至"十五"期间，这种兼并重组步伐加速，重组活动更加频繁、活跃。2005—2009年，涂料行业兼并重组事件约有30～40起之多。在兼并重组的同时，大企业的自我扩张步伐加快，特别是用于装修市场、重防腐涂料、汽车涂料等发展快速的领域，相关企业开始在全国市场展开布局。

业内在企业并购活跃、扩张步伐加快的同时，品牌意识也在增强，企业注意品牌形象，重视产品质量提高和新品种发展，注意品牌宣传。企业品牌形象好，在扩大、重组和兼并中有利。不少企业在改革过程中由以地方命名的厂名，更名为以本企业产品品牌命名，如长江、三峡、湘江、宝塔山等。企业重组中向强势品牌集中，从而使企业分布结构得到优化，产业的集中度得到了提高。

经过并购、重组"波涛"后，近百家公有制涂料企业、知名度不高的涂料企业及其品牌逐步消失。改革开放初期的30家骨干公有制涂料企业，当时被业内称为大型涂料企业，经过并购重组后，保持原有企业基础及其品牌者不及一半，有的被收购后转产，有的是破产，少数公有制涂料企业只保留了产品品牌。业内至今仍保持国有体制的涂料企业不到10家，且经营管理

方式和改革前的国有企业判若两型。

（二）规模化发展不断加强

经过一些骨干企业自身发展，以及企业间重组、并购，企业规模在扩大。涌现了一批大中型骨干企业，其规模不断扩大。年销售收入在亿元以上的企业2000年是56家，到2005年达到141家，而2008年超过200家。同时，骨干企业的支撑作用也越来越明显。

（三）三大集群基本形成

从涂料工业布局看，经过多年的发展，已逐步形成珠江三角洲、长江三角洲、环渤海地区三大涂料生产基地的格局。2008年和2009年涂料产量地区分布数据见表2，中部和其他地区涂料产量占比在增加，反映涂料产量地区分布向均衡方向发展。

表2 2008年和2009年涂料产量地区分布

地区	统计企业数/个	2009年产量/万吨	2008年产量/万吨	同比增减比例/%	2009年产量占比/%	2008年产量占比/%
全国	1348	754.54	638.00	18.2	100.00	100.0
环渤海地区	303	155.06	138.13	12.3	20.55	20.90
长三角地区	392	222.50	222.92	−0.2	29.49	34.94
珠三角地区	388	215.59	189.22	13.9	28.57	28.63
中部地区	107	77.84	55.61	40.0	10.32	8.40
其他地区	158	83.55	47.69	75.2	11.07	7.22

注：黑龙江省因数据差距较大，未收入。

三、建立健全研发体系，科技创新能力不断增强

我国经济体制改革和科技体制改革的不断深化，在很大程度上推动了我国涂料工业的技术创新，尤其是国家鼓励和引导科技以多种形式进入实体经济，投资主体逐步由政府转向企业方面的政策、法律和法规的颁布实施，有力地推

动了企业向依靠科技进步转轨，调动了企业技术创新的积极性。这个时期业内企业建立国家级、省级涂料技术中心已达数十个，建立院士工作站、博士后工作站的企业也在不断增加，不少大中型企业建立了研发中心，以企业为主体，产、学、研结合的研发体系取得了一定进展。业内科研院所的转制改革，使其市场意识、竞争意识普遍增强，研发投入增加，技术创新能力得到提高，游离于企业之外的局面得到改善，技术创新产出、技术交易收入与申请专利数量比过去都有明显增加，在涂料行业技术进步中的作用不断增强。

四、产品结构进一步优化，环境友好型涂料和工业涂料获得长足发展

（一）环境友好型涂料得到长足发展

20世纪90年代后期，国外环保法规趋严，涂料品种结构的合理性评价标准逐步用环境友好型涂料占比代替了合成树脂涂料的占比。随后国内也逐渐注重低VOC、低污染、环境友好型涂料的发展。

在改革开放之初，国内阳极电泳涂料在汽车、机械设备等方面刚刚推广使用；聚醋酸乙烯乳液涂料（即所谓的乳胶漆）开始在建筑上试用；静电喷涂环氧粉末涂料和UV固化涂料正在有关研究单位立项研究。环境友好型涂料占比最多不到2%，98%以上是溶剂型涂料。

进入21世纪，国内环境友好型涂料得到长足发展。特别是"十一五"期间，低污染涂料绝对数量增加很多。在水性木器涂料、水性工业涂料、粉末涂料、无溶剂/高固体分涂料等绿色环境友好型涂料领域的新产品开发也取得了可喜的进展。1981年，我国涂料总产量50万吨左右，基本均为溶剂型涂料，低污染型涂料所占比例很低。到2009年，环境友好型涂料产量占全国涂料总产量（755.44万吨）的47.9%。与1981年相比，全国涂料总产量增加了近14倍，而环境友好型涂料（水性、粉末、紫外光固化涂料）产量却增加了近75倍。说明我国环境友好型涂料有长足的进

步。发展环境友好型涂料，节省了大量有机溶剂，不仅省资源、省能源，而且符合环保要求，也是关系涂料工业能否持续发展的大问题，同时反映涂料技术的进步。

（二）工业涂料比例加大

随着钢铁、汽车、房地产、石化、家电等行业的发展，推动了对涂料产品的市场需求，车用涂料、工业保护涂料、建筑涂料、木器涂料、卷材涂料、粉末涂料和各种功能性涂料等各类专用涂料市场全面兴起。同时，近年来我国门窗、地坪、家具、装饰材料、钢结构件等产品涂装逐步向工厂生产线方向转移，促进了工业涂料的快速增长。另外汽车、公路、桥梁等行业对涂装产品的市场需求大增，石油储备工程、大型钢结构工程的兴起，也加速了工业涂料的增长。我国涂料产品结构发生了很大变化，工业涂料比重大增，由此改变了涂料企业的产品结构和走向。不少关注建筑涂料和建筑装饰涂料的企业开始向工业涂料领域扩张。这不仅说明我国工业产业有了快速发展，同时从一个侧面反映了我国涂料行业的发展属于市场推动型，与发达国家涂料行业通过技术创新，引导市场消费有着明显的不同。2009年我国工业涂料的比重接近70%，水性建筑涂料在我国涂料市场上仅占1/3左右（见图2）。

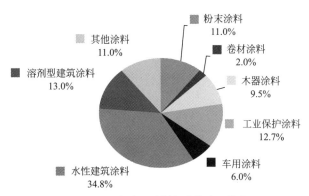

图2　2009年中国涂料行业的产品结构

［车用涂料包括汽车、摩托车、农用车及其他车用涂料（OEM涂料和修补漆）；工业保护涂料包括船舶、集装箱以及其他防腐蚀涂料］

国家大型工程，如以"鸟巢"为代表的奥运场馆、杭州湾大桥所用防腐涂料，通过盐湖和冻土地区和超低温地区的青藏铁路及客车的防护涂料等大部分为国产。卫星、飞船、坦克、军舰新式战斗机所用涂料也都国产化。实际上，高科技产业、航空航天、海洋开发、国防军工所需要的特种涂料由于某些国家的封锁，靠进口满足不了要求，主要靠自主开发。现在国家正在发展大飞机、大舰船，建设更多的核电站、风电、其他可再生能源和高速铁路，需要的高功能涂料和重防腐涂料，基本都要立足国内，涂料行业当前的技术水平基本能满足这些发展要求。

五、政策法规和标准相继出台，加快行业转型升级

（一）环保、安全法规相继出台，促进涂料工业增长方式的转变

贯彻科学发展观，为促进工业发展增长方式的转变，建设资源节约型、环境友好型社会，国家在资源环境方面相继出台了《环境保护法》《海洋环境保护法》《大气污染防治法》《水污染防治法》《节能法》《安全生产法》《清洁生产促进法》等法律，实施了化学危险品认证、3C认证、中国环境标志产品认证和ISO9001质量管理体系、ISO14001环境管理体系、ISO14020环境标志体系、ISO18001职业健康安全体系等的认证，淘汰了一些落后的生产工艺和产品。并在涂料行业大力倡导《责任关怀》，落实《责任关怀实施细则》。国家还实施了环境影响评价制度、三同时制度、排污收费制度、排污许可证制度等，逐渐加大政府在政策、法律和法规方面对资源节约、环境友好生产工艺技术和产品推广的奖励支持力度和执法监督力度。

同时，行业环保工作也在积极推动：完成了涂料与颜料制造业的产排污系数核算工作，促进了业内三废治理；编制"双高产品名录"，促进有毒有害物的减排；推广低污染涂料产品和污染治理新技术；重视氧化铁颜料和钛

白粉行业的减排，氧化铁行业在工业废气、工业废水、粉尘、烟尘处理加大了投入，改进了处理方法。

所有这些都有力地推进了涂料企业安全环保管理体系和制度建设，促进了涂料产品结构向环境友好、低毒无害、性价比优异方向调整，促进了涂料工业产品配方设计、生产工艺技术和设备、涂装工艺技术和设备的研究改进和研发创新，推动了涂料工业增长方式由高投入、高消耗、重污染、低效率、低产出的传统粗放式发展模式向高效、低耗、环保的新型发展模式转变。

（二）涂料标准化工作取得较大发展

1. 涂料标准向简约、准确方向推进

至2012年统计，涂料和颜料标准达到407项（建筑涂料除外），比1989年的标准总数增加79项，而且不包括建筑涂料。其中国标319项，占78.4%，比1989年增加比例较大。

标准化工作得到较大发展后，对已制定的标准需要不时地进行复审、清理、评价。如2004年根据国标委要求，全国涂料和颜料标准化技术委员会秘书处对管辖的210项国家标准和30项国家标准计划进行清理、评价或复审。

涂料标准由繁至简至更准确发展，在通用性涂料品种标准中变化明显，如醇酸树脂涂料标准，还有类似硝基、氨基、丙烯酸、聚氨酯、环氧等涂料品种，基本上是将底漆、面漆、清漆整合为一个综合型标准。这种整合修订，使涂料产品标准简练合理，涵盖面较广，大大简化了以往标准的繁杂性，给执行者带来许多方便。这无疑是标准制修订中的一个进步。

2. 影响较大的标准相继修订出台

2001年，国家颁布了室内装饰装修的两个强制性标准《室内装饰装修

材料　溶剂型木器涂料有害物质限量》（GB 18581—2001）和《室内装饰装修材料　内墙涂料中有害物质限量》（GB 18582—2001）。对其中的VOC、苯类、重金属、游离甲醛等有毒有害物质作出了限值规定，2008年进行了修订，限量又进一步严格。这是我国涂料行业第一次颁布强制性标准，是涂料技术标准的一大进步。同时，GB 18581—2001标准在国内第一次引入VOC定义并提出了检测方法，是随后制订有关标准的基础。这两个强制性标准只限于室内装饰装修用涂料，并未涉及工业涂料和其他涂料品种，但对低污染涂料品种发展有促进作用。改革开放初年（1979年），全国低污染型涂料占比不到10%（包括油脂涂料在内），到2009年，低污染型涂料占比47%以上，品种有高固体分与无溶剂涂料、粉末涂料、水性涂料。

2003年，根据涂料品种发展新形势，有关部门组织修订和颁布了涂料品种新的分类方法标准《涂料产品分类、命名和型号》（GB/T 2705—2003）。新的分类方法标准实际包括了原来18大类分类标准中的主要分类的内容，只是主要分类方法显得合理一些。经过这样修订，标准内容较符合国内涂料发展要求，也与国际有关标准更接近了一步。

在上述标准的带动下，其他环保标准也相继颁布，包括《汽车涂料中有害物质限量》（GB 24409—2009）、《室内装饰装修材料　水性木器涂料中有害物质限量》（GB 24410—2009）、《建筑用外墙涂料中有害物质限量》（GB 24408—2009）、《玩具用涂料中有害物质限量》（GB 24613—2009）、《船舶防污漆》（HJ2515—2012），以及2014年颁布的《环境标志产品技术要求 水性涂料》（HJ 2537—2014）等标准，除对GB 18581—2008中规定的有害物质限值提出要求外，还增加对乙二醇醚及酯类提出限值要求，对我国减少涂料污染、发展环境友好型涂料起了推动作用。

六、人才培养进一步加强，高技术和技能型人才培养力度加大

（一）开展职业技能鉴定

随着产业的发展，高技术和技能型人才在涂料行业内存在较大缺口，2005年中国涂料工业协会成立了培训中心，着手考虑业内高技术和技能型人才培养，经过申请，2005年11月由国家劳动和社会保障部批准成立了中国涂料工业协会特有工种职业技能鉴定站，承担涂料行业内职业技能型人才培训及鉴定工作，同时在全行业建立了25个技能培训的实训基地。根据《国家职业大典》目录，结合我国涂料工业发展的现状，组织制定了《涂料树脂合成工》《制漆配色调制工》两个国家标准及《涂料分析工》《涂料涂装工》两个行业标准，在此基础上编撰了7本系列技能培训教材，编写了鉴定大纲，建立了题库、试卷库。为了降低培训成本，减轻企业和学员负担，鉴定站又组织业内专家录制了7套远程教学用光盘，既统一了教学标准要求，又方便了学员，更重要的是保证了教学的质量。期间，再加上国家二类职业技能大赛的开展，有力推动了行业技术进步，得到全行业的积极参与和高度重视。

（二）合作办学取得成效

因涂料是多学科交叉、知识密集度高、应用性很强的产业，希望进入涂料企业的技术人员，能在学校完成涂料工程的基本培养，一进入涂料企业，对承担任务能很快"上手"。尽管社会上相关专业的研究生和本科生资源丰富，但业内仍迫切需要涂料专业培养的本科生与研究生。2008年10月，中涂协与上海工程技术大学在合作办涂料专业方面取得了共识，在上海工程技术大学建设全国涂料工程人才培养基地，并在全国建立了卓越工程师企业人才培养基地（后又增加5家）。至此，为今后中国涂料工业大学的成立以及"涂料工程"本科专业的批复奠定了良好的基础。

2011—2019：
"以环保促转型，以绿色谋发展"成为主旋律

2011 年至今，在"调结构，转方式，稳发展"的基本方针下，我国涂料行业发展由中高速向平稳转变，进入增速放缓、缓中趋稳、稳中向好的发展阶段。行业加快了转型升级、结构调整、提质增效的步伐，在推进供给侧改革的进程中，以"以环保促转型、以绿色谋发展"为主线，在坚持精细化工行业固有的科技创新促发展特性的基础上，努力克服上下游及政策层面的诸多压力与挑战，推进我国涂料行业上下游产业链绿色可持续发展，从而提升了中国涂料的国际地位和竞争力。

一、行业增速缓中趋稳，行业发展趋于良性

"十二五"时期，国民经济发展速度进入"新常态"，全国涂料工业年均利润增长率为 12.82%，在众多精细化工行业中排前列。只有 2013 年和 2015 年涂料产量增长率分别为 3.6% 和 4.21%，低于 GDP 增长率 7.7% 和 6.9%，但在五年中涂料产量年均增长率为 8.78%，略高于 GDP 年均增速率（图 3）。涂料利润增长率高于涂料产量增长率。进入"十三五"前三年（2016—2018 年），涂料产量、主营业务收入保持增长势头，尤其是 2016 年利润增长率高达 15.4%。2010—2018 年，涂料年产量从 966.63 万吨增至 1759.79 万吨，增长近 1 倍，特别是在 2011 年，产量突破了千万吨大关，达 1137.7 万吨；主营业务收入于 2010 年突破了 2000 亿元大关，达 2324.59 亿元，到 2018 年增至 3264.8 亿元，增长 40%；利润总额从 140.77 亿元增至 236.48 亿元，增长 2/3。这些数据表明，涂料行业增长速度在逐渐放缓，行业整体发展更趋于良性。

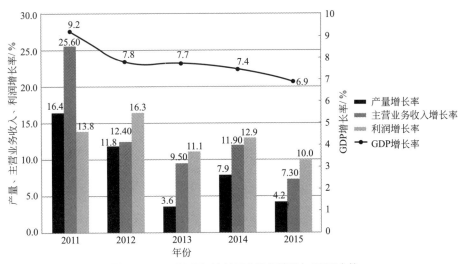

图3　2011—2015年涂料工业运行情况与GDP走势

[由于统计局每年统计的涂料企业数不一样，本文中同比增长率都是当年与上一年同企业数的产量、主营业务收入及利润之比，而不是当年与上一年实际值之比（实际增长率）]

二、企业重组、并购加快，行业集中度进一步增强

改革开放以来各种所有制涂料企业竞相发展，实际是互相激烈竞争，业内同质化竞争现象较为严重，落后产能、过剩产能增多。那些没有核心技术、缺少适销对路产品、更新换代无力的企业，产品滞销，屡屡亏损，势必要向优良企业集中，否则就自然淘汰。其间，有些涂料企业因其产品适销对路，符合环境友好要求，涂料销售量增加幅度大，挤进了百强涂料企业之中，百强涂料企业中的多数企业体量也都增大。适者生存，企业强者会更强，业内正在掀起重组、兼并、关闭的新浪潮！

另外，2016—2018年中国涂料行业发展100指数❶数据分析显示，涂料

---

❶ 中国涂料行业发展100指数，是指遴选的百家涂料企业，2018年度产量占比约61%，主营业务收入占比约43%，利润占比约50%，这部分企业产业集中度高、技术发展快、规模效应明显、行业占比高，代表了我国涂料行业发展的第一梯队，其发展变化直接影响着我国涂料行业发展走势。

行业近三年里，规模增长属于稳中有进，增速逐渐走低，利润总额在持续缩减，但降速倾缓，逐步稳定。百家企业总体产量、主营业务收入总额、利润总额占全国纯涂料企业比重总体呈逐年上升趋势，2017年与2018年占比基本持平，从全国行业发展水平上说明了百家企业发展稳定、规模稳步壮大、利润降低的特点，从局部反映了整个行业的发展特点。

由此可见，行业内骨干企业的产量与主营业务收入保持了稳定增长。特别是对引导行业发展起核心作用的一百余家企业增速稳定，奠定了行业稳定发展的基础。一方面，众多统计口径以下的小企业陆续被关停，释放出的市场资源继续向骨干企业聚集，行业集中度进一步提高。另一方面，全国大量小型下游涂装企业被关闭，这对于一直关注于绿色发展的规模型涂料生产企业与下游涂装企业是有利的。

进入2018年，主营业务收入和利润前200名的涂料企业中，外资企业占24%，中资企业占76%。2018年中国涂料200强中的48家外资（包括合资）企业利润总额为68.47亿元，较2017年同比降低9%；152家中资企业利润总额为103.47亿元，较2017年同比增长20%；从占比分布来看，中资企业利润总额占比较2017年增长7.02个百分点。以上数据说明，我国涂料行业分布中，中资企业发展速度较快，虽然企业利润率还远不及外资（合资）企业，但行业利润占比正以较快速度增长，外资（合资）企业产品的高利润优势正在快速缩减，二者正向一个平衡点稳步靠近。

另外，国内涂料企业规模化自改革开放以来有较大进步，与外企差距进一步缩小！

三、积极推进园区化建设，加快产业升级步伐

作为开发区的主要形式，化工园区已成为国内化工发展的主流模式，涂料产业园区又是化工园区的一个重要组成部分，而企业搬迁的最好归

宿即是涂料产业园（或精细化工园区）。企业搬迁入园趋势已成定局，并成为影响涂料行业发展的关键因素。顺应此新趋势，抢先布局的企业已经占领了发展的先机。随着城市规模化的步伐加快，以及环境保护政策的进一步严格，各个地方的涂料企业相继搬迁。企业搬迁和产业园区的建设必将加快涂料行业产业结构调整及升级步伐，从而推动整个涂料行业的发展。2018年，工业和信息化部发布的《产业转移指导目录》中，河南濮阳、江苏泰兴、河北沧州等地区都明确鼓励接受绿色涂料项目的转移。

"十二五"及"十三五"前三年，在地方政府的领导与督促下，全国已有多家大中型骨干涂料企业从中心城市搬迁，有的迁进化工园区，三废由园区内统一处理，未进入园区的企业新址，也都健全了三废治理的设备与管理措施。

四、环境友好型涂料、高性能涂料份额加大，重要品种由"跟跑"转向"领跑"

近年来，全国水性涂料、粉末涂料、辐射固化涂料、高固体分和无溶剂涂料等环境友好型涂料得到进一步发展。特别是涂料消费税的征收、排污费/环境税的开征，都倒逼环境友好型涂料的发展。"十二五"末我国环境友好型涂料占比在51%左右，有了长足的进展，并进一步为发展绿色涂料产品打下了良好的物质与技术基础。但与国外相比差距仍较大。

为满足高科技产业和国防科技发展的特殊要求和节能减排的需要，用新材料、新技术改进涂料的性能和开发新产品，是涂料工业的发展方向，更是"十二五"期间明显的发展趋向。具有代表性的是用纳米材料及技术对涂料和颜料的各种性能进行改进，如聚苯胺树脂、微胶囊技术、超支化多元醇、脂环基丙烯酸酯、含硅和氟材料、改性处理的天然材料在改进涂料的化学抗

性、提高涂料固体分等方面均取得了成效。

为紧密配合与促进国民经济支柱产业发展，重要的涂料品种通过不断创新，不仅在环境友好方面，而且在性能方面，都有了很大的进步。

（一）汽车涂料完成了大量的新技术引进和国产化

"十二五"期间，汽车涂料行业完成了大量的新技术引进和国产化，国内涂料企业的水性汽车涂料和高固体分涂料正在汽车涂料涂装中大量推广。

"十二五"期间，中国汽车涂料工业完成了重要的产品升级换代和新技术应用，含有重金属成分的电泳漆产品全部退出市场。汽车中涂和色漆的水性化进展迅速，由"十二五"初期的10%提高到期末的60%，更为重要的是引进了溶剂型高固体分体系，为中国汽车涂装体系采用既节能降耗又可以实现VOC减排的涂装工艺提供了新的选择途径。新的水性涂料技术——免中涂色漆体系，水性3WET色漆体系和与之相配套的高性能双组分清漆产品都已经在中国生产。中国已经成为这些节能环保新型涂料体系在全球最成功应用和最多应用的国家，中国的汽车涂装技术已经与国外先进技术同步甚至领先于国外。

（二）建筑涂料沿着高性能、功能型、环境友好型方向发展

21世纪，高性能、多功能、环境友好型的建筑乳胶漆广泛被应用。外墙外保温的优势愈显突出，质感装饰逐步扩大，仿砖和仿石等质感艺术装饰越来越被用户欢迎，功能性建筑涂料和水性多彩涂料使用量扩大。水性多彩涂料使建筑涂料的色彩更丰富，仿石更逼真，进一步提高了建筑涂料的装饰效果。"十二五"期间，建筑内外墙涂料市场需求有了更多的变化，产品的多样性、产业结构系统化已经初具雏形。细分产品多样性导致内外墙涂料的总体比例分配由传统的2∶1转为1∶1。未来，建筑涂料将沿着提高性能、

增加功能、环境友好和提高性价比方向发展。

（三）水性及环境友好型木器涂料异军突起

至今为止，木用涂料共发展出硝基木器漆（NC）、溶剂型聚氨酯（PU）、不饱和聚酯（UPE）、酸固化（AC）、光固化（UV）、水性涂料（WB）六大门类。NC、PU、UPE 木器漆在总量中的绝对大比例还会延续一段不短的时间。UV 木器涂料在2000—2010年间得以迅速发展壮大，特别是2015年至今，水性木器涂料异军突起并显现出强劲的发展态势，以双组分、UV 为主的水性木器涂料，以每年极高的增长率逐步引领着涂料市场。

（四）高铁客车涂料满足出口配套要求

我国高速铁路里程居世界首位，并走出国门，高铁建设技术出口到中欧和南亚，对配套的高速铁路防水涂料、客车用涂料有较高要求，改性聚氨酯涂料、聚脲弹性体涂料、MMA涂料用于铁路防水涂料，羟基氟碳树脂-聚氨酯客车涂料、丙烯酸-聚氨酯涂料，目前能满足高铁出口要求，但要认定已达到世界先进水平还要经过时间考验。

（五）石墨烯改性重防腐涂料处于国际领先

石墨烯是战略性新材料，中国开发应用石墨烯在世界上起步早，受到国家重视。2014年，国家"全面实施重防腐战略，开展重防腐经济"，重防腐涂料在重防腐战略中占有重要地位。国内，中科院宁波材料所、信和新材料股份有限公司等单位的石墨烯重防腐涂料开发应用，取得很好成绩，与国外相比，国内石墨烯重防腐涂料研发与应用在国际上处于领先地位。

我国涂料品种与技术从"跟跑"向"领跑"的角色转换，正在不同品种、不同领域先后进行。我国是全球涂料生产与消费的第一大国，正在向全球技术强国迈进！

五、高素质人才培养积极推进

为了促进行业人才培养，中国涂料工业协会还开展了职业技能鉴定工作和涂料行业职业技能大赛等活动，并积极与国内高校合作，开展涂料专业本科人才培养，为行业输出更多的专业人才。2016年，中国涂料工业协会与上海工程技术大学携手创办中国涂料工业大学，开辟了涂料行业高素质人才培养的新纪元。

（一）中国涂料工业大学成立，"涂料工程"开辟行业人才培养新纪元

2010年中国涂料工业协会和上海工程技术大学合作，创办了高分子材料与涂料工程专业，在全行业建立了27个涂料企业人才培养基地。2013年9月，经教育部批准，该人才培养计划正式进入"卓越工程师人才培养计划"，这对创办涂料工程专业具有里程碑意义。

2010年，中国涂料工业协会和上海工程技术大学共同组织行业专家正式编写了第一套近300万字的涂料工程专业本科教材，于2012—2013年由化学工业出版社以"21世纪普通高等教育规划教材"正式出版，这是全国第一套涂料工程专业本科教材，为涂料专业教学提供了重要基础。

2013年4月，在中国涂料工业协会和业内有关专家以及一些企业的支持下，江西科技师范大学化学化工学院成立"涂料与高分子系"，这是国内成立的第一个涂料与高分子系，涂料也是专业方向，建立了14家涂料企业培训基地。河北科技大学材料学院也开办了涂料专业，2015年第一届涂料专业本科生毕业。

2016年5月10日，由中国涂料工业协会和上海工程技术大学，联合行业优秀企业共同创办的"中国涂料工业大学"正式揭牌成立。标志着涂料技术人才培养迎来了新的纪元，涂料专业人才培养在高校走上了正轨。这是涂料行业在培养人才方面具有里程碑意义的大事！是国家一级工业协会和高校联

合办大学的一个创举！

（二）涂料工程专业正式获教育部批准

2018年3月15日，在中国涂料工业协会和上海工程技术大学化工学院的积极推动下，"涂料工程"本科专业正式获得教育部批准，上海工程技术大学的涂料工程专业正式列入教育部本科专业目录（专业代号081306T）。从此结束了新中国成立以来高校不设涂料专业的历史，几代涂料人的梦想得以成真，这对业内培养涂料中高级人才具有里程碑意义！

（三）行业内技术职称评定及高技术和技能型人才培养走上正轨

鉴于涂料行业中小企业内技术人员的职称评定长期处于停滞状态，对专业技术职称评定也没有得到行业的足够重视，大大影响了企业技术和管理人员研发动力，同时也严重影响了行业内的人才流动。于2015年开始在涂料行业内正式开展技术职称评定工作。

另外，"特有工种职业技能鉴定站"开展职业技能鉴定工作，也是从过去分散的单个企业的岗位培训到有国家统一标准的职业技能培训新模式的尝试，是国家承认的和学业文凭并重的职业资格考试和取证制度的贯彻和落实。

六、产业政策法规和标准的进步

"十二五"期间及近几年，随着涂料行业产量和销售额的稳步增长，我国涂料行业相关政策法规及标准的制定工作持续推进并不断完善，推动了行业的产品结构转型与可持续健康发展。

（一）涂料法规不断完善

为规范行业发展，国家相关部委制定与出台了一系列涂料与颜料行业相关政策法规，涉及环保、安全及产业等诸多方面，其中，涂料行业VOC环

保问题近年来成为影响涂料行业发展的最重要因素之一。

重要的政策法规诸如：产业结构调整指导目录、对涂料征收消费税、大气污染防治行动计划、环境保护综合名录、VOC减排政策法规、有毒有害物质限值标准及代用品开发应用、绿色制造体系建设及相关国家政策等。

近期，与行业相关的环保政策包括：《蓝天保卫战三年行动计划》《环境保护税》《重点行业挥发性有机物削减行动计划》《京津冀及周边地区2018—2019年秋冬季大气污染综合治理攻坚行动方案》《长三角地区2018—2019年秋冬季大气污染综合治理攻坚行动方案》《"十三五"挥发性有机物污染防治工作方案》《京津冀及周边地区2017年大气污染防治工作方案》《重点行业挥发性有机物削减行动计划》等。目前，中国涂料工业协会参与制定的相关政策法规见表3。

表3　近期中国涂料工业协会参与制定的相关政策法规

序号	项目名称	来源
1	《产业结构调整指导目录》	发改委
2	《产业转移指导目录》	工信部
3	《环保综合名录》	环保部
4	《京津冀及周边地区2018—2019年秋冬季大气污染综合治理攻坚行动方案》《长三角地区2018—2019年秋冬季大气污染综合治理攻坚行动方案》	环保部
5	《涂料生产企业排污许可证实施办法》	环保部
6	《涂料生产过程VOC治理最佳可行性技术指南》	环保部
7	《家具生产企业排污许可证实施办法》	环保部
8	《家具制造工业污染防治可行技术指南》	环保部

（二）涂料标准化工作新发展

1. 涂料和颜料标准规模和覆盖面逐步扩大

2012年统计，涂料和颜料标准达到407项，比1989年的标准总数增加79项，而且不包括建筑涂料标准。其中国标占78.4%，比1989年增加比例较大。2014年总计颁布了22项涂料有害物质限量标准，其中，国标16项，包括强制标准15项，推荐标准1项；行业（HJ）标准6项，这些标准的颁布，对我国减少涂料污染、发展环境友好型涂料起了推动作用。2016年涂料和颜料标准达615项，较2012年增加51.1%，其中国标396项，占比64.4%，见表4。

表4　涂料和颜料标准项目数变化趋势

时间	涂料和颜料标准项目数	国标占比/%	备注
1957年以前	41	—	—
1967	141	—	—
1989	328	56.0	—
2012	407	78.4	建筑涂料标准除外
2016	615	64.4	—

2. 制定团体标准

根据国务院《关于印发深化标准化工作改革方案的通知（国发〔2015〕13号）》的文件精神，中国涂料工业协会于2015年3月25日成立中国涂料工业协会标准化委员会，制订并发布团体标准，满足了行业发展的需求。

七、加强国际交流，国际影响力不断提升

20世纪90年代初，中国涂料工业协会先后参加了亚洲涂料工业理事

会（APIC）和国际涂料＆油墨理事会（IPPIC）（现为世界涂料理事会，WCC），并分别任理事，从而开启了与世界各国间涂料交流，国际影响力不断提升。国际交流活动日渐频繁，国际培训不断加强。

中国涂料工业协会与美国、日本、德国、英国等涂料协会建立良好的友好合作和交流，组织召开交流会并进行互访，特别是2019年与英国涂料联合会（BCF）合作开展了在线涂料专业培训，从而加深了中国与世界各国的交流与往来，建立了良好的合作关系。

展望

新中国涂料工业发展已走过70年风雨历程，近现代涂料工业也进入新的100年，恰遇最佳的历史时期。70年来，中国涂料工业已由一个不引人注目的小行业，一跃成为世人瞩目的、国民经济发展中不可或缺的重要角色，从国防军工到航天航空，从交通运输到道路桥梁，从国家重点工程到生活家居，诸如"神六"、"神七"、辽宁号、歼-20、深海蛟龙、复兴号、港珠澳大桥、秦山核电站等一张张"国家名片"上，处处都彰显着涂料的漆彩。

未来，在国家"一带一路"倡议、"中国制造2025"、深化改革开放等一系列政策指引下，要实现绿色发展、创新发展和高质量发展，保障国家重大专项对高性能、特种功能性涂料需求，涂料行业必须适应国内外经济形势新变化，完成产业由量到质的飞跃。要毫不动摇地发展环境友好型涂料品种、发展高功能性涂料；持续推进供给侧结构性改革，促进行业结构调整、转型升级；加快绿色制造体系的构建，积极推进绿色标准、绿色产品、绿色工厂、绿色园区和绿色供应链全面发展；着力提高涂料行业科技创新能力；调整产品结构，提升产品质量和档次；优化产业布局，加快涂料企业兼并重组，推动产业集聚和升级，形成一批具有国际竞争力的涂料企业；进一步加快企业规模化发展，增强集中度；切实保护生态环境，促进涂料行业的绿色可持续发展；进一步注重高素质人才的培养，紧跟国家发展步伐，抓住新发展的大机遇，开创全产业链协同绿色发展的新局面，掀开高质量发展新篇章，登上涂料各个技术领域的世界顶峰，从而由涂料大国向涂料强国迈进。

1949

/

2019

铿锵脚步

th

Petroleum and
chemical industr

第 五 篇
材料为王

挺 起 制 造 业 强 国 的 脊 梁

材料——这一先进制造业的基础，在新中国成立 70 年来，一直居于化学工业产业链的顶端。

新中国成立伊始，百废待兴，强敌环伺。"巴黎统筹委员会"禁止向中国等社会主义国家输出战略物资。氢氟酸、氟橡胶、聚四氟乙烯等赫然在列，企图把新中国的材料工业萌芽扼杀在摇篮里。

经济建设需要材料，改善人民生活需要材料，保卫新生政权安全需要材料……屋漏偏逢连阴雨，曾经亲密无间的中苏关系突然破裂，撤走专家，切断关键材料供应，新中国正在建设的工业基础再次遭遇重创！

面对恫吓与极限施压，中国人从来不信邪。在听取重工业部关于原子弹核工业关键材料——无水氢氟酸有关情况汇报后，周恩来总理斩钉截铁地做出指示："就是用大锅熬，也要把氟化氢熬出来！"这既是新中国对经济霸权行径的强有力回应，也是新中国对誓攀世界科技高峰的庄严宣告。

"卡脖子"的何止无水氢氟酸这一宗！"全氟离子膜""异氰酸酯"等一大批核心产品先后成为行业发展中被国际垄断之痛。高端材料短板之多，在化学工业中无出其右者。材料行业成为化学工业发展的最大短板，是党和政府十分关注、时刻挂怀，忧心其发展的重点对象！

材料强则制造业强。在经历过太多次引进技术遭拒后，中国的化工企业、企业家以及科技工作者们明白了一个朴素的道理：核心技术是买不来的！建设制造业强国，就必须走科技创新之路。

自古华山一条路。坚强的化工人在基础薄弱、条件有限的情况下，横下一条心，对科技创新投入了极大的精力和热情，一遍遍实验，一次次失败，辛勤的汗水终于结出了丰硕的成果。在听到万华成为 MDI 行业领军者时，习近平总书记深刻指出："之所以取得成功，我的一个体会就是走了自主创新之路。"对东岳全氟离子膜攻关成功，摘下了化学工业"皇冠上的明珠"，李克强总理动情地说："东岳集团自主创新，打破垄断，长了民族志气。"

新中国成立70周年，化工材料行业正在从稚嫩走向成熟。路漫漫其修远兮，吾将上下而求索。展望未来，化工新材料行业就像站在地平线上遥望海中已经看到桅杆尖头的一只航船，正在乘风破浪向我们加速驶来！

01

坚持技术进步　坚持创新发展
——新中国橡胶工业发展纪实

　　1915年，中国第一家民族橡胶厂——广东兄弟树胶创制公司在广州诞生。中国橡胶工业迄今已逾百年。

　　旧中国，民族橡胶工业在连年战火和外国资本的夹缝中，风雨飘摇，艰苦创业。

　　新中国，橡胶工业获得新生，计划经济时期建成完整的工业体系；改革开放得以实现技术进步、产品更新、超常规发展，成长为世界第一橡胶工业大国。

　　历史证明，中国橡胶工业的发展，始终是和国家的命运联系在一起的。根深则叶茂。

一、一穷二白，激发橡胶工业自力更生、奋发图强

　　19世纪中叶，随着鸦片战争的硝烟，洋货接踵而至，其中雨衣布、热水袋、皮球、胶鞋等橡胶制品逐年递增，到1914年，全国橡胶制品及橡胶输

入量达31.5吨，合白银32.7万两。

市场需求激发了国内有识之士的建厂热忱，由广州开始，很快扩展到上海、青岛、天津、沈阳等地。从1928年起，短短几年，在上海十里洋场，就陆续出现48家大大小小的橡胶厂，到1937年则达到100家，从而使上海成为中国的橡胶工业基地。

与之同时，俄资、日资橡胶企业先后进入中国。日军侵华，民族企业纷纷倒闭，日资企业乘机大肆扩张，在青岛、沈阳等地建设轮胎、军需品等大型工厂，在华日资企业数量占到橡胶企业总数的55%以上；1943年，日资轮胎产量占到全国总产量的88%。当时的国民政府在调查资料中称，作为"重要工业之一，对于国防交通及民生日用均有莫大之关系"的"橡胶工业之发展，备历困难，最初受舶来品之压迫，继复遭二次战争之破坏，实在颠沛忧患中长成"，"工厂存续维艰"，"难以为继者，为数颇多"。

抗战胜利后，日资企业被国民政府资源委员会及党、政、军等部门接收。民族资本橡胶厂战后重生，在不到4年的时间，剧增到496家。共产党领导下的东北及胶东解放区，也在兴办主要为军队服务的胶鞋等橡胶厂。1946年，山东军区东海军分区和共产党领导下的威海市政府、北海银行3家投资52万元北海币，资助威海民族资本企业中威橡胶厂，办起了解放区第一家公私合营企业，当年即生产胶鞋4.4万双；1948年扩资到2400万元北海币，年产胶鞋27万双，并开始生产自行车胎。

尽管如此，橡胶工业生产还是被国民党发动的三年内战几乎破坏殆尽。国民政府的橡胶厂有厂无产，民族资本橡胶厂开开停停，大都是半饥半饱歇工状态。

1949年，全国轮胎产量只有3.0万条（有资料显示为2.6万条），输送带44.7万平方米，胶鞋4467.4万双，炭黑252吨，橡胶总消费量仅1.3万吨。回到人民手里的橡胶工业，已是千疮百孔、奄奄一息。

新中国成立，人民解放，激情高涨，工人阶级响应党和国家的号召，千方百计恢复生产。

东北人民政府最早没收国民政府的官僚资本橡胶厂，在沈阳、丹东、辽阳等地成立国营沈阳橡胶一厂（轮胎）、沈阳橡胶二厂（胶带）等共9个橡胶厂、1个机修厂、1个研究室，率先恢复生产，主导产品为轮胎、胶鞋、胶带、自行车胎及制品等国计民生急需的物资。青岛、胶东、天津也相继没收国民党的工厂变为国有，并且以力所能及的资金等各种形式扶持民族资本企业，使之能尽快恢复生产。

在毛泽东主席、周恩来总理亲自关怀下，1950年在北京召开了第一届橡胶工业会议，制定出"一般维持，重点恢复，避免盲目扩充，逐步走向计划生产，配合国家经济恢复建设，稳步将来发展"的工作方针，使生产恢复工作有序展开。

朝鲜战争爆发后，抗美援朝调动起广大职工的爱国精神和工作热情。东北橡胶工业随即转入战时轨道，沈阳橡胶一厂、二厂、九厂的3000多名职工及家属，冒着零下30多度的严寒，自己动手，风雪无阻，仅用98天时间，把工厂迁到牡丹江桦林一个废弃的造纸厂，并建成投产，生产出前线急需的汽车轮胎，被命名为东北第一橡胶厂。青岛橡胶厂扩大为山东橡胶总厂，轮胎年生产能力达到7万条，1952年遵照军委命令，又自力更生建成年产2万条航空轮胎车间，生产出第一条歼击机轮胎。同时，上海、天津等地民资企业承接军品加工订货，迅速扩大了轮胎、胶鞋等生产。

由陈云副总理主持，国家实行以大米换橡胶政策，建设国家橡胶储备库，打破了帝国主义的封锁，确保了原料来源。

在此期间，所需炭黑、助剂、骨架材料等，大都在自行研发的基础上建设新厂，保障供应。

1950年全国生产轮胎7万条、胶鞋4674.8万双；1951年生产轮胎23万条、胶鞋6640.5万双；1952年生产轮胎42万条、胶鞋6169.0万双，既保障了战时急需，也支援了国家经济建设。

1951—1952年间，朱德总司令先后视察了山东橡胶总厂（青岛橡胶二厂前身）、东北橡胶一厂（桦林橡胶厂前身），在桦林亲笔题词，勉励职工"努力工作，提高质量，降低成本，超额完成生产任务"。

教育部于1951年在华南工学院（现华南理工大学）开设橡胶工艺专业，聘请留美专家任教，开创了橡胶工业专门技术人才培育的先河。

新中国的三年恢复、重建，战胜了重重困难，使橡胶工业基础在东北、青岛、上海、天津等地得以确立。

在社会主义建设高潮中，国家全面实行计划经济，强化国营、改造私营，从体制上改变橡胶工业管理现状，实现稳步发展。

几经调整，"一五"期间上收的国营企业，由轻工部橡胶局统一管理，组建了国营第一橡胶厂（牡丹江，轮胎）、第二橡胶厂（青岛，轮胎）、第三橡胶厂（沈阳，航胎）、第四橡胶厂（沈阳，工业制品）等，共14个轮胎、管带、制品、胶鞋等橡胶厂和1个橡机厂（沈阳）。1956年，改为新成立的化工部统一管理橡胶工业，胶鞋厂下放地方，新建了天津橡胶工业研究所。化工部橡胶局实际上是中央的一个经济实体，管理10厂1所，成为生产骨干，且加强了产品研发。此时地方国企占比高达75%，国家的工作重点是改造、扩建国营大厂、老厂，建设新厂。

对私营橡胶企业，则分阶段进行社会主义改造，从加工订货、统购包销，到全面实施公私合营，并进行合并重组、技术改造，使众多企业由手工作坊变成机械化、半机械化的工厂。上海的橡胶厂由原来的530家合并为244家。其中，上海大中华橡胶厂、正泰橡胶厂、中南橡胶厂公私合营后，经技术改造脱颖而出，不仅成为上海橡胶的三大主力，在国内也成为骨干企业。全国800家私营橡胶厂实现公私合营后，变为348家，厂数减少56%，而生产大幅度上升。

1957年，全国橡胶工业总产值比1956年增长25.6%，比1953年增长98.6%；生产轮胎88万条，运输带253.6万平方米，胶鞋1.3亿双，炭黑8679吨，生胶消费总量达6.13万吨。

"二五"及三年经济调整，橡胶工业改进管理方式，坚持抓大放小，有效地减少和纠正了大跃进、自然灾害的负面影响。

第二个五年计划实施后，橡胶工业即开始新一轮的企业调整，大部分轮胎和工业制品厂下放地方管理。在此前后，随着国家尖端科技和军工发展，给军工橡胶带来机遇。化工部设立军事化学工业管理局（二局），上收了沈阳橡胶三厂、四厂和橡胶设计院（更名为沈阳橡胶工业研究院），上收太原橡胶十厂、广州橡胶十一厂，成立太原新华化工厂、云南乳胶工业研究所、曙光橡胶工业研究所、西北橡胶工业研究所，每个研究所都配有生产车间。至此，以科研为先导、"四所"加专业工厂的部属军工橡胶工业体系确立，并且日臻完备。

这一时期，在1959年设立的化工部橡胶司指导下，合成橡胶等原材料生产建设提上日程，先后在兰州合成橡胶厂建成丁苯橡胶装置，在四川长寿、山西大同和青岛建成氯丁橡胶装置，国产加进口，1965年合成橡胶使用比例即达到30%。同期，在沈阳、天津、上海新建了3个对废旧橡胶制品加工再利用的再生胶厂，既增加了原料，也减少了废旧橡胶的污染。

教育和科研得到加强。1959年，天津橡胶工业研究所迁到北京，与北京橡胶工业设计院以及设备安装四处合并，组建了北京橡胶工业研究设计院；1965年新成立了炭黑工业研究设计所；加上负责军工橡胶科研的4个研究所，共同构成橡胶工业的科研体系。在青岛橡胶工业学校的基础上，创建山东化工学院，与华南工学院一起培养橡胶工业高等专业技术人才。

改革管理体制，发挥中央、地方两个积极性，橡胶工业最早探索用经济办法进行管理。

经中共中央、国务院批准，于1964年成立中国橡胶工业公司，下设上海、青岛、天津、广州和重庆5个分公司，北京、贵州、广西3个总厂，桦林橡胶厂等10个直属厂和7个科研设计院所，公司拥有124个橡胶厂，占全国橡胶工厂总数的48%、产值的77%、职工人数的60%以上，人、财、物和产、供、销统一管理，并对地方企业归口指导，以深入调整结构，集中人力、物力、财力，推进老厂改造、新厂建设和技术进步。

上海作为老橡胶工业基地，率先进行工厂重组，实施技术改造。原有的橡胶厂经公私合营到转为全民所有制，最终调整为42家。企业规模的扩大，有利于新技术、新研制设备的推广应用。作为技改试点的大中华橡胶厂，技术、装备都是国内最先进的，到1964年，大中华和正泰橡胶厂的轮胎年产规模都达到40万条，与经过二次扩建形成70万条轮胎年生产能力的老国营桦林橡胶厂、青岛橡胶二厂同步发展，号称橡胶工业的"四大家族"。

在中国橡胶工业公司统一部署下，从轮胎做起，广泛开展研究院与工厂相结合，改进生产工艺，采用沈阳、大连等橡机厂自行制造的快速密炼机、螺杆塑炼机、四辊压延机、自动包边轮胎成型机、轮胎定型硫化机等新型装备，进行生产机械化、联动化的试验和推广应用。由抚顺化工厂牵头，组织炭黑技术攻关，生产出合格的高耐磨炭黑和中超耐磨炭黑。技术装备水平的提高，新型原材料的应用，使轮胎生产效率、产品质量显著提升，轮胎行驶里程由5万千米上升到6.5万千米。

胶鞋行业提出10项新工艺、新技术，推广应用后，手工操作减少50%，劳动生产率提高40%，产品质量提高20%。乳胶行业通过天津乳胶厂引进日本设备，与广州橡胶十一厂自创连续浸渍装置相结合，研发出安全套和手套自动生产线。

技术进步和工厂生产规模化，彰显了大型经济实体的实力、特长和作

用。到1966年底，橡胶公司总产值增长25.1%，利润增长20.5%，成本下降9.2%，劳动生产率提高15.0%，生产、技术全面提升。

公司一手抓生产、一手抓建设，充分发挥社会主义制度下能集中力量办大事的优越性，全力展开合理工业布局、支援内地发展的橡胶工业大小三线建设。继早些年在重庆新建四川轮胎厂等之后，上海大中华橡胶厂带头分拆，以一半的装备以及成建制的干部、技术人员和职工队伍，在贵阳建设年产30万条轮胎厂；由青岛橡胶二厂、沈阳橡胶三厂出人、出力，在远离城区、风沙满天的荒漠上建设年产30万条轮胎和航空胎的银川橡胶厂；以国产最新型的设备，由桦林橡胶厂牵头出技术、出人员，在焦作矿区建设河南轮胎厂；花重金引进国外新型压延机等设备，在湖北西部十堰深山区筹建东风轮胎厂；在桂林平地起家，建设轮胎厂、制品厂、乳胶厂和橡机厂。同时，沿海橡胶工业老基地通过调整，工厂规模扩大，技术水平提高，生产实力增强，并有力地支援了内地发展，与三线工厂一起使橡胶工业布局展开，形成新的生产、科研基地，被业内誉为计划经济时期橡胶工业发展的"黄金时代"。

从新中国成立之初的恢复生产，到橡胶工业公司时期的工厂大调整、大改造、大建设，橡胶行业既发展了生产，又锻炼了队伍，培养出团结、协作、不怕困难、艰苦奋斗的行风，在"文化大革命"的"十年动乱"中，能做到负重前行。

"文革"伊始，化工部即受到严重冲击。1968年橡胶公司解体，干部下放，企业下放，本来一个完整的橡胶工业体系被分得七零八落。1970年中央决定煤炭、石油、化工三部合并，成立燃料化学工业部；1975年燃料化学工业部撤销，分设石油化工部和煤炭部；直到1978年重新组建化工部。8年时间，橡胶工业的行业工作，都是由炼油化工大组下的8人橡胶小组（处）具体负责。

"十年动乱"，橡胶工业生产建设举步维艰。但全行业凭借优良而根基坚实的行风，团体协作，"抓革命、促生产"，生产建设脚步不停。

为第二汽车制造厂配套的东风轮胎厂，1969年正式开工，由青岛橡胶二厂、上海正泰和桦林橡胶厂负责援建；北京橡胶工业研究设计院主力搬迁，成为工厂的科研部；从山东化工学院1967届化工机械（橡机）本科和1969届、1970届橡胶工艺中专三届毕业生中，先后分配过去105名大中专学生作为技术骨干；化工部下放干部负责管理。5年时间，投资1.2亿元，建成拥有14台密炼机、1台进口世界最新型的四辊压延机，年产大型载重轮胎70万条、军用越野轮胎30万条的"亚洲第一大轮胎厂"，并于1974年3月15日生产出军用车配套越野轮胎。

由青岛橡胶六厂援建，北京橡胶院制品车间整体搬迁，同步建设了宜昌中南橡胶厂，专门为二汽生产橡胶配件和各种胶管胶带。

为东风和中南厂配套，在襄樊建设了年产5000吨钢丝帘线的湖北钢丝厂、1万吨化纤帘线的湖北化纤厂；在武汉建设了年产1.75万吨炭黑的武汉炭黑厂，在邵阳建设了万吨级的邵阳炭黑厂；由沈阳橡机厂部分搬迁，在湖南益阳建设了益阳橡机厂。

其他地区，沈阳轮胎厂援建了年产10万条轮胎的云南轮胎厂；银川橡胶厂、河南轮胎厂在这期间相继建成投产；贵阳、桂林的轮胎厂、胶管胶带厂、制品厂、乳胶厂、胶鞋厂相继投产；北京橡胶院设计部分整体迁到桂林，建成桂林橡胶工业设计研究院。贵阳、桂林等大三线城市，从无到有，形成新的橡胶工业基地。

从1969年起，以战备为契机，地方橡胶工业小三线建设也逐渐兴起，在辽西、吉东、晋西、鲁南、浙西，乃至大西北的甘肃、新疆等地，大都进行了老厂搬迁，建成了20多家小轮胎厂、小胶管胶带厂等小三线橡胶厂。橡胶工业大小三线生产能力占到全国的三分之一以上，扭转了偏依沿海的格局，实现了由北向南、从东到西的战略大转移。

橡胶工业虽经一波三折，但生产还是有新的发展。从1965年到1977年，轮胎年产量由262万条增长到772万条，输送带由508.6万平方米增长到

2240.5万平方米，自行车胎由846.9万条增长到2551.1万条，胶鞋由2.48亿双增长到3.58亿双，炭黑由5.13万吨增长到11.77万吨，生胶消耗量由16.91万吨增加到38.7万吨。就是在最乱的1967、1968、1969这3年，橡胶工业主要产品仍是年年增长，没有一家骨干企业因动乱而长期停产。

科研力量也得到加强，除化工部直属的北京橡胶研究院、桂林橡胶设计院及沈阳、西北、曙光、乳胶和炭黑七家院所外，上海、青岛、天津、广州以及辽宁铁岭等橡胶工业基地，以地方为主导建设了六家研究所，专业分工明确，分别成为本行业的技术归口和指导单位。

在共产党领导下，广大职工以自己的聪明、智慧和创造力，使橡胶工业由一穷二白、支离破碎，建设成布局合理、产学研、工厂设计、技术装备、主要原材料到废旧橡胶综合利用等门类齐全、成龙配套、结构完整的工业体系，主导产品能满足当时国民经济发展、人民生活水平提高和国防建设的需求。

二、解放思想，众志成城，全力推进技术进步、产品升级、生产发展

新中国成立后的橡胶工业，历经自力更生、艰苦奋斗，百废俱兴，但囿于国内经济实力所限，人才不足，加之外国的长期封锁，致使技不如人，与发达国家、大跨国公司相比，科研能力、科研手段落后，技术、装备落后，企业经营管理理念落后，产品老旧，生产力得不到有效提升。

改革开放之初，橡胶工业以老工艺、老产品、老厂改造，拉开了走向现代化的序幕。

轮胎工业迈出的第一步，就是全力改造斜交轮胎。化工部橡胶司主抓，在有关司局协助、支持下，实行"厂院结合"，即研究单位和企业联合开发新工艺、新设备和新型原材料。最先改造的是轮胎骨架材料，由棉帘线改为尼龙（锦纶）帘线，同时以硫化机取代硫化罐，被称作"化纤化"和"以机

代罐"技术改造；轮胎内胎使用气密性好的丁基橡胶，称作"内胎丁基化"。获得成功后，又投入改进轮胎结构设计、提高使用性能和优质轻量化的"三大改造"，一举使斜交胎原材料消耗明显下降，胎体重量减轻，行驶里程大都达到10万千米左右，比原来提高20%以上。

与之同时，自主开发子午线轮胎的研究和试验工作，也在北京橡胶院和大中华、正泰、青岛二厂、桦林橡胶厂等企业逐步展开。

在这期间，自行车胎、手推车胎骨架材料也全部由棉帘线改为化纤帘线，内胎改用丁基橡胶，产品实现了质的飞跃。

胶管胶带行业根据煤矿等矿山安全生产需求，重点研发难燃输送带，并很快投入井下使用。以青岛橡胶六厂、上海胶带厂、天津机带厂、广州胶带厂、沈阳长桥胶带厂等老国企为主，研制并扩大骨架材料以钢丝绳、尼龙和聚酯取代棉帆布带芯的高强力输送带生产。

胶鞋行业大力开发冷粘工艺新产品，以取代能耗高的热硫化工艺老产品"解放鞋"。

安全套产品在联合国人口基金的援助下，着力研发新工艺装备，提高产品质量、使用性能和生产能力。

再生胶在以水油法取代油法的基础上，逐步推广动态脱硫新工艺，改善生产条件，减少生产过程中对环境的污染。

改革开放使橡胶工业生产驶向快车道。1985年，全国轮胎产量达到1925万条，自行车胎达到1亿条，手推车胎达到2097万条，输送带达到4612万平方米，胶管达到1亿标米，胶鞋达到6.9亿双，炭黑达到24.7万吨，都创造了新的历史纪录。

橡胶工业第一轮的老厂技术改造卓有成效，但毕竟还是老产品、落后产品。世界橡胶工业的拳头产品是轮胎，而代表轮胎的最新技术、最新产品是子午线轮胎，当时发达国家轮胎的子午化率已达到90%，而我国还是零，试

制品也是貌像神不像。

在改革开放推动下，整个国民经济都在加快发展。交通运输业率先提上日程，继各地省级公路建设兴起，国家提出"二纵二横"高速公路网建设；汽车工业在改变"缺重（重型卡车）少轻（轻型卡车）"面貌的同时，连同"轿车进入家庭"，一起被列为国家支柱产业。橡胶工业发展子午胎，赶超发达国家和大跨国公司，不仅是目标，更是实际需要，推陈出新成为轮胎工业的第一要务。

上海正泰橡胶厂先行一步，从德国引进半钢轿车子午胎二手设备及技术，1982年建成国内第一条真正意义上的子午胎生产线，生产出第一条国产回力牌轿车子午胎，实现了中国子午线轮胎零的突破。

良好的开端，坚定了全行业的信心。在化工部领导的支持下，"七五"伊始，橡胶司即组织全行业首次制定新产品发展规划，提出以子午线轮胎、高强力输送带、中高档胶鞋及汽车和建筑工程橡胶配件等改造为重点，全面推进橡胶产品升级换代的宏伟目标，调动起全行业的积极性和创造力。

新一轮的技术改造前所未有，一是起点高，直接利用从国外成套引进的先进技术和装备；二是在国外技术、设备引进的同时，组织行业力量进行消化、吸收和国产化，以求实现自主；三是结合国内实情进行改进和创新，逐步形成自己的核心技术。

轮胎行业在完成60家企业定点生产后，桦林橡胶厂、辽宁轮胎厂率先开展子午胎技术、设备引进和建设。桦林厂年产10万条全钢载重子午胎项目，总投资1.3亿元，引进意大利倍耐力生产技术及市场上先进的成套装备，1986年6月开工建设，1987年12月生产出全钢载重子午胎。

辽轮年产15万条全钢载重子午胎项目，总投资1.18亿元，采用英国邓禄普技术及成套设备，与桦林同步开工和建成投产。

此后数年间，先后又有青岛橡胶二厂（年产全钢子午胎30万条）、重庆轮胎厂（年产全钢子午胎15万条）、北京轮胎厂（年产半钢子午胎30万条）

以及上海轮胎集团公司（现双钱集团）、华南轮胎厂（现万力集团）等，分别从倍耐力和美国费尔斯通引进全钢及半钢子午胎技术和装备。

作为矿山配套的重大装备，橡胶司与装备总公司等有关司局，还共同组织河南轮胎厂、桂林轮胎厂、天津国联轮胎厂（进口二手设备）进行3500-51、3600-51巨型工程轮胎攻关，很快取得成果，解决了大型矿山工程建设的急需。

对引进技术、装备实行消化吸收和国产化，为中国轮胎实现子午化奠定了坚实的基础。

伴随引进项目的建设，北京橡胶院、桂林橡胶院与有关企业相结合，逐步掌握了子午胎工厂设计、产品设计、工艺设计、主要设备性能和非标设备设计制造，以及配套原材料需求等技术要点，为消化吸收和国产化创造了有利条件。

1989年，化工部主要领导明确要求和支持橡胶工业技术改造，支持对引进技术装备的消化、吸收和国产化。化工部橡胶司、科技司联手，组织厂院结合，全面实施国产化科技攻关。

1991年，橡胶司会同部有关司局，召集了38家科研、生产、装备制造及原材料企业，对国产化工作做了系统部署。

1992年，化工部"子午线轮胎关键设备和原材料消化吸收一条龙项目"，被国家经贸委（国务院经济贸易办公室）列入国家重大引进技术消化吸收计划；"子午线轮胎成套设备和工程子午胎关键设备消化吸收项目"被国家经贸委列为"十五"攻关项目；化工部国产化办公室、橡胶司和中国化工装备总公司共同负责实施。

子午胎主要装备国产化在桂林橡机、益阳橡机、大连橡机、三明化机（华橡自控）等老国营橡机厂，天津赛象、青岛软控等民企以及北京625所等军工企业展开，几十家橡机研发、制造企业一齐努力，取得了突破性的进

展，炼胶、成型、硫化、模具等关键设备最先投入使用，性价比远远优于国外同类进口产品。

原材料国产化项目涵盖了6家科研院所、8个子午胎厂、32个原材料生产厂，形成会战之势。到1992年底，共研发了21大类、68个品种的助剂产品，填补了国内空白。炭黑产品，在天津炭黑厂引进万吨级新工艺炭黑基础上，炭黑研究院与天津炭黑厂等一起，成功进行了消化、吸收和国产化。主要原材料国产化率达到90%左右，基本满足了引进子午胎项目建设和生产的需求。

先期国产化项目中，有12项获得国家科技进步二等奖，1项获得三等奖；有4项获得化工部科技进步二等奖，2项获得三等奖。国产化既具有技术上的先进性，又节省投资、节省建设周期，有利于规模化大生产，关键是使子午胎发展能立足于国内。

中国子午线轮胎市场是巨大的，仅载重斜交胎取代量当时即达千万条以上，有了技术、设备和原材料的国产化，就能加快建设，抢占市场先机。1993年，在山东荣成橡胶厂建设首条以国内技术为主、关键设备引进的年产30万条子午胎生产线。这一项目包括半钢轿车子午胎、轻载子午胎，共15个规格产品，1997年建成投产。紧接着又一鼓作气，将半钢子午胎年产规模扩大到200万条，并新上了年产30万条全钢子午胎项目，标志着中国从此有了自己的成套子午线轮胎生产技术。随后上海轮胎、三角轮胎、青岛二厂、杭州中策、华南轮胎、贵州轮胎、河南轮胎、双喜轮胎及北京轮胎厂等全钢、半钢子午胎引进和国产化新建、扩建项目建设也相继展开。

子午胎生产技术、设备及原材料实现国产化，使项目投资成本大幅降低。据实际测算，建设一套30万条/年全钢子午胎生产线的设备费用，比进口降低55%左右，100万条/年半钢子午胎项目降低三分之一以上，总投资可减少35%～40%。这就为促进中国子午线轮胎工业的发展，为中国成为世界轮胎第一生产大国奠定了坚实的基础。

子午胎技术、主要原材料和装备国产化，有力地促进了民营企业异军突起，成为轮胎行业的新生力量。最具代表性的是山东，有的是充分利用国家和地方政策、原国企的技术力量，快速建厂、快速发展；有的是原有国企改制后，在原有基础上快速扩大子午胎产能和生产；千禧之年前后，涌现出玲珑、赛轮、兴源等大型民营子午胎公司，很快成长为行业骨干，并形成地区优势。

坚持技术上的先进性，有序、合理利用外资，与内资企业一起成为橡胶工业发展的两个轮子。

外企看好了中国的轮胎市场，纷纷来华投资办厂，由合资起步、廉价收购、再到独资建厂，全球排名前10名的大跨国轮胎公司全部进入中国，其他外企也蜂拥而至，米其林、普利司通、固特异以及韩泰、佳通等23家外企，利用中国对外资的优惠政策，先后建设了40多家子午胎公司。外资企业主要用中国设备、中国原材料，从生产低档产品做起，并逐步以新技术、新产品升级换代，以扩大市场竞争力，其乘用半钢子午胎、全钢载重子午胎凭借大公司、大品牌和新车配套优势，产品比重一度分别占到全国的65%和30%左右。

轮胎工业以国有、国有控股和大型民营企业为主，与外资企业形成鼎立之势，在竞争中相互促进，竞向发展。1985年，全国轮胎总产量1925万条，在轮胎生产统计中首次出现子午胎，时年产量为28万条；1990年，轮胎总产量2816万条，子午胎产量118万条；1995年，轮胎总产量5571万条，子午胎为689万条；2000年，轮胎总产量1.09亿条，首次突破1亿条大关，子午胎为3600万条，子午化率为33%，初具规模；2005年，中国轮胎总产量达到2.5亿条，其中子午胎为1.41亿条，子午化率为59.2%，轮胎总产量超过美国，跃居世界第一位；2015年，轮胎总产量5.65亿条，子午胎产量达到5.11亿条，子午化率达到91.2%的国际先进水平。引进技术装备的消化吸收和国产化，在橡胶工业发展史上写下了光辉篇章。

其他橡胶主导产品，以自主研发为主，结合设备引进，大力实施技术改造，产品升级不断向前推进。

胶鞋作为改善人民生活的必需品，也是最早展开产品升级改造的产品，市场上以新型运动式胶鞋、休闲鞋、旅游鞋、坡跟女鞋等节能、降耗、美观、实用的新产品，取代了传统的解放鞋，向中高端产品方向发展。老企业、老名牌青岛双星，带头工厂"上山下乡"；原总后所属企业组成际华集团，实行集约化管理；浙江瑞安的荣光、人本，川渝的征峰、强布，河南的飞鹤、福达等民企抱团崛起，五大板块占据全国胶鞋生产和出口的80%左右。福建晋江、山东东营等地则形成合资企业群，以冷粘工艺鞋，承接了国际大牌制鞋公司、知名品牌产品的大转移。上海的"回力"球鞋，这个近百年的老品牌回归，活跃于国内外市场，成为新宠。我国胶鞋工业面貌为之一新，1985年全国胶鞋产量达6.87亿双，1990年达8.98亿双，之后虽有起伏，但一直稳定在10亿双以上，生产量、出口量稳居世界第一。

输送带是煤矿、码头、冶金、水泥、化工以及建筑业等实行大规模、连续带式输送的主要部件，作为行业产品更新、升级重点，在攻克难燃输送带生产技术、设备和原材料难点，实现批量生产的同时，将主要精力集中在研发和生产聚酯尼龙带芯输送带、钢丝绳芯输送带、钢缆及钢网等高强力输送带；根据需求，研制耐热、耐寒、耐油、耐酸碱等专用输送带；产品结构上研制出管状、挡边、花纹、提升和盖状输送带。青岛橡六、浙江双箭、三维、无锡宝通、阳泉奥伦、安徽中意以及阜新环宇等大型民企及国有输送带生产公司引领发展。1985年到2015年，输送带年总产量由5900万平方米发展到4.9亿平方米，平均增幅为7.3%；"十一五"期间，高强力输送带产量占比达到80%左右，产品质量达到或接近国际先进水平，成为世界生产和消费大国。

传动带既是胶带的一大分支，也是不可或缺的机械部件，广泛应用于汽车、机械、纺织、家电、办公自动化、轻工、农机等领域。在20世纪80年代，无锡、洛阳、贵阳、佳木斯等地胶带企业引进切边传动带、农机V带等生产技术及设备，尔后在国产化的基础上自主创新，实行国产传动带规格品种向多样化、专用化方向发展，涌现出浙江三力士、河南久龙等骨干民企，以窄型V带、宽V带、广角带、联组V带、切边V带、多楔带、同步带以及聚酯线绳V带等新产品为主导，彻底摆脱了传统普通包布V带和普通/平皮带落后工艺、落后产品。尼龙、聚酯线绳结构产品占到V带总量的90%以上，HM型变速V带疲劳寿命超过了100小时，使用寿命成倍增长。反成型工艺得以推广，鼓式硫化机、恒张力线绳成型机、高精度切割机、带筒打磨机、磨楔机、短纤维胶片裁断拼接机的开发应用，使传动带生产及工艺装备迈上一个新的台阶。全国V带总产量，1985年为2.45亿A米，1995年达6.84亿A米，2010年达17.25亿A米，2015年跃增到21.8亿A米，老结构产品已全部更新。

胶管产品衍生出橡胶管和树脂管两大类，通用、高压、汽车、石油和特殊用途胶管五大类型，并已进入高压胶管和汽车专用胶管时代，编织、缠绕结构代表着生产和技术水平。天津鹏翎、浙江峻和、四川川环等新兴民企引领发展。全国胶管产量已由1985年1.06亿标米，发展到2015年的13.9亿标米，年均增长8.96%。

橡胶制品异军突起，小到家庭用的圈圈垫垫，大到航空航天、高铁工程、汽车制造、海洋工程、国防建设，应用涉及面日益广泛，质量、品种、规格要求越来越高，原材料也大幅向多样化发展。作为产品升级重点，行业内涌现出安徽中鼎、株洲时代产值过百亿的大型企业，形成浙江宁海、温州和河北衡水三大民企集约化的制造基地，加上改制后的原化工部所属西北、沈阳橡胶研究院等科研单位，共同成为行业的创新和生产主体。

宁海基地已培育出6家国家级高新企业、2家国家认可实验室、2家省级高新技术研发中心、5家市级工程技术中心，开发出新技术、新产品、新工艺300多项，技术研发费用占到产值的4%左右。为中高档汽车配套的项目，还被列入国家、地方重点火炬计划。温州基地拥有生产、贸易、专用设备制造企业300多家，自主研发的连续性生产预制型橡胶跑道出口到法国等

国家，成为当地工业的主力军。衡水工程橡胶制造基地最先建成，其产品涵盖了盆式橡胶支座、板式橡胶支座、橡胶伸缩装置、橡胶止水带、橡胶水坝等五大系列、1000多个规格型号，获得100多项技术专利，国内工程橡胶有60%的新产品在此开花结果，80%以上的高速公路、高速铁路、轻轨、地铁等桥梁、涵洞以及水利、建筑等基础建设所需橡胶制品都产于这一基地。

国产大飞机用的密封制品和型材，实现了立足国内。国产中高档轿车、高端发动机等所需密封、减震橡胶配件的发展，也有效地阻止了外企的垄断。

力车胎行业在20世纪完成骨架材料尼龙化、内胎丁基化之后，随着市场的变化，手推车胎逐步淡出，电动自行车胎、自行车胎、摩托车胎成为主导。主要用途已从为交通代步、运输工具配套，转化为运动、健身、竞技的山地车、雪地车、沙滩车、草地车等高科技产品配套。产品结构也从原有的26吋、28吋和软边、硬边两大产品发展到几十种新结构、新规格，体现出产品功能多样化、胎体轻量化和附加值升高等特点。上海、青岛、天津、无锡、河南等地原国营大中型力车胎厂退出市场，民企、合资企业兴起，与杭州、广州的原有国企一道，成为中高端产品生产、出口大户，中国力车胎产量占到全球的60%左右。2015年全国自行车胎产量达4.49亿条，是1985年的4.4倍；摩托车胎总产量达1.36亿条，是1985年的75倍。

乳胶主导产品是用于节育、防病和提高生活质量的安全套，其工艺、装备不断改进，以超薄透明型、螺纹型的各具功能型新产品全部取代了老产品。医用乳胶手套及家用手套，生产工艺、装备有显著提高，家用手套作为家务劳动用护肤新产品，得到很大普及。

废旧橡胶随着轮胎等新产品发展而快速增加，既是工业固体废弃物，也是可再生利用的原料，充分利用可以保护生态环境，又可缓解橡胶资源短缺的矛盾。橡胶工业一直以新技术为引领，坚定不移地走这一循环经济之路。继广泛采用动态脱硫工艺之后，又开发出常压连续脱硫新工艺，开发出自己的废胶胶粉生产新技术、新产品，形成以再生胶为主，适度发展废胶胶粉和胶粒直接应用，开展再生胶和胶粉的深度加工，不断扩大应用领域。旧轮胎翻新方面，预硫化翻新工艺推广应用也不断有新的突破。南通回力、莱芜福泉、仙桃聚兴等再生胶企业，为循环经济实施作出了突出贡献。通过胶粉、再生胶生产，90%以上的废旧轮胎等得到再利用。

主要原材料和装备制造，与橡胶产品生产相辅相成，相互促进，共同发展。

炭黑是橡胶产品的传统补强材料，用量大，产量高，同时也是耗能大户。在引进万吨级新工艺炭黑的基础上，厂院结合，使单线年生产能力提高到2万吨以上；工艺上采用湿法造粒、袋滤装置及尾气利用，提高了产品质量，减少了对环境污染；生产走向规模化，年产量达20万吨以上的企业已有6家，其中国有控股企业黑猫炭黑总产量已达百万吨，河北龙星、山西永东等民企以及老国企苏州宝化炭黑成长为行业骨干；原料油和燃料油两油单位总耗量由原来老工艺的3.2吨降到2吨左右，节能降耗给企业带来新的效益。炭黑总产量已由1985年的25万吨，发展到2015年的500万吨。

随着绿色轮胎的发展，白炭黑生产应用从无到有快速崛起，涌现出无锡确成硅、株洲兴隆、福建正盛、三明丰润、三明正元等年产能10万吨以上的民企，从源头上解决了子午胎发展的急需。炭黑企业也开发出DZ系列低滚阻炭黑新产品，以提高轮胎使用性能。

橡胶助剂绿色产品和清洁生产，是助剂行业科技创新主题。在子午胎引进及消化吸收过程中，橡胶助剂作为重点原材料也进行国产化，成功开发出不溶性硫黄系列产品、加工助剂、各类树脂等新产品，填补了国内空白，并淘汰了有毒有害的落后产品。对用量大的促进剂M等老产品进行工艺改造，实现了清洁生产，节能降耗，保护环境。在创新驱动下，防老剂优秀品种6PPD和TMQ等已占到85%以上；促进剂优秀品种CBS、TBBS和DCBS占到一半。中国助剂总产量1985年只有3万吨，2015年已达到110万吨，占全

球产量的75%以上。绿色助剂快速发展，造就了尚舜、圣奥、阳谷华泰、天津科迈等科研、生产实力派大型国有和民营企业，生产集中度相对提高，前10强企业工业总产值占到助剂行业的70%左右。

骨架材料产品更新换代，是子午胎、高强力输送带及各种V带产品升级的重大关键。钢丝帘线、聚酯及尼龙帘线等骨架材料2000年前后形成初步规模，2015年钢丝骨架材料总产量达到249万吨，纤维骨架材料达到54万吨。江苏兴达以及江苏骏马、河南神马实业等钢丝、聚酯、尼龙帘线大型国有和民企、大品牌的崛起，有力地带动了新型骨架材料的生产发展。最新材料芳纶也已开始试产试用。

子午胎的发展需求，振兴了橡胶机械行业，橡机行业上来后，又反哺子午线轮胎新的技术进步，形成双赢。其间橡机行业先后研制出成型、硫化等新产品34种，具备了全钢子午胎、半钢子午胎以及大型、巨型工程子午胎制造所需成套设备的生产和供给能力。由天津赛象和三角集团联合研制的子午线工程巨胎生产技术和设备，达到国际先进水平，荣获橡胶行业第一个国家科技进步一等奖。以创新带动生产的软控股份、天津赛象等大型民企，始终不渝坚持产品更新的大连橡机、益阳橡机、桂林橡胶院、桂林橡机等老国企，共同托起橡机行业进入世界先进行列。

直接关系到子午胎外观和质量的模具新产品活络模，与子午胎同时起步，数控加工技术广泛应用，高速、超高速加工，电火花加工等新工艺已成为主流，原来的手工刻花、镶花和压花的老工艺被淘汰。豪迈集团、巨轮智能装备等模具加工企业，正逐步走向专业化、大型化和国际化，豪迈集团成功收购美国GMS公司，在美欧及东南亚多地建有服务中心，在国内昆山、贵阳、辽宁、天津等子午胎产地设立制造分公司，成为行业龙头。中国轮胎活络模具已由进口转化为出口，为国内外轮胎企业广泛采用。

天然胶种植、加工归口农业部门。中国打破橡胶树种植红线，在北纬18度至24度之间成功种植橡胶园林，建设加工厂，形成海南、云南、广东三大种植、生产和加工区域。天然胶年产量逐年有所增长，生产加工布局和体制不断改革、调整，国有胶园与民营胶园并存，共同发展。国有橡胶园实行机械化种植、病虫害防治，有效地提高了劳动生产率，节约了生产成本。海南农垦成功地将80多家小乳胶加工厂整合为14家，单厂年加工能力2万～8万吨，并集中加工10多万吨民营胶资源；云南农垦也建有大型加工厂，一改由胶乳到标准胶加工企业多、小、散的落后局面，开始走向大型化、现代化，天然胶园科学种植和改善标准胶等加工模式，以及种植、加工业与用户轮胎企业的合作，都在有序推进。

合成胶发展迅速，以顺丁胶、丁苯胶等通用合成橡胶为主，总产量超过美国，居世界第一。国产合成胶使用量已占到国内橡胶总消耗量的35%左右，占到合成胶使用量的60%以上。国产合成胶新型品种和性能也在不断改进，以1980年到2000年间引进技术建成的7套合成胶装置为基础，通过消化、吸收和国产化，开发出年产10万吨级乳聚丁苯胶、4.5万吨级丁基胶、5万吨级丁腈胶、2.5万吨级乙丙胶等自主生产技术和装备，自主研发出溶聚丁苯胶及SBS类热塑性弹性体，解决了国内急需，打破了国外垄断。同时，稀土异戊橡胶有了技术储备；绿色子午胎用的溶聚丁苯橡胶，引进技术与国内创新并存；自行开发的星型溶聚丁苯橡胶，其性能超过国外同类产品。

中国橡胶总消耗量，1985年为110万吨，1990年为189万吨，2000年为288万吨，2015年达到870万吨，占到全球橡胶总消耗量的45%左右。天然胶与合成胶的使用比例已接近一比一，其中天然胶主要靠进口，占比80%以上。

改革开放促进了橡胶工业管理机制的改革，催生了集服务、协调于一体的新型行业组织。

新技术推广应用、新产品创新及生产发展规划制订，团体标准、行规行约制定，工作协调乃至对外交流、合作、应对贸易摩擦等，无一不是在以企业为主体的基础之上，由行业组织牵头进行。行业服务、行业管理机制的改

革，也是改革开放的一大成就。

1978年，国家实行改革开放。在化工部领导支持下，1979年，由橡胶司主导，成立了中国橡胶学会，秘书处设在北京橡胶院，旨在对外加强学术沟通与交流。随着改革开放的不断深入，就行业管理、行业服务工作，橡胶司联手化工部调研室、生产司一起调查研究，并经多年酝酿、协商，经国家经委和民政部批准，在1985年成立了中国橡胶工业协会（简称橡胶协会），挂靠在橡胶司，橡胶司司长任会长；下设轮胎、力车胎、胶管胶带等9个专业分会，分别挂靠在大中华橡胶厂、广州橡胶一厂、青岛橡胶六厂等大企业，橡胶司也都派人兼职任副理事长；总会、分会理事单位多为大中型企业，行业管理和服务工作有了更为广泛的群众基础。

橡胶司作为化工部的职能部门，跟上靠下，与企业有着非常密切的关系，行业管理和服务井然有序。1993年，按照国家机关改革安排，撤销了橡胶司，成建制转为中联橡胶总公司。成长中的橡胶协会被推上前台，行业工作携手中联公司的领导层和人脉共同开展，同时抓紧加强协会自身建设，在总会先行建设专职工作队伍。1998年化工部撤销，橡胶协会从2000年起，因势利导，增设助剂、骨架材料、轮胎及橡胶营销专业委员会和技术经济委员会，各分会与挂靠单位脱钩，原设在秘书处的《中国橡胶》杂志也独立运行。作为社团法人，作为沟通政府与企业之间的纽带和桥梁，协会以为行业服务、为政府决策服务为天职，自主、自律、自立、自强，一个符合改革开放需求，把政府管理与企业自主、自律相结合，把上下游企业连在一起的大行业、大服务管理模式，逐步形成并日益成熟。

20世纪90年代初，本来就资金短缺、税赋繁重的轮胎行业，突然又被加征10%的产品消费税，直逼子午胎技术改造进行不下去。在部领导关注下，橡胶协会牵头一直争取了七八年，直到新的千年才得以解决，为子午胎大发展创造了一个宽松的环境。

20世纪90年代中期至新的千年开始，在产品税收"三免二减"等优惠政策吸引下，外资、外企蜂拥而至，社会舆论又极力鼓动"靓女先嫁""国企退出市场竞争产品领域"，地方上利用外资、合资办厂一哄而上，几十年建设起来的轮胎骨干企业被以亏损之名转让他人，诸多老民族品牌从此消失。实际上有的外企并无技术；有的是本身并无实力，主要是利用中国企业的引进技术设备和无形资产；就是大跨国公司也是以并不先进的技术、产品先行占领中国市场。关键时刻，在部领导直接关注下，协会与企业联手，给国家打报告，呼吁对外招商引资应注重技术和产品的先进性，对内应扶优扶强，择优改造。这些意见和建议得到多位国家领导人的多次肯定，并明确指出，轮胎工业不能由外资控制，使轮胎行业老厂子午胎改造和民企发展有了主心骨，使对外合资逐步趋于合理。

中国子午胎发展迅速，但大步走向国际市场、参与合理竞争也是阻力重重，美国带头对中国轮胎实施反倾销，欧洲则以技术壁垒进行阻挠。协会与外贸商会联手，组织出口厂商正面应对，保持了轮胎出口平稳上升的势头。

轮胎等产品主要原料天然橡胶基本靠进口，过高的进口关税致使企业生产成本始终居高不下，协会一直在千方百计争取。合成橡胶生产发展主体是中石化、中石油，协会则通过市场调研报告、合成胶需求规划、咨询服务等多种方式，助以一臂之力。中石化、中石油合成胶产量上来了，民企合成胶也随之起步，使合成胶进口年年减少，国产合成胶成为主导。

橡胶协会作为改革开放中出现的新生事物，为行业服务应当说是尽心尽力，得到了企业认可和支持，并在逐步形成社会主义市场经济条件下，成为一种新的行业服务、行业自律机制。

三、以技术创新、产品创新求得新的发展，坚定不移地建设橡胶工业强国

改革开放打破了计划经济的桎梏，橡胶工业生产技术、装备、原材料和主导产品脱胎换骨，实现了质的飞跃。但作为世界橡胶工业第一大国，与发

达国家和大跨国公司相比，差距依然存在，且在某些方面差距还比较大。

国际市场上，橡胶工业新技术、新产品可以说是日新月异。反观中国橡胶产品，子午胎等新产品生产技术是引进技术的翻版，实际上买的时候就不是最先进的，消化吸收和国产化虽有创新，但严格地讲还是以模仿为主，自主创新力度不够，尤其是原创的东西就更少，原创上不去，就不能使技术、产品达到或超过世界先进水平。

产品设计、工艺设计缺乏自己的理论，理论上不去，基础研究跟不上，就不能有效地指导实践，就不能引领自主创新，弄不好还要"依样画葫芦"、步人后尘。

国际轮胎市场上实行的标签制度，实际上就是以高标准提升轮胎质量，是建立在国际子午线轮胎最新生产技术、最新产品标准、最新产品质量要求上的一道门槛。在一定程度上说明，谁掌握了最新技术、能达到最新标准的要求，谁就有生产主动权、销售主动权。标准不高，标准滞后，也是中国橡胶工业与先进国家的一个关键性差距。

主导产品还大都处在中低端水平，没有自主知识产权的高端拳头产品，在国际市场上就没有强大的竞争力。企业经营管理上的差距恐怕比技术差距、产品差距还要大。品牌意识和品牌培育，产品营销和服务等新概念、新意识，都还亟待加强。

就整体而言，橡胶工业的研发投入、专利质量、装备水平、能耗、原材料消耗乃至劳动生产率、人均销售额、销售利润率、产品内外销价格等，大都还处于中下游状态。产学研结合、供给侧改革和融合发展，还处于起步阶段。

知不足而后进、能自强。2005 年前后，当轮胎等主导产品产量跃居世界首位的时候，橡胶协会于 2006 年明确提出，中国橡胶工业大而不强，要向建设橡胶工业强国进军。同时也指出，外资企业也没有把最新技术、最新产品带到中国来，在市场上仍是中低档产品、中低水平竞争。

创新成为橡胶工业新发展的强劲驱动力。

国民经济进入新常态后，随着改革深化、结构调整力度不断加强，创新发展日渐深入人心。全行业齐心协力，总结经验，沟通信息，一步一步地制定和完善中国橡胶工业强国发展战略，使橡胶工业的稳定、发展，逐步建立在以创新为动力的基础之上。

轮胎行业最先提出绿色轮胎和清洁生产的新理念、新要求，紧紧围绕安全、节能、环保、舒适、耐久的高性能产品目标，以及减少污染、保护环境的绿色工艺生产过程，以标准和规划引领轮胎行业技术进步，着力推进调结构、促转型和增加效益，推进产品结构向无内胎、宽断面、大轮辋以及耐磨、抗湿滑、低噪音、轻量化、长寿命和高端化、绿色化方向转型。

橡胶协会于2012年就开始推动绿色轮胎产业化工作，并于2014年发布行业首部绿色轮胎团体标准《绿色轮胎技术规范》；基本等同采用国际先进标准，于2016年发布了《轮胎分级标准》和《轮胎标签管理规定》团体标准，并采取"企业自我声明、自愿张贴"方式于同年实施。这些工作促进了绿色轮胎产业化进程，减少轮胎使用中的二氧化碳排放，加快淘汰落后产能和推进清洁生产的步伐。截至2019年4月30日，已有28家中外资轮胎工厂申请了中国轮胎标签，共计177个标签、1083个规格。

科技投入逐年增长，新产品开发和产品检测手段日臻完备。中策、玲珑、三角、赛轮、双星、成山、双钱、风神、贵轮、万力等老公司以及青岛森麒麟、江苏通用等新企业，年研发费用投入比重基本都超过销售收入的3%，成长为生产型和创新型双料经济实体；玲珑集团建成国内第一个轮胎试验场；一般一个新规格产品研制时间可以减少一半以上。

轿车子午胎继50、55、60系列大量生产使用之后，30、35、40、45等高性能扁平化系列产品也陆续开发投产，增加了中高档新型轿车配套及出口竞争力。宽基、无内胎载重子午胎，缺气保用安全子午胎，巨型工程机械子午胎，冬用、农业和航空子午胎等国内外市场适销新产品，产品结构、使用性能及附加值不断得以优化、提升。

华南轮胎厂（万力集团）作为最早在引进技术基础上再创新的企业，由引进时的59个规格花纹发展到6511个；乘用半钢子午胎从80系列发展到25系列（代表规格为295/25ZR28）；产品规格从12英寸发展到30英寸（代表规格为275/25ZR30，1英寸 = 2.54厘米）；速度级别从R级提升到Y级，最高时速达到350千米/时；拥有专利134项，半钢子午胎创新一直走在行业前列。同时，低系列宽断面全钢载重子午胎荣获"国家重点新产品"称号。

玲珑公司用时3个月就为国产大红旗国宾车研制出新型配套轮胎（规格为275/40R20C），赶超了大跨国公司的研发速度；还研制出过去望尘莫及的竞技型赛车胎，产品质量可与国际先进赛车胎媲美。

三角集团利用与天津赛象共同开发的工艺设备，生产的巨型工程子午胎（最大规格为59/80R63），使用性能、使用寿命全面赶超国外大公司的最高水平，一跃跻身于国际市场四大名牌。

自动化、信息化加大工匠精神，稳步推进智能制造。三角、赛轮、双星、森麒麟、万力、双钱等公司结合自身特点，重点建设自动化物流运输、立体仓库、轮胎成型、轮胎分拣和动力供应等系统，产品质量均一性、生产效率明显提升，能耗、物耗、劳动用工均有下降，并被国家工信部列为智能制造试点示范项目和"两化"融合贯标试点。

践行绿色发展，企业加大自身"软硬件"投入，切实起动环保工程。从绿色原材料使用入手，到炼胶、硫化等主要有污染源的工艺及设备改造，再到废旧轮胎的回收加工利用，环保工程一条龙展开。风神轮胎环保治理投入最高占到年总销售收入的1%以上；中策轮胎耗资千万，用于改造15台密炼机；中策、万力、赛轮、双星、双钱、风神等载重子午胎生产厂家，专设循环利用管理部门，与废旧轮胎回收、再生胶、绿色裂解和旧胎翻新企业挂钩，研究扩大废旧轮胎再利用，力争建立起长效环保机制。

企业转型升级、兼并重组与走出去并举，多举措淘汰落后产能，向国际化发展。斜交胎产量占比已不足6%，可以说是除去必须保留的，基本都已淘汰；已不适应市场需求的低档子午胎，已进入逐步淘汰期；轮胎厂优胜劣汰、兼并重组也在有序实施。以自主知识产权、自主品牌走出国门，沿着"一带一路"，到东南亚原料产地、欧美老市场和新兴市场去建厂，作全球性布局正在兴起。赛轮、玲珑、中策、森麒麟等最先走出去在海外成功建厂，产销势头良好；双钱、三角、贵轮、成山等公司也已启动，有的已经建成，地产地销；有的还在天然橡胶主产区购置橡胶园林、建设标准胶加工厂（点），扩大主要原料来源，都收到了拓展新市场、规避贸易摩擦和降低生产成本、提升全球竞争力等多种效果。

培育、弘扬民族品牌，强化经营服务，彰显了橡胶工业强国的建设形象。国内外市场力求稳中有升，半钢子午胎一手抓中高档轿车配套比例增加，一手抓安全、节能、性价比高的经济型产品，为适应广大农村需求的代步和轻载车型下乡服务，增加新的增长点。国际市场则逐步以质量好、性价比高、附加值高的中高档产品为主；全钢载重子午胎强力推出超高行驶里程产品，以质取胜。中国轮胎出口体量大，已成为国际市场上一支不可或缺的力量，中国轮胎在国际市场上的话语权已非往昔所比。

民族品牌子午胎占据主导地位，全钢载重子午胎、半钢乘用子午胎总产能占比已分别升至86%和58%左右，总产量分别占到85%和50%以上。朝阳、玲珑、三角、风神、双钱、双星、前进、成山、万力和赛轮十大中国名牌加上新兴的森麒麟、黑马、兴源等新著名品牌，排在国内前20名的内资企业子午胎总产量已占到全国的40%以上，成为真正的行业领头羊。排名第一的中策集团，原本是1958年"大跃进"时期建设的一个小胶鞋厂，后经努力，逐步生产力车胎和斜交轮胎，改革开放之初，自行与北京橡胶院合作研发子午胎，在对外合资获取技术改造启动资金后，不仅加快子午胎建设，而且回购外方股份，重新回归国有控股，深化改革使之第一个年销售收入过百亿，第一个进入世界轮胎企业前十强，成为中国第一大品牌。

非轮胎橡胶制品自主创新方兴未艾，稳步推进。

紧跟用户最新发展需求，胶带行业与装备制造联手，成功开发出3200×16000×1超大型难燃带矿山运输生产线，ϕ700毫米×ϕ1800毫米钢丝绳

及纤维两用压延生产线，高强力输送带赶超国际先进水平，迈出了新的步伐。传动带更是以创新为主、以专用为主，汽车专用V带2018年增长了26.4%。

胶管产品致力于"专产专用"专业化生产，仅汽车专用胶管，2017年产量即达4.36亿根，2018年又增至4.8亿根，增幅在10%以上；大型专用石油钻探大口径钢丝缠绕胶管、漂浮式海上输油胶管、疏浚胶管、浅海海底输油胶管等，从无到有正在逐步取代进口。

新型原材料、新型生产工艺研发和应用得到普遍关注。橡胶助剂已基本实现绿色产品和清洁生产，促进剂等绿色助剂使用质量，已开始领先于国际水平。杜仲胶、蒲公英胶的种植、研发、试产、试用有序进行。自主创新的钌催化高纯度双环戊二烯（DCPC）与高分子弹性体互穿网络高分子复合材料（简称M材料），具有轻质、抗疲劳性能高、减震性能好、耐化学腐蚀等优点，同时成本低，还可循环利用，在橡胶工业中可大有作为。以反应挤出阴离子本体嵌段聚合丁苯橡胶系列新材料，工艺流程简单、投资省、效率高、能耗物耗少，且无"三废"排放，其产品丁苯橡胶、集成橡胶是制造绿色轮胎、高性能子午胎的理想材料。天然橡胶由传统的干烘法改为微波真空干烘，溶聚丁苯橡胶及天然胶湿法混炼新工艺的实践等，生产工艺的变革使之力学性能大幅度提高，将有利于提升产品质量，提升使用性能，延长产品使用寿命。新材料、新工艺的出现，必然加大橡胶产品的创新力度。

橡胶机械创新，也正在由子午线轮胎向非轮胎橡胶制品和橡胶工业环保工程领域拓展，并已有良好的开端。

创新理论、创新实践、创新成果，使橡胶工业在国际金融危机、贸易保护主义、技术壁垒等风险中，得以稳中向好，立于不败之地，同时也更加坚定了向橡胶工业强国进军的信心和步伐。

工作从基础做起，向高层次发展。

1. *群策群力，加强基础理论和应用理论的研究。*

多年来，橡胶工业工艺设计、产品设计，大都停留在传统的经验设计模式上，以老经验为主导，修修改改，设计新东西，与国外许多大公司拥有自己的设计理论相差甚远。只有以坚实的基础研究为根基，有新的设计理论的突破，才能有工艺上的创新、产品性能的创新。任何重大成果的出现，都是在理论指导下进行设计的，不能急功近利，不能依赖模仿，坚定不移地进行基础理论研究，有序地展开设计理论的研究和创立，就一定会获得更加丰硕的成果。广大科技人员和高等院校的教授，已有所行动，中国式的橡胶工业设计理论指日可待。

2. *脚踏实地，着力提高自动化、信息化的集成度。*

从现有企业试点看，"自动化+信息化+大工匠精神"三者合一，数据驱动，人机协同，是当前橡胶工业产品实现智能制造的基本路子。一个工艺及其设备，信息化、自动化达到一定程度，不能停留在单个工序上，设备制造也不能只考虑本专业、本工序的装备改进，必须从产品制造全过程提出信息化、智能化的线路图，橡胶产品、橡胶机械跨界融合，对传统生产工艺、生产设备综合考虑、全面革新、系统改造，才会有新的整体突破，才能真正提高产品质量，提高生产效率，节能减排和提升企业经济效益。一些大跨国公司都开发了自己的成套智能化生产技术及装备，国内大轮胎企业也已开启了智能制造的先河，全面规划、系统实施、扎实推进，一定能有效地缩短差距，迎头赶上。

3. *协同作战，加快创新成果的产业化。*

不少很好的创新成果停留在纸面上，产业化过程艰辛而缓慢。经验证明，实行上下游联通，融合发展，就能加快科研成果产业化的步伐。国外大公司都有自己的科研队伍，其成果归属一家，转化快、见效快，同时也不乏轮胎公司与设备制造、原材料生产公司以及汽车制造厂商联手开发、取得双赢的例子。改革开放之初的引进技术消化吸收和国产化，就是实行了厂院结合，成果能快速产业化。如果不是这样，中国子午胎化的道路还不知要走多长时间，只是那时候大家对技术归属问题还不那么看重。发扬光荣传统，加快自主创新成果的产业化，加快推广使用，势在必行。这条推动技术进步的

捷径，一定会健康地走下去。

4. 尽心尽责，培育、弘扬民族品牌，使之成为大公司的无形资产、市场竞争力的标志，成为科技进步、橡胶强国的象征。

产品产量大、质量优、档次高、市场信誉好，是品牌的基础。国家和行业的评价及宣传，既是肯定也是培育，相辅相成。改革开放以来，品牌培育提上日程，但也有从国优、部（省）优评价到实行名牌战略的几上几下，经验教训深刻。

目前，橡胶工业各个专业都已涌现出主导产品的大品牌，关键是要增强自信心，要加大宣传力度，不为盲目竞争而自损声誉。在国际市场上已获得高质量、高新产品认证的产品品牌，就是当今的名牌，就应当在社会上大张旗鼓地宣传，不应只停留在业内，而应使之家喻户晓，"言必称希腊"不可取。要在统一技术、统一标准下，企业间争取品牌合作与共享，以突出名牌，减少杂牌。有了在国内外市场上叫得响的名牌，就会有橡胶工业强国的感知度。中国橡胶产品走向世界，中国橡胶产品品牌享誉世界，将会成为铁的事实。

5. 扶优限劣，促进企业集团化，科研、生产集约化发展。

大公司、大企业集团，是建设橡胶工业强国的主力军。优化结构，淘汰落后，提升生产和研发实力，资源优质高效配置，创新营销策略，实行企业集团化或产品品牌联盟，有利于集中人力、物力、财力，使企业真正成为研发实体和生产实体。经国家发改委批准，落户在大公司的国家认定企业技术中心已发展到 18 个，轮胎有三角、华南、风神、贵轮、成山、双星、双钱、黄海、玲珑；非轮胎橡胶制品有安徽中鼎、株洲时代；橡机和模具有软控、益阳橡机、桂林橡机、赛象、巨轮；骨架材料有神马、兴达等，已渐成气候。

实现强国战略，必须全力发展科研、生产一体化以及具有实力的经济实体，光靠中小企业单打独斗是不可能实现的。世界大型跨国橡胶公司已作出榜样。中国橡胶工业走集团化之路，还要痛下决心，把集团母体做大做强，具有承担管理、投资及市场竞争等风险的实力；抛弃"宁为鸡头"和"小富即安"的小农意识，克服行政区划的传统影响；营造企业合作、兼并、重组的市场氛围。从产业政策上创造有利的环境，从内部提升经营现代大公司的认知和能力，就能成就大公司、大集团，使之成为建设橡胶工业强国的领头羊和生力军。

6. 培育、重用人才，全力推进产学研结合，推进供给侧改革和融合发展，不断健全、完善创新体系和创新机制。

技术进步、产品创新和推广应用，是个系统工程，需要产、学、研、用全面合作。而现实情况是有进步，也有待于在深化改革中不断改进和加强。企业自主研发虽已坚实起步，但要真正成为创新主体尚需努力；高等院校研发正在崛起，接地气、从实际需求立项，也要有磨合过程；原有的行业技术牵头研究单位要发挥应有的作用，科研力量、研发手段需要重新加强，至关重要的还有与用户合作问题。多股力量拧成一股绳，心往一处想，劲往一处使，就能取长补短，有效地解决技不如人、研发实力、创新手段参差不齐的掣肘问题。

创新型人才，尤其是原创领军人才的培育和使用，创新体系建设、创新能力建设，已成当务之急。有效地把产学研组织起来，实施供给侧改革和融合发展，势在必行。加快建设自主创新的制度和机制，不分散，不单干，充分发挥社会制度优势，提高创新体系的整体效能，就会以越来越多的原创核心技术、领先产品，服务于发展，服务于强国战略实施。

新中国橡胶工业70年实现了由小到大，2018年，全国轮胎总产量达6.48亿条，约占全球轮胎生产的30%，子午胎产量6.09亿条，子午化率达94%；自行车、电动自行车胎总产量7亿条；输送带5.1亿平方米，其中高强力输送带4.6亿平方米，占到90%以上；胶管18亿标米；胶鞋9.8亿双；安全套72.7亿只；O形密封圈49.7亿只，汽车减震制品184.8万个；再生胶440万吨，胶粉80万吨；橡胶助剂130万吨，占到世界助剂总量的70%；炭黑572万吨，其中湿法造粒炭黑560万吨，占到98%；钢丝帘线242万吨，涤纶帘布33万吨，尼龙帘布35万吨；子午胎模具3.83万套；生胶表观消费量1122.2万吨，其中天然胶648.4万吨、合成胶483.8万吨，达到了一个无可比拟的新高度。

中国橡胶工业由大到强，是历史发展的必然，但也任重道远。"世上无难事，只要肯登攀"，不忘初心，砥砺前行，就一定能到达胜利的彼岸。

02

"材料王者"的崛起

——新中国氟化工发展纪实

　　氟化工这一几乎与新中国同时起步发展的行业，作为生产高端化工新材料的尖兵，改革开放前主要用于军工支撑，改革开放后大举进入民用领域，在共和国发展的每一个时期都肩负重要使命，为我国综合国力的提升和人民群众生活水平的改善发挥了重要作用。氟材料广泛应用于航天、航空、军工、高铁、电子电器、建筑、纺织、汽车、医疗、5G、半导体以及与人民群众息息相关的各个领域，其独特的耐高低温、耐摩擦、耐腐蚀、耐老化等优异性能，非其他材料可比。经过半个多世纪的发展，中国已经成为世界第一氟材料生产和消费大国，正向世界氟材料强国坚定迈进。

　　氟化工行业涉及的产品范围包括：基础原料，如氟化氢、金属氟化盐和其他无机氟化物；氟取代的小分子有机化合物，如氟制冷剂、发泡剂、灭火剂等；以含氟表面活性剂、含氟的各类芳香族及脂肪族中间体等为代表的含氟精细化学品；含氟高分子材料如各类氟塑料、氟橡胶、氟涂料和功能性氟聚合物等；还包括同上述产品相关的特殊加工过程及其相关制品。通常分为无机氟化物、氟碳化合物、含氟聚合物、含氟精细化学品四类。

我国氟化工从最早的氟制冷剂及其主要基础原料无水氟化氢起步，经过60多年的发展，已形成品种较多、门类比较齐全的工业体系，拥有1000家以上的氟化工研究和生产企业，产能超过500万吨，年销售收入超过600亿元。世界上多家大型氟化工公司在我国建立独资或合资企业，中国氟化工成为全球氟化工产品的重要供应商，具有较强国际竞争力。

世界氟化工起源：氟利昂拉动的新产业

世界氟化工的发展历史主要从无机氟化盐、氟氯烷烃的研究成功到进入规模生产和应用开始，正是由于20世纪30年代氟利昂系列产品的大规模生产，产生了对无水氟化氢的大量需求，进一步发现和开创了品种繁多、性能优异的氟化工产品体系。

1670年，德国玻璃工瓦哈德偶然中将硫酸注入萤石，产生的蒸气可用在玻璃雕刻工艺中。1768年，德国科学家马格拉夫（S. A. Marggraf）制出了氟化工的基础产品—氟化氢。1931年美国首先实现无水氟化氢（AHF）的商业生产。氟化氢生产通常采用萤石与硫酸反应的工业路线。瑞士布斯（Buss）公司1960年研制成功了预反应器等系列装备，其氢氟酸生产技术居世界领先水平。美国联合化学公司（现霍尼韦尔公司）1971年开发循环副产硫酸钙的氟化氢生产工艺，单台转炉生产能力可达到4.5万吨/年。也有以磷肥副产氟硅酸制备氟化氢的技术。

1886年美国的霍尔（Hall）和法国的埃鲁（Heroult）相继设计出电解法生产铝的技术，极大地推动了电解铝必需的原料—冰晶石和氟化铝等氟化盐的生产。目前国际上具有代表性的氟化盐生产技术有瑞士布斯公司、德国鲁奇公司、奥地利林茨公司的氟化铝生产技术，美国杜邦公司、西班牙DDF公司、日本大金公司的电子级氟化盐生产技术等。

氟化氢下游产品制冷剂的开发成功和发展，推动了氟化工行业的发展。早期的制冷剂多数是可燃、有毒或具有腐蚀性的，1930年Thomes Midgley提出把卤代烃用作制冷工质。1931年，美国杜邦公司首先开发出R12，商标名为"氟利昂（Freon）"。随后，一系列CFCs（全氯氟烃）和HCFCs（氢氯氟烃）陆续商业化，成为全球制冷行业主流产品，大大促进了制冷行业的发展。1974年，M. J. Molina和F. S. Rowland提出了CFCs破坏臭氧层理论，国际社会于1985年缔结了《保护臭氧层维也纳公约》。1987年签订的《关于消耗臭氧层物质的蒙特利尔议定书》（以下简称《蒙特利尔议定书》）及随后的修正案，要求淘汰CFCs、哈龙和四氯化碳等高臭氧损耗潜值（ODP）的消耗臭氧层物质（ODS）产品，HCFCs作为过渡方案。随后进入了以HFC-134aHFC-125、HFC-32为代表的氢氟烃制冷剂及混合工质时代。至今发达国家已全面停止生产和消费CFCs，加速淘汰HCFCs。

温室效应将引起气候变化，1992年国际社会制订了《联合国气候变化框架公约》，1997年通过了《联合国气候变化框架公约的京都议定书》并于2005年生效，部分HFCs等被列入受控温室气体。2002年以来国外公司致力于开发低GWP（全球变暖潜能值）的制冷剂等。2008年，霍尼韦尔和杜邦合作，开发成功HFO-1234yf用于汽车空调，氢氟醚类新型替代品等的研究也如火如荼。

聚三氟氯乙烯（PCTFE）、聚四氟乙烯（PTFE）的成功研发，标志着一个崭新的氟聚合物产业的诞生。1934年，德国I. G. Farbenindustrie公司的F. Schloffer等发明了PCTFE。1938年，R. J. Plunkett博士在研究氟利昂制冷剂时，偶然发现了PTFE。1950年杜邦公司实现了PTFE的工业化。PCTFE与PTFE的商品化，标志着一个崭新的氟聚合物产业的诞生，是氟塑料工业发展史上的里程碑。目前商业化氟聚合物有PTFE、PCTFE、聚全氟乙丙烯（FEP）、聚氟乙烯（PVF）、聚偏氟乙烯（PVDF）、乙烯-三氟氯乙烯共聚物（ECTFE）、可熔性聚四氟乙烯（PFA）、乙烯-四氟乙烯共聚物（ETFE）、无定形氟聚物（Teflon AF）等。

1955年，M. W. Kellogg公司发明的偏氟乙烯和三氟氯乙烯的共聚物首次被商业化。1957年，美国杜邦公司成功合成了Viton型氟橡胶，解决了航天、航空领域的密封难题。20世纪70年代中期，高温性能优异的全氟醚橡胶投产。1989年，热塑性氟碳弹性体问世，耐温性进一步提高。

20世纪40年代末美国杜邦公司最早开发采用二氟一氯甲烷（HCFC-22）为原料，通过热裂解制备四氟乙烯（TFE），20世纪50年代末至20世纪60年代初，日本大金公司、英国ICI公司和德国的Hoechst公司等先后开发了水蒸气稀释热解HCFC-22制备TFE的技术。1959年美国杜邦公司首次合成六氟环氧丙烷（HFPO），由HFPO合成全氟烷基乙烯基醚类改性和共聚单体，并形成系列化。由其改性的含氟共聚物性能改进，市场发展迅速。

国外从20世纪60年代初开始用卧式搅拌釜作吸收传质装置，后用于氟聚合物的聚合反应。20世纪90年代，美国北卡罗来纳州立大学和杜邦公司共同开发了超临界二氧化碳制备氟聚合物技术。该技术将是清洁制造的方向。

1949—1979：禁运催生出的中国氟化学工业

从新中国成立到改革开放长达近三十年时间，是中国有机氟工业起步阶段。这一阶段的主要标志是在氟化盐、氟制冷剂、无水氟化氢和以聚四氟乙烯和氟橡胶为代表的氟聚合物及相关产品的从无到有，从实验室的研究过渡到一定规模的中试生产，大量应用于我国军事工业。更直接地说，中国有机氟工业是被"巴统组织"禁运催生的。"巴统组织"是以美国为首的30多个资本主义阵营国家，1949年11月设立，总部设在巴黎，俗称"巴黎统筹委员会"，正式名称为"输出管制委员会"，主要目的是对包括中国在内的社会主义阵营国家进行战略物资限制。开始主要指向苏联，1952年开始指向中国，而且比对苏联更加严厉。其中包括有机氟工业的氢氟酸、氟橡胶、PTFE等

产品。因这些材料事关两弹一星等军工武器装备的发展，中央对此特别重视，组织各地上马氟硅材料类战略项目。

一、1954年——共和国氟化工元年

中国最早的有机氟化工产品生产起源有两条线，但两条线指向同一个时间点：1954年。

由于上海工业基础最好，为解决军工对有机氟产品的急需，中央对上海发展有机氟产品有明确的要求。最早试制无水氟化氢和氟制冷剂R11（三氯一氟甲烷）、R12（二氯二氟甲烷）的是1954年只有7名员工的小厂——北洋机器厂。1955年建成日产150千克氟制冷剂R12及其配套装置氟化氢，1957年改名为公私合营北洋化工厂。我国有机氟化工另一先驱是位于上海浦东的民营小厂——鸿源化学厂。1955年建厂期间，高曾熙工程师开始着手试制无水氟化氢和氟制冷剂R11、R12和R22（一氯二氟甲烷）等品种，1956年投产，为后续氟化工的发展创造了条件。

追溯中国氟化工更早的源头，其萌芽是由铝工业带动从无机氟化盐开始。因此，另一条氟化工起始线，是苏联对日本帝国主义在华氟化盐生产线的恢复。氟化盐在中国的生产，始于日本帝国主义侵略中国期间。当时建立的满洲轻金属的助剂工厂就生产氟化盐，1938—1944年共生产氟化盐4108吨。日本投降后，工厂遭到破坏。1950年，在苏联专家的帮助下恢复建设，1954年3月中华人民共和国第一个氟化盐车间在抚顺铝厂（301厂）建成投产，设计能力2130吨/年，供301厂自用。

新中国成立后，最早两个生产氟化工产品的上海和抚顺的两个工厂，有记载生产氟产品的时间都是1954年。因此，1954年，可以确定为共和国氟化工元年。

1959年4月，为新建郑州铝厂配套建设的大冶有色金属公司氟化盐厂投产。1958年8月，国家指示正在建设中的湖南铝厂（即后来的湘乡铝厂，现

在的湖南有色湘乡氟化学有限公司）套用湖北大冶的蓝图增建氟化盐车间；1959年同样套用湖北大冶的蓝图建设了甘肃白银有色公司氟化盐厂，但两厂均达不到设计产能。在此期间301厂氟化盐车间也进行了扩建，产能达8000吨/年。

20世纪50年代用土法生产的氟制冷剂主要品种有R11、R12、R22和R113（三氯三氟乙烷）。以四氯化碳/三氯甲烷经三氟化锑和液氯氟化反应制备R12/R22，该方法流程长而且成本高，不适于工业化生产。自转炉连续生产氟化氢工艺成功后，氟制冷剂的合成技术有了根本改进，以无水氟化氢为氟化剂，五氯化锑为催化剂，分别与上述甲烷氯化物反应制备R12、R11和R22。R113的制备起源于1958年北洋化工厂研制聚三氟氯乙烯（PCTFE）配套的原料所需，1960年建成25吨/年PCTFE、100吨/年R113、40吨/年的三氟氯乙烯（CTFE）装置。氟制冷剂生产路线成为以后国内工业化生产的主流路线。经过不断的生产技术进步，逐步向各地推广发展。化工系统主要生产单位有上海制冷剂厂（原鸿源化学厂）、上海曙光化工厂（原北洋化工厂）、上海电化厂、济南化工厂、化工部晨光化工研究院二分厂和武汉市长江化工厂等。20世纪70年代氟制冷剂R12和R22单套生产能力分别逐步扩大到1500吨/年。

哈龙（Halons）主要用作灭火剂。我国最早是1958年由武汉大学在实验室成功研制出的航空灭火剂Halon-1202（二氟二溴甲烷），1970年在武汉大学化工厂批量生产。此外浙江省化工研究所于1960年也研制成功Halon-1202。1964年，浙江省化工研究所和上海鸿源化学厂分别采用F-22热溴化反应路线制备Halon-1211（二氟溴甲烷），1970年建成年产30吨的中试车间。后在辽宁、广东和浙江等地建立1211车间。浙江省化工研究所于1965年利用上海合成橡胶研究所四氟乙烯分馏塔尾气溴化制造二溴四氟乙烷（Halon-2402），1966年通过10吨/年技术鉴定，1967年移交上海电化厂生产，年产量为三四吨。20世纪60年代中期，上海鸿源化学厂曾试制Halon-1301

（三氟溴甲烷）。

二、周恩来：用大锅熬也要把氟化氢熬出来

在众多氟化工产品中，无水氟化氢极为特殊。它是整个氟化工的母体原料，是工业直接提取氟的唯一途径，其主要原材料是萤石和硫酸。早在1670年，已经有了将二者混合腐蚀玻璃的记载。而近100年后的1768年，德国人S. A. Marggraf才通过将混合物精馏，得到氟化氢和氟化硅的混合物。此后，两个法国人盖吕萨和泰纳通过蒸馏实验，将氟化氢和氟化硅分离。法国科学家安培在与英国科学家戴维的通信中，对氟化氢的性质予以认定，被科学界普遍接受，成为氟化氢化学历史的转折点，为工业化奠定了基础。20世纪40年代，为适应第二次世界大战和原子能工业的发展，美、德两国开始大规模进行氟塑料的开发，拉动了氟化氢的生产规模。1937年美国氟化氢产量只有8400吨，1940年达15400吨，1945年是45400吨，1966年达23万吨。

我国氟化氢的研发生产始于1959年，虽然其是氟化工最上游的产品，起步却是最晚的，晚于因"巴统组织"禁运而催生的氟树脂和氟橡胶，更晚于其直接下游制冷剂。这与中苏的关系变化直接相关。无水氟化氢是原子弹核工业重要材料。电解无水氟化氢制取元素氟，作合成六氟化铀制造原子弹的重要材料。原子反应堆需用铀235，而其与同位素铀238的分离，只有通过六氟化铀分馏才能把它们分开。按照中苏经济合同约定，氟化氢全部由苏联提供。1958年夏天，中苏之间因"长波电台"和"联合（潜艇）舰队"事件发生争执，氟化氢作为原子弹关键材料，在赫鲁晓夫暂缓两年向中国提供原子弹样品和制造技术的命令下，也停止了向中国的供应。不久，赫鲁晓夫彻底回收了向中国提供原子弹生产技术和帮助建立核工厂的协定。中国被逼自行研制氟化氢。与下游制冷剂和氟聚合物相比，氟化氢的研制难度更大。一方面，我国当时化学工业设备、装备、工艺都极端落后，研制这种高腐蚀性、高刺激性强酸异常困难。另一方面，氟与氢（反应过于剧烈，导致短时间内热量剧增，通过爆炸的方式把热量及能量释放掉，危险系数极高）。当重工业部向周恩来总理汇报这一产品的研制难度时，周总理斩钉截铁地指示：就是用大锅熬，也要把氟化氢熬出来！

而最早研制出的氟化氢，真的差不多是用大锅熬出来的。

根据氟化工史料记载，北洋和鸿源两厂早期为氟制冷剂配套试制的无水氟化氢亦为土法工艺，以底部加热的立式铸铁大锅作反应器，放入浓硫酸，手工慢慢加进萤石粉，反应生成的氟化氢气体由集气罩收集，用水吸收，精馏得到产品。1958年，上海鸿源化学厂仿德国文献，首次采用外转式转炉生产无水氟化氢，经多年努力解决了密封不好、泄漏严重等问题；之后又借鉴苏联援建氟化铝生产装置中的氟化氢制备技术，开发和设计了较正规的转炉生产工艺。1963年，国内生产氟化氢的第一台直径500毫米、长3米的反应转炉试制成功，上海鸿源化学厂的生产规模为100吨/年，实际年产量约40吨。早期制造氟化氢时，因对原料萤石粉的水含量控制不严，浓硫酸纯度只有98%，没有加入适量的发烟硫酸，因此反应炉结壁严重，影响了转炉的运转和萤石粉的利用率；而且，反应设备都布置在车间厂房内，转炉微正压操作，转炉周边酸气和粉尘较严重，环境很差。此工艺在20世纪60年代后期到70年代前期先后在北京化工厂、上海鸿源化学厂、济南化工厂、武汉市长江化工厂、浙江东阳化工厂、贵州3414厂及上海电化厂等相继建成投产，转炉直径扩大至800毫米，单套生产能力300吨/年。

而另据济南化工厂厂志记载，按照主管部门指令，1959年投入氟化氢研制的有上海鸿源化工厂、北洋化工厂、北京化工厂和济南化工厂。济南化工厂1959年2月开始研究试产，设备十分简陋，由反应锅、水冷却铝导管、接受缸组成。试制氟化氢都是反应锅直接火加热熬制的。当时用的是萤石加硫酸反应法，将两者按1 ：1.35配料量先后投入反应锅，用锨等工具搅拌均匀至膏糊状，封盖；升火加热到300℃，得其反应气；反应气经铝导管至缸内。最初的日产量仅30千克，浓度只有20%左右。我们可以想象一下当时的场

景：在最初研制氟化氢的济南东郊试验基地，第一代氟化工科研人员和工人，像做饭一样，用大锅熬制原子弹重要材料。他们被包裹在浓烟和刺激性气体里，身上满是烫伤和灼伤的疤痕。相隔半个多世纪，我们甚至仍然可以透过历史的迷雾，看到他们被强酸刺激的烧红脸庞、遍体鳞伤；通过历史的隧道，听到他们上呼吸道吸入酸气连续不断的咳嗽声……为了国家需要，他们将自己的生命和健康都置之度外了。而在上海、北京等地的企业，上演着同样的故事，同样的场景。

虽然简陋，虽然困难，产品收率和质量在迅速而稳定地提高，济南化工厂第二个月日产量已经达 300 千克，浓度提高至 50%。而一年后，浓度达到了 98.5%，水分含量小于 1%，满足了军工需要。无水氟化氢曾是济南化工厂的骄傲，是济南市两大金牌产品之一。改革开放后的 1986 年，济南化工厂在全国第一个成功引进国外 3000 吨/年无水氟化氢生产线，将两台 600 吨/年的旧设备淘汰。现中国氟硅有机材料工业协会副理事长单位东岳集团的三位创始人张建宏、王兆恒、刘传奇看上了这两台旧设备，把他们拉回了家乡桓台县开始了创业路。

诸如此类的史料，全来自散落于民间的笔记、史志、厂志记载和氟化工老人的口述，在无所不能的互联网上，几乎找不到任何痕迹了。作为氟硅行业的后来者，我们有责任将这些史料进行收集和整理。氟硅历史和历史上的人物，应该成为"共和国氟硅记忆"，代代相传。

三、"塑料王"诞生记

在氟化工产品大家族中，聚四氟乙烯（PTFE）是被称作"塑料王"的特殊材料，与众多的氟材料小品种相比，它是规模化生产最大的产品，具有优良的化学稳定性、耐腐蚀性、密封性、高润滑不粘性、电绝缘性和良好的抗老化性。由氟树脂之父罗伊·普朗克特发现。当时用于原子弹、炮弹等的防熔密封垫圈，因此美国军方将该技术在第二次世界大战期间一直保密。

直到第二次世界大战结束后才解密，并于1946年实现工业化生产。目前，PTFE已被广泛地应用于航空、宇航、原子能、电子、电器、化工、机械、建筑、轻纺、医药等工业部门，并日益深入到人民的日常生活中。

在制造原子弹过程中，需制备六氟化铀，其中氢氟酸腐蚀极为严重，需要聚四氟乙烯树脂才能抗严重的腐蚀，而聚四氟乙烯树脂系当时"巴黎统筹委员会"对中国实施禁运的物资，因此，中国只有自力更生进行研发生产。1957年，上海鸿源化学厂的高曾熙工程师在条件艰苦的情况下，率先提出F22热裂解制取四氟乙烯（TFE），然后聚合制得PTFE。最初试验没有所需要的特殊材料，以石英管作裂解管，裂解后经简单分离，TFE单体用钢瓶直接聚合试验。为防止单体爆聚，将钢瓶置于沙袋垒成的土墩掩体内进行试验，经过反复试验，当年即制得几克聚合物样品。由于核工业和航天、航空和电子等国防尖端工业迫切需要PTFE，1958年化工部部长陶涛和副部长李苏等领导视察了上海鸿源化学厂，确定在该厂发展PTFE，1959年建设了3吨/年装置。为推进聚四氟乙烯的研究，国家科委、化工部于1961年3月、1961年9月、1962年12月先后召开3次全国氟塑料会议，组织中国科学院长春应用化学研究所、中国科学院上海有机化学研究所、北京化工研究院、上海化工医药设计院和清华大学、复旦大学等协同攻关。参考了苏联的TFE装置流程，经试验取得数据后重新设计第二套3吨/年中试装置，聚合采用上海有机化学研究所的工艺。因上海鸿源化学厂已无发展空间，全国第一套30吨/年PTFE装置选址建设在上海吴泾地区的龙吴路4411号上海市合成橡胶研究所内。1964年采用50升不锈钢立式搅拌釜顺利试生产出悬浮法PTFE树脂。上海市塑料研究所将其加工制成圆柱体、垫圈等多种制品，随后又开展了分散PTFE树脂的加工应用研究，并于1965年通过化工部技术鉴定。这一装置的建成和试产成功，是我国发展氟化工历史上第一个重要的里程碑，结束了中国不能生产PTFE树脂的历史。20世纪60年代后期到70年代，在上海市合成橡胶研究所的中试装置技术基础

上，上海电化厂、山东济南化工厂、武汉市长江化工厂、北京化工厂和辽宁阜新611厂分别建成了年产100吨PTFE生产装置。1977年上海合成橡胶研究所首先采用新型金属丝网波纹填料，应用于TFE高纯度精馏塔第二年全面推广应用于300吨/年TFE单体装置。这一时期生产的PTFE只有中粒度悬浮树脂一种品种。

我国氟化工初创期的另一重要突破是氟橡胶的试制成功。1958年，中国科学院化学研究所胡亚东等研究人员首先合成了氟橡胶-23的两个单体偏氟乙烯（VDF）和三氟氯乙烯（CTFE），并在玻璃封管中聚合得到了洁白如棉花似的一小团聚合物，这就是我国自己最早研制的氟橡胶-23。后来选点在上海合成橡胶研究所的前身——上海市橡胶工业试验室进行扩大试验。1959年开始VDF合成试验装置的建设，包含乙炔与无水氟化氢反应，合成二氟乙烷（HFC-152a）、经光氯化合成一氯二氟乙烷（HCFC-142b），再热裂解得到VDF单体。采用0.1升的聚合反应器聚合得到了2千克氟橡胶-23，这是我国自力更生独立研制的千克级氟橡胶，定名为1号氟橡胶。自1963年起，聚合釜试验规模逐步由2升扩大到50升，1965年通过化工部技术鉴定。

在氟橡胶-2311中试车间建设的同时，另外两种氟橡胶，即氟橡胶-26和氟橡胶-246的研发也几乎同步进行。1961年初上海合成橡胶研究所曾以丁酰氯为原料制备六氟丙烯（HFP）单体，后改用中科院上海有机化学研究所黄维桓、黄耀曾等提出的TFE热解路线。1964年上海合成橡胶研究所建立了2吨/年HFP生产装置，并先后试制出氟橡胶-26和氟橡胶-246，分别命名为2号氟橡胶和3号氟橡胶。通过近十年的努力，到20世纪80年代初，上海合成橡胶研究所开发了按门尼黏度高低和生胶加工性能差异划分的近10个不同品级，形成了较完整的氟橡胶产品系列，奠定了合成橡胶所有机氟材料技术开发的基础，这也是我国氟化工行业初创期的重要标志之一。

PTFE树脂和氟橡胶的问世带动了氟材料加工技术的发展，尤其是PTFE树脂的加工。1959年，化工部安排上海化工厂进行PTFE的加工研究，1963年又成立了上海市塑料研究所。这两家单位开创了我国氟塑料加工先河，完成了一大批急需的军工应用任务。最值得记载的成就之一是研制用于军用飞机液压系统的编织钢丝网增强PTFE高压软管。经过近20年的努力，在上海市塑料研究所建成了专门的PTFE高压软管生产流水线。

在PTFE研发、产业化和之后的发展中，清华大学功不可没。作为国家顶尖理工科高校，早在1958年，清华大学就承担了军工任务PTFE的研究。1964届清华大学高分子系毕业生是上海鸿源化工厂PTFE小试和中试的设计骨干。1965届高分子毕业生，设计了上海电化厂全国第一套100吨聚四氟乙烯生产线并获得成功。在此后的全国各地聚四氟乙烯工艺稳定和放大、大三线时期化工部晨光化工研究院聚四氟乙烯装置建设和生产，历届清华学子都做出了重要贡献。同时，复旦大学、华东理工大学等高校也都贡献突出。

四、"大三线"：有机氟形成东西两大基地

"三线建设"是中共中央和毛泽东主席于20世纪60年代中期作出的一项重大战略决策，它是在当时国际局势日趋紧张、中苏交恶以及美国在中国东南沿海的攻势背景下中国经济史上一次极大规模的工业迁移过程。在中国中西部地区的13个省、自治区进行的一场以战备为指导思想的大规模国防、科技、工业和交通基本设施建设。作为重要战备材料的氟硅材料自然也不会缺席。

作为重要的三线工程，1965年，化工部选点在四川省自贡富顺县建设以研制和生产各种化工新型材料为主的化工部直属晨光化工研究院（简称晨光院），由北京化工研究院、沈阳化工研究院、上海化工研究院、上海合成橡胶研究所和上海医药工业研究院等有关化工新材料的专业及配套专业力量内

迁四川组建而成，隶属化工部。至此，中国氟化工形成了东长三角、西四川的两大氟化工研发生产基地的格局。这一格局对之后中国氟化工格局和版图都产生了深远影响。

在初创期有了上述技术和物质基础后，带动了后续可熔融加工氟树脂、军工急需的特种氟橡胶以及以氟单体为原料的精细化学品的开发。首先开展研究的是TFE和HFP共聚的聚全氟乙丙烯树脂（俗称F46）。中科院长春应用化学研究所于1960年进行实验室探索，1963年中科院上海有机化学研究所继续完善实验室研究，1965年由上海合成橡胶研究所组织中试研究和生产。在1972年到1983年间，化工部二局组织开展了多次质量攻关以解决制品开裂等质量问题，并参照国外产品形成了按熔融流动速率和形态不同而分的四个品级，建立了同国外ASTM相对应的F46产品标准。从20世纪60年代末至70年代，上海合成橡胶研究所和晨光院一分院分别同时开展了军工配套的羧基亚硝基氟橡胶的试制研究，1975年两家单位都完成了化工部的技术鉴定。此后由晨光院建立1吨/年扩试装置，并负责供货。20世纪70年代初上海市合成橡胶研究所还开发了采用HFP低温氧化合成可适用于高速离心机的全氟醚润滑油，后转移到北京某厂生产。同期，中科院上海有机化学研究所开展了以聚三氟氯乙烯树脂为原料制取氟氯油、以四氟乙烯和乙烯共聚合成氟树脂40、利用氟气和氟化铵在还原铜粉的催化下合成三氟化氮等的研究。黎明化工研究所（前身之一为化工部上海化工研究院化原一室40专题组）于1960年开始了六氟化硫的研制。

在初创阶段，四氟乙烯单体生产过程和聚合后处理过程有少量有害气体泄漏，对操作人员带来一定的危害性。尤其是设备维修和故障处理过程以及聚合反应偶尔发生的"爆聚"，对有害物质的接触较难避免。1968年国防科委计划局和化工部二局在上海召开"氟中毒"防治会议，上海市化工局成立化工职业病防治研究所，重点抓防治氟中毒，为稳定队伍、预防和紧急处理氟中毒发挥了很好的作用。

1980—1989：在改革开放中从军工走向民用

1980—1989年，是氟化工发展的关键时期。这段时间，在中国改革开放大背景下，"巴统组织"名存实亡，我国自有技术与国外技术得以交流，引进了大量国外较为先进的技术与设备。氟化工也从军工转向民用。

一、建成千吨级"塑料王"聚四氟乙烯

在初创阶段的实践中，我国氟化工研发方面依靠自己的力量实现了很多零的突破，但同时也暴露了诸多技术上不成熟带来的问题。归纳起来，一方面无水氟化氢、氟制冷剂、PTFE及单体技术的发展，采用的是实验室试验、小试、中试等逐级放大的路线，没有经历过以过程开发为主导的较全面的工程开发过程。另一方面，随着"文革"十年动乱的结束，国内呈现一派高涨的学习新知识、新技术的良好风气，产生了一种要急于把过去耽误的时间抢回来、追赶国外先进水平的强烈愿望。由于四氟乙烯在发展氟聚合物和一系列其他含氟单体、含氟精细化学品方面的重要性，千吨级聚四氟乙烯及配套装置的工程放大技术的开发是这一时期氟化工发展的重要标志。1978年，在化工部二局主持下组成了以上海合成橡胶研究所（1980年更名为上海市有机氟材料研究所）和化工部第六设计院为主体的联合攻关组，晨光院二厂、华东化工学院、浙江大学等单位参与。1983年列入国家"六五"攻关项目，建造了新型过热蒸汽发生炉，考核国产材料的耐腐蚀耐高温性能，自主设计了类文丘里原理的混合和反应系统。对试验装置中裂解气的急冷技术进行了系统研究，当时由于缺乏耐高温耐腐蚀的直接式急冷材料，创新地采用了分布间接式急冷，并回收部分热量。在浙江大学和华东化工学院帮助下，测定和计算有关热力学数据，对系统中的共沸和近沸系统进行了试验和条件优化，为设计需要的理论塔板数和塔高提供依据。1984年，上海市有机氟材料研究

所委托化工部第六设计院编制了千吨每年PTFE基础设计，其中聚合和后处理技术均由上海市有机氟材料研究所提供。1993年，该项目获得国家科技部科技进步一等奖。项目开展联合攻关，晨光院二厂承担悬浮法PTFE的等温聚合研究和后处理连续过程的研究，有机氟材料研究所承担了分散PTFE聚合和后处理的连续化研究，与浙江大学联合开展了卧式釜替代立式釜聚合研究，该研究在国内属首创，不仅在PTFE分散聚合中很快普及，在F46等其他含氟高分子材料的乳液聚合工艺场合都得到了推广和应用。编制基础设计在我国氟化工行业的发展过程中是破天荒第一次，标志着我国依靠自己的力量开展化工过程开发的能力。

化工部第六设计院和有机氟材料研究所合作编制了对有毒高沸有机氟残液的焚烧处理标准设计，成为千吨PTFE开发成套技术的配套组成之一，解决了多年来困扰有机氟生产企业三废处理的老大难问题和后顾之忧。它不仅适用于处理TFE生产残液，也适用于处理其他有机氟产品生产中的残液处理，在全国范围很快推广。20世纪80年代末，能够稳定、规模化生产PTFE的单位主要有上海电化厂、济南化工厂、上海市有机氟材料研究所、化工部晨光化工研究院、阜新611厂等5家，总生产能力约3000吨/年，年产量为2600吨，生产的品种主要有粗、中粒度的悬浮PTFE树脂，分散PTFE树脂和浓缩分散液。

这一阶段中的另一特点是在各类氟化工产品生产中，取得了一大批技术的进步，促进了氟化工行业整体技术水平的提高。

二、引进，消化与吸收

20世纪80年代，在无机氟的发展方面，1983年贵溪化肥厂为年产12万吨磷酸和24万吨磷铵工程配套建设了6000吨氟化铝回收装置，引进了法国彼施涅A-P工艺技术，并于1991年建成投产，是我国第一家磷肥副产氟化铝技术的引进单位。1988年湘乡铝厂氟化盐经改扩建并引进瑞士布斯公司年产1.5万吨的干法氟化铝生产技术和主要设备，使氟化盐装置产能达到5.7万吨/年。同年，白银氟化盐改扩建为4万吨/年。

1980年，化工部第六设计院与瑞士布斯（Buss）公司交流后与武汉长江化工厂联合开发了3000吨级的AHF（无水氟化氢）新工艺，于1994年获化工部科技进步一等奖。1985年全国AHF的总产量已达到6600多吨，产品纯度达到99.95%，其中上海制冷剂厂和济南化工厂的AHF产品获得国家金质奖。1989年济南化工厂又引进美国施多福（Stauff）公司1万吨/年AHF生产技术，采用瑞士List公司生产的双轴预反应器。同期，还有浙江衢化引进了Buss公司1万吨/年生产技术，阜新氟化学总厂同样引进该公司5000吨/年技术，但未投产。

1983年，上海电化厂参考了国外技术，在R22生产中改用膜式加压泵进料，生产能力由1500吨/年扩大到3500吨/年，既提高了产量，又延长了催化剂寿命。1985年制冷剂R12、R22和R113的总产量超过1万吨，上海制冷剂厂的R22和上海电化厂的R12获国家优质产品银奖。1985年Halon-1211全国产量达到1500吨。

三、民营企业崭露头角，新技术层出不穷

20世纪80年代后期，江苏、浙江、山东等地多家民营企业开始进入生产氟化氢、氟制冷剂、含氟芳香族中间体的行列，后来成为这些领域的主力军。其中，江苏常熟制冷剂厂是生产氟制冷剂的典型，江苏射阳化工厂是国内生产氟苯类化合物规模最大的企业，东岳集团以极快的速度延伸产业链和提升重点产品装置规模。

一批氟化工新技术在这一时段涌现出来，如上海市有机氟材料研究所着手对HFP生产的裂解工艺进行改进，以回收八氟环丁烷同TFE混合共裂解，大大缓解了单用TFE裂解严重结炭现象，从而延长了裂解管使用寿命，增加了正常运行周期。开发了气流粉碎技术用于生产细粒度PTFE悬浮树脂，用添

加调聚剂方式直接合成分散PTFE超细粉，研究成功实验室规模PTFE造料技术、七氟异丙基碘及调聚产物研制和以HFP三聚体为中间体的多泡型高效灭火剂。上海有机化学研究所实验厂用HFPO（六氟环氧丙烷）多聚体制成轻水泡沫灭火剂，形成了一批新产品。1984年上海有机化学研究所还将试制含氟除草剂氟乐灵的技术转让给浙江东阳农药厂，后建成100吨/年生产装置，第一步起始原料是2,4-二硝基对氯甲苯，经光氯化、氟化后得到的含氟中间体是2,4-二硝基对氯三氟甲苯。氟乐灵成为我国第一个批量生产的含氟芳香族除草剂。浙江省化工研究所在研制含氟农药和灭火剂哈龙-1211、1301等方面取得较大的进展。阜新化工研究所和阜新化工三厂是当时最早开展含氟芳香族中间体研究和试生产的单位。武汉市长江化工厂开展了电化学氟化制全氟磺酰氟的研制，是国内最早能够批量生产全氟磺酰氟的企业。黎明化工研究院于1980年向四川硫酸厂和浙江慈溪氟化工厂分别转让50吨/年六氟化硫生产技术。以乡镇企业为主体的PTFE生料密封带加工流水线大批出现，并从有油生料带向无油生料带过渡，不仅垄断了国内市场，而且在世界上占了绝大多数份额。

四、瞄准高端，艰难攀登

这一时段，我国氟化工行业也开始了高端氟产品的研究，影响较大的有氯碱工业用全氟离子交换膜、可熔性聚四氟乙烯（PFA）、氟树脂F40、PVDF、全氟醚橡胶、氟硅橡胶等，还开始了CFCs和Halons替代品的探索性研究。20世纪80年代初，为氯碱行业配套的核心产品全氟离子膜全部依赖进口，1983年至20世纪90年代初中科院上海有机化学研究所、上海市有机氟材料研究所、南通合成材料实验厂分别承担了全氟磺酸树脂和全氟羧酸树脂的合成和全氟离子膜的成型加工研究等，完成了中试。全氟离子膜的攻关带动了一批相关的氟化工合成和加工技术。PFA是性能与聚四氟乙烯基本相同、又能熔融加工的高端产品。自20世纪70年代末起，包括合成橡胶研究研究所、中科院上海有机化学研究所和晨光院一分院都曾开展试制，其中合成橡胶研究所以HFPO为原料试制成功全氟正丙基乙烯基醚作为共聚单体，在国内首家研制成PFA树脂和乳液，并列入国家"六五"科技攻关计划项目，建成5吨/年PFA树脂生产能力。1985年，上海市有机氟材料研究所研制成功模塑用、挤塑用、流延膜用和涂料用的PVDF树脂，树脂主要技术指标基本达到20世纪80年代西方发达国家同类产品水平。浙江省化工研究所于1981年选用低压水相沉淀法聚合工艺新建30吨/年PVF的生产装置。中科院上海有机化学研究所对四氟乙烯与乙烯的共聚物氟40（ETFE）的聚合方法和共聚物结构进行研究，于20世纪80年代中期研制成既能模压又能挤出加工成型的改性品级FS-40G，并建成1吨/年生产装置。氟橡胶中的高端品种全氟醚橡胶能用于各种苛刻环境，是发展航天事业不可缺少的关键材料。晨光院自20世纪70年代承接试制任务进行共聚单体和交联点单体的合成，于1982年得到了全氟醚橡胶样品。上海市有机氟材料研究所建成4吨/年规模氟硅橡胶工业化中试装置，同时完成了TFE和丙烯共聚的四丙氟橡胶研制。

五、氟硅协会应运而生

20世纪80年代，在中国氟硅材料由军工转向民用，民营企业在这一行业起步，以及国外技术大量引进的关键时刻，为有效促进被诸多行业专家认定为最具发展潜力的这一化工新材料发展，1986年12月，全国有机氟行业联合会和全国有机硅行业联合会应运而生。鉴于氟硅材料均为高科技产品，又多有相近的应用领域，为了便于开展科技和管理工作，1988年1月经国家经贸委批准，全国有机氟行业联合会和全国有机硅行业联合会合并成立了中国氟硅有机材料工业协会（以下简称"氟硅协会"）。从此，氟硅协会开始投身于我国氟、硅两个行业的开发和发展事业。弹指间，已走过30多年历程。目前，协会已拥有有机氟、有机硅、无机氟、涂层4个专业委员会，会员凝聚了行业产、学、研、商的众多企事业单位，成为我国唯一的全国性氟硅行

业社团组织。

30多年来，氟硅协会紧密围绕"服务企业、促进发展"这个中心开展活动，坚持民主办会的原则，以"服务"为宗旨，不断拓宽服务领域，提高服务能力，为会员、行业和政府部门提供了更多、更快、更好的服务，维护了企业和行业的合法权益。协会在为会员的服务过程中也逐步发展和壮大自己，为开创我国氟硅工业的新局面，促进氟硅产业的快速发展，在协助政府制定产业规划，规范和净化行业竞争秩序，指导行业科学专业化发展，产业实现转型升级，以及促进国内外技术交流与合作等方面做了大量卓有成效的工作，真正发挥了桥梁和纽带作用。

1990—2000：爆发式消费拉动下的爆发式发展

1990年至20世纪末，伴随着中国经济的高速增长，爆发式消费拉动了氟化工爆发式发展。研发生产主体也由单纯国有企业转向国有、民营并重的局面。

20世纪80年代末至90年代初，前期以国家推动为主的氟化工发展已经具备一定基础，1989年主要氟化工产品产量AHF为2万吨，以R11、R12和R22为主的制冷剂4.1万吨，Halons超过3000吨，PTFE为2000吨，含氟精细化学品包括含氟特种气体1000吨。这一时期我国氟化工的特点是：生产企业多，规模小，仅无水氢氟酸和氟制冷剂的生产厂家就达四十多家；总生产能力大，平均开工率低，产量小，除引进装置外，产品单耗高；生产装置自动控制水平不高；氟化工产品不能满足国内需求。随着中国的改革开放，特别是制冷、化工材料等行业的快速发展，氟化工由以军工配套为主转向以民用和以市场为主导的产业化全面发展的新阶段。这一时期也是全球氟化工的重要转型期，蒙特利尔议定书的制定，使得国际氟化工企业为了其自身的利益，对部分氟化工产品生产技术的封锁有了松动，开始向中国开启了部分合作的大门，国内氟化工逐步由国内合作扩大到与国外的交流合作。这一阶段技术发展特点是以自主开发和技术引进相结合。

以PTFE为主要标志的氟聚合物规模化生产装置逐步在全国各地建成和扩产。千吨级PTFE装置工程化技术开发前，国内TFE单套产能为300吨/年，最大不超过500吨/年，济南化工厂率先采用上海市有机氟材料研究所技术建成1200吨/年PTFE装置，成为国内第一套采用水蒸气稀释裂解新工艺的经济规模装置。同期，江苏梅兰化工公司（原为泰州电化厂）、阜新611厂和晨光化工研究院也先后建成1200吨/年TFE、1000吨/年PTFE生产装置。1992年上海市有机氟材料研究所转制成立全国氟化工行业第一家股份制上市公司——上海三爱富新材料股份有限公司（简称上海三爱富）。1994年上海三爱富建立了经济规模的TFE、PTFE生产装置，并实施了F46、PVDF和氟橡胶的产业化项目。国内唯一采用国外PTFE生产技术的是浙江巨圣氟化学有限公司建设的3000吨/年PTFE装置，1994年与俄罗斯国家应用化学研究院合资，首期生产的悬浮法PTFE采用俄方技术，装置建成后的操作骨干培训、现场实习和开车指导仍由上海三爱富提供。这一时期，经过各企业的技术改进，至20世纪90年代末国内最大单套装置能力达到3000吨/年，年总产量超过8000吨，PTFE产品种类涵盖了悬浮PTFE、分散PTFE和PTFE乳液三大类，品种由几种发展到按照不同粒径、压缩比、分子量划分的10多个品种，基本满足了国内大多数加工单位的要求。2000年PTFE产品的出口量首次大于进口量，这是十分重要的标志。其他氟聚合物如PVDF、F46和氟橡胶生产能力相对较小，最大为几百吨级，合计生产能力为千吨左右。

20世纪90年代我国无机氟化物得以快速发展。自1989年3月国务院把氟化盐列为重点支持的产业和产品后，各地方和部门安排建设的几十家规模在0.2万～3万吨/年中小氟化盐厂陆续投产，由抚顺、湘乡、白银三家一统天下的氟化盐生产和供应的局面被彻底打破。1992年焦作市采用自有专利技术"黏土盐卤法"工艺生产砂状冰晶石，成立了全民所有制企业焦作市冰晶

石厂。该技术于1993年6月通过了河南省科委技术鉴定，填补了国内空白，年生产能力达3万吨。1996年该产品被国家科委、国家技术监督局等认定为"国家级新产品"，1997年列入国家重点火炬计划。标志着我国铝用氟化盐进入了自主创新和产业化生产应用的新时期。

我国于1989年9月加入《保护臭氧层的维也纳公约》，1991年加入修正的《关于消耗臭氧层物质ODS的蒙特利尔议定书》，1993年中国政府批准实施《中国消耗臭氧层物质逐步淘汰国家方案》（以下简称"国家方案"）。方案中涉及的ODS（臭氧损耗物质）化学品包括CFCs类的R11、R12、R113、R114、R115和Halon-1211、Halon-1301。20世纪90年代初，中国有近40家CFCs生产企业，主要生产R11、R12、R113、R114和R115，1991年总生产能力约为4.7万吨/年，产量为2.5万吨。其中规模较大的国有企业约12家，如上海氯碱总厂、济南化工厂、常熟制冷剂厂、武汉长江化工厂、惠阳化工厂、四川釜江化工厂、贵州3414厂等。当时中国CFCs生产量不能满足国内需求，每年从国外进口约2万吨，出口量仅100～200吨。到2000年，中国CFCs和Halons生产能力在12万吨/年左右，CFCs和Halons产量分别为4万吨和6000吨左右。自1991年起，CFCs生产不断增长，国内生产量与消费量基本持平。

20世纪90年代初，国家相关部门高度重视ODS替代品的研究工作，HFC-134a、HFC-32、HCFC-141b和HCFC-123等ODS替代品的研究被列入国家"八五"科技攻关项目。国内自主研究开发CFCs替代品的单位主要有浙江省化工研究院和上海市有机氟材料研究所等，这两家单位在20世纪90年代初期分别被化工部授予ODS替代品工程技术中心和ODS替代品检测中心。上海市有机氟材料研究所先后承担了替代品HFC-134a、HCFC-141b小试开发任务，开展了以乙炔气相和液相催化氟化制备HFC-152a新工艺的研究，建成了100吨/年的中试生产装置。上市之后上海三爱富于1993年收购江苏常熟制冷剂厂，开创了上市公司资产重组的先河，扩大和建立了AHF、

R11、R12、R22、R113生产装置，确立了CFCs及其替代品生产基地，并先后开发新产品R115和混配制冷剂R510。1994年上海三爱富承担了化工部、国家环保局委托的2000吨/年HFC-152a生产装置建设，1995年5000吨/年HCFC-141b工业性试验装置与技术的开发。浙江省化工研究院在此期间围绕单个替代品的生产工艺和一种起始原料联产几种替代品工艺创新来展开，先后探索开发多种ODS替代品，其中HCFC-123为国家"八五"科技攻关项目，HFC-152a、混合工质、HFC-32、HFC-143a、HFC-125被列为化工部科研项目，HFC-227ea、HCFC-141b被列为浙江省科研项目。一种起始原料联产几种替代品的主要目标是应对ODS替代品不确定性的研究，分别以二氯甲烷、氯乙烯、偏氯乙烯、三氯乙烯及四氯乙烯五种起始原料研制形成系列产品，取得了10多种ODS替代品的自主知识产权技术，为产业化创造了条件。其他研究机构如中科院上海有机化学研究所和西安近代化学研究所，也投入较强力量分别开展了ODS替代品高效催化剂的研究、工艺路线的选择、反应和催化机理等基础研究。到2000年，中国HCFC-22、HCFC-141b、HFC-152a的生产能力分别为8万吨/年、1万吨/年、2000吨/年，达到了产业化规模水平，各类HCFCs及HFCs产量超过7万吨，HCFC-22由原来大量进口变为出口量大大高于进口量。可单独或用作混配制冷剂的HFC-32、HFC-143a、HFC-142b、C-318、HFC-134a、HCFC-123等受到重视并取得较大突破，部分形成了中试规模生产。

"国家方案"的实施为我国的氟化工产品和技术开发起到促进作用，也加速了其他国有企业和民营资本加入氟制冷剂和配套AHF生产队伍。

根据我国签署《斯德哥尔摩公约》要求，相关的持久有机污染物将被禁止生产和使用，为此国家环保部和科技部高度重视，着手安排替代品的研究开发，并列入了2010年国家863计划项目，由武汉风帆表面工程有限公司联合湖北中科博策新材料研究院、华中师范大学、湖北大学共同承担全氟辛基磺酸及盐替代品开发，成功地利用电解氟化新工艺、旋转电极电解槽新设

备，制备了全氟丁基磺酰氟及其盐、全氟己基磺酰氟及其盐等替代品，并开发了其下游产品织物整理剂；上海三爱富、中昊晨光化工研究院（简称中昊晨光院）、浙江巨化集团等大型氟化工企业都在自行研发PFOA（全氟辛酸）替代品。

在这一时期以化肥、氯碱等基础化工为主的原国有企业衢州化学工业公司于20世纪80年代末开始筹建氟化工装置，一期工程总投资5.4亿元，引进瑞士布斯公司1万吨/年AHF装置，日本德山曹达公司3万吨/年甲烷氯化物装置，美国庞沃特公司5000吨/年的F22装置，以及1.2万吨/年氟制冷剂R11、R12装置，被列入浙江省"八五"重点建设项目。1993年至1994年相继试车生产出产品，其中突出的技术进步是F22加压脱氯、干法分离氯化氢技术。原湿法工艺反应压力较低、转化率和装置生产能力较低、催化剂使用量大、寿命短、设备腐蚀较严重、单耗高、产品质量差。新的生产工艺克服了上述不足，另外，副产盐酸浓度提高，经脱氟处理后可得到食品级盐酸，自动化水平提高，劳动强度降低，生产过程平稳。这些成套工艺技术具备20世纪80年代国际先进水平，成为当时国内行业的样板，发挥了较好的示范效应。1998年6月，浙江巨化股份有限公司在上海证券交易所上市，成为氟化工行业内的第二家上市公司。同期国内济南化工厂在20世纪90年代也引进R11、R12和F22相同技术，由于种种原因直至2001年才投产。

我国引进的万吨级AHF生产技术和装备在20世纪90年代开始凸显成效，同时国内近10家企业通过消化吸收国外技术，自行设计建成了5000～8000吨/年中型和较大型装置，使得AHF的生产得到迅速发展，为进一步大规模发展奠定了基础，典型的有东岳氟化学工业公司8000吨/年AHF生产装置。至此国内AHF总生产能力超过15万吨/年，除2家（不包括化工系统外的）完全采用引进技术外，2/3的装置采用化工部第六设计院开发的工艺技术，1/3的装置采用传统工艺流程，AHF的生产技术达到了较高水平，AHF年总产量超过10万吨。一批民营企业在萤石产地附近利用原料和运输方便，建设不同规模的AHF生产装置，一开始全部作为商品，以后根据市场需求和各自的技术能力进一步拓展到氯氟烃类产品的生产。代表性企业有浙江三美化工股份有限公司、浙江鹰鹏化工有限公司等。

其他氟化工产品的产量、种类与生产技术得到进一步发展。自20世纪90年代以来，我国含氟精细化学品研究异常活跃，开发出百余种各类芳香族含氟中间体及其他含氟精细化学品，包括药物和农用化学品的含氟中间体、含氟表面活性剂。含氟中间体生产厂家有近百家，1995年含氟精细化学产能0.40万吨/年，产量0.25万吨。到2000年，仅含氟芳香族中间体生产能力即达到2.5万吨/年，产量0.8万吨，其中氟苯类、含氟甲苯类、三氟甲苯类、氟氯苯类、氟苯胺类、硝基氟苯、氟苯甲酸类等产量最大，且有一半以上出口国际市场。含氟表面活性剂、含氟电子化学品（清洗剂、防雾剂、脱模剂）、含氟金属光纤处理添加剂、含氟灭火剂及其添加剂、油漆含氟添加剂等也在积极开发，但总体上处于起步阶段，与发达国家相比差距很大。含氟涂料总生产能力近6000吨/年，包括PTFE涂料、PVDF涂料、PVF涂料和TFE、CTFE、FEVE基室温固化涂料，其中室温固化涂料超过一半。含氟电子化学品年总产量超过3500吨，到2000年氟树脂年加工量估计为5000吨，加工制品以管、棒、板等及生料带等为主，而用作汽车、飞机、电子电气产品部件的还不多，与发达国家相比在加工手段、应用面、功能开发等方面还有差距，我国轿车中的O形密封圈等大多从国外进口。

2001—2010：迈向世界氟化工大国

一、制冷剂在替代转型中迅猛做大

进入21世纪，我国氟化工步入快速发展阶段，通过自身技术开发和产业化，生产技术水平快速提升，各地氟化工园区建设如火如荼，国外氟化工

企业纷纷加入中国氟化工生产行业，或在国内建厂或加快合资步伐，氟化工生产规模迅速扩大，取得了令人瞩目的成就。

随着保护臭氧层工作的进一步推进，中国始终坚持淘汰臭氧消耗物质ODS工作与替代品的开发同步进行。氟化工行业逐步削减CFCs和Halons的产量，并于2007年7月1日全部停止了除必要用途之外的CFCs和Halons的生产，淘汰了约10万吨/年CFCs和8万吨/年Halons的生产和消费。自20世纪90年代以来国内ODS替代品的研究开发基本保持了与国际同步，具体表现为：一是自主开发了一些重要的ODS替代品种，可以为相关行业的ODS替代提供合适的替代品；二是开发成功了适合自身特点的ODS替代品生产工艺路线，如液相氟化制备HFC-134a，四氟乙烯制备HFC-125、乙炔法制备HFC-152a等产业化技术；三是ODS替代品工程技术能力大大提高，已具备提供万吨级ODS替代品工程设计的能力；四是ODS替代品的产品质量尤其在烯烃杂质的控制上已经达到同类产品的国际水平。国内成功自主开发CFCs替代品并实现大规模生产最典型的产品是HFC-134a，由中国中化集团公司于2001年与西安近代化学研究所合作组建了中化近代环保化工有限公司，在多边基金的支持下，开展了HFC-134a生产工艺和催化剂的研制，分别于2003年、2006年建成两套拥有自主知识产权的5000吨/年HFC-134a生产装置。由于前期研究工作扎实，工艺设计合理，原材料消耗及能耗低，催化剂成本低，HFC-134a生产成本具有市场竞争力，满足了国内制冷剂替代品的需求，有助于CFCs生产实现提前淘汰。该项目2008年通过环保部验收，标志着我国ODS替代品的研究开发从HCFCs类物质为主转向HFCs类物质。2007年中国中化集团公司在江苏省太仓建成了2万吨/年的生产装置，至此，我国拥有单套1万吨/年的HFC-134a自主工艺技术。

一批替代品HCFC-141b、HCFC-123、HFC-152a、HCFC-142b、HFC-227ea等实现了产能的快速扩大，一批新的替代品如HFC-125、HFC-32、HFC-143a也开发成功并实现规模化生产，至2010年中国ODS替代品的生产规模超过100万吨/年，成为全球过渡替代品最大生产国。随着《京都议定书》的生效，国内氟化工企业一方面抓住清洁发展机制（CDM）项目机遇，另一方面针对ODP值为零，GWP值较高的HFCs化合物将逐步受到限制的新形势，国内企业加快开展了HFC-236、HFC-245、HFC-365、HFC-161等新型替代品的开发。上海三爱富收购常熟中昊化工新材料有限公司后，新组建的常熟三爱富中昊新材料有限公司仍然保留了民营企业灵活的经营机制，成为国内制冷剂重点企业。2010年，常熟三爱富中昊化工新材料有限公司与杜邦公司合作建设3000吨/年的HF0-1234yf，表明中国ODS替代品的开发和产业化与国际先进国家保持同步。

二、无水氟化氢直逼世界先进水平

国内AHF生产装置随着氟化工技术进步和市场扩大呈现高速发展态势。2001年国内总产能仅18.5万吨/年，到2005年产能扩大到68万吨，实际产量46万吨/年。国内生产企业在提高装备水平方面取得了显著成绩，继续围绕解决反应转炉的腐蚀问题和提高单套装置的生产能力上进行。解决反应转炉的腐蚀问题，国内已形成以下改进方法：一是增加耐蚀合金制造的外混器，使萤石粉和硫酸在进入转炉前在外混器内充分混合，结构简单、反应均匀、制造方便，在大多数装置上得到了广泛应用；二是采用内返渣流程，将一定量的炉渣从炉尾返回炉前和反应物料混合，减少物料和炉壁的直接接触，同时延长物料反应时间，使物料反应充分，已有多套装置成功应用，中昊晨光院与浙江鹰鹏化工有限公司开展内返渣试验，设计了3万吨/年规模，转炉直径3.5米、长27米；三是使用预反应器，2003年成都新都凯兴科技公司开发成功国内第一台镍基合金往复旋转机，并作为预反应器用于1.5万吨AHF装置，济南三爱富氟化工有限责任公司、浙江巨化集团和山东东岳集团公司都在使用。以往依赖进口的上述关键生产设备都实现了国内自行设计和制造。单套反应装置的生产能力从2003年的万吨级规模发展到2005年的1.5万

吨/年、2007年的2.5万吨/年，装备技术水平已达到国际先进水平。除了装备技术以外，许多厂家对生产工艺技术进行优化，采用建立数学模型的科学方法完善生产过程的工艺技术及自控水平，实现萤石粉、硫酸计量、配比的自动化、工艺参数调节实现DCS控制，大大提高装置运行的稳定性，运行时间大幅度延长，并大幅提高了产品质量。环境保护、三废治理及员工操作强度、劳动条件方面也得到很大的改善。与发达国家公司在同类型的装备、技术经济指标方面相比，已达到或部分超过相应水平，使得国内AHF产品具有相当的竞争能力和抗风险能力。

由于氟化氢生产依赖萤石资源，因此生产企业主要集中在萤石资源较丰富的地区及经济发达的地区，如浙江、福建、江苏、山东、江西、内蒙古、湖南等地。产能较大的企业有浙江鹰鹏化工有限公司、浙江三美化工股份有限公司、山东东岳集团、常熟三爱富中昊化工新材料有限公司、多氟多化工股份有限公司、福建邵武永飞化工有限公司、福建邵武华新化工有限公司、江苏梅兰化工集团、浙江凯圣氟化学有限公司、内蒙古赤峰富邦化工有限公司、河南新乡黄河精细化工有限公司等。

随着中国高品位萤石资源的逐渐减少，开辟利用低品位含氟资源，生产高附加值、高性能的氟化工产品，发展氟资源循环经济势在必行。由原焦作市冰晶石厂于1999年改制成立的多氟多化工股份有限公司（以下简称多氟多），利用氟硅酸钠法自主研发2万吨/年冰晶石联产优质白炭黑项目于2002年建成投产，被国家计委列为"国家高技术产业化示范工程"，科技部列为"国家重点新产品"。其他生产厂家也开始对传统工艺进行完善和改造，精细氟化盐也相继开发生产，大大拓展了氟化盐的应用领域。随着时间的推移，特别是与国外一些技术专家的交流，我国引进开发了干法氟化盐生产工艺。此工艺流程简单、能耗小、产品质量高，经过消化、吸收、再创新，到2002年年底，我国氟化盐工业在工艺技术、环保治理、设备改进和耐腐蚀材料应用等方面，取得了显著成效。2003年，多氟多利用铝加工行业废弃物氟铝酸铵生产冰晶石项目建成投产。2004年，浙江汉盛氟化学有限公司3万吨/年干法氟化铝项目引进德国CHENCO（创科）公司的无水氟化氢和干法氟化铝生产工艺和技术，于2006年建成并投入生产，但由于技术问题不久被迫停产。2006年多氟多建成年产6万吨无水氟化铝项目。2009年，多氟多自主开发利用电解铝含氟碳渣生产2万吨/年冰晶石项目建成投产，被国家发改委列入"国家循环经济和资源节约重大示范项目"。氟化工企业开始利用低品位萤石或者副产氟资源制备AHF，实现资源综合利用。此时，湖南郴州的伴生矿开始生产氟化氢。2008年贵州瓮福蓝天氟化工股份有限公司引进了瑞士布斯公司以磷肥副产氟硅酸为原料的2万吨/年AHF生产装置，为解决设备腐蚀问题，与设备制造厂家创新改进了设备结构，使装置能长周期运行，成为国内真正意义上综合利用副产氟资源制备AHF的第一家企业。

三、对锂电池及电子产业的特殊贡献

多氟多是无机氟重点企业，其打破垄断，开发的六氟磷酸锂是锂离子电池核心材料。20世纪90年代只有日本具有生产技术，能够批量生产，国内锂电池生产企业使用的这种原料全部依靠进口。多氟多董事长李世江从2006年开始，带领技术团队开始了"氟锂结合——生产六氟磷酸锂"的研发。最终攻克了技术难关，打破了国外垄断，为我国锂离子电池及其下游产业发展提供了保障。同期，浙江凯圣氟化学有限公司氟气法六氟磷酸锂实现了工业化生产，同样贡献突出。

在电子领域，与氟化工相关的电子级氢氟酸、电子级氟化铵、电子级三氟化氮、电子级四氟化碳、电子级四氟化硅、电子级氟化铵、电子级三氟化硼等几十种材料，占整个集成电路芯片制造成本的20%左右。其中电子级氢氟酸广泛应用于集成电路和超大规模集成电路芯片的清洗和蚀刻，是微电子行业制作过程中的关键性基础化工材料之一，其纯度直接决定了我国芯片国产化的速度。我国电子级氢氟酸的研究始于2007年浙江蓝苏氟化有限公司

引进的苏威公司电子级氢氟酸技术；2010年，浙江凯圣氟化学有限公司采用自主知识产权建设的6000吨/年电子级氢氟酸生产装置投入运行，福建邵武市永飞化工有限公司"年产15000吨UP-S级高纯超净氢氟酸（电子级氢氟酸）"项目投产。2012年多氟多开发研制了UP-SS级电子级氢氟酸生产新工艺，一步步推动了这项技术接近或达到世界先进水平。

四、含氟聚合物群雄竞起

我国含氟聚合物及配套单体集中扩产的同时，聚合工艺和工程放大技术有了新的突破，出现了许多新的牌号，产品质量得到较快提高。2002年山东东岳集团3000吨/年PTFE项目投产；随后2004年1万吨/年装置投产，后来居上成为国内最大的PTFE生产企业；2003年中昊晨光化工研究院成功采用了8米^{3}PTFE聚合釜；2005年上海三爱富PTFE扩产到7500吨/年。我国PTFE的建设进入了快速扩张期，民营企业和国有企业群雄竞起，形成了山东东岳集团、四川晨光院、上海三爱富、江苏梅兰集团、浙江巨化集团等主要PTFE生产企业，使中国成为全球PTFE第一大生产国。其他氟树脂产品中，巨化集团于2004年引进俄罗斯技术建设F46生产装置；2004年和2007年大连振邦氟涂料股份有限公司和青岛宏丰科技有限公司先后分别开发和建成40吨/年和100吨/年PCTFE生产线。与此同时，氟橡胶装置也得到快速扩张，2002年上海三爱富建成1000吨/年氟橡胶生产装置，成为当时国内最大生产企业；中昊晨光院2001年建成500吨/年氟橡胶装置，2004年成功采用4米^{3}聚合反应釜的聚合工艺，并扩大到1500吨/年。这一时期粉末氟橡胶、低门尼氟橡胶、高速挤出级F46树脂、电池黏结剂用PVDF等新产品逐步推出。氟树脂和氟橡胶规模的扩大，使得中国成为世界第二大氟聚合物生产和消费大国。在产品结构上，氟树脂中可熔融氟聚合物的品种和产量已经有了较快发展，氟橡胶的品种仍以26类氟橡胶为主，但三元胶的比重有所提高，高端含氟材料仍需进口。

国内其他氟化工产品含氟涂料、氟材料加工和含氟精细化学品在这一时期得到了长足的发展，中国已经成为全球最大的含氟涂料和含氟精细化学品生产大国，并有较大比例出口。国内FEVE室温固化含氟涂料陆续开发、建设了生产装置，合计产能2万吨/年以上，至2005年年末氟碳喷涂生产厂家就已发展到70家左右，主要有：大连明辰振邦氟涂料股份有限公司、上海振华造漆厂、上海三爱富、大金氟涂料有限公司、阿克苏诺贝尔、关西涂料、青岛宏丰、常州康泰、常熟中昊等若干规模企业，已广泛应用于外墙、桥梁、铁路等领域，年均增速达到30%以上，总产能大于需求，质量和国外品种相比还有一定差距。以PVDF为基础的热塑性氟树脂涂料用的氟树脂大多仍依赖进口，该类氟涂料年总量不超过0.5万吨。含氟树脂加工制品出口量增加到万吨级，显示出我国加工制品达到一定水平。含氟精细化学品种除了含氟芳香族中间体产能进一步扩大外，含氟脂肪族的化学品如四氟丙醇、三氟乙醇、六氟环氧丙烷（HFPO）和调聚醇等都实现了产业化规模的突破，产能均已超过千吨级水平。

2004年起，我国电力行业进入高速发展阶段，电气设备除满足国内需求外，出口数量大幅增长，含氟特种气体（如六氟化硫SF_6）出现紧缺。各企业纷纷扩产或新建装置，如黎明化工研究院2006年工业级SF_6产能扩大到3000吨/年，产能和产量均跃居世界首位，在此基础上开展了电子级SF_6研发，产品纯度达到99.999%。2007年国内工业SF_6总产能达到1.26万吨，出现产能过剩，行业竞争加剧。三氟化氮（NF_3）和四氟化碳（CF_4）也有类似的情况，2004年总产量不超过百吨。随着我国集成电路制造工艺跨入世界半导体晶元加工制造先进国家行列，太阳能利用面积和制造能力跃居世界第一，平板显示器件的发展势头也异常迅猛。作为集成电路、薄膜太阳能行业、液晶显示屏及相关行业中使用的主流清洗、蚀刻气体，特种含氟电子气体NF_3、CF_4、电子级SF_6取得较快发展，中船重工第七一八研究所NF_3的产能达到300吨/年，北京绿菱$CF4$产能达到200吨/年，黎明化工研究院电子级SF_6产能达到300吨/年。

　　这10年间，除了传统氟化工企业得到长足发展外，一批包括民营、国有成分企业的加盟及迅速发展，使得氟化工在这一时期得到了迅速膨胀。如山东东岳集团于2002年开始涉足PTFE生产，后通过迅速扩大产能和发展其他含氟聚合物、扩大ODS替代品生产等方式，经过短短8年的发展，成为国内氟化工产品规模最大的企业，并逐步向高端氟化工产品发展，所承担的科技部离子膜项目完成验收。多氟多进入无机氟化工领域，并发展成为无机氟领域的领先企业，中国中化集团公司兼并重组浙江省化工研究院，成为ODS替代物品种最多的氟化工企业之一。上海三爱富通过收购常熟中昊化工新材料有限公司、内蒙古万豪氟化工有限公司，巨化集团通过引进技术扩产，以及不断自我革新发展的中昊晨光化工研究院等企业，都在进一步巩固在行业中的地位。

　　氟化工的快速发展，也推动了一批氟化工园区的建设和外资企业的加盟。在此期间，全国形成了十几个以氟化工为主的经济开发基地或园区，归纳起来主要有六种类型。一是依托大型"龙头"企业，上中下游配套共建型，如浙江衢州以巨化集团为龙头，山东东岳氟硅工业园区以东岳集团为龙头。二是国内核心企业带动境外著名企业集聚型，如江苏常熟国际氟化工园区，以上海三爱富、杜邦、大金、阿科玛为核心。三是生产和流通结合型，如江苏泰州以梅兰集团的氟硅产品与沿长江地区的港口、码头相结合。四是城区企业搬迁改造型，如辽宁阜新市属于煤炭资源枯竭型城市，为重新规划经济支撑方向，将氟化工作为重点。五是特色产品拓展型，如辽宁大连以含氟涂料为主攻目标，湖北则以含氟精细化学品为主。六是资源开拓型，如江西赣州、湖南郴州、陕西商洛、福建浦城及内蒙古等多数新建设的园区大部分属于此类型。其中影响最大的是江苏常熟国际氟化工园区，集聚了上海三爱富、常熟三爱富中昊化工新材料有限公司、常熟三爱富氟化工有限责任公司、大金氟化工（中国）有限公司、阿科玛（常熟）氟化工有限公司、杜邦（常熟）氟化物科技有限公司、苏威特种聚合物（常熟）有限公司、日本吴羽公司等。在同一区域内，氟化工产品链完善，产业结构合理，是全世界最大的氟化工园区，体现了良好的产业集聚效应。

五、氯碱工业的中国心：东岳离子膜

梳理改革开放后中国氟化工在科技领域取得的成就，首推东岳集团与上海交通大学对氯碱离子膜技术的攻克。离子膜制碱是最先进的制碱工艺，较之前的制碱法，物耗、能耗大幅度下降，并有效地解决了氯碱工业的污染问题。恰是这一最先进的工艺，中国长期科研攻关没有成功，一直被美日企业垄断了几十年之久，成为"中国化工人心中的痛"。进口氯碱离子膜价格昂贵，氯碱装置每两年就要换一次膜，每次换膜费用高达数千万，由于受制于人，我国政府多年来一直实行氯碱离子膜进口零关税。

2003年，东岳集团董事长张建宏以独特的企业家战略目光和之前破釜沉舟取胜的勇气，给了上海交通大学张永明三定大权，即招聘什么样的人、给什么职位、给什么样的待遇，由张永明确定，在饱受质疑中开始了艰难的离子膜攻关。2004年1月，东岳离子膜项目成为科技部年度紧急启动的两个国家"863"重大项目之一，另一个是非典疫苗研发项目。全氟离子膜从一块普通的萤石开始，到能够满足氯碱生产选择性要求的离子膜，中间要经历氢氟酸、四氟乙烯、全氟磺酸单体和树脂、全氟羧酸单体和树脂，再到全氟离子膜的过程，这需要进行几十步的复杂反应和分离过程，全氟离子膜全工艺生产线摆起来有几千米长。在东岳集团全力以赴的同时，各方给予了离子膜攻关最强有力的支持，该项目先后列为"十一五"和"十二五"国家科技支撑计划重点项目，两个国际合作项目。2005年9月8日下午，山东省政府加快东岳离子膜项目产业化现场办公会在东岳召开，会议提出将东岳离子膜列为山东省高新技术企业一号工程，举全省之力支持东岳离子膜项目产业化工程。淄博市委、市政府和桓台县委、县政府先后四次在东岳召开现场办公会。

2009年9月22日，1.35米×2.65米工业规格的全氟离子膜在东岳集团成功

下线。2010年6月30日晚9点48分，东岳离子膜在完全国产化的万吨级工业氯碱生产装置上一次通电成功，产出合格的工业产品。从此，中国氯碱工业30年受制于人的历史被彻底改写。进口离子膜价格应声而落45%，国家发改委下文，一次性全面淘汰落后的隔膜工艺氯碱产业，据测算，产能转换后可年节电54亿度，节约标准煤216万吨，减排二氧化碳538万吨。东岳，为中国氯碱工业翻开了新的一页。在此后长达十年的时间里，东岳集团一直在品质、性能方面为赶超国外同类产品做着最大的努力。目前，离子膜各项主要指标已经达到国外同类产品指标，并广泛应用于20多家氯碱企业。

在东岳离子膜产业化和工程化应用期间，李克强、胡锦涛、温家宝等中央领导先后视察东岳，亲自观看东岳离子膜研发和生产现场，都对东岳离子膜打破国外垄断，为国家做出的贡献给予高度评价。李克强总理在视察东岳后的会议上说："东岳集团自主创新，打破垄断，长了民族志气。"胡锦涛同志视察离子膜生产现场时，发表讲话说："祝贺同志们在离子膜研发中取得的成绩，你们在这个领域为我们国家填补了空白，打破了国外技术垄断。希望大家继续努力，努力走在世界的前列！"

2011—2019：由大向强的转变

近十年，是中国氟化工由大转强的重要十年。中国氟化工行业发生了巨大变化。一是产业集中度不断提高。经过大浪淘沙，强者愈强，虽然基础氟化工企业仍然数量较大，但真正形成产业链优势和拥有国际市场竞争力的企业，集中到了这几家企业，包括东岳集团和巨化集团为代表的一南一北两个龙头氟化工企业，以及中化蓝天、多氟多、江苏梅兰、上海三爱富、浙江三美、中昊晨光、理文等骨干企业。二是走向产业链高端，替代国外产品。特别是在含氟聚合物方面，国内几家龙头企业开始做强、做细、做精、做专，在本土市场和部分国际市场开始替代国外巨头的产品，与之形成正面竞争局面。三是应用领域不断拓宽,大量替代传统中低材料。这为氟化工产业发展大大拓展了空间。四是一批自主创新的科技成果赶超西方发达国家。特别是东岳集团与上海交大联手对氯碱离子膜难题的攻克,以及对氢燃料电池膜技术的掌控,备受瞩目。五是形成了国有、民营、国外企业群雄逐鹿的竞争局面。东岳、多氟多、三美、理文等民营企业和梅兰等经过国有改造的民营企业,在强大的体制机制活力下发展迅速;巨化、中化蓝天、三爱富等国有企业保持着较强的竞争力;而科慕(杜邦)、3M、ACG(旭硝子)、苏威、大金、阿科玛等国外企业对华投资,仍然以较明显的优势掌控着高端市场。

一、技术进步、结构调整与环保提升

(一)技术进步

进入21世纪以来,我国氟化工行业通过自身技术开发和产业化以及与国外氟化工企业技术合作等形式,基础产品和通用产品的工业化生产装置和技术水平有了很大提升,但中高端聚合物和近终端的含氟精细产品的生产技术与国外差距仍然很大。

无机氟化物方面,我国氟化氢的生产技术通过消化技术吸收和自主创新,技术上取得长足的进步,单套装置达到每年2.5万吨,已广泛应用。目前,内返渣技术、预反应器技术、外混器技术三大主流技术各有千秋,并存于行业生产企业,且工艺技术和装置已大型化,整套装备完全实现国产化,已经达到国际先进水平。电子级氢氟酸微克/克、纳克/克级基本达到国际行业水平,皮克/克级有待于进一步优化技术。

无机氟化盐方面,我国氟化铝、冰晶石、氟化铵、氟化氢铵等初级氟化工产品经过几年来的发展,已经达到国际先进水平,磷肥副产资源回收制无水氟化氢、氟硅酸钠法制冰晶石联产白炭黑工艺技术,充分利用了磷肥副产氟资源,具有特色,且已国产化。六氟磷酸锂基本取代进口产品,应用前景

看好，但添加剂及复配技术仍有一定差距。

氟碳化学品方面，"十二五""十三五"期间，我国氟碳化学品总体技术水平有了较大的提高，与国外的技术差距也在不断缩小。氟碳化学品生产装置规模不断扩大，单套装置产能大大提升，如 HCFC-22 单套装置产能从 10000 吨/套发展到 25000 吨/套，HFC134a/HFC152a 单套装置产能从 10000 吨/套发展到 15000 吨/套。产品的单耗等重要生产成本指标下降，氟碳化学品的整体生产技术水平提高。

同时，国内氟化工企业密切跟踪国际 ODS 替代品的发展趋势，积极开发新一代低 GWP 值环境友好型产品，先后开展了 HFOs 研发和应用研究工作并积极开展专利申请，专利申请量逐年增大。

国内多家企业及研究院所开展了 HFO-1234yf、HFO-1234ze、HFO-1233zd 产品的研发工作，部分产品已经进入中试阶段。同时一些氟化工企业也与相关制冷、发泡等研究单位和企业合作，开展的混合制冷剂、聚氨酯发泡等的应用研究工作，为 HFOs 的应用提供技术支持。在开发新产品的同时，国际氟化工企业与国内企业合作建设的 HFO-1234yf 工业化装置已在江苏常熟建成投产，随后，浙江巨化集团、浙江环新氟材料股份有限公司和山东华安新材料有限公司的 HFOs 装置也已投产。但由于受制于国际大公司在 HFOs 应用专利的制约，我国尚缺乏真正具有自主知识产权新一代替代品的产品以及生产、应用技术。

含氟聚合物方面，依靠自主开发的成套技术建设了万吨级四氟乙烯生产装置；8 米^{3}悬浮聚合釜、4 米^{3}分散聚合釜和 8 米^{3}捣碎洗涤装置等设备已成功应用于工业化生产装置，生产装备技术已接近国际先进水平。高性能聚偏氟乙烯中空纤维膜制备及在污水资源化应用中的关键技术获国家技术发明二等奖；国产氯碱用离子膜项目获国家技术发明二等奖；一批含氟材料的研究和应用取得较好成效，研究出了高性能聚偏氟乙烯中空纤维膜并在污水资源化中获得应用，开发出国产氯碱用离子膜、过氧化物硫化氟橡胶、双向拉伸膜用聚四氟乙烯、太阳能背板膜用PVDF等技术和产品。ETFE、PFA等产品开发取得突破，正在推广应用。PFOA替代品在部分氟聚合物生产中得到应用。

含氟精细化学品方面，近些年我国含氟精细化学品在调聚技术、氟化物的溴（氯）化技术、电解氟化技术、绿色工艺制备技术和分离技术等方面获得突破，带动了全氟烷基碘系列、部分新型含氟药物、特种含氟单体、含氟液晶、含氟醇/酸/酯/醚、PFOS/PFOA替代品、全氟聚醚等产品开发加速，部分已形成产业化规模。

（二）产业结构调整

"十二五"期间，我国氟化工行业产品结构调整取得初步成效，注重产业链由低端向中高端发展，开发新品种，提高品位，替代进口，在产品品种和品质上向系列化、差异化、高质化、复合化、专用化方向发展。加强品牌建设，形成一批中国自主品牌，提高了市场竞争力。积极推进对落后产能和落后技术的淘汰（如湿法氟化铝、氢氯氟烃），产品准入条件制定，保护和利用氟资源（低品位萤石矿）以及副产物的综合循环使用，节能、减排、降耗取得新进展。重视优化资源配置，推动企业整合，引导创业要素和企业资源向优势企业、优势产业园区集聚，形成优势互补、上下游原料配套和综合循环利用协调发展的模式，为氟化工的持续发展奠定了良好的基础。以氟碳化学品为例，从HCFCs的加速淘汰到HFCs的逐步削减，以及HFOs的面市，不但为国家履行国际公约做出重大贡献，而且使行业产业技术和产品质量不断提升，ODS用途的用量逐渐减少、原料用途不断增加和高端产品比例逐步提高，氟碳化学品的整体生产技术水平有较大提升。同时，随着氟化工产业园区优化发展，经过"十二五"的发展，以沿海地区为主，内地为辅，依托市场和国内外资源，建设了一批以氟化工产品为主的氟化工产业园区。目前我国已形成了江苏常熟、浙江衢州、山东淄博、四川自贡、江苏泰州、浙江上虞、浙江金华、内蒙古丰镇、河南焦作、山东章丘等一批各具特色的氟化

工园区和产业基地，部分园区或基地已达到国际先进水平。

（三）清洁生产和安全环保

氟化工行业在余热综合利用技术、挥发性有机化合物（VOC）减排、三废转化处理技术等方面取得了明显进步。业内的含氟废水排放水氟离子浓度降低至 10 微克/毫升，达到国家二级排放标准。采用副产氯化氢纯化技术，使 R22 副产盐酸中氟离子浓度降低至 1 微克/克以内。副产盐酸以往最为普遍的是生产氯化钙，也有成功用于饲料级磷酸氢钙的生产，已经建立万吨级饲料级磷酸氢钙生产装置，并联产饲料级磷酸二氢钙和氯化钙，一套 6 万吨的该装置每年可消耗盐酸 20 万吨。

R23 焚烧技术和装置的国产化也得到了应用，晨光院在 2012 年和清华大学合作研究的自主知识产权废气处理技术建成的等离子束焚烧装置，焚烧炉膛温度 1100℃以上，焚烧装置每小时处理废气 50 ～ 200 千克，三废达到排放标准，处理效率 99.99% 以上，该技术得到国际禁化武核查的肯定，可用于其他高危废气的处理。

催化加氢的资源化利用，催化加氢技术在副产绿色转化处理、资源化利用等方面得到应用。如业内已经实现了 CFC-115 催化加氢脱氯转化为 HFC-125 和 HFC-134a 技术，选择合适的载体，催化剂制备工艺中添加改性助剂，可以明显提高催化剂的寿命，原料的转化率、HFC-125 选择性均可达 90% 以上。同样，用该技术可以将 CFC-114 转化为 HFC-124 和 HFC-134a，将 HCFC-133a 转化为 HFC-143a 等。

其他像 HFC-23 资源化利用，对其进行高温裂解（700℃以上），可以选择性地合成四氟乙烯和六氟丙烯，在合适的催化剂下，可以显著提高 CHF_3 转化率及四氟乙烯和六氟丙烯的收率。CHF_3 与 CH_4 反应可以高选择性地合成偏氟乙烯，也具有一定的工业价值。还可利用 CHF_3 与 I_2 反应合成 CF_3I，是另一条较有吸引力的工艺路线。CF_3I 不仅可以作为灭火剂及制冷剂，而且作为三氟甲基化试剂也具有很大的市场空间。液相氟化法HFC-134a副产三氟乙醇制备三氟乙酸，作为含氟农药医药的中间体、HCFC-141b也可以作为三氟乙酸的原料，HFC-125生产过程副产CFC-115进一步氟化制备HFC-116电子气体等。"十二五"期间氟化工行业在节能减排、发展循环经济、推行清洁生产方面取得新进展。

二、全产业链由大转强

氟化工全产业链主要有无机氟化物、氟碳化学品、含氟聚合物、含氟精细化学品、含氟膜材料等大类产品体系和完整的门类，因其优良的综合性能和独特的用途，被广泛用于国民经济各个行业和高新技术领域，特别是与国防军工、航空航天、电子信息、新能源、新能源汽车、轨道交通、大飞机、船舶及海洋工程、环保产业等国家战略新兴产业关联度大，对促进制造业转型升级有着十分重要的作用，是具有带动作用的先导性、战略性行业。

（一）无机氟化物和氟化氢

氟化氢生产主要集中在浙江、福建、江苏、山东、江西、内蒙古等地。河南、湖南氟化氢生产装置主要为氟化铝配套。我国的氟化氢产能从2010年的145万吨发展到2018年的197.6万吨，其中采用磷肥副产氟硅酸盐生产的AHF产能5万吨（比"十一五"增加3万吨）。

（二）氟碳化学品

氟碳化学品主要包括全氟氯烃（CFCs）、含氢氯氟烃（HCFCs）、含氢氟烃（HFCs）、含氟烃（PFCs）和HFOs等。主要用作制冷剂、发泡剂、气溶胶的喷射剂、灭火剂、电子电气及精密机械部件的清洗剂、氟聚合物及精细氟化学品的原料等广泛应用于国民经济的各个领域。

氟碳化学品在"十二五"和"十三五"取得了快速的发展，我国成为世界上重要的氟碳化学品生产国和消费国。我国"十二五"期间完成了CFCs

的淘汰，目前仅剩特殊用途和原料用途的生产。开启了HCFCs加速淘汰进程，ODS用途配额量开始削减，但生产总量在原料用途驱动下保持增长。随着HCFCs的淘汰，HFCs快速发展，我国成为世界大的生产国和出口国，HFCs的总产能已达149万吨/年，产量约85万吨/年。同时，"十二五"和"十三五"期间，国内氟碳化学品产能过快增长也造成了行业竞争白热化，利润率下降，间接造成企业的创新能力下降。跨国公司向中国产能转移的步伐加快，通过合作或者自建，在中国建立生产装置，直接参与到行业的竞争，以他们的创新和服务水平，对国内企业造成很大的压力。

氯氟烃（CFCs）已完成淘汰，目前主要用于原料用途。根据《中国氟氯烃加速淘汰行业计划》协议，到2007年7月1日，我国除保留一条CFC-11/12生产线，用于满足国家储备和医药行业药用吸入式气雾剂药品的特殊需要外，其余全部CFC-11/12生产线已关闭。目前巨化股份保留国内唯一的CFC生产线，以满足国内医药行业药用吸入式气雾剂药品特殊需要。随着含氟农医药市场的良好发展，对芳香族、脂肪族以及杂环类含氟精细化学品的需求方兴未艾，加上CTFE基含氟聚合物的需求增长，原料用途的CFC-113/113a、三氟溴甲烷等CFCs消费量持续增加。

含氢氯氟烃（HCFCs），根据蒙特利尔议定书的有关决议，我国从2013年开始实施生产和消费的冻结，并实施HCFCs生产和消费的配额，以2009年、2010年的平均数作为基线，HCFCs总生产配额43.4万吨，其中国内ODS用途生产配额为31.6万吨。根据蒙特利尔议定书的淘汰要求，我国需要在2015年将HCFCs消减至基线水平的90%，2020年和2025年削减基线水平的35%和67.5%，到2030年实现全面淘汰.

与此同时，"十二五"期间，我国四氟乙烯、偏氟乙烯等单体的产能发展迅速，导致原料用途HCFCs（如HCFC-22和HCFC-142b）的用量大幅度增加。

综合以上各因素，2018年我国HCFCs的总生产量达到106万吨，比2010年增长8.16%，消费量达到84.6万吨，比2010年增长15.89%。其中原料用途的HCFCs达到45.7万吨，比2010年增长25.62%。2018年HCFCs的出口量达到12.4万吨。

随着国际含氢氯氟烃（HCFCs）的加速淘汰以及国家经济的高速发展，以及氟化工行业高景气度对资本投入的吸引，国内氢氟烃（HFCs）生产和消费呈现快速增长的势头。目前我国已经成为全球最大的HFCs生产、消费和出口国，中国HFCs生产和消费占国际的比重已分别达到66%和35%，在国际HFCs市场中具有重要的地位。

目前国内第四代替代品含氟烯烃类（HFOs）的主要产品包括HFO-1234yf、HFO-1234ze、HCFO-1233zd、全氟酮和HFO-1336mzz等，主要用作制冷剂、发泡剂、灭火剂和电子气体等用途，除了与跨国公司合作建立生产装置外，大部分处于中试阶段。

（三）含氟精细化学品

我国氟精细化工产业近十年成为氟化工行业中增长最快、附加值最高的细分领域，尤其是新型含氟农药、医药、液晶的中间体，含氟特气、含氟表面活性剂、新能源材料等领域所需含氟精细化学品的发展明显加快。初级含氟精细化学品如氟苯、三氟甲基苯、三氟乙醇、三氟乙酸（酯）、六氟环氧丙烷和六氟化硫等的生产技术水平向国外先进公司看齐，产品单耗、能耗得到有效降低。含氟烯醚、含氟脂肪族中间体、含氟杂环化合物和含氟液晶中间体等领域，涌现出一系列具有国际市场竞争力的产品，为我国战略性新兴产业的发展（如药物、新能源、航天航空等）提供了强有力支持。但中国的氟精细产业总体处于成长期。

中国含氟精细化学品的大致消费领域为：含氟农药30%、含氟医药25%、电气电子20%、整理剂用表面活性剂10%，其他15%。

（四）含氟涂料

氟涂料用氟树脂主要有聚四氟乙烯（PTFE）、聚三氟氯乙烯（PCTFE）、

聚偏氟乙烯（PVDF）、氟烯烃-乙烯基醚/酯共聚物（FEVE）、乙烯-三氟氯乙烯（ECTFE）等十余个品种。根据氟树脂的可溶性、玻璃化温度和成膜温度等，氟涂料可分为高温烘烤型和室温固化型氟涂料。

我国室温固化型氟涂料用的FEVE树脂和氟涂料发展缓慢，产能和产量有所增加；高温烘烤型氟涂料用树脂PTFE、PVDF发展较快，国内用量较大，产品牌号较多，质量提高明显，产品技术水平达到国外先进水平，涂料用氟树脂进口量逐年减少，国产化能力提升。随着环保、电子、建筑等行业需求的发展，对涂料用氟树脂的需求在逐年递增。

（五）含氟聚合物

含氟聚合物是氟化工高端发展的主体。我国含氟聚合物通过加强自主创新、加快产业结构调整，主要产品产能、产量处于世界前列，初级产品已满足国内需求并大量出口，科技创新能力有所加强，技术装备水平明显提高，产品质量稳步提升，产品品种不断增加，为我国航天航空、新能源、环保、交通等战略性新兴产业的发展提供了强有力支持。

我国目前已工业化生产的含氟聚合物主要有聚四氟乙烯（PTFE）、聚偏氟乙烯（PVDF）、聚全氟乙丙烯（FEP）、氟橡胶（FKM）、聚氟乙烯（PVF）、可熔性聚四氟乙烯（PFA）、乙烯-四氟乙烯共聚物（ETFE）和其他氟聚合物。2017年我国主要含氟聚合物PTFE、FEP、PVDF、FKM产能为23.51万吨，产量为16.22万吨。

PTFE是含氟聚合物中产量和消费量最大的品种，2017年中国PTFE产能13.31万吨，产量98075吨，占含氟聚合物产量的60.46%，生产的产品主要有悬浮树脂（悬浮中粒、悬浮细粒、造粒料、预烧结料）、分散树脂和分散液，共有14家企业生产PTFE，生产能力在万吨以上的有5家，产能占总产能的83.47%。消费结构大概为：工业51%，薄膜应用29%，涂料12%，电子器件、电线电缆等8%。

PVDF是第二大含氟聚合物，也是近几年来发展最快的一种含氟聚合物。2017我国PVDF产能55500吨，产量33974吨，共有10家企业生产PVDF，生产能力万吨及以上的有3家，生产的主要品种为涂料用PVDF、锂电池粘接剂用PVDF、太阳能背板膜、水处理膜用PVDF及注塑、挤塑、模塑用PVDF。消费结构大概为：涂料工业用75.66%，锂电池应用9.87%，化工过程及装备9.2%，太阳能背板、水处理等5.27%。

2017年我国FEP产能23120吨，产量14716吨，共有8家企业生产FEP，生产能力5000吨以上的有3家，产能占总产能的73.53%。生产的主要品种有用于电线绝缘层的FEP，用于泵、阀、管道衬里、管材、薄膜的FEP，用于静电喷涂的FEP粉末涂料树脂，用于浸渍、喷涂加工的FEP浓缩分散液等。消费结构大概为：电线电缆70.90%，绝缘用途15.46%，化工过程及其他13.64%。

2017年中国FKM产能23400吨，产量15482吨，FKM主要用于制作耐高温、耐油、耐介质的橡胶制品，如各种密封件、隔膜、胶管、胶布等，也可用作电线外皮、防腐衬里等。消费结构大概为：汽车工业用61.90%，航空航天14.29%，石油化工18.10%，其他5.71%。

（六）膜材料

膜材料位于氟化工产业链顶端。近十年时间里，高性能膜材料也取得了很大的发展，包括水处理用膜、特种分离膜、离子交换膜、锂电池和太阳能电池用特种膜、光学膜等，正走向一个大产业。2017年年底，我国膜工业产值规模已突破千亿元大关，其中膜材料产值约为450亿元，消费的功能性膜材料质量约为43×10^4吨，面积约为27×10^8米^2，市场销售额约为450亿元，其中高端产品主要依靠进口，按质量、面积和销售额计的国内自给率分别为54%、51%和43%。

目前全球高性能膜材料的发展呈现以下特点：膜材料产业向高性能、低

成本及绿色化方向发展；膜材料市场快速发展，与上下游产业结合日趋紧密；膜技术对节能减排、产业结构升级的推动作用日趋明显；膜技术对保障饮水安全，减少环境污染的作用显著增强。从长远来看，我国特种膜技术的发展仍需紧密围绕国家重大需求，加强基础理论与原创技术的研究，继续推动我国膜领域的"两个提升"：通过膜材料设计与制备的基础研究，提升学术水平；通过高性能分离膜材料的工程技术研究，提升产业竞争力。

水处理用膜方面，目前全球水处理用膜组件，膜工程的市场规模分别达110亿美元、400亿美元。国内随着排水及供水标准的不断提高，膜法水处理技术在给排水处理设施升级改造中得到了大规模应用，"十三五"期间的市场空间超过2000亿元。目前，我国反渗透膜仍偏爱进口，微滤膜、超滤膜的国产率也仅有50%。超滤膜作为目前最有效的水预处理方法，在国内市场开始迅速增长。相对于反渗透膜强大的市场占有率，目前超滤膜还没有形成较大的占有局面，但近几年超滤膜开始翻倍增长，进入发展关键期。

离子交换膜方面，需求强劲，特别是在燃料电池、液流电池、电渗析、氯碱等方面。我国市场上离子膜的主导产品，年产量达5×10^5米^{2}左右。国内的一些单位（包括山东东岳集团、上海交通大学、中科院上海有机化学研究所、中科院大连化学物理研究所、中国科技大学、大连理工大学、山东省海洋化工科学研究院、中科院宁波材料研究所等）除在含氟的离子交换膜技术方面取得进展外，也在经济型的离子膜方面开展了大量的基础研究工作。全氟离子膜、酸碱回收膜、双极膜等膜产品的技术研究已达世界先进水平。特别是东岳集团与上海交通大学研发的氢燃料电池质子交换膜，经过与AFCC（奔驰、福特）的应用性技术合作，完全满足了量产氢燃料电池车的需求，使我国在这一领域走在了世界前列。

特种膜方面，主要有渗透汽化膜和无机陶瓷膜。我国渗透汽化膜市场大约为9亿元人民币，自给率仅为40%。无机膜市场需求超过200亿元，占到世界总量的10%～15%。

展望：迈向氟材料工业强国

今后的一段时间，是我国氟化工产业"转型升级，创新发展"，迈向氟材料工业强国的重要时期。

随着应用领域的不断扩展，氟化工的技术发展趋势向产品精细化、高性能化、功能化、工业绿色化、品种多样化、装备智能化、技术集成化、资源集约化方向发展。同时，产业整体转型升级，企业更加关注环境友好、清洁生产、高纯度、高清洁度、高端新牌号、新品种、新工艺。

在高端氟精细化学品、氟单体终端氟聚合物和下游产品开发等领域，产品、技术、市场竞争将更加激烈。含氟医药、农药中，除草剂是主要研究方向，占含氟农药开发总量的50%左右。在新创制的农药中，含氟芳环、含氟杂环化合物（三唑、吡啶、嘧啶等）占绝对优势，是现代农药的开发方向。含氟基团的引入已成为新药设计的重要手段，高选择性、低成本的含氟基团引入方式也是未来重要的研究方向，另外新型含氟基团如二氟甲基、五氟硫基等生理活性物质也正成为新兴热点。

随着我国氟精细化学品的持续、稳定、高质发展，我国发展氟精细化工面临较好的整体环境。

展望未来，发展前景令人鼓舞。中国氟化工将以"调结构、转方式、促创新"为主线，依靠科技创新驱动，实现高端发展、绿色发展、集聚发展、可持续发展，使行业结构更趋合理，经济增长方式将更加科学，产业发展后劲和风险应对能力大幅增强，成为世界上有重要影响力的氟化工强国。

03

半壁江山
——新中国有机硅工业发展纪实

新中国各行业发展过程中，历经70年时间，从无到有，装置规模和生产量占全球一半以上的，可能非有机硅莫属。

有机硅作为一种新型的高科技材料，其结构独特，兼具有机材料与无机材料的特点，具有突出的耐温性能、耐候性能、电气性能、生理惰性、表面性能、低可燃性和可修复性等优异性能，能够适应各行业不同的个性化需求，是不依赖于石油资源的合成高分子材料。自20世纪40年代工业化生产以来，经过几十年发展，有机硅已成为材料工业非常重要的一个分支，是诸多领域不可缺少或不可替代的高性能材料。有机硅材料包括硅油、硅橡胶、硅树脂和硅烷偶联剂等多种类型、成千上万个细分产品。品种形态各异的有机硅材料可单独使用，亦可对其他材料进行改性，不但广泛用于建筑、汽车、电力、电器、纺织、机械、化工、日化、医疗保健、工艺品、玩具等领域，对传统产业的技术进步和产品升级起到积极的推动作用，而且对国防军工以及新能源、高速轨道交通、电子信息、半导体照明、生物医药等战略性新兴产业的发展具有重要的支撑作用，被誉为"工业维生素"和"科技催化剂"。2000年以来，中国有机硅工业发展极为迅速，目前已成为世界有机硅第一大国，总量占到了全球的半壁江山。相比于其他通用材料行业，有机硅工业虽然产量不高，体量不大，但其产品的多样性、性能的优越性、应用的广泛性，以及对促进其他产业的技术革新和产品升级的影响力，都远超其他任何一类材料。例如，高性能有机硅材料可以保障航天、航空、船舶等国防尖端型号在高低温交变、高真空、高辐射的空间环境和湿热、盐雾等恶劣的海洋条件下可靠使用；用于电子电气设备可以显著提高设备的耐温和绝缘等级；用于纺织可使产品在透气性、疏水性、舒适性等方面获得出众的性能；用于建筑、汽车、轮胎等可以保障其长寿命和高可靠的密封粘接等性能；在机械加工中用有机硅材料替代金属表面的磷化处理，对降低能耗、减少污染具有重要意义。随着经济的发展和人民生活水平的不断提高，有机硅产品的应用领域不断扩大，特别是在世界石油危机日益加剧的背景下，作为非石油基的化工新型材料，有机硅愈加显示出其强大的生命力和广阔的发展前景。

全球有机硅起源与发展

有机硅化合物的探索和研究可以追溯到18世纪。最早由法国化学家C. Fredel和J. M. Crafts制得了有机硅化合物四乙基硅烷（$SiEt_4$）。英国诺丁汉大学的化学家F. S. Kipping对有机硅化合物进行过比较系统的研究。他采用经典的格氏反应合成有机氯硅烷，并对硅化合物进行了广泛而深入的研究。1899—1944年间他先后发表了54篇有机硅化学方面的研究论文，为进一步研发有机硅化合物打下了良好的基础，因此被后人尊为对有机硅化学有卓越贡献的先驱者。进入20世纪30年代，美国康宁玻璃公司的J. F. Hyde探索制备耐热的电绝缘用玻璃纤维黏结剂，他根据Kipping发表的论文，用格氏反应合成出一种含硅的树脂，为有机硅化合物的开发揭开了新的一页。第二

次世界大战期间，以格氏法和热缩合法等工艺合成出多种有机硅产品，这些有机硅材料在二次世界大战中起了很大作用。1940 年美国通用电气公司的 E. G. Rochow 发明了氯烃在铜催化剂存在时，于高温下与硅直接反应合成烃基氯硅烷的方法。德国学者 R. Müller 几乎同时申请了直接法合成有机氯硅烷的发明专利，故直接法也称为 Rochow-Müller Process。直接法合成烃基氯硅烷在世界有机硅工业史上是划时代的成就。后来，通用电气公司开发出有历史意义的第一台合成甲基氯硅烷的流化床反应器，为有机硅的大规模工业化生产奠定了基础。

世界上曾经出现过很多的有机硅公司或工厂，有的只生产一些特种有机硅单体或部分下游产品，有的则是能生产甲基氯硅烷和各种终端产品的上下游一体化综合性有机硅公司，如 Dow Corning（道康宁）、GE（通用电气）有机硅部、Union Carbide Corporation（UCC，联合碳化物公司）、Stauffer-Wacker、ICI（卜内门）、Hüls（赫司）、Nünschritz（浓希利茨工厂）、Bayer（拜耳）、Goldschmidt AG（戈特斯密特）、Rhône-Poulenc（罗纳·普朗克）、Rhodia S A（罗地亚）、OSi（奥斯佳）、Crompton Corporation（康普顿）、Данков Химзавод（坦可夫化工厂）、Shin-Etsu（信越公司）、Toshiba（东芝公司）等。

西方国家数十个有机硅生产厂经过重组和并购，到 20 世纪末 21 世纪初形成了几个比较大的跨国公司，开发的有机硅商品牌号多达数千种，如美国道康宁公司声称有 7000 多个品种，其他跨国公司也声称有 5000 种或 3000 种产品的。

1949—1979：朝鲜战争与中国有机硅工业起源发展

20 世纪 30 年代中期，曾昭抡先生在北京大学开展了有机硅化合物的合成研究，这与当时美国和苏联开展这方面的研究基本同步。但是，有机硅的工业研究与开发在我国则始于 20 世纪 50 年代初，大约比美国晚了十几年。

中国有机硅工业的起源比较一致的说法是源于朝鲜战争。

由于朝鲜半岛气候潮湿，加上作战指挥系统又在更潮湿的山洞里。中国人民志愿军参战后，武器及通信设备、器材因受潮腐蚀影响使用。而缴获的美军武器和通信设备、器材，却可以长时间保持干燥并使用效果良好。经过化验分析，一种新型材料——有机硅浮出水面。

一、有机硅工业奠基人："三杨一傅"

1951年国家下达任务给重工业部北京化工试验所（后来原黄海化学研究社也并入该所）为朝鲜战场研究防止发报机等电器在山洞里受潮的有机硅防潮涂料。"三杨一傅"是我国有机硅工业奠基群体的代表。他们是杨大海、杨冬麟、杨立德、傅积赍。北京化工试验所时任所长杜春晏给杨大海一本有关有机硅的书，并成立了以杨大海同志为组长的有机硅课题组。当时组里有十多位组员，组长本人曾留学日本，还有1951年刚毕业于上海同济大学、既懂英语又懂德语的杨冬麟，懂英语的戴莲茹，懂俄语的陈演汉等。课题组做了大量的日文、英文和俄文的文献收集和整理工作，对世界有机硅学科有概括性了解。随后就进行合成有机硅防潮涂料的探索实验工作。陈演汉将译自俄文的多篇论文编成一本译文集《硅有机化合物》，由科学出版社出版，此书应是我国最早出版的中文有机硅译文集。

朝鲜战争结束后，北京化工试验所要整体搬迁到沈阳，与原东北人民政府化工局实验室及浙江杭州一个研究单位合并，成立沈阳化工综合试验所。北京化工试验所搬迁到沈阳时，有机硅课题组搬迁到沈阳的人员并不多，只有杨冬麟、刘广林、温金诺、李门楼等几位。他们虽然人数不多，但有机硅仍是塑料室的一个独立课题组，组长为杨冬麟同志。1954年，乙基氯硅烷从小小的立式固定床中比较顺利地合成出来，探索试验获得了成功。当时也将精馏所得的二乙基二氯硅烷等单体提供给南京的一些电子工厂使用。

1955年，上级要沈阳化工综合试验所（1956年成立化工部后改名为化

工部沈阳化工研究院）仿制耐500℃高温的有机硅涂料，提供给飞机制造厂用于引进的苏式米格喷气飞机的尾喷管上。仿制工作牵涉的工艺过程比较多，在组长杨冬麟安排下苏家齐、刘静萍、王淮云、郝瑞霞等分头进行工作。而课题组成员傅积赉负责合成四氯化硅。据傅积赉回忆，当时研发条件非常差，为了获得一定量的四氯化硅，在一间实验室里的多个实验桌上装了好几套瓷管同时工作，反应中会生成堵塞管道的三氯化铁，经常要疏通。还由于连接用的普通橡皮塞和橡胶管等不耐氯气腐蚀，要戴着防毒面具进行更换。有时汗水水汽凝结在护目镜上，影响操作，而不得不摘下面具憋住呼吸进行操作。实验室的通风装置负荷小，屋里经常充斥着腐蚀性极强的氯气，将穿着的用直接染料刚果红染的衣裤都熏成了蓝色。

四氯化硅的酯化由苏家齐、刘静萍等制备。在制得一定量的原料后大家再轮班用格氏法合成苯基乙氧基硅烷，然后进行水解、缩聚。就这样一步一步直到耐高温涂料的制作完成。在试制过程中遇到漆膜冲击强度不达标的问题，刘广林同志发现与试样制备有关。最终比较顺利地完成了实验室试制任务。

完成耐高温有机硅涂料实验室试制工作后，徐世涛总工程师将此项目安排在院内208车间进行中间试验，这是国内第一个有机硅生产车间。在车间领导昝景芳、安邦魁组织下及车间技术人员杨立德、韩振山、冉高泽、冯兆祥和车间机械员赵文林及工人师傅们共同努力下，在车间很快建立起来中间试验装置。

但是开车却充满着艰辛，首先是四氯化硅合成炉的材质问题。开始用石英的，后来用碳钢的。合成反应也与在实验室里那样经常出现三氯化铁堵塞反应炉问题。在温度很高的反应炉中，很难处理，必须要用铁棍捅，环境的恶劣可想而知。

在格氏法合成苯基乙氧基硅烷时，因是放热反应，要十分细心地控制好温度。有一次因温度失控而导致爆炸，气浪将车间的屋顶也炸裂了，所幸没有人受伤。就这样在208车间合成出了四氯化硅、正硅酸乙酯、苯基乙氧基硅烷等中间原料，最终生产出中国第一个有机硅产品——耐500℃高温的有机硅涂料，能大批量提供给飞机制造厂。

208车间生产的正硅酸乙酯也是飞机发动机工厂精密铸造涡轮翼片翻砂时用的型砂黏结剂的原料。在此期间，杨冬麟与杨大海编写了我国第一本既有原理、工艺又有产品使用的有机硅专著。之后，杨大海、傅积赉、幸松民、刘广林等人改变了原有模仿苏联的工艺路线，开始全面尝试研究合成甲基氯硅烷单体，1957年终于成功实现了用搅拌床直接生产甲基氯硅烷单体。

二、有机硅与环氧树脂现场会与我国雨后春笋发展之势

鉴于沈阳院在开发当时相当新的有机硅和环氧树脂方面都有不小进展，国家科委和化工部于1958年在沈阳化工研究院召开了"有机硅与环氧树脂现场会"，向全国推广，无偿提供全套工艺资料和设计图纸。这次会议意义重大，到会的有国家科委刘西尧副主任，化工部李苏部长助理。因1958年开始"大跃进"，又加上环氧树脂和有机硅当时在国际和国内都是很新的合成材料，所以上海、天津、西安、哈尔滨等地的化工厂、树脂厂、绝缘材料厂、油漆厂等出席会议的代表十分踊跃，人数有数十人之多。会上沈阳化工研究院向到会的代表发放208车间所有有机硅产品及其原料和中间体，即四氯化硅、正硅酸乙酯、耐高温涂料、甲基氯硅烷、苯基氯硅烷等的生产工艺资料，以及一定规模的生产车间设计图纸等技术文件，使各单位拿回去就可以参考使用。会后，上海、济南、蚌埠、天津、西安、哈尔滨、武汉、吉林、广州等地都先后建立起直径400毫米的搅拌床生产甲基氯硅烷。沈阳化工研究院由二甲基二氯硅烷自制的硅橡胶是国庆十周年的献礼产品，初步奠定了我国有机硅工业的基础。1960年，根据傅积赉在苏联了解到的情况，北京化工研究院开始了流化床工业的探索。1968年，化工部决定在上海树脂厂建立直径为400毫米的流化床反应器，开发流化床工艺合成甲基氯硅烷。

1971年，上海树脂厂与晨光化工研究院通力协作，成功开发出全国第一台合成甲基氯硅烷的流化床，由此直接奠定了我国直接法流化床合成甲基氯硅烷的技术基础。上海树脂厂源自公私合营前的上海信诚化工厂，郑善忠、徐明珊、章基凯等人对该厂的发展殚精竭虑。1960年，郑善忠、徐明珊开创性研究并提出使用四甲基氢氧化铵为催化剂，应用于硅橡胶的生产。通过不懈努力，上海树脂厂成为我国第一个生产多种有机硅产品的工厂。

三、群策群力的多点突破

梳理早期我国有机硅的技术进步，有着难以计数的先辈的付出和努力。

1963年，章基凯由中山大学毕业后，随即参与了110甲基乙烯基硅橡胶连续聚合生产工艺研究。他主持了多项有机硅产品研制，编出了多部有机硅专著，为中国有机硅事业贡献了毕生的力量。

60年代初，吉林化工公司研究院承担了化工部下达的硅橡胶研究任务。朱宝英组建技术团队，开展了硅橡胶和基础单体研究工作，在连续水解、连续裂解、连续聚合工艺上取得重大突破。使中国的硅橡胶合成工艺出现了质的飞跃。

中科院化学研究所等在50年代中后期陆续成立有机硅和高分子材料研究室，为中国有机硅材料的理论研究和人才培养做出了重要贡献。

1950年，林一获得宾夕法尼亚大学博士学位，回国后率先在中科院化学研究所开辟了有机硅、高分子化学的研究，并发表了多项重要研究成果。

1957年，杜作栋在山东大学创建了国内高校的第一个有机硅研究室，杜作栋及陈剑华、贝小来等一批知名有机硅专业学者，为山东大学有机硅学科发展打下了坚实基础。

1958年曾昭抡在武汉大学化学系设立元素有机教研室和元素有机化学专业，卓仁禧任有机硅研究组组长，为我国培养有机硅等元素有机领域研发和教学人才；同时还利用硅宾插入反应合成有机硅化合物和开展了氰烃基氯硅烷及其聚合物的研究。1972年张先亮开始专注均相络合催化硅氢化反应合成硅烷偶联剂的研究，先后成功解决了可用于生产的3-氯丙基三氯硅烷、长链烷基三烷氧基硅烷和长链烷基硅油等的制备方法；使我国顺利发展了一氯丙基三烷氧基硅烷（WD-30、WD-31）等硅烷偶联剂中间体生产，并将它们成功用于氨基、环氧、含硫、甲基丙烯酸、乙烯基、长链烷基等官能团硅烷偶联剂有关的生产技术。20世纪70年代，张先亮等在卓仁禧领导下还先后成功开发了用于毛泽东主席水晶棺表面涂层保护的有机硅防雾剂，以及高空或地下摄影等光学仪器镜头保护材料。进入80年代又研究开发了通信卫星磁记录材料生产专用的有机硅助剂。21世纪，张先亮、廖俊等努力下，将硅和甲醇直接反应合成三甲氧基硅烷（WD-930）并进行了产业化开发，同时促进了武汉大学有机硅以WD-930为合成原料，采用过渡金属络合催化硅氢化技术生产多种有机硅偶联剂。化学工业出版社还出版了他们的《硅烷偶联剂：原理、合成与应用》专著。

20世纪50年代后期，南京大学在周庆立教授的带领下开始研究有机硅，与四机部二所和南京无线电厂协作，合成了数个带有极性基团的硅烷化合物，并从中筛选出性能优异的苯胺甲基三乙氧基硅烷（南大-42）。

1963年，中科院化学研究所林一等用四甲基氢氧化铵硅醇盐引发D4合成高分子量的线性聚硅氧烷。该项成果于1964年推广到上海树脂厂进行工业化生产，使我国成为第一个用暂时性催化剂生产高分子量乙烯基硅橡胶的国家。我国后来一直沿用这一技术来生产乙烯基硅橡胶。

20世纪60年代初，中科院化学研究所林一、孙树门等进行了耐油硅橡胶的研制和技术推广。1965年在吉化公司进行腈硅橡胶的中试生产；1966年在上海合成橡胶研究所进行氟硅橡胶的中试生产。

中科院化学研究所根据国家需求，从1962年开始，孙树门、李平、李光亮等先后试制并与有关单位合作，生产了国外应用较广、性能较好的硅烷偶联剂，如氨丙基三乙氧基硅烷（KH 550）、环氧丙氧基三甲基硅烷（KH 560）、

甲基丙烯酸丙酯基三甲氧基硅烷（KH 570）以及硫丙基三甲氧基硅烷（KH 580）、多硫代双丙基三甲氧基硅烷（KH 590）等。KH 550于1966年转到辽宁盖县化工厂生产；KH 560转到上海跃华玻璃厂于1970年正式投产；KH 570转到天津试剂二厂生产；KH 580、KH 590也陆续推广到其他单位生产。

上海橡胶制品研究所开展医用硅橡胶制品研究，先后研制成功硅橡胶静脉导管、腹膜透析管、脑积水引流装置、医用海绵、渗出性中耳通气管等。1965年该所与上海医疗器械研究所、第二军医大学共同研制的人造心脏瓣膜硅橡胶球经第二军医大学附属长海医院首次用于临床二尖瓣更换术获得成功。

四、大三线与晨光化工研究院

20世纪60年代初，为应对冷战格局，中国政府启动三线建设工程，一大批军工企业陆续由沿海搬迁至中国内地。1965年，化工部由副部长陶涛在四川富顺组建晨光化工研究院，抽调了北京、沈阳、上海、太原等地20多个科研院所、生产单位和全国重点大学毕业生，汇集5000多精英人才开展有机硅、有机氟等化工新材料全面会战。晨光化工研究院共由四个分厂组成，分别负责研究开发、生产、成型加工及设备制造。一分厂（分院）设特种氟橡胶合成研究室和车间，以及有机硅单体研究室及有机硅高分子车间。二分厂设聚四氟乙烯树脂、氟橡胶、氟油等生产车间，以及有机硅单体、硅油、硅橡胶、硅树脂生产车间。三分厂为高分子材料加工厂。四分厂是配套的机械制造厂。四个单元齐心协力，取得了氟硅材料一系列重大突破。如黄文润领导的课题组开发的脱醇型电子胶，用于我国多个型号的武器装备制造，开发的宇航级系列室温硫化硅橡胶为我国航天工业提供了优质配套材料；张殿松课题组完成了亚苯基硅橡胶研制任务，为我国核工业提供了满足辐照要求的高性能材料；孟凡国课题组完成的建筑密封胶国产化研究，陈伟方课题组开发的电力用LSR液体硅橡胶产品，都打破了国外垄断，在国内得以广泛应用。1987年，由化工部晨光化工研究院创办了《有机硅材料》双月刊，在行业内外具有广泛的影响力，现已成为中国科技核心期刊。幸松民、王一璐编著了《有机硅合成工艺及产品应用》，这是我国有机硅产业技术和科研的必备参考著作。长期以来晨光化工研究院一分院黄文润院长倾注极大的热情将其一生的知识积累汇编成多本著作，丰富了有机硅材料领域的知识结构，为行业的迅速发展提供了丰厚的知识基础。在有机硅破荒时期，中国一大批高素质科研人员无私奉献、尽职尽责、不计名利，为新中国的两弹一星等国防工程提供了无可替代的化工新材料，为国家富强做出了不可磨灭的贡献。以晨光化工研究院为代表的中国科技企业，成就了一大批优秀的有机硅专家。老骥伏枥志在千里，他们仍为中国有机硅产业出力献策。

20世纪70年代末，我国从事有机硅研究的单位共有10余个，生产厂家20余家。甲基单体主要用直径400毫米搅拌床间歇生产，单机产能约30吨/年，总产量不到2000吨/年，聚合物生产能力也只有几十到百吨级水平，品种60余种，牌号200余个，产品价格昂贵，主要为军工配套或用于一些特殊行业，尚未形成有机硅工业体系。这一时期从事有机硅研究和生产的单位主要有：沈阳化工研究院、北京化工研究院、晨光化工研究院、中国科学院化学研究所、北京电器科学研究院、吉化公司研究院、上海树脂厂、哈尔滨绝缘材料厂、北京化工二厂、天津油漆厂、西安油漆厂、山东大学、武汉大学和南京大学等。

1980—1999：有机硅工业体系的初步建立

20世纪80年代以后，世界制造业向中国大量转移，极大地刺激了有机硅产品的应用，推动了中国有机硅工业的发展。例如，我国纺织品的大量出口，促进了有机硅织物整理剂的生产应用；彩电生产线的引进，加速了室温硫化硅橡胶的开发和应用；汽车工业及电脑、电视、手机等电子产品加工业的兴旺，刺激了热硫化硅橡胶的快速发展；楼宇玻璃幕墙的广泛使用和建筑装饰业的快速发展推动了有机硅结构胶和密封胶的开发应用等。

这一时期是我国有机硅工业在市场需求和应用技术进步的推动下稳步发展的阶段，虽然时间较长，前进的道路充满艰辛和曲折，但确实取得了丰硕的成果。甲基单体突破万吨级生产技术瓶颈；有机硅建筑密封胶和结构胶得到大规模推广应用；热硫化硅橡胶生胶生产技术取得重大进展；硅橡胶制品加工业迅速发展；按键胶等成为全球主要供应商。在研发能力、生产技术及应用领域等各方面缩短了与国外先进水平的差距，为今后的长足发展打下了良好的基础。

20世纪80年代以前，我国有机硅聚合物及终端产品主要在单体厂和科研院所生产。80年代以后，随着有机硅应用领域的扩大，生产厂家大量涌现，尤其是在珠江三角洲和长江三角洲经济发达地区，建立了一大批有一定规模的有机硅下游产品工厂。1999年，全国硅油产量超过1万吨，热硫化硅橡胶和室温硫化硅橡胶产量分别超过3万吨，硅树脂和硅烷偶联剂产量也突破1000吨。各种有机硅产品牌号达到600多个，硅氧烷表观消费量达到5.5万吨，产品应用扩大到建筑、纺织、汽车、电子、电器、化工、轻工、医疗卫生等领域，初步建立起中国有机硅工业体系。

一、第一次有机硅单体生产装置建设热潮

随着流化床技术开发成功以及在催化剂、单体精馏、水裂解、分析等方面的技术进步，我国在20世纪80年代第一次掀起了有机硅单体生产装置建设热潮。据不完全统计，到20世纪80年代末，共有北京、上海、江西、浙江、吉林、四川等14个省市18家企业生产有机硅甲基单体和苯基单体，拥有合成甲基单体直径600～1200毫米流化床8台，直径400毫米搅拌床42台，合计产能12000吨/年；合成苯基氯硅烷直径400毫米流化床2台，直径600～800毫米搅拌床28台，合计产能800吨/年。1989年甲基单体产量约5000吨，主要生产企业有：北京化工二厂、吉化公司电石厂、星火化工厂、晨光二分厂、上海树脂厂、开化硅厂等。进入20世纪90年代，由于生产效率低、物耗能耗高等原因，搅拌床逐渐被淘汰，部分企业改用流化床生产甲

基单体，部分企业则退出了甲基单体生产。20世纪90年代末，全国16家甲基单体生产企业中仅剩下星火化工厂、开化硅厂、吉化公司电石厂、北京化工二厂、晨光二分厂5家，全部采用流化床技术。1999年，我国共有直径600～1500毫米流化床8台，产能5.66万吨/年，产量3.36万吨。这一时期我国有机硅单体生产的特点是：生产厂家多，技术水平低，产品严重供不应求，国产率不足30%。

二、有机硅技术进步列入国家"六五"计划

1983年吉化公司派朱宝英、戴仁础、王玉学、阎世城、曾纪赢、茅仁义等8人去德国伍德公司和瓦克公司作技术交流和考察。得知他们的床型结构、换热管的形式、硅粉的加工等和我们的实验结果也很接近，说明我们开发的有机硅工艺水平与外国公司相比并不逊色。这是国家支持下，科研工作者与第一批规模化生产的企业共同努力的结果。

中国有机硅工业发展初期主要是在完善搅拌床合成甲基氯硅烷的工艺同时开展流化床工艺的研发。沈阳的现场交流会后，上海、北京、吉林、江苏、江西等地纷纷建起直径400mm的搅拌床生产甲基氯硅烷和苯基氯硅烷。上海树脂厂在中国较早地建成了400mm直径的搅拌床，生产甲基氯硅烷单体，是当时国内最早能批量提供甲基氯硅烷单体的企业，并据此发展其他硅材料产品，使上海树脂厂较早地成为中国第一个有机硅全能工厂。直径400mm的搅拌床全国一度多达40多台。之后，又立项建设了直径600mm的流化床生产装置。攻关小组为晨光化工研究院二分厂设计直径为700mm、900mm的流化床生产装置。此后，上海树脂厂、吉林化工公司研究院、哈尔滨绝缘材料厂、北京化工二厂、沈阳胶管厂、天津油漆厂、南京油漆厂、西安油漆厂、西安绝缘材料厂、天津东风橡胶厂、杭州永明树脂厂等先后建起流化床共数十台，为解决我国甲基氯硅烷的急需立下了汗马功劳。

为加快有机硅技术进步，国家将其列入"六五"攻关项目，由晨光化工

研究院与吉化公司研究院分别承担。

晨光化工研究院开展了对二甲基二氯硅烷选择性非常有影响的催化剂研究，由幸松民挂帅，陈克强、达文、邹家禹、陈其阳、刘业成、张世海、陈士坷等是团队主要成员。前后花费6年时间，研制了多种铜粉催化剂、助催化剂体系。1985年年底，终于自主创新研发成功以固体硫酸铜为原料，采取用流化床经氢气或含氢气体还原的工艺，制备出命名为"三元铜粉"的催化剂。这是国内第一个铜粉型催化剂。攻关项目的成果通过鉴定后，为化工部第六设计院设计和建设我国星火化工厂第一套万吨级直接法合成甲基氯硅烷工业生产装置提供了可靠的技术依据。

吉化公司研究院承担的有机硅国家"六五"攻关项目总负责人是朱宝英，其他项目负责人包括：研究室负责人朱德兴，氯甲烷项目负责人嵇明谦，流化床合成甲基氯硅烷项目负责人阎世城，甲基氯硅烷精馏项目负责人李显刚；水解裂解、（高温胶）聚合项目负责人姜景勋。1987年，化工部代表国家科委对吉化公司研究院万吨级有机硅攻关开发项目做了鉴定验收。项目指标全部达到攻关合同要求，处于国内领先水平。

三、首套千吨级有机硅生产装置建成

1982年，吉化公司在"六五"万吨级有机硅攻关项目基本完成的基础上决定在吉化公司103厂（电石厂）上千吨级有机硅生产装置。一则用以验证"六五"攻关项目的开发成果，二则以开路先锋精神尽快生产出有机硅单体和材料，满足国家的需要。公司决定集中吉化公司研究院和吉化公司设计院（原化工部第九设计院）的精干力量，配合电石厂尽快建成千吨级有机硅生产装置。吉化公司研究院提供全套工艺技术，吉化公司设计院做全面的工程设计。

公司这一决定，极大地鼓舞了研究院和设计院的相关技术人员。有关的技术骨干都纷纷表示愿为中国第一套千吨级有机硅工业化生产装置的成功建设竭尽全力、为国争光。研究院派出了以有机硅研究室行政领导、技术主任朱德兴为首的技术骨干队伍和氯甲烷方面嵇明谦，流化床单体合成技术方面阎世城，精馏技术方面李显刚，水解、裂解、聚合方面姜景勋等一大批技术骨干。设计院派出了以副总工、技术尖子余家骧为首的、专业配套齐全的工程设计队伍。电石厂也派出了黄俊虎、关宏勋、窦振和梁新民负责接收项目，安排建设。后续的产品车间的技术负责人、车间主任为窦振。

吉化公司电石厂千吨级有机硅生产装置设计建设，分两个车间：一个是单体车间，包括氯甲烷、单体合成、精馏、水解、裂解等几套装置，产出二甲基硅氧烷混合环体（DMC），当时设计能力为年产甲基氯硅烷混合单体2000吨。单体车间1983年建成，1984年开车。单体车间的技术负责人、车间主任梁新民，后来提升为吉化公司电石厂副总工程师。参与建设和开车的技术人员有韩逢春、王文章、邱殿祥等，他们为千吨级装置顺利开车付出了无数心血和汗水。

另一个是产品车间，包括高温胶（110胶）、室温胶原料（107胶）、硅油等。产品车间1984年建成并开车生产出产品，生产状况一直良好，装置不断完善和提高，产品销往全国。尤其是单体车间产出的DMC，产量高，质量好，誉满全国。如江苏宏达2万吨/年混炼胶（厂址在东莞）装置所需的原料DMC一部分就是由吉化公司电石厂提供的。

吉化公司电石厂的生产装置开车后，经过十多年的不断改造完善，生产能力逐年提高。1995年大检修期间将直径1000mm流化床改造成直径1200mm流化床，并将内部结构进行了改进，并实现长期稳定生产。

随着上海树脂厂的国内第一台400mm直径流化床合成甲基氯硅烷开发成功和吉化公司千吨级流化床开发成功及稳定运行，以及北京化工二厂等相继建立起大直径的流化床，使我国甲基氯硅烷的生产形势大大好转。

北京化工二厂是用电石发生的乙炔与氯化氢加成制取氯乙烯然后聚合生产聚氯乙烯的工厂。是国内较早将流化床直径400mm扩大至700mm的企业。1983年生产稳定达标后，又决定建设与吉化公司同样规模的直径1200mm流

化床，工程由化工部第六设计院设计。1994年设计两台流化床，每台生产甲基氯硅烷单体能力为2500吨/年，两台共5000吨/年。

另外，开化硅厂（后称为开化合成材料有限公司）也是此时的企业翘楚。他们的优势除了自己生产原料硅以外，还有附近生产农药草甘膦的新安集团，具有利用草甘膦副产氯甲烷廉价原料的优势。于是在方江南、邵月刚等努力下，在1984年引进技术的基础上，与中蓝晨光化工研究院及吉化公司研究院等单位合作，产能不断扩大，由百吨级装置到千吨级、直到万吨级，一些技术经济指标都是不错的，成为当时有机硅行业中后起之秀。

四、江西星火：百折不回突破万吨级甲基单体技术

为解决我国甲基单体生产技术落后、产品长期供不应求的问题，"六五"期间，国家科委和化工部向晨光化工研究院、化工部星火化工厂、吉化公司研究院下达了万吨级有机硅工程技术开发项目，开展新型催化体系与直接法合成甲基单体新工艺研究，取得了一大批研究成果，为建设万吨级有机硅单体生产装置奠定了技术基础。

1984年4月，国家计委批准在三线企业星火化工厂建设国内第一套万吨级有机硅工业试验装置，由化工部第六设计院（以下简称六院）设计，并由晨光化工研究院会同星火化工厂一起试车。这是一项总投资达1.1亿元的"七五"期间重点工程。此工程于1987年5月动工兴建，到1990年建成。鉴于有机硅产品的重要性和宽广的用途，化工部调集了六院的技术骨干孟祥凤、陈淑文、孙恪慎等多人，晨光化工研究院幸松民、邹家禹、瞿晚星、刘业成、杨晓勇等多人在星火化工厂马国祯、杨成勇厂长指挥下进行工作。化工部不少领导也十分关心项目进展，经常派二局的工程师们到星火化工厂了解情况、指导工作。

尽管此前星火化工厂有过合成甲基氯硅烷单体的直径400mm和直径600mm流化床运行经验，但万吨级合成甲基氯硅烷单体的流化床在我国毕竟是第一套，所以遇到的问题不少。第一代有机硅的技术精英为此做出了

艰苦卓绝的努力。由于工程化技术难点多、资金在不断增加预算的情况下难以为继，以及多次变更攻关机制，该生产装置长时间不能正常运行，一度被迫停产。

1996年10月，星火化工厂加盟中国蓝星（集团）总公司。时任蓝星总公司总经理任建新进驻星火化工厂，经过近一个月深入细致的调查研究，由中国蓝星化工清洗总公司注入资金3200万元。在理顺了管理、凝聚了人心和解决了必要的资金后，在任建新和杨成勇带领下全厂上下对单体合成装置和氯甲烷装置进行完善，利用前期开发的"喷动流化床技术"和"体外循环氯甲烷反应器技术"，对原装置进行了系统的改造，其中氯甲烷装置几乎是推倒重建。不到半年，解决了原料氯甲烷生产中的瓶颈，于1997年4月，改造后的氯甲烷装置一次开车成功。1997年5月，通过改造的单体合成装置重新开车，于1997年5月9日至5月25日，第一台万吨级流化床连续运行了17天。当年甲基单体产量超过5000吨，一些指标达到设计要求，部分指标超过设计水平，使星火化工厂走出了困境。

星火化工厂万吨有机硅单体项目成功开车，是中国有机硅发展的里程碑事件。媒体对此有着大量报道，包括在长达多年的试车期间有"28次失败"以突出"一次开车成功"。事实上，20多次试车是不断解决问题突破技术瓶颈的过程，是当时面对设备、工艺、操作控制、原料供应多项难题及资金不足、当时体制整合资源能力有限等多种困难的屡败屡战。不过，他们凭着坚韧不拔的毅力和意志，实现了中国有机硅的闯关成功。1998年星火化工厂有机硅单体产量突破1万吨，达到了设计能力。1999年，完成2万吨/年扩产，2000年元月新建5万吨/年有机硅单体生产装置，当年12月建成投产。星火化工厂万吨级有机硅单体生产装置的成功，实现了我国有机硅生产经济规模的突破，标志着我国有机硅工业跨上了一个新的台阶。

星火化工厂、吉化公司电石厂、北京化工二厂和新安化工集团（开化硅厂并入）也由此成为中国第一代有机硅单体规模化生产骨干企业。

五、晨光化工研究院一分院迁址成都

晨光化工研究院一分院（现中蓝晨光院）迁址成都，是我国有机硅发展史上的一件大事。其有多方面的标志意义。一是标志着改革开放后，有机硅国际技术交流的一个重要节点。这次迁址，缘于1982年，化工部决定在成都建立有机硅应用研究技术服务中心，并承担联合国开发署（UNDP）援助中国的有机硅应用项目。1987年年底化工部晨光化工研究院一分院迁至成都并更名为"化工部成都有机硅应用研究技术服务中心"。UNDP项目执行期间（1984—1993年），晨光化工研究院共派遣出国考察人员5名，访问学者14名，接待来成都讲学专家10人次，受援设备仪器15件。二是解决了三线时期大量人才工作和生活条件改善的问题。有400多名晨光化工研究院的骨干研发人员来到成都，随着1995年"国家有机硅工程技术研究中心"在化工部晨光化工研究院（成都）的挂牌成立，我国第一个国家级有机硅研究中心诞生。这对我国有机硅的技术提升和发展都具有重大意义。

据当时任化工部二局一处处长的黄澄华回忆，在多方沟通汇报下，得到了化工部和四川省的大力支持。四川省领导首先同意在成都建立联合国有机硅应用研究中心、同时同意化工部晨光化工研究院一分院搬迁成都承担联合国项目，并且同意给30亩地、落户200人。化工部陶涛副部长和杨光启副部长都同意一分院搬迁成都。为解决资金问题，可谓东拼西凑，能用的钱都用上了。建成的成都有机硅应用研究中心的大楼在成都市人民南路，层高为12层，是80年代初期成都市第一高楼，并且设计顶层顶视为苯环型。化工部晨光化工研究院一分院随着成都有机硅应用研究中心项目的批准和建成，也完成搬迁到成都的工作。从此，这座大楼成为改革开放中国有机硅发展的科技摇篮。

六、下游产品和技术的突破

与单体同步，有机硅下游产品和技术也取得了突破性进展。

1984年中科院化学研究所谢择民设计并合成了一种特殊结构的聚硅氮烷作为缩合型RTV硅橡胶的交联剂（KH-CL交联剂），在无催化剂存在下，室温就可较快地与硅橡胶发生脱氨交联反应，同时可以消除催化剂和硅羟基引发的主链降解，可耐350℃高温，实现了人们长期向往的室温硫化、高温使用的愿望，在航天、电子、化工等方面已被广泛用作高温黏结剂、密封剂等材料。

1992年广州白云黏胶厂（现广州市白云化工实业有限公司）受让晨光化工研究院开发的有机硅建筑密封胶（聚硅氧烷密封胶，俗称硅酮密封胶）生产技术，成为中国第一家聚硅氧烷密封胶生产厂。同年，南海嘉美精细化工有限公司成立，开始聚硅氧烷密封胶的工业化开发，成为国内第一家年产千吨级聚硅氧烷密封胶的生产企业。在随后成立的杭州之江、浙江凌志、广东新展、郑州中原、成都硅宝等企业的共同努力下，我国聚硅氧烷密封胶技术水平和产品质量得到快速提高，使国产聚硅氧烷密封胶在市场上占据了主导地位。

随着高层建筑和铝合金门窗幕墙的大量兴起，市场对建筑密封胶提出了更高的技术要求。为了确保建筑物的安全，1997年国家推出了我国第一个聚硅氧烷结构密封胶强制性国家标准GB 16776—1997《建筑用硅酮结构密封胶》，并由国家经贸委牵头，与国家建材局、国家技术监督局、建设部、国家工商局、国家商检局等六部委共同成立了国家经贸委结构密封胶工作领导小组，负责聚硅氧烷结构密封胶的生产和销售认定。广州白云、杭州之江和郑州中原成为首批取得生产和销售聚硅氧烷结构胶资格的企业。

1992年晨光化工研究院成都分院发明了连续法生产热硫化硅橡胶生胶的新技术。由于该技术具有设备简单、投资小、动力消耗少、生产成本低、产品质量高等优点，在热硫化硅橡胶生产行业获得迅速推广。近20年来，使用该技术建成的生产线至少有50条。从最初的单套产能100吨/年发展到目前的10000吨/年，已成为国内热硫化硅橡胶生胶的主流生产技术。该技术

还转让到韩国、波兰、中国香港、中国台湾等国家和地区，是中国对外输出的第一个有机硅生产技术。在这项技术的突破中，王伟良做出了重大贡献。

1995年，沈阳化工厂引进乌克兰卡路什公司技术，设计建造了国内第一条250吨/年以四氯化硅为原材料生产气相法白炭黑的装置。1998年复制了一套相同生产线，使产能达到500吨/年。

20世纪80年代初，武汉大学化工厂完成了硅烷偶联剂中间体γ-氯丙基硅烷产业化，并开始生产环氧基、多硫基、氨丙基等硅烷偶联剂。20世纪90年代湖北等地区二十多家企业均开始以武汉大学化工厂的生产技术生产硅烷偶联剂及中间体。国内硅烷偶联剂生产形成了以武汉大学为代表的中南部板块、以辽宁盖县化工厂为代表的北部板块和以南京大学及南京曙光化工总厂为代表的东部板块。

20世纪80年代末，武汉大学、哈尔滨化工研究所、星火化工厂研究所等开始试制甲基三甲氧基硅烷等交联剂；90年代初，武汉大学化工厂开始生产甲基三甲氧基硅烷、甲基三乙酰氧基硅烷、甲基三丁酮肟基硅烷。此后，湖北环宇、湖北新蓝天、新华化工等企业先后开始大规模生产硅烷交联剂。

20世纪80年代，中国科学院化学研究所晨光化工研究院、上海树脂厂、山东大学、吉化公司研究院等相继开发出甲基羟基硅油乳液、阳离子型/阴离子型二甲基羟基硅油乳液和非离子型有机硅羟乳等有机硅织物整理剂，在我国纺织行业得到大规模应用。

2000—2005：在全球有机硅巨头围猎中成长

受中国巨大市场的吸引，世界有机硅排名第一的美国道康宁公司，1973年在香港成立亚洲办事处，1991年在上海成立办事处，1995年成立道康宁（上海）有限公司，一步步建立了其功能完善的研发中心和全产业链生产基地。世界其他主要有机硅公司如通用电气（现迈图）、瓦克、信越、罗地亚、德固赛（现赢创）、卡博特等紧随其后纷纷进入中国。当时，中国市场需求巨大，中国技术与国外技术悬殊也同样巨大。换句话说，一方面是巨大的消费缺口和巨大的技术进步潜力，另一方面，尚需保护的处于幼苗状态的中国有机硅民族工业无力与国外巨头竞争。在国外企业进入中国问题上，两种观点两股势力在比拼角逐。

一、围猎行动

行业竞争就是弱肉强食。很显然，世界巨头大量产品进入中国市场时，我们的有机硅企业并没有做好准备。一场围猎全面展开。

首先是价格战。1995年，星火有机硅化工厂万吨级有机硅装置能产出单体时，国外企业就全面做好了围猎中国有机硅企业的准备。针对中国的需求缺口，国外企业通过向中国出口初级形态二甲基环体硅氧烷的价格和数量影响中国市场。当星火有机硅化工厂运转不顺利时，单体价格迅速拉升；当运作顺利、有充分甲基氯硅烷供应市场时，行业价格则降到中国工厂无利可图的地步。包括星火化工厂在内的中国有机硅企业面临着技术难题的同时，也面对着生存的巨大压力。

其次是倾销行动。正当中国有机硅迅猛发展之时，中国初级形状的聚硅氧烷市场价格出现巨幅震动，主要是由国外企业的降价倾销引起。这使星火化工厂、吉化公司电石厂、北京化工二厂、新安集团等单位在大量低价进口产品的冲击下，普遍利润下降或是到了亏损的边缘。各企业的经营压力剧增，情况岌岌可危。

二、倾销反击战

2004年5月19日由3家中国企业提出的反倾销申请受到商务部各级领导的重视，并很快于2004年7月16日发布立案公报，决定对原产于日本、美国、英国和德国的进口初级形态二甲基环体硅氧烷进行反倾销立案调查。

商务部于2005年9月29日发布第46号公告做出初步裁定，认定原产于日本、美国、英国和德国的进口初级形态二甲基环体硅氧烷存在倾销。初步

裁定，国内初级形态二甲基环体硅氧烷产业遭受了实质损害，且倾销与实质损害之间存在因果关系，决定采用保证金形式实施临时反倾销措施。自2005年9月29日起，进口经营者在进口原产于日本、美国、英国和德国的初级形态二甲基环体硅氧烷时，应依据初裁决定所确定的各公司的倾销幅度向我国海关提供相应的保证金。

初裁后进一步调查，最终裁定上述国家的进口产品存在倾销。根据终裁公告，自2006年1月16日起，进口经营者在进口原产于日本、美国、英国和德国不同公司的初级形态二甲基环体硅氧烷（税则号29310000、38249090）时应缴纳13%～22%不等的反倾销税，期限5年。

后来，2008年5月28日商务部发布公告，决定对原产于韩国和泰国的进口初级形态二甲基环体硅氧烷进行反倾销调查。2009年5月27日，商务部终裁决定，自2009年5月28日起，对原产于韩国和泰国的进口初级形态二甲基环体硅氧烷征收反倾销税，实施期限自2009年5月28日起5年。

2004年立案后，初级形态聚硅氧烷的市场均价从每吨2.3万元左右上升到2005年上半年的3.4万元，同比大幅上升。给国内有机硅企业以巨大的发展空间。

2006—2010：中国有机硅产能盲目扩张与全球大融合

梳理21世纪前十年中国有机硅的发展，基本可以用两句话概括：中国有机硅产能盲目扩张，中国与世界有机硅大融合。

中国的倾销反击战，不仅使江西星火、新安化工等骨干企业迅速发展，中国民营企业大举进入有机硅行业，中国有机硅行业进入了一个产能盲目扩张阶段。不但已有的单体厂纷纷提出扩产计划，一些有机硅下游产品生产企业和相关行业的企业也加入到有机硅单体的建设行列中。从2004年到2010年短短的6年中，中国有机硅单体生产厂从4家发展到15家，合盛硅业股份有限公司、东岳集团、唐山三友集团有限公司、浙江恒业成有机硅有限公司等一批行业骨干企业迅速发展，产能从25万吨/年增长到170万吨/年。这使得中国迅速成为世界第一有机硅大国，并以压倒性优势阻击了欧洲、美国、日本等国家和地区有机硅工业的发展，占领了其他新兴国家的发展空间。同时，也使中国有机硅行业陷入了盲目投资、重复投资、低端累加和长期行业性亏损的怪圈，直到今天尚没有完全走出来。随着中国改革开放的深入，中国有机硅大门向全球打开，世界有机硅企业全面进入中国本土投资建厂。同时，中国企业主动与国外企业合作，或收购国外企业，形成了中国与世界有机硅大融合。

一、一跃成为全球最大的有机硅生产基地

制备有机硅材料离不开有机硅单体，甲基单体是最重要也是用量最大的有机硅单体，其生产水平和装置规模是衡量一个国家有机硅工业技术水平的重要依据。

2005年我国甲基单体生产企业只有3家，总产能25万吨/年，单套设备生产能力5万吨/年，产量为19.1万吨，表观消费量为54.6万吨，国产份额只占35%。经过"十一五"期间的快速发展，目前已建成甲基单体生产企业15家，总产能170万吨/年，是"十五"末的6.8倍，且单套设备生产能力达到10万吨/年，基本实现了规模化生产。2010年我国甲基单体总产量85万吨，同比增长55.4%；表观消费量约115万吨，同比增长29.7%，国产份额达到73.9%。

这期间，蓝星星火、山东金岭和山东东岳分别建成了10万吨/年生产装置。道康宁/瓦克公司在张家港合资建38万吨/年、新安/迈图合资建10万吨/年甲基单体装置于2010年相继投产，世界有机硅单体生产基地正在向中国转移，中国已成为世界有机硅单体生产规模最大的国家。

与产能匹配的是消费量的增长。2010年我国硅氧烷表观消费量达到55.5

万吨，是2005年21.4万吨的2.6倍，"十一五"期间年均增长率为21%，国产品率也从40%提高到74%。

在此期间，有机硅单体生产技术有了较大提高。二甲基二氯硅烷选择性等主要技术指标与国外大公司的差距进一步缩小，生产企业更加重视节能降耗和综合利用，整体盈利能力和竞争能力有所提高。

经过"十一五"期间的快速发展，无论单体还是下游产品生产企业，凭借各自的优势，在扩大产业规模和上下游产业链一体化上下功夫做大做强，出现了一批规模较大，上下游配套较好，具有竞争优势的企业，如星火、新安、合盛、东岳、宏达等，这些企业将带动中国有机硅工业的发展，提高国际竞争力。

同时，持续的有机硅单体投资热度，超常规发展也带来了隐患。从"十五"末甲基单体生产企业的3家，到"十一五"期间新建12家，再到"十二五"16家。有机硅单体的超常规发展，导致了产能严重过剩，激烈的市场竞争不可避免。由于我国单体生产布局分散，集中度低，相当一部分企业还达不到经济规模，而且技术水平参差不齐，多数企业盈利能力差，无法与跨国公司竞争。

二、硅产业链不断延伸和拓展

进入新世纪的10年，有机硅产业的发展重心正向高技术含量、高附加值的下游产品转移，充分利用有机硅与多晶硅生产过程中的副产物，以硅的化学利用为主线的产业链不断延伸和拓展。一是从金属硅到有机硅单体，再到基础聚合物和各种深加工产品；二是从金属硅到三氯氢硅和烷氧基硅烷，再到硅烷偶联剂、多晶硅、气相白炭黑和各种衍生功能型硅材料。形成了两条较为完整的产业链，经济效益、社会效益和环保效益进一步提高，可持续发展能力增强。

我国有机硅产品应用领域不断拓展，成为有机硅材料的最大消费国。由于电子电器、服装服饰及工艺品等产品的大量出口和国内建筑、纺织、汽车、日化等行业对有机硅材料需求的迅速增长，推动和促进了我国有机硅材料的发展。2010年我国有机硅材料消费量（折合100%硅氧烷）已达55.5万吨，超过美国成为全球有机硅的最大消费国。除在建筑、汽车、纺织、电子电器等传统应用领域继续保持稳步增长，"十一五"期间，有机硅在新能源、安全环保、医疗卫生及高端制造等方面不断开发出新的用途，扩大了有机硅的应用领域。特别是在太阳能电池、特高压输变电、LED、个人护理用品、轨道交通以及替代石油基产品等方面，有机硅的应用得到快速发展。

（一）硅橡胶

硅橡胶分为热硫化（HTV）硅橡胶和室温硫化（RTV）硅橡胶两大类，是有机硅产量最大的品种，约占其总量的75%。

一是热硫化硅橡胶。主要品种为甲基乙烯基硅橡胶，生胶生产单位约30余家，混炼硅橡胶及其制品由于品种多样，灵活多变，生产分散，生产单位无法准确统计，估计有数百家。"十一五"期间我国热硫化硅橡胶生产能力由2005年的15万吨提高到2010年的35万吨，增加了一倍多。产销量由2005年的9万多吨增长到2010年的25万吨，增长了1.8倍。产能在2000吨/年以上的企业约20家，超过万吨的企业至少有5家，其产能约占全国总产能的70%，这些企业主要集中在浙江、江苏、广东、上海等地。HTV硅橡胶应用领域在不断扩大，正在向规模化、系列化、高功能化方向发展。甲基苯基乙烯基硅橡胶在使用温度范围、耐烧蚀性、抗辐照性等方面优于甲基乙烯基硅橡胶，但受苯基单体特别是甲基苯基二氯硅烷供应和质量的影响，只有个别单位小批量生产且品种牌号少，产品主要用于军工配套和部分特殊场合。

二是室温硫化硅橡胶。"十一五"期间随着我国建筑、电子电器、汽车、玩具和工艺品等行业的快速发展，对室温硫化硅橡胶的需求量迅速扩大，尤其是工业和民用建筑的超常规发展推动了室温硫化硅橡胶的迅速发展。我

国聚硅氧烷密封胶生产企业在200家以上，2010年获得结构胶认定的企业有51家，主流品牌和企业约占80%的市场份额。产能超过5000吨/年的密封胶企业有30多家，超过万吨的企业约15家，主要集中在江浙、广东沿海一带。总产能由2005年20万吨增长到2010年的45万吨左右，产销量由15万吨增加到约38万吨，都增长了一倍以上。模具硅橡胶是较早用于民用领域的产品，"十一五"期间，受全球金融危机的影响，树脂工艺品等行业全面减产，对缩合型模具硅橡胶的需求也相应减少，但双组分加成型模具硅橡胶由于复制精度高、收缩率小、强度高等优点得到快速发展。估计我国模具硅橡胶产能约2万吨/年。液体注射成型硅橡胶（LSR）由于具有生产效率高、综合性能优异等特性，在我国得到了快速发展。LSR主要用于电力行业避雷器、高压套管、电缆附件及按键、奶嘴等产品的生产，"十一五"期间技术开发和生产规模取得了较大突破，部分产品已开始出口。估计目前我国LSR产能约1万吨/年。电子灌封硅橡胶早期主要是单组分缩合型室温硫化硅橡胶，应用领域广但总用量不大。随着国外公司不断将电子产品生产基地转移到中国以及国内家电行业的迅速发展，"十一五"期间我国电子灌封硅橡胶得到快速发展，除传统的单组分室温硫化硅橡胶外，双组分室温硫化硅橡胶发展更快，如LED显示屏灌封胶、电源模块灌封导热硅橡胶等最近几年都保持了30%以上的增长速度。估计我国电子灌封胶产能约1.5万吨/年。

（二）硅油

硅油类产品形态多样，品种繁多，用途广泛。国内硅油生产企业虽然较多，但规模小、产量不大，大都为通用型产品，多数高品质硅油主要依赖进口。我国硅油与世界发展水平差距较大，所占市场份额不大，主要用途是硅橡胶加工、轻工、纺织及化妆品。2010年我国各种硅油的产能约14万吨，产量约8万吨，都比2005年增长了3倍。

二甲基硅油是用途最广、用量最大的硅油品种，主要用于硅橡胶加工、机械、化工及日化行业。我国每年消耗二甲基硅油约5万吨。

含氢硅油主要用于加成型硅橡胶，聚醚改性硅油及织物、玻璃、陶瓷、纸张、皮革、金属、水泥等各种材料的防水处理。受生产技术的影响，高品质的含氢硅油主要依靠进口。我国含氢硅油生产厂家约有数十家，但规模都不大，最大约5000吨/年，总产量约1万吨/年。

氨基硅油主要用于纺织行业作织物的柔软处理剂，2010年我国纺织行业消耗硅油约6万吨。

聚醚改性硅油的主要用途是在聚氨酯硬泡中作匀泡剂使用，一般在组合料中占2%～3%，市场用量约1.5万吨/年。

苯基硅油主要用于大型电力电容器的绝缘浸渍剂、高温热载体、高真空行业及化妆品行业，年消耗量约2000吨。

（三）硅树脂

与硅橡胶和硅油相比，我国硅树脂产量较小，只占有机硅总产量的3%左右。"十一五"期间发展缓慢，生产技术和应用技术都比较落后，主要生产低端的甲基硅树脂和甲基苯基硅树脂，性能好的高档硅树脂几乎都从国外进口。2010年我国硅树脂生产厂仅20余家，且多为小型企业，总产能约2万吨，2010年产量约1.3万吨，消费量约1.6万吨。

硅烷偶联剂能很好地提升有机高分子材料与无机材料之间的复合性能，主要用于各种复合材料改性和材料的表面改性，起到偶联剂、交联剂、粘接促进剂、表面保护剂、表面活性剂以及聚合接枝单体等重要作用，是有机硅工业四大类下游品种之一。"十一五"期间我国硅烷偶联剂企业发展迅速，品种不断丰富，品质不断提高，产量快速增长，成本大幅下降，技术水平不断提升。由于"十一五"期间中国在太阳能、风能、高铁、汽车、输电、建筑、计算机及家用电子电器产品等领域的高速发展，带动了需要使用硅烷的新型复合材料、树脂、橡胶、涂料及金属表面处理等领域的快速增长，从而

拉动了硅烷偶联剂需求的迅猛增长。同时随着中国硅烷偶联剂质量的不断提高，市场竞争力的不断增强，产品不仅在国内占据主导地位，而且全面进入欧美、日韩等主流市场，成为全球硅烷偶联剂市场的主要供应来源。2010年我国硅烷偶联剂和交联剂产能从"十五"末的2.5万吨快速增长到12万吨，年均增长率约37%，占全球硅烷总产能的50%左右。

（四）气相白炭黑

气相白炭黑主要作为硅橡胶的补强填料，约占其总消费量的60%～70%，在聚酯树脂、涂料、胶黏剂、油墨及日用化学品等行业也有广泛用途。"十一五"期间气相白炭黑随着有机硅和多晶硅工业的高速发展出现井喷式增长，生产企业从2005年的3家发展到20家，产能从2500吨/年扩大到5.86万吨/年，产量从2000多吨增长到超过4万吨/年，消费量从2005年的1.1万吨增长到2010年的3.7万吨。产品从全面进口发展为进口量逐年下降，出口量快速增长的局面。

国内气相白炭黑生产企业虽然较多，分布区域较广，但产品主要以亲水低表面积品种为主，外资公司产品仍然占据国内大部分市场，特别是高端牌号以及高附加值的表面修饰与改性品种，市场仍然被外资企业把握和主导。

三、世界有机硅企业在竞争中融合

中国蓝星集团收购法国罗地亚公司有机硅业务。2006年10月，中国蓝星（集团）总公司收购了法国罗地亚公司有机硅业务，使中国有机硅生产能力和技术水平迈上了一个新的台阶。加上江西星火有机硅厂已有的20万吨/年产能，蓝星公司有机硅单体总产能达到45万吨/年，一跃成为全球第三大有机硅生产公司。

国际有机硅巨头在华兴建大型有机硅单体生产基地。2004年国际有机硅巨头美国道康宁公司和德国瓦克公司按70%和30%的比例在新加坡设立合资公司——"道康宁（张家港）控股私营有限公司"。随后，该公司在中国注册独资企业"道康宁（张家港）有限公司"，在江苏省张家港市扬子江国际化学工业园投资建设19万吨/年硅氧烷项目。2006年3月16日，国家发改委以发改工业[2006]441号文批复同意该项目建设，项目总投资34998万美元。2008年4月7日，发改委又以发改工业[2008]795号文件同意该项目总投资调整为93000万美元。2010年该项目建成投产，产品投放市场后对中国有机硅单体市场造成了较大冲击。

新安化工与迈图合资建单体项目。2001年4月新安化工1万吨/年有机硅单体项目投产，2004年6月新建的年产2.5万吨单体合成装置达产。至此，新安化工拥有三套有机硅单体装置，总产能达到6万吨/年。经过多年的持续改进，新安化工三套有机硅单体装置总产量于2009年首次超过10万吨。2007年4月，新安化工与美国迈图高新材料集团签订合资协议，双方按照51∶49的股本比例投资9700万美元，成立了浙江新安迈图有机硅有限公司，由迈图将先进的单体技术转让给合资公司，双方在浙江建德合作建设年产10万吨有机硅单体项目。该项目于2011年4月建成投产。

2001—2019:
在市场磨砺中实现由有机硅大国到强国的转变

整个"十二五"和"十三五"前两年，都是中国有机硅企业最为困难的时期，出现了行业性亏损。部分竞争力差的企业在残酷的市场竞争中出局，但也有一批骨干企业通过提升技术，减亏、扭亏，带动整个行业从世界有机硅大国向有机硅强国迈进。

一、市场震荡，大浪淘沙

2009年之前的主要特点是，国内产能不足，产品供不应求。在该阶段，

DMC价格维持在36000元/吨到22500元/吨的高位价格区间。主要原因是国内有机硅产能较少，国内生产厂商只有5家，而需求增长较快，行业处于供不应求的阶段，DMC产品大量从国外进口，2008年对外依存度达46%，有机硅行业利润率较高，企业获利颇丰。

但2009—2016年有机硅单体产能持续增长，价差逐步收窄，出现行业性亏损。2009—2011年间，DMC价格维持在24000元/吨到16800元/吨的价格区间内。价格大幅下跌的主要原因是国内产能的迅速扩张，由2009年的98万吨增长为2011年的210万吨，两年复合平均增长率达46.4%，国内生产企业也由5家上升至14家。2012—2016年，行业逐渐转向供过于求，市场逐渐出清。在该时期，DMC价格一路下降，从2012年初的17600元/吨一直降到了2016年7月DMC价格的历史低点12700元/吨；该阶段产能增速有所放缓但依然维持了较为稳定的增长势头，由2012年的212万吨增加到2016年的279.5万吨，年均产能增速7.15%，2016年国内产能首次出现了负增长；需求端，表观消费量增速也急剧下降，年均复合增长率仅为4.63%；供给相对过剩，生产企业亏损严重，生产厂家减少为12家。

从2016年到2018上半年，经历了近5年的产能消化，随着2016年开始下游需求大幅增长，而供给端处于产能周期底部且开工率已至高位，加之上游原料成本价格上涨稳步推动DMC价格上涨至35000元/吨的价格高位，并且价格顺利传导至下游有机硅产品，全产业链价格集体处于上涨趋势。但2018下半年之后，受国际大环境、特别是中美贸易战影响，有机硅市场持续下挫，2019年6月DMC报价探至低点16800元/吨，进入了新一轮低价竞争阶段。

二、有机硅产能占全球一半

"十二五"期间，通过产业结构调整及市场调节，我国甲基氯硅烷产能过快扩张的势头得到有效遏制。2015年末，全国共有甲基氯硅烷生产企业13

家，总产能267万吨，较"十一五"末增长57%；产量193万吨，较"十一五"末增长了127%。进入"十三五"，这种快速增长仍然保持。

截止到2017年，全球有机硅单体（甲基氯硅烷）生产能力已达到538万吨/年，其中，我国278.5万吨/年（含外资和合资企业产能），约占全球总产能的52%。2009年我国有机硅材料消费量（折合硅氧烷）超过40万吨，超过美国成为有机硅材料最大消费国；2017年，我国硅氧烷产能超过全球总量的一半，产量和消费量约占全球总量的50%，年销售额超过450亿元。最近十年，我国有机硅消费年均增长率约17%，为全球平均值的3倍，已成为全球最大的有机硅生产国和消费国。

有机硅各类产品都取得了突飞猛进的发展。

（一）苯基氯硅烷及烯基类硅烷

苯基氯硅烷是制备高性能有机硅聚合物的重要单体之一，它对改善有机硅氧烷的性能，特别是对提高有机硅产品的耐温性、与有机材料的相容性、化学稳定性、折光率、耐辐射等有明显作用，在有机硅单体中，其用量和重要性仅次于甲基氯硅烷。受LED、光伏等新兴产业快速发展的影响和带动，苯基氯硅烷的需求量越来越大，产能从"十一五"末的5000吨/年增加到"十二五"末的1万吨/年，而2018年这一数字达到了2万吨。

烯基类硅烷包括甲基乙烯基二氯硅烷、乙烯基三氯硅烷及其烷氧基硅烷、乙烯基双封头等，是生产硅橡胶、交联聚乙烯、硅丙乳液、无机材料表面改性及其他高分子材料改性的重要原料。到2018年底，我国乙烯基类硅烷总产能约26500吨，产量约21000吨，其中乙烯基三甲氧基硅烷量最大，约占总量的80%。"十二五"和"十三五"期间，我国乙烯基三甲氧基硅烷生产技术取得了长足进步，其品质已达到国际先进水平，生产成本也具有明显的竞争优势。在满足国内有机硅下游产品多样化、高性能发展及其他行业需要的同时，还大量出口，成为我国有机硅行业具有较强国际竞

争力的产品之一。

（二）硅橡胶

硅橡胶按照硫化温度分为热硫化（HTV）硅橡胶和室温硫化（RTV）硅橡胶两大类，是有机硅材料产量最大的种类，目前我国硅橡胶消费量约占有机硅材料总量的72%。

我国热硫化硅橡胶的主要品种为甲基乙烯基硅橡胶，应用十分广泛；苯基硅橡胶和氟硅橡胶等特种硅橡胶产量很低，总量约1000吨/年，主要用于航空航天、LED及部分特殊场合。随着有机硅单体企业纷纷扩大生产能力，产能集中度越来越高。混炼硅橡胶及其制品品种多样，灵活多变，生产分散，生产企业无法准确统计，估计有数百家。热硫化硅橡胶的传统应用领域包括电子、电器/气、机器设备、厨卫家居、汽车等领域。近几年，随着我国高速铁路和轨道交通的迅猛发展，带动了热硫化硅橡胶在这一领域的应用；硅橡胶在医疗卫生和居家用品方面的用量逐年增加；在替代三元乙丙橡胶用于幕墙、门窗密封方面取得了重大进展。2018年我国热硫化硅橡胶产能约60万吨/年，产量约52万吨。

"十二五"和"十三五"期间房地产业仍然是室温硫化硅橡胶的主要应用领域，电子、电器/气、汽车、轨道交通及新能源领域的需求稳步增长，使室温硫化硅橡胶在有机硅行业继续保持了用量最大的地位。2018年我国室温硫化硅橡胶生产企业不少于500家，总产能超过200万吨/年，产量约120万吨。建筑用聚硅氧烷结构密封胶合格生产企业达到116家，较"十一五"末增加了约30家。

各种绝缘、减震、阻燃、导热等有机硅密封胶在LED照明和各类电源上获得了大量使用；单、双组分液体硅橡胶广泛用于太阳能电池板的边框粘接、接线盒的绝缘、防潮和耐候密封；针对烟气脱硫防腐工程开发的具有耐酸、耐热、阻燃特性有机硅烟囱胶正成为电厂环保的关键材料之一。

（三）硅油

硅油类产品形态多样，品种繁多，主要用于纺织、日化、加工助剂、表面处理和消泡等领域。"十二五"期间我国硅油的生产和应用都取得了较大进步，品种更加丰富，并建成了国内首条万吨级连续化硅油生产线，硅油在有机硅中的消费比例有明显提高。2018年我国硅油及其二次加工品生产企业超过100家，总产能（折合100%硅氧烷）约40万吨/年，产量约27万吨。产量最大的是二甲基硅油，其次为含氢硅油，产量约7万吨。

纺织行业仍然是硅油的最大消费领域，从二甲基硅油到氨基硅油等改性硅油，从纤维油剂、印染助剂到织物整理剂，涉及面广，用量大。二甲基硅油、羟基硅油及含氢硅油大量用于室温硫化硅橡胶、热硫化硅橡胶、加成型硅橡胶及其他橡塑产品的加工；得益于硅油优异的生物相容性，其在日用化学品中的用量越来越大；轮胎行业，生产聚氨酯泡沫的匀泡剂及造纸、食品、环保等产业中的用量都在增长，总体来讲，我国与欧美、日本等发达国家相比，硅油消费量还处于较低水平，增长空间较大。

（四）硅树脂

与硅橡胶和硅油相比，我国硅树脂产量要低得多，约占有机硅总产量的3%，近十年期间仍然没有突破性进展。我国专业生产硅树脂的企业很少，主要依托在油漆、涂料或绝缘材料厂生产，产品以甲基、苯基硅树脂为基料的绝缘漆、耐热涂料、云母粘接剂等为主。2018年我国硅树脂产能5.7万吨/年，产量5万吨，消费量5万吨。

"十二五"和"十三五"期间，LED和光伏产业的强劲需求带动了苯基硅树脂和MQ硅树脂的发展，生产技术水平和产品质量有了很大进步，市场竞争力进一步提高；有机硅改性环氧和聚酯等合成树脂的研究比较活跃，在电子电器等领域应用效果明显，预计会有较好的发展前景；用于建筑外墙涂料的有机硅改性丙烯酸涂料（硅丙涂料）在我国研究起步较早，研究成果也

比较多，但应用推广效果还不理想。随着我国加大环境治理力度，空气质量逐渐好转，环境友好的硅丙涂料在建筑领域会有好的表现，有望成为硅树脂的重要应用领域。

硅烷偶联剂广泛用于有机聚合物及其复合材料的改性、无机材料的表面改性，起偶联、粘接促进、表面保护、改变表面活性等作用；硅烷交联剂主要用于缩合型室温硫化硅橡胶的交联反应使其形成网状结构的弹性体。重要的硅烷偶联剂有含硫、氨基、不饱和基等硅烷，重要的硅烷交联剂有脱酮肟型、脱醋酸型、脱醇型等硅烷。

我国硅烷偶联剂和交联剂行业一直保持着强劲的发展势头，产量快速增长，品种不断丰富，技术水平进一步提升。随着中国硅烷偶联剂和交联剂质量的提高，市场竞争力不断增强，产品不仅在国内占据主导地位，还是我国出口量最大的有机硅产品，已成为全球硅烷偶联剂和交联剂的主要供应基地。2018年我国约有16家硅烷偶联剂和交联剂生产企业，总产能超过40万吨，产量约26万吨（含中间体），近十年年均增长率超过20%，是有机硅行业增幅最大的品种。

（五）气相法白炭黑

气相法白炭黑又名气相二氧化硅，是由氯硅烷（主要是四氯化硅和甲基三氯硅烷）在氢氧焰中高温水解而得到的原生态粒径为纳米级的无定形二氧化硅，比表面积大，表面活性高，广泛用于硅橡胶、胶黏剂、密封剂、涂料、油漆、油墨、塑料和隔热材料等行业，起补强、增稠、触变、消光、隔热等作用。2018年我国含外资企业在内共有22家气相法白炭黑生产企业，总产能约13.9万吨/年，产量约9.6万吨，表观消费量约8.2万吨。

"十二五"和"十三五"期间我国气相法白炭黑在产业布局和产能、产品质量上都取得了长足进步，亲水产品性能与国外产品的差距逐渐缩小，在某些领域例如硅橡胶、油墨涂料等行业的应用具备完全替代国外产品的

竞争力；疏水产品研究取得了突破，产业化取得较大进展；修订了《GB/T
20020—2013气相二氧化硅》国家标准，使我国气相法白炭黑在产品标准化
方面走在国际前列。

气相法白炭黑的生产与有机硅和多晶硅产业有密切关系，国内不少有机
硅和多晶硅企业基于资源综合利用目的配套建设了气相法白炭黑生产装置，
成为硅产业循环经济的一大亮点。由于资源、环境等方面的原因，外国公司
加快了在中国的投入，全球四大气相法白炭黑生产商有三家在华建立了独资
或合资企业，其产能在"十二五"期间翻了一番。

三、单体生产在重要技术上取得突破

"十二五"期间，我国甲基氯硅烷生产企业加大了技术投入，在二甲基二
氯硅烷选择性、触体产率、原材料消耗等方面有了明显进步。不少企业通过
技术改造将原设计产能为6万吨/年的流化床反应器提高到8万～10万吨/年，
大幅度提高了生产效率；积极采用二甲基二氯硅烷浓酸加压水解、水解物线
环分离、高沸裂解、低沸歧化等新技术、新工艺，提高了原材料和副产物的
有效利用率。"十三五"，技术仍然在持续提升。目前，我国已掌握了15万
吨/年及以上单套有机硅单体装置设计、运行技术，部分生产企业通过多年
摸索，在流化床设计、催化剂、硅粉和周期控制方面取得一定进步。能耗、
收率及选择性等显著改善，少数企业自主完成装置改扩建，并取得了良好的
运行效果，部分装置成本水平接近外资在华同类装置。所采用的催化剂体系
与国外相同，流化床反应器的直径已达4米，二甲基二氯硅烷的选择性平均
在83%以上。尽管二甲基二氯硅烷的选择性与国外相比仍存在一定的差距，
但通过管理和其他手段，有机硅单体的生产成本仍具有竞争能力。

另外，值得一提的是，我国有机硅单体及基础聚合物供应充足，多省份
组建产业技术创新战略联盟。通过国家产业政策的宏观调控和市场调节，有
机硅单体大规模重复建设的势头得到有效遏制，通过合并和转产，产能集中

度有所提高。110硅橡胶、107硅橡胶及二甲基硅油等基础聚合物生产逐步向单体生产企业集中，装置规模越来越大，自动化程度越来越高，有利于发挥单体企业的整体优势，降低生产成本，提高质量稳定性。

展望：向世界有机硅强国奋力攀登

世界有机硅工业历经80年的发展，中国有机硅也历经60多年发展，如今世界有机硅格局和中国有机硅格局都发生了重大变化。两个最为显著的特点是，中国占据了全球有机硅产能的一半以上；世界行业巨头仍然牢牢把控着有机硅的市场主动权，最大的五家公司为美国道康宁、中国蓝星、迈图、德国瓦克和日本信越，约占全球有机硅单体总产能的60%，并在高端产品中控制着主动权。

全球和中国有机硅材料总体发展趋势一致，向规模化、高性能化、功能化、复合化、绿色化、低成本和高附加值方向发展。一是有机硅单体生产已进入从震动趋向平稳时代，必须依靠较大的生产规模、较高的综合利用水平、较强的科研开发能力等才能在激烈的市场竞争中生存和发展。二是110硅橡胶、107硅橡胶、二甲基硅油、硅树脂基础聚合物、常规混炼硅橡胶等通用型、大宗初级产品的生产将进一步向单体企业集中。超额收益将向下游高端深加工产品转移。同时，以骨干企业为核心，建立有机硅产业园区，集聚从单体、中间体、助剂、终端产品、综合利用等有机硅产业链上相关企业和研究机构。通过产业集群化发展，把上中下游产业有机结合起来，使企业的经济效益、安全效益、环保效益最优化，提高企业的可持续发展能力。三是有机硅材料在建筑、纺织、家用电器等传统领域的应用已得到充分发掘，今后应重点开发有机硅在电子信息、电力电气、新能源、核电、高铁及轨道交通、船舶及海工装备、安全环保、医疗卫生、家居用品以及替代石油基合成材料方面的应用。随着我国高铁、核电和特高压输变电技术的出口，有机硅作为重要的配套材料也应主动作为，在高端领域实现规模化出口。四是改变跟踪模仿和低价竞争的发展模式，重视人才培养，加大科研投入，提升创新能力，突出个性化发展、特色化发展、差异化发展，推动中国有机硅产业升级，加速由规模速度型向质量效益型发展的转变。

由于中国的资源优势及巨大的市场需求，全球有机硅生产中心加快向中国转移，世界主要有机硅企业加快了在中国的投资，从终端产品向上游扩张，形成了上下游一体化格局。

展望未来，我国有机硅工业机遇和挑战并存，我们要紧紧围绕调整产业结构，转变增长方式这一主线，树立新思维、适应新常态、抓住新机遇、促进新发展。依靠科技创新驱动，高度重视节能减排、绿色环保，促进我国有机硅材料向高性能化、多功能化、复合化、精细化、环境友好和低成本、高附加值方向发展，为实现有机硅工业又好又快发展、早日成为世界有机硅强国而努力奋斗！

04

与共和国共成长

——新中国合成树脂行业发展纪实

　　合成树脂行业是化学工业合成材料的重要组成部分。合成树脂种类繁多，在实际应用中，常按其受热时发生的不同变化分为热塑性树脂和热固性树脂。各种合成树脂都有不同的特点和用途，其中工程塑料、氟硅材料、离子交换树脂、高吸水树脂、医用高分子材料等，已成为当代经济和国防建设不可或缺的化工新材料。塑料通常是指以树脂为主要成分，以增塑剂、填充剂、润滑剂、着色剂等添加剂为辅助成分，在加工过程中能流动成型的材料。合成树脂比通常人们认为的塑料，具有更宽泛的涵盖范围。

　　新中国成立初期，我国合成树脂行业只有一些酚醛树脂的小作坊，即电木粉厂，产品只能用于制作电灯开关。1958年，烧碱工业发展起来，开始生产电石法聚氯乙烯，真正意义上有了合成树脂产业。20世纪70年代，随着大庆油田开发，燕山石化引进首套30万吨/年乙烯装置，大规模生产聚乙烯、聚丙烯，开创了合成树脂工业的新时代。改革开放后，一批外企来华合资合作，科技型民营企业强势崛起，与国企一起加快了合成树脂的科研开发和生产。聚酰胺、聚碳酸酯、聚甲醛、聚苯硫醚等工程树脂相继问世。氟硅树脂、聚氨酯树脂、高吸水树脂等投入规模化生产，形成了科研、生产、应用相结合，从单体合成、树脂生产到辅助材料比较完整的工业体系。

21世纪以来，合成树脂行业开始从技术引进为主到自主创新的转变。合成树脂所有品种，我国基本都能生产，某些产品的工艺技术处于国际领先水平。现代煤化工的发展，实现了合成树脂原料的多元化。合成树脂产品也从低端逐步向中高端发展，通用树脂向专用树脂发展，进一步优化了供给侧产品结构，特种工程树脂异军突起。从发展重心转移的轨迹可以看出我国合成树脂行业发展的大致历程。2018年，我国合成树脂产量达到8600万吨，继续保持世界第一的地位，并从合成树脂大国向合成树脂强国不断迈进。

经过多年发展，尤其是近20年的快速发展，我国合成树脂产业规模和技术实现了巨大进步，产业整体从基本依赖进口转变为绝大部分国产化，相关的产业链不断延伸、壮大，已经渗透到国民经济的各个领域和人民生活的各个方面，广泛应用于国防、航天、电子、机械、汽车制造、家居、能源、建筑、医疗、农业等各个领域。但当前产能结构性过剩、创新不足也已经成为我们必须面对的问题，必须通过从原料、催化剂、工艺、加工应用和助剂等环节的一系列技术创新，进一步调整材料的结构与性能，使之高性能化和功能化，以满足科技和生活快速发展的需求，方可使我国合成树脂行业在十几年后具有国际竞争力，使整个产业具有良好的盈利能力，这对于我国加快供给侧结构性改革和加快建设创新型国家同样具有重要的意义。

1949—1957：合成树脂工业艰难起步

新中国成立前，我国合成树脂基础十分薄弱，技术落后、企业很少、产品单一，只在上海和天津有小型工厂以落后的工艺小规模生产酚醛树脂，当时的应用领域仅限于制模塑粉（电木粉）用于压制电器开关、闸盒、插

座等小件电绝缘制品以及锅把、纽扣等生活日用品，另一领域是用于制油漆涂料。

一、酚醛树脂生产的恢复与快速发展

新中国成立后，在政府大力扶持鼓励下，各酚醛树脂生产企业积极恢复生产，并参加了公私合营，深入开展了技术革新工作，至20世纪50年代中期，国内技术比较成熟、有一定酚醛树脂及其塑料生产能力的生产企业有上海塑料厂（1956年公私合营，上海综合化工厂把生产酚醛模塑料的合并起来，改名上海塑料厂）、上海天山塑料厂（公私合营后把生产电玉粉的合并起来，专门生产电玉粉）、天津卫津化工厂、重庆塑料总厂（1938年成立国民政府中央炼油厂，1953年公私合营，1956年苏联援建改名重庆塑料总厂）、常熟塑料厂等。当时按照全国一盘棋的思路，这些老厂帮助全国各地建设了许多新厂。

1952年和1956年，锦西化工厂磺化法苯酚生产装置和吉林化学公司甲醛生产装置相继建成投产后，国内开始规模化生产酚醛树脂的原料，使酚醛树脂生产有了进一步发展。在华东地区（上海）建设一座2000吨/年的酚醛树脂厂列入了第一个国民经济发展五年计划。到50年代末期，国内新增加的酚醛树脂及相关制品企业有天津树脂厂、天津油漆总厂、天津石棉制品厂、长春市化工二厂、常熟塑料厂、南京石棉塑料厂、石家庄市化工二厂、洛阳化工五厂等。其中，在苏联帮助下，1958年引进其技术和装备建成的哈尔滨绝缘材料厂和西安绝缘材料厂是国内技术和装备最先进、生产规模最大的酚醛树脂及其制品厂，对推动我国酚醛树脂及其塑料工业的发展起了很大的作用。

至此，中国已能独立生产包括热塑性及热固性两大系列数十种型号的固体或液体酚醛树脂。此外，还有酚醛类涂料、酚醛类胶黏剂、酚醛胶合板、酚醛摩擦材料、酚醛壳膜材料等材料或制品实现了一定规模的生产。

二、自力更生开展环氧树脂研究试制工作

环氧树脂是一类重要的热固性树脂。飞机和航天器中的复合材料、大规模集成电路的封装材料、发电机的绝缘材料、钢铁和木材的涂料、机械土木建筑用的胶黏剂，乃至食品罐头内壁涂层和金属抗蚀电泳涂装等都大量使用环氧树脂，是国民经济发展中不可缺少的材料。

新中国成立初期，环氧树脂在世界上属于新型材料。中国的社会主义建设很需要有环氧树脂等材料，但当时以美国为首的"巴黎统筹会"禁止向中国出口。因此，在新中国成立初期，中国人就开始自力更生开发环氧树脂和有机硅等新材料。我国研制环氧树脂始于1956年，主要集中在科研院所和高校，围绕军工和国家重点建设项目进行相关产品的试制，以探索研究和小规模生产为主。主要研究单位有：沈阳化工研究院、天津市合成材料工业研究所（简称天津合材所）、北京电器科学院、上海涂料研究所（原造漆颜料工业公司试验室）、上海市材料研究所等。同年7月，公私合营的上海树脂厂成立。

1958—1978：合成树脂工业体系初步建立

酚醛树脂、环氧树脂、不饱和树脂等热固性树脂是我国最早发展起来的一类合成树脂。在塑料工业发展初期，热固性树脂所占比例很大，一般在50%以上，是树脂的主要品种。随着石油化工的发展，聚烯烃等热塑性树脂高速发展，产量剧增，到20世纪80年代，热固性树脂在合成树脂总产量比例下降到10% ～ 20%。

随着热固性树脂和热塑性树脂的发展，我国合成树脂工业体系初步建立。热塑性树脂通常可分为通用树脂、工程树脂、特种工程树脂：聚乙烯（PE）、聚丙烯（PP）、聚氯乙烯（PVC）、聚苯乙烯（PS）、丙烯酸-丁二

烯-苯乙烯（ABS）为五大通用树脂；聚酰胺（PA）、聚甲醛（POM）、聚碳酸酯（PC）、聚苯醚（PPE）、热塑性聚酯（PBT、PET）为五大工程树脂；聚醚醚酮（PEEK）、聚苯硫醚（PPS）、聚酰亚胺（PI）等为特种工程树脂。

一、热固性树脂进入平稳发展阶段

（一）酚醛树脂研发取得一批重要成果

20世纪60年代以后，我国在酚醛树脂及塑料的新工艺、新技术开发方面取得一批重要的科研成果，如酚醛注射模塑料、静电复印机墨粉专用酚醛树脂、新型酚醛玻璃钢专用树脂、悬浮聚合酚醛树脂、丁腈橡胶改性酚醛树脂、开环聚合酚醛树脂基复合材料等。除个别科研成果实现批量生产、成为企业主导产品外，大多数科研成果停留在试验或小试生产阶段，没有形成大的生产规模。1955年我国酚醛树脂产量尚不足2000吨，至1978年的23年间发展比较平稳，产量增加不多，并且技术进步不显著，远远落后于发达国家。

（二）环氧树脂开创发展新局面

1958年，上海树脂厂成功生产出环氧树脂，成为国内最早投入工业化生产的厂家；同年12月无锡生物化学制品厂树脂工作组小试生产出环氧树脂产品，次年更名为地方国营无锡树脂厂，建成了60吨/年的环氧树脂车间，之后成为专业环氧树脂生产厂。

自20世纪60年代起，我国开始研究各种类型的环氧树脂新品种，包括脂环族环氧树脂、酚醛环氧树脂、聚丁二烯环氧树脂、缩水甘油酯环氧树脂、缩水甘油胺环氧树脂等。1965年，为适应国防工业的需要，天津合材所接受了207和2000#两种牌号的新型环氧树脂的研制任务。此后的两三年中，又相继开展了201、300-400#、269和206等新型环氧树脂及活性稀释剂的研究，这些产品在结构及性能上与普通双酚A型环氧树脂完全不同。1966—1970年，新型环氧树脂207、2000#、300-400#和201等在津东化工厂中试取得成功，并成为该厂的重要产品。1970年，为适应军工和各行业对环氧树脂多种用途的需求，天津合材所开始研究以环氧树脂为基础的胶黏剂、灌封料、光固化树脂等应用材料。到70年代末、80年代初，中国已形成了从单体、树脂、辅助材料，从科研、生产到应用的完整的环氧树脂工业体系，但总体技术水平不高，产量低，品种少，进步比较缓慢。

（三）不饱和树脂发展初具规模

我国不饱和聚酯树脂的研究工作始于1958年。北京化工研究院是我国最早开展不饱和聚酯树脂研制工作的单位。此后，天津合材所和上海新华树脂厂建成2台500吨反应装置，这是我国最早进行不饱和聚酯树脂工业化生产的单位。

1966年常州建材253厂从英国Scoot-Bader公司引进不饱和树脂成套生产技术与设备，建成了500吨/年的生产装置，开启了中国不饱和树脂商业化生产的先河；1968年天津合成材料厂采用天津合材所的技术建成了150吨/年的生产装置，为我国不饱和聚酯树脂工业的发展奠定了基础。进入20世纪70年代之后，随着几个重点企业的扩建改造，生产能力逐年扩大，1976年不饱和聚酯树脂的总生产能力达到1.2万吨/年以上，70年代末我国的不饱和聚酯树脂工业已初具规模。

二、热塑性树脂发展方兴未艾

（一）五大通用树脂

人们将产量大、价格低、用途广、影响面宽的一些树脂品种习惯称之为通用树脂，其内涵常随时代及科学技术的发展而有些变化（作为五大通用树

脂之一的聚氯乙烯在本书氯碱工业篇中介绍）。

1. 聚乙烯

聚乙烯（PE）是以乙烯为主要单体聚合而成的高分子化合物。作为塑料使用的聚乙烯，分子量达到1万以上。聚乙烯是通用合成树脂中产量最大的品种，主要包括低密度聚乙烯（LDPE）、高密度聚乙烯（HDPE）、线型低密度聚乙烯（LLDPE）、超高分子量聚乙烯（UHMWPE）。习惯上，人们也将乙烯与乙酸乙烯酯（VA）通过高压聚合工艺制备的EVA树脂视为聚乙烯。类似的，还有与丙烯酸酯类的共聚物等。

我国的聚乙烯工业起步于20世纪60年代。1965年北京助剂二厂采用国内技术建成一套8000吨/年淤浆HDPE装置，该厂后来在此基础上持续开发UHMWPE技术，并开创了国内UHMWPE生产的先河。1970年，兰州化学工业公司引进英国ICI工艺，建成一套3.45万吨/年装置建成投产。

聚乙烯技术的快速发展在很大程度上得益于催化剂性能的不断改进和提高，催化剂对聚合物的微观结构和性能都有重要影响。我国从20世纪60年代初开始聚烯烃催化剂的研究和开发，在齐格勒-纳塔（Z-N）催化剂技术开发方面取得了很大的进步。中石化北京化工研究院（原化工部北京化工研究院，简称北化院）是最早从事这方面技术开发的。后期上海化工研究院成为另一支催化剂技术开发的主力。

北化院最早开发的是用于淤浆法工艺的HDPE催化剂，后又采用反应法制成EG、FH、OT、UH、UR等催化剂，EG催化剂是对辽阳石油化纤公司引进装置催化剂的改进。FH催化剂用于取代引进三井装置上的PE催化剂，活性优于进口聚乙烯催化剂。目前北化院仍处于国内淤浆法催化剂技术开发领先地位。在气相法工艺用催化剂方面，北化院开发了BCG、BCS、SLC-G等系列催化剂。上海化工研究院开发了SCG等催化剂，同时也是国内铬系催化剂技术研发的主要力量和产品供应商。

2. 聚丙烯

聚丙烯（PP）是以丙烯为主要单体聚合而成的聚合物，是通用塑料中的一个重要品种。市场上销售的聚丙烯分为均聚聚丙烯（HPP）、无规共聚聚丙烯（RCPP）和抗冲共聚聚丙烯（HIPP）三类。其中均聚聚丙烯按甲基排列规律又分为等规聚丙烯（iPP）、无规聚丙烯（aPP）和间规聚丙烯（sPP）三种。

我国聚丙烯工业起步于20世纪60年代。1964年，兰州化学工业公司（简称兰化公司）引进了我国第一套聚丙烯装置，该装置采用英国维克斯-吉玛公司的淤浆法工艺，产能5000吨/年，于1970年建成投产，生产均聚聚丙烯。1976年，燕山石化引进了日本三井公司的釜式淤浆聚合工艺，建成我国第一套大型连续法聚丙烯装置，生产能力8万吨/年。

20世纪50年代末，北化院开始聚丙烯催化剂和聚合工艺的研究。1960年我国开始自行研制连续法聚丙烯工艺，并于1974年建成5000吨/年装置，但受国外技术的冲击，国内连续法工艺技术没有进一步发展。1975年我国技术人员又开发了间歇本体法聚丙烯工艺，并在辽宁省瓦房店纺织厂建成一套300吨/年（1.5米^{3}聚合釜）中试装置，1978年在江苏丹阳化肥厂建成第一套千吨级工业装置，标志着我国自主成功开发了本体法聚丙烯工业技术。该技术采用北化院的络合Ⅱ型催化剂，以一氯二乙基铝为助催化剂，炼油厂副产丙烯为原料，聚合反应器分4米^{3}和12米^{3}两种。该工艺具有流程短、操作简单、生产成本低、建设投资少的特点，很快在全国推广。

聚丙烯工业的进步与催化剂技术密切相关，催化剂对聚合物的微观和宏观结构都有重要影响。Z-N催化剂是目前最为主要的聚丙烯催化剂。该催化剂通常包含两部分，即过渡金属化合物（主要是卤化物）和烷基化主族金属（助催化剂）。北化院、中国科学院化学研究所（简称中科院化学所）等单位的科技人员是国内聚丙烯催化剂技术开发的主力，先后成功地研发了与国际

几乎同步的几代催化剂并实现工业化生产，包括以络合 II 型催化剂为代表的第三代催化剂，以 N 催化剂、DQ 催化剂、CS 催化剂等为代表的第四代催化剂，以及以二醇酯、二醚等为内给电子体的 ND、NDQ、HA 催化剂等第五代催化剂。其中以北化院毛炳权院士为主发明的 N 催化剂具有高活性、高立体定向性，所制备的聚合物分子量分布窄、分子链规整等一系列特点，该技术于20世纪80年代以1800万美元许可给美国公司，至今仍名列我国专利对外许可费前茅。

3. 聚苯乙烯

聚苯乙烯（PS）树脂主要分为通用级聚苯乙烯（GPPS）、高抗冲级聚苯乙烯（HIPS）和发泡聚苯乙烯（EPS）三类，其产量次于聚乙烯、聚氯乙烯和聚丙烯居第四位。聚苯乙烯在包装、电子、建筑、汽车、家电、仪表、日用品和玩具等行业得到广泛应用。

我国聚苯乙烯的发展始于20世纪60年代，1960年我国自行设计与建设的第一套年产5000吨、高温悬浮法生产GPPS装置在上海高桥化工厂建成投产，拉开了我国聚苯乙烯工业生产的序幕。1962年，兰化公司合成橡胶厂引进德国I.G.法本公司的6000吨/年的GPPS本体聚合工艺，并于1965年对该装置经过改造，可生产改性PS；该厂于1984年又从日本引进TEC-MTC工艺，用于生产HIPS，生产能力为5000吨/年。1971年常州化工厂投产了3000吨/年的EPS装置，该装置采用两步法生产EPS，是我国的第一套EPS生产装置。

4. 丙烯酸-丁二烯-苯乙烯

丙烯酸-丁二烯-苯乙烯（ABS）树脂及其复合材料被广泛应用于汽车工业、电子电信、家用电器、纺织器材、器具和建材等领域，已成为社会生活中不可或缺的合成材料之一。

国内ABS树脂研发及生产始于20世纪60年代。当时，半导体电子产品在消费品市场崭露头角，收音机、电视机、音响等轻巧电子产品生产急需新型材料替代木材和金属材料等老旧材料。塑料是最理想的材料，但是当时的聚苯乙烯等普通塑料抗冲击性很差，开发综合性能优良的ABS提上日程。

我国ABS的研发几乎与日本同时起步。1962年，兰化公司橡胶厂已在ABS用橡胶合成方面解决了冷冻附聚法增大胶乳粒径技术问题，而乳胶颗粒合成是ABS合成中的关键技术。1966年，兰化公司掌握了丁腈橡胶（NBR）与苯乙烯丙烯腈树脂（SAN）共混制备ABS的关键技术。1970年，兰化公司根据国防需要，以自有技术建起了我国第一套2000吨/年乳液接枝法ABS装置，并于1975年正式投入生产，填补了国内空白，可生产能耐−30℃低温的ABS树脂，提供军用，兰化公司还据此形成了较为完整的千吨级工艺包技术。同期，上海高桥化工厂也建起了1000吨/年乳液接枝-乳液SAN掺混法ABS装置，但由于工艺和设备存在问题迟迟未能投产，后经过技术改造，选用乳液接枝共混工艺，使装置得以重新运转，生产出合格的ABS产品。中国ABS树脂生产由此正式起步。

（二）工程树脂

1. 聚酰胺

聚酰胺（PA）最初用作制造纤维的原料，后来由于PA具有强韧、耐磨、自润滑、使用温度范围宽等优点，成为工业中应用广泛的一种工程塑料，广泛应用于汽车、国防、航天等多个领域。业界通常将化纤用聚酰胺俗称锦纶，工程塑料级聚酰胺俗称尼龙。全球聚酰胺工程树脂以PA6和PA66为主，占比约90%。PA6是五大工程树脂中产量大、品种多的品种，是汽车、轨道交通、机械、电子电器、服装、包装等工业不可缺少的材料。目前，中国PA产品中，PA6占比约75%，PA66占比约20%，其余为小品种产品。

改革开放前，国内PA6工业处于起步阶段。1958年，锦西化工厂建成一套1000吨/年己内酰胺装置，这是我国第一套PA6单体工业化生产装置。随

后，南京化学工业公司建设了千吨级己内酰胺装置；60年代，锦西化工厂设计建成千吨级PA6连续聚合及纤维装置，命名为锦纶6。70年代，在岳阳石油化工总厂建设3000吨/年己内酰胺与PA6树脂合成装置；80年代，岳阳石化将产能扩建成5000吨/年，成为国内最大的己内酰胺与PA6树脂生产企业。同时，锦西化工厂、浙江巨化建成4000吨/年己内酰胺生产线。

我国的PA66工业起步于20世纪50年代，当时全国有三四十个单位进行PA66的小型试验和中型试验研究，最后实现工业化的只有上海天原化工厂，于1964年建设了我国第一个PA66盐（以苯酚为原料）装置，年产能力600吨，由于生产工艺不成熟和生产规模太小，很快停产。1975年，辽阳石油化纤公司引进法国Rhone-Poulenc公司的生产技术，建设了1套4.5万吨/年的PA66盐装置，于1982年建成投产，以后又扩建了5万吨/年PA66盐，总产能达10万吨/年，成为当时国内最大的PA66盐生产厂，后因发展战略调整，关闭了PA66业务，专门生产己二酸产品。

2. 聚碳酸酯

聚碳酸酯（PC）是一种综合性能非常优异的热塑性工程塑料，具有良好的力学性能、光学性能、热性能和阻燃性能，广泛应用于汽车、消费电子、电子工程、家用电器、照明、建筑板材、耐用消费品、光学透镜、光盘基料以及专用防护和医疗器械等诸多领域。聚碳酸酯可分为脂肪族聚碳酸酯、脂肪-芳香族聚碳酸酯、芳香族聚碳酸酯等多种类型，目前只有芳香族聚碳酸酯获得了大规模的工业化生产和应用，其中尤以双酚A型聚碳酸酯为主。

我国聚碳酸酯生产技术的研究开发起步于20世纪50年代，原化工部沈阳化工研究院于1958年开始熔融缩聚法和界面缩聚法聚碳酸酯工艺技术的研究开发，仅较德国拜耳公司和美国GE公司晚了几年。至60年代中期，相关科研人员调入原化工部晨光化工研究院，继续从事两种合成工艺的科研开发，先后在武汉、肇庆、大连、天津、杭州、常州、上海和重庆建成了8套聚碳酸酯生产装置，并投入小批量生产。但由于当时国家工业基础较薄弱，在科研经费、原料来源、设备材质和制造上均受到限制，在竞争中许多小装置纷纷停产。

3. 聚甲醛

聚甲醛（POM）是工程树脂中力学性能最接近金属材料的一种工业材料，因此被誉为"超钢"或者"赛钢"，加上其自身的润滑作用，工业上通常用来代替铜铝等金属材料。聚甲醛包括均聚甲醛和共聚甲醛两种生产路线，不同的生产工艺可以制造出不同种类的均聚甲醛和共聚甲醛，目前我国主要生产共聚甲醛产品，只有杜邦-旭化成聚甲醛（张家港）有限公司生产2万吨/年均聚甲醛。

20世纪50年代末至改革开放前后，我国聚甲醛处于起步阶段，主要进行研究开发，与杜邦、塞拉尼斯同步，早于日本旭化成等其他国外公司。1958年，沈阳化工研究院、吉林化工研究院、中科院化学所、成都工学院等单位开展了甲醛气体均聚制聚甲醛的研究。1963年，中国科学院长春应用化学研究所（简称中科院长春应化所）、沈阳化工研究院、安徽化工研究所等单位开始研究三聚甲醛制共聚甲醛。均聚工艺由于气态甲醛精制遇到困难，工艺难度大，进展缓慢，于1965年终止研究。以后，我国聚甲醛的生产和科研都是采用三聚甲醛开环聚合的路线。70年代，以中科院长春应化所的系统开发为基础，吉林石井沟联合化工厂、上海溶剂厂、苏州助剂厂相继建成百吨级生产装置，加上另外十几套50吨/年的中试装置，我国聚甲醛的总设计能力达到0.18万吨/年。但由于当时工艺技术仍不过关、设备腐蚀严重等原因，绝大多数装置都先后下马。吉林石井沟联合化工厂和上海溶剂厂继续进行了聚甲醛的开发与生产。

20世纪70—80年代，我国聚甲醛消费量长期在数千吨级徘徊。至1983

年，我国聚甲醛产能0.12万吨/年，产量为0.1158万吨。1966—1983年期间，我国聚甲醛总产能的年均增长率约为20.6%，产量年均增长率为27.0%。

4. 聚苯醚和改性聚苯醚

聚苯醚（PPE）是20世纪60年代发展起来的高强度、耐高温工程树脂，市场上通用的主要为改性聚苯醚（MPPE），在电子电气、家用电器、办公自动化设备、汽车、建筑、航空和军工等领域具有广泛的用途，成为发达国家垄断的核心产品之一。

由于聚苯醚广泛用于军事领域，作为战略物资储备，我国于20世纪60年代初开始试制，但技术未过关。60年代初，在上海、天津等地曾有多个单位开展2, 6-二甲酚合成及制取聚苯醚的研究工作。上海合成树脂研究所和北京市化工研究院分别进行聚苯醚合成和改性研究工作，分别建设了30吨/年和250吨/年的中试装置。80年代末原化工部投资1.8亿元人民币，委托北京市化工研究院建设3000吨/年的聚苯醚合成装置，但由于未掌握核心技术，工艺落后，上述项目很快宣告失败。此后十年，国内基本停止了聚苯醚合成研究。

（三）特种工程树脂

特种工程树脂的特点在于具有优异的综合性能，约定俗成的标准是指长期使用温度在200℃以上、具有一定机械强度的聚合物。二战以后，发达国家竞先开发出使用温度比已经工业化的高分子材料（如聚烯烃、聚酰胺、环氧树脂、酚醛树脂等）更高的聚合物。20世纪50年代中期以来，发现主链由芳环和杂环组成的聚合物既具有高的热稳定性，又具有高的机械强度，还具有优异的耐辐射及介电性能，于是开始了一个至今仍在研究与开发芳杂环高分子的时期。尽管特种工程树脂的用量远低于五大通用树脂与五大工程树脂，且价格较为昂贵，但其优异的综合性能使之成为市场关注的热点，在各种高新技术领域获得大量应用。

1. 聚芳醚

聚芳醚主要有三大类：聚芳醚砜、聚芳醚酮、聚芳硫醚。

聚芳醚砜树脂是聚芳醚类特种工程塑料中最早问世的一类，主要有聚砜（PSU）、聚醚砜（PES）和聚亚苯基砜（PPSU）三大品种，其中聚砜最早由美国UCC公司于1966年推向市场，聚醚砜由ICI公司于1972年推出，聚亚苯基砜由Solvay公司于20世纪90年代推出。目前聚芳醚砜树脂主要由Solvay、巴斯夫、住友等几家跨国公司垄断经营，这些产品在问世之初都是对我国禁运的材料。20世纪60—70年代，由于苏联与我国关系恶化，苏联专家撤走，断供航空工业使用的耐高温绝缘材料，致使战机所需的耐高温绝缘材料短缺。为满足这些特殊领域的技术需求，我国急需研究耐高温绝缘材料。因此国家在"六五"科技发展计划中将聚砜的研究列入规划，从20世纪70年代开始研发。吉林大学承担了相关研究任务，并在1982年前后完成了中试研究，满足了当时的需求。

2. 聚酰亚胺

聚酰亚胺（PI）是指主链上含酰亚胺环的一类聚合物，其中以含有酞酰亚胺结构的聚合物最为重要，被广泛应用于航空航天、电子电气、汽车制造、纳米、液晶以及分离膜等高新技术领域，是近半个世纪发展起来的芳杂环聚合物中最主要的品种，也是使用温度最高的一类高分子材料。

1959年，杜邦公司初步报道了芳香族二胺和均苯四甲酸二酐制成的聚酰亚胺树脂的性能，引起了各方的注意，1961年又推出了绝缘用聚酰亚胺清漆"Pyre-ML"，不久聚酰亚胺薄膜（Kapton H）和聚酰亚胺模塑粉SP问世。1965年，杜邦公司开始对外提供由SP压制的聚酰亚胺塑料成型品Vespel SP，如棒材、片材、板材和零件等。

我国聚酰亚胺的研究和开发起步并不晚，应当时化工部的要求，1965年上海市合成树脂研究所组建了聚酰亚胺研究大组，开始了聚酰亚胺单体均苯

四甲酸二酐（PMDA）、二苯醚四甲酸二酐（ODPA）、二氨基二苯醚（ODA）和二氨基二苯砜（DDS）的研制；同期中科院长春应化所先后开展了三苯二醚四甲酸二酐（HQDPA）和联苯四甲酸二酐（BPDA）等单体的聚酰亚胺研究。

20世纪60年代，上海市合成树脂研究所、上海染化六厂"铁粉还原制二氨基二苯醚（ODA）"工艺开发成功。1968年，上海市合成树脂研究所"邻二甲苯溴化→四甲基联苯醚→高锰酸钾氧化"制二苯醚四甲酸二酐（ODPA）工艺开发成功。1969年，中科院长春应化所"邻二甲苯磺化→羟基邻二甲苯、对二氯苯→四甲基三苯二醚氧化"工艺制备HQDPA获得成功。

1975年，上海市有机氟材料研究所"邻二甲苯→六氟亚异丙基双邻二甲苯→硝酸氧化工艺"制六氟亚异丙基双邻苯四甲酸二酐（6FDA）工艺开发成功。20世纪70年代末，黑龙江石化所和上海焦化厂从采用丙烯烷基化偏三甲苯工艺，然后用空气氧化法制得均四甲苯二酐（PMDA），建成了试验性生产装置。

在开展聚酰亚胺单体研究生产的同时，我国也开始了聚酰亚胺薄膜、塑料、复合材料以及纤维和泡沫的研发与生产。1968年，上海市塑料研究所、上海市合成树脂研究所在上海革新塑料厂最早投产建成年产5吨铝箔浸渍法PI薄膜生产线。1969年，上海市合成树脂研究所开发成功半热塑性的聚酰亚胺模塑粉YS20。1971年，天津绝缘材料厂、桂林电科所与华东化工学院合作率先在全国研制成功流延法生产均苯型PI薄膜。1972年，长春地方工业研究所、武汉市塑料十五厂共同开发成功约10吨/年丙酮法制备双马来酰亚胺的生产工艺，用于云母绝缘材料和桐油酸酐固化环氧树脂添加剂。同年，成都工学院联合四川东方绝缘材料厂开发成功双烯丙基双酚A改性双马来酰亚胺预聚体。1973年，中科院长春应化所以三苯二醚二酐（HQDPA）为基础开发成功了国内首个热塑性聚酰亚胺RY-1，分为RY-101（模压型）及RY-102（注射、挤出），在徐州造漆厂实现批量生产。我国在20世纪70年代曾开展过PI纤维研究，但没有资料留下来。

1978—2000：合成树脂快速发展时期

一、热固性树脂快速发展

（一）酚醛树脂

酚醛树脂产量稳步增长，到20世纪末全国酚醛树脂及塑料生产厂家超过100家，总生产能力达15万吨/年，其中3000吨/年以上的生产厂有11家，生产能力合计10.2万吨/年。这一时期是酚醛树脂较快发展时期，但技术力量总体仍然比较薄弱。1996年，济南圣泉集团公司与英国海沃斯矿物化学有限公司合资成立了济南圣泉海沃斯化工有限公司（2015年更名为山东圣泉新材料股份有限公司），引进了英方全套先进技术与装备，国内生产技术水平迅速达到国际先进，某些领域还有自主创新，达到国际领先。

在通用树脂改性方面，国内许多高校和科研院所都做出了突出的贡献：河北工业大学1985年前后研制成功腰果酚改性酚醛树脂、液体丁腈胶改性酚醛树脂、乳液丁腈胶改性酚醛树脂、液体羧基丁腈胶改性酚醛树脂等系列新型树脂，普遍提高了酚醛树脂的韧性和耐热性，并成功地应用于无石棉摩擦材料以及广泛适用性黏结剂的制造；华东理工大学对酚醛树脂有多年的研究历史，在树脂合成理论及工艺方面都有许多研究成果，改性新品种苯胺改性酚醛树脂、三聚氰胺-腰果酚改性酚醛树脂等；北京化工大学在新型酚醛树脂研制方面也有不少建树，在合成工艺方面的突出成果是悬浮法粒状酚醛树脂生产技术的研究成功，并获得了应用。

（二）环氧树脂

1984年，无锡树脂厂扩建1400吨一步法全溶剂固体环氧装置；11月，原化工部核留进口双酚A型普通环氧树脂全部改由无锡树脂厂供应，结束了

普通环氧树脂依赖进口的局面。1985年，无锡树脂厂从德国贝克莱特公司引进3000吨/年多品种环氧树脂技术，被列入化工部1985年第二批引进技术改造项目计划；同年，引进日本环氧树脂薄片机项目在北京签约，次年投入运营，使部分固体环氧树脂由块状改为片状，大大改善了产品外观色泽，并减少了机械杂质，受到广大用户的欢迎。

1988年3月，岳阳石油化工总厂从日本东都化成株式会社引进3000吨/年环氧树脂装置，该装置装备和控制水平国际一流，工艺技术先进，能生产多系列、多品种环氧树脂产品，使我国环氧树脂生产由单釜、间歇式机械化生产方式过渡到顺控、全自动化生产，产品品质和稳定性大大提高，填补了国内电子塑封应用领域的空白。

1992年3月22日，无锡树脂厂3000吨/年多品种环氧树脂装置投产成功，生产技术水平达到国际80年代水平；10月，该装置以国产催化剂替代进口催化剂、以48%的液碱替代50%的液碱的重大技术改革获得成功；11月，该装置一步法生产6101（0144）获得成功，这是引进装置消化吸收开发的第一款具有中国特色的新工艺老产品。至此，无锡树脂厂新老装置的总生产能力已达8000余吨，成为国内最大、最先进的环氧树脂生产基地。同年3月31日，该厂从波兰勃拉霍夫尼亚化工厂引进的万吨级国内首套离子法双酚A装置，经过近一年半的建设顺利投产，产出首批合格产品，使国内双酚A生产水平和国际水平缩短了近30年的差距，为今后发展打下了良好的基础。

1997年5月27日，无锡市石油化工总厂、大日本油墨化学工业株式会社、住友商务株式会社共同签约，成立无锡迪爱生环氧有限公司。1998年4月，美国陶氏公司在张家港江苏扬子江国际化学工业园成立陶氏化学（张家港）有限公司，开建4.1万吨/年改性环氧树脂装置，开启了外企在华的环氧树脂合资、独资之路。

1997年12月，国内自主开发的单套产能8000吨/年中分子量环氧树脂装置，在巴陵石化树脂部建成投产，其产品质量大幅跃升，推动了粉末涂料的质量革命，在国内同行中发挥了标杆示范作用。1998年9月1日，无锡树脂厂资产划转到中国蓝星化学清洗总公司。2000年，中国蓝星集团在南通合成材料厂的基础上成立了南通星辰合成材料有限公司，7月3日由中国蓝星、蓝星兰州日化厂和蓝星无锡树脂厂以股份制形式创立的兰州蓝星树脂有限责任公司在兰州成立，公司依托无锡树脂厂40多年的环氧树脂生产经验，采用国内90年代的先进生产工艺建成了5000吨/年基础液体环氧树脂生产装置，开启了国内环氧树脂企业的整合之路。

（三）不饱和树脂

这一时期，不饱和聚酯树脂国内市场需求量年均增长率达到20%以上，远远高于同期GDP的增长速率。1985年，不饱和聚酯树脂行业协作组成立，1987年颁布了不饱和聚酯树脂及其测试方法国家标准，标志着不饱和聚酯树脂工业进入成熟阶段，缩短了与世界先进水平的差距。1988年8月，江苏江阴市第二合成化工厂纽扣树脂投产，代表了中国大陆不饱和树脂生产企业第一次进军非增强应用市场领域。1989年6月，南京金陵巴斯夫树脂有限公司成立，这是中国第一家中外合资的不饱和树脂生产企业，为中国市场带来了机械化生产工艺所需的树脂品种。1993年10月，常州亚邦涂料股份有限公司双环戊二烯（DCPD）树脂投产。1994年7月，江苏省江阴市第二合成化工厂人造石实体面材树脂出口爱尔兰，这是中国不饱和树脂产品首次进入欧洲市场。1985年，全国不饱和聚酯树脂产量已达4万吨以上，到2000年国内不饱和聚酯树脂生产总量已达60万吨，国内市场不饱和聚酯树脂消费量达43万吨以上。

二、热塑性树脂进入快速发展轨道

（一）五大通用树脂

1. 聚乙烯

1979年辽化公司化工三厂引进德国赫斯特淤浆工艺建设的3.5万吨/年

HDPE装置建成投产。1988年大庆石化总厂塑料厂引进UCC气相法工艺建成一套6.0万吨/年线型低密度聚乙烯装置。国内PE工业由这些装置开始，快速发展起来。

我国茂金属催化剂的开发始于20世纪90年代初，中石化石油化工科学研究院（简称石科院）和北化院共同研究制备的APE-1茂金属催化剂进行了釜式淤浆法工艺、环管淤浆法工艺及气相流化床工艺中试试验，并进行了气相流化床工艺装置的工业应用试验。中石油兰州石油化工研究院经过多年研究，先后合成出7种茂金属助催化剂和MAO助催化剂及含硼阳离子引发剂，成功开发出LSG-1型硅胶载体，并应用于茂金属负载化工艺，性能达到国外同类产品水平。

2. 聚丙烯

进入20世纪80年代后，国内聚丙烯行业快速发展。1983年扬子石化引进日本三井油化公司Hypol工艺聚丙烯技术。1986年，齐鲁石化引进意大利Himont公司的环管液相本体（Spheripol）工艺聚丙烯。在环管技术引进谈判过程中，我国与外方签订了重要协议，协议规定当国内采用该技术的装置产能超过40万吨/年时，我国可无偿使用该技术，这为我国聚丙烯工业的快速发展奠定了基础。1986—2001年，国内先后引进4套Hypol工艺、9套Spheripol工艺。与引进技术同步，我国开始了大型聚丙烯装置国产化开发设计工作，先后开发了自己的釜式工艺和环管工艺。特别是环管工艺与炼油厂扩建同步，1996—1999年，利用国产化技术建成了4套釜式工艺和7套环管工艺生产装置，产生了很好的经济和社会效益。

到2000年，我国聚丙烯生产能力达到了308万吨/年，其中连续法装置31套，生产能力234万吨/年。间歇法装置50余套，产能74吨/年。1990年国内聚丙烯产量37.8万吨，2000年产量达到了308万吨，增长了近720%。

3. 聚苯乙烯

金陵石化、吉化公司、抚顺石化、岳阳石化总厂涤纶厂、开封油脂化工厂、哈尔滨化工四厂、大连氯酸钾厂、广东高明高聚物化工有限公司、盘锦乙烯厂等相继建成和引进聚苯乙烯生产装置，我国聚苯乙烯树脂的生产能力有了较大提高。到1991年，我国聚苯乙烯年产量达到10.82万吨，突破了10万吨，在聚苯乙烯发展历史上具有重要意义。在此之前，国内的聚苯乙烯装置技术落后、规模普遍比较小，没有超过1万吨/年的聚苯乙烯装置。

进入20世纪90年代，我国的聚苯乙烯进入了快速发展期。1989年底，燕山石化引进美国陶氏化学公司的工艺，生产GPPS和HIPS产品，总产能为5万吨/年，引导国内聚苯乙烯装置向大型化转变。1993年，湛江新中美公司引进美国FINA技术，生产GPPS和HIPS，生产能力为8万吨/年；汕头海洋公司引进年产10万吨的美国FINA技术，生产GPPS和HIPS产品。1994年，山东齐鲁石化引进日本TEC-MTC工艺，生产GPPS和HIPS产品，产能为3.6万吨/年。1996年，我国聚苯乙烯的产量为30.6万吨，但仅能满足国内表观消费量的20%左右，同年进口量高达128万吨，国内聚苯乙烯的产能严重不足。2000年，国内聚苯乙烯（不含EPS）产能101.1万吨，产量68.3万吨，进口量133万吨。

4. 丙烯酸－丁二烯－苯乙烯

20世纪80年代初，我国丙烯酸-丁二烯-苯乙烯（ABS）产能始终在3000吨/年左右，远远不能满足市场需求。随着改革开放的步伐不断迈进，为满足我国ABS树脂市场需求，开始引进外国技术与装备。1982年，兰化公司引进日本三菱人造丝公司ABS接枝技术和瑞翁公司聚丁二烯胶乳技术，建设1万吨/年ABS装置，投产后解决了军用及工业用构件的原料问题；1983年，上海高桥石化引进美国钢铁公司（U.S.S）技术和闲置设备，建成一套1万吨/年ABS生产装置，工艺路线为乳液接枝-乳液AS掺混工艺；1986年，吉林化学工业公司有机合成厂从日本东洋工程公司-三井东压化学公司（TEC-MTC）引进1万吨/年连续本体聚合技术生产高抗冲聚苯乙烯技术建设生产装置。这些装置的陆续投产，为ABS大发展奠定了基础。

90年代，ABS从军用向民用领域扩展，中国正式把ABS树脂列入鼓励外商投资的重点项目，由此激发了内、外资投资建设ABS生产装置的热情，中国ABS产业发展驶入快车道。一是对引进技术消化吸收、技术改造，如高桥石化与兰州石化先后在原有基础上增加1万吨/年生产线，使原装置能力翻番，达到2万吨/年。二是直接引进技术，新建ABS生产装置，如大庆石油化工总厂引进韩国味元公司技术，建设一套5万吨/年ABS生产装置，于1997年8月建成投产；吉林石化引进日本合成橡胶公司技术，建成10万吨/年乳液接枝-本体SAN掺混法ABS生产装置，于1997年10月建成投产；盘锦乙烯工业公司引进韩国新湖油化公司技术，建设一套5万吨/年ABS生产装置，于1998年10月建成投产。三是通过中外合资的形式建设ABS装置，如韩国LG化学与宁波甬兴化工厂合资建设年产13万吨的宁波LG甬兴化工有限公司，于1998年建成投产；中国台湾国乔公司在大陆的独资企业镇江国亨化学有限公司在镇江建设年产4万吨的ABS装置，于1998年建成投产；中国台湾奇美公司在镇江建设年产12.5万吨的ABS装置，于2000年建成投产。

陆续引进的多套ABS生产装置，使我国ABS产能和产量有了较大提高，品种有所增加，而且生产技术水平也有了一定的提升。2000年我国ABS生产能力为46.5万吨/年，产量18.5万吨，进口量达到147万吨，表观消费量163万吨，国产自给率11%。

（二）五大工程树脂

1. 聚酰胺

20世纪90年代，我国建设形成万吨级己内酰胺和PA6连续生产装置，实现引进消化吸收与自主开发并举，推动PA6合成技术的发展，产业链规模化生产，PA6聚合单体己内酰胺产能达15万吨/年，PA6总产能约10万吨/年。为扭转己内酰胺长期依赖进口的局面，经国家批准，1990年中石化巴陵石化公司（原岳阳石化总厂）与南京东方帝斯曼化工公司引进荷兰DSM己内酰胺技术，于1993—1994年建成两套以苯为原料的5万吨/年己内酰胺生产装置。此后，中石化石家庄炼化分公司也引进了意大利SNIA公司技术，以甲苯为原料建成5万吨/年己内酰胺生产装置，并于1999年建成投产。

巴陵石化实现了1.5万吨/年单线生产能力、总产量达到3万吨/年的PA6。巴陵石化公司、长沙锦纶厂、湖南常德锦纶厂、湖北咸宁化纤厂还先后从德国吉玛、瑞士伊文达引进多套5000吨/年PA6连续聚合技术及设备。广东新会锦纶厂与荷兰DSM合资，引进DSM公司技术与设备，建成了5万吨/年高速纺PA6切片生产线。至20世纪80—90年代，由巴陵石化公司聚酰胺技术中心与东华大学（原中国纺织大学）合作研究PA6连续聚合，最终完成PA6聚合管放大基础设计，此项成果为2万吨/年级PA6连续聚合装置的设计开发奠定了可靠的理论基础。至2000年底，国内PA6聚合装置已近40套，聚合能力超过40万吨/年，实际产量32万吨/年。

在PA6快速发展的同时，我国PA66也获得了长足进步。1988年，国家纺织部组织引进日本成套设备与技术在平顶山建设生产装置，1989年12月，平顶山市PA66盐项目筹备立项，并被国家计委列入"八五"计划。1994年12月28日，平顶山PA66盐厂引进日本旭化成公司技术的6.5万吨/年尼龙66盐项目及1.7万吨/年PA66切片正式动工建设。1996年11月，原平顶山尼龙66盐厂改制更名为中国神马集团尼龙66盐有限责任公司，并入神马集团。1998年，国家将PA66及其制品、工程塑料及塑料合金列入重点发展目录，PA66的市场呈现出快速发展的良好势头。1998年，神马集团PA66盐整个工程实现全流程一次投料试车成功。至2000年，国内PA66盐的生产能力在10万吨/年以上，表观消费量达81200吨。

2. 聚甲醛

虽然我国聚甲醛工业化生产始于20世纪60年代中期，但由于核心技术一直没有突破，工艺技术水平和装置产能在之后的40多年间没有实质性进

步。由于专利商对聚甲醛生产技术的严密封锁，以及高度集中性，直到90年代初期，聚甲醛技术引进一直未能成功，聚甲醛技术在国内几乎为空白。截至2000年，世界聚甲醛的生产与市场仍然被杜邦、赫斯特、塞拉尼斯等几家公司控制，中国没有万吨级以上的生产装置，所需聚甲醛主要依靠进口解决。

进入20世纪90年代以来，由于电子电气、汽车工业及出口加工业迅速发展，我国聚甲醛消费量增长迅速，从20世纪70年代中期的不足3000吨提高到90年代初期的接近2万吨经历了15年时间，而从2万吨发展到90年代中后期的4万吨，仅仅用了5年时间。这一时期，我国聚甲醛生产有了稳步的发展。虽然产能没有很大的提高，但是在聚甲醛的制造及应用技术、开发聚甲醛规模生产技术、培育我国聚甲醛应用市场（电子电气和汽车工业）以及了解和引进国外技术等方面都取得了有深度的进展，积累了丰富的经验。

为了打破欧美国家对聚甲醛市场的垄断状态，振兴民族工业，云天化集团从此时开始了艰难的聚甲醛产业发展探索之路。1994年，云南天然气化工厂（简称云天化）开始了艰难的聚甲醛技术引进过程。因杜邦公司的技术封锁，韩国、日本等国聚甲醛厂商的要求太苛刻，均使引进谈判一度中止。1996年，云天化通过与意大利MARIS公司接洽，开始接触波兰ZAT公司，经过多次谈判和科学论证后，在1997年与波兰ZAT公司达成聚甲醛生产技术引进协议，开启了国内首套万吨级聚甲醛装置建设的航程。

1999年我国聚甲醛产能0.27万吨，产量为0.132万吨。1983—1999年期间，我国聚甲醛总产能的年均增长率为5.2%，聚甲醛生产量的年均增长率为0.8%。

3. 聚对苯二甲酸丁二醇酯

聚对苯二甲酸丁二醇酯（PBT）最早由美国塞拉尼斯公司于20世纪70年代开发成功并正式商品化，在电子电器、精密仪器部件、机械设备、汽车等领域得到广泛应用。

20世纪70年代末到80年代初，我国从日本等国相继引进了多条彩色电视机生产线。为减少外汇支出，加快我国彩电工业的发展，各电视机生产企业逐步开始进行零部件国产化工作。在国产化初期，一些部件的基础材料国内不能生产，国产部件的性能、寿命与国外产品存在显著差异，有些甚至存在安全隐患。例如，高压包（行输出变压器）作为CRT彩电最主要的部件，其骨架由工程塑料制造，由于当时我国无法生产工程塑料，一开始试图采用普通塑料制造，在使用过程中出现了高压包打火燃烧的事故，严重影响到人民群众的生命安全，引起了国家有关部门的高度重视。

1980—1981年，国家经贸委、四机部、国家通讯广播电视工业总局、化工部数次召开电视机用阻燃材料会议，把国内研制开发阻燃PBT列入日程。与此同时，国内军工单位为研制新一代武器和装备系统，也提出了对PBT材料的需求。由于北京市化工研究院（简称化研院）在PBT树脂研发方面曾经有过一些调研和探索，有一定的基础。1981年5月，化工部以（81）化计字第348号文，国家通讯广播电视工业总局以（81）视计字108号文，通过北京市科委将300吨/年间歇法PBT树脂中试和"乙炔法合成1, 4-丁二醇催化剂"研发任务下达给了化研院，要求化研院尽快开展研发工作。

化研院决定以日本东丽公司生产的PBT为研发目标，组织全院力量攻关。鉴于当时国内尚无合成PBT的成功经验，所有工作都需要从头做起，为确保研发工作的成功，全院按专业分成了合成工艺组、催化剂组、助剂组、改性加工组、模具组、三废处理组等多个团队，开展了联合攻关工作。攻关人员对缩聚催化剂和各步反应工艺条件进行反复试验改进，突破了特性黏度偏低和丁二醇副反应消耗偏高的技术关键，制得了质量稳定、合格的树脂切片，丁二醇消耗也降低到国外报道的水平。同时，先行从市场上买来进口PBT树脂，摸索开展PBT的改性工作，采用自行研制的多种助剂进行了四五百次配方筛选试验，并采用从德国进口的关键设备ZSK30型和ZSK53型双螺杆挤出机，解决了树脂的高温稳定化和玻纤、阻燃剂等添加剂在树脂中的

均匀分散问题。

1982年，化研院建成PBT 300吨/年中试装置，产品经过20个省市的100多个厂家的检测试用，主要质量指标达到或接近国外同类产品水平，满足了客户的需要，填补了我国没有PBT工程塑料的空白。1982年12月，化工部和北京市科委联合主持中试鉴定会确认：北京市化学工业研究院研制开发的阻燃增强级PBT树脂主要质量指标已达到或接近日本东丽公司同类产品水平。中试成功后，由中试装置批量生产的PBT树脂迅速用于新产品的开发，缓和了市场供需矛盾，顶替了部分进口产品。

为使PBT工程塑料早日工业化，化研院于1984年组织了第二次攻关会战，经过对原有涤纶设备的改造，并引进了ZSK83型双螺杆挤出机及外围设备，建成了年产2500吨阻燃增强PBT树脂生产线，实现当年建设当年试车成功，达到设计能力，产品质量良好、稳定。从1985年起，化研院生产的PBT被广泛应用于电子电器、军工国防等多个领域，并通过UL认证，开始出口国外。也正是从此时起，我国的工程塑料产业逐步走上了快速发展的快车道，其后几年中，相继由平顶山帘子布厂（现神马集团）引进了PA66生产装置、云天化引进了POM聚甲醛装置、日本三菱公司在上海建立了PC生产装置、中国蓝星引进了PPE生产装置，等等。从此，五大工程树脂在中国扎根发展。

从20世纪80年代初期始，国内陆续建成一些百吨级至千吨级的PBT小型生产装置。化工部南通合成材料厂（现为中国蓝星南通星辰合成材料有限公司）是国内最早从事PBT树脂研发、生产的重点企业，1994年该厂引进国外技术，建成亚洲第一套连续对苯二甲酸二甲酯（DMT）法PBT聚合装置，年产量5000吨，填补了国内行业空白。与此同时，北京泛威工程树脂公司间歇式DMT法PBT树脂生产线建成投产。由于DMT法工艺技术落后及主要原料DMT来源不广泛等问题，这些装置生产能力未能充分发挥。1997年，仪征化纤公司工程树脂厂引进连续直接酯化缩聚工艺及关键设备，建成2万吨/年的

PBT树脂生产装置，成为世界上第一套工业化的连续PTA法PBT树脂生产装置。该装置因工艺技术先进，又有自产对苯二甲酸原料优势，生产情况较好。PBT树脂的原料是对苯二甲酸和1,4-丁二醇，其中国内对苯二甲酸自20世纪八九十年代起发展迅速，生产能力很大，原料供给没有问题；而1,4-丁二醇国内不生产，完全依靠进口，这是当时PBT树脂发展缓慢的原因之一。2001年之后，1,4-丁二醇生产实现国产化，促进了国内建设PBT新装置的积极性。2000年，PBT产能达5万吨/年，产量达2万吨/年。

（三）特种工程树脂

1. 聚芳醚

吉林大学在先期研究开发聚芳砜的基础上，承担"七五"科技攻关计划项目聚醚砜（PES）的研究开发，从分子设计出发，合成了特定结构的单体，使当时航空领域急需的耐高温绝缘材料——聚醚砜树脂从原材料到树脂全部实现国产化，打破了西方的封锁，满足了我国国防军工和航空航天领域的应用需求。进而，在"九五"科技攻关计划资助下，又完成了聚醚砜（PES）树脂的300吨/年放大技术，为高性能聚合物的产业化奠定了坚实的技术基础。

聚芳醚酮树脂是一类结晶性热塑性树脂，具有良好的综合物理力学性能，是热塑性树脂中耐热性能、韧性、强度等最好的一类高分子材料。最早的研究工作于20世纪60年代初开始，1981年ICI公司推出了第一个商品化品种聚醚醚酮（PEEK）。20世纪80年代，杜邦公司采用亲电路线完成了耐热等级更高的聚醚酮酮（PEKK）中试。90年代Victrex公司推出聚醚酮（PEK）树脂。目前聚芳醚酮树脂的国外生产企业只有三家：Victrex有7000吨聚醚醚酮和150吨聚醚酮的产能，Solvay有500吨聚醚醚酮产能，Evonik有500吨聚醚醚酮的产能。

由于西方国家的禁运和技术封锁，基于国家国防军工和科技发展的需要，吉林大学在20世纪80年代初开始研究开发聚醚醚酮树脂，设计合成了

聚醚醚酮树脂聚合所需的核心单体——4, 4'-二氟二苯甲酮。由于我国当时没有氟苯，只好再通过苯和氢氟酸先合成氟苯，然后再利用氟苯和四氯化碳合成了综合性能优异的聚醚醚酮树脂，满足了国防军工的急需。

20世纪70年代初，随着美国菲利普斯公司（Phillips Petroleum）聚苯硫醚（PPS）树脂的工业化生产，我国也相继开展了PPS的研发工作。1987年，四川大学的PPS研究被国家863计划列入了首批重点支持高性能高分子结构材料品种与单位。1992年，由四川大学与自贡化学试剂厂共同承担的国家计委重大新产品开发项目：150吨/年PPS工业化装置通过了72小时生产考核和国家计委的鉴定验收，成为当时国产PPS树脂最主要的供货单位。此后，国外的PPS产品开始进入中国市场。同时，由四川大学牵头的国家"八五"攻关项目"聚苯硫醚制品开发"，开展了PPS材料的加工研究及推广应用工作，使国内用户开始了解并逐步接受了PPS材料，为PPS产业在我国的发展与应用打下了坚实的基础。

2. 聚酰亚胺

1980年，中科院长春应化所开发成功基于三苯二醚二酐（HQDPA）单体所制备的易加工的全芳香聚酰亚胺的合成及成型工艺。1983年，上海焦化厂"邻二甲苯氯化→四甲基联苯醚→液相空气氧化制二苯醚四甲酸二酐（ODPA）"工艺开发成功。1984年，上海市合成树脂研究所"苯酐→4-硝基苯酐亚胺→联苯醚亚胺"制联苯醚四甲酸二酐（ODPA）新工艺开发成功。1987年，黑龙江石化所和上海焦化厂从5-异丙基偏三甲苯用空气催化氧化法制得均酐（25吨/年），可以直接捕集得到纯度98%～99%的精酐（PMDA）。20世纪80年代后期，浙江平湖化工厂、天津大港化工厂的总产能在100吨/年的均四甲苯生产线开发成功。1990年，中科院长春应化所"氯代邻二甲苯气相氧化制备氯代苯酐，由氯代苯酐制备三苯二醚二酐（HQDPA）和联苯二酐（BPDA）"中试技术开发成功。1990年，上海市合成树脂研究所消化吸收黑龙江石化所的间歇技术开发出20吨/年的均酐（PMDA）的连续生产线和后续的提纯工艺。2000年，中科院长春应化所打通500升釜制备非对称联苯二酐（BPDA）和苯炔基苯酐（PEPA）的技术路线。2000年，上海市合成树脂研究所"4-硝基苯酐亚胺→双酚A二醚二苯酐亚胺"制双酚A二醚酐（BPADA）工艺开发成功。

聚酰亚胺薄膜研发不断取得突破。1984年，桂林电科所与天津绝缘材料厂、机械部第七设计研究院共同协作，研制了制造双轴定向PI薄膜的专用设备，在新设备上进行了接近生产条件的制膜试验，制得了成卷的双轴定向PI薄膜样品，主要性能均达到Kapton H的出厂标准。1991年，上海市合成树脂研究所30吨/年聚酰亚胺热法流延法薄膜通过鉴定。1993年，桂林电科所与深圳兴邦电工器材有限公司完成国内第一条产能60吨/年、幅宽650～700毫米的双轴拉伸薄膜的生产线。1999年，桂林电科所、天津绝缘材料厂合作国内首条宽幅热法聚酰亚胺薄膜生产线建成。当时的幅宽是1000～1200毫米。1999年，桂林电科所、溧阳华晶科技公司率先在全国开发成功了真正意义上的热法双轴拉伸（BOPI）生产线。

聚酰亚胺塑料也取得明显进步。1982年，上海市合成树脂研究所开发成功耐超低温密封材料聚酰亚胺模塑粉YS20T；1985年开发成功聚酰亚胺模塑粉YS10，为耐超高温硅板制备做出了重要贡献；1986年历时10年开发成功冷法制备自润滑聚酰亚胺模塑粉YS12S（类似Vespel SP-21），为秦岭发动机的研制做出了重要贡献；开发成功了间歇法和连续法生产聚醚酰亚胺（PEI）的工艺，90年代后期在全球率先开发成功可塑性自润滑材料聚酰亚胺模塑粉YS330，为我国航空航天的发展做出了重要贡献。1998年，湖北省化学研究所开发成功了50吨/年的甲苯法连续双马来酰亚胺的工艺，将我国的双马来酰亚胺树脂水平提升到国际先进水平。2000年，中科院长春应化所在世界上率先系列深入开展了基于不对称异构二酐的聚酰亚胺树脂合成与性能研究，并开发了第二代聚酰亚胺，为不对称聚酰亚胺的开发做出了具有里程碑意义

的贡献。2000年，上海市合成树脂研究所开发成功玻纤增强聚酰亚胺模塑粉PIGF系列产品。

1981年，上海市合成树脂研究所YB20聚酰亚胺层压板系列产品开发成功。1986年，中科院化学研究所研制成功第一代耐316℃热固性聚酰亚胺树脂（KH-304），采用高温真空热压罐制备的大型碳纤维复合材料构件在316℃高温下仍然具有优异的综合力学性能，航天航空领域获得大面积工程化应用。1999年，中科院化学所研制成功电子级耐高温聚酰亚胺涂层胶，在分立器件、半导体芯片、电子封装领域获得广泛应用。

进入21世纪，中科院长春应化所、东华大学、北京化工大学、四川大学等单位开展了PI纤维的研究，并与相应的企业合作，在工程化和产业化有了较大发展。其中，中科院长春应化所与长春高琦PI材料有限公司合作，东华大学与江苏奥神集团合作，北京化工大学与江苏先诺新材料科技有限公司合作，形成各自的产品性能特点和一定产能。

2001—2019：加快走向世界合成树脂工业大国

一、热固性树脂加快发展

（一）酚醛树脂

2000年以后，酚醛树脂行业发展迅速，应用领域逐步拓展。2006年，我国酚醛树脂的产量达到45万吨，居世界第三位。2013年10月，圣泉集团建设的全球单体产能最大的20万吨酚醛树脂车间正式投产，辽宁营口圣泉10万吨酚醛树脂同时投产，拉开了发展"大酚醛"的序幕。

近年来，我国酚醛树脂产量保持了14%以上的年平均增速，高于同期世界酚醛树脂产量增速。2016年，我国酚醛树脂的产量达到102万吨，生产企业达200家左右。此后，因环保政策收紧，加之产业升级淘汰落后产能，不符合排放标准的中小型酚醛树脂生产企业和落后产能关停淘汰较多。截至2018年底，我国酚醛树脂产量达到120万吨左右，生产企业还有约120家，主要分布在山东、江苏、辽宁和浙江四省市，规模以上企业数量所占比重超过60%。我国已成为酚醛树脂的消费与生产大国，其中山东圣泉新材料股份有限公司的产能达40万吨，是国内规模最大的酚醛树脂专业生产企业。

我国酚醛树脂下游材料及制品的制造技术也显著提升，应用范围不断扩展，已发展到模塑料、铸造、耐火材料、摩擦材料、磨料磨具、油田助剂、轮胎橡胶、电工电子材料、酚醛泡沫、木材黏结、复合材料、油墨、涂料、胶黏剂等领域。随着企业研发力度的加大，国产中、高档次的酚醛树脂产品不断地投入市场，对酚醛树脂的进口形成了较强的替代，缓解了我国中、高档酚醛树脂严重依赖进口的现象。2014年，圣泉金属离子含量在 100×10^{-9} 以下的光刻胶用电子级酚醛树脂实现批量连续化生产，目前圣泉光刻胶用电子级酚醛树脂金属离子含量控制在 50×10^{-9} 以下，已达到最苛刻的芯片级光刻胶的质量要求，打破了国外垄断，填补多项国内空白。伴随着国内汽车、冶金、消费电子、航空航天等产业的快速发展，酚醛树脂的消费量在相关的应用领域内还将保持快速增长的势头。

（二）环氧树脂

2006—2007年，无锡树脂厂双酚A、环氧树脂产业整体向南通基地转移，至2011年6月业务全部转移到南通星辰。南通星辰由此开启了快速发展之路，至2018年底，南通星辰已建有15万吨/年双酚A、13.5万吨/年基础环氧树脂、3.5万吨特种环氧树脂、3000吨/年稀/固项目、6万吨/年PBT基础树脂、2万吨/年PPE工程塑料、3万吨/改性工程塑料、1550吨/年感光材料以及配套的公用工程等装置，成为年产值近50亿元的国际化大型材料企业。

经过60年的发展，中国环氧树脂产业从无到有、由小到大，目前我国

约有40家环氧树脂生产企业，总产能约210万吨/年，占全球产能的46%；产量约130万吨，其中前八大企业产量超过100万吨；环氧树脂产能、产量和消费市场规模均居全球首位，环氧树脂材料已成为生产、生活不可或缺的新材料，是国家战略性新兴行业重要组成部分，创造了世界环氧树脂产业发展史上的奇迹。

（三）不饱和树脂

进入21世纪以来，我国的不饱和聚酯树脂产业跨上了飞速发展的道路，产品结构发生了很大的变化，产能产量也快速增长。2001年我国不饱和聚酯树脂的产量为50万吨，到2003年产量超过72万吨，进口13.7万吨，出口7660吨，实际消费量突破85万吨，超过美国和日本居世界首位。自1995年以来，我国不饱和聚酯树脂消费量年均增长超过20%，至2018年，我国不饱和聚酯树脂消费量达到270万吨。2018年，不饱和树脂产能为530万吨，产量269万吨。

二、热塑性树脂进入向高端跨越的新时期

（一）五大通用树脂

1. 聚乙烯

聚乙烯催化剂技术国产化带动了聚乙烯装置的国产化进程。在消化、吸收引进技术的基础上，我国自主设计和建造了一些大型的聚乙烯装置。如在燕山石化、扬子石化和兰州石化分别建设了釜式淤浆法HDPE生产装置，单线生产能力为7万吨/年。2002年，浙江大学和扬子石化共同开发了PE浆液外循环技术，并对扬子石化PE釜式淤浆法生产装置进行扩能改造，可将装置的生产能力提高20%，装置单线生产能力由7万吨/年提高到10万吨/年，经济效益显著。天津石化开发的气相法PE诱导冷凝工艺技术，可使PE装置产能提高60%～100%，已成功应用于中石化所有Unipol气相法LLDPE装

置。2010年，中国石化工程建设公司、天津石化、北化院、浙江大学以及上海化工研究院等单位联合开发的30万吨/年气相法全密度聚乙烯装置建成投产。之后又以天津石化和浙江大学为主开发了气液聚乙烯技术，可以实现气相流化床反应器多温区操作，进而控制分子量分布和共聚单体分布。

随着煤化工所带来的原料路线多元化，国内聚乙烯工业又迎来了新一轮大规模扩张。神华包头的30万吨/年气相法聚乙烯是我国第一套采用煤化工原料生产聚乙烯的装置，该装置于2010年建成投产。2011年煤/甲醇路线聚乙烯仅占国内聚乙烯产能的3%，到了2017年这一比例已增加到25%。2017年，我国聚乙烯产能约1736万吨，中石化是国内最大的聚乙烯树脂生产商，产能630万吨/年，在全球排第三。

我国PE行业多通用料、少专用料的特点十分突出，通用塑料的需求约占76%，专用料的需求约占14%。从国内自给情况来看，PE通用料国内自给率在6成左右，但专用料自给率较低，汽车燃料箱、超高压电缆料等货源主要依赖于进口。从产品发展来看，高端专用料自给率较低、利润较高，PE未来投产装置应以生产高端专用料为方向，品种主要集中在燃气管料、滚塑料、汽车燃料箱、高压电力电缆料等方面。重视具有高附加值和高性能的PE新产品的开发，强化市场开发和技术支持环节，是行业未来的发展趋势。

2. 聚丙烯

我国茂金属丙烯聚合催化剂的开发研究取得了积极进展。石科院、中科院化学所等开发了用于制备间规聚丙烯的茂金属催化剂技术，北化院等单位开发了用于制备等规聚丙烯的茂金属催化剂技术，但受催化剂成本、聚丙烯产品性能等的限制，茂金属聚丙烯产品的量非常少，国内的茂金属聚丙烯还处于实验性生产阶段。

2007年9月，神华包头180万吨/年煤基甲醇制60万吨/年烯烃项目开工建设，2010年6月建成投产，2011年1月正式投入商业化运行，开启了我国

的煤基聚丙烯产业发展之路。此后，一些直接外购甲醇制烯烃、进而生产聚丙烯的企业陆续建成投产。2013年第四季度，天津渤海化工集团的60万吨/年丙烷脱氢装置建成投产并用于生产聚丙烯，这是我国首套丙烷脱氢路线的聚丙烯装置。自此，我国的聚丙烯原料路线由单一的石油路线演变为石油路线、以煤为原料经甲醇制烯烃的煤化工工艺、单纯以甲醇为原料的MTO/MTP工艺、以丙烷为原料的PDH工艺以及部分外采单体丙烯制PP等多元化发展格局，2018年产能占比分别为56.4%、20.4%、11.0%、11.3%和0.9%，炼油化工占比居首位，产能占比超过一半。而细看我国未来5年新建聚丙烯项目的工艺，仍然坚持多元化特色，油制、煤制、MTO/MTP工艺、PDH工艺及外采丙烯工艺产能占比预计为51.1%、30.0%、8.0%、10.4%和0.5%，其中煤制丙烯工艺产能占比提升较多，升幅9.56%。但仍无法撼动我国聚丙烯产能以炼油化工为主的绝对控制地位，占比仍高达51.1%。

也正是由于原料路线的多样化发展，2010年以来我国聚丙烯产能再次快速增长。2017年增长至1979万吨，较上一年增幅为11.81%。2018年新增产能约265万吨。这一段时期，西北地区新增产能最大。但2019年之后，沿海如恒力石化、浙江石化等新一批超大型炼化一体化装置的投产，又将聚丙烯的产能重心重新转向东部沿海地区。2019年新上聚丙烯装置预计投产14套，产能达450万吨，其中仅青海大美等3套装置105万吨产能采用煤基原料路线。

3. 聚苯乙烯

进入21世纪，国内聚苯乙烯工业进入迅猛发展期，其间外资企业、民营企业、中外合资企业相继建厂，装置日趋大型化，单线生产能力达到10万吨/年。同时，国外聚苯乙烯生产技术的引进，使我国的聚苯乙烯工业发展迈上了一个新台阶，规模小、技术落后的聚苯乙烯装置相继关闭、停产。2002—2007年，中国聚苯乙烯产量年均增长为11.2%。2008年受世界经济危机的影响，中国聚苯乙烯的生产和消费受到了一定程度的冲击，虽然在2010年得到了一定的恢复，但随后几年，聚苯乙烯的需求仍相对低迷。

2015—2016年，我国聚苯乙烯产能和产量都有很大幅度的增长，虽然进口小幅下降，但全国的表观消费量达到705万吨，2017年更是达到了713.2万吨。2017年，中国聚苯乙烯生产企业近50家，总生产能力1001万吨/年，其中GPPS/HIPS产能为354万吨/年，产量242万吨，进口量71万吨。2018年产能扩至364万吨，产量265万吨，进口量106万吨，进口较2017年增加49.4%，结束了过去8年连续下滑的趋势。一方面国内的装置开工率不足；另一方面，又有大量的高性能、高附加值的聚苯乙烯产品需要从国外进口，这是我国聚苯乙烯行业目前所面临的突出矛盾。

北化院在聚苯乙烯技术开发方面有一定的积累，建有苯乙烯聚合模试装置，开发了用于高性能HIPS生产的双釜预聚工艺技术、高光泽HIPS制备技术等，引发剂技术、聚苯乙烯改性技术等方面也有深入研究。随着电子电器、汽车、器具及轻工业产品等的高性能化，对聚苯乙烯的性能提出了新要求。HIPS树脂产品向高性能化、功能化、多品种化方向发展，各种专用料呈现系列化，以满足不同层次、不同用户的差异化需求，而我国大多数HIPS树脂厂家产品相对单一、质量也偏低，与市场需求有一定差距，因此，研发高性能、功能化的HIPS专用树脂和专用料是行业发展的迫切需求。

4. 丙烯酸－丁二烯－苯乙烯

2000年之后，国内ABS迎来发展高峰期，形成了生产地主要集中在东北地区和华东地区的格局。其中北方地区有天津大沽和中石油吉林石化、大庆石化及兵器工业部辽宁华锦集团；华东地区以LG甬兴、上海高桥以及台湾奇美化工的ABS装置为主。其中，奇美化工在江苏镇江建成一套25万吨/年乳液接枝-本体SAN掺混法ABS装置；浙江宁波乐金甬兴化工有限公司原5万吨/年ABS装置改扩建为15万吨/年，后又扩能至48万吨/年；江苏常州

树脂集团和常州新港经济发展有限公司共同投资建立了10万吨/年乳液接枝-本体SAN掺混法ABS装置；台湾化纤（宁波）公司建成15万吨/年乳液接枝-本体SAN掺混ABS装置；中石化上海高桥分公司建成20万吨/年本体法ABS装置，镇江国亨化学改扩建后ABS装置产能达到25万吨/年。2008年江苏镇江奇美和镇江国亨合并，ABS产能达到70万吨/年，成为国内最大的ABS生产基地。至2010年，我国ABS生产能力253万吨/年，产量196.8万吨，进口量216.9万吨，表观消费量高达408万吨，国产自给率上升到49%。

近年来，我国汽车、电子电讯、家电、建筑产业稳步发展，加上工业构件、玩具、办公用品的需求，对ABS的需求日增，ABS产能进一步扩大。2014年3月，中海油与韩国LG化学合资建设的中海油乐金化工30万吨/年ABS项目（一期）15万吨/年建成投产。盛禧奥石化（张家港）有限公司对已经停产的12万吨/年聚苯乙烯装置进行技术改造，使其既可以生产聚苯乙烯，也具备7.5万吨/年连续本体ABS树脂生产能力，目前装置运作顺利。山东海江20万吨/年ABS装置，于2018年投产。乐金化学（惠州）化工有限公司二期15万吨/年ABS装置、广西科元新材料有限公司10万吨/年ABS装置正在建设中。

伴随产能扩大，国内自有ABS技术也有了长足进步。在新工艺、新产品及复合材料开发上，吉林石化、锦湖日丽等企业成果较多；减少有机气体排放尤其丙烯腈的排放，LG甬兴、吉林石化做了大量工作，成效显著；细化管理、节能降耗，天津大沽做得较出色。吉林石化于2009年7月启动扩建项目，将已有18万吨/年ABS生产能力提升至40万吨/年，吉林石化对ABS成套技术进行了重点攻关。此前，我国多家企业从国外引进了成套ABS树脂生产技术和装置，但大多生产通用级ABS树脂，缺乏专用级树脂，难以满足市场对特殊用途的需求，而世界ABS树脂的研发趋势是向高性能、多功能的专用树脂发展，以提高产品的附加值和市场竞争力。为顺应这一潮流，该项目以吉林石化研究院双峰分布ABS乳液接枝技术为核心，通过整合中石油吉林石化、兰州石化和大庆石化ABS生产技术成果，形成20万吨/年ABS自有成套创新技术。

经过近60年的发展，国内ABS树脂从开发、国内独资、外资引进、中外合资建设，生产规模和技术创新取得了长足进步和巨大发展，2018年生产能力超400万吨、表观消费量超500万吨，形成生产及消费均居世界第一的大好局面。ABS品种涵盖通用料、高档通用料、专用料，已达100多种，吉林石化251、奇美757、大庆750、LG甬兴121、兰州石化301已经成为用户欢迎的品牌。在ABS研发、检验、标准制定诸方面，中国已经有了一定的话语权。

（二）五大工程树脂

1. 聚酰胺

在PA6方面，2000—2010年是己内酰胺合成与PA6连续聚合技术快速发展期，实现了5万吨/年到10万吨/年产能的跨越，形成了具有自主知识产权的10万吨/年己内酰胺生产工艺包，至此己内酰胺合成国产化技术基本形成，并带动国内PA6树脂连续聚合技术快速发展。2010—2019年是我国PA6产业高速发展期，己内酰胺和PA6树脂产能突飞猛进，2018年己内酰胺总产能达390万吨，PA6树脂产能400万吨，约为2010年的8倍，占全球总产能的64%，成为全球PA6树脂第一产销大国。

我国PA6产业实现的跨越式发展，一是得益于己内酰胺合成技术的进步，完全实现了国产化并不断优化，装置年产能由10万吨级上升到20万吨级，打破了长期依赖进口的落后局面；二是得益于PA6连续聚合工程技术的发展与推广应用，特别是万吨级聚合装备国产化，其投资成本仅为进口装备的30%。我国已建成数十套2万～3万吨/年级装置，其中福建锦江科技和岳阳化工化纤公司分别建成了5万吨/年聚合装置，标志着我国PA6连续聚合迈进了大规模化生产行列；三是得益于PA6聚合单体己内酰胺规模化、上下游集约化发展，以及化纤、汽车、轨道交通、包装等行业发展需求对PA6树

脂产业的拉动。福建、山西、山东、江苏、浙江等地建成数十套20万吨/年、40万吨/年己内酰胺合成装置，实现单体、树脂产业链经营，部分企业建设己内酰胺合成、PA6树脂与纺丝全产业链，实现了集约化发展；四是得益于PA6树脂品种系列化发展，满足了化纤、薄膜包装、工程塑料不同领域应用的需要，品种牌号从单一纺丝级发展到高速纺级、薄膜级、工程塑料级三大类几十个品种。

在PA66方面，江苏华洋尼龙有限公司、辽阳兴家化工新材料有限公司、鞍山国锐化工、浙江华峰集团分别成立，其中华峰集团建成了国内单线产量最大的连续聚合装置并成功投产，目前拥有8万吨/年产能。2005年，神马集团新增10万吨PA66盐项目建成投产，PA66盐的生产能力达到年产20万吨，生产规模跃居亚洲第一位。自1981年引进帘子布生产线以来，经过近40年的发展壮大，中国神马集团已拥有年产30万吨PA66盐、13万吨尼龙工业丝及帘子布、15万吨工程塑料和1.1万吨安全气囊丝产能，成为亚洲最大、世界第四的尼龙化工产业基地。2014年3月26日，英威达公司年产21.5万吨己二胺和15万吨PA66聚合物新生产基地在上海化学工业园区奠基，并于2016年10月26日投产。2019年2月20日，英威达和上海化学工业区签署合作备忘录，启动40万吨/年己二腈生产基地的设计规划。截至2017年，我国PA66总产能已达40万吨左右，约占全球产能的10%，生产企业主要分布在河南、浙江、上海等地。

2. 聚碳酸酯

中国聚碳酸酯的合成技术开发虽然起步较早，但由于受种种因素影响，早期一直未能建成成熟的万吨级工业化装置。加入WTO以后，我国聚碳酸酯消费迎来了爆发式增长，聚碳酸酯在光盘、电子电气（特别是消费电子，如笔记本电脑、功能手机等）、汽车等领域的获得大量应用，从2000年的约20万吨迅速提高至2007年的80万吨以上，年均增速超过20%，远高于全球平均不到10%的需求增速。随着以科思创、帝人、三菱为代表的外资公司和以浙铁大风、鲁西化工、万华化学为代表的内资企业陆续在国内投放产能，中国的聚碳酸酯供应获得了长足的发展。

自2008年后，由于受全球金融危机影响以及新型存储媒介和智能手机等行业的兴起，聚碳酸酯的需求增速开始显著放缓，全球年均增速只有1%左右，但国内聚碳酸酯需求仍维持接近10%的中高速增长，2014年国内聚碳酸酯消费量达到150万吨。这一时期，我国聚碳酸酯进口量剧增，2000年、2005年、2010年、2018年的进口量分别为9.91万、73.08万、126.42万吨和141.72万吨。在这种背景下，日本帝人采用界面缩聚工艺分别于2005年和2006年在浙江嘉兴分期投产了两套5万吨/年的装置，德国拜耳（现科思创）则采用熔融缩聚工艺于2006年在上海漕泾投产了两套10万吨/年的装置。受限于没有成熟的工业化技术来源，没有一家内资企业进入聚碳酸酯生产领域，至2007年国内聚碳酸酯自给率不足20%。

为改变这种局面，我国企业和科研院所也加大了科研攻关力度。2004年，甘肃银光聚银化工有限公司与中科院长春应化所合作开发界面缩聚法聚碳酸酯工艺，并建成了一套500吨/年界面缩聚法聚碳酸酯实验装置。万华化学从2005年开始进行界面缩聚法聚碳酸酯合成工艺小试研究，并在此基础上建成了一套千吨级中试装置。此外，包括清华大学、华东理工大学及天津大学石油化工技术开发中心等高校和科研院所也进行了大量关于聚碳酸酯的聚合机理和合成工艺方面的研究，研究内容涵盖界面缩聚工艺和熔融缩聚工艺，为后人的进一步研究和开发提供了文献基础。

尽管2008年后全球聚碳酸酯需求增速明显放缓，但2008年至2014年间全球新增产能仍超过100万吨/年，国内在2012年又有两套聚碳酸酯装置成功投产，分别是中石化三菱采用熔融缩聚工艺在北京燕山的6万吨/年装置和菱优工程塑料（现三菱瓦斯工程塑料）采用界面缩聚工艺在上海漕泾的8万吨/年装置。到2014年，全球聚碳酸酯总产能已接近500万吨/年，新增产

能主要集中在东北亚和中东地区，投产后绝大部分产品都出口到中国，亚太地区的聚碳酸酯产销基本达到平衡，但国内企业依然没有掌握成熟的工业化技术，至2014年国内聚碳酸酯自给率仍不足30%。

2015年，国内实现了聚碳酸酯合成技术突破，由此国内企业开始进入，同时国外工程公司开始向中国许可聚碳酸酯技术，国内聚碳酸酯进入产能快速扩张期。这一时期随着欧美经济的复苏，全球聚碳酸酯年均增速回升至3%左右，但国内聚碳酸酯需求增速则显著下降至约5%，仅略高于全球平均增速，2018年国内聚碳酸酯消费量近200万吨，国内聚碳酸酯自给率超过45%。目前，国内已投产的装置包括浙铁大风采用熔融缩聚工艺在浙江宁波的10万吨/年装置，鲁西化工采用界面缩聚工艺在山东聊城的30万吨/年装置，万华化学采用界面缩聚工艺在山东烟台的7万吨/年装置，利华益采用熔融缩聚工艺在山东东营的13万吨/年装置和中蓝国塑采用熔融缩聚工艺在四川泸州的10万吨/年装置。此外，科思创上海漕泾三期项目20万吨/年建成投产（投产后总产能达到40万吨/年）。过去5年，中国的聚碳酸酯产能高速增长，年均增速超过20%，远高于需求增速，显著缓解了严重依靠进口的局面。至2019年国内聚碳酸酯产能达到141万吨，在建产能151万吨；国有控股企业已占到40%的产能份额，主流聚碳酸酯工业化生产工艺主要有界面缩聚法和熔融缩聚法两种，其中采用熔融缩聚法的产能占国内总产能的60%左右。

3. 聚甲醛

经过云天化和设计、施工企业的共同努力，2001年7月1万吨聚甲醛生产线在水富基地正式投产，标志着中国首套万吨级聚甲醛装置正式投入运行，打破了国外巨头对中国聚甲醛市场的垄断。但由于引进的波兰ZAT公司技术并不成熟，产能和品质等都存在较大差距，装置投产后一度面临产品质量不稳定、负荷不足等问题。为此，云天化建立了聚甲醛研发平台，加强改性技术研究和突破，经过一年多艰苦的探索研究，先后进行了300多项技术创新改造，实现了增强、增韧、耐候、耐磨等一系列聚甲醛高性能化新技术和产品的工业化生产，发展了高质量、高性能、功能型、多品牌聚甲醛工程塑料，填补了国内高品质聚甲醛生产空白，形成了11项具有云天化自主知识产权的专有技术，申请发明专利12件，获得授权10件。

2001年，上海溶剂厂0.2万吨/年聚甲醛装置在实施技术改造后短期运转。2003年上海溶剂厂与蓝星公司重组，成立上海蓝星化工新材料厂，2005年采用香港富艺国际工程公司聚甲醛技术建设4万吨/年聚甲醛项目，其技术特点为三聚甲醛采用苯萃取精制，共聚单体为二氧五环DOX，项目总投资13亿元，2007年装置建成。

云天化经过大量考察调研及严密论证后，大胆实施产能扩张，将1万吨/年聚甲醛产业化技术进一步放大，2006年7月在云南水富建成投产2万吨/年聚甲醛装置。单套装置年产量达到2万吨，这是云天化的一个创举，即便是最初向云天化输出技术的波兰企业至今也没有达到这样的技术实力。2万吨生产线顺利投产后，云天化启动在重庆长寿区建设6万吨/年聚甲醛装置，分别于2008年8月、2009年11月、2010年4月建成三套2万吨/年装置，云天化聚甲醛规模跃升至10万吨/年，成为国内当时最大、亚洲第二的聚甲醛生产商，产品先后出口欧洲、美洲、大洋洲及亚洲的30余个国家。为了增强聚甲醛和新材料方面的研发能力和核心竞争力，云天化在2018年投资1.2亿元在重庆研发中心建设了1万吨/年改性工程塑料项目，进一步延伸产品链，开拓新应用，占领高端市场。

云天化聚甲醛的技术进步，带动了我国聚甲醛产业的整体发展。杜邦与日本旭化成共同出资兴建杜邦-旭化成聚甲醛（张家港）有限公司，2004年2万吨/年均聚聚甲醛装置投产；2005年6月，日本宝理塑料、三菱瓦斯化学公司、韩国工程塑料公司和泰科纳公司在江苏南通经济技术开发区合资组建的宝泰菱工程塑料（南通）有限公司6万吨/年的聚甲醛装置投产。2010年8月，

天津渤海化工有限责任公司天津碱厂4万吨/年聚甲醛装置一次性投料试车成功。2010年9月,开封龙宇化工有限公司4万吨/年聚甲醛装置于投产。2011年6月,中海油内蒙古天野化工股份有限公司6万吨/年聚甲醛装置C线投产。2011年9月,神华集团宁夏宁煤化工6万吨/年聚甲醛生产线打通全流程,进入生产运营阶段。2014年,山东兖矿鲁南化肥厂4万吨/年聚甲醛投产。

2015年是中国聚甲醛行业发展的分水岭。由于引进的都是国外低端技术路线,国产聚甲醛全部集中于中低端市场,根本无法进入高端市场,结构性过剩严重,因此呈现消费量逐年增长、进口量逐年增加、国内产量却逐年下降的现象。虽然国内聚甲醛消费量每年增长2万吨左右,总表观需求量超过50万吨/年,但国产聚甲醛能进入的市场仅20万吨/年左右,过度集中在低端市场导致恶性竞争,中资企业大多处于巨额亏损状态,部分企业全线或者部分关停。2017年,商务部对原产于韩国、马来西亚及泰国的聚甲醛征收6.2% ~ 30.4%的反倾销税,我国聚甲醛行业发展有所改善。

尽管我国聚甲醛的市场需求不断攀升,但由于我国对聚甲醛的研制开发相对较晚,与先进国家水平相比,在质量、品牌、技术服务等方面与国外品牌还存在一定差距,虽然在中端市场可以部分替代进口产品,但高端市场仍无法与进口品牌竞争。我国聚甲醛生产企业任重而道远。截至2018年,中国聚甲醛生产能力达到55万吨/年,占全球产能34%,成为世界上最大的聚甲醛生产基地,但仅37万吨产能正常生产,开工率只有67.27%。

4. 聚苯醚和改性聚苯醚

随着全球对环保力度的加大,以及汽车轻量化的需求,聚苯醚在汽车领域的应用越来越广,不仅体现在汽车主控板、轮毂、挡泥板、油箱盖、点火线圈等用途上,尤其在新能源电动汽车电池包的使用上,蕴含着巨大的发展潜能和需求空间,其独特的无卤阻燃、自熄性强、耐温范围广、介电性能好、耐化学腐蚀及轻量化性能,决定了它成为新能源汽车电池包支架制造材料的最优选项。

南通星辰芮城分公司隶属中国化工集团旗下南通星辰合成材料有限公司，于2003年从捷克引进聚苯醚技术项目，2006年建成了中国第一套1万吨/年聚苯醚生产装置，打破了聚苯醚原粉一直进口的格局。在试产期间，主要由国外技术提供方进行调试，无论从能耗、物耗、产出率、产品质量方面，还是废渣、废水排放方面，均与设计要求相差甚远，尤其是装置本质的安全性问题逐渐突显。2007—2010年，芮城分公司的聚苯醚产品一直处于摸索改造阶段，产品质量不稳定，国外市场打不开，国内市场客户不认可，市场占有率仅占10%。为提升竞争优势，降低生产成本，公司积极对标国内外同行业，并着手优化设计。经过反复小试实验，摸索工艺参数，确定工艺路线，优化工况条件，使产品质量和产能得到很大提升，2011年聚苯醚产能达到了设计产能1万吨/年，产品质量大幅提升，产品分子量大且分布均匀、分子链更加规整、均一性更好，在挤出造粒过程中分解成分少、产品收率高、配方稳定，实现了定制化生产和服务。

2017年，芮城分公司在现有装置能力基础上实施聚苯醚脱瓶颈改造项目，聚苯醚产量达到2万吨/年。在脱瓶颈项目改造中，公司将聚苯醚老线生产中积累的经验充分考虑和运用进去，创新PPE、DMP联合热耦合节约蒸汽设计，实现工艺废水中水回用，优化聚合程序，安装近红外光谱实现在线检测等，使产能、成本更趋优化。脱瓶颈项目完成后，大大降低了各项消耗，产品成本、环保压力逐步缩减，装置产能大幅提升。目前，星芮牌聚苯醚已畅销国内外，国内排名第一，国际排名第三，已成为下游行业的明星产品，芮城分公司新建3万吨/年PPE重点项目也正在进行中，预计2019年底建成投产。

5. 聚对苯二甲酸丁二醇酯

2003年，南通星辰合成材料有限公司成立张家港分公司，收购了一套

PTA工艺聚合装置，年产量1万吨。仪征化纤公司工程树脂厂、长春化工（江苏）有限公司、新疆蓝山屯河聚酯有限公司也先后分别建成6万吨/年的PBT装置，江阴和时利工程塑胶科技发展有限公司建成2万年的PBT树脂生产线。南通星辰2008年引进德国Zimmer（吉玛）公司技术，建成6万吨PBT聚合装置，这是中国大陆首家建成的PTA连续法聚合装置。此外，还有一批正在建设的生产装置，中国PBT生产能力大幅提高。但是，由于生产技术问题以及市场开发等众多因素影响，国内PBT开工率低，2000年生产能力3.5万吨/年，产量1.64万吨；2010年生产能力26.2万吨/年，产量11.3万吨。

2012年之后，我国PBT产能增速明显加快，2013年和2014年的产能增速分别高达78%、65%，两年内新增产能高达55万吨/年。2016年，南通星辰进行自主开发、脱瓶颈改造，增加了固相增黏聚合，使装置产能提升20%，年产量达到7.2万吨，成为行业盈利能力最强、海外出口市场份额第二、产能规模全球第四的PBT树脂生产企业。截至2017年，国内PBT产能达到108.2万吨/年，行业产能已严重过剩，很多企业陷入亏损境地。2018年，仪征化纤、新疆蓝山屯河、无锡兴盛各有6万吨/年装置按计划建成投产。

（三）特种工程树脂

近年来，国内不同品种特种工程树脂产能正在形成，应用领域不断扩展。整体来看，国内技术并不落后于世界发达国家，但在由技术转化为规模化生产方面则明显不足。

1. 聚芳醚

2000年，吉林大学与长春天福实业集团有限公司合资组建长春吉大高新材料有限责任公司，2001年建成聚醚砜树脂300吨/年的生产线，实现了聚醚砜树脂的产业化。为了满足国内聚芳醚砜树脂日益扩大的需求，2009年吉林大学完成了聚亚苯基砜的中试研究，形成了年产100吨树脂的生产能力。

在聚芳醚酮方面，吉林大学先后完成了聚醚醚酮树脂合成技术的扩试、中试，于2003年建成500吨/年生产线，实现了在航天、航空、电子信息、能源、汽车、家电、医疗卫生等领域的应用推广。该生产线建成后，先后有美国GE、法国Atofina、荷兰DSM、比利时Solvay、德国德固赛等世界500强公司前来洽谈合资合作事宜。最后吉林大学与德固赛公司于2004年5月签订了合作意向书。2006年，德固赛公司出资3亿人民币购买了产业化公司的80%股份，成功实现中国技术输出到发达国家。根据耐高温热塑性树脂领域的技术发展趋势，吉林大学又先后完成12种不同醚基、酮基、苯基含量聚芳醚酮树脂的设计和制备工作，材料的长期使用温度从240℃到350℃，2005年完成聚醚醚酮酮的中试，形成了年产100吨的生产能力。

目前，我国形成了大约3000吨/年聚芳醚酮树脂的生产能力，其中长春吉大100吨/年聚醚醚酮、100吨/年聚醚醚酮酮；吉林省中研高性能工程塑料股份有限公司500吨/年聚醚醚酮；盘锦中润特塑有限公司1000吨/年聚醚醚酮；浙江鹏孚隆新材料有限公司700吨/年聚醚醚酮；广州金发科技股份有限公司500吨/年聚醚醚酮等。

在聚苯硫醚方面，四川得阳科技股份有限公司与四川大学合作于2002年底建成千吨级PPS产业化装置并试车成功，使我国成为继美、日之后成功实现战略性高性能材料PPS产业化的国家。此后该公司陆续开发了5000吨级PPS树脂生产线及万吨级树脂生产线，但该公司因财务问题于2014年停业。2007年，浙江新和成股份公司与浙江大学合作研发PPS，整体工艺于2010年成熟后进行中试调试。2012年启动首条5000吨生产线设计、施工，2013年9月建成并开始调试，短时间内打通生产线、生产出合格产品。2015年，新和成启动第二条10000吨生产线设计、施工，2017年4月建成投产，至此新和成拥有15000吨PPS产能，可以生产注塑级、纤维级、低氯级、合金级、挤出级、涂料级等多种规格，成为国产PPS的主要生产商。2018年，公司PPS产销均接近1万吨，成为世界排名第四的PPS供应商。2017年10月，重庆聚狮新材料科技有限公司第一期1万吨PPS装置正式投产。四川大学与新疆中泰新鑫

化学科技有限公司联合开发的万吨级聚苯硫醚生产线已完成装置建设，将于2019年内开车。此外，四川大学成功开发了聚芳硫醚砜（PASS）、聚芳硫醚酮（PASK）等一系列的PPS结构改性产品，开辟了PPS发展的新方向。

2. 聚酰亚胺

我国聚酰亚胺从无到有，从研究到生产应用，取得了明显的进展，在某些产品上达到国际先进水平，为航天航空工业、电机工业、微电子工业的发展做出了重要贡献，聚酰亚胺材料已用于运载火箭、卫星、核潜艇、船舶、特种牵引电机、内燃机车、电力机车、芯片封装、平面或柔性显示领域等。到2018年，国内的聚酰亚胺薄膜产能达到了8000吨，占到全球总量（17000吨）的一半左右。热法双轴拉伸聚酰亚胺薄膜水平达到国际水平，化学法聚酰亚胺薄膜达到了新高度。

2001年，浙江鼎龙化工有限公司开发成功了苯并咪唑二胺（DAPBI）系列产品的绿色合成工艺。2002年，石家庄海力精化公司的10吨/年联苯二酐（BPDA）技术通过鉴定，金属离子含量达到了微电子级。2005年，山东万达化工厂开发成功了400吨/年的催化加氢还原制ODA的新工艺，从此告别了铁粉还原的历史。2007年，上海市合成树脂研究所"4-硝基苯酐亚胺和邻二甲苯酚→缩合氧化"制不对称联苯醚四甲酸二酐（a-ODPA）工艺开发成功。2008年，长春应化所和长春高琦聚酰亚胺有限公司"氯代邻二甲苯气相氧化制备氯代苯酐，由氯代苯酐出发制备异构联苯二酐及三苯二醚二酐"产业化新工艺开发成功。2009年，常州市阳光药业有限公司开发了"催化氢化控制还原→酸性转位"制备含氟二胺TFDB的低成本工艺。2013年，哈尔滨时代利用中科院长春应化所的基本技术开发成功了氯代邻二甲苯液相空气氧化新工艺，并实现了稳定生产。

2011年，中科院化学所与深圳瑞华泰薄膜科技有限公司合作研发的高性能聚酰亚胺薄膜成功实现产业化，加快了我国在航空航天、太阳能等高端材料领域的国产化进程。2017年，深圳丹邦科技和时代新材先后在国内率先实现了化学法制备高性能聚酰亚胺的产业化，建成400吨/年装置。2018年，中科院化学研究所成功开发了电子级聚酰亚胺薄膜的"化学亚胺化"制备技术。

2005年，常州市广成新型塑料有限公司利用南京工业大学技术开发了国内第二个真正的热塑性聚酰亚胺GCPI并实现了规模化生产。2005年，上海市合成树脂研究所开发成功热成粉法制备自润滑材料聚酰亚胺模塑粉YS10-021（类似Vespel SP-21）的新技术，实现了量产，并解决了非塑性材料的成型问题。2007年，上海市合成树脂研究所开发成功可溶可熔性聚酰亚胺YS20a，并成功用于日本宇航机构的太阳帆上，耐温性和成型性均优于YS20，耐辐照性能能接近杜邦的Kapton H薄膜，且可熔接。2011年，中科院长春应化所和北京航材院成功研发基于非对称异构联苯二酐研制的RTM聚酰亚胺树脂及其增韧技术。

2003年，中科院化学所研制成功第二代耐371℃热固性聚酰亚胺树脂基体（KH-370），在航天领域获得实际应用。2005年，上海市合成树脂研究所的YB380聚酰亚胺碳纤维层压板产品开发成功。2008年，中科院长春应化所和北京航材院共同开发了以a-BPDA和a-ODA∶ODA（50∶50）以及4-PEPA为基础的，满足RTM工艺技术条件的9731树脂；同时利用RTM和"离位"增韧技术，成型的9731复合材料拥有全部自主知识产权，达到国际先进水平。2012年，中科院化学所研制成功第三代耐425℃热固性聚酰亚胺树脂基体（KH-425），在航天等多种型号获得实际应用。

聚酰亚胺纤维形成了耐热和高强高模两大类产品。其中，耐热型PI纤维是指拉伸强度大于0.5GPa、长期使用温度大于260℃的纤维；高强高模PI纤维是指拉伸强度大于3.0GPa、拉伸模量大于100GPa的纤维。不论耐热还是高强高模，国内研究和生产单位尽管在研究和产业化方面起步较晚，但PI纤维的技术和规模化发展迅速，产品性能和总体规模都占据了主导地位。2002年，中科院长春应化所聚酰亚胺连续纤维系列产品开发成功，建成吨级纺丝

生产线，高强高模聚酰亚胺纤维断裂强度3.5GPa，初始模量120GPa；2008年滤材用聚酰亚胺纤维生产工艺开发成功，建成1000吨/年生产线，成功替代进口P84产品。2012年，长春高琦聚酰亚胺材料有限公司年产300吨高性能耐热聚酰亚胺纤维及产业化，纤维断裂强度4.0GPa，初始模量150GPa。2015年，长春应化所聚酰亚胺长纤维中试工艺开发成功，建成50吨/年中试线，纤维断裂强度4.0GPa，初始模量150GPa。2015年，江苏奥神新材料有限公司利用东华大学基本技术开发成功了世界上首套干法聚酰亚胺纤维连续生产线，拉伸强度≥0.7GPa、拉伸模量≥5.0GPa、Tg376℃、Td5% 560℃、延伸率10%～30%。2015年，江苏先诺新材料科技有限公司自主设计建造了国内外首条年产30吨/年高强高模PI纤维工程化成套装备，纤维的拉伸强度和模量分别达到3.5GPa和150GPa的纤维，2017年12月又建成了年产百吨级生产装置，生产出拉伸强度达到4.0GPa的PI纤维，技术达到国际领先水平。

2017年，中科院化学所经过10年的持续努力，成功实现耐180℃硬质闭孔聚甲基丙烯酰亚胺（PMI）结构泡沫的国产化，在大型运输机上获得实际应用，同时研制成功耐320℃聚酰亚胺（PI）硬质闭孔结构泡沫。2017年，自贡中天胜新材料科技有限公司成功建成了200吨PI泡沫生产线，可以实现全开孔和95%以上的闭孔率，为我国的船舶装备发展做出了贡献。

到目前为止，我国形成了中科院长春应化所以聚联苯四甲酰亚胺的研究开发为主，中科院化学所以PMR聚酰亚胺的研究开发、四川大学以双马来酰亚胺树脂及制品、上海市合成树脂研究所以聚均苯四甲酰亚胺、聚醚酰亚胺的研究开发为主；桂林电器科学研究所以聚酰亚胺薄膜流延装置的研究开发为主的合理格局。

三、变而优则用的改性塑料

改性塑料是通过增强、增韧、填充和共混等物理、化学或机械方法对树脂进行加工或改造，以提高树脂在阻燃性、耐老化、力学性能以及电、磁、光、热等方面的特性，以获得具有特定性能的塑料制品。在通用塑料工程化、工程塑料高性能化基础上，改性塑料的生产过程也引入了纳米技术、凝聚态物理、节能环保等前沿科学，使得塑料制品的应用广度和深度进一步增加。

我国工程塑料和改性塑料的发展始于20世纪80年代，早期有北京市化工研究院、中石化北京化工研究院、中蓝晨光化工研究院、中科院化学所和理化所、兵器工业部第五十三所、上海涤纶厂、上海赛璐珞厂、江阴三房巷、苏州塑料一厂等科研院所和企业，分别开展了应用研究和产业化研究，为行业的发展做出了积极的贡献。

伴随着国内经济的快速发展和"以塑代钢""以塑代木"的不断推进，工程塑料和改性塑料也获得了较快的发展，"十一五"期间已经初步实现了专业化、规模化的发展。在"十二五"期间基本完成了产品向高性能化、功能化、精品化的转变。改性设备、改性技术不断成熟，改性塑料工业体系也逐步完善，成为塑料产业中的重要组成部分，并涌现了一批以改性为主的企业，主要有：中国改性塑料行业首家上市公司金发科技，2018年改性塑料产量138万吨，是目前全球高分子新材料行业产品种类最为齐全的企业之一；上海普利特年产能约40万吨，2018年生产改性PP材料15万吨、改性ABS材料3万吨、改性PC/ABS合金2.5万吨、改性PA材料6000吨等；上海锦湖日丽2018年产量约为27万吨，其中PC及其合金为11万吨、ABS为12万吨、其他改性塑料4万吨左右；广东银禧科技改性塑料年产能达30万吨，主要生产PP、ABS、PC、PC/ABS合金、PS、PA、PBT、PPS、PVC、PVC/ABS合金、TPE等；上海杰事杰拥有改性塑料产品生产能力20万吨，涵盖高强高模类、刚韧平衡类、超高韧性类、高模高韧类改性塑料等；中广核俊尔的尼龙改性、聚丙烯改性、聚碳酸酯改性、热塑性聚酯（PBT、PET）改性材料系列等2018年实现销量11.8万吨；南京聚隆科技现有产能12万吨，2018年改性尼龙产量2万吨、工程化聚丙烯产量4.5万吨；株洲时代2018年总产

能达10万吨，产量8万吨，其中改性尼龙3万吨、改性PP4万吨、改性AS 1万吨、其他2000吨；聚赛龙2018年共生产改性塑料8万吨，以改性聚丙烯为主；南通星辰是目前国内唯一一家既具备PBT树脂、又有改性配套的企业，2018年改性产品的总产能为3万吨，产量达2.32万吨；还有山东道恩、黑龙江鑫达、合肥会通新材料等公司。这些企业代表了国内改性塑料行业的中坚力量，基本满足了国内制造业的需求。

随着汽车轻量化、家电轻薄时尚化以及近年来无人机、VR、机器人、高端消费品、体育用品等新兴行业的发展，为改性塑料行业发展提供了新的机遇，改性塑料消费量快速增长，改性塑料行业发展空间广阔。

国内改性塑料品种主要集中在PP、ABS、PS、PC、PA、PBT、PET和POM等。其中以PP和ABS为主，消费量占改性塑料总量的60%左右。据统计，我国改性塑料产量由2010年的705万吨增长到2018年的1750万吨，改性化率也由16%增长至20%。

国外主要树脂生产商同时均为改性树脂企业，他们大多是集上游原料、改性加工、产品销售一体化的大型化工企业，在原料供应和生产规模上均具有较大优势。巴斯夫、杜邦、拜耳（现为科思创）、SABIC、普立万、朗盛、宝理塑料等跨国化工巨头均已在国内设立了改性塑料生产基地。

国内从事改性塑料生产的企业众多，预计超过3000家，但总体发展水平较低，企业生产规模普遍偏小，大部分处于模仿阶段，同质化竞争比较激烈，产品多处于中低端市场。从产能上看，国内企业占73%左右，国外或合资企业占比约为27%；但国内高端产品对于国外企业依赖的现象严重。从市场占有率情况来看，国内企业市场占有率仅为30%，而国外企业市场占有率高达70%。我国改性塑料行业的分布具有明显的地域性，其主要生产地区基本上都集中在东南沿海地区。广东、浙江、江苏、山东产量位居全国前列，四省改性塑料产量约占全国改性塑料产量总量的80%，其中广东省改性塑料产量约占全国改性塑料产量总量的40%以上，在市场环境、科技力量、物流条件、政府支持等方面较其他省份有更大的优势。

展望

忆往昔峥嵘岁月，怀初心奋力圆梦。经过70年发展，我国合成树脂行业与祖国同发展、共壮大。取得巨大成就的同时，我们还应清楚地看到，与发达国家和世界500强企业相比，我国合成树脂行业差距仍大，特别是高性能树脂产业总体仍处于急需大力培育发展阶段，是我国化工行业的突出"短板"，仍面临产业体系不健全、自主创新能力不强、高端产品大量进口、原料保障能力有待提升等矛盾和问题。

党的十九大报告中提出，到2035年我国基本实现社会主义现代化，石油和化学工业将为建设我国社会主义现代化提供强大的支撑和巨大的供需，而作为重要基础性和先导性产业的合成树脂行业，特别是特种工程树脂行业将责无旁贷站在前列。为此，我们所有的企业和全体员工都要立足基本实现社会主义现代化，立足人民生活需求和国家安全的目标，在现有产业基础上，通过工艺设计、原料配套、装置更新、提高加工应用水平等方面，全力推进材料高性能化、功能化和绿色化。完成产业转型，提高产业创新能力、市场竞争能力；以发展高技术含量、高附加值的新型树脂为契机，建立具有中国特色的"政、产、学、研、用"高水平创新平台，推进供给侧改革，促进合成树脂产业发展，全力开创创新发展的新局面，为基本实现现代化提供最基础的保障，推动我国石化行业由大国向强国的跃升，为建设制造强国做出我们更大的贡献！

（本篇作者名单：杨伟才，王晓雪，王轩，薛志杰，翟继业，宋文波，张传贤，张雷，李峰，朱明松，阴雪枝，胡永宁，邓如生，邢彦须，姜振华，吴存雷，卜新平）

05

四十年砥砺前行　新征程再创辉煌

——新中国聚氨酯工业发展纪实

　　1937年Bayer博士首先发明了聚氨酯树脂，聚氨酯材料正式诞生。聚氨酯材料主要形式包括聚氨酯泡沫、弹性体、纤维、涂料、胶黏剂、皮革等，可以广泛应用于航空、航天、化工、汽车、建筑、防腐保温、家具、电器电子、纺织、食品包装等领域。20世纪50年代末60年代初，大连建立了一个小规模的三苯基甲烷三异氰酸酯的生产基地，主要用于胶黏剂的研发和生产。20世纪60年代，大连、常州、太原等地建立500吨/年的MDI、TDI生产装置，同时在上海、天津等地开始聚氨酯软质泡沫塑料的研究开发和生产，中国聚氨酯工业正式开始起步。20世纪70年代，聚氨酯原料匮乏，设备落后，聚氨酯的生产基本处于手工和半手工状态，低压发泡设备正处于研发过程，没有成型的商品可用于工业化生产，聚氨酯工业发展缓慢。改革开放初期，我国聚氨酯的年消费量仅5000吨左右。

　　生产聚氨酯所需要的原料品种多，主要包括异氰酸酯、多元醇、催化剂、发泡剂、阻燃剂、交联剂/扩链剂等，其中异氰酸酯生产中硝化反应和光气化反应危险性大、配套原料多，属于高度技术垄断的产业。受经济和技术水平限制，20世纪80年代以前，国内完全不具备建设聚氨酯工业完整产业链的条件，制约了聚氨酯制品的大规模生产。随着改革开放的步伐加快，我国开始引进国外先进的聚氨酯原料和制品生产技术与装备：1983年烟台合成革总厂引进日本技术建成1万吨/年的二苯基甲烷二异氰酸酯（MDI）生产装置；20世纪80年代中期，甘肃银光、太原化工厂、上海吴淞化工厂和沧州大化等企业先后从国外引进甲苯二异氰酸酯（TDI）生产装置；沈阳化工厂、金陵石化二厂、上海高桥石化、天津三石化、蓝星东大、锦化化工、九江化工厂和浙江太平洋等企业先后从意大利普利斯（Press）、日本三井东亚（Mitsui）、日本旭硝子（Asahi Glass）和美国陶氏化学（Dow Chemical）引进万吨级聚醚多元醇的先进生产技术，至此，生产聚氨酯所需要的主要原材料MDI、TDI和聚醚多元醇基本满足国内需求。

在此期间，异氰酸酯企业通过消化、吸收和创新发展，掌握了光气化技术，开发了具有自主知识产权的MDI、TDI生产技术，万华化学成为世界上异氰酸酯品种最全、MDI规模最大的公司。聚醚多元醇企业通过校企合作，掌握了聚醚结构对性能的影响，开发了适应新型发泡剂的聚醚多元醇、交联剂；开发了高活性聚醚多元醇、高固含量聚合物聚醚多元醇（POP）用于冷固化高回弹需求；开发了低气味、低VOCs、高活性多元醇，引领车内环境的环保需求。聚氨酯原料技术和生产水平不断提高，极大地满足了聚氨酯材料的发展需求。

20世纪90年代后期，武汉轻工业机械厂采用许可证方式，引进德国BASF集团Elastogran公司的聚氨酯高压发泡设备和技术，生产聚氨酯高压发泡机及成套生产线，结束了此类设备长期依靠进口的历史，基本满足了国内冰箱、冰柜、聚氨酯板材等生产线需求。同时引进国外先进的聚氨酯软泡连续化生产线，结束了简单的间歇式箱式发泡生产工艺，迅速发展到自动化连续生产聚氨酯硬质、软质泡沫塑料制品，极大地满足了下游冷库、家具、服

装对聚氨酯泡沫塑料的需求，聚氨酯生产企业迅速增加到2000多家。科研院所、大专院校和生产企业纷纷开发了聚氨酯弹性体、胶黏剂、革鞋树脂、聚氨酯纤维等产品供应市场，我国聚氨酯工业开始进入飞速发展的黄金时期。

伴随着改革开放的伟大时代步伐，我国聚氨酯工业迎来了近30年的快速增长，到2018年我国聚氨酯各种原材料的产能均占世界总产能的1/3以上，各类聚氨酯产品的消费量在1130万吨（含溶剂）左右，是世界上最大的聚氨酯生产和消费地区。

创新发展是聚氨酯工业辉煌的原动力

40年来，我国聚氨酯工业实现了从无到有、从小到大的跨越，通过消化吸收、自主创新，不断超越，创造出了一个又一个的奇迹，在原料生产和下游应用等领域均取得了一系列辉煌的成绩，为经济社会发展做出了卓越的贡献。

在此期间涌现了一批国内知名企业：万华化学走出了一条消化、吸收、创新、超越的发展道路，成为世界上MDI技术领先、规模最大的全球化企业；沧州大化和甘肃银光不断消化、完善TDI生产技术，开发成功具有自主知识产权的TDI生产技术；蓝星东大、万华容威、长华化学、佳化化学等公司一直对标国际先进的聚醚多元醇制造技术，致力于研发和生产高端聚醚多元醇产品，引领我国聚醚多元醇高品质消费；江苏湘园、南京美思德专业从事聚氨酯助剂的研发和生产，生产技术和产品质量均不断提升，产品不仅满足了国内需求，还远销欧美等发达地区；黎明化工研究设计院、山西省化工研究所、华峰集团、南京红宝丽、一诺威聚氨酯、华天橡塑、鹤城科技等勇于开拓应用市场，极大地丰富了我国聚氨酯下游应用。下面就让我们跟随着这些企业的发展，探索我国聚氨酯行业在改革、创新中不断提升的发展道路。

一、创新发展的异氰酸酯领域

1978年11月，国家正式批准烟台合成革厂计划任务书，从日本引进一套年产300万平方米的合成革生产装置，同时，配套引进一套间歇式年产1万吨的异氰酸酯（MDI）装置。1983年11月生产出合格MDI产品，标志着我国第一个聚氨酯工业基地——烟台合成革厂全面建成。1995年MDI装置年产量首次突破1万吨，标志着万华初步消化了引进装置的技术。

1996—1998年，万华由工厂制改为公司制，但收效甚微，公司连年亏损，工资只发60%～70%，人才更是大量流失。经过深刻反思，万华的改革选择是没有错的，只是改革还没有改掉"铁饭碗"的思想和"大锅饭"的分配体制，没有触动最深层的东西。

1998年12月，以集团下属的MDI分厂为主，联合东方电子、烟台冰轮、氨纶和云南红塔集团成立了烟台万华聚氨酯股份公司。新公司成立后，打破了论资排辈的管理，为新公司配备了一支以年轻干部为主体、富有创新精神的管理班子。新的管理团队进行的第一项改革是推出了原料采购"比价管理"办法，仅此一项就为企业节约了750多万元，相当于公司当年利润的50%。改革的第二步是人事和薪酬制度改革，竞聘上岗，淘汰15%的员工，让企业轻装上阵；按能力和贡献重新调整工资和奖金分配办法。大刀阔斧的改革很快就见到了成效。2001年，烟台万华聚氨酯股份有限公司在上交所成功上市，企业迎来了发展的春天。2006年，万华开始实行员工激励改革，让骨干员工持股，使得当时的骨干员工迄今为止没有一人离开，为公司的技术创新和技术保密做出了巨大贡献。

1988年，万华成立了二期工程MDI技术引进小组，与跨国公司又进行了长达四年的技术引进谈判。在这四年中，他们满怀希望与期待，盼望着外国人把MDI技术卖给他们。当时的万华，由于自己没有创新能力，对外国人总是有求必应，结果没想到4年谈判换来的，却是他们清楚了解到中国市场

的巨大潜力后，决定在中国设自己的MDI生产装置。万华做了一件"引狼入室"的蠢事。

这件事对万华的影响极为深刻，他们明白了一个道理：先进的核心技术是求不来、买不到的，创新还得靠自己！中国人只有自立自强，才能赢得世界的尊重。

1999年，公司提出创新工程和人才工程，将技术创新作为公司第一核心竞争力来培育。公司专门出台了《技术创新奖励办法》（简称《办法》），提出了科研成果实现产业化后，创造的净利润连续5年提成的方案。《办法》提出的当年，就有了兑现的机会。1998年，科研人员研发的科技成果在1999年产生了经济效益。按《办法》，应该给科研人员92万元奖励。没有人敢相信公司真的会拿出这么一大笔钱来。当时，全公司400人的员工队伍一年的工资总额还不足200万！公司高层讨论了一个月的时间，最后决定：高管一分钱不拿，奖金全部分给一线科研人员。财务人员用一个麻袋将92万元现金从银行提回来，一摞摞现钞按照获奖人员整齐摆放在桌子上，现场发放，后来任公司副总工程师的孙敦孝分得最多，按照当时的工资标准，21万元现金比这位老工程师夫妻32年的工资总和还要多。他的爱人看到满满一布袋的现金吓坏了，给当时主管技术的领导廖增太打电话。主管领导告诉她："这钱是公司奖励的，是正当收入，可以光明正大地去银行存，可以放心地花！"

知识无价亦有价。以重奖激励人才，以制度保护创新，是万华的胆识和魄力。

创新肯定很难，不难也就谈不上创新了，关键是面对困难，有没有迎难而上、攻坚克难的勇气和意志！搞自主创新特别是核心技术的自主创新，必须拿出十年磨一剑的精神！凭借着信任、激励、包容，人才的价值在万华得到最大程度的体现，一项项创新得以实现。

MDI的技术升级改造项目，经过2年多筹备，即将投入生产，却遭遇管道堵塞，反复停车，每一次停车都会造成几百万元的损失，就这样反反复复、试试停停了10次，5000万元就打了水漂，万华人不气馁、不放弃，终于在第11次试验取得重大突破，MDI单套设备产能由原来的8万吨提升到20万吨以上。

1999年，万华决定着手研发脂肪族异氰酸酯（HDI）产品，从全公司抽调技术骨干，组建了一支研发团队，在实验室整整忙活了一年，却连HDI的影子也没有看到，研发团队被解散了。创新不能受到挫折就放弃，第二支研发团队组建了，4年的时间过去了，终于出了成果，可是课题组长辞职了，万华又接着组建了第三支队伍，经过多年的努力，2015年HDI工业化装置实现稳定生产，到2017年HDI项目累计营利10亿多元，现在万华HDI产能在全球排第二位，有望在几年内成为全球最大。

2008年1月8日，万华"年产20万吨大规模MDI生产技术开发及产业化"项目获得国家科技进步一等奖，国家主席胡锦涛及国务院总理温家宝在人民大会堂向该公司董事长丁建生颁发了此奖项。万华MDI技术是世界上最先进、最成熟的MDI技术，标志着我国的MDI生产技术已跨入世界MDI制造技术的领先行列，成为继德国、美国和日本之后第四个掌握MDI制造技术的国家。万华MDI在国内的市场占有率从原来的8%上升到现在的40%以上。

2018年，万华成功研发出第六代MDI制造技术，自主开发的国际最大规模年产30万吨TDI装置一次开车成功；万华百万吨乙烯项目获国务院批准，全面开工建设；万华自主开发的PO/SM中试和尼龙-12全产业链中试全流程贯通，其中尼龙-12产业化项目被列为山东新旧动能转换头号重点工程。

大投入带来了大产出、大效益。到目前为止，万华自主研发并完成转化的重大科技成果有100多项，先后获国家科技进步一、二等奖等国家级奖励7次，累计申请国内外发明专利1409件，其中国际专利310件；科研活动相关人员达到2000多人，其中博士120余人、硕士640余人，各类研发人员1812人，占公司总人数的13%；拥有国内外6大研发基地、7大国家级创新平台、150多个装备先进的实验室，一大批小试、中试产品形成梯队接力……

今天的万华，已成为中国制造业最具创新能力的企业之一。

1985年由当时的兵器工业部和甘肃省联合投资的"七五"重点项目——2万吨/年TDI生产装置在甘肃银光开工建设，1990年3月底，甘肃银光TDI生产线一次投产成功，结束了我国TDI长期依靠进口的历史。

但是由于工艺设计先天不足，2万吨TDI生产线一直未能达到设计要求，公司组织技术攻关团队，通过对工艺的理解，进一步消化、吸收和创新，对主要装置进行改造，逐步消除生产线上原来设计上的瓶颈和弊端，使生产能力逐渐提升。经过十余年的生产实践和科研攻关，公司逐渐掌握了消化、光化和氢化等核心技术，2001年，公司利用自主知识产权的技术建成5万吨/年TDI生产装置并产出合格产品。2009年公司实施工艺技术改造，将生产线产能扩大到10万吨规模。标志着我国TDI生产走上了产业化、规模化的发展道路。

二、不断前行的聚醚多元醇行业

20世纪80年代，我国先后从意大利普利斯、日本三井东亚、日本旭硝子和美国陶氏化学引进多套万吨级聚醚多元醇的先进生产技术，开始走上消化、吸收和自主创新道路。到1993年我国聚醚多元醇的生产能力已经超过11万吨，但是我国聚醚多元醇生产企业仍然不会设计聚醚多元醇的分子结构，聚醚多元醇牌号基本采用国外进口时的标准，品种单一，无法满足国内消耗臭氧层物质（ODS）替代需求，企业研究所与国内知名的科研院所合作开发适合新型发泡剂的聚醚多元醇产品，研制并生产多系列小分子的聚醚多元醇类交联剂，聚醚类原材料体系逐渐完善。

从20世纪90年代后期开始，我国聚氨酯应用得到快速增长，聚醚多元醇行业投资异常活跃，各个生产企业纷纷新建、扩建产能，到2001年我国聚醚多元醇的产能就达到40万吨。涌现了一批知名企业：锦化化工、天津三石化、山东东大、上海高桥聚氨酯事业部、金陵石化二厂等，产品种类繁多、质量稳定，满足了国内不断增长的需求。进入21世纪，国企改制加速，民营企业看好聚醚多元醇行业，投资加速，产能急剧增加，企业间竞争开始出现，聚醚多元醇人才流动频繁，造成低端产品同质化严重，高端产品严重不足的现象。在此期间，上海高桥石化聚氨酯事业部凭借中石化上海石化研究院强大的科研力量，配合精良的技术装备、先进的技术工艺和"安全、健康、环保"的管理理念，建设了8.5万吨/年的环氧丙烷装置和17.2万吨/年聚醚装置，聚合物多元醇装置的规模及质量达到了世界级水平，2008年底聚醚装置产能达25.2万吨/年，是当时国内最大的聚醚供应商。聚醚产品品种达九十多个，分别适用于软泡、硬泡、半硬泡、自结皮、弹性体、涂料、黏合剂、密封胶等不同领域的各类聚氨酯产品，产品远销海内外。由于中石化结构产品调整的原因，聚氨酯事业部从2017年初开始降低负荷，于2017年5月停止生产各类聚醚多元醇产品，聚氨酯事业部永久退出聚醚多元醇生产行业，各类人才分流到全国其他同行企业。其市场份额被后来居上的万华化学、蓝星东大以及中海壳牌等企业瓜分。

20世纪90年代初，山东东大化工从日本引进聚醚多元醇生产技术，经过不断的消化、吸收，掌握了聚醚多元醇（POP）的基本结构，不断创新，于2001年建成6万吨/年聚醚多元醇生产装置和万吨级POP生产装置，2006年改制后的蓝星东大建设完成3万吨/年环氧丙烷（PO）生产装置，健全了产业链条。2008年PO项目由3万吨扩建至6万吨，到2012年PO项目的产能扩充至8万吨。2009年蓝星东大仅用半年时间就完成聚醚多元醇扩建项目，产能攀升至16万吨，产能的增加带动了技术水平的升级和管理水平的提高，产品质量稳步上升，备受用户的好评，蓝星东大开始引领聚醚多元醇行业的发展。到2012年蓝星东大聚醚的产能达到25万吨，年销售量超过20万吨，连续几年在国内市场占有率名列前茅。2017年作为有责任的国有企业，面临严峻的环保压力，公司放弃了PO带来的1个多亿的利润，毅然关闭了其8万吨PO生产装置，公司在聚醚多元醇上下狠功夫，与蓝星（北京）技术中心

合作，改变传统聚醚多元醇生产的催化体系和聚合工艺条件，自行设计聚合反应的生产设备，使其传热、传质更加高效，创建了工艺技术参数的优化模型，形成了自主知识产权的生产工艺包、工程化设计包、关键操作程序包和智能化自动化控制软件包，开发成功高活性、低VOC聚醚多元醇短生产周期的成套技术，产品已投放市场，应用于汽车用低气味、低VOC高活性聚醚多元醇领域，可完全替代国外先进高端产品。科技创新和优化管理为蓝星东大带来了稳定增长的企业利润，30万吨/年聚醚多元醇搬迁项目正如火如荼进行，项目完成后蓝星东大将继续引领我国聚醚多元醇行业砥砺前行。

三、自强不息的聚氨酯助剂领域

生产聚氨酯除了需要异氰酸酯和多元醇两大主要原料外，还需要很多助剂，主要包括催化剂、发泡剂、表面活性剂、扩链剂等。改革开放之后，我国聚氨酯行业蓬勃发展，但是聚氨酯助剂类产品一片空白，基本上靠进口，市场完全被国外企业垄断，无法满足我国聚氨酯各类产品的消费需求。科研院所和大专院校开始研发催化剂、表面活性剂和扩链剂等助剂，但是由于国外的技术封锁，我国聚氨酯助剂的工艺技术落后、产品质量低下。面对下游生产企业的渴求，生产质量优良稳定、可满足我国聚氨酯制品需要的助剂成为我国聚氨酯人不懈的追求。

有机硅表面活性剂是生产聚氨酯制品必不可少的助剂，生产技术掌握在迈图、赢创、空气产品等国际大公司手中，中国人不懂得其分子结构，更谈不上如何设计、如何生产。在聚氨酯材料技术不断提升的新形势下，江苏美思德在南京成立，在老一辈工程师的指导下研究有机硅表面活性剂的分子结构、化学合成和配方组合，致力于研发、生产国内自主知识产权的有机硅表面活性剂产品；先后承担了3项国家火炬计划项目、6项省部级科技计划项目，建成了江苏省有机硅表面活性剂工程技术中心、江苏省企业技术中心。公司研发的聚氨酯泡沫稳定剂产品质量达到国外同类产品的先进水平，打破国外在泡沫稳定剂领域的垄断，并建成万吨级的生产装置，不仅满足了国内聚氨酯泡沫发展的需求，还远销欧洲、中东等地区。依靠科技创新，"新一代聚氨酯匀泡剂的研发和产业化"项目的研发成功，极大地促进了聚氨酯材料的发展需求，进一步巩固了其在行业中的领先地位。

聚氨酯弹性体的性能优异，可以广泛应用于军事、矿山和工业生产，生产聚氨酯弹性体胺类扩链剂必不可少。发展初期，国外不但对先进的弹性体技术进行封锁，聚氨酯扩链剂更是被国外企业垄断，我们完全依靠进口。苏州市湘园特种精细化工有限公司（简称苏州湘园）董事长周建，面对下游客户的渴求，坚定了开发生产聚氨酯扩链剂的决心，1992年开始了其研发生产聚氨酯扩链剂的艰辛之路，没有工厂建设经验，他和工人一起安装设备、一起摸索；没有专业技术人才，他晚上挑灯夜战，学习各类化工理论，结合试验，不断修改参数；缺乏资金，他省吃俭用，带着12包干粮，在硬座车厢的过道上坐了两天到达太原，检测数据，求教专家。功夫不负有心人，聚氨酯最重要的扩链剂3, 3′-二氯-4, 4′-二氨基二苯基甲烷（MOCA）被苏州湘园成功生产，成功迈出了第一步。

产品是有了，但是产品质量低、规格少，只能用于低端产品，高端的MOCA仍然是进口产品的天下，苏州湘园开始第二次的转变，加大技术改造，在实践中不断摸索、改进工艺，终于产品质量越来越稳定。2000年左右，轮滑鞋风靡全国，旱冰轮需求猛增，聚氨酯扩链剂的市场一下打开。因为产品品质稳定、价格合理，苏州湘园成为全国主要旱冰轮生产企业的MOCA供应商。

2001年7月，苏州湘园建成我国首家年产3000吨聚氨酯扩链剂系列产品生产装置；2011年9月，苏州湘园在如东县建成了规模和工艺技术均遥遥领先的MOCA及相关产品生成装置，聚氨酯弹性体交联扩链剂年产量达到10000吨，产品不仅满足国内需求，MOCA还通过了欧盟REACH认证，远销欧盟27个国家的89个企业，产品在日本、韩国、中东、拉美等国家和地

区都有较高的市场占有率。

四、不断开拓的聚氨酯应用领域

黎明化工研究院是我国聚氨酯产业的主要开拓者，几代人砥砺奋进，数十载孜孜以求。从"六五"到"九五"，黎明院对聚氨酯进行了系统的研究，从原料、交联剂、扩链剂、脱模剂、催化剂，到制品、泡沫、弹性体；从结构设计、技术路线、加工工艺，到设备应用，聚氨酯工业涉及的大多数领域，黎明化工研究院都进行了长期、精心的研究，填补了多个国内空白。

作为中国聚氨酯行业主要奠基人之一，有远见卓识的李俊贤决定从高起点入手，将研发目标锁定在代表世界先进材料技术方向的聚氨酯反应注射成型技术上，同时研究原料和助剂，为我国聚氨酯工业的发展奠定了坚实的基础。

为了探索聚氨酯这一新兴化学工业材料的研发之路，黎明化工研究院的工程技术人员在李俊贤院士的带领下，泡在图书馆，从成千上万条国外化学文献中查找信息，并往返于洛阳与北京，只为到国家专利局或图书馆查找相关详细资料，确定研发路线。

这是一段鲜为人知的创业经历：灯火通明的挑灯夜战，每天10余个小时50多个的配方压片实验；本来已经下班回家，却为忽然想起的一个好方法，马上又回到实验室；为了赶进度，"实验狂人"一次并行做3个实验。这样的例子比比皆是。

从基本的聚氨酯原料和助剂到各种聚氨酯制品，一项项科研成果从黎明化工研究院诞生，有力地促进了我国聚氨酯行业的发展。从"六五"攻关到现在，开发出近百项技术成果，30多项达到国际先进水平，先后应用于航天、汽车、建筑、家具、食品包装等各行各业。

近年来，随着消费者需求的提升和市场的激烈竞争，普通聚氨酯难以适应市场需求。黎明化工研究院瞄准市场，重点开发阻燃、环保、高性能聚氨酯新材料，使聚氨酯产品由普通级向高环保、高性能转型，实现了高端聚氨酯材料的国产化。

目前，黎明化工研究院已经形成年产5万吨聚氨酯组合料、1万吨弹性体浇注物料、5000吨聚酯多元醇、1200吨TPU树脂、6万套RIM制品、50万支单组分密封剂、100万件浇注弹性体制品、200万件轿车缓冲止位块等生产线。

黎明化工研究院自20世纪80年代开始研发汽车配套聚氨酯材料，近年来紧紧抓住国家支持汽车产业发展带动聚氨酯行业快速增长这一市场机遇期，将聚氨酯汽车配套新材料列为业务发展的重点，不断开发新产品，在校车用高密度长纤增强聚氨酯材料、新型聚氨酯慢回弹泡沫等领域取得突破；成功开发出低VOC泡沫配方新工艺、低密度环保高回弹配方新工艺，满足了客户的特殊需求。

成立于1964年的山西省化工研究所，被称为国内聚氨酯弹性体行业的"黄埔军校"。聚氨酯弹性体具有优良的物理机械性能，最初是被用于军工、航天和工业生产，发达国家对中国进行了严密的技术封锁。山西省化工研究所担负起聚氨酯弹性材料的开发研究，从研究化学结构开始，不断翻阅文献、优化工艺、统计数据、变换参数、表征结果、手工浇注，直到最终生产出一件又一件的聚氨酯制品，满足各领域的需求。

山西省化工研究所在聚氨酯弹性体类产品的研发创造了多个全国首创：经过老一辈科研人员的集中攻关、反复试验，在北京工人体育馆铺设了一条60米长的聚氨酯塑胶跑道，满足了1974年中美建交田径友谊比赛的美方要求；聚氨酯胶辊的研制成功，结束了冷轧不锈钢所用胶辊依靠进口的历史。煤炭洗选使用的筛板也是聚氨酯弹性体材料生产的，此前一块2.4米×1.2米大的聚氨酯筛板，进口报价高达1.2万余元，且使用寿命仅半年。刘厚钧、郁为民等老一辈科研工作者从材料、规格到成本，一步步进行攻关，开发出

多种原料替代进口，并在生产工艺上大胆创新，产品成本下降了一半以上，聚氨酯筛板的使用寿命也提高了一倍以上，性能远超国外产品。

山西省化工研究所50年始终如一，除了研制开发了传统的各类聚氨酯胶辊、筛板、密封材料等，在聚氨酯弹性体的其他应用领域也不断创新和探索，还成功开发聚氨酯类的轨道交通锁固材料、公路填缝材料、桥梁加固组合料、橡胶制品修补胶等，为我国聚氨酯弹性体的发展做出了卓越贡献。

1985年，由山西省化工研究所编著的我国聚氨酯行业第一本专业书籍《聚氨酯弹性体》出版，成为国内无数"聚氨酯人"的启蒙教材和研发必备手册。其于2002年和2012年编著出版的《聚氨酯弹性体手册》，也成为行业入门必读的著作。1972年至今，山西化研所还先后组织编写了《聚氨酯情报资料》《聚氨酯译丛》《聚氨酯及其弹性体》等出版物，极大地促进了我国聚氨酯的技术进步。

始创于1987年的红宝丽集团股份有限公司（简称红宝丽），32年来栉风沐雨，从一个濒临倒闭的软泡小车间发展壮大为在国内外享有美誉的国家重点高新技术企业，完成了从单一化工厂向一个综合性化学企业的转型。如今，红宝丽牌冰箱硬泡组合聚醚、异丙醇胺的销售量、销售收入和产品市场占有率均在行业名列前茅，产品遍布全世界。

20世纪80年代末，我国从不同国家和地区引进了48条冰箱生产线，冰箱冰柜的隔热层被"洋货"垄断，并且国内冰箱行业也统一口径，喊出"硬泡组合聚醚非进口不可"的口号。经过市场调研分析后，红宝丽决定研发、生产用于制造冰箱、冰柜隔热保温层的聚氨酯硬泡组合聚醚。时任公司领导人的芮敬功和他的科研团队学技术、筹资金、买设备，开始了组合聚醚国产化的艰难探索和开拓。饿了，啃几口馒头；困了，就躺在水泥地上打个盹……

1989年6月28日，新产品组合聚醚试制成功！经相关部门检测，新产品组合聚醚的实物质量水平达到国外同类产品水平。然而成果的推广并没有想象的那么容易。1990年夏天，红宝丽首次向香雪海电器集团有限公司（香雪海）推广组合聚醚产品，但对方不相信国内的技术。芮敬功不灰心不放弃，他打听到香雪海仓库积压了一大批无法使用的组合聚醚，达150吨左右。他拿出了当时仅有的30万元，回收了这批报废品，利用公司的技术重新加工成合格的组合聚醚，为香雪海挽回了200多万元的损失，香雪海也就成了红宝丽的第一个用户。就这样，红宝丽先后成为美菱、长岭、海尔等国内冰箱巨头的合格供货商。

实现组合聚醚国产化之后，芮敬功带领工人们继续吹响技术创新的进军号。面对聚氨酯产业道路上的一道道技术难关，他们主攻重点，分类施策，组织突破。1991年至1992年，成功开发出低氟组合聚醚工艺，技术指标达到国际先进水平。1993年年底，一座年产5000吨聚氨酯系列产品技改装置建成，生产能力比原来提高5倍！

1994年6月18日，经南京市经济体制改革委员会批准，南京红宝丽股份有限公司正式成立，成为南京市首批股份制试点企业。红宝丽腾空而跃，踏上自主发展的新征途。

"提供绿色产品和服务，让世界变得更加美好！"是红宝丽的企业使命。红宝丽技术创新的初心始终如一，那就是在发展工业的同时，要还大自然一个明净的天空，要守护青山绿水。秉持着这样的理念，红宝丽不断收获着技术创新成果，1996年，"环戊烷型""141b型"无氟组合聚醚多元醇相继问世，填补了国内空白，推动无氟组合聚醚的国产化进程。

2007年9月13日，南京红宝丽股份有限公司在深圳证券交易所正式挂牌上市。

现在，中国的每三台冰箱中，就有一台使用的是红宝丽组合聚醚，红宝丽冰箱用聚氨酯硬泡组合聚醚全球市场占有率连续三年全球第一。2017年底，工信部发布了第二批制造业单项冠军示范企业名单，红宝丽榜上有名。

异丙醇胺是一种重要的化工原料，也是聚醚多元醇的重要原料之一，从1996年开始，红宝丽的科研团队利用9年时间研发成功国际领先的超临界连续法合成异丙醇胺生产技术。这项技术属于国内外首创，不仅具有完全的自主知识产权，而且打破了国外在此领域设置的技术壁垒，产品质量及技术性能都处于国际先进水平。2009年公司建成世界上单套产能最大、技术最先进的异丙醇胺生产装置，经过技术改造和创新，目前已形成9万吨/年产能，产品销往全球50多个国家和地区。

环氧丙烷是制约红宝丽发展的又一种原料，公司放弃了传统高污染的氯醇法生产工艺，经过多年研究，成功开发出共氧化法生产环氧丙烷的工艺技术。2015年6月18日，红宝丽的环氧丙烷项目落地江苏泰兴经济开发区，成为红宝丽走出南京的第一个项目。目前，红宝丽年产12万吨环氧丙烷项目已试生产成功，生产出合格产品，正逐步提升装置负荷。至此，红宝丽以冰箱、冰柜用组合聚醚多元醇为核心，向上游原料发展，形成原料、聚氨酯组合聚醚产业一体化，具有原料自给能力，实现做大、做强、做长聚氨酯产业链条。

1991年初，当时还在瑞安市塑料七厂担任副厂长的尤小平毅然"下海"创业，投资50万元建成瑞安市塑料十一厂（华峰集团的前身）。凭着过硬的质量和娴熟的销售手段，公司的销售收入不断增长。于1995年成立瑞安聚氨酯实业有限公司，投资开发聚氨酯鞋底原液产品，确立了聚氨酯产业多元化的发展方向。1997年公司实现销售收入超过2亿元人民币，聚氨酯类产品供不应求。

经历了一次成功的产业转型之后，华峰人更坚定了发展聚氨酯产业的信心，1998年尤小平瞄准温州制革业的主要原料合成革树脂大部分依赖进口的商机，力排众议，做出了一个大胆的决定：投资2000万元打造一条聚氨酯革用树脂生产线。当时正值金融危机爆发，市场回落，行业普遍不景气，但是公司依然取得了不错的成绩，当年的销售总额达3亿元。

1999年，尤小平高瞻远瞩，再做惊人之举，投资有"贵族"产品之称的聚氨酯纤维（氨纶）产业，这次得到了公司董事会的一致赞成。2006年8月23日，华峰氨纶在深交所A股上市，实现了温州民企国内上市"零"的突破。

华峰集团以市场为导向，科技为依托，以提高技术含量为主攻方向，依托华峰集团国家级企业技术中心、省级重点企业研究院等平台，致力于高新技术新产品的研发，先后承担了国家火炬计划项目、国家863对接项目和省高新技术产业化项目，先后获得了330余项国家授权专利，主导和参与制定国际、国家行业标准100多项，先后开发出了百余项具有自主知识产权和核心技术的创新成果，如"高性能减震垫用聚氨酯树脂""纳米耐氯氨纶纤维""环保型革用聚氨酯树脂""环己烷合成己二酸关键技术"和"汽车绒面革"等项目，填补了国内外空白，使华峰产品技术含量和档次始终处于行业领先地位，逐步实现了产品自主开发和产业化生产与市场的接轨。

2003年，徐军带领十几名员工，租赁厂房，成立了一诺威聚氨酯股份有限公司。在资金短缺、产品单一、设备落后的情况下，坚持创新驱动，聚焦高科技产品，2004年8月，透气型跑道的环保型单组分聚氨酯黏合剂试车成功，恰逢国内塑胶跑道大发展时期，凭借质量稳定的产品和优秀的服务理念，透气型跑道的环保型聚氨酯黏合剂迅速成为市场最受欢迎的产品。

2005年，上海东大聚氨酯有限公司乘势而起，聚氨酯组合聚醚产品从这里走向东南亚、南非、台湾等地；2008年，齐鲁化学工业园一诺威新材料公司成立，10万吨/年聚醚多元醇生产装置建成投产，成为从事聚醚多元醇行业研发和生产的单位之一。一诺威聚氨酯股份有限公司通过自主研发，逐渐

形成了12万吨/年TPU的生产能力，配套建设了主要原料聚酯多元醇生产装置，从而形成了从下游应用向原材料延伸的完善产业链。

在公司快速发展的同时，徐军以前瞻性眼光规划布局，在多个地方购买工业用地。经过不计其数的汇报、审批、研讨、调研，多个地块的项目相继开工建设。一诺威已成为专业的聚氨酯制造商，逐渐形成了八大系列产品：聚氨酯预聚体系列、TPU系列、微孔聚氨酯弹性体系列、聚氨酯铺装材料及防水系列、聚酯多元醇系列、聚醚多元醇系列、聚氨酯组合聚醚系列、减水剂及表面活性剂系列。

21世纪初期，国内聚氨酯预聚体市场刚刚起步，市场应用主要以国外进口产品为主，大多数用户根本不了解产品的特性和优势，淄博华天橡塑科技有限公司、上海鹤城高分子科技有限公司、上海金汤塑胶科技有限公司等应运而生，通过自主创新开发出满足细分市场应用的聚氨酯预聚体及TPU产品，解决了用户的需求，极大地丰富了国内聚氨酯制品领域。

2000年，淄博华天橡塑科技有限公司成立初期，主要生产滑板轮用聚氨酯预聚体，随着市场变化，成功开发矿山用聚氨酯预聚体，用于生产筛板、导流槽、传送带、密封圈、旋流器等矿山配件产品。2003年开始，公司加强内部管理，加快创新发展，先后与阿迪达斯、耐克合作，成功开发了用于鞋底鞋面的聚氨酯弹力胶；研发高性能的聚氨酯产品用于军工领域和高铁减震材料。

上海鹤城高分子科技有限公司成立之初，致力于研发和生产MDI体系，专注于中高端浇注聚氨酯弹性体（CPU），产品专门针对江浙沪的高端用户，开发了体育器材配件用聚氨酯预聚体，保证了产品高耐磨、高回弹、高抗拉撕裂、较低的滚动摩擦和压缩永久变形、良好的着色性能、耐候、环保等诸多优势。针对高端市场，公司研发团队开发生产的预聚体产品保质期可以达一年，产品包括：光伏包胶多线切割辊用高端聚氨酯预聚体、汽车生产线低速轮用NDI预聚体、CPU眼镜膜、聚氨酯凝胶、无模旋转浇注型聚氨酯预聚体、石油密封圈专用料、拖拉机方向盘、断桥铝灌封胶、地铁承载轮等，形成了浇注型聚氨酯预聚体、浇注型聚氨酯组合料、特殊性能聚氨酯预聚体、专用领域聚氨酯预聚体、环保黏合剂、聚氨酯辅料助剂6大体系三十余个系列产品，广泛应用于机械、纺织、矿山、石油、机械、承载轮等领域，与中石化、上海大众等公司建立良好的合作关系，打破了国外公司在国内的垄断。

同样成立于2009年的上海金汤塑胶科技有限公司采用双螺杆连续化生产技术，专业生产粘接型、热熔型、注塑（射）型、压延型等热塑性聚氨酯弹性体（TPU），已具备年产10000吨的生产能力。该公司致力于聚氨酯热熔胶（吹淋膜、熔融纺丝、粉末）、单组分湿固化聚氨酯胶黏剂的前沿产品研发创新工作。形成热熔胶用TPU树脂、聚氨酯胶黏剂用TPU树脂、油墨涂料用TPU树脂、TPU热熔粉等系列产品，主要应用于油墨、反光材料、热封胶带（膜）、鞋材、消防水带、医药包装、纺织品复合、汽车零部件、胶辊（轮）、电缆护套等领域。

我国聚氨酯工业的现状及展望

一、我国聚氨酯主要原材料发展现状

（一）TDI

TDI生产技术复杂，装置要求高，生产相对集中，2017年全球TDI的产能接近300万吨，其中亚洲地区TDI产能达166万吨，生产企业主要集中在中国、日本和韩国，中国是全球最大的TDI消费地区，日本和韩国是最重要的TDI出口国家，主要出口中东、非洲和美洲等地。2015—2019年我国TDI产能情况见表1。

表1　2015—2019年我国TDI产能统计（万吨/年）

年份	2015	2016	2017	2018	2019
产能	89	84	84	89	125

2019年我国TDI的生产企业将达到8家：科思创、万华化学、巴斯夫、沧州大化、甘肃银光、福建东南电化、烟台巨力和连石化工。

2016年随着2套TDI装置的关停或转产以及10月份科思创30万吨/年装置和巴斯夫30万吨/年装置相继出现问题，不能正常生产，造成全球TDI供需失衡，价格开始大幅上扬。我国TDI生产企业抓住机会，提高开工负荷，出口暴增，全年净出口超过10万吨。2017年随着我国消费回暖，下游需求增幅较大，国内TDI价格高于国际市场价格，国内TDI装置几乎满负荷生产，产量达83.4万吨，国内生产企业多专注于国内市场，科思创出口产品最大。2017年国内TDI净出口约8万吨，较2016年减少2万多吨。2018年初市场延续2017年行情，各家工厂开工负荷较高，到2018年12月北方锦化5万吨装置被连石化工重新启动，并顺利将开工负荷提升至80%，加上万华化学30万吨装置试车，TDI价格开始大幅度下滑。

未来几年我国TDI消费将维持缓慢增长势头，产能增幅高于需求增幅，国内TDI产量将大幅增加。国内企业要注重技术升级和产品质量，为下游客户生产高质量产品，使其产品更加环保、舒适，减少次品率，节约成本。国内产能过剩，出口成为必然，国内企业要主动参与国际市场的竞争。未来全球TDI产品消费的增长点将来自于亚洲、非洲、中东和拉美等地，印度市场将保持较高增速。

（二）MDI

MDI生产技术复杂，装置投资大，过程控制困难，仅少数几家公司掌握MDI制造技术，目前全球有7家公司共计22套MDI生产装置，2018年MDI生产能力在870万吨左右。我国MDI生产企业包括：万华化学180万吨/年、上海联恒59万吨/年、科思创50万吨/年和重庆巴斯夫40万吨/年，共计329万吨母液生产能力。另外，瑞安东曹8万吨/年母液精馏装置，连续多年每年都进口8万吨母液进行精馏。见表2。

表2　2015—2019年我国MDI产能情况（万吨/年）

年份	2015	2016	2017	2018	2019
产能	262	305	305	329	394

预计未来几年全球MDI需求增速在5%左右，我国MDI的需求增速将维持在5%～7%，到2024年全球MDI产能达1160万吨，消费量将接近980万吨，我国MDI的需求将达到300万吨左右。上海联恒的24万吨装置已于2017年底建成；万华化学计划2021年前，通过技术升级改造将宁波120万吨装置的产能提升至150万吨，同时将烟台的60万吨装置的产能提升至110万吨/年，总产能将达到260万吨；科思创计划将上海漕泾的50万吨 MDI装置扩产至60万吨，另外，康乃尔计划在福建投资一套40万吨/年 MDI装置（现已被万华化学有条件收购）、巨力计划在新疆投资一套40万吨/年 MDI装置，未来我国新增MDI产能将达到170万吨，加上重庆巴斯夫和万华化学的MDI装置产能的释放，中国将成为最重要的MDI出口国之一。

（三）环氧丙烷（PO）和聚醚多元醇

随着共氧化和直接氧化法PO的生产项目的建设，国内PO的生产技术结构发生了巨大变化，2017年我国氯醇法PO生产工艺的占比降到了54%，2018年我国PO的产能达324.7万吨。

2018年，各厂家除了例行检修外，大部分保持正常负荷生产。吉林神华和长岭依旧维持较低产出。2018年国内PO工厂平均开工率为83.3%，总产量达到270.6万吨，较上年增加8.1万吨，2018年中国PO进口总量达到28.2万吨，比上年增加了4.9万吨，PO出口为3.2万吨，较2017年增加2.8万吨，但98.6%的量仍然为以中国为中转国的转口。2018年中国

PO表观消费量295.6万吨，同比2017年增加3.6%左右。近年来环氧丙烷下游丙二醇和聚醚多元醇在国家严格环保检查的压力下，需求变弱。聚醚多元醇是PO最大的消费领域，2018年用于生产聚醚多元醇的PO达220万吨。

2018年国内聚醚多元醇的产能约505万吨，总产量为271.5万吨，2014—2018年聚醚全国总产量复合增长率约为2.16%。我国聚醚多元醇2014—2018年的产能情况见表3。

表3 2014~2018年我国聚醚多元醇产能情况（万吨/年）

年份	2014	2015	2016	2017	2018
产能	434	451	487	515	505.5

我国聚醚多元醇产能不断增加，技术水平也不断提高，聚醚品种规格也基本齐全，基本满足国内市场需求，2012年之后出口量也开始上升，进口量也开始呈逐年下降趋势。但是2015年随着新加坡壳牌扩产和泰国陶氏新聚醚装置的投产，借助成本和质量优势，亚太聚醚开始大量进入中国市场，直到2018年依然保持强劲势头，全年共进口各类聚醚40万吨。其中聚醚中软泡聚醚数额最大超过20万吨，占全部进口量的50%以上，我国硬泡类聚醚多元醇和POP出口态势较好，远大于进口量。2018年我国聚醚多元醇类产品净进口约9万吨。

二、我国聚氨酯制品的发展现状

（一）聚氨酯泡沫

聚氨酯泡沫制品是目前聚氨酯产品应用最为广泛、用量最大的产品，主要包括聚氨酯软泡和聚氨酯硬泡。2018年我国聚氨酯泡沫的消费量在440万吨，同比增长约4%。

聚氨酯硬泡主要应用于冰箱、冰柜、冷库、管道保温、板材、冷藏集装箱和热水器等保温领域，2018年冰箱、冰柜依然是聚氨酯硬泡最大的应用领域，大约消费聚氨酯硬泡95万吨，占硬泡消费的50%以上；太阳能热水器由于消费观念的变化和方便性降低，市场消费持续降低，聚氨酯硬泡应用出现超过10%的负增长；喷涂、板材以及煤矿加固等领域均出现小幅下降。受GB 50016—2014的影响，近两年聚氨酯外墙保温的应用出现较大的后退。2018年我国聚氨酯硬泡总的消费量约180万吨。

聚氨酯软泡主要用于家具、汽车、服装等。2018年软体家具消费稳步上升，国内软体家具销售收入较上年增长约8.9%，软体家具行业共消费聚氨酯软泡约135万吨；汽车、摩托车领域2018年出现29年来首次产销量下滑，去年该领域共消费聚氨酯软泡约55万吨。2018年全年我国聚氨酯软泡的消费量约260万吨。

（二）氨纶

2018年我国氨纶产能为89万吨。氨纶性能优异，应用领域不断拓展，产能增加迅速，一度处于无序发展状态，供求关系失衡，2012年发起的反倾销使我国氨纶企业状况逐渐好转，国内企业市场占有率增加，开工率上升，氨纶的应用已经从传统的功能性织物扩展到服装面料，从内衣扩展到外衣等，市场对差异化、功能性、高附加值氨纶纤维的需求量不断增加。2018年我国氨纶的消费量约65万吨。

（三）合成革浆料

据中塑协人造革合成革专业委员会的统计，2017年我国人造革合成革增速不到2%，其中聚氨酯合成革由于环保、性能、成本等因素，造成聚氨酯合成革增速明显低于PVC人造革增速。目前国内合成革浆料企业主要集中在温州、丽水、晋江等区域，占了全国相当大的份额，国内的浆料行业不断向产业化、规模化靠拢，环保生产以及对高端新产品的研发将成为国内聚氨酯浆料产业新的发展方向，产业结构调整的力度将会进一步加大。合成革的生

产逐渐向水性化、无溶剂化和TPU的方向发展，可以预计合成革浆料的用量将进一步降低，2018年合成革浆料的消费量约185万吨，比2017年有所降低。

（四）鞋底原液

我国是全球最大的聚氨酯鞋底原液生产国，2018年全国鞋底原液的总产能仍然维持在117万吨左右。聚氨酯鞋底原液主要用在劳保鞋、皮鞋等低端鞋，由于纯MDI价格高位运行，成本陡增，和其他替代品的价格差越来越大，下游鞋企受到压制，加上近年来鞋材产业转移明显，2018年国内消费量约57万吨。

（五）弹性体（包括TPU、CPU和防水铺装材料等）

TPU是近几年需求增速最快的热塑性弹性体材料，性能优异、价格适中，成为PVC、EVA材料的替代品，国内对TPU的需求表现出持续增长的态势。2018年我国TPU的产能约80万吨，产量43.6万吨，年增速仍然达到两位数，主要应用于鞋材、薄膜、电线电缆等领域。CPU主要用于胶辊、筛板、密封件等，国内最大的CPU预聚体企业有一诺威、华天和朗盛等。2018年各类聚氨酯弹性消费量约107万吨。

（六）涂料

聚氨酯涂料在木器涂料工业中占主导低位，占到木器涂料市场的75%；在汽车修补漆中，占40%左右的市场份额。聚氨酯技术在防腐涂料、汽车原厂漆方面的应用也越来越广，占10%左右的市场份额。聚氨酯涂料由于其固化简单、物理机械性能优异，在涂料行业中的比例不断提升，预计未来增长率约6%左右。估计2018年我国聚氨酯涂料的消费量约195万吨。

（七）胶黏剂和密封剂

聚氨酯胶黏剂广泛应用于制鞋、包装、建筑、汽车等领域，而且由于其优良的性能，被认为是国内最有发展潜力的胶种之一。聚氨酯密封剂被广泛应用于建筑、汽车等领域，随着聚氨酯密封剂原料和技术水平的提升，聚氨酯密封剂的品种越来越多，将满足各种用途的需求，据估计2018年我国聚氨酯胶黏剂/密封剂的消费量达80万吨（含溶剂）。

综上所述，2018年我国聚氨酯产品的消费量约1130万吨（含溶剂），是世界上最大的聚氨酯生产和消费地区。聚氨酯原材料通过消化、吸收和再创造，MDI生产技术和生产能力居世界领先水平；聚醚多元醇生产技术和科研创新能力不断提升，高端产品不断涌现，与国外先进水平差距在不断缩小，但是生产企业多，产业集中度低，产业结构调整潜力大。聚氨酯制品领域尚存在产业集中度低、产品同质化严重、高端产品少的现象，企业小而散的问题突出，难以适应提升效率的要求，难以形成品牌效应。

三、我国聚氨酯发展展望

我国是世界上最大的聚氨酯生产和消费地区。"十三五"以来，受终端消费市场的影响，我国聚氨酯行业增速由高速转向低速增长态势，市场进一步成熟，新的大规模应用领域难以再出现，行业进入创新发展和提升时期，未来聚氨酯行业将向高性能、高品质、环保和可持续的方向发展。未来5年，我国聚氨酯主要原料MDI、TDI和环氧丙烷/聚醚多元醇投资活跃，全球新增产能几乎都集中在我国，中美贸易战短期内对我国聚氨酯行业的影响较小，但是随着贸易战的深入，聚氨酯下游应用领域的影响将波及聚氨酯产业，中长期来看影响将是深远的。但是我国是制造业大国，聚氨酯产品应用领域广，水性化、无溶剂化、功能化等方面的创新发展不断提升，预计我国聚氨酯行业未来5年将保持5%或以上的平均增速。

06

化学工业未来的蓝海

——新中国化工新材料行业发展纪实

化工新材料是指目前已发展的和正在发展之中具有传统化工材料不具备的优异性能或某种特殊功能的新型化工材料。与传统材料相比，化工新材料具有性能优异、功能性强、技术含量高、附加值高等特点，是化学工业中最具活力和发展潜力的新领域，代表着未来化学工业的发展方向，包括工程塑料及特种工程塑料、高端聚烯烃树脂、高性能纤维、高性能橡胶、聚氨酯材料、氟硅材料、功能膜材料、电子化学品、石墨烯、3D打印材料、纳米材料等。

"十二五"以来，我国化工新材料发展取得了重大进展，一批重大关键技术取得了突破性进展。其中，自主开发的二苯基甲烷二异氰酸酯（MDI）、间位芳纶等生产技术已达到或接近国际水平。T800及以上级碳纤维、聚碳酸酯、聚苯硫醚、氢化苯乙烯异戊二烯共聚物（SEPS）、聚1-丁烯、耐高温半芳香尼龙PA10T、脂肪族异氰酸酯（ADI）全产业链技术等打破国外垄断，先后实现产业化生产。世界首套高强高模聚酰亚胺纤维百吨级装置率先在中国建成。聚氨酯及原料基本实现自给，氟硅树脂、热塑性弹性体、功能膜材料等自给率近70%，高性能树脂、高端超高分子量聚乙烯、水性聚氨酯、脂肪族异氰酸酯、氟硅树脂橡胶等先进化工新材料国内市场占有率大幅提升，部分产品实现出口。

在激烈的市场竞争中，一批领军型企业加快成长，焕发出强大的生机活力。万华化学自主研发了第六代MDI生产工艺，成为全球技术领先、产能最大、质量最好、能耗最低、最具综合竞争力的MDI制造商，并打破了国外公司对ADI系列产品全产业链制造技术长达70年的垄断，建成了世界上品种最齐全、产业链条最完善的ADI特色产业链。鲁西化工在消化吸收国内外先进技术的基础上，开发了具有自主知识产权的聚碳酸酯技术，建设了年产20万吨聚碳酸酯产业化装置，产品质量加快向国际先进水平靠拢。浙江新和成开发了具有自主知识产权的聚苯硫醚技术，建设了万吨级工业化装置，产品基本达到国际同行水平。东岳集团在成功开发出第一代国产氯碱用离子膜基础上，又成功研制出"高电流密度、低槽电压"新一代高性能国产氯碱离子膜并实现了数万平方米的工业应用。中复神鹰集团完成的干喷湿纺碳纤维生产技术，成功建成了国内第一条千吨级规模T700/T800碳纤维生产线。

2018年，我国化工新材料产量约为2210万吨，较"十二五"末提高60%，国内自给率提升到65%；实现销售收入4800多亿元，较"十二五"末增长2.5倍，进口额高达3200亿元左右，占进口化工产品总额的25%（化工产品进口总额1.3万亿元）。化工新材料已成为我国化学工业发展最快、发展质量最好的重要引领力，培育了上海化工园区、宁波石化园区、江苏高科技氟化学工业园、泰兴精细化工园区、中国化工新材料（嘉兴）园区、山东济宁新材料产业园等一批专业特色突出的化工新材料产业园区。

总体看，我国化工新材料产品仍处于产业价值链端的中低端水平，中高端产品比例相对较低，现有产品技术含量、附加值低，与发达国家相比差距较大。茂金属聚丙烯、聚醚醚腈、发动机进气歧管用特种改性尼龙、可溶性

聚四氟乙烯、聚酰胺型热塑性弹性体、PVF 太阳能背板膜等部分产品仍未实现大规模工业化生产。聚甲醛、溴化丁基橡胶、碳纤维、芳纶、聚酰胺、聚苯硫醚、高纯电子气体和试剂、太阳能电池背板等高端产品仍需进口。尤其是高纯磷烷特气、超大规模集成电路用光刻胶、CMP 抛光垫材料等电子信息领域所需的关键材料完全依赖进口。同时，部分化工新材料品种及其原料开始出现结构性过剩问题。TDI、MDI、环氧丙烷、己内酰胺、己二酸、聚醚多元醇、有机硅甲基单体、硅橡胶、氢氟酸、氟聚合物、含氟制冷剂等表现出不同程度的产能过剩，产能利用率快速下降。

一、高性能树脂

我国高性能树脂严重短缺，国内企业技术和生产均不能满足市场需求，严重依赖进口。

——**高端聚烯烃塑料**。高端聚烯烃品种包括茂金属系列聚烯烃材料、高刚性高抗冲共聚聚丙烯、乙烯-乙烯醇共聚物等，这些品种或国内产量较少，或质量未能完全符合用户的要求，仍以进口为主。2018 年，我国高端聚烯烃塑料的国内自给率仅为 43%，己烯、辛烯等高碳 α - 烯烃依赖进口是制约高碳 α - 烯烃共聚聚乙烯发展的重要原因之一。在高端聚烯烃树脂领域，EVOH 树脂、PDE 弹性体、mPP 国内无法生产，完全依赖进口；mPE 自给率严重不足，仅为 10% 左右；EVA 树脂自给率也不到 50%。

——**工程塑料和特种工程塑料**。我国工程塑料起步较晚，但发展迅速，目前已逐步形成了具有树脂合成、塑料改性与合金、加工应用等相关配套能力的完整产业链，产业规模不断扩大，并且出口不断增长。2018 年，我国工程塑料产量 306 万吨，表观消费量为 548 万吨，自给率仅为 55.9%，其中消费量最大的聚碳酸酯国内自给率仅为 43%，主要由外资企业生产。我国工程塑料产能过度集中于低端产品，而高端产品的产能受制于技术等因素而导致对进口的依赖严重。

在五大通用工程塑料领域，我国均已建成大型工业装置，新增产能主要集中在聚甲醛、PBT、聚碳酸酯。目前，国内主要生产共聚甲醛，产品以中低端为主，高端产品主要依赖进口，均聚甲醛仍难突破，作为聚酰胺树脂的原料，己二腈国内尚无法实现产业化，聚酰胺树脂产能产量受国外市场影响比较严重。

在特种工程塑料领域，聚苯硫醚、聚酰亚胺、聚醚醚酮及下游制品产业化发展提速，聚砜类、聚芳酯、特种聚酰胺等多数品种处于技术开发和应用研究阶段。

——**降解塑料**。PBS/PBAT、PLA、PHA是三大主流降解塑料。PBS/PBAT树脂韧性好，加工性能优异，可广泛应用于购物袋、地膜、保鲜膜、片材等产品应用，是膜类降解产品最重要的基础原材料，也是当前使用量最大的降解塑料品种。中国科学院理化技术研究所、清华大学、四川大学等都拥有技术的知识产权，其中中科院的技术在国内已经广泛产业化。PLA树脂是全生物基材料，树脂强度好，透明性好，应用十分广泛。目前我国中国科学院长春应用化学研究所、同济大学、南京工业大学等都拥有PLA的合成技术，国内已经形成7万吨产能。PHA树脂是全生物合成制备，产品包括PHB、PHBV、PHBVXX、P(3.4)HB、PHBD等品种，具有优异的力学性能，尤其是具有降解塑料中少有的良好气体阻隔性，在包装中有其独特的应用。目前天津国韵已经实现了万吨级P(3.4)HB、宁波天安已经实现了千吨级PHBV的生产。国内清华大学、汕头大学等拥有PHA的生产技术。

二、高性能橡胶

高性能橡胶指除乳聚丁苯橡胶和通用型顺丁橡胶外的其他合成橡胶，包括溶聚丁苯橡胶和稀土顺丁橡胶，也包括各类热塑性弹性体。在新技术开

发方面，由于缺乏相应的加工应用技术支持，加之下游企业应用配方开发动力不足，致使高性能橡胶新产品推广应受阻。2018年，我国高性能橡胶装置总能力达600万吨，消费量为460万吨，其中净进口量80万吨，自给率约82.6%。2018年国内丁基橡胶装置总产能达39.5万吨，产量16.6万吨；丁腈橡胶国内产能24万吨，产量15.6万吨。

2018年，丁苯热塑性橡胶、丁腈橡胶和氯丁橡胶的国内产品市场占有率达到60%以上，需要进一步增加高档适销产品；而丁基橡胶、乙丙橡胶和异戊橡胶三个品种因装置建成时间不长，目前国内产品市场占有率还很低。2018年，丁基橡胶和乙丙橡胶的产能和消费量大致持平，但是因天然橡胶价格冲击，国内装置开工率低，市场消费大量依靠进口，需要进一步稳定产品质量，开发市场，尽快达到正常生产，满足国内市场需要。

热塑性丁苯橡胶是国内市场占有率最高的品种，我国已成为世界热塑性丁苯橡胶最大的生产和消费市场，热塑性丁苯橡胶的生产技术分别向意大利EniChem公司和台湾合成橡胶公司进行了转让，开创了国内石油化工技术的出口先例。

三、聚氨酯

我国是世界最大的聚氨酯原料生产基地，异氰酸酯（MDI、TDI、HDI）、聚醚多元醇、己二酸等产能发展迅猛，下游加工企业多，产业规模迅速扩大，但行业创新能力不足、产业集中度低、低端产品同质化严重、产能过剩、高端产品不足且竞争力弱。2018年，我国聚氨酯消耗量超1110万吨，各类聚氨酯制品产量达973万吨以上，折合聚氨酯树脂产量750万吨。除个别特种聚氨酯制品外，聚氨酯制品以及大宗品种的原料MDI、TDI、脂肪族异氰酸酯和聚醚多元醇均已实现或基本实现国内自给。

——**异氰酸酯**。经过30多年的引进、消化吸收、自主创新开发，特别是近10年来的快速创新发展，我国异氰酸酯形成了以MDI、TDI为主体品种的坚实产业基础，MDI缺口不断减小，国内产量不断提高，进口量逐渐减少，出口量逐渐增加，已成为全球异氰酸酯主要生产和消费国。2018年，我国MDI总产能329万吨，产量260万吨；TDI总产能达到119万吨，产量达85.9万吨，TDI消费量约为84.2万吨；HDI总产能7.5万吨，产量6万吨，净进口量近1万吨，自给率为80%。

——**聚醚多元醇**。聚醚多元醇生产的技术壁垒不高，中国生产企业较多。2018年，我国聚醚多元醇产能约505万吨，产量271万吨。

——**聚氨酯制品**。聚氨酯制品按照其形态和应用，可分为聚氨酯泡沫、弹性体、鞋底原液、氨纶、合成革浆料、涂料和胶黏剂/密封剂等。2018年，我国聚氨酯制品的消费量约为1114万吨（含溶剂），增速约5%。其中，TPU由于原料价格的下降和优良的机械及加工性能，成为增速最快的聚氨酯产品。

四、有机氟硅材料

氟硅材料是化工新材料领域中我国最具资源和原料优势的领域，但目前萤石、工业硅等稀缺资源和高耗能基础原料高比例出口，而氟硅树脂等深加工产品出口量相对较少。

——**有机氟材料**。主要包括氟氯烷烃、氟硅橡胶、氟硅油、氟硅树脂、含氟烷烃等。目前，我国已形成以氟氯烷烃为配套原料支撑的从氟单体合成到聚合物制造的较为完整的体系，主要产品产能、产量、出口规模已处于世界前列，为我国航天航空、新能源、环保、交通等战略性新兴产业的发展、提供了强有力支持。2018年，国内含氟聚合物总生产能力25.6万吨左右，产量14.7万吨左右。通用型氟树脂产品已有部分出口，但高性能产品仍依赖进口，其中氟树脂为净出口，我国氟橡胶生产能力达2万吨，通用型产品产能过剩，装置开工率低。国内含氟聚合物产业与国际先进水平相比，主要差距

体现在：产品低端，缺少高性能品种；产品单一，缺乏满足各种不同用途加工需求的专用化、系列化产品；产品稳定性不够，给下游加工带来不便。因此结构性短缺现象比较突出。

——**有机硅材料**。我国有机硅原料生产规模大，产业链条完备，生产要素供应充足，生产效率较高，原材料综合生产成本较欧美发达地区具有明显优势，产业集中度较高，产能发展迅速，技术水平得到大幅提升，出口量呈逐年增加趋势，已成为世界最主要的硅氧烷出口国。从原料硅块、氯甲烷纵向延伸至硅橡胶、聚硅氧烷酮胶，横向扩展至各类有机硅分支产品已经成为企业发展的主流趋势，培育了一批具有上下游一体化程度高、竞争优势明显的龙头企业，但仍存在结构性不足，下游高附加值产品与国外大型企业存在较大差距。

五、高性能纤维

我国高性能纤维产品覆盖碳纤维、间位芳纶、对位芳纶、超高分子量聚乙烯纤维、聚酰亚胺纤维等。2018年国内高性能纤维产能9万吨，产量约4.3万吨自给率为72.4%。其中：T300、T800级碳纤维已实现产业化，M40、M40J等高强高模碳纤维已具备了小批量制备能力，已经涵盖高强、高强中模、高模、高强高模四个系列碳纤维。间位芳纶、聚苯硫醚纤维和连续玄武岩纤维等实现快速发展，产能突破万吨。对位芳纶、聚酰亚胺纤维、聚四氟乙烯纤维等实现千吨级产业化生产，填补国内空白，打破国外垄断。聚芳醚酮纤维、碳化硅纤维等攻克关键技术，为实现产业化奠定基础。

2018年，我国碳纤维产量约0.9万吨，装置开工率约为37.5%，国内自给率仅为29%，主要原因是国内通用型碳纤维的生产成本高于进口产品价格，国内碳纤维企业单线最高产能是1000吨，规格在12K以下，24K及以上的碳纤维产品质量不稳定，生产运行速度慢、运行工位少、装备保障能力弱、实际产量低、导致产品均匀性和稳定性差，生产成本高，市场竞争力差。

2018年，我国芳纶总产能为2.25万吨，总产量1.13万吨，平均开工率50%；其中间位芳纶有效产能1.35万吨，产量0.9万吨，平均开工率67%；对位芳纶产能9000吨，产量2300吨，平均开工率25%。我国间位芳纶已能基本自给，但是对位芳纶仍严重依赖进口。

2018年，我国UHMWPE纤维国内市场产能约为2万吨，产量1.3万吨，消费量2万吨，自给率约65%，形成了较为完善的规模化生产能力。UHMWPE纤维是我国唯一具有国际竞争力的高性能纤维，也是获得专利最多的品种。国内部分厂家相关产品的单丝强度可达到45cN/dtex，产品均匀性好，纤度不匀率可控制在2%左右，总体技术制备已经基本达到国际先进水平。

六、高性能膜材料

高性能膜材料主要包括水处理用膜、特种分离膜、离子交换膜、锂电池和太阳能电池用特种膜、光学膜等。2018年底，我国膜材料产值约600亿元，自给率为55%，各类功能性膜材料产能合计66.58亿平方米，产量49.7亿平方米，平均开工率75%。消费量61.8亿平方米，自给率80%。我国已设计开发出30种膜产品，其中10种膜材料在国际上处于先进或领先地位。

——水处理用膜。国内随着排水及供水标准的不断提高，膜法水处理技术在给排水处理设施升级改造中得到了大规模应用，"十三五"市场空间超过2000亿。目前，我国RO膜仍以进口为主，微滤膜、超滤膜的国产率也仅有50%。超滤膜作为目前最有效的水预处理材料，在国内市场开始迅速增长，进入发展关键期。我国企业已突破IPS法生产聚偏氟乙烯中空纤维膜技术，开发了具有完全自主知识产权的TIPS法聚偏氟乙烯中空纤维膜制备工艺，建设了一条热致相分离（TIPS）法高性能PVDF中空纤维膜生产线

（135万平方米）；TIPS技术以实现大规模工业化，建成了国内首条年产200万平方米的TIPS法PVDF中空纤维膜生产线，产品性能达到国际先进水平，环境及经济效益非常显著。

——**离子交换膜**。我国对高性能离子交换膜材料需求强劲，特别在燃料电池、液流电池、电渗析、氯碱等方面，每年都要花费巨资进口，尤其是全氟磺酸离子交换膜及磺化芳香族聚合物等材料。目前，我国氯碱行业对全氟离子交换膜的年需求量在30万～40万平方米，几乎全部依赖进口。我国市场上离子交换膜主导产品的年产量达50万平方米左右。一些企业和研究院所除在含氟的离子交换膜研究取得进展外，也在经济型的离子膜方面开展了大量的基础研究工作，虽然部分研究成果已形成了中试规模的生产，但还没能形成规模化的应用及产品的系列开发。

——**特种膜**。主要有渗透汽化膜和无机陶瓷膜。我国渗透汽化膜自给率仅为40%。无机陶瓷膜是高性能膜材料的重要组成部分，属于国家重点大力发展的战略新兴产业，近年来稳步增长。2018年，中国无机膜市场需求超过200亿元，占世界总量的10%～15%。

七、电子化学品

电子化学品的应用领域主要是集成电路、平板显示器、新能源电池和印制电路板。2018年我国电子化学品消费量约为90万吨。目前，我国为新一代信息产品配套的电子化学品主要依靠进口，无法满足信息产品快速更新换代的配套需求。由于进入门槛高，国产电子化学品和材料在国内市场占有率低，且多在中低端市场，高端市场仍由日本、欧美、韩国及中国台湾地区的厂商垄断，部分产品进口依存度高达90%。

——半导体集成电路用化学品和材料。半导体集成电路用化学品市场主要由硅晶片占主要份额，其他包括高纯特种气体、光掩模板、CMP抛光剂、光致抗蚀剂和辅助材料、湿法工艺化学品（超净高纯试剂）和溅射靶材等。

目前，光刻胶国内年消费量约1400吨，对外依存度80%以上。国内可生产一些中低端分立器件和集成电路产品，但在高端市场，国内生产光致刻蚀剂还暂时无法在大尺寸（≥8英寸）生产线和要求较高的平板显示行业替代国外先进产品。

2018年，我国超净高纯化学试剂需求量25万吨，国内一部分产品可满足需求，但企业的市场占有率不到20%，生产企业分散，产品纯度不高，主要集中在中低端市场，研发和生产技术与国际先进水平尚有一定的差距。

我国电子气体生产工艺技术水平也有了较为长足的进步，在NH_3、NF_3等产品的生产工艺上取得了一定的突破，产品品质基本满足国内半导体产业需求。但从整个电子气体产业来看，国内与国际先进水平仍然具有巨大的差距：产品品质不稳定、国产化率低、无法支撑国内半导体产业的发展。下游产业技术进步对电子气体的种类、品质等方面的要求都要发生相应变化，因为电子气体企业缺乏与其联合开发的理念和能力，难以提供符合产业发展要求，尤其是先进制程要求的产品与技术。

封装行业包括半导体集成电路和晶体管的封装，目前80%以上都用高分子材料封装，其余为陶瓷、金属等。我国封装材料在研究和应用上都与国外有差距，高折光、粘接性好、吸水率低、可靠性好的封装材料主要依赖进口。IC卡封装框架及生产过程中所用的基础材料主要依靠进口。多官能环氧树脂、DCPD、高柔性聚氨酯环氧树脂正在研发，尚不能实现产业化，其他环氧树脂仍需进口。

——PCB（印制线路板）生产用化学品。受益于PCB行业产能不断向我国转移，加之通信电子、消费电子、计算机、汽车电子、工业控制、医疗器械、国防及航空航天等下游领域强劲需求增长的刺激，近两年我国PCB行

业增速明显高于全球PCB行业增速。国内从事PCB生产用化学品生产的企业超过150家。目前我国中低端PCB生产用化学品，包括剥除剂、消泡剂、除油剂、垂直化学沉铜、显影液、褪膜液、OSP、棕化液、微蚀液等均实现了国产化，国产化率已达80%；而高端PCB生产用化学品的国产化率仅有30%左右，如VCP通孔电镀化学品、VCP盲孔电镀化学品、水平化学沉铜、超粗化、退锡液等目前还依赖进口。

——FDP（平板显示器件）用化学品和材料。我国TFT-LCD产业每年至少需要250吨液晶材料、1.0亿平方米基板玻璃（含彩膜用玻璃）、1.0亿平方米偏光片、5000万平方米彩色滤光膜、十几亿平方米光学薄膜、几亿背光源组件以及数以亿计的驱动IC等。其总价值将接近千亿元。目前国内偏光片企业大多只能批量供应中低端TN-LCD和部分STN-LCD用偏光片，主要用于中小尺寸的显示器，大部分产品依赖进口。我国偏光片生产企业用的原材料仍主要靠进口。我国大陆产光学膜主要是台资在大陆设立的薄膜拉伸成型加工企业，基膜从国外进口，近年随着光学薄膜需求急增，国内膜加工企业大量涌现；国内补偿膜供不应求，基本完全需要进口。

——**新能源材料**。锂电池材料主要由正极材料、负极材料、电解液和隔膜构成。正极材料是锂电池最为关键的原材料，占锂电池成本的30%以上。锂电池正极材料呈现中、日、韩"寡头聚集"的格局。日本和韩国的锂电正极材料产业起步早，整体技术水平和质量控制能力要优于我国锂电正极材料产业，占据锂电正极材料市场高端领域。由于我国大型锂电正极材料近十年迅速发展，产品质量大幅度提高，并具备较强的成本优势，近年来日韩锂电企业开始逐步从中国进口锂电正极材料，目前中国锂电正极材料市场份额已占据全球一半左右。锂电池负极材料国内技术成熟，以碳素材料为主，成本比重最低，在5%～10%左右。中国和日本是全球主要的负极材料产销国，为接近石墨资源、降低制造成本的考虑，日本的主要负极材料企业也纷纷将产能转移到我国。目前，电解液以六氟磷酸锂为主，2018年电解液消费量17.3万吨。新型电解质不断涌现，如双（氟磺酰）亚胺锂和双（三氟甲基磺酰）亚胺锂已实现工业化生产。

八、前沿新材料

——**石墨烯**。近年中国石墨烯行业呈井喷式发展态势，企业和产品雨后春笋般大量涌现，行业整体还处于技术概念阶段，虽已初步具备一些产能，但产品应用还很有限，销量还未打开。2017年，我国石墨烯产业产值约30亿元，目前已形成一些石墨烯研发机构、生产企业基地和产业联盟，着力进行产业化转化。

2013年1月，中科院重庆绿色智能技术研究院利用化学气相沉积法在铜箔衬底上成功生长出国内首片15英寸单层石墨烯，成功将其完整地转移到柔性PET衬底上和其他基底表面，并且通过进一步应用，制备出了7英寸的石墨烯触摸屏，2013年成立重庆墨希科技公司，2015年3月与嘉乐派科技公司联合发布了全球首批采用石墨烯触摸屏、电池和导热膜的石墨烯手机影驰"开拓者α"，产量3万台。2013年5月，中国首条年产3万平方米石墨烯薄膜生产线在常州二维碳素科技有限公司投产，4英寸石墨烯触摸屏手机已小批量试生产。

——**3D打印材料**。主要包括：有机高分子材料、金属材料、陶瓷材料和复合材料等。其中有机高分子材料占比接近50%。2018年，全球3D打印产值达到145亿美元，2023年将达到350亿美元，复合年增长率达28%。我国3D打印光聚合材料主要分为光敏环氧树脂、光敏乙烯醚、光敏丙烯树脂等。根据中国增材制造产业联盟公布的数据，2018年我国3D打印产业规模126亿元，在3D打印原材料中，只开发出钛合金、高温合金等30余种金属

和非金属材料。3D打印聚合材料行业消费量超过1200吨，主要集中在设计（400吨）、汽车（350吨）和医疗领域（380吨）。工程塑料、生物降解塑料、热固性塑料、光敏树脂、碳纤维及复合材料是重点品种。

展望：好风凭借力，扬帆正当时

化工新材料是当前衡量一个国家、一个地区、一个企业石化产业综合实力、现代化水平高低的一个重要标志。陶氏、杜邦等全球化工巨头均选择实施以功能化学品和特种化学品业务为主的化工新材料增长战略，使业务组合向高增长、高利润的领域转移。化工新材料是国内外企业下大气力投资发展的新蓝海，将成为我国供给侧结构性改革的主攻方向。在宏观产业政策引导下，化工新材料强基础、补短板、上台阶的工作将进入一个全新的发展阶段。

从"十四五"乃至更长一段时期来看，石油和化工行业将围绕支撑我国汽车、新一代信息技术、航空航天、先进轨道交通、节能环保和"大健康"等战略产业的重大需求，根据用户需求、产业基础、技术进展、制约瓶颈，加强关键技术研发及产业化，重点发展一批关键短板化工新材料，填补国内空白，推进产业链上下游优势互补与协同，加快新材料技术创新成果产业化和规模应用，切实提升化工新材料对重点应用领域的保障水平。

未来10年，工程塑料、高端聚烯烃塑料、高性能橡胶、功能性膜材料、电子化学品五大重点领域将取得进一步发展，带动化工新材料整体自给率由2015年的大约63%提高到2028年的85%以上。化工新材料的发展水平得到极大提升，降低能源和物料消耗以及污染物排放，提高产品的国际竞争能力，重点提高国内已有品种的质量水平和产品差异化、高端化发展，并加快国内空白品种的产业化；突破上游关键配套原料的供应瓶颈，同时淘汰装置规模小、能耗物耗高、三废排放负荷大、工艺技术落后、技术更新换代的竞争能力差的生产装置，从产业链初始端提升基础原料的生产供应水平。

经过10年左右的艰苦努力，我国化工新材料产业各类关键核心技术将获得重要突破，各类产品品质将得到极大提升，市场份额将占到全球总量的30%以上，向化工新材料强国迈出重要步伐。

1949

/

2019

铿锵脚步

70th

Petroleum and
chemical industr

第六篇
其命维新

勇 当 建 设 石 油 和 化 学 工 业 强 国 的 开 路 先 锋

周虽旧邦，其命维新。建设石油和化学工业强国，必须要加快供给侧结构性改革，必须要改变发展方式，从主要依靠要素投入转变到主要依靠科技进步和管理创新上来。

科技是第一生产力，创新是引领发展的第一动力。只有不断强化科技创新，才能做到先人一步、快人一拍、高人一手、胜人一筹，才能占领技术的制高点，抢占市场竞争的先机。

经过70年的积累和沉淀，特别是改革开放以来的倾力投入，我国石油和化工行业突破了一批核心关键技术，涌现出一批创新型企业，培育了一批创新型人才，行业发展的科技创新支撑能力显著增强，正在由以科研院所为主向以企业为主战场转变，由点的突破向面的整体推进转变，由跟跑向并跑和领跑转变。科技创新已成为推动行业新旧动能转换的主力军。

企业是市场的主体。改革开放催生了生命力旺盛、机制灵活的民营企业。改革开放40多年来，我国石油和化工民营企业已经成长为参天大树，与国有企业、外资企业一起构成了行业的主体。其中，民营企业是市场最活跃的主体，民营企业的发展壮大，产生了巨大的"鲶鱼效应"，不断改变着传统的发展方式，促进了科技进步，优化了产业结构，提高了生产效率，推动行业整体向产业链高端跃升。

化工园区的出现与发展也在悄悄改变着化学工业的发展方式，使园区内企业构建起循环经济模式，减少了污染物排放，提高了资源利用效率，形成了规模经济和规模效益，促进了行业集群发展、集约发展，是构建资源节约型、环境友好型、本质安全型发展方式的重要载体。

此外，油气资源和化学矿山开采是化学工业的源头，因此勘察设计至关重要。从新中国成立初开始组建，到今天建成一支高水平宏大的勘察设计队伍，为我国石油和化学工业的建设事业做出了基础性、引领性重要贡献。每一个项目、每一项工程，都有勘察设计人员的辛勤劳动和心血。

展望未来，我国石油和化学工业面临的挑战更加严峻，强国建设的任务更加艰巨。深入实施创新驱动发展战略，建设世界级化工园区和石化集群，培育一批具有国际竞争力的企业和企业集团，是石油和化工行业推进供给侧结构性改革、加快转变发展方式、实现高质量发展的不二法门。

目标已定，路在脚下，义无反顾勇敢地走下去就会创造无愧于时代的新的业绩！

01

攻坚克难　创新突破

——新中国石油和化工科技创新发展纪实

　　科技是第一生产力，创新是引领发展的第一动力。石油化工行业是典型的技术密集型行业，科技创新是企业开发新产品、开拓新领域、降本增效和提升竞争力的重要途径。中国石油和化学工业的发展史，也是一部敢为人先的科技创新史。

　　新中国成立70年来，我国石油化工行业始终重视科技创新。在油气勘探开发、炼油和化工等各个领域组织开展了大批核心关键技术攻关项目，有力支撑了行业的持续快速发展。新中国成立初期，老一代地质学家创立的陆相成油理论，使我国彻底摆脱西方"陆相贫油"理论的束缚，直接推动了大庆油田等一系列大油田的发现，一举甩掉了"贫油国"的帽子。开展催化裂化等"五朵金花"炼油技术攻关，成功打破了国外技术封锁，为我国炼油工业快速发展做出了重要贡献。到1978年实现原油产量突破1亿吨，迈入世界产油大国的行列。

改革开放以来，我国石油化工行业的科技创新更是取得了重要进展。在油气勘探开发领域，地质科学理论认识不断深化，一系列勘探开发关键技术和重大装备软件的研发应用，使得我国油气勘探开发技术达到部分世界领先、总体世界先进的水平，确保了大庆等东部油田的持续高产稳产、塔里木等西部油田勘探开发不断取得重大突破和页岩油气等非常规资源开发获得重要进展。在炼油和石化领域，许多技术装备打破国外垄断，炼油全流程技术装备、乙烯以及芳烃成套技术装备已达到或接近世界先进水平，千万吨级炼油装置国产化率已超过95%、百万吨级乙烯装置国产化率达到90%左右。在化工领域，先后攻克了MDI、工程塑料、异戊橡胶、T800级以上碳纤维、聚碳酸酯等一大批长期制约产业升级的核心关键技术，在石墨烯、纳米材料、3D打印材料、先进膜材料等前沿领域也取得了一批革命性技术成果。石油化工领域众多标志性科技成果获得国家科技奖励，其中"大庆油田长期高产稳产的注水开发技术"等多项成果获国家科技进步特等奖。从近年来国家科技进步奖的评选结果来看，石油化工领域的获奖成果大体占到全国的1/6左右。

与此同时，我国石油化工行业已经涌现出一批创新型企业，培养了一支创新型人才队伍，自主创新能力明显提升，我国石油化工行业的科技创新实现了由点的突破向系统性开发加快转变，正在由"跟跑"向"并跑"、部分领域由"跟跑"向"并跑"与"领跑"方向转变。

当前，世界正面临百年未有之大变局，全球石油化工行业处于大变革大调整时期，我国石油化工行业发展仍处于重要的战略机遇期，但面临着科技创新能力不够强等许多严峻的风险和挑战。展望未来，我国石油化工行业要实现高质发展、实现石油化工大国向强国的转变，必须坚持把科技创新摆在行业发展的核心位置，不断加快推进科技创新、转换发展动能，在建设世界科技强国中争当排头兵和主力军。

新中国成立前的科技研究基础

一、黄海化学工业研究社——我国第一家化工科研机构

1922年8月，范旭东先生出资10余万银圆创办了黄海化学工业研究社（简称黄海研究社），建立了我国第一家专门的化工科研机构，并把久大、永利两公司给他的酬金用作该社的科研经费。黄海研究社开创了我国无机应用化学、有机应用化学及细菌化学的研究，取得了一系列科技成果，对打破"洋盐"垄断、发展民族化学工业起到了奠基作用，写下了中国化工科研史上光辉的一页。黄海研究社聘请美国哈佛大学毕业回国的化学博士孙学悟为社长，聚集了一批化工专业人才。为"为研讨学术的发展，本团体消息的传递，同人精诚团结的策进"，1928年9月范旭东创办了《海王》旬刊，经常介绍世界先进科学技术，提倡科学应用于中国，几乎每期都有国内外新知识、新消息，以及国外科学论文译作、研究成果，借鉴国外先进技术促进中国民族化学工业的发展。

黄海研究社成立后，紧紧盯住久大、永利公司技术发展的需求，研究出了一大批有影响、有质量的研究成果，不仅对久大、永利的发展起到了重大推动作用，而且还在国内外学术界产生了极大的影响。"黄海"研究社以促进化学工业技术进步为宗旨，广揽贤士、培育人才，涌现了方心芳、魏文德、王培德、赵博泉等一大批年轻人才，后来都成为新中国化学工业管理部门和企业的负责人。周恩来总理称赞说："永利是个技术篓子。"

新中国成立后，看到新中国蓬勃发展的新气象，黄海研究社董事会申请加入中国科学院。中国科学院于1952年2月29日以（52）院调字第0680号公函同意接管黄海研究社，同时将黄海研究社改名为"中国科学院工业化学研究所"，任命孙学悟为所长。

二、"侯氏碱法"——世界制碱史上又一座丰碑

永利碱厂生产出优质纯碱后，侯德榜对制碱过程，特别是对工艺技术、化学反应、设备制造、生产控制、操作参数等方面的经验，进行了科学系统的归纳和总结，用英文撰写了《纯碱制造》一书，在1933年由美国化学会在纽约出版。此书一经问世，立即受到世界化工界的广泛关注，美国《化学文摘》对此书全文登载并向全世界传播。侯德榜在书中将索尔维制碱方法完整、系统、全面地介绍给世人，博得了世界学术界、工业界的尊敬，奠定了他作为世界著名化学家、世界制碱权威的崇高地位。

抗日战争期间，"永久黄"西迁入川。为解决面临的当地井盐价格高昂、索尔维法制碱原盐利用率低、大量生产废液难以处理的难题，范旭东先生和侯德榜博士决定采用新出现但尚未成熟的纯碱生产新工艺"察安法"。"察安法"最大优点是原盐利用率高达90%～95%，而且不产生废液，但这个方法仅在德国有小规模间断生产。在国外学习技术和采购设备被拒后，侯德榜博士下决心自主研究新法制碱。

在将近一年夜以继日的反复、扎实试验下，试验工作取得了重大突破。侯德榜的试验不仅发现了"察安法"的缺陷，修改了所谓的"定论"，而且还进行了不少重大的改进，通过侯德榜的自主研发，一个新的制碱方法悄然形成。为了表彰侯德榜新法制碱的功绩，1941年3月15日，在侯德榜不在场的情况下，范旭东亲自提议将新法命名为"侯氏碱法"。

1943年秋天，范旭东和侯德榜在永利川厂进行了新法制碱连续性半工业化的试验，结果不足百天试验成功，证明了"侯氏碱法"的优越性。这一方法合理利用氨碱两厂的废料，既提高了原盐的利用率，降低了成本，又免除了排放废液的难题。它的设备比索尔维法减少1/3，纯碱成本降低40%，一套工艺流程生产两种产品，投资和成本均大幅度降低。在全民抗战的极端困难时期，"侯氏碱法"的成功，不仅极大地振奋了民族的精神，而且还开创

了制碱技术的新纪元，在世界制碱史上树立起了又一座丰碑！

1949—1977：新中国化学工业科研基础的奠定

新中国成立后，面对满目疮痍的烂摊子，急需建设能够满足国民经济需要的工业体系，特别是急需科技创新的支撑和促进。新中国成立后，党和政府十分重视化学工业在国民经济中的地位和作用，着手建立了一批化工类科研院所，突破了一批核心关键技术，同时有计划有步骤地引进了一批先进技术和装备，建立起了比较完整的化工行业科技研发体系，奠定了建设世界石油和化学工业大国的科研基础。至改革开放前，全国有独立的化工科研院、所和工厂、高等学校所属科研机构达到540个。

一、建立了一批科研院所

（一）围绕国民经济恢复的任务和"一五"目标建成了一批科研院所

为做好东北日伪化工厂的接管和民族化学工业的恢复工作，1949年1月成立了东北化工局研究室（沈阳化工研究院前身）。第一个五年计划以发展化学肥料和基本化工原料为重点，建设了吉林、兰州、太原三个化工基地和华北制药厂，还建设了广东英德硫铁矿、桦林橡胶厂、四川肥料厂、云南昆阳磷肥厂、太原磷肥厂、长寿化工厂、株洲化工厂、衢州化工厂、吴泾化工厂等一批重要化工企业。同时，开始围绕"一五"发展重点成立科研机构。1953年4月，东北化工局设计公司研究室与浙江省化工试验所同时并入中央重工业部化工局北京化工试验所，下设沈阳分所、杭州分所。1954年2月，北京分所、杭州分所、沈阳分所合并，成立中央重工业部化工局化工试验所，简称"沈阳化工试验所"。1955年1月，中央重工业部化工局将沈阳染料厂与化工试验所的中间试验工厂合并，将沈阳化工试验所更名为中央重工业部东北化工局化学工业综合研究所。1956年7月，石油化工科学研究院创建。1956年9月，化学工业部（简称化工部）成立后，将沈阳化学工业综合研究所更名为沈阳化工研究院，将沈阳化工研究院矿物肥料部所属研究室迁至上海，与天利化工厂及上海制酸厂合并成立上海化工研究院。1957年12月，化工部将沈阳化工研究院的无机室和油漆研究室迁至天津，与天津化学工业研究所及永明油漆厂合并成立天津化工研究院，将塑料、橡胶、高分子、有机合成（一部分）及化工、物化、分析、情报有关部分迁至北京，成立北京化工研究院。1958年，在1955年成立化工设计院的基础上，又在大连、西北、华东、西南、华北、华中等地成立了8个化工设计分院。

（二）"三线建设"催生了一批新的科研机构

加快"三线建设"是毛泽东主席在1964年提出的重大战略决策，集中国家的人力、物力、财力，把三线的国防工业，原料、材料、燃料、动力、机械、化学工业以及交通运输系统逐步地建设起来，使三线成为一个初具规模的战略大后方。建设三线的同时，必须搞好一、二线的生产建设。一、二线要充分发挥生产潜力，为三线建设出人、出技术、出材料、出设备。一、二、三线要互相促进。一、二线的企业、事业单位，必须大力进行技术革新和技术革命，加强科学研究，积极采用新技术、新工艺，为三线建设做出先进的工厂设计，提供新的技术装备，积极帮助三线培养又红又专的技术骨干，使三线建设从一开始就有先进的技术水平。三线建设的推进，新建了一批科研院所，充实了地方的科研力量，构建了遍布全国的化工生产、科研体系。

1965年化工部将沈阳化工研究院石油化工、防腐蚀及部分仪表自动化组迁至兰州，分别并入兰州化学公司研究院和化工机械研究所。北京化工研究院、沈阳化工研究院、上海化工研究院和上海医工院四个研究院的化工新材料专业成建制地内迁四川省富顺县组成晨光化工研究院（简称晨光院），为化学工业部直属科研事业单位。晨光院以有机硅材料、工程塑料及合金、精

细化工、特种纤维、特种氟材料、生物化工等化工新材料研究开发为主体，以工程设计、分析测试、科技信息、化工设备相配套。晨光院长期承担着国家科技攻关项目和国防尖端科研课题的研究，为国家经济建设和国防事业做出了突出的贡献。

1965 年，北京化工研究院五所、沈阳化工研究院和上海化工研究院的部分研究室整合建制迁往青海，在青海省大通县组建黎明化工研究所，归化工部领导，先后研制开发出一系列固体、液体化学推进剂原材料，用于卫星发射和神州系列载人飞船上。

1967 年，上海化工研究院核心科技人员西迁陕西临潼，创建了我国第一个专业化学肥料科研机构——西北氮肥试验站。试验站的科研专家在物质条件十分匮乏、试验设施基础十分薄弱的情况下，历经艰苦卓绝的开发试验，实现了大型合成氨技术国产化，完成了煤制合成气技术和催化净化剂的研究等科研任务。

（三）地方化工科研力量得到充实

除"三线建设"以外，1970 年 6 月 22 日，党中央和国务院决定由煤炭部、石油部和化工部合并组成燃料化学工业部。1975 年 2 月 1 日，撤销燃料化学工业部，成立煤炭部和石油化学工业部。在此期间，化工部门分六批共下放 359 个化工企事业单位给地方管理。大批科研人员随着科研机构、生产基地的搬迁，向西部进行了转移，充实了地方的科研力量，有力提升了地方的科研水平。以兰州为例，由于一大批企业、科研和教学单位内迁兰州，甘肃省科技队伍逐步发展成为包括中央各部所属研究院（所）、中国科学院所属研究所、国防科技工业部门所属科研单位、地方科研单位和高等院校在内的"五路大军"。据统计，搬迁到兰州的研究院、所有 14 个，其中有兰州石油化工设计院、兰州电源车辆设计所、中国科学院兰州化学物理研究所、中国科学院兰州地质研究所、中国农业科学院兰州兽医研究所、中国市政工程西北设计院、兰州化学工业公司化工设计院、化工部涂料工业研究所、兰州大学、兰州理工大学等。截至1978年，这些院所的科研人员已达到4000余人，成为一支建设兰州振兴甘肃的科研大军，取得了一批引人注目的科研成果，增强了兰州的科技实力。

二、突破了一批重大关键技术

化工科研单位围绕生产任务，积极开展科技攻关，取得了一批先进技术成果。在1978年全国科学大会上，化工系统获得188项重大科技成果奖。其中，中国科学院长春应用化学研究所完成的"原子能有关材料分析""核燃料一循环二循环流程的研究""核燃料后处理工厂工程研究和设计"等四项成果为"两弹一星"任务提供了支撑；"端基聚丁二烯低聚物的合成及中能固体推进剂的研究"的主要固体推进剂品种达到世界先进水平，在人造地球卫星、多类型火箭和导弹型号中得到实际应用；"稀土定向聚合及其合成异戊橡胶的研究"最早取得了稀土催化剂聚合双烯烃合成高顺式结构聚合物的研究成果，确立了由稀土羧酸盐、烷基铝和氯化物组成的三元催化剂体系及由氯化稀土配合物和烷基铝组成的二元催化剂体系合成异戊橡胶，经吉林石化公司研究院、中国科学院长春应用化学研究所、北京橡胶工业研究设计院、北京化工大学、燕山石化公司等单位合作验证并得到了推广。由中国科学院大连化学物理研究所完成的"丙烯液相本体聚合新工艺"从1973年5月开始研究，使用高效催化剂，革除了后处理，具有流程短、设备少、投资省等优点；"合成氨原料气净化新流程催化剂"于60年代研制成功，随后迅速工业化，使我国合成氨工业从40年代的水平一跃而进入60年代的世界先进水平；"炼厂气蒸汽转化制氢气催化剂-胜利一号烃类蒸汽转化制氢（造氢）催化剂研制"在炼厂急需氢气而天然气资源短缺的情况下研究成功，克服容易积炭的难点，与齐鲁化肥厂合作研制出胜利一号催化剂。

（一）化肥

在化肥工业方面，开发了具有我国特点的工艺流程和适合我国国情的化肥品种。1964底，化学工业部第一设计院总工程师陈冠荣、副总工程师黄鸿宁等提出以煤为原料，采用三催化剂（氧化锌脱硫剂、低温变换催化剂、甲烷化催化剂）净化流程制合成氨的设计方案。化学工业部于1965年春组织有关单位攻关会战，由中国科学院大连化学物理研究所负责两种催化剂和一种脱硫剂的配方和配备方法的试验，由上海化工研究院负责1升原粒度催化剂和脱硫剂的试验，由北京化工实验厂负责200升催化剂的试验，由南京化学工业公司催化剂厂承担催化剂的试制和生产。1966年10月，采用三催化剂净化流程制合成氨试点的石家庄化肥厂三期扩建工程竣工投产。在生产中，技术人员和工人一起陆续解决了脱硫工艺、塔设备腐蚀、透平式循环压缩机和热水泵的材质、结构等关键技术问题，完善了净化工艺条件，取得了工业化生产成果。1978年，合成氨三催化剂净化流程获全国科学大会奖。这一新工艺的成功，增强了广大技术人员自力更生开发和建设氮肥工业的信心。此后，陆续取得了一些新的成果。1978年，全国投产的中型厂由1965年的15个增加到50个，当年合成氨产量319万吨，比1965年增长近1.5倍。

（二）基础有机合成和石油化工

在基础有机合成和石油化工方面，我国自力更生地掌握了聚氯乙烯的工艺流程。开发了丁烯氧化脱氢制丁二烯和顺丁橡胶的生产技术和硝基苯气相催化氢气还原法制苯胺新工艺等。20世纪60年代是世界石油化工发展的高潮时期，随着世界上一个个大油田的发现，国际市场油价不断下跌，石油化工技术更加成熟，规模趋向大型化，产品成本越来越低、利润越来越高，世界各国竞相发展，联邦德国、日本等缺油国家利用进口油品也大力发展石油化工，以煤和粮食为原料的有机化学工业几乎被石油化工所取代。第一个五年计划期间，兰州化学工业公司合成橡胶厂建设了一套以粮食酒精和从煤焦油回收苯为原料的13500吨/年丁苯橡胶装置，以及1500吨/年丁腈橡胶装置，1960年5月20日成功生产出了我国第一批丁苯橡胶，各项指标达到了设计要求。1961年底，兰化公司利用炼油厂干气年产5000吨乙烯的管式裂解炉在兰化合成橡胶厂投产。随后大连有机合成厂、上海高桥化工厂、广东茂名石油化工实验厂，都相继建设了气体分离和管式裂解装置，由此揭开了我国石油化工的帷幕。1962年，兰化公司生产出丁腈-18、丁腈-26、丁腈-40等丁腈橡胶三个牌号，适应了航空工业的需要。1964年，化工部组织了丁苯橡胶技术攻关会战，以兰化公司为主汇集了全国二十多个单位联合攻关。会战分为三个战役进行；第一战役，生产松香丁苯软胶代替丁苯硬胶。通过技术攻关和填平补齐，使丁苯橡胶生产能力翻了一番多，改进了品种，提高了质量；第二战役，对丁苯橡胶后处理进行了彻底改造；第三战役，提高原料自给率。经过会战，原料的自给率从9%提高到65%。

1950年，中国科学院长春应用化学研究所首先开展了氯丁橡胶科研工作，之后全国有关科研单位相继对丁钠橡胶、丁苯橡胶、聚硫橡胶和顺丁橡胶等品种进行了研究，从单体的催化合成、聚合配方、橡胶物化性能的测试分析、分子量分布与弹性体结构关系的探索，以及试验车间的设计、建设和操作运转等，进行了全面探索。1951年，长春应用化学研究所研制出氯丁橡胶，1953年建成20千克/日中间试验车间。这套装置生产少量氯丁橡胶，同时利用生产氯丁橡胶的中间产品乙烯基乙炔合成军工急需的甲醇胶，沈阳化工研究院开展了工业放大试验，验证了国外氯丁胶乳液聚合配方，探索了颗粒凝聚工艺。1955年，化工部化工设计院进行了四川长寿化工厂年产2000吨氯丁胶生产装置的设计，1957年动工建设，1958年11月4日，生产出第一块氯丁橡胶，揭开了我国生产合成橡胶的序幕。1966年1月，国家经委、国家科委、中国科学院、高等教育部和化工部在北京科学会堂联合召开化工生产重要科技成果座谈会，氯丁橡胶技术改造被评选为16项具有先进水平的重大成果之一。

（三）基础化工原料

在基础化工原料方面，1951年冬，大连化学厂在侯德榜指导下，确定了日产10吨规模联碱中间试验车间的工艺流程和主要设备，1952年装置安装试车。1953年，中央工商行政管理局对"侯氏碱法"颁发了发明证书。1957年，化工部化工设计院制碱科纯碱专业组迁到大连，进一步充实了中间试验的技术力量，5月第二阶段全循环试车开始。到1958年底，先后确定了流程、工艺条件、设备选型碳化清洗方法、原盐质量指标、母液平衡等，并提出了对防腐蚀和计量的特殊要求。这一阶段的中间试验工作，为"侯氏碱法"从实验室进入工业化生产打下了坚实的基础，为工业化设计提供了较完整的数据，并为大生产做了技术上和操作上的准备。1958年，联合制碱工程动工兴建，后因国家经济困难，放缓了建设进度。1960年，化工部决定按当时经济力量先行建设两个联碱系列，规模为16万吨，并在大化公司组成联碱试生产委员会，统一调度指挥设计、基建和生产。1962年，年产16万吨的联合制碱装置建成投产。1964年，经国家科委组织鉴定，认为这一成果可以在全国推广，并定名为联合制碱法（简称联碱）。

1973年，上海桃浦化工厂3台0.5平方米、负荷1000安培的金属阳极隔膜电解槽投入试验运行，获得了大量的数据。1974年，我国首批40台30平方米金属阳极隔膜电解槽在上海天原化工厂投产。金属阳极隔膜电解槽，容量大，产量高，运行周期长，同石墨阳极隔膜电解槽相比，单槽产量可提高1倍，电耗可降低13%。金属阳极隔膜电解槽的应用，对氯碱工业的发展有着极其重要的意义。到1975年，我国烧碱产量达到128.9万吨，比1960年增长86%。

硫酸工业20世纪50年代以后逐步推广接触法，取代铅室法和塔式法，20世纪80年代后全部采用接触法。1951年永利宁厂研制成功V1型钒催化剂并用于生产，结束了我国钒催化剂依赖进口的历史，此后又陆续开发了低温、耐砷及环状、菊花状等多种钒催化剂，满足了我国硫酸工业发展的要求。1956年永利宁厂成功地开发了硫铁矿沸腾焙烧技术，并建成135吨/日的工业沸腾焙烧炉。同年，上海硫酸厂采用文氏管洗涤器对气体进行降温和除尘，获得了成功，1958进一步创建三文一器水洗净化流程应用于该厂新建的5万吨/年硫酸装置上，简化了生产流程，节省了投资，对硫酸工业的发展起了推动作用。1966年上海硫酸厂在硫酸生产装置上采用两转两吸流程取得成功，减少了尾气排放。1977年，南化研究院开发成功酸洗净化流程，消除了污水对环境的污染。

（四）涂料和颜料

在涂料和颜料方面，攀枝花钛精矿综合利用取得了突破，生产出质量较好的金红石型钛白粉。从20世纪60年代后期开始，对水溶性涂料、水乳胶涂料、粉末涂料、无溶剂涂料、高固体分涂料、非水分散涂料、光固化涂料等新型涂料，进行了探索和研制。例如各种牌号的阳极电泳漆、丙烯酸酯乳胶漆以及环氧粉末涂料等，都取得了成果。国防军工、尖端技术及各部门所需的功能性涂料，陆续研制成功。例如用于核武器和人造卫星的高温绝缘涂料、高温隔热涂料、烧蚀涂料和防原子辐射污染的涂料；用于国防军工生产的防红外线伪装涂料、示温涂料、防火涂料；用于石油化工尿素造粒塔的聚氨酯涂料、油罐车防腐蚀涂料等。1966年4月，化学工业部与有关部门组织了船舶防污涂料攻关会战，大连、青岛、上海、广州、宁波、厦门等地的油漆厂、研究所和有关使用部门的研究院所参加，1980年试制成功有效防污期长达三年的长效防污涂料。1983年，又进一步试制成功有效防污期长达五年的长效防污涂料，奠定了我国船舶涂料发展的基础。

（五）选矿

在选矿方面，胶磷矿浮选工艺有新的进展，取得了较好的浮选指标。我国中低品位的胶磷矿占全国磷矿总储量的90%以上（按五氧化二磷计），胶

磷矿又分为硅质、钙质和硅钙质等类型。其中，硅钙质型胶磷矿最为难选，其储量占胶磷矿的70%。胶磷矿的选矿富集技术，一直是我国科学研究的重点课题之一。20世纪50年代后期，我国组织力量对硅钙质型胶磷矿进行技术攻关。1962年，连云港化工矿山设计研究院结合湖北荆襄王集磷矿的浮选试验，研制出新的脉石矿物抑制剂，直接浮选磷酸盐矿物的富集工艺路线获得成功，该技术1978年获得国家科学大会奖。70年代末，有关科研教学单位先后研制成多种碳酸盐浮选抑制剂，成功地用于湖南石门、江西朝阳等磷矿的选矿富集试验。硅质型胶磷矿和钙质型胶磷矿等的选矿技术，也取得了很大进展。胶磷矿选矿技术的突破，为充分发挥我国磷矿资源的优势，实施精料政策，发展优质磷肥创造了条件。

（六）催化剂

在催化剂方面，研制出大型石油化工和合成氨装置的一批催化剂。伴随着中小型氮肥厂的发展，各地纷纷建设化肥催化剂的生产催化剂生产厂点。1969年，太原化肥厂建立了硝酸用铂网车间。1972年，全国化肥催化剂生产厂点由1965年前的1个发展到35个，品种包括天然气蒸汽转化、中温变换、低温变换、甲烷化、氨合成、氧化锌脱硫剂、联醇、硝酸氨氧化等12个大类、20种型号，总产量近1.2万吨。1973年春，燃料化学工业部在青岛召开了化肥催化剂会议，组织有关科研、设水平计和生产单位，对钴钼加氢转化催化剂、轻油蒸汽转化催化剂等8种催化剂，进行研制攻关会战，1975年11月获得成功，满足了引进的大型合成氨装置需要。1976年，全国化肥催化剂生产厂点发展到46个，其中以南京化学工业公司催化剂厂、四川化工总厂催化剂分厂和辽河化肥厂催化剂分厂为三个骨干企业，可生产15个品种、4种型号的产品，当年总产量达2万余吨。1975年，华东化工学院与山东齐鲁石化总公司炼油厂协作开展"轻质油脱硫醇催化剂聚酞菁钴的制备"研究，开发出汽油炼制过程中脱除硫醇的聚酞菁钴汽油脱臭催化剂，在山东齐鲁炼油厂的汽油脱硫醇装置中试用运转5年多，效果良好，推广至其他炼油厂及四川天然气凝析油中使用，经济效益显著。

（七）化工机械

在化工机械方面，试制和生产了一批关键设备，有力地配合了新厂建设和老厂技术改造。1958年，南京化学工业公司建成半循环法尿素车间，初步解决了尿素合成塔的腐蚀问题。1964年，上海化工研究院建成第一套全循环法尿素中间试验装置，第二年完成了试验任务。在此基础上，陆续提供了30多套年产1万吨的全循环尿素生产装置。1964年至1965年，四川化工厂与清华大学合作，对双套管内件的合成塔进行技术改造，采用三重冷管结构，具有生产能力大、压降小、催化剂利用系数和换热系数高等优点，单塔生产能力从日产氨80吨增加到160吨，最高为196吨，超过了当时世界上同样大小合成塔的生产能力，被列为化工部重大科技成果并获全国科学大会奖。1967年，大连化工厂研制出阻力降较小、压力为320千克力/厘米^2（31.4兆帕）的直通球型截止阀。四川化工机械厂与化工部第一设计院将其设计成直径25～125毫米的产品系列，用于化肥生产。上海化工研究院、上钢一厂等单位，共同研制成功在高温高压下具有良好抗氢、氮、氨腐蚀性能，价格低廉的低合金钢，1972年用于氨合成塔出口的气体管道、阀门及回收反应热量的中置式锅炉，并在兴平、东风等化肥厂推广使用，该技术1978年获全国科学大会奖。

（八）国防化工

在国防化工方面，积极为国防工业和尖端技术提供化工原料和新型材料。我国爆炸原子弹、氢弹，发射人造地球卫星所需的稳定性同位素、推进剂、强氧化剂、密封材料、特种涂料、高性能复合材料等，主要由化学工业研制成功并配套供应。1965年1月，受国防科委和空军有关部门的委托，华东化工学院开展"'1099'胶片用增感剂的合成与应用"研究，1967年2

月试制工作全部完成，不仅为我国胶片工业提供了一种新型的、性能比较优良的航空胶片，而且5个增感染料及其超增感组合的研究，为胶片照相性能的改善提供了有益的经验，对我国感光工业的发展起到了一定的促进作用。

（九）环境保护

在环境保护方面，通过加强企业管理，研究推广治理废液、废气、废渣新技术，取得了新进展。地处官厅水库、鸭儿湖、渤海、大连港附近的上百个化工厂，采取各种有效措施，治理了几百个污染源，大大减轻了对这些水域和港口的污染。吉林化工公司醋酸生产改变了工艺，结束了二十多年来往松花江排汞的历史。

此外，活性染料以及新型染料的研制，农药新品种的开发及工业化生产，油溶性成色剂和多层染印法彩色电影胶片等生产工艺的开发，都取得了很大成绩。

三、引进成套进口化工设备

1972年11月7日，国家计委向国务院报送《关于进口成套化工设备的请示报告》，建议进口6亿美元的23套化工设备。1973年1月2日，根据周总理的指示和国务院业务组研究的意见，国家计委向李先念、纪登奎、华国锋并周总理报送《关于增加设备进口、扩大经济交流的请示报告》，即"四三方案"。因计划用外汇43亿美元，故称"四三方案"，这是新中国继"一五"计划时期接受苏联援建项目之后的第二次大规模成套技术设备引进工作。

"四三方案"提出引进技术设备要遵循6条原则：坚持独立自主，自力更生的方针；学习与独创相结合；有进有出，进出平衡；新旧结合，节约外汇；当前与长远兼顾；进口设备大部分放在沿海，小部分放在内地。这6条原则成为中国第二次大规模引进成套技术设备的指导方针。同时还明确，由国家计委及各部委组成"进口设备领导小组"，"像第一个五年计划期间抓

'156'项进口项目那样，扎扎实实地把建设任务抓紧抓好，尽早投产见效"。

根据"四三方案"，实际大规模引进成套技术设备的项目共26个，其中石化化工项目21套。包括上海石油化工总厂、辽阳石油化纤总厂、四川维尼纶厂、天津石油化纤厂等4套化学纤维项目；北京石油化工总厂（现为燕山石油化工公司）的30万吨乙烯、吉林石化公司的11.5万吨乙烯及配套、北京化工二厂氯乙烯设备等3套石化项目；具有年产30万吨合成氨、48万吨或52万吨尿素的生产能力的13套大化肥项目，分别建在沧州化肥厂、辽河化肥厂、大庆化肥厂、栖霞山化肥厂、安庆化肥厂、齐鲁第二化肥厂、湖北化肥厂、洞庭化肥厂、广州化肥厂、四川化工厂、泸州天然气化工厂、赤水河天然气化肥厂、云南天然气化工厂；南京烷基苯厂1套烷基苯项目。这些引进的技术都代表着世界70年代石油化工的先进水平。在"四三方案"中，用于解决吃穿用问题的投资共计136.8亿元，占全部投资的63.8%。"切切实实地解决国民经济中几个关键问题"的原则，得到了认真而卓有成效的贯彻。

1978—2000：科技兴化——创新与引进并重时期

1978年3月，党中央、国务院召开了科技大会。同年12月，中共中央召开了具有划时代意义的十一届三中全会。从此，我国的社会主义建设进入了改革开放的新时期，中国科技事业也由此进入了第二个春天。在科学的春天里，化工科技工作者意气风发迎接改革开放，牢记"科学技术是第一生产力"的论断，化工科技事业得到了迅速发展，结出了累累硕果。在化学工业的"六五"（1981—1985年）、"七五"（1986—1990年）、"八五"发展计划中，都明确提出了以发展石油化工为突破口，大力发展农用化学品、基本化工原料及精细化工的发展战略，有重点地调整了投资方向和总体布局，化学工业投资总额保持较大幅度增长，产品结构调整步伐加快，产品产量大大增加。

一、科技体制改革深入推进

（一）开放技术成果市场交易，迈出了科技工作为生产服务第一步

为了加强科技工作领导，理顺科研院所的领导关系，探索科技工作为生产服务，化工部于1978年10月在南京召开了重点科研院所座谈会，1979年11月在昆明召开了科研工作座谈会，1980年7月在北京召开了科研院所长会，1981年12月在大连召开了全国化工科技会，1984年1月在北京召开了化工科技会议，先后制定了部属研究院所扩大财权和加强经济管理试行办法、关于加强化工科研单位经济核算工作的意见、关于加强化工科研单位科研条件工作的意见、化工新技术开发基金有偿使用试行办法、化学工业部科学技术进步奖励办法、化学工业部科学技术成果鉴定办法等法规性文件。理顺了部门和省市对有关科研院所的领导关系，科研院所出现了有序管理和加强研究开发的大好局面。特别是科研院所扩大财权和加强经济管理试行办法和关于加强化工科研单位经济核算工作的意见的实施，广大科技人员积极性空前高涨，纷纷带着自己的科技成果走向社会，走向企业。一时间，全国许多地方出现了别开生面的技术交易市场，科技成果交易异常活跃，成果交易的合同也应运而生。实行科研合同制，是科研管理上的一项重大改革，从1979年下半年开始，到1980年底，仅仅一年多的时间，据化工部直属10个科研院所的统计，共签订各类合同276项，实现合同收入463万元。

实行科研合同制对调动科研院所与科研人员积极性，促进科技成果转化，具有重要意义。一是促进了科研与生产的结合。炭黑工业研究设计所与自贡炭黑厂签订了长期技术联营合同，研究所根据炭黑厂技术改造的需要，在1980—1985年期间，提供一系列新工艺、新技术、新产品，使该厂的产量由5900吨增加到13000～15000吨，品种由3个增加到7个，利润由100万元增加到300万元。炭黑厂负责提供科研经费和10%的利润提成。合同的签订使炭黑研究与炭黑生产相结合，科研课题来自生产，科研成果用于生产，大大缩短了科学研究转化为现实生产力的过程。二是增强了科研单位和科技人员的工程观念、经济观念和时间观念。实行合同制以后，科研工作已不能停留在写出试验报告或拿出样品、礼品、展品上，而要求在生产中得到实实在在的经济效益。因此，科研单位的科研人员在执行合同的过程中，必须始终立足于提供工业化成果，力求以最少的人力、物力、财力和最短的时间，来获取最大的经济效果，改变了不计科研成本、不讲经济效益和把科研当成"软任务"的状况。三是增加了科研单位的收入，提高了开展科研活动的能力。据部属十个院所的统计，从1979年下半年开始，到1980年底，已签订的合同收入达463万元，约为这些单位一年科技三项费用的三分之二。

（二）深化科技体制改革，推动科研院所走向经济建设主战场

1985年，中共中央发布了《关于科学技术体制改革的决定》，1986年开始实施第一次科技体制改革，逐步减少对科研院所的财政划拨经费。化工科研院所认真贯彻"经济建设必须依靠科学技术，科学技术工作必须面向经济建设"的方针，以减拨事业费为契机，在运行机制、组织管理、人事及分配制度等方面进行了一系列的改革与探索。广大科技人员走出院门，深入实际，面向生产主战场，积极投入企业的技术改造和重点工程建设，大力推广科技成果，帮助企业消化吸收引进技术，协助企业搞好产品更新换代，促进了科技与生产的结合。沈阳化工研究院的苯酐生产技术，天津化工研究院的水处理药剂和技术，上海化工研究院的波纹填料及其设备，西南化工研究院的变压吸附技术，炭黑工业研究设计所的新工艺炭黑生产技术，黎明化工研究院的蒽醌法双氧水生产技术，光明化工研究院的特种气体生产技术，化工矿山设计研究院的磷矿浮选技术及药剂等一批新工艺、新装备、新产品、新材料，在化工行业获得大面积的推广应用，有力地推动了企业的技术进步。同时，科研院所积极实行"三进入"，即以多种方式进入企业或企业集团、进入经济特区或沿海经济开发区、进入高新技术产业开发区。炭黑工业研究

设计所以产业政策为导向，以行业发展为己任，在做好研究开发的同时，以多种形式在炭黑企业中推广科技成果，成为名副其实的行业技术开发中心。沈阳化工研究院与南通市化工局组建科研生产联合体——南沈公司，六年内推广应用了十几项科研成果，迅速实现了工业化、商品化，在1980—1985年期间，实现产值达3亿多元，利税3000多万元。化工机械研究院与浙江有关单位组建的氟材料应用研究所，开发了具有国际先进水平的科技成果。上海化工研究院、晨光化工研究院、北京化工研究院、合成材料老化研究所、涂料工业研究所等单位，积极在经济特区和开发区设立对外商户，兴办科技实业，取得了较好的效果。经过两年的努力，有15家院所进入沿海经济开发区和特区，通过独资、合资、入股形式建立或参建公司29个，有12家院所进入高新技术开发区，独资或合资建立公司14个，加快了科研院所走向经济主战场的步伐。

（三）科研院所加快转制，成为市场竞争的主体

1990年，国家实施以科研院所转制并走向市场为主要内容的第二次科技体制改革，改革的重心转向加快人才分流、合理调整结构，进一步转变科技工作的运行机制。国家科委、国家体改委制定了《关于分流人才、调整结构，进一步深化科技体制改革的若干意见》。化工行业认真贯彻《意见》精神，在不同层面采取了针对性措施：一是在部属31个科研院所中，选择北京化工研究院、上海化工研究院、沈阳化工研究院、西南化工研究院、天津化工研究院等10家条件较好的院所作为骨干力量给予重点支持。这些院所通过优化、调整，集中一支精干队伍，主要承担国家、行业的重点科技任务，为行业技术进步服务。二是鼓励院所建立科技先导型企业或直接进入企业、企业集团。大多数院所面向市场、面向社会，利用自身的技术优势，在创建科技先导型企业、促进科技成果转化方面做了大量探索，有的院所直接进入了企业集团。如，海洋化工研究院利用开发成果建立科技先导型企业，

发挥了示范作用；感光化工研究院（感光材料技术开发中心）直接进入了中国乐凯胶片集团，成为其技术开发机构。三是推进公益型科研院所逐步社会化。除国家、化工部给予一定支持外，积极开展多种经营，发展第三产业。中国化工信息中心、职业安全卫生研究院在这方面进行了很多有益的探索。

为了更好促进科研院所进入市场，使科技资源在市场机制的调节下更加有效地发挥作用，在国家对10个委管国家局科技体制改革的总体部署下，1999年上半年，国家石油和化学工业局直属31个科研院所初步完成了由科研事业单位向企业的转制，其中，沈阳化工研究院转为中央直属大型科技企业，上海化工研究院转为科技企业划归上海市，北京化工研究院和职业安全卫生研究院进入中国石油化工集团公司，感光化工研究院进入中国乐凯胶片集团公司，天津化工研究院、常州涂料化工研究院进入中国化工建设总公司，化工矿产地质研究院进入明达化工地质有限责任公司，连云港设计研究院、长沙设计研究院、晨光化工研究院（成都）、合成材料研究院、西北化工研究院进入中国蓝星化工清洗总公司，其他院所进入中国昊华化工（集团）总公司及其下属公司。科技体制改革打破了旧观念、旧体制的禁锢，通过机制转换、机构调整、人员分流，使化工科研机构，特别是技术开发型科研机构，在经济建设主战场上找到了较合适的位置，不仅自我发展能力大大增强，而且在推动行业技术进步方面发挥了应有的作用。

二、实施"科技兴化"战略，吹响向科学进军的集结号

1990年5月，化工部在北京召开第一次全国化工科技进步工作会议，顾秀莲部长正式宣布实施"科技兴化"战略。当时，中央提出的国民经济发展分"三步走"的战略目标的第一步已经顺利实现，全面进入了完成第二个战略目标的阶段。化工部党组审时度势，提出必须把依靠科技进步振兴化学工业的战略方针，做出了实施"科技兴化"战略的决策。1992年5月，在京召

开了第二次全国化工科技进步工作会议，提出了"科技兴化"的具体目标、任务及措施。1994年5月，召开了第三次全国化工科技进步工作会议，提出了化工科技工作深化改革的任务与措施，把"科技兴化"的实施推向深入。1995年，党中央、国务院做出了《关于加速科学技术进步的决定》，提出实施"科教兴国"的战略，并召开了全国科学技术大会，给化工科技进步提供了新的发展机遇，同时也提出了新的、更高的要求。为此，化工部党组决定将原定1996年5月召开的第四次全国化工科技进步工作会议提前到1995年年底召开，会议根据党的十四届五中全会和全国科技大会的精神，赋予了"科技兴化"新的内涵，把"科技兴化"推向新高潮。

实施"科技兴化"战略重点抓了三方面的工作：一是切实加强对科技工作的领导，倡导第一把手亲自抓科技。化工部成立了"科技兴化"领导小组，部长任组长，主管科技工作的副部长任副组长，成员为部内各司局和有关单位的主要负责人。领导小组在部党组领导下，全面负责化工科技发展规划、重大科技政策、科技体制改革，行业和企业技术进步、人才培养等方面的决策、领导和协调工作。二是千方百计增加科技投入，为"科技兴化"提供资金保证。第一次全国化工科技工作会议后，化工部设立了科技开发基金，并筹集资金2000万元。同时，积极开拓渠道，争取国家科委、国家计委、国家经贸委的资金支持。"八五"期间，通过科技攻关、科研经费切块、科技开发、科技贷款、重大成果推广、企业技术开发、工业性试验、工程中心建设、计算机专项、军工专项、新材料专项、国产化专项和稀土专项等渠道，共落实拨款11.59亿元，贷款8.62亿元，科技总投入为20.21亿元，是"七五"期间科技投入的3倍。"九五""十五"期间的科技投入也都有较大幅度的增加，尤其是企业的投入增加明显。三是国家计委、国家经贸委、国家科委等部委，分别提出了组建一批国家工程技术研究中心和企业技术中心的计划方案。化工部根据要求，先后组建了反应注射成型、氟材料、复合改性聚合物材料、工业水处理、金属腐蚀控制、生物化工、生物医学材料、受力结构工程塑料、碳纤维、碳一化学、通用工程塑料、涂料、消耗臭氧层物质替代品、烟气脱硫、液体分离膜、有机硅、农药创制、橡胶助剂、催化、干燥技术及装备等20个国家工程技术研究中心，依托烟台万华合成革集团有限公司、上海氯碱化工股份有限公司等组建了38家国家企业技术中心，同时也建成了一批部级工程技术中心。

"科技兴化"方针的提出，对化学工业产生了重大影响，得到了全行业的积极响应，越来越多的企业走上了依靠科技进步做大做强的道路，化工科研院所和高等院校努力加快科研开发，围绕国民经济急需的技术产品和重大项目开展攻关。"八五"期间有105项科技成果获得国家科技进步奖，8项获得国家发明奖；变压吸附气离分离技术、两水闭路循环技术、稀土复肥生产技术等100项具有先进性、适用性的重大科技成果，被推荐列入国家级科技成果推广计划。到1995年底，纳入计划的推广项目已实施了450项，推广总投资约8亿元，取得了良好的经济效益和社会效益。"九五"期间获国家科技进步奖110项，获国家技术发明奖13项，获部级科技进步奖346项。万吨级PVC糊树脂装置国产化获国家科技进步一等奖，变压吸附气体分离技术推广应用获国家科技进步一等奖；合成氨生产中气体净化技术、长效碳铵生产技术、涂层尿素生产及应用技术、万吨级PVC树脂生产技术、聚氯乙烯球形树脂生产技术、子午线轮胎关键设备和技术、离子膜烧碱法制烧碱技术等一大批先进科技成果在全行业推广应用，进一步提高了化工行业科技水平。

三、石油化工第三次大规模引进技术装备

改革开放伊始，中国的石油化工业就迎来了第三次大规模技术引进高潮，相继签约了22套大型成套石化和炼油装置，同时对年原油加工能力250万吨以上的常减压蒸馏装置进行全面技术改造，后又连续改造了24套，使全国各大中型炼油装置都经过了技术改造，生产能力和各项经济技术指标全面提升，迈上一个新台阶。通过利用外资和技术装备，新建

了大庆、齐鲁、扬子、上海、吉化等一批30万吨乙烯联合装置，使以乙烯为龙头的石油化工产品生产能力大幅增长，炼化一体化程度显著提高。这些大型成套装置的引进也为国内化工设备设计、制造提供了很好的学习和借鉴机会。

进入20世纪90年代，随着国民经济连续多年的持续快速发展，国内石油及其产品消费大幅增加，进口原油急剧增长，炼油化工业迎来了新的大发展高潮。在大型化、基地化、炼化一体化建设方针的指引下，中国石油化工业坚持做大做强东部，做精做强中部，增减扩建西部，相继改造、扩建和新建了镇海、大连、茂名、燕山、金陵、齐鲁、上海、高桥、大连西太平洋、广州、兰州、广西钦州等一批具有国际先进水平的千万吨级大型炼油项目，在环渤海湾、长三角和珠三角地区形成了一批百万吨级炼化一体化基地。这使我国原油年加工能力突破3亿吨，接近4亿吨，成为世界第二炼油生产大国，乙烯生产能力也由世界排名第7位迅速上升到第2位，石油化工业各项经济技术指标大幅攀升，整体素质全面提高。

四、化工装备国产化发展提速

随着改革开放的推进，石油和化学工业快速发展，给化工装备行业注入了勃勃生机，尤其乡镇企业的涌现以及90年代的企业改制，有力地促进了化工设备设计、制造企业的发展，企业规模和装备能力迅速提升。这一时期，国内主要化工设备制造厂商数量达到近1000家，除了中石化、中石油、中海油等大型国企的相关子公司外，大部分为乡镇企业和改制后的民营企业，形成了国有、民营、合资多元并存的格局。经过20多年的自主研制和引进吸收国外先进技术，特别是参与国家重大技术装备的制造，国内企业通过开展大型合成氨、尿素和乙烯裂解等关键设备的专项技术攻关，使我国化工设备制造设计、制造能力取得了长足进步，国内一些主要设备生产企业的技术、装备能力有力较高的提升，部分产品已经接近世界先进水平。但在大型成套设备设计制造技术方面，国内制造企业仍与国际先进技术装备存在较大差距，国产化设备还不能充分满足石油化工、煤化工、盐化工等行业的飞速发展，加氢反应器、气化炉内件等大型石化成套装置的核心设备国产化水平较低，仍依赖进口，成为行业发展的一大短板，制约了化工设备行业在国内外市场的竞争能力。

2001—2019：科技创新跃升时期

经过新中国成立50多年的积累和努力，我国石油和化工科技创新迎来了一个较大的跃升时期。随着科技创新理论与实践的发展，"科技兴化"战略内涵在实施过程中不断丰富和拓展，特别是在习近平总书记提出"科技是第一生产力，创新是引领发展的第一动力"新理念的指导下，石油和化工行业深入贯彻党中央和国务院的决策部署，全面实施"创新驱动发展战略"，行业创新平台建设水平显著提高，企业创新能力不断增强，化工新材料、现代煤化工、精细化工、高端专用化学品等长期制约行业发展的一批重大关键技术相继突破，重大核心装备国产化深入推进，传统产业改造提升效果明显，先进节能环保技术普遍推广，对行业加快转型升级、新旧动能转换发挥了重要的引领、支撑作用。

一、产学研深度融合的技术创新体系初步形成

在全行业的共同努力下，行业科技管理体制改革进一步深入推进，市场在配置科技资源中发挥的作用越来越大，以企业为主体、市场为导向、产学研深度融合的技术创新体系建设初步形成，行业创新环境进一步改善。企业的自主创新能力、与科研单位联合攻关能力、科研成果工程转化能力均有显著增强，为行业科技创新取得一系列重大突破提供了坚实的制度基础与体制保障。

（一）大型骨干企业均把科技创新置于长期发展战略的核心，科技创新主体作用日益增强

很多石油和化工企业自觉把开发具有核心竞争力的技术和产品，作为可持续发展的战略选择，特别是大型骨干企业把攻克前沿先进技术作为创新的主战场，持续增加研发投入，广揽优秀人才，不断完善现代化水平的研发机构，取得了一大批关键核心技术成果。中石油塔里木油田公司重点围绕"提产、提速、提高成功率、提高采收率"等四个攻关方向，开发了塔里木盆地大型复杂油气田勘探开发配套技术，科技进步贡献率达到70%；延长石油集团针对特低渗透油田开采技术这一世界级难题，持续增加研发投入，积极开展联合攻关，取得了一系列重大突破，成功实现由单一油气资源企业向创新型现代能源企业转变；东岳集团从原材料基地建设，到以膜材料为代表的尖端产业，形成了完整的产业链和价值链，其中60%的效益来自科技创新贡献。

（二）产学研合作进一步深化，协同创新的体制机制逐渐形成

在科技创新上，企业具有资金和产业化优势，科研院校具有专业和人才优势。产学研合作既是科研工作与行业实际需求的紧密结合，也是技术集成与工程化应用的有效载体，有利于促进创新资源的合理配置与高效使用，形成充满活力的协同创新体制机制，有力提升科技创新成效。截至"十二五"末，中石化累计申请专利45023件，获得专利授权24780件；获中国专利金奖18项、优秀奖68项。新疆天业集团积极构建"以项目为载体、企业牵头、优势互补、共同攻关"的产学研模式，开发出干法乙炔、聚合母液和含汞废水处理等一大批先进技术，被授予国家第一批循环经济试点企业；青岛科技大学以协同创新为引领，使科研项目直接服务于企业，形成了产学研一体化的互动双赢格局；上海浦景化工技术有限公司推出"商学研"模式，通过整合高校、科研院所以及企业的创新资源，研制出乙炔羰基合成丙烯酸技术、合成气制乙二醇技术等先进技术。

（三）行业科技管理体制进一步完善，支撑行业转型发展的能力日益增强

我国化学工业管理体制进一步深化。2001年4月，中国石油和化学工业协会正式成立，2010年更名为中国石油和化学工业联合会。这是继1998年国务院机构改革撤销化学工业部，成立国家石油和化学工业局之后，又一次政府经济管理职能大调整，是我国石油和化工行业管理体制的一次深刻变革，标志着行业计划经济管理体制的结束。中国石油和化学工业联合会成立以后，积极履行行业协会职能，在规划编制、产业政策、经济运行、质量标准、对外交流等方面，积极发挥服务、协调、组织、引导、咨询等作用，构建企业和政府之间的纽带和桥梁。特别是在行业科技工作方面，中国石油和化学工业联合会积极承接国家科技部、发改委、工信部等委托，组织国家科技支撑计划、863计划、火炬计划等行业项目的立项、管理、服务，组织开展行业科技平台建设，以及专利咨询服务工作，为行业科技进步做出了重要贡献：

一是认真做好规划引导和重大问题研究工作。在国家科技部指导下，联合会编制行业"五年"科技发展规划纲要，在此基础上编制联合会年度科技指导计划，累计编入科技计划项目1173项。开展《提高我国石油和化工装备自主创新能力战略研究》《产业关键共性技术支撑体系建设》等重大课题研究，为政府制修订相关科技政策提供有力支撑。

二是认真做好国家科技支撑计划等重大项目的策划、组织申报和实施管理工作。在国家科技部的大力支持下，面对行业的重大需求，联合会认真组织实施了一大批国家科技支撑计划项目、863计划项目、国家火炬计划项目、国家重点新产品等重大科技攻关项目，突破了一大批长期被国际垄断、制约行业发展的关键核心技术。

三是高质量推进行业创新平台建设。配合国家发改委、科技部、工信部分别认定批准了一大批企业技术中心、国家工程技术研究中心、国家技

术创新示范企业等国家级创新平台。联合会组建了"褐煤分级转化清洁燃料""混炼工程""磷石膏综合利用"等一大批行业工程研究中心、行业重点实验室、行业工程实验室，认定了一大批行业"技术创新示范企业"，组建了一批产业技术创新战略联盟。这些创新平台广泛吸纳企业、高校和科研院所参加，共同承担国家重大科技项目，产学研协同开展技术攻关，对促进行业技术进步发挥了重要作用。

四是行业科技奖励工作体系日趋完善。截至2018年，联合会先后授予3352项行业科技成果，其中有96项成果经联合会推荐荣获了国家科学技术奖。联合会设立行业"科技奖励基金"，对行业优秀科技成果和科技人员进行表彰，激励广大科技人员的积极性和创造性，为行业科技创新增添新的动力和活力。

二、行业科技创新由"跟跑"向"并跑"与"领跑"并行加快转变

这一时期，我国先后提出转变发展方式的主线和以供给侧结构性调整的主线，特别强调了科技创新在调整产业结构、转变发展方式中的重要作用，全面实施创新驱动发展战略。全行业把科技创新摆在发展的核心位置，紧紧围绕提高自主创新能力，持续增加研发投入，积极开展研发合作与协同攻关，开发应用了一批新工艺、新技术，突破了一批核心技术与关键技术，重大技术装备国产化取得显著成就，在重大项目科技攻关、引进技术消化吸收与创新、科技成果推广应用以及利用先进技术改造提升传统产业等方面都有了长足的进步，为行业加快"调结构、转方式"提供了强有力的科技支撑。

（一）基础化工领域核心技术实现历史性突破，达到或接近国际领先水平

合成气醇烃化精制新工艺成功开发，大大提高了我国合成氨装置气体深度净化技术水平，有力地促进了氮肥行业增产、降耗。在磷肥生产上，开发了先进的磷酸稀酸综合料浆浓缩法工艺，在大型装置中应用，实现了粒状

磷酸二铵与粉状磷酸一铵联产，使磷肥生产技术进入了国际先进行列；"云南中低品位胶磷矿选矿技术开发与产业化"项目破解了中低品位胶磷矿选矿难题，推动我国中低品位磷资源大规模开发利用迈出关键一步。"罗布泊盐湖年产120万吨硫酸钾成套技术开发"项目获得2013年度国家科技进步一等奖，解决了钾资源大规模开发技术及装备难题，形成了世界领先的硫酸盐型盐湖卤水制取硫酸钾成套技术，提高了我国钾肥自给率。万吨级炭黑新工艺问世，形成了符合我国资源特点的工艺路线，使我国炭黑生产达到了国际先进水平。6000吨子午线轮胎专用有机硅烷偶联剂生产装置建成，使我国该类产品的生产技术达到了国际先进水平。

（二）石油化工领域成功打破关键原材料大型成套技术的国际垄断

"十五"期间，80万吨/年精对苯二甲酸（PTA）成套技术工艺包打破了国外大公司在聚酯原料领域的技术垄断。"十二五"期间，"环烷基稠油生产高端产品技术研究开发与工业化应用"项目获得2011年度国家科技进步一等奖，攻克了稠油深加工国际性难题，建成了百万吨级稠油深加工基地，实现了我国稠油深加工技术从空白到国际先进的历史性跨越。目前，我国已完全掌握了千万吨级现代化炼油厂全流程技术，形成自主知识产权的乙烯、芳烃、基本有机原料及合成材料等石油化工主体技术。

（三）精细化工和专用化学品领域研制了一大批高端先进技术

农药行业开发出一批高效、超高效农药新品种，其中杀菌剂"氟吗啉"是我国第一个具有自主知识产权并实现工业化的原创农药新品种，同时获得了中国和美国的发明专利。分子蒸馏技术成功应用于涂料脱除游离TDI，改变了传统的分离工艺，有效地提高了产品质量。非木材纤维造纸用变性淀粉技术产业化并生产出新的系列产品，填补国内空白，性能达到国际先进水平，促进了非木材纤维和再生纤维造纸业的发展。"高性能淀粉基造纸化学品连续流态管道化制备"项目成功解决了淀粉衍生物传统工艺投资大、能耗

高、效率低、环境污染严重等瓶颈问题，开发了一批高性能淀粉基造纸专用化学品，满足了造纸工业需求。

（四）新能源领域页岩气勘探开发技术取得了从无到有的革命性突破

围绕保障国家能源资源安全，突破了一批勘探开发和资源利用重大关键技术。在油气勘探开发方面，"特大型超深高含硫气田安全高效开发技术及工业化应用"项目获得2012年度国家科技进步特等奖，突破了高含硫气田高产高效开发、天然气深度净化等核心技术，建成了超百亿立方米特大型高含硫气田。"水平井钻完井多段压裂增产关键技术"项目获得2012年度国家科技进步一等奖，减缓了单井产量下降趋势，保证了低品质、难动用储量效益开发，为我国石油稳产提供了技术支撑。页岩气勘探开发技术取得了从无到有的革命性突破，创新提出页岩气"二元富集"理论，建立页岩气选区评价标准，创新集成以气藏综合评价、水平井优快钻井、长水平井分段压裂试气、试采开发和绿色开发配套为主的涪陵页岩气开发技术体系，为页岩气大规模勘探开发奠定了理论和技术基础。2012年发现了我国首个大型页岩气田——涪陵页岩气田，已建成100亿方产能的首个国家级页岩气开发示范区。我国已经形成相对完善的油气藏勘探开发理论与配套技术系列。

（五）现代煤化工技术实现全面重大突破，走在世界最前列

进入新世纪后，国家开始高度重视煤化工新技术的开发研究，在政策上大力支持相关企业作为主体发展现代煤化工，并以国家重点基础研究发展计划（973计划）、国家高技术研究发展计划（863计划）、国家科技支撑计划、国家科技重大专项研究等途径投入更多研发费用，先后攻克了大型先进煤气化、合成气变换、大型煤制甲醇、煤制油（直接法和间接法）、煤制烯烃、煤制乙二醇、煤制乙醇等一大批核心关键技术难题，实现了关键技术装备的产业化，掀起了煤化工新技术开发和项目建设的热潮，完成了煤气化、煤直

接液化、煤间接液化、甲醇制烯烃、煤制乙二醇、煤制天然气等大批现代煤化工核心技术的中试研究。

煤气化技术向大型化、长周期迈进。华东理工大学、兖矿集团等合作开发完成了日处理煤3000吨级超大型多喷嘴对置式水煤浆气化技术并已在国内外应用57个工程项目共计158台气化炉。航天长征化学工程股份有限公司设计生产的日处理煤2000吨级航天粉煤加压气化炉（航天炉）创造了世界现有工业气化装置的最长运行记录，单台气化炉连续（A级）运行记录为421天。神华宁煤自主研发了日投煤量2500～3000吨的大型干煤粉加压气化技术（神宁炉），已向美国顶峰集团、内蒙古伊泰集团等国内外公司技术许可23台。清华大学、山西清洁能源研究院等单位联合开发的水煤浆水冷壁废锅煤气化技术（晋华炉）是世界首套水煤浆水冷壁直连辐射废锅的气化工业装置，辐射废锅副产的蒸汽品位高，灰水循环量大幅度减少，节能降耗和环保综合性能优异，实现了化工、电力、燃气、供热领域的一条龙综合应用。

煤炭液化技术向规模化、高效化、高端化发展。神华集团依据煤直接液化反应的产物分布特点，着力开发超清洁汽、柴油以及军用柴油、高密度航空煤油、火箭煤油等特种油品的生产技术，目前已完成了煤直接液化油品的战机试飞和火箭发动机试验。中科合成油公司开发的费托合成技术建成了年产400万吨油品的煤间接液化工业装置，各项技术性能指标达到全球先进水平，并积极在美国、澳大利亚、印度、南非、俄罗斯等国开拓市场。内蒙古伊泰集团有限公司在原基础上扩充了稳定轻烃、正构稳定轻烃、液体石蜡、费托软蜡、费托精制蜡等产品路线，实现了产品向化工原料应用的高端延伸。兖矿榆林100万吨/年煤间接液化示范项目开发出低温费托合成工艺，所得产品中柴油选择性比国内同类技术高30%以上，且所生产的柴油十六烷值>75，是无硫、无氮、优质的清洁液体燃料。延长石油（集团）公司煤-油共炼试验示范项目突破了煤炭清洁高效转化和石化行业劣质重油轻质化两

个领域的技术难题，实现了重油加工与现代煤化工的技术耦合，为我国煤制油和劣质重油轻质化开辟了一条新的技术路线。

煤制化学品技术加快发展。靖边煤油气资源综合利用项目提出了"原料碳氢互补"的新理念，通过对煤、油、气三种资源优化组合，打破传统的煤化工和石油化工的单一模式，有效解决了煤制甲醇"碳多氢少"和天然气制甲醇"氢多碳少"的问题，实现了碳氢互补和化石原料多元化生产。同时，将DCC装置裂解的富氢气、富甲烷气作为甲醇装置的原料气和燃料气，大幅提高了资源利用效率，减少CO_2排放和水消耗，开创了绿色低碳、循环经济产业发展新模式。中天合创现代煤化工示范项目甲醇制烯烃装置采用了中石化自有S-MTO技术，原料清洁、产品干净且目标产品转化率高，同时可与中石化自有烯烃催化裂化技术深度结合，进一步提高原料的利用率，增加双烯产能。中科院大连化物所与延长石油集团联合开发了合成气制乙醇成套工艺技术，并建成了全球首套年产10万吨乙醇的工业示范项目，为甲醇深加工开辟了新思路，探索出了煤制乙醇的新途径。

通过优化工艺技术和提升管理水平，示范项目基本实现了安全、稳定、长周期运行。神华宁煤400万吨/年煤炭间接液化项目自2016年12月21日打通工艺全流程，2017年12月17日，油品AB线实现满负荷运行。神华鄂尔多斯煤直接液化项目于2011年正式进入商业化运营，通过不断优化管理及系统改造优化，生产日趋稳定，2011—2018年累计加工洗精煤1391万吨，累计生产油品660万吨，生产持续维持85%左右负荷运行，实现了单周期稳定运行突破420天，远超设计310天运行时间。伊泰16万吨/年煤炭间接液化工业示范装置2012年达到设计生产能力，连续7年达到并优于设计产能，实现了"安、稳、长、满"运行。装置运行以来累计生产各类产品158万吨，运行负荷达120%。2018年，我国煤制油产能921万吨，产量617.5万吨；煤制天然气产能51.05亿立方米，产量30.1

亿立方米；煤（甲醇）制烯烃产能1302万吨（其中煤制烯烃产能872万吨），产量1085.0万吨（其中煤制烯烃产量762.5万吨）；煤制乙二醇438万吨，产量243.5万吨。

（六）化工新材料领域突破了一大批"卡脖子"技术

化工新材料产业属于战略性新兴产业，也是为新能源、电子信息、航空航天、轨道交通、高端装备制造等高端产业配套的重要产业，代表着一个国家的工业化水平和技术创新能力。经过广大企业的努力，我国化工新材料产业在先进高分子材料、高性能树脂、特种合成橡胶、高性能纤维、功能性膜材料、电子化学品等一系列重要领域取得了突破性进展。

氟硅新材料开发了聚四氟乙烯和甲基氯硅烷新工艺，全面提升了我国氟树脂和有机硅单体的生产技术水平；攻克了全氟离子交换树脂和工业离子膜核心技术，打破了数十年国外技术垄断，已建成了50吨/年生产装置。成功研制出"高电流密度、低槽电压"新一代高性能国产氯碱离子膜并实现了数万平方米的工业应用。1500吨呋喃酚生产技术开发成功，打破了国外长期垄断。5万吨级氯化聚乙烯（CPE）成套生产技术开发成功，不仅使我国这一产业技术达到世界先进水平，同时带动了橡胶加工及下游产业的发展。

成功开发超大规模二苯基亚甲基二异氰酸酯（MDI）制造技术，建设了世界单套生产能力最大的20万吨/年MDI装置，成为第四个完全拥有大规模MDI生产技术自主知识产权国家，改变了我国聚氨酯原料基本依赖进口的局面，已成功开发至第6代MDI新技术，产品质量、收率、消耗上了一个新台阶；成功开发脂肪族二异氰酸酯（ADI）全产业链技术，包括气相光气化制异氰酸酯核心共性技术、催化加氢制特种胺及反应精馏耦合制异佛尔酮等核心技术，形成了具有自主知识产权的全产业链制造成套技术，建成

投产了5万吨/年六亚甲基二异氰酸酯（HDI）单体、4万吨/年HDI三聚体及8000吨/年HDI缩二脲等工业化装置，打破了国外对ADI系列产品全产业链制造技术长达70年的垄断，使万华成为世界上唯一掌握二氨基二苯甲烷（MDA）-4,4-二氨基-二环己基甲烷（H12MDA）-4,4-环己基亚甲基二异氰酸酯（H12MDI）、世界上第二家掌握异佛尔酮（IP）-异佛尔酮腈（IPN）-异佛尔酮二胺（IPDA）-异佛尔酮二异氰酸酯（IPDI）、全球四家和国内唯一掌握HDI及衍生物等核心技术的企业，培育出了世界上品种最齐全、技术领先、产业链最完整的ADI特色产业集群。

万吨级聚苯醚（PPO）项目顺利投产，填补了我国工程塑料聚苯醚合成项目的产业化空白，标志着中国成为第三个拥有产业化聚苯醚合成制造技术的国家。自主开发的聚苯硫醚（PPS）在千吨级工业化装置基础上，不断扩大PPS树脂生产规模，建设了2.2万吨/年工业化生产装置。具有自主知识产权的聚醚醚酮（PEEK）制备技术也处于国际领先水平。

"高性能子午线轿车轮胎橡胶复合材料的制备技术及产业化"项目研制出高性能橡胶复合材料，实现了高性能子午线轿车轮胎的批量生产。"丁腈橡胶新技术及系列化新产品开发"项目开发出的高性能丁腈橡胶产品，摆脱了对国外技术产品的依赖。"高性能碳纤维复合材料的树脂基体及其成型技术"项目研制出碳纤维复合材料线轴产品，实现了先进复合材料在航天、航空、基础工业及生物材料领域的应用。攻克干喷湿纺碳纤维生产技术，成功建成了国内第一条千吨级规模T700/T800碳纤维生产线。"聚丙烯釜内合金开发及工业应用"项目开发的聚丙烯合金产品具有优异的耐热性、韧性、刚性、耐腐蚀性、易于加工成型、易回收等特性，在汽车及家电产品上得到了广泛应用。自主开发的"超重力法合成纳米碳酸钙粉体技术"成为国际首创的先进技术。

（七）生物化工领域取得一批重要技术成果

脂肪酶催化法合成棕榈酸异辛酯技术为国际首创。以玉米为原料一步法生产柠檬酸技术领先世界水平，产品占领了世界市场的重要份额。微生物酶拆分制备D-泛解酸内酯及用于生产D-泛酸钙与D-泛醇技术在国际上首次实现用生物拆分制备的D-泛解酸内酯生产D-泛醇，微生物酶拆分制备技术的综合指标达到国际先进水平。成功开发高纯度井冈霉素生物催化生产井冈霉醇胺的产业化技术，不仅为糖尿病治疗药物中间体的生产提供了原料，而且提高了井冈霉素产品的质量、附加值，形成了井冈霉素生物农药的新规格产品。"生物法制备聚氨基酸的关键技术及产业化应用"项目在国内首次获得高纯度聚氨基酸产品，打破了国外企业垄断，为农业、化妆品、水处理、医药、食品防腐等领域提供了原料支撑。

（八）节能环保领域技术创新取得长足进步

围绕建设资源节约型、环境友好型行业，研发了一批先进节能减排技术工艺。成功开发隧道窑法直接利用中低品位磷矿生产85%工业磷酸技术，开创了利用低品位磷矿和选矿后尾矿直接生产工业磷酸的新技术线路，节能减排效果显著。研制出低温磷酸预浓缩法磷酸一铵节能新工艺，使尾气冷凝减排和余热回收合二为一，降低磷酸一铵浓缩能耗30%左右。"工业冷却系统高浓缩倍率工程化技术"研发成功并推广应用，年节水上亿吨。"化工行业氨氮废水减排及资源化利用关键技术开发与示范"项目、"海绵状树脂型吸附剂开发及其在化工有机废水治理中的应用"项目等，有效提升了有机化工废水处置效率。"焦化脱硫废液资源化技术"项目解决了焦化脱硫废液严重污染问题，从废液中提纯了硫氰酸盐和硫代硫酸盐等重要无机资源，实现了资源化综合利用。成功开发S-Zorb吸附脱硫技术和汽油加氢精制技术，实现汽柴油质量升级换代。微通道湿法磷酸净化技术生产的食品级磷酸相比热法

工艺成本降低23.8%，相比引进的湿法磷酸净化技术成本降低4.2%，设备操作中不排放含VOCs尾气，系统内萃取剂存量及相应的安全环保压力显著降低。针对有机磷-有机硅协同生产中含铝、含硅、含磷资源的高效利用技术难题，开发了氯资源循环利用技术和硅、磷资源化技术，实现了氯、硅、磷的高效利用，从源头减少"三废"产生量。

（九）大型装置的重大设备基本实现国产化

伴随国家大型炼油、化工、煤化工、海洋工程、环保工程等新建或改扩建项目的启动，促进大批化工设备制造企业到江苏、山东、浙江、辽宁、新疆、内蒙古等化工集聚地区建设，加快了重型车间、重型制造设备和检验装备等重资产的投入。"国务院关于加快振兴装备制造业的若干意见""关于落实国务院加快振兴装备制造业的若干意见有关进口税收政策的通知"等重要文件陆续出台，使重大设备国产化步法明显加快。大型装置的重大设备基本都实现了国产化，部分大型设备关键技术和制造加工能力达到了世界先进水平，并开始"走出去"参与国际市场竞争。

在油气勘探开发领域，研制出12000米特深井石油钻机、大口径高等级螺旋缝埋弧焊钢管、海洋石油"981"深水半潜式钻井平台。"深海高稳性圆筒型钻探储油平台的关键设计与制造技术"项目攻坚成功，建造了世界首座圆筒型超深海钻探储油平台，实现了超深水石油钻井技术的重大突破。"精细控压钻井技术及工业化应用"项目开发了具有自主知识产权的精细控压钻井配套技术装备，打破了国外垄断。"胜利油田滩海石油工程关键装备技术与应用"项目填补了国内多项滩海石油开发领域装备空白。

在石油化工领域，具备采用自主技术设计、建设百万吨乙烯装置的能力，总体技术达到世界先进水平，并实现了催化剂、工艺技术和装备的出口。成功开发了高效环保芳烃成套技术，使我国成为继美国、法国之后第三

个掌握该技术的国家。我国已经拥有世界先进水平的炼油全流程技术、乙烯
成套技术，可以自主建设千万吨级炼厂、百万吨级乙烯生产装置。千万吨级
炼油装置国产化率已超过95%、百万吨级乙烯装置国产化率已超过80%。裂
解气压缩机、丙烯制冷压缩机、乙烯压缩机等核心设备，首次全部应用国产
设备。

在化工领域，载重子午胎成套设备及工程子午胎关键设备研发成功，我
国载重子午胎设备的国产化率超过了90%，整体技术达到国际先进水平。自
主开发研制了大化肥核心技术与成套设备，2004年底建成投产，实现了首套
以煤为原料的大化肥装置国产化，标志着我国将告别大型化肥装置主要依赖
进口的时代。高精度自动物料输送称量配料系统研发及推广应用，解决了橡
胶、油墨生产物料称量、环保要求高的难题，大大提高了生产装备水平。开
发成功大型高效搅拌槽/反应器系列产品，扭转了我国关键大型搅拌槽/反应
器长期依赖进口的局面。"十五"期间，先后建成了30万吨合成氨、30万吨
湿法磷酸、60万吨磷酸二铵、80万吨硫黄制酸、10万吨低压法甲醇、4万吨
PVC树脂、4万吨丙烯腈、铁钼法甲醛等十多套具有国际先进水平的大型化
工国产化成套装置和关键设备。"十一五"期间，成功研制直径3600毫米、
断面宽1400毫米的巨型工程胎。自行开发设计、制造的国内首套5.3万立方
米/时特大型双泵内压缩空分装置，标志着5万以上等级的特大型空分装置
完全实现国产化，结束了长期依赖进口的历史。先后建成了10万吨二甲醚、
30万吨低压法甲醇等多套具有国际先进水平的大型化工国产化成套装置和关
键设备。

在煤化工领域，日处理煤量3000吨级以上大型煤气化装置、变换炉、
低温甲醇洗、百万吨级煤制油反应器、60万吨级甲醇制烯烃反应器等装备先
后实现了国产化，为现代煤化工健康发展提供了有力保障。成功研发10万

标方级大型空分成套技术，是目前世界上最大的单机容量制氧装置，使得国内空分技术首次跨入国际先进行列。成功研制10万标方级大型空分压缩机。兖矿榆林100万吨/年煤间接液化示范项目中开发的费托合成反应器直径达到9.8米、产能75万吨/年，是国内外在建或已建同类反应器中单台生产能力最大的反应器。部分适用于苛刻条件的泵、阀等关键设备和控制系统实现了国产化。煤化工装备国产化率已达到85%。

此外，在可燃冰、石墨烯、纳米材料、3D打印材料、先进膜材料以及煤油混炼等前沿领域也取得了一批革命性技术成果，正处在破茧而出的试验推广阶段。涌现出万华化学、浙江龙盛、金发科技、山东东岳等一批创新型企业，培养出一支创新型人才队伍，自主创新能力明显提升，我国石油和化学工业的科技创新正在由"跟跑"向"并跑"、部分领域由"跟跑"向"并跑"与"领跑"方向转变，由点的突破向系统性开发转变，由量的积累向质的飞跃转变。

展望：向石油和化工科技强国迈进

科技创新和科技进步是建设世界石油和化学工业强国的重要支撑，科技创新已成为全行业的共识和追求目标。"十三五"末，我国石油和化工行业将在新能源、化工新材料、高端专用化学品、现代煤化工、生物化工等领域取得一批重大技术成果，为行业加快供给侧结构性改革提供有力支撑。

"十四五"乃至更长时期，我国石油和化工行业将以建设石化强国为目标，以供给侧结构调整为主线，以建设高水平科技创新平台为手段，围绕满足国家重大工程及国计民生重大需求，着力突破一批关键核心技术，包括新型油气勘探开发技术、重质油等劣质资源高效利用技术、新型煤化工技术、生物技术；新催化材料与技术、新分离材料与技术、化工过程强化技术及节能减排技术；大宗合成材料、关键材料高性能化、低成本化技术；高性能工程塑料、高性能子午胎、绿色农药、高性能染料、清洁油品等制备技术；资源循环利用、二氧化碳减排等绿色化工技术。通过20～30年的努力，加快由跟跑向并跑与领跑并行转变，抢占了一批科技制高点，早日成为石油和化工科技强国，为在21世纪中叶建成世界科技强国和社会主义现代化强国做出重要贡献。

02

乘风破浪正远航

——新中国石油和化工勘察设计行业发展纪实

石油和化工勘察设计行业是石油和化工工程建设的龙头，直接服务于石油天然气、石化、化工工程建设，是使石油和化工科研成果转化为生产力的桥梁和纽带，对于全行业固定资产的形成具有决定性作用。

中国石油和化工勘察设计行业，主要由中石油集团公司所属石油工程勘察设计系统、中海油总公司所属海洋石油工程勘察设计系统、中石化集团公司所属石化工程勘察设计系统、原化工部主管的化工工程勘察设计系统企业，以及其他行业和地方石油和化工工程勘察设计企业、外资工程服务企业等组成。

新中国成立以后，我国的石油和化工勘察设计行业在国家宏观经济政策引导下，在旧中国石油和化工基础极其薄弱的背景下，根据国家经济建设、社会发展和人民生活水平提高的需要，经历了自力更生和艰苦创业、引进技术和自主创新、改革开放和拓展海外、体制改革和技术进步、巩固提高和再创佳绩等不同的历史发展阶段，成为石油和化工行业的开路先锋。

石油和化工勘察设计队伍在中国共产党的领导和建设中国特色社会主义理论的指导下，从20世纪50年代开始组建，从小到大、从弱到强，严谨求实、精益求精，不断发展壮大，经历了国家从计划经济到社会主义市场经济的转变，参与了国内外石油和化工勘察设计市场的公平竞争，承接和完成了数万个国内外石油和化工工程建设勘察设计任务，攻克了石油和化工史上一道又一道难关，铸就了辉煌灿烂的工程业绩，为我国社会主义现代化建设和服务中国及世界人民的民生福祉做出了巨大贡献。

1949—1978：
在基础薄弱和艰难环境中开辟石油和化工勘察设计新天地

一、开发建设油气田和炼油厂，历练石油勘察设计队伍

（一）勘察设计新中国第一个大油田

中国是世界上最早发现和利用石油的国家之一。距今2000多年前的《汉书》记载了石油的发现和利用，宋代发明了石油制炭黑技术并开始世界上最早的炼油生产。中国古代石油的发现、生产和使用，为发展近代石油工业奠定了基础。

新中国成立后，我国石油生产企业基础薄弱，没有建立专门的石油勘察设计机构和专业队伍，石油勘察设计工作总体上没有形成体系，一切都要在一穷二白的基础上靠自力更生和奋发图强改变落后面貌。

1952年毛泽东签发命令，将解放军19军57师成建制改编为石油工程第一师，通过学习钻井技术和基建工程等，半年后8000名官兵全部奔赴石油第一线，为当时全国还不到1万人的石油队伍增添新鲜血液。到1952年底，我国原油产量达43.5万吨，为1949年的3.6倍；天然气产量800万立方米，比1949年增加100万立方米。

按照国家"一五"计划安排，我国油气勘探首先在西部展开。1955 年克拉玛依第一口井克 1 井喷油，1956 年集中勘探力量在大盆地和地台上进行区域勘探，很快探明克拉玛依油田，实现了新中国成立后石油勘探史上的首次突破。1958 年石油部在乌鲁木齐成立新疆设计院（中油工程公司新疆分公司前身），成为石油行业最早成立的集勘察、设计、科研于一体的综合性设计院之一。勘察设计人员和石油干部工人在"没有草没有水、连鸟儿也不飞"的戈壁荒原克服万难、开拓奋进，以坚韧不拔的毅力完成新中国第一个大油田——克拉玛依油田和第一座石油城——克拉玛依市初期建设的勘察设计任务。

1957 年新中国第一个天然石油基地——位于甘肃省玉门油田基本建成。1959 年玉门油田生产原油 140.5 万吨，占全国原油产量的 50.9%。玉门油田率先发展成为一座拥有地质勘探、采油、炼油、油田建设和石油科研部门的大型石油联合企业，培养了一大批石油技术工人和工程勘察设计人员，为大庆等大油田的建设输送了骨干技术力量，为我国石油工业发展做出了突出贡献。

1958 年青海石油勘探局在冷湖 5 号构造上打出日产 800 吨的高产油井。在四川发现东起重庆、西至自贡、南到叙水的天然气区。同年成立的石油部四川设计院 [中石油工程建设公司（CPECC）西南分公司前身]，参加了四川石油天然气基地的勘察设计和工程建设。

到 50 年代末，全国已初步形成玉门、新疆、青海、四川 4 个石油天然气基地，每个油田都有设计院、所为其服务。

（二）在东北、华北油田会战中锻炼成长

从 1955 年起，地质部和石油部合作，先后在华北平原与松辽盆地展开全面综合地质调查。1959 年松基三井出油，随后位于大庆长垣上的葡 7 井出油，表明这里是一个含油面积很大的油田。

根据党中央指示，1960年一场关系石油工业命运的大规模石油会战在大庆打响。全国200多个勘察设计和科研单位提供技术支持，5000多家工厂企业为大庆生产机电产品和设备，3万多名复转官兵参加会战，石油系统37个厂矿院校的精兵强将和大批物资陆续集中大庆，参加会战的有5万多人，石油部领导亲临现场指挥会战。"宁肯少活20年，拼命也要拿下大油田"，成为当时会战职工的豪迈誓言。到1960年4月底，大庆长垣从南到北七个构造部位均获工业油流，并且长垣北部是高产区。于是会战领导小组决定挥师北上，到年底基本探明这一个世界级大油田。同年石油部第五设计院（大庆油田工程公司前身）成立。后来用3年多时间，在大庆探明860多平方公里的特大油田，建成年产原油500万吨的生产能力。

大庆油田的发现是中国石油工业发展史上的奇迹，石油工业由此进入快车道，原油产量急剧增长。1963年全国原油产量达到648万吨，同年12月周恩来总理在全国人大二届四次会议上庄严宣布，中国需要的石油现在已经可以基本自给，中国人民使用洋油的时代即将一去不复返了。

1961年华北地区石油勘探的第一口见油井——位于山东东营的华8井获得日产8吨的工业油流，首次发现东辛油田。1962年，营2井获得日产555吨的高产油流，打出了我国当时产量最高的一口油井。这些为组织胜利油田会战提供了可靠的依据。

经党中央批准，1964年在天津以南、山东东营以北的沿海地带开展了华北石油会战。1965年在山东探明了胜利油田，1966年产油130多万吨，1978年接近2000万吨，成为仅次于大庆的第二大油田。同时在天津探明大港油田，1978年原油年产量达到315万吨。70年代在复杂的地质条件下，勘探开发了辽河的兴隆台、曙光和欢喜岭油田，探索出一套勘探开发复杂油气藏的工艺技术和方法，1978年原油产量达到355万吨。

根据华东地区石油勘探形势发展的需要，石油部先后于1963年和1965年从大庆油田设计院抽调67名勘察设计人员援建胜利油田，先是组成设计

室、处，1975年改建胜利油田设计规划研究院（简称胜利油田设计院），承担胜利油田地面工程建设的勘察设计和规划科研任务。

根据石油工业发展的需要，按照毛主席的批示，1970年开始"83会战"，建设由大庆到抚顺的第一条原油管道。1973年4月16日成立了石油工业部廊坊管道局。1975年成立了石油工业部管道设计研究院，负责全国的长输油气管道的设计和研究工作。

经过大庆和华北油田会战，石油勘察设计队伍受到极大锻炼，勘察设计能力明显增强，完全掌握了油田集输设计、长输油气管道设计、原油脱水及含油污水处理等一系列工艺技术。

（三）不断提高石油炼制设计水平

新中国成立后，炼油工业基础十分薄弱，石油勘察设计人员在设备、材料、人才严重缺乏的情况下，用两年半的时间恢复了抚顺、桦甸、锦州等几个东北人造油厂生产。先后扩建、新建了上海、克拉玛依、冷湖、兰州、大连、锦州等8个年加工能力为10万吨到100万吨的炼油厂。

50年代，在自身努力和苏联专家指导下，先后完成了抚顺石油二厂53—05工号的油页岩干馏装置及相应系统工程，以及茂名、桦甸、锦西、大同等9个人造油炼油厂的设计工作，取得页岩干馏焦油加工、合成液体燃料等多项重要科技成果。

60年代，扩建了上海炼油厂和大连甘井子石油七厂，将抚顺石油一厂、抚顺石油二厂、葫芦岛石油五厂和茂名石油公司，由生产人造油改造为主要加工天然原油，大力开发新工艺、新技术、新产品。先后攻下被称为五朵金花的硫化催化、铂重整、延迟焦化、尿素脱蜡以及配套所需的催化剂、添加剂等5个攻关项目，研究、设计和建设了加氢裂化等装置，大大缩小了同当时国外炼油技术水平的差距。

70年代为发挥中央和地方两个积极性，以石油部为主陆续兴建了茂名、大庆、南京、胜利、东方红、荆门、长岭等7个大型炼油厂。以地方为主先后建设了天津、武汉、安庆、浙江、广州、九江、乌鲁木齐、吉林、鞍山、石家庄和洛阳等11个大中型炼油厂。1974年成立的石油部勘察设计研究所（中油华东设计分公司前身）勘察设计人员，参加了华北、华东油田、油库的选址、勘察设计和建设。

到1978年，全国原油年产量突破1亿吨大关，年加工能力已达9291万吨，加工能力增长5倍多，天然气产量增至138亿立方米，保证了国家的需要，缓和了能源供应的紧张局面。从1973年起，我国还开始对日本等国出口原油，成为石油出口国，为国家换取了大量外汇。

二、开发南海、渤海油气田，积累海洋石油勘察设计经验

新中国海洋石油工业始于20世纪50年代。1954年地质学家李四光在《从大地构造看我国的石油资源勘探远景》报告中，首次将渤海湾列入中国石油勘探远景区。1957年我国开始在海南岛南面莺歌海岸外组织作业，追索海面油苗显示，后在渤海湾荣城至大沽口一段沿海地带调查油气苗。

60年代开展海上地震、重力、电法的物探试验，完成了渤海全海区的地震概查并安排远景较好的辽东湾海域普查和重力调查。随着海上油气勘察的逐步展开，渤海油气勘察取得了突破，发现了海上油田。当时全国陆地和海上各油田均归口石油部管辖，勘察设计工作也由石油部管理。为了加快勘探海上油气田，尽早获得海上原油和天然气产量，石油部提出石油下海战略并决定从陆地油田和陆地工程建设单位调集一批工程技术人员，集中在渤海进行渤海海域海洋油气田开发的工程设计和工程建设。1965年641厂海洋勘探室在天津北仓筹建，1966年石油部华北石油海洋勘探指挥部在天津塘沽正式成立，同年完成中国第一座桩基式钻井平台的设计、建造。1967年海1井试获日产原油30吨，成为我国海域第一口出油井。

70年代后，由海1号钻井平台改建1号试验采油平台投入生产，从此

揭开中国海上生产原油历史，开创中国海洋油气田勘探开发新局面。此后，在渤海海域共建造4座固定式钻井平台，钻探井14口，发现3个含油构造，为海上石油勘探积累了经验。在国内建造和从国外购进了一批自升式钻井船、三用工作船和地球物理勘探船等，在渤海进行勘探、开发试验。1973年基本完成综合地质、地球物理调查，预测北部湾是一个有良好前景的含油气坳陷。1977年涠西南一号构造带湾1井试获日产原油20吨、天然气9490立方米。

1973年美越两国签订《巴黎协定》结束越南战争，南海海域恢复平静。同年燃化部再次成立南海石油勘探筹备处，恢复南海石油勘探。对南黄海进行了地震大剖面测量，利用我国自行设计、改装的双体钻井船进行施工钻井，取得了重要的地质资料。

到1978年，海洋勘探指挥部在条件十分艰苦的情况下，自行设计建造我国第一座钢质固定式钻井和采油平台、第一艘在40米水深的渤海海域可自动升降和移动的钻井船、第一座可移动沉浮式钻井平台、第一艘大型导管架下水驳船等海上工程施工船舶、第一套刚臂式单点系泊系统、第一艘国内起吊能力最大的500吨级浮吊。这一期间，设计建造钻井平台11座、采油平台7座、工程船舶3艘和大型船坞和码头。

渤海石油基地的建设，培养锻炼造就了一支从海洋石油工业设计到建造安装门类初步齐全的海上和基地工程建设队伍，摸索和积累了海洋石油开发建设的实际经验，为以后海洋石油工业的发展和对外合作奠定了良好基础。

三、发扬艰苦创业精神，开展石油化工工程建设

（一）不畏技术封锁开展炼油工程设计

新中国成立之初，我国石化工业基础薄弱，油品极度匮乏，而西方国家又对中国油品和炼油技术采取严格封锁政策。在严峻形势下，1953年成立的我国第一个炼油和化工专业设计院——中国石化北京设计院（BDI，简称石

化北京设计院）不畏国外反华势力技术封锁，自力更生，攻坚克难，承担和完成了大连炼油厂、锦西炼油厂、上海高桥炼油厂、锦州炼油厂、抚顺炼油厂、兰州炼油厂等一批老炼油厂的恢复和扩建设计任务。

60年代，石化设计人员承担了大庆炼油厂的设计任务，完成了锦西石油五厂和南京炼油厂的设计工程。设计人员认真吸收国外先进技术，进行科技攻关和设计，完成了当时具有世界水平的现代化炼油装置，并配套、定型、建设了若干座加工原油250万吨/年以上的炼油厂，实现了我国炼油技术上的首次飞跃。洛阳设计院（原石油部抚顺设计院）与有关单位合作设计并建成了抚顺石油二厂60万吨/年流化催化裂化装置和30万吨/年延迟焦化装置，使我国炼油技术水平又向前迈进一大步。

60～70年代，在生产建设和科技研发受到冲击的情况下，石化设计人员没有停止工程设计和技术攻关，先后完成东方红炼油厂、胜利炼油厂、荆门炼油厂、武汉石油化工厂等大型炼油厂的设计任务。这期间设计的我国第一套硫酸法烷基化装置在兰州和抚顺建成投产，第一套具有60年代先进技术水平的加氢裂化制氢联合装置在大庆一次试车成功，第一套硫醇氧化脱臭装置在胜利炼油厂建成投产，第一台钢带式硫黄成型机在山西试运成功，第一套高效再生提升管催化裂化装置建成。研发了多金属重整、分子筛提升管催化裂化等现代炼油新技术，使我国炼油工业有了新的突破。同时还完成了我国援建朝鲜和阿尔巴尼亚炼油厂的工程设计。

（二）在化工和石化工程设计领域开拓

1953年成立的重工业部化学工业管理局化学工业设计公司是新中国最早建立的化工专业设计院之一，1955年更名为重工业部化工局化工设计院，1965年改名为化学工业部第一设计院。50年代完成大连化工厂合成氨生产装置、永利宁厂、我国第一座以焦炭为原料的大型氮肥厂——四川化工厂的恢复和扩建工程的设计和建设。完成了从吉林到广东多个省区市众多纯碱工程

设计，开展了染料、农药、己内酰胺、氯丁橡胶及以电石乙炔为原料的醋酸工程设计。在苏联援建的三大化工基地建设中，该公司投入了大量技术力量开展配套设计，苏联专家撤走后，10多项工程由该公司自行完成设计和建设。

1971年燃化部决定将化工部第一设计院、北京石油设计院的一部分组建成北京石油化工总厂设计所，1979年改名为燕山石油化学总公司设计院，1983年更名为中国石油化工总公司北京石油化工工程公司（简称BPEC）。

70年代，BPEC从规划、总体设计、技术引进谈判到施工建设，全面承担了我国第一个特大型石化联合企业——燕山石化公司的设计任务，并参与和配套设计了我国第一套30万吨/年乙烯以及聚丙烯、聚酯、苯乙烯、聚苯乙烯等装置。对援建阿尔巴尼亚和越南项目设计，参与埃及、阿富汗和缅甸的工程建设，也做出了贡献。

四、建立化工勘察设计体系，为化工基本建设提供技术支持

（一）组建化工勘察设计机构和队伍

中国化工的开发和利用，是一项古老而又新兴的事业。中国古代四大发明中的火药和造纸，举世闻名秦兵马俑身上的彩色颜料，都是古人运用化学方法创造的科技奇迹。中国古代的化工成果，无疑为近代化工的兴起奠定了早期基础。

中国近代化工企业，建立于第一次世界大战期间。1915年以后，中国沿海城市陆续建起油漆厂、肥皂厂、染料厂等一些小厂，成为民族化学工业的萌芽和基础。真正创办我国民族资本的化工企业，当属范旭东于1917年在天津塘沽创办永利系统和吴蕴初于1929年在上海创办天原系统，生产合成氨、化肥、纯碱、烧碱等，成为中国民族化工的先驱。在抗日战争和解放战争时期，各革命根据地为适应战争需要创办了一些化工企业，为前线提供急需的军需化学品，对人民解放事业做出了重大贡献。

新中国建立前，我国化工生产企业基础薄弱，没有专门的化工勘察设计机构和队伍，勘察设计人员和业务分散在数量很少的生产企业之中，化工勘察设计体系总体上可以说是一片空白。

新中国建立后，中央人民政府重工业部化学工业管理局（简称重工部化工局）、东北工业部化工局以及华东工业部化工局，先后成立设计处、室和勘察队，大连化学厂、永利宁厂等化工企业设立了设计组。这些设计单位先后完成大连、天津、吉林、沈阳等地化工企业的恢复和改扩建任务。

1952年中央财经委员会颁发《基本建设工程暂行办法》（财经计建字第24号命令）。为促进新中国化学工业发展，重工业部于1953年作出《关于加强与调整各设计机构的决定》，将全国主要化工设计力量集中起来，在沈阳成立重工部化工局化学工业设计公司（简称化工设计公司）。该公司以重工部化工局、东北化工局和华东化工局设计处室为基础，同时抽调部分化工生产企业的技术骨干组成。还将1950年在太原和吉林组建的两支勘察队伍合并成立设计公司下属勘察队。化工设计公司的正式成立，诞生了全国第一个化工专业设计单位，当时共有职工400人。

1954年化工设计公司从沈阳迁到北京，职工总数1389人。1956年化学工业部（简称化工部）成立后，化工设计院更名化工部化工设计院。10月，以化工设计院测量队、地质队和试验室为基础建化工部勘察公司。1957年化工部将原化工设计院和设计司撤销，成立化工部设计局，原化工设计院一分为四，分别成立氮肥、有机化工、基本化工3个设计院和一个化工勘察设计公司，统一由设计局领导。同时，原属轻工部领导的橡胶和医药设计力量划归化工部，分别成立了橡胶和医药设计院。各设计院和勘察公司总人数达到3200人，主要职能是承担全国化工建设勘察设计任务。

为适应社会主义建设新形势和全国各地发展化工需要，化工部1958年发布《关于调整勘察设计机构的决定》，调整改组设计机构，下放充实地方设计力量。化工部将原部属氮肥、基本化工和有机化工3个设计院合并，组

建化工部化工设计院（简称化工设计院），并在院内设立国防化工设计室。抽调1000多人与当地的化工设计力量合并，组建吉林、大连、锦西、华东、华中、华北、西北、西南8个区域性设计研究分院和分属5个分院的综合勘察队。化工设计院在化工部领导下，代行全国化工设计管理机构职能，代部安排化工勘察设计任务，并对分院进行业务领导。

同时，化工部抽调660人到27个省区市，组建地方化工设计机构。1958年成立化工设计机构的有吉林、黑龙江、内蒙古、天津、河北、山东、新疆、河南、湖南、湖北、江苏、浙江、江西、福建、广东、广西、贵州、陕西等18个省区市，设计队伍总人数约14000人，主要任务是为本地区"大办小化肥"和地方化工建设服务。1962年在江苏省连云港成立化工矿山设计研究院（简称连云港矿山院）。

经化工部、各大区和各省区市的努力，基本形成了中央和地方相结合的化工勘察设计体系，勘察设计队伍遍及全国，适应了当时经济建设和各地发展化工形势的需要。

1964年，化工部成立基本建设总局，归口领导勘察设计工作，并对部属设计和勘察单位进行调整。调整后，将设计与研究分开，成立12个直属化工设计院和勘察公司。化工设计院9个，第一到第九设计院分别设在北京、太原、淮南、武汉、兰州、茂陵、南京、成都和吉林。矿山、橡胶、医药设计院各1个，分别在连云港、北京和上海。12个单位总人数8400人，明确了各院专业分工。1966年在南京组建化工部勘察公司，1975年在沧州组建石化部勘察公司。1978年石化部在涿州成立化学矿山规划设计院和化学矿山地质研究所，同年化工部批准组建长沙化学矿山设计研究院。至此，全国化工勘察设计队伍和管理体制得到稳定和提高。

（二）在学习苏联经验中开展化工勘察设计实践

20世纪50年代的化工设计工作，主要是学习苏联经验，参与苏联援助的化工重点项目建设。"一五"期间我国重点建设的吉林、太原、兰州三大化工基地，是苏联帮助建设的156个项目中的14项。此外还有156项中的华北制药厂。

1953年国家计委批准兰州肥料厂设计任务书，年产合成氨5万吨、粗甲醇1万吨、硝酸铵8万吨。1954年吉林肥料厂、吉林染料厂、吉林电石厂开始建设。该项目由周恩来总理于1952年批准设计任务书。1954年太原化工区正式开工建设。

在三大化工基地和华北制药厂等项目的建设中，化工勘察设计人员在苏联专家指导下，圆满完成选择厂址、勘探测量以及设计所需的原始资料的收集工作，满足了苏方施工图设计的需要。化工设计人员承担了大量的国外设计翻译和技术校对工作，并协助苏联专家配合施工和生产单位解决化工厂的工程技术问题。

通过配合三大化工基地建设，使勘察设计人员学到了大型化工项目建设的规划、选址、勘察、设计的内容、程序和方法，以及与施工和投产的衔接配合，特别是对大型合成氨厂和有机化工厂的设计有了初步了解，培养了设计人员，积累了经验。在学习和实践中，各化工设计院（公司）按照不同阶段的设计内容和要求，建立健全了一系列管理制度，加强了计划、技术管理和工程经济核算制等，对各项设计和设计指导资料审核等作出具体规定，为以后自行设计建设大型化工项目打下坚实基础。

参照苏联一些技术资料和参加三大化工基地建设积累的经验，化工设计院开始走上自力更生、独立设计的道路。1953年我国自行设计建设的第一个抗生素——青霉素的生产厂上海第三制药厂建成投产。1955年设计并制造的2400马力、200气压的高压氮气压缩机在大连化工厂试制成功，为合成氨的发展创造了条件。

四川化工厂7万吨/年合成氨装置，是化工设计院依靠自己设计力量和技术自行设计的第一个大型化肥厂。该项工程1953年选址，1956年进行初

步设计。设计人员对原永利宁厂和苏联引进的吉林化肥厂进行研究分析，根据国情，取长补短，对一些重大技术问题和厂区布置进行了科学、合理修改。在总图布置上，改变了车间布局分散、厂区过大的缺点，使占地面积比吉林化肥厂减少近一半。在工艺方面，采用焦炭固定层煤气发生炉代替劣质烟煤沸腾层气化炉，采用立式变换炉和国产耐硫变换催化剂强化变换炉生产，采用130大气压醋酸铜铵液净化技术代替320大气压碳酸铜铵液净化方法，采用单合成塔系列取代氨合成塔系统中的精制塔，根据四川潮湿气候将氨加工改为硫酸铵。在技术经济和建筑结构方面，按国内核定能力改为7.2万吨/年合成氨，采用联合厂房、露天化布置或半敞开式建筑，将钢结构改为预应力钢筋混凝土结构等。这样，通过减少占地、采用先进工艺和优化流程等，有效降低成本，节约大笔投资，提高了综合效益。

四川化工厂的建成投产，标志我国已经基本具备自力更生独立设计氮肥厂的能力。随后又自行设计了一批中型氮肥厂，投产后运转情况良好。

与此同时，各化工设计院（公司）在苏联专家的指导下，参照一些不完整的技术资料自行完成了17个新建项目设计和11个扩建项目的设计。如铜官山塔法硫酸、抚顺接触法硫酸、山西普通过磷酸钙、株洲隔膜法烧碱、长寿悬浮法聚氯乙烯和氯丁橡胶、锦西有机玻璃和四乙基铅及卡普隆、吉林乙炔制醋酸、重庆酚醛树脂和酚醛塑料、保定醋酸纤维胶片等装置的设计。这些项目均顺利建成，投产后生产正常。

（三）自主创编定型设计加快化工建设

我国"一五"计划提出，要积极发展化学肥料工业，相应发展酸、碱、橡胶、染料等工业，加强化工与炼焦、石油、有色金属工业的配合。"一五"计划实施以后，全国各地发展化学工业的积极性很高，纷纷建设化肥、硫酸、烧碱等化工厂。但当时设计队伍组建不久，设计力量不足，设计程序又采用苏联的模式，一个大项目仅设计就需要好几年时间。当时化工设计院院长冯伯华带领设计人员进行了大胆改革。

一是简化设计程序。把过去学习苏联的初步设计、技术设计和施工图设计三个阶段的做法，改变为扩大初步设计与施工图设计两个阶段。这样，每个建设项目的设计减少一次上报审核程序，一般可提前一年交出设计图纸。

二是编制定型设计。为使设计做到定型化、标准化、系列化，化工设计院开始编制定型设计，也称通用设计。有了定型设计，各地只要根据建设地点的具体条件进行因地制宜的修改，就可以开工建设。定型设计也为设备的定型化生产和缩短制造周期创造了条件。

化工部氮肥设计院根据四川化工厂和永利宁厂的生产经验，编制了5万吨/年合成氨的省级氮肥厂定型设计。根据编制的定型设计，建设了衢州、吴泾、广州、开封、云南、石家庄和淮南等7个省级氮肥厂。1958年初又编制出了1万～2.5万吨/年合成氨和4万～10万吨/年碳酸氢铵专区级氮肥厂定型设计，并在北京建设化工实验厂。用这个定型设计建设起来的有贵州都匀和陕西宝鸡2个化肥厂。同年化工专家侯德榜率领县级氮肥厂设计组，赴上海化工研究院进行县级小氮肥厂定型设计。同时又编制了0.75万～1.5万吨/年烧碱和0.6万吨/年聚氯乙烯定型设计，供各地因地制宜采用，为自力更生发展我国的化肥和氯碱工业作出了重要贡献。

为满足全国各地加快化学工业发展的需要，除了编制省、地区、县级合成氨厂定型设计外，还编制了8万吨/年硫酸装置，20万吨～40万吨/年普通过磷酸钙厂，10万吨/年高炉法钙镁磷肥厂，2万吨/年电石厂等的定型设计，以及氯丁橡胶、醋酸、己内酰胺、有机原料等不同规模的定型设计。这些定型设计的推行，由于缩短了设计周期，对加快我国氮肥、磷肥、硫酸、氯碱、橡胶企业建设起到很大作用。

（四）完成自主开发和引进重大项目勘察设计任务

由于受到大跃进和文革"左"的思想影响，化工勘察设计工作的正常秩

序一度被打乱，一些从实践中总结出来、符合化工勘察设计工作规律的规章制度和标准规范遭到质疑。但化工勘察设计战线的科技人员在艰难条件和复杂环境中，克服困难，坚守岗位，兢兢业业工作在化工工程建设第一线，使自主开发和引进技术装备的多个化工重大项目，在祖国大江南北拔地而起，有力支持了我国工农业生产、国防建设和整个国民经济的发展。

50年代由化工设计院自行设计的重点化工项目有：合作设计研制成功我国第一台大容量立式吸附隔膜电解槽，使我国电解技术从20年代提高到50年代水平；开发设计的2千吨/年氯丁橡胶生产装置在四川长寿化工厂建成投产；开发设计的1千吨/年苯酚法己内酰胺生产装置在锦西化工厂建成投产，生产出我国第一个合成纤维产品——锦纶。自行设计的6千吨/年聚氯乙烯定型装置在天津化工厂建成投产。这些成果，显示我国化工勘察设计能力已经发展到了一个新水平。

1965年我国实现油品自给后，世界石油化工发展迅速，党中央国务院对此十分重视。毛泽东主席和周恩来总理先后提出要引进和建设一批化工、化纤、化肥装置，以解决人民的吃穿用问题。化工勘察设计人员由此参与到了引进成套化工装置、学习国际先进设计技术和方法的全过程。

1966年国家批准引进第一套10万吨/年合成氨装置在泸州天然气化工厂建设，1972年国家做出了成套引进化纤、化肥技术和设备的决定。同年我国从日本引进4套石油化工联合装置，其中3套以合成纤维为主的装置分别建在上海、辽阳和重庆，另一套30万吨/年乙烯和4.5万吨/年丁二烯的成套装置建在北京燕山。此后，又从日本、美国、德国等国家引进配套产品高压聚乙烯、聚丙烯、乙二醇、对二甲苯、对苯二甲酸、聚酯、苯酚、丙酮、间甲酚等成套装置，还配套引进聚丙烯酸酯装置建在北京通县东方化工厂。从1973年开始，我国从美国、荷兰、日本、法国等国家引进了13套30万吨/年合成氨和48万～52万吨尿素的成套装置，分别建在泸州、大庆、辽河、沧州、水富、赤水、岳阳、枝江、成都、淄博、广州、南京和安庆。1975年至1977年，从德国引进乙醇、丁苯橡胶、丁辛醇和乙烯4套石油化工装置，建在吉林。1978年引进了4套30万吨/年合成氨大化肥装置和4套30万吨/年乙烯及其配套装置。其中4套大化肥装置分别建在山西、浙江、新疆和宁夏，4套30万吨乙烯分别建在大庆、山东、南京和上海。这些引进装置的技术，都属于20世纪70年代世界石油化工先进水平。

大批引进的化工建设项目，急需一大批设计人员参与配套设计和设计管理工作。1969年搬出北京的化工设计院从山西娘子关迁回北京，部属各化工设计院和有关省院也都与美国、日本、法国等国家的公司合作，参与这些大项目的建设之中。我国设计人员密切配合，精心设计，不仅按时完成了任务，为工程顺利建成投产创造了条件，而且系统学习了国外先进设计技术和工程建设国际通行模式，增长了知识和经验，提高了技术和管理水平。与国内其他行业相比，化工勘察设计在这一时期率先前行，在行业内起到了先导作用。

"文革"期间，部分化肥厂处于停产和半停产状态，农民迫切需要化肥，产需矛盾十分突出。针对这种情况，化工部对发展化肥工业提出贯彻大中小并举方针。由于小氮肥厂具有建设周期短、设备制造容易、投资少、便于地方集资兴办等特点，并且一般属于县级管辖、自产自用，因此各地对兴办小化肥厂的积极性很高。也正因为如此，省区市化工设计院在这一时期得到较快发展。

60年代中后期，省区市化工设计院的主要任务是为化肥、农药工程建设布新点、建新厂。70年代中后期，这些设计院的主要任务转到为小化肥厂改造和扩建服务，发展联醇、联尿、联碱工艺，建设小氨碱、小石化等五小企业，推广节能降耗新技术等。这一时期河北、辽宁、广西等省区化工和石化设计院，还完成了本地区中型氮肥厂的改造扩建，参与了本地区大化肥引进工程的配套设计。

70年代化工勘察队伍也得到加强。1972年燃化部决定重新组建化工地

质队伍，在河北、内蒙古、辽宁、吉林、山东、河南、浙江、福建、安徽、湖南、湖北、广东、贵州、四川、广西、云南等省区建立16个化工地质队。1978年石化部决定成立化工地质勘探公司，下设河北、黑龙江、吉林、内蒙古、辽宁、江苏、安徽、福建、贵州、云南、河南、湖北、广东、广西、陕西、钾盐、物探等17个地质勘探大队。

根据中央关于加强三线和内地建设的部署，化工部制定了搬迁和建设规划，从沿海搬迁一部分化工企业到内地，又规划新建一批化工大中型项目。如在陕西、甘肃新建了一批氮肥厂，为洛阳拖拉机厂配套建设10万条/年轮胎的洛阳橡胶厂，为第二汽车厂配套建设100万条/年轮胎的东风轮胎厂和钢丝厂，还有陕西华山制药厂和河南第二胶片厂等。

通过工程建设实践锻炼，省区市化工勘察设计院的力量明显增强，能力和水平得到很大提高。到1983年，除青海和西藏外，各省区市都建立了专业化工设计机构，总人数达6000多人，完成了大量的地方建设项目的勘察设计任务，取得了一批优秀的设计和科技成果。

（五）建立设计技术中心站

为加强设计基础工作，保证设计质量，化工部于1960年决定成立化工部设计技术中心站。

化工部批准成立的第一批中心站有：设备、总图、起重运输、自动控制、给排水、建筑、热工和模型等8个设计技术中心站，开展工作后效果良好。从60年代到80年代，化工部又先后批准成立了工艺配管、化学工程、计算机应用、环境保护、橡胶加工、电气、概算、小合成氨、工业炉、化工设计情报、矿山情报、化工工艺、现代化管理等13个设计技术和管理中心站，以及标准编辑、氮肥、硫酸和磷肥、煤化工、纯碱和氯碱、天然气化工等6个设计技术中心。后来又批准成立化工暖通设计技术委员会。经过调整，保留了24个专业技术中心站（中心）。

各设计技术中心站（中心）成立后，坚持面向工程设计和建设项目，编制国家和行业标准、标准图、规范及规定，编制设计手册、图册和技术资料，开发应用软件和数据库，举办学术会议和专业培训，出版发行刊物，提供国内外技术经济信息，为完善化工设计基础工作、推进设计技术开发做了大量富有成效的工作。

化工专业设计技术中心站（中心）是化工部的独创，得到了挂靠设计院（公司）的重视、关怀、帮助和支持，受到了勘察设计单位和人员的肯定和信任，得到工程设计界的公认和好评。

（六）承担援外化工建设项目

从50年代开始，我国政府决定采取无偿方式向受援国家提供成套装置建设的援助。到1963年，化工部承担了13项援外化工成套装置任务。1964年后，化工部又承担了一大批国家援外建设任务。到1972年，化工设计单位共向越南、阿尔巴尼亚、朝鲜、罗马尼亚、柬埔寨、缅甸、巴基斯坦等国家，先后提供了包括化肥、农药、医药、橡胶等20多个项目的工程设计。化工勘察单位在斯里兰卡、安哥拉和利比里亚参与了我国援建工程地基基础检测及矿山水文地质勘察。

1978—1999：
在改革开放和全面振兴中书写石油和化工勘察设计新篇章

一、优化石油勘察设计资源，加快现代石油工业体系建设

（一）整合石油系统勘察设计力量

为发挥中石油系统工程勘察设计的集中优势，1980年经国务院批准成立中国石油工程建设公司（CPECC，简称中油工程公司）。公司由原中国石油

工程建设公司和中国石油集团工程设计有限责任公司为基础整合，负责油气田地面工程设计和建设施工，主营业务为陆上石油天然气上游工程前期设计咨询、工程承包、装备制造和运营维护。成立之初，中油工程公司与石油部基建局合署办公，除从事对外工程承包业务外，兼行石油部基建局行政管理职能。

为加强石油炼制勘察设计力量，石油部 1984 年从洛阳、兰州和大庆等地的石油勘察设计院选调一批业务和技术骨干充实到石油部勘察设计研究所，组成了 300 多人的勘察设计队伍，正式成立石油部华东勘察设计研究院（简称石油华东院），成为石油部所属最大的石油炼制工程勘察设计院。

1988 年中国石油天然气总公司（原石油部，简称中石油）成立后，中油工程公司与基建局分别建制，专门从事对外工程承包、劳务合作和出口贸易等业务。1997 年，中石油决定成立中国石油工程企业建设（集团）公司，中油工程公司作为核心企业（母公司）代行企业集团职能。中石油第一、第六、第七建设公司和石油华东院划归该集团管理，保持各自法人地位和经营自主权。1998 年中油工程集团更名为中国石油工程建设（集团）公司（CPECC）并在人民大会堂举行成立暨揭牌仪式。

（二）全力投入国内油气田和炼化基地建设

随着我国成为第一大石油进口国和第二大石油消费国，发展现代石油工业的要求愈加迫切。党的第十一届三中全会以后，石油战线的广大干部职工经过艰苦努力，战胜十年"文革"带来的严重困难，使石油工业进入了一个新的发展时期。

为加快新疆油田发展，石油部在准噶尔盆地勘探开发了一个又一个油气田。1982 年新疆石油管理局油田规划设计院（中油工程公司新疆分公司前身）在设计处的基础上正式成立。1986 年开发建设红山嘴油田，1987 年开发建设火烧山油田，1992年开发建设彩南油田，1995年开发建设石西油田。完成中国第一条原油长输管道、中国第一条长距离高温超稠油管道、中国最大库容107亿方油藏型天然气储备库、中国最大稠油污水处理厂、中国第一个400万吨超稠油全生命周期开发油田。

改革开放以后，大庆油田勘察设计人员和建设者，继续发扬大庆人战天斗地的创业精神，为大庆油田的深入发展贡献力量。改革开放以后20年间，先后完成龙虎泡油田产能建设工程、油田稳产5000万吨工程、大庆油田三次采油地面工程、乙烯原料工程等，为大庆油田多年稳产、高产做出了贡献。

四川是我国最早发现天然气流的地区之一，中油工程集团西南分公司（简称中油西南分公司）承担了勘探开发和建设大天池气田任务。大天池构造带是四川盆地发现的最大含气构造带，也是国家"九五"期间的三大重点工程之一。天然气田的开发和建设，为类似气田提供了一种可借鉴模式，整套工艺技术对其他气田开发建设具有较大参考价值。位于陕甘宁盆地的长庆油田，是我国陆上规模最大的油气田，主要由西安长庆科技工程有限责任公司承担油气田地面工程勘察设计，为我国天然气开发和西气东输做出了贡献。

据统计，到1999年，我国原油产量已经达到1.6亿吨，居世界第5位。天然气产量251亿立方米，居世界第15位。

20世纪80～90年代，石油勘察设计人员奔赴胜利、中原、华北、大港等油田进行调研，除完成引进3套撬装式轻烃回收装置配套设计外，承揽泰州炼厂、胜利稠油厂设计工作，在小型炼厂装置设计、油田地面工程、天然气处理等方面积累了技术和经验，累计完成500多套炼油化工装置、80座油气库的工程设计。

20世纪80年代末，通过引进和消化国外技术，掌握了10万立方米原油罐的设计施工技术，使得大型油罐的建设能力上了一个台阶。

二、采取自营和合作方式，开发海洋油气资源

（一）努力开发海洋油气资源

党的十一届三中全会后，国家确定采取对外合作与自营相结合"两条腿走路"方针开发建设海洋石油工业。1982国务院发布了《中华人民共和国对外合作开采海洋石油资源条例》，同年中国海洋石油总公司（简称中海油）成立，负责对外合作业务，享有合作海区勘探开发、生产销售专营权。

中海油成立后，勘察设计单位自主设计建成了埕北油田8、渤中34等一批开发难度很大的自营油田，对我国海上主要油气田构造进行了工程和经济评价，实现了我国海洋石油工程设计历史性突破。到2000年，中海油系统勘察设计单位累计承担45个工程项目，其中我国第一个现代化海上油气田——渤海埕北海上油气田工程、渤海稠油油气田开发工程——渤海绥中36-1项目成为有代表性意义的重大工程。

这一时期工程项目累计获国家奖9项、省部级奖8项。获国家科技成果奖4项、省部级科技成果奖11项。其中渤海埕北A区油田建造工程、渤海绥中36-1 II油田开发工程、5.2万吨浮式生产储油船项目、海洋丛式钻井技术、惠州26-1深水导管架建造技术分别获国家科技进步一等奖。运用海洋工程移动式平台设计技术自行设计的渤海五号、渤海七号钻井船获国家科技进步二等奖。

（二）积极开展对外开放和合作

改革开放结束了我国海洋石油工业闭关自守的状态，成为率先对外开放和合作的窗口，采用双边谈判方式与外国公司签订南海、黄海的南部地球物理勘探协议和渤海、北部湾石油勘探开发合同。

为适应国内外海洋石油工程市场激烈竞争的形势，整合工程勘察设计力量，1992年中海油成立海洋石油开发工程设计公司，后更名中海石油工程设计公司（简称海油设计公司），下设北京、塘沽和湛江3个设计分公司。

海油设计公司在抓紧对内部人员专业培训的同时，采取请进来、派出去的办法学习国外先进经验，掌握国际先进的海油工程设计技术和项目管理方法，投入一千多万美元购买国际工程设计通用的计算机系统、应用软件和其他现代化设施。合作开发海上油气田以来，公司先后与国外40多家同行及其他机构围绕海油工程开发进行多方面富有成效的合作，完成如渤中28-1油田工程、渤中34-2/4油田工程、绥中36-1油田工程等一批高水平设计项目。通过技术交流和参加设计与建造实践，设计人员已能按国际标准规范自行设计、制造和安装海上导管架、平台组块、海底管线等。还与新加坡三巴旺公司、远东造船厂合作完成了一些海油项目。

三、建设现代石化工业体系，创建国际型工程公司

（一）加快建设现代石化工业体系

改革开放以后，中国石油化工总公司（简称中石化）发挥"集中力量办大事"的体制优势，以石化勘察设计为先导，扩建和新建了一批炼油装置，启动并建成了一批乙烯、化纤、化肥工程，推进了石油、石化、化纤、化肥一体化发展，逐步建立起门类齐全、品种配套、技术先进、具有相当规模的现代石化工业体系。

20世纪80～90年代，是我国石化工业快速发展时期。国家批准中石化建设大庆、扬子、齐鲁39万吨/年乙烯项目，镇海、宁夏、乌鲁木齐30万吨/年合成氨及52万吨/年尿素和上海石化总厂二期工程等7个大型项目。90年代，我国自行研发的第一台年产25万吨乙烯新型裂解炉（北方炉）通过国家级鉴定验收，我国自行研究、设计和制造的首套80万吨/年加氢装置在镇海建成，我国首套年产万吨级溶聚丁苯橡胶装置在燕山成功投产。到90年代末，中石化原油加工量提高到1.3亿吨，原油一次加工能力的世界排名上升到第4位；乙烯产量提高到280万吨，乙烯生产能力的世界排名也上升到第4位。

北京石化设计院（BDI）并入中石化以后，设计水平不断提高，国产化能力逐步增强。80年代合作研发了常减压装置节能技术、常压渣油催化裂化技术、催化裂化预混合提升管带外循环管的烧焦罐式高效再生技术、MTBE合成系列新技术、烟气轮机系列技术、电液控制滑阀技术等，取得一系列科技成果。90年代加大了设计工作中的技术含量，先后设计和建成了福建炼化等4座新炼油厂，先后承担广州芳烃抽提装置、天津100万吨/年延迟焦化和40万吨/年汽柴油加氢装置和聚酯芳烃联合装置工程总承包任务。合作和自行完成100万吨/年中压加氢改质技术、移动床催化重整技术攻关项目，使绝大部分炼油工艺技术实现了国产化。

1978年以后，中石化洛阳工程有限公司（LPEC，简称洛阳工程公司）建立了工程总承包和项目管理模式和运行机制，对洛阳炼油厂500万吨/年炼油工程中的15个工程项目实行了全过程总承包。承担我国第一套同轴催化裂化工业装置、第一套2万吨/年膨胀床低醇烯比炼油型甲基叔丁基醚（MTBE）装置、第一套加氢固定床冷态中试装置等的设计工作。先后完成了镇海、抚顺、金陵、上海、兰州、大庆、长岭、安庆、茂名等炼油厂工程设计1300多项。累计获得国家和省部级优秀工程设计奖31项，完成科研项目200多项，获国家和省部级科技进步奖84项。

（二）创建与国际接轨的石化工程公司

1985年中石化成立中国石化工程建设公司（原SEI），归口组织国外工程承包和劳务合作业务，承担完成了科威特炼厂的维修等工程，在国际石化工程建设市场打开了局面。1999年中石化将原SEI、石化北京设计院（BDI）、中国石化北京石化工程公司（BPEC）等3家公司合并，重组为中国石化工程建设公司（SEI，简称石化工程公司），为加快现代石化工业体系建设作了重要组织准备。

80年代，随着项目投资、项目建设的全球化，工程项目总承包、项目管理承包等先进的项目建设管理理念、模式和方法已日益广泛被接受和运用。石化勘察设计单位开始按照新体制改革专业设置、设计程序和方法，努力创建国际型工程公司。新体制在发挥设计的主导作用、加深设计深度、强化项目管理、实现"质量、进度、投资"三大控制等方面，发挥了积极作用。

1987年，北京石化工程公司（BPEC）成为国家批准的12个总承包试点单位之一，开始组建以设计为主体的、实行工程总承包的工程公司。公司承接北京燕山石化公司双苯天津石化重整－芳烃联合装置（PX）、金陵石化公司苯酐和不饱和树脂工程总承包并取得成功。90年代以后，承担完成燕山石化（我国第一套）、齐鲁石化和大庆石化30万吨/年乙烯改造成45（48）万吨项目，承担茂名30万吨/年乙烯工程总体设计等6套装置设计。自行开发设计我国第一套年产2.5万～10万吨系列乙烯裂解炉（北方炉）。承担设计大连石化我国第一套国产化4万吨/年聚丙烯装置，研制设计我国第一套5万吨/年碳五分离示范装置。1995年取得ISO 9001质量体系认证，成为初具规模、与国际接轨的石化工程公司。

四、化工系统率先实行工程总承包，努力创建国际化工程公司

（一）进行设计体制和设计方法改革

1978年党的十一届三中全会，确定把工作重点转移到社会主义现代化建设上来，做出了实行改革开放的战略决策，化工勘察设计工作开始进入新的历史发展时期。

化工部从1979年开始探索基本建设和勘察设计改革创新之路，在全国勘察设计行业是起步最早、进展最快的部门之一。通过从西方国家引进成套化肥和石油化工装置，使勘察设计人员了解到国际上通用的勘察设计管理体制、工作程序和技术方法的科学性与先进性。于是依照国外按合同控制建设周期、包死费用、做好过程调控、一次试车成功、以最快速度达标等做法，

进行设计程序和方法的改革实践。在以化工部第四设计院为主承担浙江镇海石化总厂 52 万吨/年大型尿素工程中，运用凯洛格大陆公司一买三合作（即购买技术，合作设计、采购和制造）建设方式，采用新设计程序和方法进行联合设计、联合采购，完成了工程设计工作，取得良好效果。与以往引进成套设备相比，不仅节约工程投资，并且全面掌握了比较完整的国际通用的工程设计程序和设计方法。

在总结试点经验和组织出国考察基础上，化工部于 1981 年在沧州召开会议，决定进行设计体制和设计方法改革，并选择第四、第八设计院为改革试点单位，借鉴国际工程公司做法，从机构设置、专业划分、设计程序、设计深度和图面表示等方面入手，把设备材料采购也纳入设计程序，进行设计体制改革试点工作。

这次设计体制和设计方法改革的主要内容：一是改革设计方法，按照专业化的要求调整专业设置，制定新的专业设计内容和设计方法，加深设计深度。二是改革机构设置，参照国外工程公司的模式设置业务经营部门，为改变单纯技术型设计院为多功能型工程公司创造条件。三是改革设计程序，把设备采购纳入设计程序，实行基础工程设计和详细工程设计相互衔接、连续完成的做法。四是改革管理方式，采用矩阵式管理机制，实行项目经理负责制，对项目的进度、费用、质量进行有效控制。五是改革设计基础工作，编制一整套设计手册，为设计程序、设计方法提供科学依据。为此，化工部基建局组织有关单位和专家，在学习吸收国外先进设计工作方法和总结国内实际经验基础上，从设计管理和设计技术两个方面，编写了 15 分册、约 400 万字的《化工设计手册》，对推动设计新体制的试点工作起到了关键性指导作用。

化工部于 1984 年在部属勘察设计单位全面推行技术经济责任制，实行企业化管理，化工勘察设计单位 1985 年起按照国家规定经过招标投标承担勘察设计任务，走上了自收自支、自找项目、自求生存的企业化发展道路。

（二）率先推行工程总承包

化工部在1982年召开的全国化工基本建设会议上，率先提出推行工程项目总承包。同年化工部印发《关于改革现行基本建设管理体制，试行以设计为主体的工程总承包制的意见》，提出进行以设计为主体的工程总承包管理体制的试点，决定第四、第八设计院为工程总承包和建设工程公司试点单位。化工部提出，以设计院为主组成工程公司，实行工程总承包，把技术、采购、工程组成三位一体，进行质量、费用、进度三大控制，可以保证工程质量，缩短建设周期，取得较好经济效益。

根据化工部部署，第四设计院改建为中国武汉化工工程公司（简称武汉工程公司），第八设计院改建为中国成都化工工程公司（简称成都工程公司），并按工程公司模式试行工程总承包。1984年武汉工程公司承担的江西氨厂改产尿素工程，成为化工部第一个以设计为主体的总承包试点项目。公司对工程进度、质量和费用进行有效控制，一次试车成功，生产出合格尿素，充分显示出工程总承包的优越性。成都工程公司对四川富顺、乐山2个4万吨/年联碱工程进行总承包，第一设计院承担了山东潍坊60万吨/年纯碱的工程总承包，也都收到较好效果。

1987年国家计委和财政部等4部门印发《关于设计单位进行工程总承包试点有关问题的通知》，公布全国第一批工程总承包试点单位，武汉工程公司、成都工程公司成为全国第一批12个试点单位之一。后来，中国天辰化学工程公司（简称天辰工程公司）、中国寰球化学工程公司（简称寰球工程公司）、第六设计院被列入全国第二批工程总承包试点。1992年寰球工程公司成为全国勘察设计行业第一个由事业单位改为企业的单位，随后中国五环化学工程公司（原第四设计院，简称五环工程公司）、中国成达化学工程公司（原第八设计院，简称成达工程公司）、天辰工程公司先后改制为企业。原部属大型工程公司（院）先后取得甲级工程总承包资格证书，省区市勘察设计单位

先后领取乙级工程总承包资格证书，开展工程总承包进入一个崭新阶段。

根据国家关于勘察设计单位改建为企业的要求，化工部各部属勘察设计公司（院）从实际出发，大型设计单位采取工程公司模式，勘察设计单位采取岩土工程公司模式，其他设计单位采取了专业设计院（所）模式，为进一步实行项目管理和工程总承包奠定了基础。

（三）提高完成大型工程项目能力

改革开放以后，各化工勘察设计单位积极进行设计体制、程序和方法改革，实行项目管理和工程总承包，勘察设计总体水平明显提高，承担了一大批大中型化工项目的勘察设计任务，促进了大型合成氨、尿素、乙烯、合成橡胶、磷铵、离子膜烧碱、子午线轮胎以及精细化学品等重要产品的结构调整和快速发展。

从20世纪70年代末到90年代，由上海化工设计院和第四设计院合作完成自行设计制造我国第一套国产大型化肥成套装置——吴泾化工厂30万吨/年合成氨、24万吨/年尿素工程试车成功；吉化公司设计院自行设计国内第一套大型乙烯装置——吉化11.5万吨/年乙烯装置和6万吨/年芳烃抽提装置一次试车成功并生产出合格产品；上海医药工业设计院（简称上海医工院）设计的当时国内最大东北制药总厂1000吨/年维生素C项目建成投产；南化公司设计院设计的当时国内最大南化20万吨/年硫酸装置建成并投料试生产；湖南化工设计院设计全国最大规模玉溪南亚6000吨/年丙二醇工程投入生产。

80年代，各化工勘察设计单位承担了化工部同国外签订的8个以石油为原料的化工成套引进项目和1个以煤为原料的化肥项目。其中5套30万吨/年乙烯及其配套装置和3套以渣油为原料的30万吨/年合成氨及配套尿素装置，分别建在南京、山东、大庆、上海、浙江、新疆、宁夏；1套以煤为原料的30万吨/年合成氨及配套硝酸、硝酸磷肥装置建在山西。还承担了潍坊、唐山、连云港三大碱厂建设，并承担瓮福磷矿、大峪口磷矿、黄麦岭磷矿、云浮硫铁矿、青海钾肥、开阳磷矿、晋宁磷矿等现代化大型化学矿山基地建设和扩建工程。

随着国家各种科技奖励制度的恢复和建立，化工勘察设计单位广泛开展科技创新活动，严把勘察设计项目质量关，工程项目和科技开发成果大量涌现。80到90年代，第六设计院设计产品重水获国家三部委"六项科技成果"特等奖，成都工程公司总体设计的山东齐鲁石化30万吨/年乙烯工程获中国建筑工程鲁班奖，四川化工厂20万吨/年合成氨国产化工程获国务院重大技术装备成果特别奖，中蓝连海设计研究院（原化工矿山设计研究院，简称中蓝连海院）王集磷矿同步形成间隔矿柱的中深孔房柱采矿法获国家科技进步二等奖，武汉化工工程公司设计的镇海石化总厂52万吨/年尿素装置获国家嘉奖和国家优秀设计奖。从1993年到1997年，化工部组织优秀工程勘察设计奖评选活动，其中优秀工程设计（含基础工作）一等奖27项、二等奖74项、表扬69项；勘察一等奖6项、二等奖62项、三等奖18项。

（四）努力开拓勘察设计新领域

勘察设计单位实行企业化管理后，化工部在1984年就对化工勘察设计行业提出"一业为主、两头延伸、多元化经营"的战略，要求各设计单位在市场经营中依托主业向多元化方向延伸发展。1995年化工部又明确提出四个延伸：即向工程咨询、工程设计、工程监理和工程总承包延伸，向化工行业外的设计领域延伸，向技术和效益型科技实体方向延伸，向国际工程建设市场延伸。

经过多年实践和努力，各化工勘察设计单位在面向社会、走出化工、两头延伸、多元化经营方面取得很大进展。一些原部属大型工程公司（院）和许多省区市设计院（公司）逐步建立和完善了勘察设计科技服务体系，拓宽业务领域，实现跨地区、跨行业、全方位、多元化发展。如成达工程公司业

务范围从化工逐步发展到石化、轻工、医药、电力、民用建筑等工程领域。上海医工院从医药设计逐步发展到农药、农药中间体和化肥等工程设计领域。吉化设计院和南化设计院在做好化工工程项目设计的同时，努力开拓石油化工、精细化工、市政和环保工程等设计业务。

一些省区市化工设计院，在跨行业、跨地区服务方面走得更快也更加灵活。1984年以后，各院除工程设计以外，逐步开展了工程咨询、工程监理、工程建设总承包，有的院还开展了环境监测、环境评价、安全评价、技术中介、化工监测等服务。承接的设计项目从化工扩大到轻纺、商业、农业、医药、建筑和环保等领域。如湖南化工设计院承担的大型轻工项目——年产1000～5000吨味精装置设计，在津市味精厂顺利建成。吉林石化设研院设计的国内规模最大日处理净化1000吨玉米淀粉加工项目，在长春大成玉米公司建成投产。

一些基础较好、实力较强的化工勘察单位率先向两头延伸，开辟岩土工程设计与咨询、岩土工程治理与施工、岩土工程监测与监理、岩土工程环境评价等新业务，增强了企业的活力，走上了有自己特色的发展道路。

（五）积极参与国际工程建设市场竞争

20世纪80年代化工部提出勘察设计企业要走出化工、走出国门、走向海外、走向世界，创建国际型工程公司。1990年化工部进一步提出，化工设计单位要加快改革步伐，尽快走向国际工程建设市场。从90年代初开始，部分化工勘察设计单位取得了对外经营权，与国外工程公司及专利商开展了多种形式的合作，参加国外工程市场的竞争投标，为创建国际型工程公司打下基础。

1994年化工部印发《关于创建国际型工程公司的规划意见》，组织介绍部直属单位创建国际型工程公司工作的经验，受到建设部的肯定和支持。各部属勘察设计公司（院）普遍制定了创建规划，逐步建立国际型工程公司应具备的管理体制和运行机制，直接承揽国外设计业务。

在90年代，北京橡胶工业研究设计院（简称北京橡胶院）承接泰国轮胎厂炼胶车间工程设计项目，首次实现用技术出口带动设备出口。成达工程公司承担海外工程总承包项目——香港天厨味精公司年产1万吨离子膜烧碱精制盐水工程一次试车成功，五环工程公司向越南化肥厂出口尿素造粒装置成套设备，第三设计院设计伊朗日产10吨三聚氰胺、30吨硫铵项目通过验收。天辰工程公司总承包项目泰国凝析油分离装置竣工投产，中蓝连海院磷矿选矿技术成功打入美国市场。成达工程公司1995年国外业务收入已占公司总收入的50%。

2000—2019：
在优化结构和优质高效中开启石油和化工勘察设计新征程

一、提高石油勘察设计技术水平，开拓国内国外石油工程两个市场

（一）改革调整石油勘察设计体制机制

进入新世纪，中石油对系统内石油勘测勘察设计企业进行了资源整合和资产重组，各勘察设计企业不断深化企业内部体制机制改革，基本建立起适应石油工业发展的现代企业制度。

2000年后，中国石油工程建设（集团）公司与第一建设公司、华东设计院重组，组建中国石油工程建设公司（CPECC，简称中油工程公司）。公司内部业务整合，组建了中油工程华东、北京、第一建设、重工制造、技术服务5个国内专业分公司，后将乌鲁木齐石油化工总厂设计院也整体划入该公司。

与此同时，中国石油规划总院未上市部分、四川石油勘察设计研究院、吉化公司设计院、华北石油勘察设计研究院4家单位重组成立中国石油集团

工程设计有限责任公司（CPE，简称中油工程设计公司），陆续将中石油所属大连、抚顺、青海、辽阳、新疆设计和工程公司纳入公司管理。

2016年中石油决定对工程建设业务实施重组，以原中油工程公司（CPECC）和原中油工程设计公司（CPE）为基础，整合油气田地面建设工程设计和施工业务，组建中国石油工程建设有限公司（CPECC，简称中油工程公司）。公司下设10个国内分公司和16个国外分公司，拥有工程设计综合甲级、施工总承包特级、工程勘察综合甲级等资质，具备为油气田地面工程建设提供全套解决方案的能力。

中国寰球工程有限公司（简称寰球工程公司）2005年整体进入中石油后，先后将第六建设公司和兰州、抚顺、独山子工程公司纳入公司管理，后与东北炼化公司合并重组，使公司拥有15家直属企业、13个海外全资子公司、3个海外合资公司和16个海外办事处。重组后公司充分发挥专业化、规模化和区域优势，工程建设能力大幅度提高，2011年和2012年营业额在全国勘察设计行业排名第一。

（二）圆满完成国内石油工程建设任务

中油工程公司（CPECC）在国内以重点油气田基地和重点炼化基地为主战场，2017年公司重组正式运行第一年就承揽国内项目2987项，重点项目26项，总承包项目50个。陕京四线一和三标段、中靖线一标段、山西大同液化调峰和克拉玛依油田530井区等项目顺利投产，呼图壁储气库采气系统完善保供项目按时完工，塔里木凝析气轻烃回收、中海油惠州二期催化裂化装置、云南石化重整芳烃联合装置和华北、大连、大港、宁夏石化等检维修项目安全投产。全年新签合同额503亿元，比上年增长79%；实现营业收入232.6亿元、利润6.9亿元，超额完成年度生产经营指标，全面完成辅业经济指标，经营成果好于预期。

2008年后，中油工程公司各分公司经过资产和业务重组，充分利用各自优势，在全国各地承建油田和炼油工程项目。华东分公司完成大港油田、大庆炼化等炼化勘察设计项目29项，格林输油管道油气库储运、黄岛地下储库等石油工程8项，抚顺石化240万吨/年焦化装置、呼石化500万吨/年炼油改造等总承包项目9个，实现1000万吨/年炼厂设计能力，成为石油炼油设计指导工程公司。新疆分公司开发建设了克拉美丽气田、风城油田和环玛湖油田。西南分公司完成高含二氧化碳长北气田、威远页岩气地面集输工程等10多项重点工程。

2000年后大庆油田工程公司业务领域遍布国内23个省区市，承担工程项目1.2万多个，完成大庆敖南油田产能建设工程、大连国家石油储备基地工程、英买力气田群地面建设工程、南疆天然气利民工程等重大项目。

中国石油天然气管道工程有限公司（简称中油管道工程公司）在新世纪承担了大批国家重点工程项目。其中西气东输工程横贯新疆到上海等10个省区、全长4200公里，中国-中亚天然气管道工程横跨土库曼斯坦和乌兹别克斯坦及中国、全长1833公里，中缅油气管道工程始于缅甸终至云南、全长1700多公里，舟山国家石油储备基地是国家战略石油储备基地之一、总库容500万立方米，兰郑长成品油管道是途经5省国内最大的一条成品油管道工程、全长3214公里。

（三）积极开拓海外石油工程市场

在新世纪，中油工程公司承担了中石油海外80%以上油气田地面工程和国际公开招标炼油工程，业务辐射全球27个国家和地区，成功进入阿联酋、伊拉克等国外高端油气市场。仅2017年执行海外工程93项，重点项目12项，国外EPC项目49个。相继在阿联酋、乍得等多国完成一大批国外石油公司的油气田设施和炼油项目。北京分公司作为海外业务主力军，服务于壳牌、BP、美孚、SOC、KOC、ADNOC等多家国际石油公司及国家石油公司，能够在全球范围内为客户提供油田地面工程技术全套服务。新疆

分公司承担了哈萨克斯坦、土库曼斯坦、巴基斯坦等中、南亚多国油气地面建设及配套工程。华东分公司承建了阿尔及利亚、尼日尔和乍得6个炼油厂项目。华东环境岩土分公司先后承担阿尔及利亚、尼日尔等国炼厂勘察和岩土工程。

寰球工程公司现已在40多个国家和地区开展国际经营业务，近年来承接了古巴、委内瑞拉、马来西亚、乌兹别克斯坦等国一批大型工程总承包项目。公司连续20年进入ENR国际承包商250强和国际设计公司225强。中油管道工程公司与国际接轨的一体化管理体系上线运行后，逐步形成了辐射欧洲、非洲、中东、东南亚、大洋洲和南美洲的国际化战略布局，业务遍布20多个国家和地区，连续13年入围国际工程咨询商225强。

大庆油田工程公司先后进入孟加拉、蒙古、阿尔及利亚、缅甸等国家和地区，承接多项海外工程，2007年入选ENR全球承包商225强。

近20年来，中石油在海外建立了美洲、非洲、中东、中亚、亚太5大油气合作区，建成连通俄罗斯、缅甸、中亚、海上的4大油气战略通道，构建了亚洲、欧洲、美洲三大油气运营中心，在国际油气市场中的影响力日益凸显，抵御能源安全风险的能力不断增强。

（四）不断提高技术创新和科研开发能力

中油工程公司拥有各种专利312项、技术秘密101项、技术利器8项、国家重点新产品及中石油自主创新产品20项。研发了5大系列62种科技产业化产品，形成了大型油田集输处理、超稠油油田开发、天然气集输处理、天然气净化、LNG等油气田地面工程领域10大核心技术，具有雄厚的勘察设计技术实力和研发能力。2000年以来，勘察设计技术和项目累计获省部级以上奖励592项，其中中国建设工程鲁班奖6项，全国优秀勘察、设计、咨询和软件成果奖10项，省部级优秀勘察设计奖67项。伊朗北阿扎德甘油田地面设施开发项目、中缅天然气管道工程（缅甸段）获国家优质工程金质奖，广西钦州1000万吨/年炼油项目获**IPMA**国际项目管理最高奖-特大型项目金奖。开展科研100多项，获国家科技进步奖6项、省部级科技进步奖27项、专利授权62项、发明专利26项。

寰球工程公司坚持"产学研设"科技创新结构体系，有效提升了技术实力和市场竞争能力。到2018年底，公司拥有204项成套、单项和工程化技术，其中包括千万吨级炼油系列技术、百万吨级大型乙烯工业化成套技术、3052万～4580万吨大型合成氨尿素成套技术、大型LNG接收站和液化技术、16万～30万立方米大型LNG储罐设计建造技术。先后完成了40多套聚丙烯、30多套聚乙烯建设项目，丙烯酸、丙烯酸酯、ABS树脂等技术达到国际先进水平。获国际奖4项，国家级科技进步奖32项，省部级科技进步奖184项，国家和省部级工程项目奖891项。公司拥有专利710件，其中发明专利266件、技术秘密323件。

大庆油田工程公司掌握7大配套主营业务技术、35项技术专长。2000年以来获省部级以上工程项目奖励595项，省部级以上科技进步奖171项。其中大庆敖南油田产能建设工程获全国优秀工程勘察设计金奖，南疆天然气利民工程获得全国优质工程银质奖。

二、开展海油工程技术创新，开拓海内外海油工程市场

（一）为四大海域油气田提供一体化工程服务

进入新世纪，中海油在中国海上拥有渤海、南海西部、南海东部、东海和黄海4个海域油气主产区，其中渤海油田产量最高、规模最大，成为中海油系统勘察设计企业在国内大显身手的主战场。

2000年经原国家经贸委批准，由中海油5家全资子公司中海石油平台制造公司、中海石油海上工程公司、中海石油工程设计公司、中国海洋石油南海西部公司、中国海洋石油渤海公司共同发起成立了海洋石油工程股份有限

公司（OOEP，简称海油工程公司），成为国内唯一集设计、建造和安装为一体的大型海洋工程企业。公司围绕工程设计、平台建造、海上工程这3个海油工程主要环节，依托对大型海洋工程的总承包和项目管理能力，向建设方提供高附加值一揽子总承包服务。

2000年到2019年，公司累计承担各类工程项目291个。其中包括我国第一个深水油气田、最大水深达1460米的南海荔湾3-1项目、有海上大庆之称的秦皇岛32-6海上大型油田建设工程、流花11-1油田复产项目、乐东22-1/15-1气田开发工程、西江23-1油田开发工程、海上高凝点油（气）田建设工程、渤海风力发电示范平台总承包项目等重大工程。

（二）加快海洋石油工程技术创新步伐

随着中国海油工业现代化、国际化步伐加快，海油工程公司科技创新能力不断增强，在海上固定平台、海底管道工程和铺设、海洋工程移动式平台、海洋工程建造安装施工、海上结构物安装施工、海上结构物、海底管道的检测和维修等方面拥有核心技术。

2000年以来公司获国家级优秀工程和科技奖10项、省部级优秀工程和科技奖近200项，其中超深水半潜式钻井平台研发与应用获国家科技进步特等奖、总承包的崖城13-1气田陆地终端——南山气体处理厂工程获中国建筑鲁班奖、百万吨级海上油田浮式生产储运系统研制与开发和秦皇岛32-6海上大型油田建设工程分获国家科技进步二等奖、南海乐东22-1/15-1气田开发工程和南海西江23-1油田开发工程分获全国优秀工程设计二等奖，以实际行动为我国海洋油气工业蓬勃发展助威助力。

公司在海洋油气开发高等技术上取得了突破性进展，导管架设计水深由不足百米跨入300米量级，导管架重量从几百吨提升至3万多吨，具备组块浮托施工方法的独立设计能力，开发了海上工程设施三维设计技术等，形成300米水深海洋油气田开发成套设计技术体系，具备1500米水深海上油气田开发设计能力。

（三）积极开拓国际海洋石油工程业务

海油工程公司以具有国际先进水平的近海作业技术和价格优势，在国际海洋石油工程市场上显示出强劲的竞争力。先后为菲利普斯、雪佛龙、BP、壳牌、现代重工株式会社等国际知名客户提供优质海油工程服务，多次到中东、东南亚和韩国海域成功进行工程施工作业，在印尼SES项目中提前完成了168千米海底管线铺设。获得科麦奇、壳牌等多个国际能源公司授予的优质工程、安全施工证书和最佳承包商等荣誉，成功进入东南亚和中东等海域的国际海油工程技术服务市场。山东化工规划设计院（简称山东设计院）合作完成了伊拉克米桑油田地面工程-BUT UPGRADE&NEW CPF和天然气处理厂的详细设计和工程总承包。

三、实行工程总承包和项目管理，攀登石化工程建设新高峰

（一）开展项目管理和工程总承包

世纪之交重组的石化工程公司（SEI），在中石化系统实现了勘察设计企业强强联合，成为石化系统勘察设计的领军企业，具备了以设计为主体的全功能、实体性、国际型工程公司的坚实基础。从2002年起，以设计为主体的工程总承包和项目管理承包（PMC）方式成为公司经营的主要组成部分。总承包业务形式多样，既有设计、采购、施工（EPC）承包，也有设计、采购（EP）承包；既有独立承包，也有与国际工程公司合作承包；既有石化项目总承包，也有环保、煤液化项目的总承包，进入全球工程承包商225强和设计公司200强行列。2008年获得国家首批工程设计综合甲级资质，工程总承包业务快速发展，大型化技术取得明显突破，工程项目成果丰硕。相继建成青岛大炼油等一批千万吨级炼油项目、武汉乙烯等一批百万吨级乙烯项目、福建炼油乙烯等一批大型炼化一体化工程、神华煤制油和普光天然气等

一批替代石油资源工程和黄岛国家石油储备基地，中天合创煤化工项目、涪陵和天津等地液化天然气（LNG）项目相继建成，还承担了中海壳牌南海石化工程项目管理总承包等。

洛阳工程公司2012年工程总承包完成合同额91亿元，在全国勘察设计单位排名第6位。中石化石油工程设计有限公司（原胜利油田设计院，简称石化工程设计公司），作为油田主力设计企业之一，仅2017年就完成重点工程项目70多个，其中包括国内首例15万立方米储油罐地基与基础监测、月东油田A1、A2平台海上设施工程、广西液化天然气（LNG）项目粤西支线等总承包工程。中国石化集团上海工程有限公司（原上海医药院，简称上海石化工程公司），2002年与金山工程公司和高桥石化设计院进行重组，成为具有EPC总承包能力及融资功能的工程公司，完成化工、石化、石油天然气和市政建设等多项总承包和项目管理任务。中石化宁波工程公司（简称宁波石化工程公司）是中石化大型非标设备制造基地，先后完成岳阳、湖北、安庆三大化肥煤气化项目及45万吨/年聚乙烯、80万吨/年乙烯等工程项目。齐鲁石化工程公司参加了国内多项大型乙烯工程及部分大炼油、大氯碱、大型煤化工、多晶硅等工程。

（二）不断提高石化工程技术水平

石化工程公司（SEI）致力于先进炼化技术的工程转化，全面掌握具有国际先进水平的大炼油、大乙烯、大芳烃以及天然气净化、液化与储运的工艺和工程技术，成功实现了煤直接液化、煤制烯烃、生物柴油、生物航煤等自主研发技术的工业应用，形成近800项专利和专有技术。"十二五"时期，乙烯裂解、分离成套技术实现了乙烯技术的完全国产化，甲醇制烯烃（S-MTO）成套技术是我国第一套具有自主知识产权的全流程技术，达到国际领先水平。逆流连续重整、生物航煤、新一代S Zorb、第三代聚丙烯及气液法聚乙烯等技术开发取得多项成果，在系统用能优化、低温余热资源优化利用、工业炉强化传热等节能技术取得重要进展。承担国家和中石化各类科研项目320多项，获得省部级以上科技奖励144项，拥有各项专利190项，专有技术97项。其中特大型超深高含硫气田安全高效开发技术及工业化应用和高效环保芳烃成套技术开发及应用项目先后荣获国家科技进步特等奖。

洛阳工程公司研发出重油催化裂化、渣油加氢、延迟焦化、超低压连续重整、灵活多效催化裂化（FDFCC）、重油直接裂解制乙烯（HCC）、甲醇制低碳烯烃（DMTO）、煤间接合成油、煤直接液化、可再生法催化裂化烟气脱硫（RASOC）等工艺和工程技术。2000年以来获得国家科技进步奖46项，省部级科技进步奖256项，国家优秀设计奖19项，国家授权专利143项，专有技术74项。石油工程设计公司具有自主知识产权的油气田地面工程数字化集成设计系统（SIES）项目达到国际领先水平，胜利油田海上埕岛油田200万吨/年产能建设工程获全国优秀工程设计金奖。上海石化工程公司华北制药1500吨/年青霉素生产线工程获全国优秀工程勘察设计金质奖，拥有专利301项，发明专利184，成套技术和专有技术59项。石化南京院80万吨/年硫磺制酸装置方案设计、250万条/年轮胎工程、综合利用低温转化法硫基氮磷钾副产盐酸联合生产聚氯乙烯新工艺等20多个工程项目和设计技术获国家和部省级奖励。宁波石化工程公司获全国工程总承包金银铜钥匙奖4项，国家级科技进步、优秀设计、优质工程奖37项，省部级奖励260多项，拥有专利和专有技术310多项。齐鲁石化工程公司2000年以来8万吨/年丁苯橡胶装置等6个项目获中国建筑工程鲁班奖，镇海炼化100万吨/年乙烯装置获国家优质工程金质奖，拥有专利、专有技术45项。

（三）把"走出去"与"一带一路"战略紧密对接

石化工程公司（SEI）拥有国家进出口企业资格证书、劳氏管理体系转版认证等对外业务资质，多年来积极拓展海外市场，承接和完成了一大批大型石油、炼油和石化工程项目。2000年从承担里海周边国家石油串换项目

（CROS项目）开始，陆续完成伊朗阿拉克炼厂扩建和产品升级项目总承包、伊朗ARUP总承包、马来西亚RAPID项目和TITAN乙烯裂解炉总承包项目，以EPCC模式承建泰国聚丙烯工程项目，将BL-R型9万吨/年气体裂解炉首次全套出口至马来西亚。

洛阳工程公司自主或与国内外工程公司合作，先后承担具有国际影响力的海外大型EPC项目共35项，项目分布亚、欧、非洲等国家和地区。石化工程设计公司先后承揽和执行了科威特、伊拉克、秘鲁、肯尼亚等10多个国家的油气田地面工程、储罐工程和改造项目的工程设计，完成印尼SES天然气项目、美国EDC项目等工程总承包。上海石化工程公司合作完成沙特聚烯烃项目，自主完成沙特聚酯项目、哈萨克斯坦石油化工一体化项目、马来西亚国家石油聚烯烃自动化立体仓库总承包项目等。宁波石化工程公司完成沙特变电站EPC、俄罗斯AMUR项目、印度石油焦制氢等总承包项目。石化南京院完成德国、荷兰、美国、意大利、日本等国家的20多项国际招标外资工程。

2013年以后，中石化勘察设计系统把实施企业"走出去"发展与国家"一带一路"战略紧密结合，积极参与国际工程市场竞争，用优质工程质量向工程所在国充分展示了中国企业和工程技术人员的科学严谨作风和诚实守信品格。

四、全面提升化工勘察设计能力和水平，创建国内外优质重点工程

（一）全面推行国际通行的工程公司体制机制

2000年国务院办公厅转发建设部等10部委《关于中央所属工程勘察设计单位改革的实施方案》，要求勘察设计单位由事业单位改为科技型企业。各大型化工工程公司（院）和省区市设计院（公司）利用体制机制改革带来的活力，在学习借鉴引进技术装备的同时，结合工程建设实际组织对关键技

术进行攻关和创新，使化工勘察设计业务涵盖了化肥工业、石油化工、天然气化工、煤化工、盐化工、精细化工等各个领域，品种繁多、门类齐全，形成了以特色优势和技术专长为核心的竞争能力，具有为大型生产装置和高新技术产业固定资产投资提供全过程技术性和管理性服务的综合实力，推动了化工工程勘察设计全面进步。

化肥工业设计，掌握了煤、油、气为原料和多种工艺路线生产体系，后加工有尿素、硝铵、碳铵、硫铵、磷铵、硝酸磷肥、普钙、钙镁磷肥、硫酸钾、氯化钾、微量元素等10多个化肥品种。自行开发设计的50万吨/年二氧化碳汽提法尿素装置达到国外同类装置水平，对引进的30万吨大化肥采用各项新技术成功进行了改造和扩建，24万吨/年磷铵、20万吨/年合成氨生产技术装备国产化达到较高水平。农药工业设计，经过基建、扩建和技术改造，不断更新换代，进行新的品种设计，高效、低毒、低残留农药取代高毒、高残留农药，形成了比较完整的农药生产体系。

基本化工原料设计，掌握了以乙烯为龙头的有机化工原料和烧碱、纯碱、硫酸等无机化工原料的生产技术。对引进年产30万吨乙烯成功进行改造和扩建，年产4千吨级聚四氟乙烯、万吨级有机硅、聚氯乙烯以及氯化法钛白等具有重大意义的科技开发成果实现了工业化，年产20万吨硫酸、1万吨离子膜烧碱等生产技术装备国产化达到较高水平。橡胶工业设计，子午线轮胎生产技术国产化取得重大突破，形成了以30万套/年子午线轮胎工业性生产技术。

医药工业设计，在抗生素、合成药、制剂和洁净技术、中药、农药、生物工程等各类药物工程设计技术一直处于国内领先水平。

为国防尖端技术和新兴产业提供了各种特殊性能的专用化工产品设计，如高能燃料、高分子材料、生物化学品、精细化学品等，为我国的国防建设、航空航天、医药卫生、汽车、通讯、电子等新兴产业的发展做出了突出贡献。一批精细化工勘察设计技术开发成果也向工业化推进。三废治理、综

合利用、环境保护等设计技术也有显著进步和提高。

（二）努力创建优质工程，不断创新科技成果

据不完全统计，到2003年，化工勘察设计行业具有甲级设计资质的单位132家，具有乙级设计资质的单位240家；具有甲级勘察资质的单位29家，具有乙级勘察资质的单位9家。其中有53家获得工程总承包资格，52家获得甲级工程咨询设计执业资格，49家获得乙级工程咨询设计资格，有10家取得了对外设计和工程承包资格。化工勘察设计企业的总体业务水平明显提高，在国内工程建设市场上的竞争能力显著增强。

2000年以后，由化工勘察设计企业承担的大型、重点工程项目在全国各地建成投产。华陆工程公司（原化工第六设计院）设计的国内第一套国产化2万吨/年苯酐装置、国内第一套炔醛法生产丁二醇三维2.5万吨/年1,4-丁二醇装置一次开车成功；赛鼎工程公司（原化工第二设计院）设计的全国第一座70万吨/年焦炭临汾炭化室高4.3米大型捣固型焦炉、多个60万～100万吨/年焦炭和180万吨/年洗煤工程相继投产；五环工程公司设计的30万吨/年大颗粒尿素装置、60万吨/年尿基氮磷钾项目顺利投产；南化设计院设计的30万吨/年尿基氮磷钾项目和多个30万～40万吨/年硫磺制酸项目顺利投产；上海华谊工程有限公司设计完成的多个40万吨/年聚氯乙烯、50万吨/年氯乙烯和60万～120万吨/年烧碱等大型项目陆续建成投产。华陆工程公司作为化工行业唯一具有国防化工甲级资质的企业，努力开拓相关业务领域，在包括肼类及四氧化二氮、润滑油类、有机类、重金属类及酸碱类在内的危化品处理取得技术突破。

2002年化工勘察设计行业获得国家级工程项目管理优秀奖10项，获得工程总承包奖49项，其中金钥匙奖5项，银钥匙奖13项，优秀奖31项。从2002年到2006年，化工勘察设计行业获省部级以上优秀工程设计奖72项、优秀工程勘察奖41项、优秀工程咨询成果奖80项，其中全国优秀设计奖21项、优秀工程勘察奖2项、优秀工程咨询奖15项。其中四川天一科技股份公司（原西

南化工研究设计院）变压吸附气体分离技术及成套装置获国家科技进步一等奖。中蓝连海院贵州瓮福磷矿工程和青海100万吨/年氯化钾工程设计均获国家优秀工程设计金奖，东华工程公司用低级烯烃连续生产仲醇的工艺方法专利获中国专利金奖，宁波万华16万吨/年MDI工程获国家优质工程金奖。

国药集团重庆医药设计院有限公司（简称重庆医药院）2011年后获得国家及省部级奖项17项，获专利和专有技术30多项。吉林省石化设计院完成各类工程项目200多个，获省部级奖40多项。中化地质郑州岩土工程公司（原化工部郑州地质工程勘察院）10多项工程获省部级以上奖励。

（三）积极践行"一带一路"倡议

2000年国务院转发外经贸部、外交部等四部委《关于大力发展对外承包工程的意见》，要求国内承包公司开发占领国际工程市场。已经进入国际工程市场的化工勘察设计企业认真总结经验，进一步完善适应国际工程市场要求的体制机制。其他大中型企业按照创建国际型工程公司标准和要求改革体制机制，陆续承揽海外工程设计业务。到2003年，化工勘察设计企业在近30个国家和地区承揽业务，对境外项目进行全过程的工程总承包和项目管理服务，成达工程公司和天辰工程公司跻身全球工程承包商225强和设计公司200强行列。

进入新世纪，天辰工程公司在"一带一路"沿线国家在建项目超过110个，合同额超过100亿美元，营业收入对公司贡献率达到70%。在阿尔巴尼亚、加蓬、哈萨克斯坦、巴基斯坦、格鲁吉亚、土耳其和沙特等国承接化工、石化、能源等多个总承包项目，至今海外业务已遍布30多个国家和地区，并在巴基斯坦捐赠15MW太阳能电站，为平民百姓家庭免费提供电能。成达工程公司以"建设-租赁-转让"（BLT）模式承建印尼尿素储运系统项目，以"建设-拥有-经营-转让"（BOOT）模式承建印尼燃气蒸汽联合循环电站项目，对12个海外项目开展融资，融资额超过35亿美元，近年来又承建了美国化学烧碱项目、越南电站项目、俄罗斯日产5400吨天然气制甲醇

项目、沙特化学品储罐项目，并实现数字化交付。东华工程公司相继承接伊拉克、越南和伊朗总承包项目，先后在智利、孟加拉、韩国、突尼斯、刚果（布）等10多个国家承揽化工、化肥、乙二醇等20项工程。五环工程公司在巴基斯坦、越南等国总承包新建和改扩建化肥项目。华陆工程公司承接哈萨克斯坦和巴基斯坦等国石化和炼油总承包和改造工程。四川晨光工程设计院先后在波兰、土耳其等国家和港台地区承接工程20多项。

（四）广泛运用先进信息技术

随着信息技术的迅猛发展，计算机在工程勘察设计上得到广泛运用。在世纪之交，各勘察设计企业基本实现了用CAD出图，提高了勘察设计质量和效率。之后，各企业重视对计算机和信息技术人员的培养和使用，普遍装备了各种超级小型机、CAD工作站、大量微机和终端，并通过引进和自主开发实现工程软件系统配套，能够应用工程设计软件对各种规模的项目、装置进行设计。全面推行工程项目管理软件，对工程项目进行质量、进度、费用控制。大型化工勘察设计单位建立了大型工程项目和公司局域网、数据库，专线与现场连接，实现了数据处理信息化、文件和信息传递网络化。信息技术的广泛应用，明显地提高了勘察设计企业的整体水平和在国内外工程市场的竞争能力。

进入新世纪，工程公司级的项目和文件服务器投入运行，所有项目的数据和员工的重要工作数据得以在后台保存。公司网络系统升级到带冗余的万兆主干、千兆到桌面，并集成了楼控、监控和信息发布等建筑智能化系统。现在总部与国内外分公司和项目现场的网络连接快速、稳定，给企业发展提供了动力支持。企业建立了WEB站点，引进了PDS三维工厂设计、Aspen-Plus化工过程模拟等大量软件，开发了公司电子邮件自动分发系统，实现了以网络为支撑、专业CAD技术应用为基础、工程信息管理为核心、设计与管理一体化的应用集成系统，推行BIM和3D设计取得良好效果，推广智能化和数字工厂建设取得积极进展。

展望：在机遇和挑战中开创美好未来

进入新世纪，国际环境和国内经济建设发生了深刻变化。世界和国内经济正在进行深层调整，新一轮产业变革和科技革命风起云涌，战略性新兴产业不断涌现，新技术新产业正在成为国内外各行各业激烈竞争的制高点，未来经济和产业竞争的实质将是相互间的科技实力和创新能力的竞争。

作为发展我国石油和化学工业的排头兵和先遣队，石油和化工勘察设计行业是实施国家科技创新战略、践行创新发展理念的骨干力量。面对国内外新形势、新机遇、新挑战和新要求，石油和化工勘察设计行业将继续面向国计民生需求、面向经济主战场、面向科技前沿，进一步提高工程勘察设计创新能力，走体制机制和技术创新发展道路。

各石油和化工工程企业将继续通过政策引导、制度创新、研发投入、平台建设、人才培育等战略支撑，做好产业、运营、管理、创新和人才结构的调整，推动产学研设相合作，提升工程技术研发能力，掌握过硬工程总承包及项目管理本领，积极参加国家重大科技项目，广泛寻找国内外合作伙伴，满足国内外工程建设市场需求，为我国石油和化学工业高质量可持续发展提供强有力支撑。

当前是我国石油和化学工业创新和转型发展的关键时期。石油和化工勘察设计行业和企业将坚持以习近平新时代中国特色社会主义思想为指导，不忘初心、牢记使命，树立和践行创新、协调、绿色、开放、共享的发展理念，以提高发展质量和效益为中心，以先进科技和严细管理为引领，持续推进国际、国内市场一体化发展，建设更多具有较强核心技术和竞争力的国际化工程公司，向中国和世界贡献更多的石油和化工精品工程、科技成果以及石油和化工勘察设计人员的聪明才智。

03

凤凰涅槃　勇当先锋

——新中国石油和化工民营经济发展纪实

　　我国民营经济与改革开放同步发展、同步前进，经历了从不允许到允许，再到鼓励、支持、引导，以至现在坚持权利平等、机会平等、规则平等的发展历程；从"资本主义的尾巴"到"必要的有益的补充"，进而到社会主义市场经济"重要组成部分"，再到平等享受"国民待遇"，将非公有制经济与公有制经济置于同等重要的地位。每一次认识上的突破都伴随着民营经济发展的一次飞跃。改革开放四十年中，民营经济出现了三次发展高潮。1992年邓小平同志南方谈话后，私人办厂，下海经商，掀起了第一次民营经济发展高潮；2001年我国加入世贸组织，提出进一步完善市场经济后，民营经济迎来了第二次发展高潮。特别是2005年2月，国务院发布非公经济36条后，民营经济得到了快速发展。十八大以来，习近平总书记对非公有制经济健康发展和非公有制经济人士健康成长提出一系列重大观点，成为习近平新时代中国特色社会主义思想的重要组成部分。民营经济发展进入新时代，发展的环境越来越好，正在走向更加广阔的舞台。

新中国成立70年来，石油和化工行业民营企业从无到有，从小到大，已经涵盖了油气勘探开发、石油炼制、石油化工、煤化工、盐化工、精细化工、生物化工、国防化工、化工新材料和化工机械等几十个行业，也建设了一批重大项目和新兴产业。特别是在涂料、染料、轮胎、精细化工、化工新材料等领域，民营经济市场化范围广、程度深、比重大，已经或正在成为行业发展的主体。民营企业管理体制机制灵活、反应快、效率高，无论经营环境发生什么样的变化，民营企业始终坚持管理创新，建立了许多有特色的现代管理技术和管理制度，有力地提高了企业的经营管理水平和市场竞争能力，为企业长远发展奠定了基础。经过改革开放40年的发展和积累，我国石油和化工民营企业已经成为推动我国由石油和化学工业大国向强国转变的重要力量，成为创业就业的主要领域、技术创新的重要主体、国家税收的重要来源，为我国社会主义市场经济发展、政府职能转变、解决社会就业以及国际市场开拓等发挥了重要作用。

改革开放中浴火重生

一、实业救国——民族化学工业的奠基（新中国成产前）

新中国成立前，我国民营石油和化工就已有了一定基础。早在20世纪初，在第一次世界大战期间和战后，中国民族石油和化工业开始发展起来，一些有眼光的民族资本家在上海、天津等地开办了一些中小型化工厂，生产油漆、染料、肥皂、西药、橡胶、纯碱、烧碱、硫酸、硝酸、合成氨、漂白粉、味精、盐酸等轻化工产品和少量重化工产品。如开林和振华油漆厂，还有青岛、大连、广州、上海建了一些橡胶制品厂，创立了有名的大中华和回力品牌。

20世纪二三十年代，在战火频仍、民族危难的紧要关头，中国民族化

学工业的先驱范旭东先生发出了"实业救国"的呐喊，千方百计克服重重困难，创办了"久大精盐公司""永利制碱公司"和"永利宁厂"；吴蕴初在上海创办了天原电化厂，生产烧碱、盐酸等化工原料。他们创立了红三角牌和天原牌等优秀民族品牌。世称"南吴北范"。1943 年，范旭东拟定过一个建设十大化工厂的计划，并与美国的进出口银行草签了借款协议，由于国民党政府掣肘而流产，范旭东大失所望，抑郁成疾而辞世，毛泽东和周恩来十分痛惜。毛泽东主席亲笔写了"工业先导，功在中华"的挽词。周恩来和王若飞联名写了"奋斗垂 30 载，独创永利久大，遗恨渤海留残业；和平正开始，方期协力建设，沉痛中国失先生"的挽联。挽词和挽联充分表达了中国共产党对永利、久大公司以及对范旭东的高度评价。

新中国成立后，实行三大改造，私营化工于 1956 年全部改造为公私合营的企业，"一五"以后我国化学工业完全是全民或集体所有制。

二、从萌芽到繁荣（1978—2000）

在改革开放中，石油和化工民营企业日益发展壮大，走过了一条艰难曲折的奋进之路。20 世纪 80 年代前期，石油和化工民营企业首先是从农村发展起来的。一些思想开放较早的人，办起了小作坊式的石油和化工企业，从生产简单的化工产品开始，走上了创业道路。如著名的江阴澄星实业集团、河北东华集团、江苏天音化工有限公司、山东玉皇化工公司等，都是当时的村干部和农民办起来的；80 年代后期开始，市场经济发展较早的江浙地区，办起了大批乡镇石油和化工企业。进入 90 年代，随着市场经济的发展，乡镇石油和化工企业在全国得到蓬勃发展。截至 1993 年底，全国乡村两级石油和化工企业已有 45200 多家，从业人员 217 万人，产值 1336.5 亿元。积累了 400 多亿固定资产，其产值已占当年全国石油和化工总产值的 25% 以上，成为化学工业的生力军。80 年代后期逐步开始的国有企业改革中，一些中小国有石油和化工企业，在市场经济的冲击下，步履艰难，濒临倒闭。为摆脱困境，各地通过租赁经营、拍卖等各种方式纷纷将其民营化，从而诞生了一大批民营企业。比如，遍及全国的县属小化肥企业，陆续改制为民营企业。

邓小平同志1992年南方谈话后，全国出现了一股下海经商潮，民营石油和化工开始在城市也发展起来了。机关职工、教师、大学生，包括国企职工也纷纷"下海"，办起了民营石油和化工企业。如中国最大的改性塑料生产企业广州金发科技有限公司就是由四个北京毕业的大学生于1993年南下广州创办的；北京科技型企业奥得赛化工有限公司也是刚走出校门的大学生创办的；又如山东广饶地区在90年代中期陆续建起了百余家民营轮胎生产企业，在条件极其简陋的情况下个个都能发展壮大，成为轮胎行业的一大奇迹。20世纪90年代末到21世纪初，国企面临大面积亏损，在抓大放小政策下又转化了一批民营石油和化工企业。如2003年由青铜峡树脂厂改制的宁夏金昱元化工集团。但也有一批经营业绩良好的国有企业，采取管理层收购的办法转制为民营企业。期间，石油和化工行业相当多的大中型国企改制成了民营企业。其中一些本来已引进民营机制的国有企业，改制后得到飞速发展。如山东滨化集团、山东联盟化工集团等都已成长为几百亿元销售规模的大型企业。

化工部对于民营石油和化工的前身——乡镇化工的发展一直予以大力和鼓励和支持，总结出乡镇企业的三大功劳：一是转移了大批农村剩余劳动力，二是增加了农民收入，三是形成了农村小城镇建设的基础。这充分肯定了乡镇企业为国家做出的贡献，对乡镇化工的异军突起给予了高度评价，并明确要把乡镇化工纳入行业管理的轨道。在1993年的机构改革中，化工部专门成立了一个乡镇企业处，设在行业指导司，来协调指导乡镇化工的发展。当时化工部就提出，要像关心国有企业那样支持、扶持乡镇化工的发展，具体要求各部门帮助乡镇化工搞好发展规划，做好出口创汇、开拓国际市场的咨询服务，组织国有企业与乡镇化工的联合协作，积极向乡镇化工企业转让科研成果，并要求行业会议和协会组织吸收乡镇企业参

加。当时化工部提出的这些要求也完全适用于当今的民营石油和化工企业。目前，乡镇化工企业已基本上转变为真正的私营企业。

三、世界石油和化学工业大国的重要力量（2001—2011）

进入21世纪后，随着国家政策的不断调整，民营企业发展的宏观环境不断改善，进入了高速发展期。特别是2005年国务院发布《关于鼓励支持和引导个人私营等非公有制经济发展的若干意见》（非公经济36条）后，民营石油和化工又一次出现发展高潮，是发展最快的时期。从2002年到2007年，石油和化工民营企业由3376家猛增至18467家，占全行业企业总数27478家的67.2%，增长了4.45倍；从业人员由48.57万人飙升至146.8万人，增长了近百万人。2006年与2002年相比，私营企业的资产总额增长了322%，销售收入增长了461%，从业人员增长了140%，均高于同期国有企业和三资企业的增长速度。到2008年9月，全国石油和化工行业规模以上的私人控股工业企业已超过2万家，达到创纪录的21008家，占全行业企业总数的71.87%，已是绝对多数；其从业人员已有257.76万人，占全行业从业人员总数的42.46%，超过了四成，也是最多的；其资产总额和销售产值分别占全行业总数的22.39%和29.10%，已处于举足轻重的地位。

2003年11月，由中国化工企业管理协会发起，与中国石油和化学工业协会共同组织，在北京隆重召开了首届中国民营化工发展会议，总结了发展成就和发展经验，提出了民营化工要进一步向规模化、国际化、现代化发展的意见要求。会后为了加强对民营企业的服务，根据一些民营石油和化工企业的要求，在中国化工企业管理协会民营工作部的基础上，筹备成立中国石油和化学工业协会中小企业工作委员会。2005年9月中国石油和化学工业协会中小企业工作委员会（简称中小委）正式成立，由当时中国最大的民营石油和化工企业——江阴澄星实业集团董事会主席兼总裁李兴同志出任主任委员。协会十分重视中小委的工作，谭竹洲、李勇武、李寿生会长多次研究，亲自指导。在协会领导下中小委做了一系列工作，进行了多次行业民营企业的调查，印发了《关于支持石油和化工民营企业加快发展的意见》，2009年8月又编制印发了《促进石油和化工中小企业创新发展的规划指导意见》。先后组织召开了七次行业民营企业发展会议。除此之外，中小委还进行了其他日常服务工作，团结广大民营企业和企业家，对行业民营经济的发展起了应有的作用。

2009年9月，国务院以国发〔2009〕36号印发《关于进一步促进中小企业发展的若干意见》，提出了营造有利于中小企业发展的良好环境、切实缓解中小企业融资困难、加大对中小企业财税扶持力度等八大方面29条具体意见。2010年5月，国务院提出了《关于鼓励和引导民间投资健康发展的若干意见》。到2010年底，石化行业总产值达到8.88万亿元，经济总量位居世界第二，其中化学工业产值5.23万亿元，超越美国，跃居世界第一；行业总产值、利润、销售收入和资产年均增长率分别达到21.3%、13.2%、21.5%和21.4%。民营企业贡献巨大、功不可没。到2010年底，全国规模以上石油和化工企业有3.6万多家，其中民营企业3.1万家，占全国石油和化工规模以上企业总数的85.6%；民营企业完成工业总产值占全行业的47.4%，实现利润占全行业的42.4%。

2011年7月，国家发改委出台了《关于印发鼓励和引导民营企业发展战略性新兴产业的实施意见的通知》。到2011年底，行业非公经济总产值5.65万亿元，同比增长34.9%，占比50.11%，历史上首次过半。2011年全国民营企业500强中，石油和化工企业占32家，其中，江苏省有10家，山东省9家，浙江省5家。在这些地区中，民营企业无论从经济规模、生产工艺、管理水平和市场占有率等方面，都能与国有企业并驾齐驱，甚至更胜一筹。

四、谱写新时代民营经济发展的新篇章（2012—2018）

党的十八大和十八届三中全会对于民营经济发展具有重要意义，大大提

升了非公有制经济的地位。非公有制经济发展进入新的阶段。

到2013年底，石油和化工行业非公经济企业25946家，同比增长5.9%，占全行业的90.6%；资产总计5.1万亿元，同比增长18.5%，占全行业的48.4%；主营业务收入7.55万亿元，同比增长15.1%，占全行业主营业务收入的56.7%；利税总额0.73万亿元，同比增长14.1%，占全行业的41.2%。2014年，包括中石油、中石化、中海油在内的许多中央企业，纷纷启动混合所有制改革，允许民资参股旗下子公司和建设项目，参股比例也大大高于以往水平。2017年9月1日，经第十二届全国人民代表大会常务委员会第二十九次会议表决通过，新修订的《中华人民共和国中小企业促进法》正式颁布。国家将促进中小企业发展作为长期发展战略，坚持各类企业权利平等、机会平等、规则平等，对中小企业特别是其中的小型微型企业实行积极扶持、加强引导、完善服务、依法规范、保障权益的方针，为中小企业创立和发展创造有利的环境。

2017年10月，党的十九大进一步把"两个毫不动摇"写入新时代坚持和发展中国特色社会主义的基本方略，作为党和国家一项大政方针进一步确定下来。特别是在我国宏观经济形势发生了巨大变化，国际金融危机影响一直持续，世界经济复苏艰难曲折，国内经济下行压力不断加大，市场供需结构发生重大变化，民营企业的生产经营环境更加严峻。面对严峻复杂的国内外形势，我国石油和化工民营企业奋发有为、积极应对，努力开拓市场，规模不断扩大，结构持续优化，竞争力稳步提升，充分发挥了促进国民经济发展、满足人民生活需要、扩大社会就业的积极作用，为促进国民经济和社会发展做出了重要贡献，开创了民营企业发展的崭新篇章。实践证明，广大民营企业经受住了国际金融危机影响、国内经济下行、市场需求放缓、产品价格大幅下滑、成本快速上涨等各种困难的严峻考验，显示出了体制机制灵活、市场反应灵敏、运营管理高效、经济效益显著的优势，展现出了良好的发展态势和昂扬的精神风貌。

民营经济蓬勃发展

1979年，非公有制经济在国内生产总值中所占比重不足1％，而现在民营企业贡献了50％以上的税收，60％以上的国内生产总值，70％以上的技术创新成果，80％以上的城镇劳动就业，90％以上的企业数量。对中国经济发展起着重要作用的是增量这一部分，这些增量主要是由民营企业创造的。

在市场化、法制化进程推动下，石油和化工民营经济蓬勃发展，激发了市场潜力和活力，企业规模和竞争力不断提升，劳动生产率明显提高，促进了资源的优化配置，创造了我国石油和化工发展史上一段民营经济快速崛起的奇迹。2002—2006年，石油和化工民营企业的销售收入从947.4亿增加到5315.8亿，增幅高达461％，年平均增幅在50％以上，净增4368.4亿元，占全部增量14348亿的30％，说明全行业的增长有三成是民营企业带动的。化学原料和化学制品行业的私营企业，2007年的主营收入比2006年净增了1907亿元，对全行业当年增长的贡献率为9.38个百分点，约占行业总增幅的30％。到"十一五"末，全国规模以上石油和化工企业有3.6万多家，其中民营企业3.1万家（当时的统计口径为：非公有控股经济），占全国石油和化工规模以上企业总数的85.6％；民营企业完成工业总产值占全行业的47.4%，实现利润占全行业的42.4%。五年间，民营企业销售收入以年均30%以上的速度增长，成为行业发展的主要增长极。

"十二五"之初，行业非公经济总产值5.65万亿元，同比增长34.9%，占比50.11%，历史上首次过半。到"十二五"末，石油和化学工业规模以上民营企业达到16212家（统计口径为：私营企业），占行业规模以上企业总数的54.5%；实现主营业务收入4.06万亿元，占全行业主营业务收入总额的30.6%；资产总额2.43万亿元，占全行业资产总额的20.1%；利润总额2404.61亿元，占全行业利润总额的47.3%；上缴税金1253.66亿元，占全行

业上缴税金总额的12.2%。2011—2015年，全行业规模以上民营企业主营业务收入、资产、利润、上缴税金年均增长率分别达到18.06%、21.96%、17.76%、17.18%；其中，主营业务收入和资产总额平均增长率分别超过同期行业平均水平12.26和12.34个百分点，经济效益保持了较好水平。在国内经济下行压力持续增大，行业利润增速持续走低的形势下，民营企业经济效益一直保持较快增长。2011—2015年，石油和化工民营企业年实现利润增速分别达到48.7%、13.4%、12.8%、11.4%和2.5%，而全行业实现利润只在2011和2013年增长，增速分别为19.0%和5.7%，2012年、2014年和2015年实现利润则分别下降0.1%、8.1%和18.2%。"十二五"期间，民营企业资产利润率一直高于行业平均水平，民营企业的获利能力和资产盈利能力也明显优于行业平均水平，显示了民营企业的勃勃生机和良好成长性。

一、民营化工企业快速崛起

石油和化工的民营经济主要集中在化工行业。据国家统计资料，在化学原料及化学制品行业中，2007年私营企业数量已超过了50%，工业总产值、工业增加值和主营业务收入都占了1/4左右；在橡胶制品行业中，私营企业的数量也超过了50%，工业总产值、工业增加值和主营业务收入也占了两成以上。而且总资产贡献率都是最高的。当时对私营企业的统计并不包括相当数量的私人控股的股份制企业，如果加上这一部分，民营经济占全行业比例还要更高。这两大行业是化学工业的主要行业，除化学矿山和化工设备行业外，其他化工行业都在其中，包括了许多小行业。各小行业的情况也有所不同。如染料和颜料行业的私营企业比例就要高于其他行业。染料行业前五名中四家都是民营企业，雄居榜首的是著名民营企业浙江龙盛集团控股有限公司。颜料行业前五名也都是民营企业。近几年石油和化工民营企业蓬勃发展的势头不减。至2008年，化学工业中民营经济的总量已超过了五成，成为行业发展的主力。到2018年，石油和化工行业民营企业已经涵盖了全产业链，特别是在涂料、染料、轮胎、精细化工、化工新材料等领域，民营经济市场化范围广、程度深、比重大，已经成为行业发展的主体。

二、民营炼油企业发展方兴未艾

在2008年之前，石油加工领域还是在国有经济的主宰之下，虽有一些民营炼油企业，规模都不大，而且面临原油供应和油品销售等重重困难，举步维艰。据2006年的统计资料，全部精炼石油产品制造行业中，民营企业数量虽占四成以上，但大都是中小型油脂加工企业，年销售收入十亿元以上的企业只有12家，最大的为31亿元。民营企业的销售收入和资产总额所占比例均不到5%，还不到三资企业所占比例的一半，可以说无足轻重。

在石油流通领域，民营经济早已开始进入了。但其经历一波三折，现在仍处于尴尬境地。1992年，石油市场改革开放，政府号召利用民间资本进入石油市场。在当时宽松的政策下，大量民营企业进入石油市场，民营油企迅速崛起，使全国石油市场迅速发展并形成规模。1994年，国家放松成品油批发市场准入限制。中国成品油炼制、批发和零售市场几乎处在一种自由竞争的状态，民营资本抢得先机经营加油站。据统计，1998年全国民营石油流通企业有59640家，其中批发企业3340家，约占全部石油批发企业的33.4%；加油站56300家，占全部加油站数量的56.3%。1999年，国务院办公厅转发经贸委等八部门的"38号文"，规定除中石油和中石化两大集团之外，不允许独立的成品油批发企业存在，将成品油批发权集中于两大石油巨头手中。2001年，国务院办公厅又重申两大集团的成品油批发专营权，并进一步赋予其零售专营权，各地区新建的加油站，统一由中石油集团、中石化集团全资或控股建设。中国成品油批发零售市场形成了中石油、中石化两强格局。民营油企基本消失。2004年，按照加入世贸组织的协议，国内成品油零售市场正式向外资全面开放，外资公司可以在国内大量销售自己生产的成品油。

2005年2月，国务院发布了"非公经济36条"，明确允许非公资本进入

电力、电信、铁路、民航、石油等行业和领域。同年3月，山东石油民企济南联星石化有限公司拿到了我国第一个向民营企业签发的进入能源领域建设的"牌照"。2006年，商务部发布《成品油市场管理办法》和《原油市场管理办法》，宣布自2007年1月1日起开放中国原油、成品油批发经营权。2007年，根据这两个办法商务部正式下发了《成品油经营企业指引手册》和《原油经营企业指引手册》，对企业办理经营资格申请、外资企业申请等做出了明确的规定。5月24日芜湖市二环石油成为成品油批发市场开放以来首家获得成品油批发经营资格的民营企业。同月，商务部还批准了第一家有进口原油资质的民营企业——中艺华海进出口有限公司。据当时数据显示，全国民营成品油批发企业有660余家，民营零售加油站45000多家。占全国约十万个加油站的近半数。

近十年来，民营炼油厂异军突起，发展迅猛。特别是自2015年以来，国家有条件地放开了进口原油使用资质限制，地方炼油企业获得了新的发展空间。浙江舟山石化、辽宁恒力石化等多个千万吨级的民营炼油大项目陆续建成，地炼产能规模在国内总炼能中的占比接近1/3。国内成品油市场将出现地方炼油企业与中央炼油企业同场竞技的局面。目前，我国炼厂数量综合约220家，其中以中石化、中石油为首的中央企业（集团）为98家，占比45％。地方炼厂（不含已被央企收购部分）122家，占比55％。共有40家地方炼油企业获得非国营贸易原油进口权。石油天然气重大项目投资从审核制改为备案制，除对油气矿业权、对外合作、大型管道建设和石油贸易等保留管制性规定外，投资准入的限制已取消。市场结构发生重大变化，涌现出多元化的市场主体，初步形成了以国有经济为主导、多种经济成分共同参与的市场结构，市场的资源配置化作用进一步加强。随着党的十八届三中全会提出的"市场在资源配置中起决定性作用"以及2017年5月出台的《关于深化石油天然气体制改革的若干意见》要求，市场在资源配置中的决定性作用日益凸显。

"2018中国民营企业500强"榜单中的民营炼油企业已今非昔比。恒力集团从纺织业务开始，不断向上游延伸，形成了庞大的石油化工业务链。年营业收入3079亿元人民币，《财富》世界500强企业排名235位。目前正在建设的"恒力2000万吨/年炼化一体化项目"是中国对民营企业开放的第一个大型炼化一体化项目，恒力集团还拥有全球单体产能最大的PTA（精对苯二甲酸）工厂。随着新项目的开展，其PTA年产能未来将达到1160万吨/年。新奥集团是中国最大的天然气公司之一，年营业收入1270亿元人民币。其最初依靠燃气分销业务发展壮大，目前已形成天然气下游分销、中游贸易储运和上游生产开采的完整天然气产业链。在2018年，新奥集团的舟山LNG接收站投产，是中国首个民企独资的大型LNG接收及加注项目，也是国家能源局核准的第一个由民营企业投资的大型LNG接收站项目。荣盛集团是发展最快的石油石化企业之一，年营业收入1000多亿元人民币，已形成从芳烃到下游的精对苯二甲酸（PTA）及聚酯（PET，含瓶片、薄膜）、涤纶丝（POY、FDY、DTY）一条龙生产线。盛虹集团以纺织行业为起点发展，目前已是一家以石化、纺织、能源为主业的创新型高科技产业集团，年营业收入也已超过1000亿元人民币，产业链不断向石化领域深入。目前，盛虹集团正规划建设1600万吨/年炼油、280万吨/年芳烃、110万吨/年乙烯及下游衍生物的炼化一体化项目，并配套30万吨原油码头、350万立方米仓储及公用工程岛等项目，总投资约775亿元。恒逸集团具备年产1350万吨PTA、730万吨PET、60万吨DTY、30万吨CPL、46.5万吨PA6的生产能力，其在东南亚的文莱大摩拉岛（PMB）石油化工项目，是中国民营四大炼化项目之一（其他三个为恒力集团、荣盛集团、盛虹集团的项目）。以恒逸集团为代表的、来自江浙一带的石化企业近年来发展迅速，正在成为石油石化行业的中坚力量。东明石化是山东地炼的龙头企业，年营业收入906亿元人民币，目前原油一次加工能力达到1500万吨/年，拥有进口原油使用资质、原油非国营贸易进口资质。东明石化深耕炼化行业多年，在石油行业有深远影

响力，同巴西国家石油公司、沙特阿美、BP等世界级企业开展了各类合作。作为中国地炼行业的代表，东明石化目前正在持续追求转型升级，规划建设高端石化项目，并提出了进入"世界500强"的目标。

三、民营石油企业发展迈出重要一步

国务院发布"非公经济36条"之后，经有关部门批准，于2005年6月29日在北京成立了我国规模最大的民营石油联合企业——长联石油控股有限公司，很快就有30多家民营石油企业加入这个公司。2007年底，在石油天然气开采业共184家企业中，民营企业达到22家，主要属于辅助性企业。2018年，我国石油和天然气开采行业规模以上企业数达123家，私营企业数量约占7%。由于油气的勘探开发是非常复杂且长期的工程，进入门槛非常高，对于民营企业来说有着资本、技术及政策方面的诸多限制，投资风险较大，短期内民营企业进入石油天然气开发行业的难度较大，但从长远来看，进一步鼓励和引导石油天然气开发行业的民间投资是国家的一项长期政策导向，随着未来民间资本的进入，行业竞争加剧将不可避免。

四、民营生产性服务企业发展潜力巨大

石油和化工民营企业主要集中在生产领域，但其他生产性服务领域，除流通领域有较大发展外，在科研、设计、教育、建筑安装等领域民营企业尚未大举进入，发展潜力十分巨大。

石油和化工流通领域里民营经济比较发达，原有的国有石油和化工流通企业，即各级石油和化工供销公司大都进行了体制或机制改革；改革开放中各地都兴办了大量民营石油和化工贸易公司，还有不少个体户，从事石油和化工产品的贸易。各地特别是江浙地区还出现了不少民营性质的石油和化工交易市场，有专业的也有综合的，有的规模很大，设施齐全，吸引了大量客户。还有不少网上石油和化工交易平台，对促进流通、活跃经

济起了很大作用。

科研设计领域以国有经济为主。原部、省两级石油和化工科研设计单位，以及中石油、中石化、中海油所属的科研设计单位，虽进行了企业化改革，但只有少数省属院所进行了民营化改制。少数小型民营研究院和工程设计单位是民营企业，如北京市化工研究院和北京中寰工程公司，运行情况良好。目前，省级石油和化工设计单位正在酝酿进一步深化改革，不久将会出现更多的民营企业。

在石油和化工建筑安装领域，也有一些小型的民营安装公司，但发展还不够充分；只有化工防腐蚀施工已是民营企业的天下，以河南长恒县和安徽萧县为代表的民营防腐施工企业闻名全国，为县域经济的发展做了很大贡献。

石油和化工教育领域由于具有一定的特殊性，民营企业进入难度较大，只有少数民办的院校属于民办本科高等院校，另外也有一些民办的中等专业化工职校和不少民营专业培训机构。

在信息化、数字化、网络化浪潮中，出现了一大批民营网络公司。据不完全统计，在23个化工门户网站中，民营网站约占一半，而且经营良好。如中国化工网、慧聪化工网、化工易贸网、中塑在线、隆众资讯等网站，十分活跃，业务量大、效益好。浙江民营企业家孙德良于1996年创办的中国化工网，发展很快，已有11％以上的石油和化工企业加盟成为客户，并以"网盛生意宝"成功上市，成为中国化工网络第一股。

五、中西部地区民营经济发展空间巨大

各省市区民营石油和化工企业在行业中所占比例差距较大。在市场经济发达的江苏、山东、浙江三省，民营石油和化工企业在2010年以前占全省石油和化工企业总数的比例就已达50%以上。民营企业数量和年销售收入亿元以上企业占全行业比例均名列前三位。西北五省区和云贵两省民营石油

和化工企业均不到全国石油和化工民企总数的百分之一。湖南、江西、内蒙古、安徽、宁夏、湖北、河南和重庆等中西部8省区市的民营石油和化工企业占本地区石油和化工企业总数的比例高于全国平均水平，其中比例最高的是湖南省，民营石油和化工企业比例已占全省石油和化工行业总数的64％。这说明近年来在国家大力推进西部大开发战略和中部崛起战略的情况下，中西部地区石油和化工民营经济有了较快发展，且发展潜力巨大。

承担起"实业报国"的重任

改革开放40多年来，我国民营经济对社会的贡献有目共睹，在解决就业、促进产业结构调整、增加税收、推动区域经济发展和GDP持续高速增长、提高综合国力等方面取得了令世人瞩目的成绩。石油和化工民营经济同样为国家、为社会、为行业发展做出了巨大贡献。没有民营经济的快速发展，就不可能有石油和化学工业40多年的持续快速发展，正是新一代民营企业家继承了范旭东等民族石油和化学工业先辈们的远大志向和抱负，以"实业报国"为己任，栉风沐雨、砥砺奋进，创造出了巨大的社会财富，有力地促进了经济发展与社会进步。

一、创造了巨大财富

石油和化工民营企业创造了巨额财富。从2002年到2006年，共创造工业总产值达1.35万亿元以上。2007年石油和化工非公经济的现价销售产值达21135亿元，占总量的40.3％；2007年化学原料和化学制品行业的私有企业创造了1911亿元的工业增加值，超过了国有及控股企业创造的1774亿元的工业增加值。在2011年全国民营企业500强中，石油和化工企业占32家，其中，江苏省有10家，山东省9家，浙江省5家，民营企业无论从经济规模、生产工艺、管理水平和市场占有率等方面，都能与国有企业并驾齐驱，涌现出一批知名企业，如澄星集团、东明石化集团、东岳集团、亚邦集团、升华集团、华峰集团、传化集团、闰土集团、龙盛集团、红太阳集团、新奥集团、诚信集团，等等，是所在地区经济发展的重要推动力。澄星实业集团"十一五"累计实现营业收入951.4亿元，上缴税金总额26.7亿元，实现利润总额36.5亿元，完成投资94.81亿元，资产规模比2005年增长2.8倍。新奥集团"十一五"期间实现销售收入年均增长35%，累计纳税总额44亿元，新增就业人数1.2万人。这里还应该特别指出的是，民营企业使一大批濒临破产倒闭的小化肥、小烧碱、小农药企业起死回生，发展壮大，不少企业已成为行业的骨干，避免了国家财富的损失，对社会稳定也起到重要作用。2011—2015年，全行业民营企业上缴税金由762.4亿元增加到1253.7亿元，年均增长率达到17.2%。

二、解决了大量社会就业问题

石油和化工民营企业就业人员比例高于全国工业平均水平。据2008年9月统计资料表明，全国石油和化工从业人员总数为606.98万人，其中在私人控股企业中就业的达257.76万人，占行业总人员的42.46％，是各类所有制企业中从业人员最多的，比国有企业高十个百分点。2007年与2002年相比，私营企业就业人员由48.56万增加到146.8万（不含由私人控股的股份制企业），净增了近100万人，而整个行业期间全部就业人员才增加127万人。也就是说，在当年，民营企业承担了整个行业就业人员增量的80％。到"十一五"末，全国石油和化工行业从业总数为730万人，其中在民营企业就业的达410万人，占56.2％。"十一五"期间，全行业新增就业238万人，其中民营企业净增122.6万人，承担了新增就业人数的52％。行业民营企业已经成为吸纳新增就业人口的重要力量。

三、促进了社会主义新农村建设

中国的民营经济起源于农村。为回报农村、回报社会，民营企业家积极投入社会主义新农村建设，如浙江传化集团创业之后不忘富民。早在1988年，在企业自身还不宽裕的情况下，传化集团便拿出年度利润的三分之一为村里修建自来水，改变了长期以来全村因沙地吃水不便的历史；随后，又出资帮助村里的农田灌溉、水利设施建设、教育事业等一系列社会公益事业。2000年，传化集团在继续做大做强石油和化工产业的同时，应政府之邀承担起了浙江省农业高科技示范园区的建设与经营，创新性地建立了"企业＋基地＋农户"的运作模式，以种子、种苗和新型农资为载体，推广先进适用技术，帮助农户有效克服"自然风险"和"经营风险"。带动了区域种植业结构调整，直接带动了大批农村就业。当前，传化集团正在更高的层面探索解决我国"三农"问题的新路径。传化集团在农业领域的成功实践被业内誉为"传化样本"。山东玉皇化工有限公司发展起来后创造的经济效益，除用于技术改造和规模发展外，全部用于反哺农业，造福村民。先后安置农村剩余劳动力400多人，其中60%是本村人员。累计向水利建设、学校、村级公路、孤寡老人、残疾人、贫困大学生等社会公益性事业捐资560多万元。从1992年起，村里农民提留、村干部、民师工资等开支全部由玉皇化工负担。玉皇化工每年都为村里请专家教授传授农业科学和技术，提高村民的科技兴农意识，使原来贫穷落后的玉皇庙村发生了巨大的变化。

四、积极履行社会责任

民营经济积极回馈社会，勇于承担社会责任，已成为改变落后地区经济状况、促进地区平衡发展、促进社会和谐的重要元素。石油和化工民营企业在履行社会责任方面表现突出。江阴澄星集团总结了三个"辩证"，即辩证处理企业发展与保护生态环境的关系，辩证处理企业发展与安全生产的关系，辩证处理企业发展与社会责任的关系。澄星集团在江阴市设立3000万元澄星慈善爱心基金，在多所学校设立奖学金，支持教育事业。湖北三宁公司董事长李万清常说，民营企业是改革开放和中国特色社会主义制度的产物，报效国家，回馈社会是企业永恒的责任与义务。出身贫困的李万清，对社会弱势群体有着特殊的情结。三宁公司在足额缴纳残疾人就业保障金的同时，每年都要从股东收益中向残联和慈善机构捐赠善款，资助贫困学子、关爱孤寡老人、救援灾区群众。内蒙古博源控股集团是全国最大的天然气制甲醇基地和天然碱循环经济示范基地。他们地处沙漠腹地，把打造绿色品牌与创造绿色环境结合起来，把实现经济效益与社会效益统一起来，对70万亩荒漠化土地实施环境治理，建设生态型产业园区，打造"工业绿洲"，仅园区林业资产就超过20亿元。红太阳集团为社会下岗人员、农村剩余劳动力提供了3600个就业岗位。金诚石化在国际金融危机肆虐期间提出了"停产不放假、不减薪、不裁员"的"三不原则"，极大地激发了职工共抗金融危机的信心。获得中华公益人物奖的民营企业家北京金源化学公司总裁张和平，一向主张真正的企业家应该是有社会责任感的人，该公司发起成立了"中华博爱骨髓基金"，并连年给予资助，推动了我国骨髓库的建立。该公司还连年资助贫困学生，多次荣获北京市扶贫助学奖。

五、在实践中培育出一大批优秀企业家

石油和化工行业民营企业在实践中培育出了一大批优秀企业家。他们有的出身于农村，如江阴澄星实业集团的董事局主席李兴、浙江传化集团原董事长徐传化、山东东岳集团董事长张建宏、陕西双翼化工集团董事长高云

峰、山东玉皇化工有限公司董事长王金书、河北东华化工集团董事长闫福顺等，这些当年手握锄头、默默无闻的庄稼汉，现在已是管理现代化企业、闻名遐迩的企业家；还有投笔从商的老师和学生，如浙江新和成股份有限公司董事长胡柏藩、山东滨化集团董事长张忠正、广州金发科技集团董事长袁志敏等；也有南京红太阳集团董事长杨寿海那样，丢掉铁饭碗，走出机关下海创业的企业家，等等。他们都荣获了国家或省市优秀企业家等许多荣誉称号。如今，从全国人大、政协到省、地、县的各级人大、政协，都有石油和化工民营企业家的身影。全国第一批当选省政协副主席的两名民营企业家之一就是著名石油和化工民营企业浙江传化集团的现任董事长徐冠巨。现任的中国民间商会副会长中，除了传化集团董事长徐冠巨，还有东岳集团董事长张建宏，奥克集团股份公司董事长朱建民。山东东明石化集团有限公司董事局主席兼总裁李湘平当选为全国工商联副主席。他们都是石油和化工行业优秀企业家的杰出代表。

企业家的贡献不光是创立了优秀的企业，助推地方经济的发展，造福一方，而且在制定发展战略、推行现代管理、塑造企业文化，以及科技创新、国际化经营等方面创造了值得全系统借鉴的成功经验，对于石油和化学工业的发展有着重要而深远的意义。

除了以上几方面的贡献外，更为重要的是，民营经济对于促进市场经济发展和人民生活水平的提高发挥了关键性作用。事实证明，哪里的民营企业发展得好，哪里的市场经济就发达，人民生活就富足，社会文明程度也随之提高。浙江以全国近1%的土地、4%的人口，创造了全国7.5%的生产总值。经济发展的各项指标稳居全国前三位，由资源小省变成经济大省、市场大省，关键就是民营经济的发展。中国第一家私营企业、第一个专业市场、第一个股份合作社、第一个农村合作社、第一座农民城，都诞生在浙江。他们是工业化、城市化的生力军。正因为有民营经济的发展，才会使老乡变老板、集市变城市、农民变市民，才会有改革开放以来浙江经济走向现代化的今天。浙江石油和化工民营企业无论在企业规模、生产工艺、管理水平和市场占有率等方面，都与国有企业并驾齐驱。涌现了一批知名企业，如荣盛集团、恒逸集团、华峰集团、传化集团、龙盛集团等，都是全国石油和化工行业中的佼佼者，成为浙江石油和化工行业发展的重要推动力量。

发展中形成的"五大"优势

民营石油和化工企业能够迅速发展，首先得益于改革开放创造的宽松政策环境。面对激烈的市场竞争和波诡云谲的市场变化，广大的民营企业和企业家以敢为天下先的胆识和气魄，大胆开拓、力争上游，在长期发展中形成了"五大"优势，开辟了我国石油和化工企业发展的新境界。

一、艰苦奋斗的企业家精神优势

民营企业从出生的那天就是在很艰苦的环境下成长。正是艰苦的环境铸就了民营企业家吃苦耐劳、坚忍不拔、顽强拼搏的精神品质。有人以"四个千"来形容浙江商人和民众的创业，这就是"想尽千方百计，走遍千山万水，说尽千言万语，历尽千辛万苦"。这个"四千"精神也能代表所有民营企业的创业艰辛，代表了民营企业家的精神品质。40多年来，中国民营企业就是凭着这种奋发向上、不畏艰难的韧性和勇气，冲破层层壁垒，展翅高飞，成为社会主义市场经济中最具活力的经济成分，显示了其旺盛而顽强的生命力！

凡是白手起家的石油和化工民营企业，大都经过了"白天当老板、晚上

睡地板"的艰苦奋斗历程。如江苏丰山集团的董事长殷凤山，开始办厂时既是厂长，又是采购员、推销员，也是装卸工。有一年严冬，他凌晨一点起来，带一辆小卡车到盐城购买液碱。为了怕车上的液碱桶颠掉，一路上冒险伏在驾驶室顶上，双手紧紧拽住系桶的绳子。寒风刺骨，人都冻僵了，到达后半天才缓过劲来。回来的路上又翻了车，腰部骨折，失去知觉，醒来时躺在医院。医生要他住院治疗3个月。但他急着要生产发货，以归还即将到期的10万元银行贷款，7天后，就让人抬回厂里，躺着指挥生产把货发了出去。在他带领下，经过二十年的拼搏，现在丰山集团已是年销售额超过10亿元的国家级高新技术企业。在民营石油和化工企业创业中类似的事例不胜枚举。正是这种不怕艰险、顽强拼搏的精神造就了民营企业今天的辉煌。

二、敢于挑战前沿科技的创新优势

民营企业能够从无到有、从小到大、从大到强发展的重要因素便是创新。现在，民营企业已成为技术创新的中坚力量。石油和化工民营企业也不例外。所有成功的石油和化工民营企业都是通过创新发展起来的。他们为了生存发展，有天生的创新冲动。在技术创新上舍得投入，敢于挑战、敢于超越，善于组织，打造了自身独特的竞争力。

山东东岳集团由一个乡镇企业发展成为中国氟硅行业的龙头。全氟离子膜技术是化工行业"皇冠上的明珠"，我国化工行业30多年组织攻关没有成功，但东岳集团不畏艰难，他们先后投入资金近6亿元，历经8年，攻克了这一世界性技术难题，打破了国外数十年的垄断，获得国内外发明专利186项，圆了几代化工人的梦。

南京红太阳集团从高起点起步，采取三步走方案，发展高效、低毒、环保型农药。第一步走引进、消化、吸收的路子，第二步走产学研结合的新路子，第三步实施自主创新战略。成功开发了填补国内空白的高科技新型农药产品86个，研发出拥有自主知识产权和具有世界前瞻性高科技农药产品168个，其中有50多个达到世界领先水平，70多个获得国家级新产品和专利，66个项目被列入国家"双加工程""双高一优""星火计划""火炬计划"和"高新技术产业化"工程。从而使企业发展成为位列世界农药10强、中国农药行业"五连冠"的跨国大型高科技产业集团。现拥有一所工程技术研究院，五大产业研发中心，52个专业研究室，各类技术人员1698名。其中硕士以上高学历学科带头人386名，外聘专家学者398名，形成了一个以专家教授智囊团为塔尖，博士硕士和中高级技术、营销、科研等技术人才为塔身，1200多大中专毕业生为塔基的"金字塔"型人才队伍。

金发科技股份有限公司是中国改性塑料行业的龙头企业，他们搭建了行业一流的自主创新平台，凝聚了业内一流的科研开发团队，突破了一批行业关键共性技术，建成了塑料行业唯一的国家工程实验室，使科技创新平台达到国际先进水平。他们开发的高性能长纤维增强热塑性塑料系列产品，填补国内空白5项，累计实现销售收入195亿元，出口创汇6亿美元。

浙江新和成股份有限公司在科研开发上平均每年按销售额的3%～6%投入，最多时达到9%。在金融危机爆发的2008年逆市而上，创下了最好业绩，销售收入同比增长90%，净利润同比增长16倍。

山东金正大生态工程股份有限公司联合30多家科研院所，率先建立了国家缓控释肥工程技术研究中心，经科技部批准，成为我国首批获得试点的36家国家级技术创新战略联盟之一。

三、实现资源配置效率最大化的战略优势

被誉为"全球第一CEO"的前美国通用电气公司CEO杰克·韦尔奇有一个著名的"数一数二"战略，即任何技术和产品必须是世界上数一数二

的，否则就淘汰。现在石油和化工系统就有一批在国内乃至全球名列前茅的民营企业。他们的目标清晰，经营机制灵活，能够对市场做出快速反应，实现资源配置的最大化，从而产品规模和市场占有率都在行业中名列前茅，具有极强的竞争力。如染料行业、颜料行业、农药行业、磷酸盐行业、橡胶助剂行业、纺织助剂行业、氟化工行业、改性塑料等等行业，其领军企业都是民营企业。他们的产品规模和产品质量，不但在国内领先，而且在世界上也处于先进水平，因而具有无可比拟的竞争优势。

辽宁奥克化学股份有限公司研发生产的晶硅切割液，占所属细分市场的70%，已发展成为全球最大的制造商；他们研发生产的高性能聚醚单体，占所属细分市场的54%，成为国内最大的聚醚单体制造商和环氧乙烷衍生精细化工新材料制造商。山东金河集团在保险粉核心技术上拥有了16项国家发明专利，制定了3项国家标准，产能跃居全球第二。多氟多化工股份有限公司主持制定、修订了冰晶石、氢氟酸等40多项行业标准、国家标准；负责牵头起草了无机氟化工行业准入条件和"十二五"发展规划；晶体六氟磷酸锂的量产成功，打破了国外技术垄断。

灵谷化工集团有限公司在大部分中小型氮肥企业和部分大型氮肥企业陆续关停并转的情况下，灵谷化工做出"坚守主业、深耕氮肥"的战略决策。以敢为天下先的精神和气魄，在人口密度大、资源相对短缺、环境容量受限的太湖上游，积极推进供给侧结构性改革，大刀阔斧推进结构调整、科技创新、管理创新、安全环保和循环经济，实现了脱胎换骨、凤凰涅槃式的发展，主要经济技术指标均走在氮肥行业前列，成为具有一流竞争力的领军企业。2018年，灵谷化工实现营业收入35.74亿元，工业增加值15.05亿元，实现净利润6.97亿元，同比增长1.9倍，利润率19.5%，高出行业平均利润率14.5个百分点，走出了一条氮肥企业高质量发展之路。

还有一大批被称为隐形冠军的民营石油和化工企业，即企业总规模不是很大，但在所经营的一种或几种产品上具有领先水平。如华峰集团的鞋用树脂和己二酸、河北东华化工集团的甘氨酸、龙蟒集团的饲料磷酸盐、南京红宝丽集团的聚氨酯硬泡组合聚醚、河南多氟多公司的氟化盐、江苏洪泽银珠化工集团的元明粉、中国尚舜化工控股有限公司的橡胶助剂、江苏迈达新材料公司的食品级抗氧剂等都是世界级规模，而且质量优良，拥有自主知识产权，产品能与外商竞争，打入了世界市场。有人说"隐形"民营企业是未来中国经济的真正脊梁。这些民营企业是石油和化工行业的骄傲！

四、注重发展循环经济的责任意识优势

石油和化工系统最早走循环经济之路的企业就是山东鲁北企业集团。他们面对日益严重的磷石膏处理难题，通过实施技术集成创新，创建了磷铵硫酸水泥联合生产、海水"一水多用"、"盐、碱、电"联合生产的三条生态工业产业链。通过关键技术创新，过程耦合，工艺联产，产品共生和减量化，再循环，再利用等系列措施，对各个下属企业之间和产业链之间的物质、能量和公用工程进行系统的集成，构建了一个生态工业系统，创造了一个结构紧密的、共享共生的中国鲁北生态工业模式，解决了工业发展与环境保护的矛盾，实现了生态效益、经济效益和社会效益的协调发展；对我国实施可持续发展战略，推广循环经济，走出一条科技含量高、经济效益好、资源消耗低、环境污染少、人力资源优势得到充分发挥的新型工业化路子，产生了重要的示范作用。

宁夏宝丰集团有限公司拥有全国最大、最完善的"煤、焦、气、化、油、电"多联产循环经济产业链，打通了以煤代替石油生产烯烃等高端化工产品的发展路径，实现了煤炭资源清洁、高效利用。

山东金岭集团坚持走资源综合利用的生产路线，通过中间产品和副产

品的相互衔接，形成了一个热电联产、上下配套、拉长链条、吃干榨净、节能环保的循环经济产业链，被国家科技部授予国家火炬计划盐化工特色产业基地。

赛轮集团率先探索轮胎循环利用产业化发展模式，大力开发轮胎循环利用技术，目前已成为首批获准建立的轮胎资源循环利用示范基地。

河北旭阳煤化工集团在其产业基地的建设中，按照"减量化、再利用、资源化"原则和"低消耗、低排放、高效率"的基本特征，建设节约能（资）源、清洁生产、"三废"综合利用、生态环境美化、可持续发展的循环型产业、节约型生态园区、和谐型绿色企业。通过建设发展现代化的煤化工园区，拉长了产品链条，实现了综合利用，增加了企业效益。

青海碱业公司通过与上下游企业积极合作，形成资源共享和副产互用，延伸了产业链条，使企业的废气、废水、废物等在产业链内闭环流动，变废为宝。

宁夏金昱元化工集团形成了以氯碱化工为龙头，以环保治理为基点，各产业相互支撑，资源循环利用的循环经济产业链，大大提升了产业竞争力。建成的热电-烧碱-电石-PVC树脂-水泥联产产业链，使资源-产品-废弃物-再生资源的反馈式循环过程成为现实。公司成为宁夏回族自治区第一个也是唯一一个国家级循环经济试点企业。

南磷集团始终保持黄磷和赤磷出口的中国第一，褐煤蜡产品几乎覆盖全国市场，"十一五"期间他们把磷化工与氯碱化工结合起来，形成了"劣质煤热电-电解烧碱-聚氯乙烯-磷系列产品-工业废渣制水泥"的循环经济产业链，改变了传统生产模式。

五、充满活力的市场竞争优势

民营企业是在夹缝中求生存，竞争中谋发展，必须拼市场。石油和化工民营企业在开拓市场方面都有一些独特的做法，值得借鉴。如湖北新洋丰集团重视产品营销就是其快速发展的一大诀窍。新洋丰经过多年努力，塑造了一支全国一流的销售队伍，建立了一个覆盖全国的销售网络，还有一整套先进的营销理念和管理模式。公司现有400多名销售业务员，个个都是行家里手。在全国范围内拥有一级代理商2000多家，二级零售商近30000家。在农化服务上，新洋丰有一个独特的"二分之一"理论：就是强调产品销到用户手中，只完成了销售工作的二分之一，即一半，另一半工作就是服务。而且强调"服务没有淡季"，要按不同季节进行售前、售中和售后服务，在服务内容上实行多样化，包括土壤调查检测、传播施肥知识、农事管理，乃至为农民发家致富当参谋，等等。因此在竞争激烈的化肥市场，"洋丰"复合肥产品从来不愁卖不出去，销售量连年居全国第一，而且每年没有一分钱欠款。不但为社会、为农业做出了应有的贡献，也为企业发展创造了条件。用37年时间，将一个濒临倒闭的小磷肥厂发展成资产80亿元，员工6000余人，国家级高新技术企业，全国磷复肥龙头企业，中国化肥企业百强，中国民营企业500强，中国制造业500强的大型企业集团。

民营经济是"富民经济"，发展民营经济是创造社会财富的基本途径和重要手段。石油和化工民营经济在孕育、产生和快速发展的过程中，形成了巨大的劳动力需求，为缓解就业压力，改善社会就业结构提供了巨大的空间。民营经济是"活力经济"，实现了石油和化工企业在市场竞争中的自主决策，有利于不断开发新产品、开拓新市场，在优胜劣汰中完成社会资源的有效配置，推动产业结构的优化，提高生产效率，带动了整个社会创新活力的迸发。民营经济是"内生经济"，具有较强的内生性和民族性，不受外来资本的控制，是"自己人"。民营经济与公有制一起，共同构成社会主义基本经济制度的主体。因此，发展石油和化工民营经济有利于构建和谐局面，创设和谐氛围，从而为构建和谐社会提供有力保证。

展望：开启新时代民营经济发展新征程

到2025年，民营经济占全行业主营业务收入总额的比重将达到35%以上；在能源化工、化工新材料、精细和专用化学品、节能环保等领域培育一批"专精新特"的知名企业和知名品牌；民营企业的创新能力、盈利能力、竞争能力和抗风险能力进一步提升，成为推动我国由石油和化工大国向强国跨越的一支体制机制灵活、管理规范高效、优秀人才辈出的生机勃勃的重要力量。

世界强国必须要有世界级企业、世界级品牌、世界级企业家。我国石油和化工民营企业发展很快，许多企业从起步开始，短短十几年就成长为十几亿、几十亿甚至几百亿元营业收入的大型企业，现在千亿级以上的民营企业已有5家。但总体上与跨国公司相比，民营企业在不少领域大而不强、大而不优，依靠资源、资本、劳动力等要素投入的发展方式尚未根本改变，世界500强企业也是凤毛麟角，与巴斯夫、拜耳等石化巨无霸，杜邦、陶氏化学等国际化工巨头，固特异、米其林等轮胎巨头相比，相形见绌，很难与之匹敌。

在新时代要培育一批世界级石油和化工民营企业，努力把企业做强做大，成长为世界一流企业。一是大力实施创新驱动发展战略。建立健全民营企业内部研发平台与研发机构，形成以市场为导向、以企业为主体、产学研深度融合的协同创新体系，提高研发投入比例，着力突破一批行业关键共性技术、关键工艺、成套装备。以高附加值和绿色低碳为方向推进产业结构、产品结构、组织结构、布局结构持续优化，加快向价值链高端跃进。二是加快管理现代化，不断完善企业制度。加快建立一整套适应现代市场经济发展要求的内部管理制度和外部约束机制，进一步完善符合市场经济规律和现代企业制度要求的法人治理结构。优化业务流程和组织结构，完善内部风险管理和精细化管理，形成完善科学的决策机制、规范的运行机制和有效的激励机制，不断增强发展的活力。三是搞好资本经营，整合优化生产要素。加强产业、资金、股权、资源、技术、管理、市场、品牌、专利等有形和无形资产的整合，通过联合、协作、互换等方式，培育一批具有全球竞争优势的世界一流民营企业和企业集团。四是打造国际品牌，占领高端市场。随着自身实力的壮大，民营企业已开始由产品经营向品牌经营转变，由本土化经营走向国际化经营。

04

大有可为　乘势而上

——新中国化工园区发展纪实

　　1978年，党的十一届三中全会召开后，我国实现了从"以阶级斗争为纲"到"以经济建设为中心"，从保守封闭到改革开放的两大历史性转变。此时，我国先后同日本、美国和西欧的主要资本主义国家建立了正式外交关系，从而排除了经济技术合作上的政治障碍。正是在这样的背景下，深圳等经济特区作为改革开放的先行区和试验区而建立发展起来。1979年7月中共中央、国务院批准在广东省的深圳、珠海、汕头三市和福建省的厦门市试办出口特区。1980年5月，中共中央和国务院决定将深圳、珠海、汕头和厦门四个出口特区改称为经济特区。1984年，中共中央和国务院决定进一步开放天津、上海、大连、秦皇岛、烟台、青岛、连云港、南通、宁波、温州、福州、广州、湛江和北海等14个沿海港口城市，并提出逐步兴办经济技术开发区，自此国家级经济技术开发区开始登上历史舞台，并逐步从沿海地区向沿江、沿边和内陆城市、区域中心城市拓展。

在经济技术开发区如火如荼的建设大潮中，一些地区独辟蹊径，依托自身产业基础，集中力量打造具有突出产业特色的开发区，成为我国改革开放中一支突起的异军。正是在这样的背景下，20世纪90年代，随着国民经济建设对石油和化工产品的需求不断增长，以石油和化工为主导产业的化工园区在地方政府的引导下逐渐形成和发展起来。近年来，在"危化品企业搬迁入园"等相关政策的推动下，化工产业园区化已经成为石油和化学工业发展的必然趋势。据中国石油和化学工业联合会化工园区工作委员会统计，截至2018年底，全国重点化工园区或以石油和化工为主导产业的工业园区共有676家，其中国家级化工园区（包括经济技术开发区、高新区）57家，省级化工园区351家，地市级化工园区268家。化工园区已经日渐成为推动工业化、城镇化快速发展和对外开放的重要平台，成为推动石油和化学工业转型升级、安全生产与绿色发展的重要抓手。可以说，化工园区是我国改革开放的成功实践，对促进经济体制改革、优化营商环境、引导产业集聚、发展开放型经济发挥着不可替代的作用。

1984—2003：白手起家，大胆探索

我国设立国家级经济技术开发区的初衷主要是接纳国际资本和产业转移的需要，吸引外资、引进先进的制造业，扩大出口创汇，替代先进材料和零部件的进口。吸引外资是当时开发区的首要任务，因此，化工园区的兴起就发端于外资企业进驻经济技术开发区。为打造区域经济特色，同时配合大项目的落户，一些国家级经济技术开发区内逐渐集聚并形成了以石油和化工为主导产业的化工专区，这些专区成为我国化工园区的萌芽。这一时期是化工园区起步与萌芽阶段，虽然前方一切都是未知的，但是石化开发区人蹒跚学步，大胆探索，向经济特区学，向新加坡裕廊学，向欧洲路德维希港学，向美国休斯敦产业集群学，开拓出一条适合我国国情的，中国人自己的化工园

区建设之路。

一、化工园区的缘起

经国务院批准、由中法两国股东共同投资兴建的大连西太平洋石油化工有限公司（以下简称西太平洋石化）是我国第一家大型中外合资石化企业，也是当时唯一一家进入国内炼化行业的合资企业。它成立于1990年11月，1992年动工建设，1996年投料试车，1997年底全面投产。西太平洋石化总投资10.13亿美元，占地面积2.5平方公里，一次原油加工能力1000万吨/年，厂区坐落于风景秀丽的大连经济技术开发区。

与西太平洋石化相比，中海壳牌项目就显得姗姗来迟。早在1989年，中海油就与英荷壳牌签署了合资意向书。作为当时中国最大的中外合资石化项目，中海壳牌石化项目计划总投资40.5亿美元，仅仅是选址，就是一项非常复杂的工作，直至1991年7月，才正式签署可行性研究协议。为了承接大项目，1993年5月12日，国务院批准设立了惠州大亚湾经济技术开发区。同时启动的还有惠州港深水码头及油气库的建设，为大项目落地做好了充足的准备。当地政府与开发区的笃定与坚守给了中海壳牌项目的参与者们充足的动力与信心。中海壳牌原副总裁翟鸿兴回忆说："那段时间，每天早上上班一打开电脑，都会出现同样的景观：在自己的电子邮箱里，几乎是整屏红色的E-mail，都是还未处理过的邮件；每天下班前，必须全部处理完毕。"功夫不负有心人，历经十余年，2000年10月28日，中海壳牌石化项目合营合同签约，惠州产业格局乃至城市定位从此被改写。次日，地方合同在惠州签署。签约仪式当天，整个惠州市区彩旗飘扬，像迎接盛大节日一样，欢呼的人们似乎已经看到工厂投产后随之腾飞的新惠州。惠州大亚湾经济技术开发区也随之成为国内外关注的焦点。2001年8月，开发区内特别设立的石化区规划通过评审，确定石化区规划总面积为27.8平方公里；同年12月25日，惠州市人民政府唯一授权石化区开发建设的经济实体——惠州大亚湾石化工业区发展集团有限公司注册成立。

大亚湾经济技术开发区设立的同一年，1993年3月，宁波大榭经济技术开发区也经由国务院批准成立，并同意由中信集团负责该岛的开发建设。大榭开发前，只是宁波市北仑区的一个乡，世代与陆地相隔，"穿山隔壁大榭山，过海隔江顶外乖，囡生千千万，勿嫁大榭山。"一讲起20多年前的大榭，岛上的老一辈居民都记得这句顺口溜。那时候，岛上老百姓出岛全靠摆渡，遇上大风大浪，少则几天，多则一周，都无法进出岛。岛上一些小工厂，因大风停渡，无法把货运出岛，延误了交货期，造成了经济损失，苦不堪言。1994年底，为临时解决陆岛出行交通问题，大榭开发区管委会在黄峙江海面上架起了跨海浮桥。然而，浮桥总是随着浪潮而起伏不稳，车辆通行也有限制，如果碰上了台风等恶劣天气，就会停止通行，存在着诸多不便。"那时候谈项目真的特别困难，没有真正意义上的桥梁，企业的投资热情并不高"，大榭开发区党工委委员、管委会副巡视员沈才林当时参与招商引资工作，体会尤其深刻，大家都盼着大榭能尽快建成第一座跨海大桥。1997年4月，大榭开发区管委会投资4.5亿元，兴建公路铁路合建于同一平面的大榭跨海大桥。经过建设者们近4年的努力，2001年4月，大桥建成通车，全岛沸腾了。从此，大榭岛由海岛变成了半岛，交通出行已不再成为阻碍，大榭岛也永久地成了陆地的延伸，宣告了大榭岛与陆地世代割离历史的终结。也正是这座大桥真正留住了客商，大桥开工后，客商看到中信集团和地方政府下大力气改善基础设施，然后才有意向有决心考虑到大榭投资。日本综研化学株式会社、英国BP、中国海洋石油纷纷来到大榭开发区，2002年3月、6月，大榭岛上分别举办了两批各9个项目的开工仪式，其中外资项目5个，大榭岛成为企业投资热土。

1990年1月，台商王永庆计划在厦门海沧建设两套77万吨乙烯项目，又称"901"工程，但是由于台湾方面原因，"901"项目告吹。同年8月，时任福建省委书记陈光毅、省长贾庆林争取到30万吨乙烯项目。1991年底，

福建省与中石化联合上报了30万吨乙烯工程项目建议书。1992年，省长贾庆林与时任中石化总经理盛华仁联名给时任国务院总理李鹏写信，汇报乙烯项目进展情况，并恳请国务院尽快推动这个项目。1992年，国家计委完成了对项目建议书的审查。不料此时，"901"工程再次启动，30万吨乙烯工程只好让路。但历时2年"901"再一次落空。1994年初，时任国务院副总理朱镕基视察厦门海沧，同意恢复福建乙烯相关工作，并建议规模调整为45万吨。1996年，在中国多个省市考察、苦苦寻觅合适投资地的埃克森美孚与刚刚同韩国锦湖化工谈判破裂的中石化一拍即合。埃克森美孚从世界各地调来精兵强将，并邀请了沙特阿美海外石油公司加盟。1997年10月，"三国四方"在人民大会堂正式签署了"炼化一体化"可行性研究协议。正当大家欢欣鼓舞，准备大干快干的时候，1998年国家实施宏观经济调控，提出三十年不批大型项目。命运多舛的乙烯项目，再次走上了漫漫征程。不过，福建人民并没有放弃，1996年，福建省人民政府批准成立了泉州市肖厝经济开发管理委员会，积极完善基础设施建设，为将来大项目落地做好充足的准备。好事多磨，前后历时8年，2002年，福建炼化一体化项目可行性研究报告终于获得国务院批准。这一大项目的落地，为未来开发区的发展打下了良好的基础。

二、专业化工园区的兴起

石油和化学工业产品种类繁多，产业链长，上下游衔接紧密，这些典型的行业特色使石化、化工企业集聚，最终形成园区成为了必然。原化学工业部注意到国内开发区发展的新动向，在编制全国化工"九五"发展规划时，明确提出"大集团、大化工"的战略构想，并确定从当时的条件和可能出发，在全国规划建立18个大化工基地和15个精细化工城的发展目标，期望以产业集群的形式带动我国化学工业的发展和技术进步。在这一战略构想的指引下，在大批重化工业的跨国公司希望进入中国布局发展的推动下，一些经济相对发达、区位优势相对较好的地区，效仿经济技术开发区发展模式，一批大型石化和综合型的化工园区逐渐涌现，如上海化学工业区、南京化学工业园区、宁波化学工业区等。

上海化学工业区从酝酿到建设，可谓一波三折。早在1975年9月上海市化工局就成立了漕泾化工区筹建指挥部，可是，1977年4月化工区被通知缓建，同年指挥部被撤销。1987—1988年，乘着国家级开发区建设的东风，上海市科委开展了"上海化学工业合理布局研究"，对杭州湾北岸的漕泾、星火、芦潮港进行比较研究后，提出建设漕泾化工新基地。研究结束了，新基地建设却迟迟没有下文。直到1993年4月，上海市市长会见日本前首相海部俊树时，海部提出日本经济的腾飞是依靠重化工业带动。市长再次要求经委组织专家进行"上海重化工（化学工业）发展战略研究"，课题研究提出开辟化工专属区——漕泾。12月，上海化工局漕泾开发领导小组成立。1995年11月，上海天原化工厂与英国ICI合资建设10万吨/年MDI合资意向书在上海签字，天原化工厂确定要搬迁到漕泾。1996年8月12日，上海市政府第54次常务会议通过了在金山县、奉贤县交界处杭州湾北岸的漕泾，正式建立"上海化学工业区"的决定。同年9月28日上海化学工业区一期围海造地工程正式启动，拉开了化工区建设序幕，同时也开启了我国专业化工园区开发建设的序幕。上海化工区是"十五"期间中国投资规模最大的工业项目之一，是第一个以石油和精细化工为主的专业开发区，同时也是上海六大产业基地的南块中心，被誉为"上海工业腾飞的新翅膀"。化工区分两期进行建设，一期工程为2000年至2010年，先期开发16平方公里，约可容纳总投资1500亿元项目。一期工程以经国务院批准的中外合资新建年产90万吨乙烯项目为龙头，发展乙烯下游深加工产品链为主体，建成石油化工深加工、异氰酸酯、聚碳酸酯等三大系列产品。二期工程重点发展合成材料、精细化工等石油化工项目。

1997年11月，宁波市为充分发挥其良好的石化工业基础和自然区位条件，在原镇海澥浦镇工业开发区基础上批准成立了宁波化学工业区。宁波化工区建设初期主要保证宁波市区化工企业的搬迁建设需要，没有充分考虑园

区周边镇海炼化、镇海液体化工码头等大型工程、大设施的作用。当年，宁波市计委以甬计规〔1998〕444号文批复了宁波化学工业区总体规划（1998版），规划一期启动阶段开发面积674.04亩，二期开发面积1084.71亩，三期开发利用滩涂围垦形成的建设用地8535.7亩。化工区定位为氯碱及氯化工产品、无机和有机化工原料、精细化工类产品等。2003年化工区完成了一期、二期开发，并完成了大部分新围涂土地的整理和招商工作。同年，市政府及时调整了开发思路，对管委会的管理模式、区域的规划范围等进行了整合完善，将园区重新定位为以炼油、乙烯石化产业为龙头，以液体化工码头为依托，以烯烃、芳烃为主要原料，发展三大合成材料，同时发展基本化工原料及深加工为特色的石油化工基地。自此后，宁波化工区发展掀开了崭新的篇章。特别是2007年阿克苏诺贝尔宁波多元化基地的落户，为宁波化工区发展注入了强劲动力。

2000年，为配合"扬巴一体化"工程的实施，南京市正式启动建设江北化工产业开发带，打破区、县行政区划界限，成立南京化学工业园区，开发带的建设由南京化工园统一规划、统一管理、统一协调、享受高新开发区各项政策。2001年5月30日下午，时任南京市市长王宏民同志主持召开市长办公会，研究江北化工产业开发带建设相关问题，正式成立南京化工产业开发带领导小组，由市委副书记、常务副市长周振华同志任组长，副市长奚永明同志任副组长，市相关部门参加。同时成立南京江北化学工业开发有限责任公司，该公司的组建由高新技术开发区牵头，大厂区、六合县参加，注册资本一亿元人民币，其中高新技术开发区占50%，大厂区、六合县各占25%。2003年，国家计委批准了南京化学工业园区总体发展规划，规划开发面积45平方公里，重点打造以深度加工和高附加值产品为主要特征的国家级石化产业基地。

2000年前后，在各地政府的大力推动下，全国各地，特别是山东、江苏、河南、湖北等省的化工园区开始如雨后春笋般相继设立。

2003—2010：清理整顿，蓬勃发展

历经十余年的探索与实践，化工园区逐渐成为助推地方经济发展的新动能，但是，发展过程中一些问题也逐渐暴露出来。2003—2010年这一时期的开发区与化工园区建设经历了一次深度调整，调整后的开发区与化工园区轻装上阵，也迎来了其最为繁荣的发展时期。

一、开发区的大洗牌

2000年左右，开发区对地方经济的促进作用逐步显现，开发区建设蜂拥而上的问题也随之而来。一些地方和部门擅自批准设立名目繁多的各类开发区，随意圈占大量耕地，违法出让、转让土地，越权出台优惠政策，导致开发区过多过滥，明显超出了实际需要，严重损害了农民利益和国家利益。以2003年7月30日国务院办公厅下发的国办发〔2003〕70号文件《关于清理整顿各类开发区加强建设用地管理的通知》为标志的一场对开发区的清理整顿工作在全国上下轰轰烈烈地展开。

根据国务院的统一部署，国家对各类开发区进行了清理整顿，清查的重点是省及省级以下人民政府和国务院有关部门批准设立的各类开发区，以及未经批准而扩建的国家级开发区。这次清理整顿力度空前，在清查的基础上给出了严格的整顿措施，要求"对未经国务院和省级人民政府批准擅自设立的各类开发区，以及虽经省级人民政府批准，但未按规定报国务院备案的各类开发区，先整改，对缺乏建设条件、项目、资金不落实的，要坚决停办，所占用的土地要依法坚决收回，能够恢复耕种的，要由当地人民政府组织复垦后还耕于农，严禁弃耕撂荒；对整改后确需保留的，由省级人民政府严格审核后，按有关规定报国务院审批。对经国务院批准或省级人民政府批准并已报国务院备案的开发区，要按照土地利用总体规划和城市总体规划对照检

查，对超过规划建设用地规模和范围的开发土地，要依法处理；对确需扩建的，要严格核定规划面积，按法定程序办理审批手续。"

经过集中清理整顿、规划审核、设立审核及落实四至范围等几个阶段的工作，到2006年12月，全国各类开发区由6866个核减至1568个，被取缔的开发区数量占77%，开发区规划面积由原来的3.86万平方公里压缩至9949平方公里。

在开发区规划审核阶段，有关部门运用土地政策参与宏观调控，依法按规划办事，坚持"区别对待、有保有压"原则，收紧"地根"，把住土地供应"闸门"，并将"四个必须"（必须符合规划、占用耕地必须实现"占补平衡"、必须足额支付征地补偿费、必须依法缴纳新增建设用地土地有偿使用费）作为省级及省级以下开发区通过规划审核的必要条件。

在设立审核中，有关部门将保留的开发区规范为三种类型，即综合性经济开发区（或工业园区）、高新技术产业园区和特色产业园区，并参照命名规范进行了重新定名。对于一个区域内规划面积相邻、区位相近的开发区予以整合。通过整合，有利于整体统一规划、基础设施建设共享，防止重复建设和恶性竞争，推动了开发区合理布局。同时，在每个县、县级市、城市远郊区原则上只保留一家开发区，使县域范围内工业项目向开发区集中。不再保留设立在水源保护区、国家自然保护区、风景名胜区、森林公园、湿地等生态环境敏感区的开发区。在饮用水源上游规定区域范围、人口密集区主导风向的上风向，限制设立化工、造纸、医药等类型的开发区。对确需保留的开发区，均要求与上述区域保持合理距离、提高企业环保门槛，经省级环保部门进行核查后，出具区域环境达标的书面审核意见。同时，对中西部地区、东北老工业基地的资源枯竭型城市，部分老、少、边、穷地区的开发区，在入园企业个数、基础设施建设水平、产业发展规模等具体审核条件上给予了一定倾斜。

通过设立审核这一环节的开发区，需要进一步理清开发区"四至范围"（东、南、西、北四周边界），将开发区清理整顿的成果落实到了具体地块上，同时对开发区边界拐点进行实地测量，获取了拐点坐标数据。这不仅有效防止了开发区四处"漂移"和变相扩区，也为开发区用地实施数字化规范管理，提升管理水平打下了坚实基础。

二、化工园区蓬勃发展

这次清理整顿之后，国家也暂停了对新设和扩建各类省级开发区的审批。这次行动为开发区开辟了更为良好的发展环境，对促进开发区、化工园区科学规划和建设起到了重要的作用。"十一五"期间，化工园区建设成就斐然，区内基础设施、物流设施、三废处理设施、交通运输和信息通信等进行统一规划和开发建设，使生产装置更加集约化，提高了原料和能源的综合利用率，降低了区内项目的建设和管理成本，实现了经济效益和环境效益的最大化。"园区化"成为我国石油和化学工业发展的一个重要模式。

（一）大型石化园区发展迅速

这一时期，以大型石化项目为龙头的化工园区规模迅速扩大。

上海化学工业区形成了主导产业上游产品为乙烯、丙烯、芳烃、丁二烯、氢气、烧碱等基础原料；中游产品为异氰酸酯、聚碳酸酯、聚乙烯、聚丙烯、聚苯乙烯、丁苯橡胶等合成树脂、合成橡胶材料；下游产品为汽车涂料、染料、颜料、医药中间体、表面活性剂、乳状液聚合物、农药、高纯溶剂等精细化学品的上下游一体化关联体系，实现了集聚生产和循环利用。

大亚湾石化区成功引入了中海油、壳牌、巴斯夫、三菱化学、普利司通、LG化学、科莱恩、李长荣、SK化学、出光等众多国内外知名企业投资其上中下游产品项目，形成了以炼油、乙烯为龙头，炼油-烯烃（碳二、碳三、碳四、碳五、碳九）-芳烃等为突出优势的产业链。中海壳牌以中海油惠州石化产出的石脑油为原料，生产乙烯、丙烯、丁二烯、苯乙烯等产品供下游企业。石化企业之间原料"隔墙供应"成为常态，园区循环经济产业链

关联度达85%，原料就地转化率约71%。

宁波化工区引进了荷兰诺力昂、韩国SK、德国朗盛、德国英力士苯领、美国利安德巴塞尔、韩国LG以及富德能源、巨化科技、中金石化、镇海炼化、浙铁江宁、浙铁大风、金海德旗、恒河石化等50余家国内外大中型石化和化工企业，有全国最大的公共液体化工码头，年吞吐能力超1000万吨，有全国最大的炼化一体化企业镇海炼化，拥有2300万吨/年原油加工能力和100万吨/年乙烯裂解装置。基本形成上游石油加工为主导、中下游化学品产业配套发展的上下游一体化的石化产业体系。园区形成炼油2300万吨、乙烯100万吨、芳烃350万吨、石油焦350万吨、丙烯90万吨、ABS70万吨、环氧丙烷30万吨的年生产能力，多个重点产品的规模水平位居国内前列，甚至国际前列。

南京化学工业园区形成了以石化、碳一两大产业链为主要支撑，以新材料、生命科学为发展导向的现代产业体系，乙烯、芳烃、醋酸三大产品链和EO/PO、醋酸、芳烃、生命科学、高端精细化学品、橡塑六大特色产业集群。园区主导产业优势明显、特色鲜明、集聚度高，建成全球最大的环氧产业、醋酸及衍生物生产基地之一，全国最大的乙烯、芳烃、高分子材料生产基地之一，华东最大的甲醇、液氨集散中心等。

（二）特色园区脱颖而出

依托当地矿产或区位优势发展起来的具有典型特色的专业化工园区也迅速占据了一席之地。

宁东能源化工基地已基本形成以煤炭、电力、化工三大主导产业为支撑，重点发展甲醇、烯烃、乙二醇下游产业，煤炭、电力和煤化工产业占全部工业比重达到91.2%。现有煤电、煤电铝、煤气化、煤液化、煤焦化、煤热解及精细化工、新材料、新能源、装备制造、节能环保、现代物流等多个产业体系和集群，甲醇、聚乙烯、聚丙烯、聚甲醛、醋酸等煤化工品种20

多种。先后建成了世界首套年产50万吨煤制烯烃装置、全球单套装置规模最大的400万吨煤炭间接液化示范工程。

宁波大榭经济技术开发区内汇聚了中海油、中石化、中石油、万华化学、东华能源、招商国际等一批具有全球影响力的石油化工企业、油气贸易商和码头运营商，已形成以万华化学为主导的聚氨酯全产业链、以中海油大榭石化为主导的油品全产业链和以东华能源新材料为主导的轻烃全产业链。全岛已建成各类码头泊位42座，其中万吨级以上码头泊位21座，建有中石化、中石油、中海油三大油品仓储中转基地和东华能源液化气基地站，油气资源储存能力超过600万立方米，成为我国重要的原油进口基地和最大的液化石油气集散中心。

江苏常熟新材料产业园以原有的氟材料特色为依托，先后引进了日本大金、法国阿科玛、美国科慕、比利时索尔维四大氟材料巨头及日本吴羽等优质企业，已成为全球氟产业链最长、聚集度最高的氟材料工业园区。另外，又拓展了精细化工与新材料、生物医药为园区新的发展方向。

江苏如东洋口化学工业园定位农药、医药、新材料、精细化学品四大板块，已形成有机氟材料、聚氨酯材料、聚酰亚胺材料、高性能膜材料、锂电池材料等7条新材料产业链，头孢曲松钠、阿利吉仑、达沙替尼、卡培他滨等8条医药类产业链，联苯菊酯、嘧菌酯、氟虫腈、毒死蜱、农药制剂等11条农药类产业链，形成了上下游产品配套发展的精细化工产业链。

三、园区管理水平明显提高

上海化学工业区的管理者通过借鉴世界级化工基地建设经验，根据循环经济和可持续发展的要求，在国内首创了"产品项目、公用辅助、物流传输、安全环保和管理服务"五个"一体化"开发管理模式。一套植根我国化工园区开发建设实际的，具有中国特色的开发管理模式逐步形成。全国上下掀起了"学上海"的热潮，化工园区摸着石头过河，各自为战的局面彻底扭转，园区整体管理水平得到了显著提高。

为贯彻十六大提出的"科学发展观"、协调好行业发展与生态环境的关系、推进园区的可持续发展，中国石油和化学工业协会化工园区工作委员会于2008年发布了《关于进一步提高化工园区发展水平的指导意见》。并组织全国重点化工园区共同签署了《贯彻科学发展观，建设和谐生态、环保安全化工园区共同宣言》，共同承诺："中国化工园区将以科学发展观为指导，以促进化学工业可持续发展为己任，以提高资源利用率和减少废物排放为目标，以技术创新和体制创新为动力，强化节约资源和安全环保意识，采取各种有效措施，以尽可能少的资源消耗和尽可能小的环境代价，取得最大的经济产出，实现经济、环境和社会效益的统一，为建设资源节约型和环境友好型社会作出我们的贡献。"这一《共同宣言》得到了新闻媒体大幅报道，这一行动得到了社会各界的广泛关注，获得了行业内一致好评，为石化行业，特别是化工园区树立了积极正面的社会形象。

四、成立中国石油和化学工业协会化工园区工作委员会

国家在对各类开发区进行清理整顿前，全国有各类化工园区近千家，全国大部分省区市都有各种不同类型的化工园区，不论是在东部比较发达的省区市、还是欠发达的中西部地区，化工园区随处可见，甚至在一些地方乡村都设有化工园区。为进一步规范各类开发和工业区建设，国家发改委核准并公布了8批各类开发和工业园区名单，并与国土资源部、建设部一道以2007年第18号公告的形式于2007年3月27日公布了《中国开发区审核公告目录（2006年版）》，目录中1568家省级以上各类开发区中主导产业为石油和化工的开发区共357个。这个名单可以说是开发区的合法身份证，未通过规划审核、未经公告的开发区，一律禁止以开发区名义对外招商引资。化工园区已经具备相当规模，成为一个不容小觑的团体。

时任中国石油和化学工业协会会长的谭竹洲同志十分关注化工园区的建设和发展，他每到一地必到当地的化工园区了解情况，他多次亲自率领协会

有关人员，到化工园区进行调研，并向国家相关主管部门汇报化工园区的开发和建设情况，得到了国家主管部门的高度重视。

在协会与中国化工报、石油和化工规划院一起组织的"中国化工园区发展论坛"上多位化工园区管委会负责人和园区企业纷纷建议协会牵头成立化工园区人自己的专属组织。2004 年 4 月召开的协会一届四次理事会上"化工园区工作委员会（以下简称园区委）"议案经过激烈的讨论最终全票通过。谭竹洲同志在理事会上说："我们希望能通过化工园区工作委员会这个平台，加强与园区之间的联系与沟通，反映园区建设中存在的共性问题和要求，组织园区开展对外交流与合作，指导园区规范建设与发展。"一届四次理事会后，园区委筹备组正式成立。筹备组成立当年，就起草下发了《关于我国化工园区发展的指导意见》，归纳总结提升了先进化工园区的开发建设经验，以指导新建的化工园区科学发展。

2004 年 6 月，筹备组向有关化工园区及相关单位下发了邀请参加化工园区工作委员会的函，这项工作得到了众多化工园区的支持，上海化学工业区、南京化工园区、宁波化工区、大亚湾石化区等37个单位作为园区委创始会员申请加入了园区委。10 月，国资委和民政部批准了协会成立化工园区工作委员会的申请。12 月，园区委成立大会在上海召开，会议产生了园区委的领导机构，至此，全国化工园区自己的组织——"化工园区工作委员会"正式成立。

2011—2019：建章立制　规范发展

"十二五"以来，石油和化工行业一手抓淘汰落后产能，积极化解产能过剩矛盾；一手抓转型升级，改善品质质量，取得了良好成效。在石化行业"调结构、转方式"的背景下，化工园区的发展理念也得到不断提升，"一体化"发展理念成为国内化工园区开发建设的主要指导思想，对安全环保的重视程度不断增强，节能降耗取得显著进展，循环经济成为园区发展的主导方

向。各地园区从强调项目本质安全入手，秉持绿色发展理念制定产业规划，并严格项目准入制度，按照产业集聚、链接互补的原则，大力发展循环经济，促进资源能源的循环利用，减少"三废"排放，在节能环保、绿色发展方面取得了优异成果。

一、化工园区升级及试点示范创建

（一）省级开发区的升级

自2003年国家清理整顿开发区以来，国家暂停了对各类开发区的审批，这一情况在2008年得到了改观，经国务院批准，商务部在这一年重启了省级开发区升级工作。一批满足五方面要求的省级开发区升级成为国家级经济技术开发区，即：不涉及新增土地，不涉及土地总体利用规划和城市总体规划的调整，不涉及财税政策调整；符合国务院确定的国家级经济技术开发区的发展方针，以及国家产业结构调整、区域协调发展、科技创新、资源集约节约利用、生态环保和可持续发展的要求；经省级人民政府推荐，具有精简高效的管委会体制和机制，规划用地"四至"范围明确，符合国家土地管理和城市总体规划的有关规定和要求；具有区位优势，可成为国家区域发展战略规划新的城市圈、经济带的重要支撑点；同一城市原则上只允许申报一家，对在已有国家级经济技术开发区的城市申报省级开发区升级的申请一般不予审核办理。

2018年发改委等六部委联合发布的《中国开发区审核公告目录（2018年版）》显示，10年间国家级经济技术开发区数量从49家激增至219家，总数增加了3倍还多。从时间上看，2009至2015年是省级开发区升级的高峰期，仅2010年一年，全国就有85家省级开发区跻身"国家队"，天津、江苏、浙江、山东、安徽和江西获准升级开发区数量领先，成为"升级专业户"，其中天津以5个省级开发区升级为国家级，排名第一。江浙城市里的苏州、南通、绍兴和嘉兴紧随其后，分别有4个省级园区升级为国家级。此外，长沙和重庆等经济体量较大的城市也在升级榜前列。

（二）国家级试点示范的创建

为了推进园区循环经济发展，提高园区综合竞争能力，实现园区健康和可持续发展，加快转变经济发展方式，2011年，发改委、财政部下发《关于率先在甘肃、青海省开展园区循环化改造示范试点有关事项的通知》，选择了甘肃、青海的8家园区率先开展示范试点工作。自2012年起两部委开始联合发文，要求各省、自治区、直辖市、计划单列市及新疆生产建设兵团的循环经济综合管理部门和财政部门，组织推荐具备循环化改造基础的列入中国开发区审核公告目录的园区以及再制造示范基地、国家循环经济试点园区、国家循环经济教育示范基地作为备选园区。2017年，公布"园区循环化改造拟重点支持园区名单"12家，其中以石油和化工为主导产业的开发区5家。截至2018年底，共命名"国家循环化改造示范园区"118家，其中，以石油和化工为主导产业的开发区42个，占到示范试点园区总数的1/3以上。

为全面贯彻落实科学发展观，加速推进中国特色新型工业化进程，加快转变经济发展方式，促进信息化与工业化融合，进一步调整优化产业结构，引导产业集聚发展、集约发展，自2009年工业和信息化部批复第一批62家新型工业化基地以来，截至2018年底，共批复了八批，共计384家，以石油和化学工业为主导产业的新型工业化基地38家。

为贯彻落实《中国制造2025》《绿色制造工程实施指南（2016—2020年)》，加快推动绿色制造体系建设，率先打造一批绿色制造先进典型，发挥示范带动作用，引领相关领域工业绿色转型，自2017年工业和信息化部批复第一批24家"绿色园区"起，截至2018年底，共批复了三批，共计80家，以石油和化学工业为主导产业的"绿色园区"12家。

（三）行业试点示范的创建

在工业和信息化部及中国石油和化学工业联合会的指导下，化工园区工作委员会积极开展行业试点示范的创建工作。

自2003年，为泰兴经济开发区授予"中国精细化工（泰兴）园区"称号以来，经文件审查、现场调查、综合评议等规范、严格的程序，截至2018年底，中国石油和化学工业联合会共命名了中国精细化工（泰兴）开发园区、中国石油化学（泰州）开发园区、中国氟化学工业园、中国石油化工（泉港）园区、中国化工新材料（嘉兴）园区、中国石油化工（东营港）产业园、中国化工新材料（济宁）产业基地、中国石油化工（钦州）产业园、中国生态化工（青岛）产业基地、中国化工新材料（聊城）产业园、中国化工新材料（衢州）产业园、中国电子化学材料产业园（衢州绿色产业集聚区）、中国液化石油气资源综合利用（平湖）产业基地、中国石油化工（沧州）京津冀产业转移示范区、中国海洋化工（南堡）产业基地、中国绿色新材料（洋口港）产业园、中国石油化工（安宁）工业园区等17家特色园区。被命名区域具备以下条件：产业现状和发展规划符合国家石油和化工产业政策和行业发展规划方向；申请命名区域应具有与命名名称相对应的集中度（或比重）；具有较强的科技创新能力和健康、协调、可持续发展的能力；产品质量、资源节约、环境保护、安全生产、职业健康等方面符合国家法规和标准，并在本区域内积极推行责任关怀；命名申请应取得区域所在地人民政府推荐。

2012年5月，化工园区工作委员会与清华大学技术创新研究中心合作建立一套园区评价指标体系，并于2013年首次公布了"中国化工园区20强"名单。随着行业发展重点的不断变迁，该评价指标体系几经修订，不断完善，参评园区也在不断扩大，2018年起表彰范围扩大到"中国化工园区30强"。该名单受到行业内的广泛关注，已经成为评价化工园区发展质量的重要参考及企业投资选址重要指导。

为了进一步推动我国化工园区智慧化建设进程，提高园区管理水平，在工业和信息化部原材料司的指导下，2016年中国石油和化学工业联合会授予中国化工新材料（聊城）产业园、中国化工新材料（嘉兴）园区两家单位第一批"智慧化工园区试点示范单位"。此后，全国化工园区掀起了智慧化工园区建设的热潮。2018年8—11月，化工园区工作委员会牵头组织了第二批"中国智慧化工园区试点示范（创建）单位"申报工作。经自愿申报、文件审查、答辩评审、名单公示、结果发布等程序，评选出上海化学工业经济技术开发区、江苏省泰兴经济开发区等17家"中国智慧化工园区试点示范（创建）单位"。并于2019年5月审核通过并公布了上海化学工业经济技术开发区、江苏如东沿海经济开发区、杭州湾上虞经济技术开发区为第二批"智慧化工园区试点示范单位"。

二、化工园区的规范发展

由于发展历程短，缺乏建设经验和标准规范，随着化工企业向园区集中的速度加快，长期以来我国化学工业在产业竞争力、安全风险、环境污染等方面积累的许多问题，在化工园区凸显出来。这些矛盾和问题既是化工园区自身发展不够科学造成的，也是我国石油和化工产业结构不合理的突出表现之一，急需通过进一步规范化工园区建设，为行业加快"转方式、调结构"提供有力支撑。

为进一步规范化工园区发展，2012年5月环境保护部以环发〔2012〕54号文件印发了《环境保护部关于加强化工园区环境保护工作的意见》；2012年8月国务院安委会办公室以安委办〔2012〕37号文件印发了《国务院安委会办公室关于进一步加强化工园区安全管理的指导意见》；2015年12月，工业和信息化部以工信部原〔2015〕433号文件印发了《工业和信息化部关于促进化工园区规范发展的指导意见》，这些文件对化工园区规划选址、产业规划、安全、环保等

方面提出了明确要求，"规范发展"成为化工园区建设发展的主旋律。

（一）化工园区管理模式进一步创新

随着我国化工园区步入发展成熟期，园区的管理模式也在不断摸索中取得丰硕成果。在化工园区发展的过程中，国内园区普遍遵循的"五个一体化"的建设发展理念，在这一时期得到了拓展和延伸。化工园区工作委员会按照发展循环经济和建设生态文明的要求，结合新时代行业与化工园区发展特点，在原有的"一体化"理念的基础上，形成了化工园区管理建设"六个一体化"发展理念，即：原料产品项目一体化、公用工程物流一体化、环境保护生态一体化、安全消防应急一体化、智能智慧数据一体化、管理服务科创一体化。倡导从物料流、能量流、储运流、废物流、数据流、资金流几个方面最大限度地发挥化工园区的集群化发展优势，以提升企业的运行效率和产业竞争实力，成为全国化工园区建设管理新的标准和方向。

（二）化工园区标准化体系建设逐步展开

为了解决化工园区发展过程中标准缺失问题，2015年开始，在中国石油和化学工业联合会标准化工作委员会的指导下，化工园区工作委员会启动了化工园区标准化体系建设工作。与上海化学工业区管廊公司共同制定的国家标准GB/T-36762—2018《化工园区公共管廊管理规程》于2018年9月17日经国家标准化管理委员会正式发布，2019年4月1日起已正式生效。2017年立项的《绿色石化园区评价通则》《化工园区危险品运输车辆停车场建设标准》和《化工园区事故应急设施（池）建设标准》三项团体标准已经通过了标准委评审。其中，《绿色石化园区评价通则》顺利通过了工信部的立项答辩，上升为行业标准。工信部原材料司委托园区委牵头编制的两项国家标准《智慧化工园区建设指南》《化工园区综合评价导则》正在按照实施进度有序编制中。

按照"成熟一批，创建一批"的原则，化工园区工作委员会与全国重点化工园区、研究机构、技术支撑单位一道，不断丰富和完善化工园区标准化体系，为化工园区规范化的建设与管理提供理论支撑。

（三）化工园区"责任关怀"加速推进

责任关怀是全球化工业界共同追求的以关爱员工、关爱社会、履行责任、推进绿色行动、实现可持续发展的理念，是通过持续改进健康、安全、环境等方面绩效的自律性行动。多年来，在政府有关部门的支持下，在中国石油和化学工业联合会、国际化学工业协会联合会（ICCA）等有关组织机构的大力推动下，通过全行业的共同努力，责任关怀在我国取得了积极进展，宣传了行业正能量，树立了良好的行业形象。不但如此，责任关怀的理念与目前我们国家倡导的绿色发展理念十分契合，在石化行业践行责任关怀无疑是实现行业高质量发展，绿色转型非常重要的手段。

2015年，中国石油和化学工业联合会成立了化工园区责任关怀工作组，为化工园区提供定期交流、互通有无的机会，工作组致力于结合我国具体国情探索一套具有中国特色的"责任关怀"体系，从整体上促进化工园区的绿色、和谐、可持续发展。目前，已有10余家化工园区加入了"责任关怀化工园区工作组"，51家园区签署了"责任关怀全球宪章"，承诺践行责任关怀，倡导安全、环保、健康为主要内容的责任关怀理念。这些园区从项目本质安全入手，秉持绿色发展理念制定产业规划：按照产业集聚、链接互补的原则，严格项目准入，大力发展循环经济，积极推进清洁生产，促进资源能源的循环利用，减少"三废"排放。在节能降耗、安全环保、和谐发展等方面取得了积极进展。

三、化工企业搬迁改造与化工园区的规范认定

2017年9月4日国务院办公厅以国办发〔2017〕77号文下发《关于推

进城镇人口密集区危险化学品生产企业搬迁改造的指导意见》，意见明确要求：中小型企业和存在重大风险隐患的大型企业2018年底前全部启动搬迁改造，2020年底前完成；其他大型企业和特大型企业2020年底前全部启动搬迁改造，2025年底前完成。

工信部与应急管理部牵头成立了由发改委、生态环境部等14个部委组成的搬迁改造专项工作组，加快推进危化品企业搬迁改造工作。截至2018年12月31日，初步确定全国需要搬迁改造的企业共有1176家，其中异地搬迁479家，就地改造360家，关闭退出337家。涉及除北京、上海、海南和宁夏以外，包括新疆兵团在内的28个省（区、市）。搬迁企业承接园区的认定，也成为此项工作的重中之重，一系列相关政策密集出台，化工园区面临着压减淘汰、重新认定的时代变革，但同时也迎来了提质升级新的历史机遇。

（一）身先士卒的山东

山东是我国石油化工第一大省，同时，化工产业是占山东工业产值1/5的支柱产业，在过去高速发展的时代，积累了不少矛盾和问题。"化工围村""化工围城"，给周边居民造成了不小的安全风险。2017年6月，山东省启动了化工产业安全生产转型升级五年专项行动。为进一步优化化工园区布局，提升化工园区本质安全水平，促进转型升级、提质增效，加快实现新旧动能转换，10月15日，一个把安全生产和环境保护放在首位的《山东省化工园区认定管理办法》正式出炉，并在山东省政府常务会议上获得原则通过。同时出台的还有《山东省专业化工园区认定管理办法》《山东省化工园区评分标准》。这一系列文件的出台，引起了业内广泛关注，被媒体戏称为"史上最严化工园区认定"。

山东省园区认定工作从认定办法公布到最后一批认定园区名单公示，历经19个月，共公布了75家化工园区，10家专业化工园区，较认定前，山东199家化工园区的基数，一多半的园区在此次认定中落选，整饬力度空前。

然而通过了认定，并不等于拥有了"免死金牌"，《山东省化工园区认定管理办法》还规定：三年对园区考核一次，考核不合格的给予警告，限期整改；整改期间，暂停办理除安全隐患整治和环境污染治理项目以外的新建、扩建项目相关手续。对发生重大及以上生产安全事故或突发环境事件的园区，一年内暂停办理除安全隐患整治和环境污染治理项目以外的新建、扩建项目相关手续。园区内企业存在生产、储存装置与学校、医院、居民集中区等敏感点的距离不符合国家安全、卫生防护等有关要求，设区的市或县（市、区）政府未按承诺于2020年6月30日之前完成搬迁的，取消园区资格。

（二）紧随其上的后来者

各省化工园区认定办法也紧锣密鼓出台：《云南省化工园区认定管理办法（公示稿）》《关于印发湖北省化工园区确认指导意见的通知》《辽宁省城镇人口密集区危险化学品生产企业搬迁改造承接化工园区评估认定办法》《陕西省可承载危险化学品生产企业搬迁化工园区评价标准》《江苏省化工园区规范发展综合评价指标体系》，一场轰轰烈烈的化工园区认定大潮，正在中华大地上翻涌。这轮化工园区的重新整饬，必将推动化工园区整体发展水平的跃升，必将成为化工园区发展史上最痛苦的时期，但是，涅槃之后，化工园区发展必将迎来更加规范、清明的发展环境，绘出更加浓墨重彩的篇章。

四、石化基地建设提速

近年来，随着中国开放程度的不断加深，一系列扩大开放、优化营商环境的举措进一步落地，尤其是在油气上下游行业对于外资限制的解除，为外商在华独资建设重化工项目扫除了障碍。基于对中国投资前景的看好，许多外资企业纷纷布局进一步扩大在华投资。

特别是2016年国务院办公厅以国办发〔2016〕57号文印发《国务院办

公厅关于石化产业调结构促转型增效益的指导意见》，意见明确要求："新建炼化项目全部进入石化基地，新建化工项目全部进入化工园区，形成一批具有国际竞争力的大型企业集团和化工园区。有序推进沿海七大石化产业基地建设，炼油、乙烯、芳烃新建项目有序进入石化产业基地。未纳入《石化产业规划布局方案》的新建炼化项目一律不得建设。"一时间，上海漕泾、浙江宁波、广东惠州、福建古雷、大连长兴岛、河北曹妃甸、江苏连云港七大石化基地，成为国内外石化企业争相考察的热土，一场围绕七大石化基地的争夺战由此展开。

（一）外资加紧布局化工园区

2018年7月9日，中德两国总理举行第五轮中德政府磋商，共同见证了巴斯夫欧洲公司执行董事会主席薄睦乐博士与广东省常务副省长林少春就巴斯夫集团即将在广东湛江建设的精细化工一体化基地签署非约束性合作谅解备忘录。巴斯夫将首开中国重化工行业外商独资企业先河。巴斯夫在华投资额预计达到100亿美元，相当于当天签署所有项目投资额的1/3。巴斯夫计划其产能100万吨/年的乙烯裂解装置最晚在2026年竣工，作为其一系列高度一体化的下游高价值供应链的起点。项目整体将于2030年左右完工，项目建成后将成为继德国路德维希港、比利时安特卫普后，巴斯夫全球第三大一体化生产基地。我国第一批国家级经济技术开发区——湛江经济技术开发区成立35年后，迎来了其发展史上的再度辉煌。

2017年11月，惠州市政府、惠州大亚湾开发区管委会与埃克森美孚化工投资公司，签署惠州石油化工综合体项目战略合作框架协议和谅解备忘录。2018年9月，埃克森美孚宣布，公司与广东省人民政府签署战略合作框架协议，推进拟在惠州大亚湾石油化学工业区建设化工一体化项目的相关讨论。新的一体化项目将基于先进的原油直接蒸汽裂解和高性能聚合物生产专有技术。该项目契合中国国家石化产业发展方向，包括自给自足减少进口依赖，多样化的原料来源，重点发展化学品以减少油品产出以及更具竞争力的技术升级。该框架协议同时确认了埃克森美孚参与广东省予以支持的惠州液化天然气接收站项目，包括供应液化天然气的意向。"我们与广东省政府签署的协议充分表明埃克森美孚推进该项目的意愿，积极将项目从概念转化为具体实施及竣工投产，"埃克森美孚全球副总裁、化工公司总裁魏若迪（John Verity）表示，"我们高度重视政府的支持及其推进此类大型项目的宝贵经验。"国际化工巨头在中国布局大型石化项目虽不是什么新鲜事，但这一次却是埃克森美孚在华独资建设的第一个石化生产装置，意义不言而喻。

此外，惠州大亚湾石化工业区的壳牌石油同中国海油合作的惠州石化三期项目正在筹建中，壳牌石油表示对该项目的首期投资约70亿美元。在盘锦辽东湾新区，沙特阿美于今年2月同中国北方工业集团、辽宁盘锦鑫诚集团公司正式签署协议，合资成立华锦阿美石油化工有限公司，计划投资100亿美元建设1500万吨/年炼化一体化项目。

（二）民营企业积极进园入区

2014年，国务院印发《创新重点领域投融资机制鼓励社会投资的指导意见》，明确提出"国家规划确定的石化基地炼化一体化项目向社会资本开放"。曾经的垄断行业向全社会打开大门，并立即获得民营资本的热烈响应。夹缝中艰难生存的民营企业，迎来了最好的发展契机。

我国炼油行业对民营企业放开后第一个重大炼化项目，位于大连长兴岛经济开发区的大连恒力石化，2017年4月破土动工，历时两年，2019年5月全面投产。这是我国一次性建设规模最大、加工流程最长、上下游装置关联度最高、配套最齐全、技术最复杂的炼化项目，创造了全球多项行业之最，也刷新了同行业同体量项目最快建设纪录。

国内迄今为止民营企业投资规模最大的项目，位于舟山绿色石化基地的浙江石化，2015年6月启动，购买多家外企的设备服务，引入自动化、信息

化管理方式，未来将建成4000万吨/年的一体化炼化基地。2018年9月，李克强总理改变既定考察路线到这里登高俯瞰时，这片远离大陆的离岛，宛如一座来自未来世界的"超级工地"：山丘与海岸线之间的平地上，林立着巨型石化生产设施、塔吊和密密麻麻的活动板房，3.7万人在这里热火朝天地紧张施工，一座世界级的舟山绿色石化基地项目正在这里拔地而起。"你们的建设不仅体现了中国速度，更要体现中国质量。一定要保证质量，注意安全，安全重于一切。"李克强叮嘱道。"我们采用全球安全性最可靠的监理，并与全球最著名的石化公司都有合作，一定会保证质量，严守安全绿色标准。"企业负责人信心满满地回答。

此外，江苏省连云港市徐圩新区的盛虹1600万吨/年炼化一体化项目，也于2018年12月开工；唐山曹妃甸新区旭阳1500万吨/年炼化一体化项目正在有序推进；烟台裕龙岛4000万吨/年炼化一体化项目，也正在紧张筹备当中。

（三）国企加快布局化工园区项目

在外资与民营的双重压力下，中石油和中石化开始审慎考虑在化工园区的整体布局，搁置多年的大项目纷纷重启，酝酿多年的项目推进速度喜人。

2009年8月，中国石油化工集团公司即宣布中科合资广东炼化一体化项目选址在湛江东海岛。经过多年努力，该项目终于2016年12月20日全面开工建设，计划2019年底建成，炼化装置2020年一季度投产。中科炼化是中国石化目前最大的在建炼化一体化项目，"十三五"期间广东重点建设工程，也是中国石化"两个三年""两个十年"战略规划中第一个三年的一项示范性工程、支柱项目，定位于"建成中国石化支柱企业和最具竞争力炼化企业"。一期设计为1000万吨/年炼油、80万吨/年乙烯。

2006年8月24日，中委双方在北京签署了《CNPC与PDVSA共同开发胡宁4区块的合作协议》，计划共同推动重油带的合作开发。中间经历多年论证，运费承担、原油掺炼比例、保障炼厂内部收益率以及项目融资问题等20多轮合资谈判，两度推迟，几乎流产，辗转历经十余年，终于今年6月30日正式启动。位于广东揭阳大南海石化区的中委广东石化2000万吨炼化一体化项目，是广东沿海经济带建设的重要战略性项目，也是带动粤东地区参与粤港澳大湾区建设的重要项目。该项目主要产品包括汽油421万吨/年、航煤261万吨/年、柴油281万吨/年、对二甲苯262万吨/年、苯乙烯80万吨/年等，预计于2021年建成。

迄今为止两岸最大的石化产业合作项目，古雷炼化一体化项目，自2011年起，陆台双方企业一直致力筹划。历经多年，2016年1月，福建漳州古雷炼化一体化项目百万吨级乙烯及下游深加工装置获得福建省政府核准；2016年5月，双方在厦门共同签署了合资合同及合资章程；2016年11月3日，福建古雷石化有限公司在漳州市漳浦县工商部门注册正式设立。2019年5月该项目进行了第二次环评公示。6月，80万吨/年乙烯蒸汽裂解装置土建工程顺利实现开工，标志着项目正式进入施工建设阶段。古雷炼化一体化项目以进口原油和石脑油为主，以天然气、煤炭等多元化原料为补充，按照规模化、集约化、一体化的发展模式，采用国际先进的原油加工工艺和乙烯、芳烃等生产技术，生产清洁燃料及高端石化产品。该项目是两岸石化产业加强合作的新见证，是两岸石化业合作发展史上的又一个重要的里程碑。

2010年以来，我国化工园区一边经历着开发建设以来力度空前的深度调整，一边经历着前所未有的政策利好与投资机遇。可以说，既是最好的时代，也是最坏的时代。在这一浪潮中，重视安全环保，关注发展质量和水平的优秀园区激流勇进；野蛮生长、盲目建设的不规范的园区永远退出了化工园区的历史舞台。三十多年的发展实践证明，化工园区是我国发展现代石油和化学工业的一种成功模式。这种模式对于土地和资源集约利用、环境集中治理、安全统一监管，以及事故应急响应和上下游产业协同发展，特别是对推动企业技术进步、管理创新、产品结构调整和促进区域经济绿色、协调发展，都具有十分重要的作用。

展望

三十多年来，我国化工园区历经懵懂无知的"幼儿期"，朝气蓬勃的"少年期"，莽撞冲动的"青春期"，正逐步走向独立自信的"成熟期"。未来，园区作为经济发展的主要载体，要勇担历史使命，坚持世界眼光、国际标准、中国特色、高点定位，向更高质量转型升级，努力打造创新驱动发展引领区、协调发展示范区、开放发展先行区。我们有理由相信，不远的将来，我国化工园区将会以一个生态优先、绿色发展的崭新面貌昂首屹立于世界舞台。

一是产业集群优势将进一步凸显。 随着全球化竞争日趋激烈，技术壁垒不断突破，装置规模大型化的趋势将由炼化进一步向其他行业延伸，上下游一体化趋势将更加明显。以企业间的商业合作为基础建立的物流互通模式将打破原有化工园区之间的界限，跨园区、甚至是跨地区的物质流通道将逐步形成。企业原料来源将更加多元化，上下游供给更加灵活，市场更加开放，企业效率进一步提高，竞争力进一步增强。全国范围内围绕石化基地形成各具特色的产业集群。

二是产业链将加快向高端化、精细化延伸。 企业间的竞争归根到底是技术的竞争，随着跨国公司制造业向亚洲的转移，技术研发机构也呈现出转移到亚太地区的趋势。随着园区的综合化发展，科技园区已成为综合园区的一部分，最直接的结果就是生产和研发结合在一起。技术的进步从产业链上表现出的是产品逐步向高端化、精细化发展，以提高产品的附加值。研发中心成为园区未来发展重要组成部分，创新成为园区企业可持续发展的永恒动力。

三是园区功能将更加综合化。 现代服务业如物流仓储、成果转化、项目孵化、金融、信息服务、交易市场等逐步丰富。现代工业园区的概念已不仅仅单纯是工业企业集聚的概念，而是以工业企业为核心，研发中心和现代服务业综合配套的集成体系。尤其是原来为工业项目配套的物流仓储业，在大型工业园区已经形成一定的产业规模，与园区的工业伴生发展。

四是实施"责任关怀"将越来越普遍。随着环境保护和安全意识的增强，园区已不仅仅是一个单纯的生产区域，逐渐成为一个社会区域，公众对项目的环境要求越来越高；同时个人的价值得到尊重，对生命的重视作为一种理念和企业文化。国外大型跨国企业倡导的责任关怀已得到许多国内外企业的响应，今后责任关怀将不再是跨国公司特有的企业文化，将逐步成为园区企业的标志。

五是智慧化程度将进一步提高。信息化与工业化高度融合能够促进园区管理水平显著提升，智慧化成为园区精细化管理的有效手段。智能制造是石化化工行业供给侧结构性改革的着力点，是提高行业本质安全水平的主要技术手段，是建设石化化工强国的重要途径。"智慧化"将更接地气，能让园区企业因为科技的进步和园区的"智慧"而变得更加安全、高效、便捷。

小平同志的激励言犹在耳"开发区大有希望"，未来化工园区必将大有可为！

《铿锵脚步》

新中国成立 70 周年石油和化学工业发展纪实

— 后 记 —

2019年是新中国成立70周年，从新中国成立初期的一穷二白到如今的世界第二经济大国，中国70年的辉煌发展成就举世瞩目，在人类历史的长河中树立起一座巍巍丰碑。石油和化学工业作为国民经济的基础产业和重要支柱产业，70年发展成就创造了世界石油和化学工业史上的奇迹。全国上下都在庆祝新中国成立70周年华诞！石油和化工行业的广大工人、技术人员和干部也都在结合"不忘初心，牢记使命"主题教育开展多种多样、丰富多彩的新中国成立70周年庆祝活动。正是在这一背景下，李寿生会长提出要编写一部全面反映全行业70年发展历程的纪实性书籍，为行业留下一笔宝贵的精神财富，定名《铿锵脚步——新中国成立70周年石油和化工行业发展纪实》。

《铿锵脚步》的编写工作于2019年1月23日正式启动，李寿生会长亲自出席启动会议并就编写工作提出了要求，化学工业出版社、有关专业协会、分支机构及部室代表参加了会议，会议明确了编写主题，对时间进度做出了安排，并指派联合会政策研究室（新闻办公室）具体负责本书的编写工作。此后，各路人马投入到了紧张有序的编写工作中，至6月份基本完成了初稿。6月21日，联合会政策研究室会同化学工业出版社召开执笔人会议，对书稿格式、篇幅等又做了统一要求，李寿生会长在会上肯定了大家前期的

后记

工作，并就下一步编写工作提出了希望。经过之后又三个月马不停蹄地反复修改、沟通和审定，最终，在编委会的领导和编写组的努力下，这部包含23篇行业不平凡发展历程和宝贵发展经验、共计76万字的大型纪实性书籍终于在国庆前夕问世了。

回顾大半年的编写经历，要感谢各专业协会、专委会和相关部室领导的高度重视和大力支持，他们的支持为各篇的编写提供了方向；更要感谢各篇执笔人，他们有的来自协会、有的来自企业，有的是年逾古稀的老专家，有的是满腔热情的青年才俊，他们用细腻的文笔、翔实的史料对行业做了全面的阐释；还要感谢化学工业出版社有限公司的领导和同仁，他们用高度的政治责任感、专业的经验和扎实的编辑基本功，为本书顺利出版奠定了基础。

一个一个的镜头难以忘记，编写组的几位同志为了最后的定版夜以继日集中统稿；编写组和执笔人为了一个数据、一个时间甚至一句话进行了大量的沟通；编写工作微信群的交流也是热情高涨，不时弹出的消息就像一个个发动机在连续催动这项使命的完成。

参加本书编写工作的有中国化学矿业协会、中国纯碱工业协会、中国氯碱工业协会、中国无机盐工业协会、中国电石工业协会、中国硫酸工业协会、中国氮肥工业协会、中国磷复肥工业协会、中国农药工业协会、中国染料工业协会、中国涂料工业协会、中国橡胶工业协会、中国氟硅有机材料工业协会、中国合成树脂供销协会、中国聚氨酯工业协会、中国化工装备协会和中国石油和化学工业联合会政策研究室（新闻办公室）、科技与装备部、产业发展部、石油天然气专业委员会、化工新材料专业委员会、煤化工专业委员会、化工园区工作委员会、中小企业工作委员会。它们分别承担了不同专业篇章的撰写任务，在较短时间内撰写出基本反映本行业、本领域发展历史脉络和历史全貌的纪实性文稿，为按时完成编写任务做出了重要贡献！在此，编写组对参与编写的各专业协会、各单位及其领导表示诚挚的感谢！同

时，由于这是中国石油和化学工业联合会第一次组织编写纪实性书籍，时间比较紧张，尽管我们力求完美，但限于参编人员的经验和文字水平，尚有很多欠缺和不足，恳请读者朋友们批评指正。

一份耕耘，一份收获！石化行业70年的不懈奋斗奠定了如今的大国地位。正如习近平总书记所说，世界正处于百年未有的大变局，我们自己也处在发展的关键节点，今年是新中国成立70周年，2020年是全面建成小康社会之年，2021年是建党百年，既面临着难得的发展机遇，前进的路上也充满了挑战，全行业高质量发展任务依然很重，谨以此书纪念行业过去70年的光辉岁月，也相信在未来的征程中，中国的石油和化学工业能够勇立潮头，以更强的姿态屹立于世界东方！